百衲本二十四史

遼史

上海涵芬樓景印
元刊本原書板匡
高營造尺六寸五
分強寬五寸一分

《百衲本二十四史》新版刊印序

《百衲本二十四史》是近百年來校考最精良、版本最珍貴、蒐羅最廣泛的二十四史，先父王雲五先生於一九七六年〈重印補校百衲本二十四史序〉中已有論證。

一八九七年商務印書館在上海創立，創館元老張元濟先生於一九〇二年正式主持商務印書館編譯所，將商務帶入「出版好書、匡輔教育」的出版之路。一九二一年(民國十年)王雲五先生經胡適先生推薦，接替主持商務印書館編譯所，並於一九三〇年兼任總經理，與張元濟先生共同為商務印書館的百年大業作出貢獻。

張元濟先生入館後，積極蒐購民間珍貴藏書，一方面用來印製、廣泛發行，另一方面也為成立「涵芬樓」藏書室(後來開放為「東方圖書館」)預作準備。當年他並積極向各公私立圖書館商借影印各種版本的二十四史，逐一比較補正缺漏，然後在一九三〇年開始付印，至一九三七年全部出齊。校印工程之艱鉅與可貴，從他所撰寫的《校史隨筆》可以了解。

商務涵芬樓所珍藏的二十四史及各種珍貴版本，可惜在一九三二年日本發動淞滬戰爭時，被日軍炸毀，化為灰燼。《百衲本二十四史》的傳印，就顯得格外有意義。

王雲五先生於一九六四年在臺重新主持臺灣商務印書館，與當時總編輯楊樹人教授，依據臺北故宮博物院和中央圖書館珍藏的宋元版本，修補校正《百衲本二十四史》，並於一九七六年重版印行。

《百衲本二十四史》初印至今，已經八十年，雖經在臺補正重版，舊書均已售完，而各界索購者絡繹不絕，不得已先以隨需印刷供應，但仍然供不應求。

為了適應讀者的需要，本公司由副董事長施嘉明先生、總編輯方鵬程先生和舊書重印小組一起規劃，決定放大字體，以十八開精裝本重印《百衲本二十四史》，每種均加印目錄頁次，讓讀者方便查考，也讓我們與《百衲本二十四史》共同邁向百年大慶。值此付印前夕，特為之序。

臺灣商務印書館董事長王學哲謹序

二〇一〇年三月二十五日

遼史一百十六卷

元托克托等奉敕撰。

至正三年四月，詔儒臣分撰，於四年三月書成，為本紀三十卷、志三十一卷、表八卷、列傳四十六卷、國語解一卷。

考遼制，書禁甚嚴，凡國人著述，惟聽刊行於境內，有傳於鄰境者，罪至死。（見沈括《夢溪筆談》，僧行均龍龕手鏡條下。）蓋國之虛實，不以示敵，用意至深。

然以此不流播於天下，迨五京兵燹之後，遂至舊章散失，澌滅無遺。觀袁桷修三史，議蘇天爵三史質疑，知遼代載籍，可備修史之資者，寥寥無幾。故當時所據，惟耶律儼、陳大任二家之書，見聞既隘，又蒇功於一載之內，無暇旁搜，潦草成編，實多疎略。其閒左支右詘，痕迹灼然。如每年遊幸，既具書於本紀矣，復為〈遊幸表〉一卷。部族之分合，既詳述於〈營衞志〉矣，復為〈部族表〉一卷。屬國之貢使，亦具見於本紀矣，復為〈屬國表〉一卷。義宗之奔唐，章肅之爭國，既屢見於紀志表矣，復屢書於列傳。文學僅六人，而分為兩卷。伶官、宦官，本無可紀載，而強綴三人。此其重複瑣碎，在史臣非不自知，特以無米之炊，足窮巧婦，故不得已而縷割分隸，以求卷帙之盈，勢使之然，不足怪也。

然遼典雖不足徵，宋籍非無可考。《東都事略》載遼太宗建國，號大遼。聖宗即位，改大遼為大契丹國。道宗咸雍二年，復改國號大遼。考重熙十六年，釋迦佛舍利鐵塔記石刻，今尚在古爾板蘇巴爾漢。其文稱維大契丹國興中府重熙十五年丙戌歲十一月丁丑朔云云，與王偁所記合。而此書不載，是其於國號之更改，尚未詳也。

《文獻通考》稱遼道宗改元壽昌，洪遵《泉志》引李季興《東北諸蕃樞要》云，契丹主天祚，年號壽昌。又引《北遼通書》云，天祚即位，壽昌七年，改為乾統，而此書作壽隆，殊不思聖宗諱隆緒。道宗為聖宗之孫，何至紀元而犯祖諱。

考今興中故城（即古爾板蘇巴爾，漢譯言三塔也，故土人亦稱三座塔云。）東南七十里柏山，有安德州靈巖寺碑，稱壽昌初元，歲次乙亥。又有玉石觀音像倡和詩碑，稱壽昌五年九月。又易州有興國寺太子誕聖邑碑，稱壽昌四年七月。均與洪遵所引合。又《老學菴筆記》載聖宗改號重熙，後避天祚嫌名，追稱重熙曰重和。

考興中故城鐵塔旁，記有天慶二年釋迦定光二佛舍利塔記，稱重和十五年鑄鐵塔，與陸游所記亦合，而此書均不載，是其於改元之典章多舛漏也。

潛研堂金石文跋尾又稱，據太子誕聖邑碑諸人結銜，知遼制有知軍州事通判軍州事知縣事之名，而百官志亦不載，是其於制度有遺闕也。至厲鶚《遼史拾遺》所摭更不可以僕數，此則考證未詳，不得委之文獻無徵矣。

然其書以實錄為憑，無所粉飾。如《宋史》載太平興國七年，戰於豐州。據此書，則云宋使請和。《宋史》忠義傳有康保裔，據此書，則云保裔被擒而降，後為昭順軍節度使。審其事勢，遼史較可徵信。此三史所由竝行而不可偏廢歟。（本文引自景印《文淵閣四庫全書》總目史部卷四十六，頁二之三十八至三十九）

重印補校百衲本二十四史序

百衲本者何？彙集諸種善本，有闕卷闕頁，復多方蒐求，以事配補，有如僧衣之補綴多處者也。

我國正史彙刻之存於今者，有汲古閣之十七史，有南北監之二十一史。清高宗初立，成明史，命武英殿開雕，至四年竣工；繼之者二十一史。其後又詔增劉昫唐書，與歐宋新唐書並行，越七年遂成武英殿二十三史。及四庫開館，諸臣復據永樂大典及太平御覽，冊府元龜等書，裒輯薛居正舊五代史，得旨刊布，以四十九年奏進；於是二十四史之名以立。

武英殿本以監本為依據。清高宗製序，雖有監本殘闕，併勅校讎之言，始意未嘗不思成一善本也。惟在事諸臣，既未能廣蒐善本，復不知慎加校勘，佚者未補，譌者未正，甚或彌縫缺乏，以譌亂真，誠可惜也。

本館前輩張菊生先生，以多年之時力，廣集佳槧，審慎校讎，自民十九年開始景印，迄二十六年甫竟全功。雖中經一二八之劫，抱書而走，亂定掇拾需時，然景印之初，海宇清寧，亦緣校讎精審，多費時日。嘗聞菊老葺印初稿，悉經手勘，朱墨爛然，盈闌溢幅，點畫纖細，鉤勒不遺，與同人共成校勘記，多至百數十冊，文字繁冗，尚待董理。爰取原稿若干條，集為校史隨筆，而付梓焉。

就隨筆所記，殿本訛闕殊多。分史言之，則史記正義多遺漏，漢書正文注文均有錯簡，三國志卷第淆亂，宋書誤註為正文，南齊書地名脫誤，北齊書增補字句均據北史，而仍與北史有異同。魏書考證有誤，舊唐書有闕文，訂正錯簡亦有小誤，唐書有衍文，舊五代史遜於嘉業堂劉氏刊本，元史有衍文及闕文，且多錯簡，重出之傳，亦未刪盡。綜此諸失，殿本二十四史不如衲史遠矣，況善本精美，古香古色，尤非殿本所能望其項背。

茲將百衲本二十四史據以景印之版本列述於後：

史記　宋慶元黃善夫刊本。

漢書　北宋景祐刊本，瞿氏鐵琴銅劍樓藏。

後漢書　宋紹興刊本，原闕五卷半，以北平國立圖書館元覆宋本配補。

三國志　宋紹熙刊本，日本帝室圖書寮藏，原闕魏志三卷，以涵芬樓藏宋紹興刊本配補。

晉書　宋本，海寧蔣氏衍芬草堂藏，原闕載記三十卷，以江蘇省立圖書館藏宋本配補。

宋　書	宋蜀大字本，北平國立圖書館吳興劉氏嘉業堂藏，闕卷以涵芬樓藏元明遞修本配補。
南齊書	宋蜀大字本，江安傅氏雙鑑樓藏。
梁　書	宋蜀大字本，北平國立圖書館及日本靜嘉堂文庫藏，闕卷以涵芬樓藏元明遞修本配補。
陳　書	宋蜀大字本，北平國立圖書館及日本靜嘉堂文庫藏。
魏　書	宋蜀大字本，北平國立圖書館江安傅氏雙鑑樓吳興劉氏嘉業堂及涵芬樓藏。
北齊書	宋蜀大字本，北平國立圖書館藏，闕卷以涵芬樓藏元明遞修本配補。
周　書	宋蜀大字本，吳縣潘氏范硯樓及自藏，闕卷以涵芬樓藏元明遞修本配補。
隋　書	元大德刊本，闕卷以北平國立圖書館江蘇省立圖書館藏本配補。
南　史	元大德刊本，北平國立圖書館及自藏。
北　史	元大德刊本，北平國立圖書館及自藏。
舊唐書	宋紹興刊本，常熟鐵琴銅劍樓藏，闕卷以明聞人詮覆宋本配補。
新唐書	北宋嘉祐刊本，日本岩崎氏靜嘉堂文庫藏，闕卷以北平國立圖書館江安傅氏雙鑑樓藏宋本配補。
舊五代史	原輯永樂大典有注本，吳興劉氏嘉業堂刻。
五代史記	宋慶元刊本，江安傅氏雙鑑樓藏。
宋　史	元至正刊本，北平國立圖書館藏，闕卷以明成化刊本配補。
遼　史	元至正刊本。
金　史	元至正刊本，北平國立圖書館藏，闕卷以涵芬樓藏元覆本配補。
元　史	明洪武刊本，北平國立圖書館及自藏。
明　史	清乾隆武英殿原刊本，附王頌蔚編集考證攟逸。

上開版本之搜求補綴，在彼時實已盡最大之能事。惟今者善本時有發見，前此認為業已失傳者，漸集於一隅，尤以中央圖書館及故宮博物院在抗戰期內，故家遺族，前此秘藏不宣，因播遷而割愛者不在少數；盡量收購，寄存盟邦，以策安全。近年悉數運回，使臺灣成為善本之總滙。百衲本後漢書原據本館前涵芬樓所藏宋紹興本影印，益以北平圖書館及日本靜嘉堂文庫殘本之配備，當時堪稱人間瑰寶；且志在存真，對其中未盡完善之處

一仍其舊。然故宮博物院近藏宋福唐郡庠覆景祐監刊元代修補本及中央圖書館所藏錢大昕手跋北宋刊本與宋慶元間建安劉元起刊本，各有其長處。本館總編輯楊樹人教授特據以覆校百衲本原刊，計修正原影本因配補殘本而致首尾不貫者五處，其中重複者四處，共圈刪衍文三十六字，補足脫漏一處，缺文二字，原板存留墨丁四十六處，補正五十二字。另有顯屬雕刻錯誤者若干字，亦酌為改正。於是宋刊原面目，大致可復舊觀矣。又前漢書原景本闕漏目錄全份，亦據故宮博物院珍藏宋福唐郡庠覆景祐監刊元代修補本補印十有四頁，以成全璧。校書如掃落葉，愈掃愈落，礙難悉數掃清，然多費一番心力，對於鑽研史籍者，定可多一番裨益。區區之意，當為讀者所樂聞，亦可稍慰本館前輩張菊老在天之靈，喜其繼起有人也。

本館衲史原以三十二開本連史紙印製，訂為八百二十冊，流行雖廣，以中經多難，存者無多，臺省尤感缺乏，各國亦多訪購，爰應各方之需求，改訂為十六開大本，縮印二頁為一面，字體較縮本四部叢刊初編為大，用上等印書紙精印精裝，訂為四十一鉅冊，以便檢閱，經重版數次。茲為謀普及，再縮印為二十四開本五十八冊，字體仍甚清晰，而售價不及原印十六開本之半，莘莘學子，多有購置之力，誠不負普及之名矣。付印有日，謹述概要。

中華民國六十五年雙十節王雲五識

股東會全體股東獻禮

本公司董事長王岫廬（雲五）先生，學界巨擘，社會棟樑，歷任艱巨，功在國家。一生繫中國文化出版之命脈，惠澤士林。本公司三度罹國難而得復興。咸賴　先生之大力。每次復興，莫不聲光煥發，蔚為奇蹟。民國五十二年冬，　先生退出政壇。次年秋重主本公司，謀慮擘劃，晨夕辛勞，不取分文之酬，而甘之如飴；蓋純出於愛護本公司與宏揚文化之心願。無　先生之犧牲精神與卓越領導，不能有今日之商務書館，已為識者之定評。今歲欣逢　先生八秩華誕，社會同慶。股東會同人本崇功報德之念，群思有以祝賀。　先生謙辭至再至三，當以恭敬不如從命，爰於五十六年股東會議席上全體決議，利用重印之百衲本二十四史，作為　華誕獻禮。要不過體認　先生造福文化界之功績，聊表嵩祝悃誠於萬一耳。

臺灣商務印書館股份有限公司
股東會全體股東　謹啟

中華民國五十六年四月十五日

目錄一卷

本紀三十卷

志三十一卷

聖旨
至正三年三月十四日篤憐帖木兒怯薛第三日
咸寧殿裏有時分速古兒赤江家奴云都赤蠻子殿中
俺都剌哈蠻給事中孛羅帖木兒等有來脫脫右丞相
也先帖木兒平章鐵睦爾達世平章太平右丞長仙參
議孛里不花郎中老老員外郎孛里不花都事等奏遼
金宋三國史書不曾纂修來歷代行來的事跡合纂修
成書有俺商量來如今選人將這三國行來的事迹交
纂修成史不交遲滯但凡合舉行事理俺定擬了呵怎
生奏呵奉
聖旨那般者
三月二十八日別兒怯不花怯薛第二日
咸寧殿裏有時分速古兒赤不顏帖木兒云都赤蠻子
殿中俺都剌哈蠻給事中孛羅帖木兒等有來脫脫右
丞相也先帖木兒平章鐵睦爾達世平章太平右丞呉
參政買木丁參議長仙參議韓參議別里不花郎中王
郎中老老員外郎孔員外郎觀音奴都事孛里不花都
事杜都事直省舍人舍赤也先蒙古必闍赤鎖住都馬
等奏昨前遼金宋三國行來的事跡選人交纂修成史
書者麼道奏了來這三國爲

聖朝所取制度典章治亂興亡之由恐因歲久散失合遴
選文臣分史置局纂修成書以見
祖宗盛德得天下遼金宋三國之由垂鑑後世做一代盛
典交翰林國史院分局纂修職專其事集賢秘書崇文
并内外諸衙門裏著文學博雅才德修潔堪充的人每
斟酌區用纂修其間予奪議論不無公私偏正必須交
總裁官質正是非裁決可否遴選位望老成長於史才
爲衆所推服的人交做總裁官這三國實錄野史傳記
碑文行實多散在四方交行省及各處正官提調多方
購求許諸人呈獻量給價直咨達省部送付史館以備
采擇合用紙札筆墨一切供需物色於江西湖廣江浙
河南省所轄各學院并貢士莊錢糧除祭祀廪膳科舉
修理存留外都交起解將來以備史館用度如今省裏
脫脫右丞相監修國史做都總裁交鐵睦爾達世平章
太平右丞張中丞歐陽學士呂侍御揭學士做總裁官
提調官省裏交也先帖木兒平章呉參政樞密院裏塔
失帖木兒同知姚副樞臺裏狗兒侍御張治書買木丁
參議長仙參議韓參議右司王郎中左司王郎中老老
員外郎孔員外郎觀音奴都事杜都事六部各委正官
并首領官提調其餘修史的凡例合行事理交總裁官

江子名

修史官集議舉行呵怎生奏呵奉
聖旨那般者

進遼史表
開府儀同三司上柱國錄軍國重事中書右丞相監修
國史領經筵事臣脫脫言竊惟天文莫驗於璣衡人文
莫證於簡策人主監天象之休咎則必察乎璣衡之精
監人事之得失則必考乎簡策之信是以二者所掌俱
有太史之稱然天道幽而難知人情顯而易見動靜者
吉凶之兆敬怠者興亡之機史臣雖述前代之設施大
意有助人君之鑑戒遼自唐季基于朔方造邦本席於
干戈致治能資於黼黻敬天尊祖而出入必祭親仁善
鄰而和戰以宜南府治民北府治兵春狩省耕秋狩省

歛吏課每嚴於芻牧歲饑屢賜乎田租至若觀市赦罪
則昭合六典之規臨軒策士則恪遵三歲之制享國二
百一十九載政刑日舉品式備具蓋有足尚者焉迨夫
子孫失御上下離心驕盈盛而釁隙生讒賊興而根本
蹙變強為弱易於反掌吁可畏哉天祚自絕大石茍延
國既丘墟史亦蕪沒耶律儼語多避忌陳大任辭乏精
詳五代史繫之終篇宋舊史埒諸載記予奪各徇其主
傳聞況失其真我
世祖皇帝一視同仁深加愍惻嘗
勅詞臣撰次三史首及於遼六十餘年歲月因循造物

有待臣脫脫誠惶誠恐頓首欽惟
皇帝陛下
如堯稽古而簡覽容衆
若舜好問而濬哲冠倫
講經兼誦乎
祖謨
訪治旁求乎往牒茲修史事斷自
宸衷
睿旨下而徵聘行朝士賀而遺逸起於是命臣脫脫以
中書右丞相領都總裁中書平章政事臣帖睦爾達世

中書右丞今平章政事臣賀惟一御史中丞今翰林學
士承旨臣張起巖翰林學士臣歐陽玄侍御史今集賢
侍講學士兼國子祭酒臣呂思誠翰林侍講學士臣揭
傒斯奉
命為總裁官中書遴選儒臣宗文太監今兵部尚書臣
廉惠山海牙翰林直學士臣王沂祕書著作佐郎臣徐
昺國史院編脩官臣陳繹曾分撰遼史起至正三年四
月迄四年三月發故府之櫝藏彙遐方之匭獻蒐羅剔
抉刪潤研覈紀志表傳備成一代之書臧否是非不迷
千載之實臣脫脫叨承隆寄幸覩成功載宣

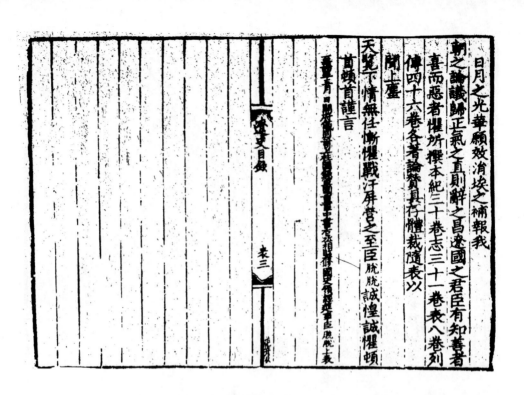

日月之光華願效消埃之裨報我
朝之論議歸正氣之直則辯之昌遼國之君臣有知善者喜而惡者懼所撰本紀三十卷志三十一卷表八卷列傳四十六卷各著論贊具存體裁隨表以
聞上塵
天覽下情無任慚懼戰汗屏營之至臣脫脫誠惶誠懼頓首頓首謹言

至正四年三月　日開府儀同三司上柱國錄軍國重事中書右丞相監修國史領經筵事臣脫脫上表

三史凡例

一帝紀

三國各史書法準史記西漢書新唐書各國稱號等事準南北史

一志

各史所載取其重者作志

一表

表與志同

一列傳

后妃　宗室　外戚　羣臣　雜傳

人臣有大功者雖父子各傳餘以類相從或數人共

一傳

三國所書事有與
本朝相關涉者當稟金宋死節之臣皆合立傳不須避忌其餘該載不盡從總裁官與修史官臨文詳議

一疑事傳疑信事傳信準春秋

修史官員

都總裁

開府儀同三司上柱國録軍國重事中書右丞相監修

國史領　經筵事臣脫脫

總裁官

光祿大夫中書平章政事知　經筵事提調都水

監臣帖睦爾達世

榮祿大夫中書平章政事知　經筵事臣賀惟一

翰林學士承　旨榮祿大夫知　制誥兼修　國

史臣張起巖

翰林學士資善大夫知　制誥同修　國史臣歐陽玄

集賢侍　講學士通奉大夫兼國子祭酒臣呂思誠

翰林侍　講學士中奉大夫知　制誥同修　國

史同知　經筵事臣揭傒斯

纂修官

正議大夫兵部尚書臣廉惠山海牙

翰林直學士朝請大夫知　制誥同修　國史兼

經筵官臣王沂

文林郎秘書監著作佐郎臣徐昺

將仕佐郎翰林　國史院編修官臣陳繹曾

提調官

資德大夫中書右丞　臣　伯叅

榮祿大夫中書左丞　臣　姚庸

奉議大夫叅議中書省事　臣　長仙

通議大夫叅議中書省事　臣　呂㧯

朝散大夫中書右司郎中　臣　悟良哈台

嘉議大夫中書左司郎中　臣　趙守禮

亞中大夫中書左司員外郎　臣　偰哲篤

亞中大夫中書省右司員外郎　臣　何執禮

儒林郎右司都事　臣　觀音奴

奉議大夫左司都事　臣　烏古孫良楨

嘉議大夫禮部尚書　臣　王守誠

中憲大夫工部尚書　臣　丁元

奉議大夫禮部侍郎　臣　老老

嘉議大夫禮部侍郎　臣　杜秉彝

遼史目錄

本紀三十卷

列傳四十六卷

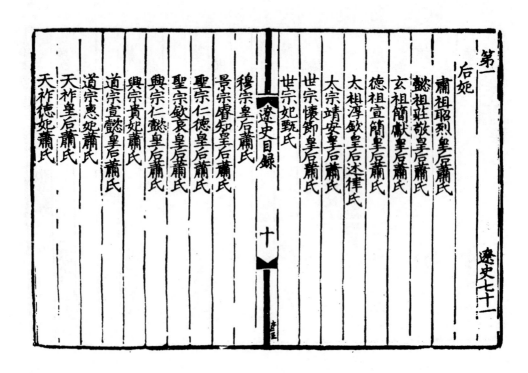

紀三十卷　志三十一卷

表八卷　列傳四十六卷

總一百一十六卷

校勘臣彭衡　岳信　楊鑄

年思善　卜勝　揭模

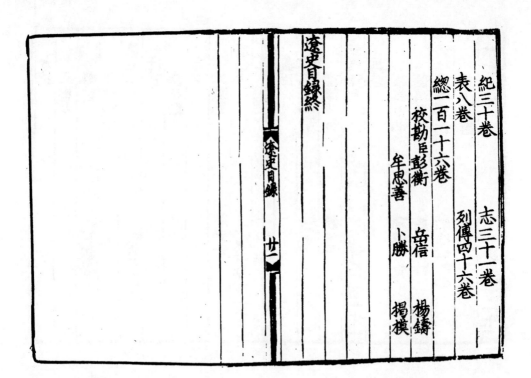

遼史目錄終

本紀第一　　遼史一
開府儀同三司上柱國錄軍國重事中書右丞相監修國史領經筵事都總裁臣脫脫奉
勅修
太祖上
太祖大聖大明神烈天皇帝姓耶律氏諱億字阿保機小
字啜里只契丹迭剌部霞瀨益石烈鄉耶律彌里人德祖
皇帝長子母曰宣簡皇后蕭氏唐咸通十三年生初母夢
日墮懷中有娠及生室有神光異香體如三歲兒即能匍
匐祖母簡獻皇后異之鞠為己子常匿於別幕塗其面不
令他人見三月能行晬而能言知未然事自謂左右若有

刘伯安
神人翼衛雖齠齔言必及世務時伯父當國疑輒咨焉既
長身長九尺豐上銳下目光射人關弓三百斤為撻馬狘
沙里時小黃室韋不附太祖以計降之伐越兀及烏古六
奚比沙狘諸部克之國人號阿主沙里唐天復元年歲辛
酉痕德堇可汗立以太祖為本部夷離堇專征討連破室
韋于厥及奚帥轄剌哥俘獲甚眾冬十月授大迭烈府夷
離堇明年秋七月以兵四十萬伐河東代北攻下九郡獲
生口九萬五千駝馬牛羊不可勝紀九月城龍化州于潢
河之南始建開教寺明年春伐女直下之獲其戶三百九
月復攻下河東懷遠等軍冬十月引軍略至薊北俘獲以

還先是德祖俘奚七千戶徙饒樂之清河至是創為奚迭
剌部分十三縣遂拜太祖于越總知軍國事明年歲甲子
三月廣龍化州之東城九月討黑車子室韋唐盧龍軍節
度使劉仁恭發兵數萬遣養子趙霸來拒霸至武州太祖諜
知之伏勁兵桃山下遣室韋人牟里詐稱其酋長所遣約
霸兵會平原既至四面伏發擒霸殲其眾乘勝大破室
韋明年七月復討黑車子室韋唐河東節度使李克用遣
通事康令德乞盟冬十月太祖以騎兵七萬會克用于雲
州宴酣克用借兵以報劉仁恭木瓜澗之役太祖許之易
袍馬約為兄弟及進兵擊仁恭拔數州盡徙其民以歸明

刘伯安
年二月復擊劉仁恭還襲山北奚破之汴州朱全忠遣人
浮海奉書幣衣帶珍玩來聘十一月遣偏師討奚霫諸部
及東北女直之未附者悉破降之十二月痕德堇可汗殂
群臣奉遺命請立太祖曷魯等勸進太祖三讓從之
元年春正月庚寅命有司設壇于如迂王集會埚燔柴告
天即皇帝位尊母蕭氏為皇太后立皇后蕭氏北宰相蕭
轄剌南宰相耶律歐里思率群臣上尊號曰天皇帝后曰
地皇后庚子詔皇族承遙輦氏九帳為第十帳二月戊午
以從弟迭栗底為迭烈府夷離堇是月征黑車子室韋降
其八部夏四月丁未朔唐梁王朱全忠廢其主尋弒之自

立爲帝國號梁遣使來告劉仁恭子守光囚其父自稱幽
州盧龍軍節度使秋七月乙酉其兄平州刺史守奇率其
衆數千人來降命置之平盧城冬十月乙巳討黑車子室
韋破之
二年春正月癸酉朔御正殿受百官及諸國使朝辛巳始
置惕隱典族屬以皇弟撒剌爲之河東李克用子存勗
襲遣使弔慰夏五月癸酉詔撒剌討烏丸黑車子室韋秋
八月壬子幽州進合歡瓜冬十月己亥朔建明王樓築長
城於鎮東海口遣輕兵取吐渾叛入室韋者
三年春正月幸遼東二月丁酉朔梁遣郎公遠來聘三月

滄州節度使劉守文爲弟守光所攻遣人來乞兵討之命
皇弟舍利素夷离菫蕭敵魯以兵會守文於北淖口進至
横海軍近淀一鼓破之守光潰去因名北淖口爲會盟口
夏四月乙卯詔左僕射韓知古建碑龍化州大廣寺以紀
功德五月甲申置羊城于炭山之北以通市易冬十月己
巳遣鷹軍討黑車子室韋破之西北嗢娘改部族進輓車
人
四年秋七月戊子朔以后兄蕭敵魯爲北府宰相后族爲
相自此始冬十月烏馬山奚庫支及查剌底鋤勃德等
叛討平之

五年春正月丙戌朔日有食之丙申上親征西部奚奚阻
險叛服不常數招諭弗聽是役所向輒下遂分兵討東部
奚亦平之於是盡有奚霫之地東際海南暨白檀西踰松
漠北抵潢水凡五部咸入版籍三月次灤河刻石紀功復
略地薊州夏四月壬申遣人使梁五月皇弟剌葛迭剌寅
底石安端謀反安端妻粘睦姑知之以告得實上不忍加
誅乃與諸弟登山刑牲告天地爲誓赦其罪出剌葛爲
迭剌部夷离菫封粘睦姑爲晉國夫人秋七月壬午朔斜
離底泊諸蕃使來貢八月甲子劉守光僭號幽州稱燕冬
十月戊午置鐵冶十一月壬午遣人使梁

六年春正月以化葛爲惕隱二月戊午親征劉守光三月
至自幽州夏四月梁郢王友珪弑父自立秋七月丙午親
征朮不姑降之俘獲以數萬計命弟剌葛分兵攻平州八
月壬辰上次思德山皇子李胡生冬十月戊寅剌葛破平
州還復與迭剌寅底石安端等反甲申遣人使梁致祭壬
辰還次北阿魯山聞諸弟以兵阻道引軍南趨十七濼是
日燔柴翼日次七渡河諸弟各遣人謝罪上猶矜憐許以
自新是歲以兵討兩冶以所獲僧崇文等五十人歸西樓
建天雄寺以居之以示天助雄武
七年春正月甲辰朔以用兵免朝晉王李存勗援幽州擒

劉守光甲寅王師次赤水城弟剌葛等乞降上素服乘赭
白馬以將軍耶律樂姑轄剌僅阿鉢爲御解兵器肅侍衛
以受之因加慰諭剌葛等引退上復數遣使撫慰二月甲
戌朔梁均王友貞討殺其兄友珪嗣立三月癸丑次蘆水
弟迭剌哥圖爲奚王與安端擁千餘騎而至紿稱入覲上
怒曰爾曹始謀逆亂朕特恕之使改過自新尚爾反覆將
不利於朕遂拘之以所部分隸諸軍而剌葛引其衆至乙
室堇淀具天子旗鼓將自立皇太后陰遣人諭令避去會
弭姑乃懷里陽言車駕且至其衆驚潰掠居民北走上以
兵追之剌葛遣其黨寅底石引兵徑趨行宮焚其輜重廬

帳縱兵大殺皇后急遣蜀古魯救之僅得天子旗鼓而已
其黨神速姑復劫西樓焚明王樓上至土河秣馬休兵若
不爲意諸將請急追之上曰俟其遠遁人各懷土懷土既
切其心必離我軍乘之破之必矣盡以先所獲資畜分賜
將士留夷离畢直里姑總政務夏四月戊寅北追剌葛己
卯次彌里問諸弟面木葉山射鬼箭厭禳乃執叛人解里
向彼亦以其法厭之至達里淀選輕騎追及培只河盡獲
其黨輜重生口先遣室韋及吐渾酋長拔剌迪里姑等五
人分兵伏其前路命北宰相迪里古爲先鋒進擊之剌葛
率兵逆戰迪里古以輕兵薄之其弟遏古只臨陣射數

人斃衆莫敢前相拒至晡衆乃潰追至柴河遂自焚其車
乘廬帳而去前遇拔剌迪里姑等伏發合擊遂大敗之剌
葛奔潰遺其所奪神帳於路上見而拜奠之所獲生口盡
縱歸本土其黨庫古只磨只皆面縛請罪師次札堵河大
雨暴漲五月癸丑遣北宰相迪輦率驍騎先渡甲寅奏擒
剌葛涅里袞阿鉢於榆河前北宰相蕭實魯寅底石自剄
不殊遂以黑白羊祭天地壬戌剌葛涅里袞阿鉢詣行在
以槀索自縛牽羊望拜上還至大嶺時大軍久出輜重不
相屬士卒煮馬駒採野菜以爲食孳畜道斃者十七八物
賈十倍器服資貨委棄於楚里河狼藉數百里因更剌葛

名暴里丙寅至庫里以青牛白馬祭天地以生口六百馬
二千三百分賜大小鶻軍六月辛巳至榆嶺以轄賴縣人
掃古非法殘民磔之甲申上登都庵山撫其先奇首可汗
遺跡徘徊顧瞻而興歎焉闢獄官涅离擅造大校人不堪
其苦有至死者命誅之壬辰次狼河獲逆黨雅里彌里生
瘞之銅河南軌下放所俘還多爲于骨里所掠上怒引輕
騎馳擊復遣驍將分道追襲盡獲其衆并掠者庚子次
阿敦濼以養子涅里思附諸弟叛以鬼箭射殺之其餘黨六
千各以輕重論刑于厥掠生口者三十餘人亦俾贖其罪
放歸本部至石嶺西詔收回軍乏食所棄兵仗召北府兵

驗而還之以夷离堇涅里衮附諸弟爲叛不忍顯戮命自投崖而死秋八月己卯華龍眉宮轘逆黨二十九人以其妻女賜有功將校所掠珍寶孳畜還主亡其本物者命責償其家不能償者賜以其部曲九月壬戌上發自西樓冬十月庚午駐赤崖戊寅和州回鶻來貢癸未乙室府人迪里古迭骨离部人特里以從逆誅詔群臣分決滯訟以韓知古錄其事只里姑掌捕亡十一月祠木葉山還次昭烏山省風俗見高年議朝政定吉凶儀十二月戊子燔柴于蓮花濼

八年春正月甲辰以曷魯爲迭剌部夷离堇忽烈爲惕隱于骨里部人特离敏執逆黨怖胡亞里只等十七人來獻上親鞫之辭多連宗室及有脅從者乃杖殺首惡怖胡餘並原釋于越率懶之子化哥屢蓄姦謀上每優容之而反覆不悛召父老群臣正其罪并其子戮之分其財以給衛士有司所鞫逆黨三百餘人獄既具上以人命至重死不復生賜宴一日隨其平生之好使爲之酒酣或歌或舞或戲射角觝各極其意明日乃以輕重論刑首惡剌葛其次迭剌哥上猶弟之不忍寘法杖而釋之以寅底石安端性本庸弱爲剌葛所使皆釋其罪前于越赫底里子解里剌葛妻轄剌已實預逆謀命皆絞殺之寅底石妻涅离脅從

安端妻粘睦姑嘗有忠告並免因謂左右曰諸弟性雖敏黠而蓄姦稔惡嘗自矜有出人之智安忍兇狠谿壑可塞而貪黷無厭求人之失雖小而可恕謂重如泰山身行不義雖入大惡謂輕於鴻毛昵比群小謀及婦人同惡相濟以危國祚雖欲不敗其可得乎北宰相實魯妻餘盧覩姑於國至親一旦負朕從于叛逆未寘之法而病死此天誅也解里自幼與朕常同寢食眷遇之厚冠於宗屬亦與其父背大恩而從不軌茲可恕乎秋七月丙申朔有司上諸帳族與謀逆者三百餘人罪狀皆棄市上歎曰致人于死豈朕所欲若止負朕躬尚可容貸此曹恣行不道殘害忠良塗炭生民剽掠財產民間昔有萬馬今皆徒步有國以來所未嘗有實不得已而誅之冬十月甲子朔建開皇殿於明王樓基

九年春正月烏古部叛討平之夏六月幽州軍校齊行本舉其族及其部曲男女三千人請降詔授檢校尚書左僕射賜名兀欲給其廩食數日亡去幽帥周德威納之及詔索之德威語不遜乃議南征冬十月戊申釣魚于鴨淥江新羅遣使貢方物高麗遣使進寶劍吳越王錢鏐遣滕彥休來貢是歲君基太一神數見詔圖其像神冊元年春二月丙戌朔上在龍化州迭烈部夷离菫耶律曷魯等率百

僚請上尊號三表乃允丙申群臣及諸屬國築壇州東上
尊號曰大聖大明天皇帝后曰應天大明地皇后大赦建
元神冊初闕地爲壇得金鈴因名其地曰金鈴岡壇側滿
林曰冊聖林三月丙辰以迭烈部夷离堇曷魯爲阿盧朶
里于越百僚進秩頒賚有差賜酺三日立子倍爲皇太子
夏四月乙酉朔晉幽州節度使盧國用來降以爲幽州兵
馬留後甲辰梁遣郎公遠來賀六月庚寅吳越王遣滕彥
休來貢秋七月壬申親征突厥吐渾党項小蕃沙陀諸部
皆平之俘其酋長及其戶萬五千六百鎧甲兵仗器服九
十餘萬寶貨駝馬牛羊不可勝算八月拔朔州擒節度使

李嗣本勒石紀功於青塚南冬十月癸未朔乘勝而東十
一月攻蔚新武嬀儒五州斬首萬四千七百餘級自代北
至河曲踰陰山盡有其地遂改武州爲歸化州嬀州爲可
汗州置西南面招討司選有功者領之其圍蔚州敵樓無
故自壞衆軍大譟乘之不踰時而破時梁及吳越二使皆
在焉詔引環城觀之因賜滕彥休名曰述呂十二月收山
北八軍

二年春二月晉新州裨將盧文進殺節度使李存矩來降
進攻其城刺史安金全遁以文進部將劉殷爲刺史三月
辛亥攻幽州節度使周德威以幽并鎮定魏五州之兵拒

于居庸關之西合戰於新州東大破之斬首三萬餘級殺
李嗣本之子武八以后弟阿骨只爲統軍實魯爲先鋒東
出關略燕趙不遇敵而還己未于骨里叛命室魯以兵討
之夏四月壬午圍幽州不克六月乙巳望城中有氣如煙
火狀上曰未可攻也以大暑霖潦班師留曷魯盧國用守
之剌葛與其子賽保里叛入幽州秋八月李存勗遣李嗣
源等救幽州曷魯等以兵少而還

三年春正月丙申以皇弟安端爲大內惕隱命攻雲州及
西南諸部二月達旦國來聘癸亥城皇都以禮部尚書康
默記充版築使梁遣使來聘晉吳越渤海高麗回鶻阻卜

党項及幽鎮定魏潞等州各遣使來貢夏四月乙巳皇弟
迭烈哥謀叛事覺知有罪當誅預爲營壙而諸戚請免上
素惡其弟寅底石妻涅里衮乃曰涅里衮能代其死則從
涅里衮自縊壙中并以奴女古叛人曷魯只生瘞其中遂
赦迭烈哥五月乙亥詔建孔子廟佛寺道觀秋七月乙酉
于越曷魯薨上震悼久之輟朝三日贈賻有加冬十二月
庚子朔幸遼陽故城辛丑北府宰相蕭敵魯薨戊午以于
越曷魯弟汗里軫爲迭烈部夷离堇蕭阿古只爲北府宰
相甲子皇孫隈欲生

本紀第一

開府儀同三司上柱國錄軍國重事中書右丞相監修國史領經筵事都總裁臣脫脫等奉

勅修

太祖下

四年春正月丙申射虎東山二月丙寅修遼陽故城以漢民渤海戶實之改為東平郡置防禦使夏五月庚辰至自東平郡秋八月丁酉謁孔子廟命皇后皇太子分謁寺觀九月征烏古部道聞皇太后不豫一日馳六百里還侍太后病間復還軍中冬十月丙午次烏古部天大風雪兵不能進上禱于天俄頃而霽命皇太子將先鋒軍進擊破之俘獲生口萬四千二百牛馬車乘廬帳器物二十餘萬自是舉部來附

五年春正月乙丑始製契丹大字夏五月丙寅吳越王復遣滕彥休貢犀角珊瑚授官以遣庚辰有龍見于拽剌山陽水上上射獲之藏其骨內府閏六月丁卯以皇弟蘇為惕隱康默記為夷离畢秋八月己未朔党項諸部叛辛未上親征九月己丑朔梁遣郎公遠來聘壬寅大字成詔頒行之皇太子率迭剌部夷离堇汙里軫等略地雲內天德冬十月辛未攻天德癸酉節度使宋瑤降賜弓矢鞍馬旗鼓更其軍曰應天甲戌班師宋瑤復叛丙子拔其城擒宋瑤俘其家屬徙其民於陰山南十二月己未師還

六年春正月丙午以皇弟蘇為南府宰相迭里為惕隱南府宰相自諸弟構亂府之名族多罹其禍故其位久虛以鋤得部轄得里只里古攝之府中數請擇任宗室上以舊制不可輒變請不已乃告于宗廟而後授之宗室為南府宰相自此始夏五月丙戌朔詔定法律正班爵丙申詔畫前代直臣像為招諫圖及詔長吏四孟月詢民利病六月乙卯朔日有食之冬十月癸丑朔晉新州防禦使王郁以所部山北兵馬內附丙子上率大軍入居庸關十一月癸卯下古北口丁未分兵略檀順安遠三河良鄉望都潞滿城遂城等十餘城俘其民徙內地十二月癸丑王郁率其眾來朝上呼郁為子賞賚甚厚而徙其眾于潢水之南庚申皇太子率王郁略地定州康默記攻長蘆晉義武軍節度使王處直養子都囚其父自稱留後癸亥圍涿州有白兔緣壘而上是日破其郛癸酉刺史李嗣弼以城降乙亥存勗至定州王都迎謁馬前存勗引兵趨望都遇我軍禿餒五千騎圍之存勗力戰數四不解李嗣昭領三百騎來救我軍少却存勗乃得出大戰我軍不利引歸存勗至幽州遣二百騎躡我軍後我軍反擊悉擒之己卯還次檀州幽人來襲擊走之擒其裨將詔徙檀順民于東平瀋州

天贊元年春二月庚申復徇幽薊地癸酉詔改元赦軍前殊死以下夏四月甲寅攻薊州戊午拔之擒刺史胡瓊以盧國用涅魯古典軍民事壬戌大饗軍士癸亥李存勗圍鎮州張文禮求援命郎君迭烈將軍康末怛往擊敗之殺其將李嗣昭辛未攻石城縣拔之五月丁未張文禮卒其子處瑾遣人奉表來謝六月遣鷹軍擊西南諸部以所獲賜貧民冬十月甲子以蕭霞的爲北府宰相分迭刺部爲二院斜涅赤爲北院夷离菫綰思爲南院夷离菫詔分北大濃兀爲二部立兩節度使以統之十一月壬寅命皇子堯骨爲天下兵馬大元帥略地薊北

二年春正月丙申大元帥堯骨克平州獲刺史趙思溫裨將張崇二月如平州甲子以平州爲盧龍軍置節度使三月戊寅軍于箭笴山討叛奚胡損獲之射以鬼箭誅其黨三百人沉之狗河置奚墮瑰部以勃魯恩權總其事夏四月己酉梁遣使來聘吳越王遣使來貢癸丑命堯骨攻幽州迭刺部夷离菫觀烈徇山西地庚申堯骨軍幽州東節度使符存審遣人出戰敗之擒其將裴信父子閏月庚辰堯骨抵鎮州壬午拔曲陽丙戌下北平是月晉王李存勗即皇帝位國號唐五月戊午堯骨師還癸亥大饗軍士賞賚有差六月辛丑波斯國來貢秋七月前北府宰相蕭阿

古只及王郁徇地燕趙冬十月辛未朔日有食之己卯唐兵滅梁

三年春正月遣兵略地燕南夏五月丙午以惕隱迭里爲南院夷离菫是月徙薊州民實遼州地渤海殺其刺史張秀實而掠其民六月乙酉召皇后皇太子大元帥及二宰相諸部頭等詔曰上天降監惠及烝民聖主明王萬載一遇朕既上承天命下統群生每有征行皆奉天意是以機謀在己取舍如神國令既行人情大附舛訛歸正遐邇無愆可謂大含滇海安納泰山矣自我國之經營爲群方之父母憲章斯在胤嗣何憂升降有期去來在我良籌聖會自有契於天人衆國群王豈可化其凡骨三年之後歲在丙戌時值初秋必有歸處然未終兩事豈負親誠日月非遙戒嚴是速聞詔者皆驚懼莫識其意是日大舉征吐渾党項阻卜等部詔皇太子監國大元帥堯骨從行秋七月辛亥曷剌等擊素昆那山東部族破之八月乙酉至烏孤山以鵝祭天甲午次古單于國登阿里典壓得斯山以麃鹿祭九月丙申朔次古回鶻城勒石紀功庚子拜日于蹛林丙午遣騎攻阻卜南府宰相蘇南院夷离菫迭里略地西南乙卯蘇等獻俘丁巳鑿金河水取烏山石輦致潢河木葉山以示山川朝海宗嶽之意癸亥大食國來貢甲子

詔礲闕遏可汗故碑以契丹突厥漢字紀其功是月破胡
母思山諸蕃部次業得思山以赤牛青馬祭天地回鶻霸
里遣使來貢冬十月丙寅朔獵寓樂山獲野獸數千以充
軍食丁卯軍于霸離思山遣兵踰流沙拔浮圖城盡取西
鄙諸部十一月乙未朔獲甘州回鶻都督畢離遏因遣使
諭其主烏母主可汗射虎于烏剌邪里山抵霸室山六百
餘里且行且獵日有鮮食軍士皆給

四年春正月壬寅以捷報皇后皇太子二月丙寅大元帥
堯骨略党項丁卯皇后遣康末怛問起居進御服酒膳乙
亥蕭阿古只略燕趙還進牙旗兵仗辛卯堯骨獻党項俘

三月丙申饗軍于水精山夏四月甲子南攻小蕃下之皇
后皇太子迎謁於札里河癸酉回鶻烏母主可汗遣使貢
謝五月甲寅清暑室韋北陘秋九月癸巳至自西征冬十
月丁卯唐以滅梁來告即遣使報聘庚辰日本國來貢辛
巳高麗國來貢十一月丁酉幸安國寺飯僧赦京師囚縱
五坊鷹鶻己酉新羅國來貢十二月乙亥詔曰所謂兩事
一事已畢惟渤海世讎未雪豈宜安駐乃舉兵親征渤海
大諲譔皇后皇太子大元帥堯骨皆從閏月壬辰祠木葉
山壬寅以青牛白馬祭天地于烏山己酉次撒葛山射鬼
箭丁巳次商嶺夜圍扶餘府

天顯元年春正月己未白氣貫日庚申拔扶餘城誅其守
將丙寅命惕隱安端前北府宰相蕭阿古只等將萬騎為
先鋒遇諲譔老相兵破之皇太子大元帥堯骨南府宰相
蘇北院夷离菫斜涅赤南院夷离菫迭里是夜圍忽汗城
己巳諲譔請降庚午駐軍于忽汗城南辛未諲譔素服稾
索牽羊率僚屬三百餘人出降上優禮而釋之甲戌詔諭
渤海郡縣丙子遣近侍康末怛等十三人入城索兵器為
邏卒所害丁丑諲譔復叛攻其城破之駕幸城中諲譔請
罪馬前詔以兵衛諲譔及族屬以出祭告天地復還軍中
二月庚寅安邊鄚頡南海定理等府及諸道節度刺史來

朝慰勞遣之以所獲器幣諸物賜將士壬辰以青牛白馬
祭天地大赦改元天顯以平渤海遣使報唐甲午復幸忽
汗城閱府庫物賜從臣有差以奚部長勃魯恩王郁自回
鶻新羅吐蕃党項室韋沙陀烏古等從征有功優加賞賚
丙午改渤海國為東丹忽汗城為天福冊皇太子倍為人
皇王以主之以皇弟迭剌為左大相渤海老相為右大相
渤海司徒大素賢為左次相耶律羽之為右次相赦其國
內殊死以下丁未高麗濊貊鐵驪靺鞨來貢三月戊午遣
夷离畢康默記左僕射韓延徽攻長嶺府甲子祭天丁卯
幸人皇王宮己巳安邊鄚頡定理三府叛遣安端討之丁

丑三府平壬午安端獻俘誅安邊府叛帥二人癸未宴東
丹國僚佐頒賜有差甲申幸天福城乙酉班師以大諲譔
舉族行夏四月丁亥朔次繖子山辛卯人皇王率東丹國
僚屬辭是月唐養子李嗣源反郭存謙弑其主存勗嗣源
遂即位五月辛酉南海定理二府復叛大元帥堯骨討之
六月丁酉二府平丙午次慎州唐遣姚坤以國哀來告秋
七月丙辰鐵州刺史衛鈞反乙丑堯骨攻拔鐵州庚午東
丹國左大相迭剌卒辛未衛送大諲譔于皇都西築城以
居之賜諲譔名曰烏魯古妻曰阿里只盧龍行軍司馬張
崇叛奔唐甲戌次扶餘府上不豫是夕大星隕于幄前辛

巳平旦子城上見黃龍繚繞可長一里光耀奪目入于行
宮有紫黑氣蔽天踰日乃散是日上崩年五十五天贊三
年上所謂丙戌秋初必有歸處至是乃驗壬午皇后稱制
權決軍國事八月辛卯康默記等攻下長嶺府甲午皇后
奉梓宮西還壬寅堯骨討平諸州奔赴行在乙巳人皇王
倍繼至九月壬戌南府宰相蘇薨丁卯梓宮至皇都權殯
于子城西北已巳上謚昇天皇帝廟號太祖冬十月盧龍
軍節度使盧國用叛奔于唐十一月丙寅殺南院夷离菫
耶律迭里郎君耶律匹魯等二年八月丁酉葬太祖皇帝
于祖陵置祖州天城軍節度使以奉陵寢統和二十六年

七月進謚大聖大明天皇帝重熙二十一年九月加謚大
聖大明神烈天皇帝太祖所崩行宮在扶餘城西南兩河
之間後建昇天殿于此而以扶餘為黃龍府云

贊曰遼之先出自炎帝世為審吉國其可知者蓋自奇首
云奇首生都菴山徙潢河之濱傳至雅里始立制度置官
屬刻木為契穴地為牢讓阻午而不肯自立雅里生毗牒
毗牒生頦領頦領生耨里思大度寡欲令不嚴而人化是
為肅祖肅祖生薩剌德嘗與黃室韋挑戰矢貫數札是為
懿祖懿祖生勻德實始教民稼穡善畜牧國以殷富是為
玄祖玄祖生撒剌的仁民愛物始置鐵冶教民鼓鑄是為

德祖即太祖之父也世為契丹遙輦氏之夷离菫執其政
柄德祖之弟述瀾北征于厥室韋南略易定奚霫始興板
築置城邑教民種桑麻習織組已有廣土眾民之志而太
祖受可汗之禪遂建國東征西討如折枯拉朽東自海西
至于流沙北絕大漠信威萬里歷年二百豈一日之故哉
周公誅管蔡人未有能非之者剌葛安端之亂太祖既貸
其死而復用之非人君之度乎舊史扶餘之變亦異矣夫

本紀第二

本紀第三

開府儀同三司上柱國錄軍國重事中書右丞相監修國史領經筵事都總裁臣脫脫奉

勅修

太宗上

太宗孝武惠文皇帝諱德光字德謹小字堯骨太祖第二子母淳欽皇后蕭氏唐天復二年生神光異常獵者獲白鹿白鷹人以爲瑞及長貌嚴重而性寬仁軍國之務多所取決天贊元年授天下兵馬大元帥尋詔統六軍南徇地明年下平州獲趙思溫張崇回破箭笴山胡遜奚諸部悉降復以兵掠鎮定所至皆堅壁不敢戰師次幽州符存審

拒于州南縱兵邀擊大破之擒裨將裴信等數十人及從太祖破于厥里諸部定河壖党項下山西諸鎮取回鶻單于城東平渤海破達盧古部東西萬里所向皆有功天顯元年七月太祖崩皇后攝軍國事明年秋治祖陵畢冬十一月壬戌人皇王倍率群臣請于后曰皇子大元帥勳望中外攸屬宜承大統后從之是日即皇帝位癸亥謁太祖廟丙寅行柴冊禮戊辰還都壬申御宣政殿群臣上尊號曰嗣聖皇帝大赦有司請改元不許十二月庚辰尊皇太后爲太皇太后皇后爲應天皇太后立妃蕭氏爲皇后禮畢閱近侍班局辛巳諸道將帥辭歸鎮己丑祀天地庚寅

遣使諭諸國辛卯閱群牧于近郊戊戌女直遣使來貢壬寅謁太祖廟甲辰閱旗鼓客省諸局官屬丁未詔選遙輦氏九帳子弟可任官者

三年春正月己酉閱北剋兵籍庚戌閱南剋兵籍丁巳閱皮室拽剌黑離三軍己未黃龍府羅涅河女直達盧古來貢庚午以王郁爲興國軍節度使守中書令二月幸長濼己亥惕隱涅里衮進白狼辛丑達盧古來貢三月乙卯東蒐癸亥獵鞍韆山乙丑獵松山唐義武軍節度使王都遣人以定州來歸唐主出師討之使來乞援命奚秃里鐵剌往救之四月戊寅東巡己卯祭麃鹿神丁亥於獵所縱公

私取羽毛革木之材甲午取箭材赤山丙申獵三山鐵剌敗唐將王晏球于定州唐兵大集鐵剌請益師辛丑命惕隱涅里衮都統查剌赴之五月丙午建天膳堂獵索剌山戊申至自獵丁卯命林牙突呂不討烏古部己巳女直來貢六月己卯行瑟瑟禮秋七月丁未突呂不獻討烏古捷壬子王都奏唐兵破定州鐵剌死之涅里衮查剌等數十人被執上以出師非時甚悔之厚賜戰歿將校之家庚午有事于太祖廟八月丙子突厥來貢庚辰詔建應天皇太后誕聖碑于儀坤州九月己卯突呂不遣人獻討烏古俘癸未詔分賜群臣己丑幸人皇王倍第庚寅遣人使唐辛

卯再幸人皇王第癸巳有司請以上生日為天授節皇太后生日為永寧節冬十月癸卯朔以永寧節上率群臣上壽於延和宮己酉謁太祖廟唐遣使遺玉笛甲子天授節上御五鸞殿受群臣及諸國使賀十一月丙子鼻骨德來貢辛丑自將伐唐十二月癸卯祭天地庚戌聞唐主復遣使來聘上問左右皆曰唐數遣使來實畏威也未可輕舉觀釁而動可也上然之甲寅次杏堝唐使至遂班師時人皇王在皇都詔遣耶律羽之遷東丹民以實東平其民或亡入新羅女直因詔困乏不能遷者許上國富民給贍而隸屬之升東平郡為南京

四年春正月壬申朔宴群臣及諸國使觀俳優角觝戲己卯如瓜堝二月庚戌閱遙輦氏戶籍三月甲午望祀群神夏四月辛亥至自瓜堝壬子謁太祖廟癸丑謁太祖行宮甲寅幸天城軍謁祖陵辛酉人皇王倍來朝癸亥錄囚五月癸酉謁二儀殿宴群臣女直來貢戊子射柳于太祖行宮癸巳行瑟瑟禮六月丙午突呂不獻烏古俘戊申以分賜將士己酉西巡己未選輕騎數千獵近山癸亥駐蹕涼陘秋七月庚辰觀市曲赦繫囚甲午祠太祖而東八月辛丑至自涼陘謁太祖廟癸卯幸人皇王第己酉謁太祖廟九月庚午如南京戊寅祠木葉山己卯行再生禮癸巳至南京冬十月壬寅幸人皇王第宴群臣甲辰幸諸營閱軍籍庚戌以雲中郡縣未下大閱六軍甲子詔皇弟李胡帥師趣雲中討郡縣之未附者十一月丙寅朔以出師告天地丁卯餞皇弟李胡于西郊壬申命大內惕隱告出師于太祖行宮甲申觀漁三义口十二月戊申女直來貢戊午至自南京

五年春正月庚午皇弟李胡拔寰州捷至甲午朝皇太后二月己亥詔修南京癸卯李胡還自雲中朝于行在丙午以先所俘渤海戶賜李胡丙辰上與人皇王朝皇太后太后以皆工書命書于前以觀之辛酉召群臣議軍國事三

月丙寅朝皇太后丁卯皇弟李胡請赦宗室舍利郎君以罪繫獄者詔從之己巳幸皇叔安端第辛未人皇王獻白紵乙亥冊皇弟李胡為壽昌皇太子兼天下兵馬大元帥壬午以龍化州節度使劉居言同中書門下平章事乙酉宴人皇王僚屬於便殿庚寅駕發南京夏四月乙未詔人皇王先赴祖陵謁太祖廟丙辰會祖陵人皇王歸國五月戊辰詔修裏潭離宮乙酉謁太祖廟己亥射柳于行在乙卯如沿柳湖丁巳拜太祖御容于明殿己未敵烈德來貢秋七月壬申烏古來貢戊子薦時果于太祖廟八月丁酉以大聖皇帝皇后宴寢之所號日月宮因建日月碑丙午如

九層臺九月己卯詔舍利普寧撫慰人皇王庚辰詔置人皇王儀衛丁亥至自九層臺謁及祖廟冬十月戊戌遣使賜人皇王胙癸卯建太祖聖功碑于如迂正集會堝甲辰人皇王進玉笛十一月戊寅東丹奏人皇王浮海適唐

六年春正月甲子西南邊將以慕化轄戛斯國人来乙丑敵烈德来貢丁卯如南京三月辛未召大臣議軍國事丁亥人皇王倍妃蕭氏率其國僚屬来見夏四月己酉唐遣使来聘是月置中臺省于南京五月乙丑祠木葉山乙亥至自南京壬午謁太祖陵閏月庚寅射柳于近郊六月壬申如涼陘壬午烏古来貢秋七月丁亥女直来貢己酉命

將校以兵南略壬子薦時果于太祖廟東辛八月庚申皇子述律生告太祖廟辛巳鼻骨德来貢九月甲午詔修京城冬十月丁丑鐵驪来貢十一月乙酉唐遣使来聘十二月甲寅朔祭太祖廟丙辰遣人以詔賜唐盧龍軍節度使趙德鈞

七年春正月壬辰征西將軍課里遣拽剌鐸括奏軍事己亥唐遣使来聘癸卯遣人使唐戊申祠木葉山二月壬申拽剌迪德使吳越還吳越王遣使從獻寶器復遣使持幣往報之三月己丑林牙迪离畢指斥乘輿囚之丁未遣使諸國戊申上率群臣朝于皇太后夏四月甲戌唐遣使来聘致人皇王倍書己卯女直来貢五月壬午朔幸祖州謁太祖陵六月戊辰御製太祖建國碑戊寅烏古敵烈德来貢庚辰觀角觝戲秋七月辛巳朔賜中外官吏物有差癸未賜高年布帛丙戌召群臣耆老議政壬辰唐遣使遺紅牙笙癸巳使復至懼報定州之役也壬寅唐盧龍軍節度使趙德鈞遣人進時果丁未薦新于太祖廟八月壬戌捕鵝于沿柳湖風雨暴至舟覆溺死者六十餘人命存恤其家識以爲戒戊辰林牙迪离畢逸囚復獲而鞫之知其事本誣釋之九月庚子阻卜来貢冬十月乙卯唐遣使来聘己巳遣使雲中十一月丁亥遣使存問獲里國丁未阻

卜貢海東青鶻三十連十二月辛亥以叛人泥离衮家口分賜群臣丁巳西狩駐蹕平地松林

八年春正月戊子女直来貢庚子命皇太弟李胡左威衛上將軍撒割率兵伐党項癸卯上親餞之二月辛亥吐谷渾阻卜来貢乙卯兒實魯使唐還以所獻物入賜群臣三月辛卯皇太弟討党項勝還宴勞之丙申唐遣使請罷征党項兵上以戰捷及党項已聽命報之夏四月戊午党項來貢五月己丑獵獨牛山惕隱迪輦所乘內廐騶馬斃因賜名其山曰騶山戊戌如沿柳湖六月甲寅阻卜来貢甲子回鶻阿薩蘭來貢秋七月戊寅行納后禮癸未皇子提

离古生丁亥鐵驪女直阻卜来貢冬十月乙巳阻卜來貢丙午至自沿柳湖辛亥唐遣使來聘己未遣拔剌使唐辛未烏古吐魯沒來貢十一月辛丑太皇太后崩遣使告哀于唐及人皇王倍是月唐主嗣源殂子從厚立十二月丁卯党項來貢

九年春正月癸酉漁于土河丙申党項貢駝鹿己亥南京進白麞閏月戊午唐遣使告哀即日遣使弔祭壬戌東幸女直來貢二月壬申祠木葉山戊寅葬太皇太后于德陵前二日發喪于敵塗殿上具衰服以送後追謚宣簡皇后詔建碑于陵三月癸卯女直來貢夏四月唐李從珂弒其

主自立人皇王倍自唐上書請討五月甲辰如沿柳湖癸丑女直來貢大星晝隕六月己巳朔阜骨德來貢辛未唐李從厚謝弔祭所遣使初至關秋八月壬午自將南伐乙酉拽剌解里手接飛鴈上異之因以祭天地九月庚子西南星隕如雨乙卯次雲州丁巳拔河陰冬十月丁亥略地靈丘父老進牛酒犒師十一月辛丑圍武州之陽城壬寅陽城降癸卯注只城降括所俘丁壯籍于軍十二月壬辰皇子阿鉢撒葛里生皇后不豫是月駐蹕百湖之西南

十年春正月戊申皇后崩于行在二月戊寅百僚請加追謚不許辛巳宰相涅里衮謀南奔事覺執之三月戊午党項來貢夏四月吐谷渾酋長退欲德率衆內附丙戌皇太后父族及母前夫之族二帳並爲國舅以蕭缅思爲尚父領之己丑録囚五月甲午朔始製服行后喪丙午葬于奉陵上自製文謚曰彰德皇后癸丑以舍利王庭鶚爲龍化州節度使六月乙丑吐渾來貢辛未幸品不里淀秋七月乙卯獵南赤山冬十一月丙午幸弘福寺爲皇后飯僧見觀音畫像乃大聖皇帝應天皇后及人皇王所施顧左右曰昔與父母兄弟聚觀于此歲時未幾今我獨來悲嘆不已乃自製文題于壁以極追感之意讀者悲之十二月庚辰如金瓶濼遣拽剌化哥窟魯里阿魯掃姑等捉生敵境

十一年春正月釣魚于土河庚申如潢河三月庚寅朔女直來貢夏四月庚申謁祖陵戊辰還都謁太祖廟辛未燕民之復業者陳汴州事宜癸酉女直諸部來貢癸未賜回鶻使衣有差五月戊戌清暑沿柳湖六月戊午朔阜骨德來貢乙酉吐谷渾來貢秋七月辛卯烏古來貢壬辰蒲割額公主率三河烏古來朝丙申唐河東節度使石敬瑭爲其主所討遣趙瑩因西南路招討盧不姑求救上白太后曰李從珂弒君自立神人共憤宜行天討時趙德鈞亦遣使至河東復遣桑維翰來告急遂許興師八月己未遣蕭轄里報河東師期丙寅吐谷渾來貢庚午自將以援敬瑭

九月癸巳有飛鳶自墜而死南府夷离菫曷魯恩得之以
獻卜之吉上曰此從珂自滅之兆也丁酉入鴈門戊戌次
忻州祀天地己亥次太原庚子遣使諭敬瑭曰朕興師遠
來當即與卿破賊會唐將高行周符彥卿以兵來拒遂勒
兵陳于太原及戰佯爲之却唐將張敬達楊光遠又陳于
西未成列以兵薄之而行周彥卿爲伏兵所斷首尾不相
救敬達光遠大敗棄仗如山斬首數萬級敬達走保晉安
寨夷离菫的魯與戰死之敬瑭率官屬來見上執手撫慰
之癸卯圍晉安甲辰以的魯子徒离骨嗣爲夷离菫仍以
父字爲名以旌其忠南宰相鶻离底奚監軍寅你己涅

陪阿踣陳退懦上召切責之冬十月甲子封敬瑭爲晉王
幸其府敬瑭與妻李率其親屬捧觴上壽初圍晉安分遣
精兵守其要害以絶援兵之路而李從珂遣趙延壽以兵
二萬屯團柏谷范延廣以兵二萬屯遼州幽州趙德鈞以
所部兵萬餘由上黨趨延壽軍合勢進擊知此有備皆逗
遛不進從珂遂將精騎三萬出次河橋親督諸軍然知其
不救但日酣飲悲歌而已丁卯召敬瑭至行在所賜坐上
從容語之曰吾三千里舉兵而來一戰而勝殆天意也觀
汝雄偉弘大宜受茲南土世爲我藩輔遂命有司設壇晉
陽備禮冊命十一月丁酉冊敬瑭爲大晉皇帝自戊戌至

戊申偵騎兩奏南有兵至復於西有兵至命惕隱迪輦注
拒之敬達在圍八十餘日内外隔絶軍儲殆盡至濯馬糞
屑木以飼馬馬飢至自相啖其騣尾死則以充食光遠等
勸敬達出降敬達曰吾有死而已爾欲降寧斬吾首以降
閏月甲子楊光遠安審琦殺敬達以降上聞敬達至死不
變謂左右曰凡爲人臣當如此也命以禮葬所降軍士及
馬五千匹以賜晉帝丙寅祀天地以告成功庚午僕射蕭
酷古只奏趙德鈞等諸援兵將遁詔夜發兵追擊德鈞等
軍皆投戈棄甲自相蹂踐擠于川谷者不可勝紀仍命皇
太子馳輕騎據險要追及步兵萬餘來降之辛未兵度團

柏谷以酒肴祀天地俄追及德鈞父子乃率衆降次潞州
召諸將議皆請班師從之命南宰相解領鶻离底奚監軍
寅你己將軍陪阿先還壬申惕隱洼林牙迪离畢來獻俘
晉帝辭歸上與宴飲酒酣執手約爲父子以白貂裘一廐
馬二十戰馬千二百餞之命迪离畢將五千騎送入洛臨
別謂之曰朕留此候亂定乃還耳辛巳晉帝至河陽李從
珂窮蹙召人皇王倍同死不從遣人殺之乃舉族自焚詔
收其士卒戰歿者瘞之汾水上以爲京觀晉命桑維翰爲
文紀上功德十二月乙酉朔遣近侍摭魯存問晉帝丙戌
以晉安所獲分賜將校戊子遣使馳奏皇太后及報諸道

師還庚寅發太原辛卯聞晉帝入洛遣郎君解里德撫問
壬辰次細河閱降將趙德鈞父子兵馬戊戌次鴈門以沙
太保所部兵分隸諸將庚戌幸應州癸丑唐大同彰國振
武三節度使迎見留之不遣
十二年春正月丙辰次堆子口唐大同軍節度判官吳巒
閉城拒命遣崔廷勳圍其城庚申上親征至城下諭之巒
降辛酉射鬼箭于雲州北壬戌祀天地癸亥還國奚王勞
發奚西部民各還本土丙寅皇太后遣侍衛實魯趣行是
夕率輕騎先進丁丑皇子述律迎謁于灤河告功太祖行
宮戊寅朝于皇太后進珍玩為壽二月丁亥以軍前所獲

俘叛入幽州者皆斬之壬寅詔諸部休養士卒癸卯晉遣
唐所掠郎君剌哥文班吏蕭觶里還朝三月庚申晉遣使
來貢丁卯晉天雄軍節度使范延廣潛遣人請內附不納
己巳遣郎君的烈古梅里迭烈使晉壬午晉使及諸國使
來見夏四月甲申地震幸平地松林觀潢水源五月甲寅
幸頻蹕淀壬申震開皇殿六月甲申晉遣戶部尚書聶延
祚等請上尊號及歸鴈門以北與幽薊之地仍歲貢帛三
十萬疋詔不許庚戌侍中列率言范延廣叛晉引兵南向
秋七月辛亥朔詔諸部治兵甲癸丑幸懷州謁奉陵甲子
晉遣使來告范延廣反庚午遣耶律袞古皇使晉議軍事

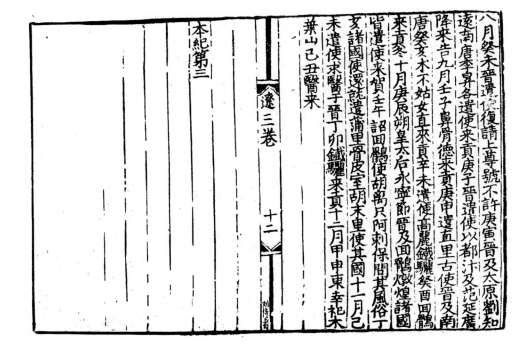

八月癸未晉遣使復請上尊號不許庚寅晉及太原劉知
遠南唐李昪各遣使來貢庚子晉遣使以都汴及范延廣
降來告九月壬子昪胥德來貢庚申遣直里古使晉及南
唐癸亥术不姑女直來貢辛未遣使高麗鐵驪癸酉回鶻
來貢冬十月庚辰朔皇太后永寧節晉及回鶻燉煌諸國
皆遣使來賀壬午詔回鶻使胡离只阿剌保問其風俗丁
亥諸國使還就遣蒲里骨皮室胡末里使其國十一月己
未遣使求醫于晉丁卯鐵驪來貢十二月甲申東幸杷木
兼山己丑醫來

本紀第三

開府儀同三司上柱國錄軍國重事中書右丞相監修國史領經筵事都總裁臣脫脫奉
勅修

太宗下

會同元年春正月戊申朔晉及諸國遣使来賀晉使且言已命和凝撰聖德神功碑戊辰遣人使晉二月壬午室韋進白麃戊子鐵驪来貢丁酉獵松山戊戌幸遼河東丙申上思人皇王遣惕隱率宗室以下祭其行宮丁未詔增晉使所經供億戶三月壬戌將東幸三剋言農務方興請減輜重促還期從之丙寅女直来貢癸酉東幸夏四月戊寅

朔如南京甲申女直来貢乙酉幸溫泉己丑還宮朝于皇太后丁酉女直貢弓矢己亥西南邊大詳穩耶律魯不古奏党項捷五月甲寅晉復遣使請上尊號從之六月丙子朔吐谷渾及女直来貢辛卯南唐来貢癸巳詔建日月四時堂圖寫古帝王事于兩廡秋七月癸亥遣使賜晉馬丁卯遣鶻离底使晉攜里了古使南唐戊辰遣中臺省右相耶律述蘭遙烈哥使晉臨海軍節度使趙思溫副之冊晉帝爲英武明義皇帝八月戊子女直来貢庚子吐谷渾烏孫靺鞨皆来貢九月庚戌黑車子室韋貢名馬邊臣奏晉遣守司空馮道左散騎常侍韋勳来上皇太后尊號左僕射劉煦右諫議大夫盧重上皇帝尊號遂遣監軍寅你已充接伴壬子詔群臣及高年凡授大臣爵秩皆賜錦袍金帶白馬金飾鞍勒著于令冬十月甲戌朔遣郎君迪里姑等撫問晉使壬寅晉遣使来謝冊禮是日復有使進獨峯駝及名馬十一月甲辰朔命南北宰相及夷离堇就館賜晉使馮道以下宴丙午上御開皇殿召見晉使壬子皇太后御開皇殿馮道韋勳冊上尊號曰廣德至仁昭烈崇簡應天皇太后甲子行再生柴冊禮丙寅皇帝御宣政殿劉煦盧重冊上尊號曰睿文神武法天啓運明德章信至道廣敬昭孝嗣聖皇帝大赦改元會同是月晉復遣趙瑩奉

表来賀以幽薊瀛莫涿檀順嬀儒新武雲應朔寰蔚十六州并圖籍来獻於是詔以皇都爲上京府曰臨潢升幽州爲南京南京爲東京改新州爲奉聖州武州爲歸化州升北南二院及乙室夷离堇爲王以主簿爲令令爲刺史刺史爲節度使二部梯里已爲司徒達剌干爲副使麻都不爲縣令縣達剌干爲馬步置宣徽閤門使控鶴客省御史大夫中丞侍御判官文班牙署諸宮院世燭馬群遙輦世燭南北府國舅帳郎君官爲敞史諸部宰相節度使帳爲司空二室韋闥林爲僕射鷹坊監冶等局官長爲詳穩十二月戊戌遣同括阿鉢等使晉制加晉馮道守太傅劉煦

守太保餘官各有差
二年春正月乙巳以受晉冊遣使報南唐高麗丁未御開
皇殿宴晉使馮道以下賜物有差戊申晉遣金吾衛大將
軍馬從斌考功郎中劉知新來貢珍幣命分賜群臣丙辰
晉遣使謝免沿邊四州錢幣二月戊寅宴諸王及節度使
來賀受冊禮者仍命皇太子惕隱迪輦餞之癸巳謁太祖
廟賜在京吏民物及內外群臣官賞有差丁酉加兼侍中
左金吾衛上將軍王郁檢校太尉三月畋于寓潭之側戊
申女直來貢丁巳封皇子述律為壽安王罨撒葛為太平
王己巳大賚百姓夏四月乙亥幸木葉山癸巳東京路奏

狼食人五月乙巳禁南京鬻牝羊出境思奴古多里等坐
盜官物籍其家南唐遣使來貢丁未以所貢物賜群臣戊
申回鶻單于使人乞授官詔第加刺史縣令六月丁丑雨
雪是夏駐蹕頻蹕淀秋七月戊申晉遣使進犀帶庚戌吐
谷渾來貢乙卯敞史阿鉢坐奉使失職命笞之閏月癸未
乙室大王坐賦調不均以木劍背撻而釋之并罷南北府
民上供及宰相節度諸賦役非舊制者乙酉遣的烈賜晉
烏古良馬己丑以南王府二刺史貪蠹各杖一百仍繫虞
候帳備射鬼箭選群臣為民所愛者代之八月乙丑晉遣
使貢歲幣奏輸戌亥二歲金幣于燕京九月甲戌阻卜阿

离底來貢己卯遣使使晉冬十月丁未上以烏古部水草
肥美詔北南院徙三石烈戶居之十一月丁亥鐵驪燉煌
並遣使來貢十二月庚子鉤魚于土河甲子回鶻使者嫌
人有以刃相擊者詔付其使處之
三年春正月戊子吳越王遣使來貢庚寅人皇王妃來朝
回鶻使乞觀諸國使朝見禮從之壬辰遣阿鉢使晉
致生辰禮晉以并鎮忻代之吐谷渾來歸二月己亥奚王
勞骨寧率六節度使朝貢庚子烏古遣使獻伏鹿國俘賜
其部夷离堇旗鼓以旌其功壬寅女直來貢辛亥墨離鶻
末里使回鶻阿薩蘭還賜對衣勞之乙卯鴨淥江女直遣

使來覲三月戊辰遣使使晉報幸南京己巳如南京辛未
命惕隱耶律涅离骨德率萬騎先驅壬申次石嶺以奚王
勞骨寧監軍寅你已朝謁不時切責之丙子魯不姑上党
項俘獲數癸未獵水門獲白鹿庚寅詔扈從擾民者從軍
律甲午幸薊州乙未晉及南唐各遣使來覲夏四月庚子
至燕備法駕入自拱辰門御元和殿行入閤禮壬寅遣人
使晉乙巳幸留守趙延壽別墅丙午晉遣宣徽使楊端王
眺等來問起居壬子御便殿宴晉及諸國使丙辰晉遣使
進茶藥壬戌御昭慶殿宴南京群臣癸亥晉遣使賀端午
以所進節物賜群臣乙丑南唐進白龜五月庚午以端午

宴群臣及諸國使命回鶻燉煌二使作本俗舞俾諸使觀之庚辰晉遣使進弓矢甲申遣皇子天德及檢校司徒邸用和使晉戊子閱騎兵于南郊六月乙未朔東京宰相耶律羽之言渤海相大素賢不法詔僚佐部民舉有才德者代之丙申閱步卒于南郊庚子晉及轄剌骨只遣使來見壬寅駕發燕京命中書令蕭僧隱部諸道軍于長坐營癸丑次奉聖州甲寅勞軍士秋七月己巳獵猾底烈山癸酉朝于皇太后丙子從皇太后視人皇王妃疾戊寅人皇王妃蕭氏薨己卯以安重榮據鎮州叛晉詔征南將軍柳嚴邊備丙戌徙人皇王行宮于其妃薨所辛卯晉遣使請行

南郊禮許之八月己亥詔東丹史民爲其王倍妃蕭氏服庚子阻卜來貢壬寅遣使南唐乙巳阻卜黑車子室韋貢烈等國來貢南唐遣使求青氊帳賜之戊申以安端私城爲白川州辛亥鼻骨德使乞賜爵以其國相授之甲寅阻卜來貢乙卯置白川州官屬丙辰詔以于諧里河臚朐河之近地給賜南院歐菫突呂乙斯勃北院溫納何剌三石烈人爲農田九月庚午侍中崔窮古言晉主聞陛下數游獵意請節之上曰朕之畋獵非徒從樂所以練習武事也乃詔諭之壬午邊將奏破吐谷渾擒其長詔止誅其首惡及其丁壯餘並釋之丙戌晉遣使貢名馬戊子女直及吳

越王遣使來貢冬十月辛丑遣剋朗使吳越略姑使南唐庚申晉遣使貢布及請親祠南嶽從之十一月己巳南唐遣使奉蠟丸書言晉密事丁丑詔有司教民播種紡績除姊亡妹續之法十二月壬辰朔率百僚謁太祖行宮甲午燔柴禮畢祠于神帳丙申遣使使晉丙辰詔契丹人授漢官者從漢儀聽與漢人婚姻丁巳詔燕京皇城西南堞建涼殿是冬駐蹕于傘淀

四年春正月壬戌以乙室品卑突軌三部鰥寡不能自存者官爲之配丙子南唐遣使來貢庚辰涅剌烏隗部獻党項俘獲數己丑詔定征党項功二月丙申皇太子獲白麞

甲辰晉遣使進香藥丙子鐵驪來貢丁巳詔有司編始祖奇首可汗事迹己未晉遣楊彥詢來貢且言鎮州安重榮跋扈狀遂留不遣是月晉鎮州安重榮執遼使者拽剌三月特授回鶻使闊里于越并賜旌旗弓劒衣馬餘賜有差癸酉晉以許祀南郊遣使來謝進黃金千鎰夏四月己卯晉遣使進櫻桃五月庚辰吐谷渾素篤萬蘇等叛入晉遣牒蠟往諭晉及太原守臣六月辛卯振武軍節度副使趙崇逐其節度使耶律畫里以朔州叛附晉丙午命宣徽使褭古只赴朔州以兵圍其城有晉使至請開壁即勿聽驛送闕下秋七月癸亥南唐遣使奉蠟丸書丙寅褭古只奏

請遣使至朔令降守者猶堅壁弗納且言晉有貢物命郎以所貢物賜攻城將校己巳有司奏神纛車有蜂巢成蜜史占之吉壬申晉遣使進水晶硯八月癸巳南唐奉蠟丸書庚子晉遣使進犀弓竹矢吳越王遣使奉蠟丸書九月壬申有星孛于晉分丁丑幸歸化州冬十月辛丑有司奏燕薊大熟癸卯吳越王遣使來貢十一月丙寅晉以討安重榮來告庚午吐谷渾請降遣使撫諭阻卜來貢以其物賜左右丙子鴨淥江女直來貢壬午以永寧天授二節及正旦重午冬至臘並受賀著令十二月戊子晉遣使來告山南節度使安從進反詔以使宜討之庚寅南唐遣使奉蠟丸書戊戌晉遣王升鸞來貢戊申晉以敗安重榮來告遂遣楊彥詢歸辛亥晉遣使乞罷戍兵詔惕隱朔古班師甲寅攻拔朔州遣控鶴指揮使諧里勞軍時裊古只戰歿城下上怒命誅城中丁壯仍以叛民上戶三十為裊古只部曲

五年春正月丙辰朔上在歸化州御行殿受群臣朝以諸道貢物進太后及賜宗室百僚戊午詔求直言北王府郎君耶律海思應詔召對稱旨特授宣徽使詔政事令僧隱等以契丹戶分屯南邊戊辰晉以安重榮首來獻上數欲親討重榮至是乃止癸酉遣使使晉是月晉以朔州平請

使來賀遂遣客省使耶律化哥使晉并致生辰禮二月壬辰上將南幸以諸路有未平者召太子及群臣議皆曰今襄鎮朔三州雖已平然吐谷渾為安重榮所誘猶未歸命宜發兵討之以警諸部上曰王與朕合遂詔以明王隈恩代于越信恩為西南路招討使以討之且諭明王宜先練習邊事而後之官甲午如南京遣使使晉索吐谷渾叛者乙未鼻骨德來貢三月乙卯朔晉遣齊州防禦使宋暉業翰林茶酒使張言來問起居閏月駐蹕陽門夏四月甲寅朔鐵驪來貢以其物分賜群臣丙子晉遣使進射柳鞍馬五月五日戊午禁屠宰六月癸丑朔晉齊王重貴遣使來貢丁巳徒覩古素撒來貢乙丑晉主敬瑭殂子重貴立戊辰晉遣使告哀輟朝七日庚午遣使往晉弔祭丁丑聞皇太后不豫上馳入侍湯藥必親嘗仍告太祖廟幸菩薩堂飯僧五萬人七月乃愈秋七月庚寅晉遣金吾衛大將軍梁言判四方館事朱崇節來謝書稱孫不稱臣遣客省使喬榮讓之景延廣答曰先帝則聖朝所立今主則我國自冊為鄰為孫則可奉表稱臣則不可榮還具奏之上始有南伐之意辛卯阻卜鼻骨德烏古來貢將軍闓德里蒲骨等率降將轄德至闕并獻所獲丁未晉遣使以祖母哀來告八月辛酉女直阻卜烏古各貢方物甲子晉復襄州戊

辰詔河東節度使劉知遠送叛臣烏古指揮使由燕京赴
闕癸酉遣天城軍節度使蕭拜石弔祭于晉九月壬辰遣
使賀晉帝嗣位冬十月己巳徵諸道兵遣將軍密骨德伐
党項十一月乙未武定軍奏松生棗十二月癸亥晉遣使
来謝是冬駐蹕赤城
六年春二月乙卯晉遣使進先帝遺物辛酉晉遣使請居
汴從之三月己卯朔吳越王遣使来貢甲申梅里喘引来
歸戊子南唐遣使奉蠟丸書丁未晉至汴遣使来謝夏四
月戊申朔日有食之五月己亥遣使如晉致生辰禮六月
丁未朔鐵驪来貢己未奚鋤骨里部進白麝辛酉莫州進

白鵲晉遣使貢金秋八月丁未朔晉復貢金己未如奉聖
州晉遣其子延煦来朝冬十一月辛卯上京留守耶律迪
輦得晉諜知有二心甲辰鐵驪来貢十二月丁未如南京
議伐晉命趙延壽趙延昭安端解里等由滄恒易定分道
而進大軍繼之是歲楊彥昭請移鎮奈濼及新鎮從之
七年春正月甲戌朔趙延壽延昭率前鋒五萬騎次任丘
丙子安端入鴈門圍忻代己卯趙延壽圍貝州其軍校邵
珂開南門納遼兵太守吳巒投井死己丑次元城授延壽
魏博等州節度使封魏王率所部屯南樂丙申遣兵攻黎
陽晉張彥澤来拒辛丑晉遣使来脩舊好詔割河北諸州

及遣桑維翰景延廣来議二月甲辰攻博州刺史周儒以
城降晉平盧軍節度使楊光遠密道遼師自馬家口濟河
晉將景延廣命石斌守麻家口白再榮守馬家口未幾周
儒引遼軍麻荅營于河東攻鄆州北津以應光遠晉遣李
守貞皇甫遇梁漢璋薛懷讓將兵萬人緣河水陸俱進遼
軍圍晉别將于戚城晉主自將救之遼師解去守貞等至
馬家口麻荅遣步卒萬人築營壘騎兵萬人守於外餘兵
屯河西渡未已晉兵薄之遼軍不利三月癸酉朔趙延壽
言晉諸軍沿河置柵皆畏怯不敢戰若率大兵直抵澶淵
據其橋梁晉必可取是日晉兵駐澶淵其前軍高行周在

戚城乃命延壽延昭以數萬騎出行周右上以精兵出其
左戰至暮上復以勁騎突其中軍晉軍不能戰會有諜者
言晉軍東面數少沿河城柵不固乃急擊其東偏衆皆奔
潰縱兵追及遼大敗之壬午留趙延昭守貝州徙所俘户
于内地夏四月癸丑還次南京辛未如涼陘五月癸酉耶
律拔里得奏破德州擒刺史尹居璠及將吏二十七人六
月甲辰黑車子室韋来貢乙巳紐没里要里等國来貢秋
七月己卯晉楊光遠遣人奉蠟丸書辛卯晉遣張暉奉表
乞和留暉不遣八月辛酉回鶻遣使請婚不許是月晉鎮
州兵来襲飛狐大同軍節度使耶律孔阿戰敗之九月庚

年朔北辛十月丁未鼻骨德來貢壬戌天授節諸國進賀
惟晉不至十一月壬申詔徵諸道兵以閏月朔會溫榆河
北十二月癸卯南伐甲子次古北口閏月己巳朔閱諸道
兵於溫榆河己卯圍恒州下其九縣
八年春正月庚子分兵攻邢洺磁三州殺掠殆盡入鄴都
境張從恩馬全節安審琦兵悉陳于相州安陽水之南皇
甫遇與濮州刺史慕容彥超將兵千騎來覘遼軍至鄴都
遇遼軍數萬且戰且却至榆林店遼軍繼至遇與彥超力
戰百餘合遇馬斃步戰審琦引騎兵踰水以救遼軍乃還
三月圍魏晉將杜重威率兵來救戊子晉將折從阮陷勝
州三月戊戌師拔祁州殺其刺史沈斌庚戌杜重威李守
貞攻泰州戊子趙延壽率前鋒薄泰城己未重威守貞引
兵南遁追至陽城大敗之復以步卒為方陣來拒與戰二
十餘合壬戌復搏戰十餘里癸亥圍晉兵于白團衛村晉
兵下鹿角為營是夕大風至曙命鐵鷂軍下馬拔其鹿角
奮短兵入擊順風縱火揚塵以助其勢晉軍大呼曰都招
討何不用兵令士卒徒死諸將皆奮出戰張彥澤藥元福
皇甫遇出兵大戰諸將繼至遼軍却數百步風益甚晝晦
如夜符彥卿以萬騎橫擊遼軍率步卒並進遼軍不利上
乘奚車退十餘里晉追兵急獲一橐駝乘之乃歸晉兵退

保定州夏四月甲申還次南京杖戰不力者各數百庚寅
宴將士於元和殿癸巳如涼陘六月戊辰回鶻來貢辛未
吐谷渾鼻骨德皆來貢辛巳黑車子室韋來貢丁亥趙延
壽奏晉兵襲高陽戍將擊走之秋七月乙卯獵平地松林
晉遣孟守中奉表請和仍以前事答之八月己巳詔侍衛
蕭素撒閱群牧于北陘九月壬寅次赤山宴從臣問軍國
要務對曰軍國之務愛民為本民富則兵足兵足則國強
上以為然辛酉還上京冬十月辛未祠木葉山十一月戊
戌女直鐵驪來貢十二月癸亥朔朝謁太祖行宮乙丑雲
州節度使耶律孔阿獲晉諜者戊辰臘賜諸國貢使衣馬
九年春正月庚子回鶻來貢丁未女直來貢二月戊辰鼻
骨德奏軍籍三月己亥吐谷渾遣軍校恤烈獻生口千戶
授恤烈檢校司空夏四月辛酉朔吐谷渾白可久來附是
月如涼陘五月庚戌晉易州戍將孫方簡請內附六月戊
子謁祖陵更閱神殿為長思秋七月辛亥詔徵諸道兵敢
傷禾稼者以軍法論癸丑女直來貢乙卯以阻卜酋長曷
剌為本部夷離堇八月丙寅烏古來貢是月自將南伐九
月壬辰閱諸道兵于漁陽西東林淀是月趙延壽與張
彥澤戰于定州敗之十一月戊子朔進圍鎮州丙申先遣
候騎報晉兵至遣精兵斷河橋晉兵退保武強南院大王

迪輦將軍高模翰分兵由瀛州間道以進杜重威遣貝州
節度使梁漢璋率衆來拒與戰大敗之殺梁漢璋杜重威
張彥澤引兵據中渡橋趙延壽以步卒前擊高彥溫以騎
兵乘之追奔逐北殭屍數萬斬其將王清宋彥筠墮水死
重威等退保中渡寨義武軍節度使李殷以城降遂進兵
夾滹沱而營去中渡寨三里分兵圍之夜則列騎環守晝
則出兵抄掠復命大內惕隱耶律朔骨里及趙延壽分兵
圍守自將騎卒夜渡河出其役攻下欒城降騎卒數千分
遣將士據其要害下令軍中預備軍食三日不得舉煙火
但獲晉人即黥而縱之諸饋運見者皆棄而走於是晉兵

內外隔絕食盡勢窮十二月丙寅杜重威李守貞張彥澤
等率所部二十萬衆來降上擁數萬騎臨大阜立馬以受
之授重威守太傅鄴都留守守貞天平軍節度使餘各領
舊職分降卒之半付重威半以隸趙延壽命御史大夫鮮
里監軍傅桂兒張彥澤持詔入汴諭晉帝母李氏以安其
意且召桒維翰景延廣先來留騎兵千人守魏自率大軍
而南壬申解里等至汴晉帝重貴素服拜命與母李氏奉
表請罪初重貴絕和好維翰數諫止之不從至是彥澤殺
維翰紿言自經死詔收葬之復其田園第宅仍厚恤其家
甲戌彥澤遷重貴及其母并若妻於開封府署以控鶴指揮

使李榮督兵衛之壬午次赤岡重貴舉族出封丘門稾索
牽羊以待上不忍臨視命改館封禪寺晉百官縞衣紗帽
俯伏待罪上曰其主負恩其臣何罪命領職如故即授安
叔千金吾衛上將軍叔千出班獨立上曰汝邢州之請朕
所不忘乃加鎮國軍節度使蓋在邢嘗密請內附也將軍
康祥執景延廣來獻詔以牙籌數其罪凡八縶送都道自
殺
大同元年春正月丁亥朔備法駕入汴御崇元殿受百官
賀戊子以樞密副使劉敏權知開封府殺秦繼旻李彥紳
及鄭州防禦使楊承勳以其弟承信爲平盧軍節度使襲

父爵初楊光遠在青州求內附其子承勳不聽殺其判官
丘濤及弟承祚等自歸于晉故誅之己丑以張彥澤擅徙
重貴開封殺桒維翰縱兵大掠不道斬於市晉人臠食之
辛卯降重貴爲崇祿大夫檢校太尉封負義侯癸巳以張
礪爲平章事晉李崧爲樞密使馮道爲太傅和凝爲翰林
學士趙瑩爲太子太保劉煦守太保馮玉爲太子少保癸
卯遣趙瑩馮玉李彥韜將三百騎送負義侯及其母李氏
妃　氏妻馮氏弟重睿子延煦延寶等于黃龍府安置
仍以其宮女五十人內宦三人東西班五十人醫官一人
控鶴四人庖丁七人茶酒司三人儀鸞三人健卒十人從

之二月丁巳朔建國號大遼大赦改元大同升鎮州爲中京以趙延壽爲大丞相兼政事令樞密使中京留守中外官僚將士爵賞有差辛未河東節度使北平王劉知遠自立爲帝國號漢詔以耿崇美爲昭義軍節度使高唐英爲昭德軍節度使崔廷勳爲河陽軍節度使分據要地三月丙戌朔以蕭翰爲宣武軍節度使賜將吏爵賞有差壬寅晉諸司僚吏嬪御宦寺方技百工圖籍曆象石經銅人明堂刻漏太常樂譜諸宮縣鹵簿法物及鎧仗悉送上京磁州帥梁暉以相州降漢己酉命高唐英討之夏四月丙辰朔發自汴州以馮道李崧和凝李澣徐台符張礪等從行

次赤岡夜有聲如雷起於御幄大星復隕於旗鼓前乙丑濟黎陽渡顧謂侍臣曰朕此行有三失縱兵掠芻粟一也括民私財二也不遽遣諸節度還鎮三也皇太弟遣使問軍前事上報曰初以兵二十萬降杜重威張彥澤下鎮州及入汴視其官屬具員者省之當其才者任之司屬雖存官吏廢墮猶雛飛之後徒有空巢久經離亂一至於此所在盜賊屯結土功不息饋餉非時民不堪命河東尚未歸命西路酋帥亦相黨附夙夜以思制之之術惟推心庶僚和協軍情撫綏百姓三者而已今所歸順凡七十六處得戶一百九萬百一十八非汴州炎熱水土難居止得一年太平可指掌而致且改鎮州爲中京以備巡幸欲伐河東姑俟別圖其槩如此戊辰次高邑不豫丁丑崩于欒城年四十六是歲九月壬子朔葬于鳳山陵曰懷陵廟號太宗統和二十六年七月上尊謚孝武皇帝重熙三十一年九月增謚孝武惠文皇帝

贊曰太宗甫定多方遠近向化建國號備典章至於釐庶政闕名實錄囚徒教耕織配鰥寡求直言之士得郎君海思即擢宣徽嘉唐張敬達忠於其君卒以禮葬輟遊豫而納三剋之請憫士卒而下休養之令親征晉國重貴面縛斯可謂威德兼弘英略間見者矣入汴之後無幾微之驕

有三失之訓傳稱鄭伯之善處勝書進秦誓之能悔過太宗蓋兼有之其卓矣乎

本紀第四

本紀第五

開府儀同三司上柱國錄軍國重事中書右丞相監修國史領經筵事都總裁臣脫脫奉

勑修

世宗一

世宗孝和莊憲皇帝諱阮小字兀欲讓國皇帝長子母柔貞皇后蕭氏帝儀觀豐偉內寬外嚴善騎射樂施予人望歸之太宗愛之如子會同九年從伐晉大同元年二月封永康王四月丁丑太宗崩於欒城戊寅梓宮次鎮陽即皇帝位於柩前甲申次定州命天德朔古解里等護梓宮先赴上京太后聞帝即位遣太弟李胡率兵拒之六月甲寅

朔次南京五院夷離菫安端詳穩劉哥遣人馳報請爲前鋒至泰德泉遇李胡軍戰敗之上遣郎君勤德等詣兩軍諭解秋閏七月次潢河太后李胡整兵拒於橫渡相持數日用屋質之謀各罷兵趨上京既而聞太后李胡復有異謀遷于祖州誅司徒劃設及楚補里八月壬午朔尊母蕭氏爲皇太后以太后族剌只撒古魯爲國舅帳立詳穩以總焉以崇德宮戶分賜翼戴功臣及北院大王洼南院大王吼各五十安摶楚補各百的魯鐵剌子孫先以非罪籍沒者歸之癸未始置北院樞密使以安摶爲之九月壬子崩葬嗣聖皇帝於懷陵丁卯行柴冊禮群臣上尊號曰天授皇帝大赦改大同元年爲天祿元年追謚皇考曰讓國皇帝以安端主東丹國封明王察割爲泰寧王劉哥爲惕隱高勳爲南院樞密使

二年春正月天德蕭翰劉哥盆都等謀反誅天德杖蕭翰遷劉哥於邊罰盆都使轄戛斯國漢主劉知遠殂子承祐立夏四月庚辰朔南唐遣李朗王祚來慰且賀兼奉蠟丸書議攻漢秋七月壬申皇子賢生冬十月壬午南京留守魏王趙延壽薨以中臺省右相牒蠟爲南京留守封燕王十一月駐蹕彰武南

三年春正月蕭翰及公主阿不里謀反翰伏誅阿不里瘐

死獄中庚申肆赦內外官各進一階夏六月戊寅以敞史耶律胡離軫爲北院大王己卯惕隱頽昱封漆水郡王秋九月辛丑朔召群臣議南伐冬十月遣諸將率兵攻下貝州高老鎮徇地鄴都南宮堂陽殺深州刺史史萬山俘獲甚衆

四年春二月辛未泰寧王察割來朝留侍是月建政事省三月戊戌朔南唐遣趙延嗣張福等來賀南征捷秋九月乙丑朔如山西冬十月自將南伐攻下安平內丘束鹿等城大獲而還是歲冊皇后蕭氏

五年春正月癸亥朔如泉湖漢郭威弒其主自立國號

周遣朱憲來告即遣使致良馬漢劉崇自立於太原二月
同遣姚漢英華昭胤來以書辭抗禮留漢英等夏五月壬
戌朔太子太傅趙瑩薨輟朝一日命歸葬于汴詔州縣錄
事參軍主簿委政事省銓注六月辛卯朔劉崇爲周所攻
遣使稱姪乞援且求封冊即遣燕王牒蠟樞密使高勳冊
爲大漢神武皇帝南唐遣將洪來乞舉兵應援是夏清暑
百泉嶺九月庚申朔自將南伐壬戌次歸化州祥古山癸
亥祭讓國皇帝于行宮群臣皆醉察割反帝遇弒年三十
四應曆元年葬於顯州西山陵曰顯陵二年謚孝和皇帝
廟號世宗統和二十六年七月加謚孝和莊憲皇帝

贊曰世宗中才之主也入繼大統曾未三年納唐允書即
議南伐既之持重宜兼周防蓋有致禍之道矣然而孝友
寬慈亦有君人之度焉未及師還變起沉湎豈不可哀也
哉

本紀第五

本紀第六　　遼史六

開府儀同三司上柱國錄軍國重事中書右丞相兼修國史領經筵事都總裁臣脫脫奉

勑修

穆宗上

穆宗孝安敬正皇帝諱璟小字述律太宗皇帝長子母曰
靖安皇后蕭氏會同二年封壽安王天祿五年九月癸亥
世宗遇害逆臣察割等伏誅丁卯即皇帝位群臣上尊號
曰天順皇帝改元應曆戊辰如南京是月遣劉承訓告哀
于漢冬十一月漢周南唐各遣使來弔乙亥詔朝會依嗣
聖皇帝故事用漢禮十二月甲辰漢遣使獻弓矢鞍馬壬

子鐵驪鼻骨德皆來貢
二年春正月戊午朔南唐遣使奉蠟丸書及進犀兕甲萬
屬壬戌太尉忽古質謀逆伏誅二月癸卯女直來貢三月
癸亥南唐遣使奉蠟丸書丁卯復遣使來貢甲申以耶律
撻烈為南院大王夏四月丙戌朔日有食之己亥鐵驪進
鷹鶻五月丙辰朔視朝壬午南唐遣使來貢六月壬辰國
舅政事令蕭眉古得宣政殿學士李澣等謀南奔事覺詔
暴其罪乙未祭天地壬寅漢為周所侵遣使求援命中臺
省右相高模翰赴之丁未命乳媼之兄曷魯世為阿速石
烈夷离堇秋七月乙亥政事令婁國林牙敵烈侍中神都
郎君海里等謀亂就執八月己丑眉古得婁國等伏誅杖
李澣而釋之九月甲寅朔雲州進嘉禾四莖二穗戊午詔
以先平察割日用白黑羊玄酒祭天歲以為常壬戌獵炭
山祭天庚辰敵烈部來貢冬十月甲申朔漢遣使進葡萄
酒甲午司徒老古等獻白雉戊申回鶻及轄戛斯皆遣使
來貢十一月癸丑朔視朝己巳地震乙卯日南至始用舊
制行拜日禮朔州民進黑兎十二月癸未朔高模翰及漢
兵圍晉州辛卯以生日飯僧釋繫囚甲辰獵于近郊祀天
地辛亥明王安端薨
三年春閏正月壬午朔漢以高模翰却周軍遣使來謝二

月辛亥朔詔用嗣聖皇帝舊璽甲子太保敵烈脩易州城
鎮州以兵來挑戰却之三月庚辰朔南唐遣使來貢因附
書于漢詔達之庚寅如應州擊鞠丁酉漢遣使進毬衣及
馬庚子觀漁於神德湖夏四月庚申鐵驪來貢五月壬寅
漢遣使言石晉樹先帝聖德神功碑為周人所毀請再刻
許之六月丁卯應天皇太后崩秋七月不視朝八月壬子
以生日釋囚己未漢遣使求援三河烏古吐蕃吐谷渾鼻
骨德皆遣使來貢九月庚子漢遣使貢藥冬十月己酉命
太師唐骨德治大行皇太后園陵李胡子宛郎君嵇幹敵
烈謀反事覺辭逮太平王罨撒葛林牙華割郎君新羅等

皆執之十一月辛丑謚皇太后曰貞烈葬祖陵漢遣使來
會冬駐蹕奉聖州以南京水詔免今歲租
四年春正月戊寅田鶻來貢己丑華割嵇斡等伏誅究反
黨撒葛皆釋之是月周主威殂養子晉王榮嗣立二月
丙午朔周攻漢命政事令耶律敵祿援之丙辰漢遣使進
茶藥幸南京夏五月乙亥忻代二州叛漢遣南院大王撻
烈助敵祿討之丁酉撻烈敗周將符彥卿於忻口六月癸
亥撻烈獻所獲秋七月乙酉漢民有爲遼軍誤掠者遣使
來請詔悉歸之九月丙申漢爲周人所侵遣使來告冬十
一月彰國軍節度使蕭敵烈太保許從贇奏忻代二州捷

十二月辛酉朔謁祖陵庚午漢遣使來貢是冬駐蹕杏堝
五年春正月辛未朔鼻骨德來貢二月庚子朔日有食之
庚申漢遣使請上尊號不許壬戌如虞濼夏四月己酉周
侵漢漢遣使求援癸丑命郎君蕭海瓈世爲北府宰相秋
九月庚辰漢主有疾遣使來告冬十月壬申女直來貢丁
亥謁太宗廟庚寅南唐遣使來貢十一月乙未朔漢主崇
殂子承鈞遣使來告且求嗣立遣使弔祭遂封冊之十二
月乙丑朔謁太祖廟辛巳漢遣使來議軍事
六年夏五月丁酉謁懷陵六月甲子漢遣使來議軍事秋
七月不視朝九月戊午謁祖陵冬十一月壬寅鼻骨德來

貢十二月己未朔謁太祖廟
七年春正月庚子鼻骨德來貢二月辛酉南唐遣使奉蠟
丸書辛未駐蹕潢河夏四月戊午朔還上京初女巫肖古
上延年藥方當用男子膽和之不數年殺人甚多至是覺
其妄辛巳射殺之五月辛卯漢遣使來貢六月丙辰周遣
使來聘南唐遣使來貢八月己未周遣使來聘是秋不聽
政冬十月庚申獵于七鷹山十二月丁巳詔大臣曰有罪
者法當刑朕或肆怒濫及無辜卿等切諫無或面從辛巳
還上京
八年春二月乙丑駐蹕潢河夏四月甲寅南京留守蕭思

溫攻下沿邊州縣遣人勞之五月周陷束城縣六月辛未
蕭思溫請益兵乞駕幸燕秋七月獵于拽剌山迄于九月
射鹿諸山不視朝冬十一月辛酉漢遣使來告周復來侵
乙丑使再至十二月庚辰又至
九年春正月戊辰駐蹕潢河夏四月丙戌周來侵戊戌以
南京留守蕭思溫爲兵馬都總管擊之是月周拔益津瓦
橋淤口三關五月乙巳朔陷瀛莫二州癸亥如南京辛未
周兵退六月乙亥朔視朝戊寅復容城縣庚申　西幸如懷
州是月周主榮殂子宗訓立秋七月發南京軍戍范陽冬
十二月戊寅還上京庚辰王子敵烈前宣徽使海思及蕭

達千等謀反事覺鞫之辛巳祀天地祖考告逆黨事敗丙
申召群臣議時政
十年春正月周殿前都點檢趙匡胤廢周自立建國號宋
夏五月乙巳詔懷陵壬子漢以潞州歸附來告丙寅至自
懷陵六月庚申漢以宋兵圍石州來告遣大同軍節度使
阿剌率四部往援詔蕭思溫以三部兵助之秋七月己亥
朔宋兵陷石州潞州復叛漢使來告辛酉政事令耶律壽
遠太保楚阿不等謀反伏誅以酒脯祠天地于黑山八月
如秋山幸懷州庚午以鎮茵石狻猊擊殺近侍古哥冬十
月丙子李胡子喜隱謀反辭連李胡下獄死十一月海思

獄中上書陳便宜
十一年春二月丙寅釋喜隱辛亥司徒烏里只手迭剌哥
誣告其父謀反復詐乘傳及殺行人以其父請杖而釋之
丙辰蕭思溫奏老人星見乞行赦宥閏月甲子如潢河夏
四月癸巳朔日有食之是月射鹿不視朝五月乙亥司天
王白李正等進曆六月甲午赦冬十一月歲星犯月
十二年春正月甲戌夜觀燈二月己丑朔以御史大夫蕭
護思爲北院樞密使賜對衣鞍馬夏五月庚午以旱命左
右以水相沃頃之果雨六月甲午祠木葉山及潢河秋如
黑山赤山射鹿

十三年春正月自丁巳晝夜酣飲者九日丙寅宋欲城益
津關命南京留守高勳統軍使崔延勳以兵擾之癸酉殺
獸人海里二月庚寅漢遣使來告欲巡邊徼乞張聲援壬
辰如潢河癸巳觀群臣射賜物有差乙巳老人星見三月
癸丑朔殺鹿人彌里吉梟其首以示掌鹿者夏四月壬寅
獵于潢河五月壬戌斡朗改國所進花鹿生麛六月癸未
近侍傷獐杖殺之甲申殺獐人霞馬壬辰詔諸路錄囚秋
七月辛亥朔漢以宋侵來告乙丑薦時羞於廟八月甲申
以生日縱五坊鷹鶻戊戌幸近山呼鹿射之旬有七日而
後返九月庚戌朔以青牛白馬祭天地飲于野次終夕乃

罷辛亥以酒脯祭天地復終夜酣飲冬十月丙申漢以宋
侵來告十一月庚午獵飲于虞人之家凡四日十二月戊
子射野鹿賜虞人物有差庚寅殺彘人曷主

本紀第六

開府儀同三司上柱國錄軍國重事中書右丞相監修國史領經筵事都總裁臣脫脫奉
敕修

穆宗二

十四年春正月戊寅朔奉安神纛戊戌漢以宋將來襲馳
告二月壬子詔西南面招討使撻烈進兵援漢癸亥如潢
河戊辰支解鹿人沒答海里等七人于野封土識其地己
巳如老林東濼壬申漢以敗宋兵石州來告夏四月丁巳
漢以擊退宋軍遣使來謝是月黃龍府甘露降五月射舐
鹻鹿于白鷹山至于浹旬六月丙午朔獵于玉山竟月忘

返秋七月壬辰以酒脯祀黑山八月乙巳如碓子嶺呼鹿
射之獲鹿四賜虞人女瓌等物有差丁未還宮戊申以生
日值天赦不受賀曲赦京師囚乙卯錄囚九月黃室韋叛
冬十月丙午近侍烏古者進石錯賜白金二百五十兩丙
辰以掌鹿矧思代斡里爲閘撒狘賜金帶金盞銀二百兩
所隸死罪以下得專之十一月壬午日南至宴飲達旦自
是晝寢夜飲殺近侍小六於禁中十二月丙午以黑兔祭
神烏古叛掠民財畜詳穩僧隱與戰敗績僧隱及乙實等
死之

十五年春正月己卯以樞密使雅里斯爲行軍都統虎軍
詳穩楚思爲行軍都監益以突呂不部軍三百合諸部兵
討之烏古夷离菫子勃勒底獨不叛詔褒之是月老人星
見二月壬寅朔日有食之上東幸甲寅以獲鴨除鷹坊刺
面腰斬之刑復其徭役是月烏古殺其長窣離底餘衆降
復叛三月癸酉近侍東兒進匕筯不時手刃刺之丁丑大
黃室韋酋長寅尼吉叛癸未五坊人四十戶叛入烏古癸
巳虞人沙剌迭偵鵝失期加炮烙鐵梳之刑而死夏四月
乙巳小黃室韋叛雅里斯楚思等擊之爲室韋所敗遣使
詰之乙卯以禿里代雅里斯爲都統以女古爲監軍率輕
騎進討仍令撻馬尋吉里持詔招諭五月壬申尋吉里奏

諭之不從雅里斯以撻凜蘇二群牧兵追至柴河與戰不
利甲申庫古只奏室韋長寅尼吉亡入敵烈六月辛亥俞
魯古獻良馬賜銀二千兩以近侍忽剌比馬至先以聞賜
銀千兩是月敵烈來降秋七月甲戌雅里斯奏烏古至河
德濼遣夷离菫畫里夷离畢常思擊之丁丑烏古掠上京
北榆林峪居民遣林牙蕭斡討之庚辰雅里斯等與烏古
戰不利十月丁未常思與烏古戰敗之十二月甲辰以近
侍喜哥私歸殺其妻丁未殺近侍隨魯駐蹕黑山平淀

十六年春正月丁卯朔被酒不受賀甲申微行市中賜酒
家銀絹乙酉殺近侍白海及家僕衫福押剌葛樞密使門

吏老古撻馬失魯三月己巳東幸庚午獲鴨甲申獲鵝皆
飲達旦五月甲申以歲旱泛舟于池禱雨不雨捨舟立水
中而禱俄頃乃雨六月丙申以白海死非其罪賜其家銀
絹秋七月壬午諭有司凡行幸之所必高立標識令民勿
犯違以死論八月丁酉漢遣使貢金器鎧甲閏月乙丑觀
野鹿入馴鹿群立馬飲至晡九月庚子以重九宴飲夜以
繼日至壬子乃罷己未殺狼人褭里十月庚辰漢主有母
喪遣使賻弔十二月甲子幸酒人拔剌哥家復幸殿前都
點檢耶律夷臈葛第宴飲連日賜金盂細錦及孕馬百足
左右授官者甚衆戊辰漢遣使來貢是冬駐蹕黑山平淀

十七年春正月庚寅朔林牙蕭斡郎君耶律賢適討烏古
還帝執其手賜卮酒授賢適右皮室詳穩雅里斯楚思霞
里三人賜醨酒以辱之乙卯夷离畢骨欲獻烏古俘二月
甲子高勳奏宋將城益津關請以偏師擾之上從之夏四
月戊辰殺鷹人敵魯丙子射柳祈雨復以水沃群臣五月
辛卯殺鹿人札葛壬辰北府宰相蕭海瓈薨輟朝罷重五
宴六月己未支解雉人壽哥念古殺鹿人四十四人是夏
駐蹕褭潭秋八月辛酉生日以政事令阿不底病亟不受
賀九月自丙戌朔獵于黑山赤山至于月終冬十月乙丑
殺酒人粹你十一月辛卯殺近侍廷壽壬辰殺豕人阿不

札曷魯术里者涅里括庚子司天臺奏月當食不虧上以
為祥歡飲達旦壬寅殺鹿人唐果直哥撒剌十二月辛未
手殺饔人海里復臠之是冬駐蹕黑河平淀
十八年春正月乙酉朔宴于宮中不受賀己亥觀燈于市
以銀百兩市酒命群臣亦市酒縱飲三夕二月乙卯幸五
坊使霞實里家宴飲達旦三月甲申朔如潢河乙酉獲駕
鵝祭天地造大酒器刻為鹿文名曰鹿甒貯酒以祭天庚
戌殺鶻人胡特魯近侍化葛及監囚海里仍剉海里之尸
夏四月癸丑殺彘人抄里只己巳詔左右從班有材器幹
局者不次擢用老耄者增俸以休于家五月丁亥重五以

被酒不受賀壬辰獲鵝于述古水野飲終夜丁酉與政事
令蕭排押南京留守高勳太師昭古劉承訓等酣飲連日
夜己亥殺鹿人頗德臈哥陶瑰札不哥蘇古涅雛保彌古
特敵荅等六月丙辰殺彘人屯奴己未為殿前都點檢夷
臈葛置神帳曲赦京畿囚甲戌撻烈於鶻窠中得牝犬來
進是夏清暑褭潭秋七月辛丑漢主承鈞殂子繼元立來
告遣使弔祭九月戊子殺詳穩八剌拽剌痕篤等四人己
丑登小山祭天地戊戌知宋欲襲河東諭西南面都統南
院大王撻烈豫為之備己亥獵熊以喚鹿人鋪姑并被庭
戶賜夷臘葛甲辰以夷臘葛兼政事令仍以黑山東抹真

之地數十里賜之以女瓌爲近侍女直詳穩夏陌爲本部
夷离董是秋獵于西京諸山冬十月辛亥朔宋圍太原詔
撻烈爲兵馬總管發諸道兵救之十一月癸卯冬至被酒
不受賀十二月丁丑殺酒人搭烈葛是冬駐蹕黑山東川
十九年春正月巳卯朔宴宮中不受賀巳丑立春被酒命
殿前都點檢夷腊葛代行擊土牛禮甲午與群臣爲葉格
戲戊戌醉中驟加左右官乙巳詔太尉化哥曰朕醉中處
事有乖無得曲從酒解可覆奏自立春飲至月終不聽政
三月甲寅漢劉繼元嗣立遣使乞封册辛酉遣韓知範册
爲皇帝癸亥殺前導末及益剌剉其屍棄之甲子漢遣使

進白麃巳巳如懷州獵獲熊歡飲方醉馳還行宮是夜近
侍小哥盥人花哥庖人辛古等六人反帝遇弒年三十九
廟號穆宗後附葬懷陵重熈二十一年謚曰孝安敬正皇
帝
贊曰穆宗在位十八年知女巫妖妄見誅諭臣下濫刑切
諫非不明也而荒耽于酒畋獵無厭偵鵝失期加炮烙鐵
梳之刑獲鴨甚歡除鷹坊刺面之令賞罰無章朝政不視
而嗜殺不已變起肘腋宜哉

本紀第八　遼史八

開府儀同三司上柱國錄軍國重事中書右丞相監修國史領經筵事都總裁臣脫脫奉

敕修

景宗上

景宗孝成康靖皇帝諱賢字賢寧小字明扆世宗皇帝第二子母曰懷節皇后蕭氏察割之亂帝甫四歲穆宗即位養永興宮既長穆宗酗酒怠政帝一日與韓匡嗣語及時事耶律賢適止之帝悟不復言應曆十九年二月戊辰入見穆宗曰吾兒已成人可付以政己巳穆宗遇弑帝率飛龍使女里侍中蕭思溫南院樞密使高勳率甲騎千人馳

赴黎明至行在哭之慟群臣勸進遂即皇帝位於柩前百官上尊號曰天贊皇帝大赦改元保寧以殿前都點檢耶律夷臘右皮室詳穩蕭烏里只宿衛不嚴斬之三月丙戌入上京以蕭思溫爲北院樞密使太平王罨撒葛亡入沙沱己丑夷离畢粘木袞以陰附罨撒葛伏誅癸巳罨撒葛入朝甲午以北院樞密使蕭思溫兼北府宰相己亥南院樞密使高勳封秦王夏四月戊申朔進封太平王罨撒葛爲齊王改封趙王喜隱爲宋王封隆先爲平王稍爲吳王道隱爲蜀王必攝爲越王敵烈爲冀王宛爲衛王五月戊寅立貴妃蕭氏爲皇后丙申朔射柳祈雨有司請以帝生日爲天清節從之壬寅漢遣李匡弼劉繼文李元素等來賀冬十月東幸[illegible]潭十一月甲辰朔行柴册禮祠木葉山駐蹕鶴谷乙巳蕭思溫封魏王北院大王屋質加于越

二年春正月丁未如潢河夏四月辛東京致奠于讓國皇帝及世宗廟五月癸丑西幸乙卯次盤道嶺盜殺北院樞密使蕭思溫六月還上京秋七月以右皮室詳穩賢適爲北院樞密使九月辛丑得國舅蕭海只及海里殺蕭思溫狀皆伏誅流其弟神覩于黃龍府十二月庚午漢遣使來貢

三年春正月甲寅右夷离畢奚底遣人獻敵烈俘詔賜有功將士庚申置登聞鼓院辛酉南京統軍使魏國公韓匡美封鄴王二月癸酉東幸壬午遣鏵骨使阿薩蘭回鶻己丑以青牛白馬祭天地三月丁未以飛龍使女里爲契丹行宮都部署夏四月丁卯世宗妃啜里及蒲哥厭魅賜死己卯祠木葉山行再生禮丙戌至自東幸戊子蕭神覩伏誅六月丙子漢遣使問起居自是繼月而至丁丑回鶻遣使來貢秋七月辛丑以北院樞密使賢適爲西北路招討使八月甲戌如秋山辛卯祭皇兄吼墓追册爲皇太子謚莊聖九月乙巳賜傅父侍中達里迭太保楚補太保婆兒保母回室押雅等戶口牛羊有差又以潛邸給使者爲

馬部置宮堂之壬子幸歸化州甲寅如南京冬十月己巳
以黑白羊祀神癸未漢遣使來貢丙戌鼻骨德吐谷渾來
貢十一月庚子臚朐河于越延尼里等率戶四百五十來
附乞隸宮籍詔留其戶分隸敦睦積慶永興三宮優賜遣
之十二月癸酉以青牛白馬祭天地己丑皇子隆緒生是
冬駐蹕金川
四年春二月癸亥漢以皇子生遣使來賀閏月戊申齊王
妻撒葛薨三月庚申朔追冊爲皇太叔夏四月庚寅朔追
封蕭思溫爲楚國王是夏駐蹕氷井秋七月如雲州丁丑
鼻骨德來貢冬十月丁亥朔如南京十二月甲午詔內外
官上封事
五年春正月甲子惕隱休哥伐党項破之以俘獲之數來
上漢遣使來貢庚午御五鳳樓觀燈二月丁亥近侍實魯
里誤觸神纛法論死杖釋之壬辰越王必攝獻党項俘獲
之數戊申以青牛白馬祭天地辛亥幸新城三月乙卯朔
復幸新城追封皇后祖胡母里爲韓王贈伯胡魯古兼政
事令尼古只兼侍中夏四月丙申白氣晝見五月癸亥于
越屋質薨輟朝三日辛未女直侵邊殺都監達里迭拽剌
斡里魯驅掠邊民牛馬己卯阿薩蘭回鶻來貢六月庚寅
女直宰相及夷离菫來朝丙申漢遣人以宋事來告秋七

月庚辰以保大軍節度使耶律斜里底爲中臺省左相是
月駐蹕燕子城九月壬子鼻骨德部長曷魯撻覽來貢冬
十月丁酉如南京十一月辛亥朔始獲應曆逆黨近侍小
哥花哥辛古等誅之十二月戊戌漢將改元遣使稟命是
月如歸化州
六年春正月癸未幸南京三月宋遣使請和以涿州刺史
耶律昌朮加侍中與宋議和夏四月宋王喜隱坐謀反廢
秋七月丁未朔閤門使酌古加檢校太尉兼御史大夫男
海里以告喜隱事遥授隴州防禦使庚申獵于平地松林
冬十月乙亥朔還上京十二月戊子以沙門昭敏爲三京
諸道僧尼都總管加兼侍中
七年春正月甲戌朔宋遣使來賀壬寅望祠木葉山二月
癸亥漢鴈門節度使劉繼文來朝貢方物丙寅以青牛白
馬祭天地三月壬午耶律速撒等獻党項俘分賜群臣夏
四月遣郎君矧思使宋己酉祠木葉山辛亥射柳祈雨如
頻蹕淀清暑五月丙戌祭神姑秋七月黃龍府衛將燕頗
殺都監張琚以叛遣敞史耶律曷里必討之九月敗燕頗
於治河遣其弟安摶追之燕頗走保兀惹城安摶乃還以
餘黨千餘戶城通州是秋至自頻蹕淀冬十月鈎魚土河
八年春正月癸酉宋遣使來聘二月壬寅諭史館學士書

皇后言亦稱朕暨予著爲定式三月辛未遣五使廉問四
方鰥寡孤獨及貧乏失職者振之夏六月以西南面招討
使耶律斜軫爲北院大王秋七月丙寅朔寧王只沒妻安
只伏誅只沒高勳等除名辛未宋遣使來賀天清節八月
癸卯漢遣使言天清節設無遮會飯僧祝釐丁未如秋山
己酉漢以宋事來告是月女直侵貴德州東境九月己巳
詔懷陵辛未東京統軍使察鄰詳穩涸奏女直襲歸州五
寨剽掠而去乙亥鼻骨德來貢壬午漢爲宋人所侵遣使
求援命南府宰相耶律沙冀王敵烈赴之戊子漢以宋師
壓境遣駙馬都尉盧俊來告冬十月辛丑漢以遼師退宋

軍來謝十一月丙子宋主匡胤殂其弟炅自立遣使來告
辛卯遣郎君王六撻馬涅木古等使宋弔慰十二月壬寅
遣蕭只古馬哲賀宋即位丁未漢以宋軍復至掠其富儲
來告且乞賜糧爲助戊午詔南京復禮部貢院是月轄戞
斯國遣使來貢

本紀第八

本紀第九　遼史九

開府儀同三司上柱國錄軍國重事中書右丞相兼修國史領經筵事都總裁臣脫脫奉

勅修

景宗二

九年春正月丙寅女直遣使來貢二月庚子宋遣使致其先帝遺物甲寅以青牛白馬祭天地三月癸亥耶律沙敵烈獻援漢之役所獲宋俘戊辰詔以粟二十萬斛助漢五月庚午漢遣使來謝且以宋事來告己丑女直二十一人來請宰相夷离菫之職以次授之六月丙辰以宋王喜隱為西南面招討使秋七月庚申朔回鶻遣使來貢甲子宋遣使來聘壬申漢以宋侵來告丙子遣使助漢戰馬八月漢遣使進葡萄酒冬十月甲子耶律沙以党項降酋可醜買友來見賜詔撫諭丁卯以可醜為司徒買友為太保各賜物遣之壬申女直遣使來貢乙酉漢復遣使以宋事來告十一月丁亥朔司天奏日當食不虧戊戌吐谷渾叛入太原者四百餘戶索而還之癸卯祠木葉山乙巳遣太保迭烈割等使宋乙卯漢復遣使以宋事來告十二月戊辰獵于近郊以所獲祭天

十年春正月癸丑如長濼二月庚午阿薩蘭回鶻來貢三月庚寅祭顯陵夏四月丁卯西幸己巳女直遣使來貢五

月癸卯賜女里死遣人誅高勳等六月己未駐蹕沿柳湖秋七月庚戌享太祖廟九月癸未平王隆先子陳哥謀害其父車裂以徇是冬駐蹕金川

乾亨元年春正月乙酉遣撻馬長壽使宋問興師伐劉繼元之故丙申長壽還言河東逆命所當問罪若北朝不援和約如舊不然則戰二月丁卯漢以宋兵壓境遣使乞援詔南府宰相耶律沙為都統冀王敵烈為監軍赴之又命南院大王斜軫以所部從樞密副使抹只督之三月辛巳速撒遣人以別部化哥等降納之丙戌漢遣使謝撫諭軍民詔北院大王奚底乙室王撒合等以兵戍燕己丑漢復告宋兵入境詔左千牛衛大將軍韓侼大同軍節度使耶律善補以本路兵南援辛卯女直遣使來貢丁酉耶律沙等與宋戰於白馬嶺不利冀王敵烈及突呂不部節度使都敏黃皮室詳穩唐筈皆死之士卒死傷甚衆夏四月辛亥漢以行軍事宜來奏盧俊自代州馳狀告急辛酉敵烈來貢五月己卯宋兵至河東漢與戰不利劉繼文盧俊來奔六月劉繼元降宋漢亡甲子封劉繼文為彭城郡王盧俊同政事門下平章事宋主來侵丁卯北院大王奚底統軍使蕭討古乙室王撒合擊之戰于沙河失利己巳宋主圍南京丁丑詔諭耶律沙及奚底討古等軍中事宜秋七

月癸未沙等及宋兵戰于高梁河少卻休哥斜軫橫擊大
敗之宋王僅以身免至涿州竊乘驢車遁去甲申擊宋餘
軍所殺甚衆獲兵仗器甲符印糧饋貨幣不可勝計辛丑
耶律沙遣人上俘獲以權知南京留守事韓德讓權南京
馬步軍都指揮使耶律學古知三司事劉弘皆能安人心
捍城池並賜詔褒奬八月壬子阻卜惕隱曷魯夷离菫阿
里覩等來朝乙丑耶律沙等獻俘丙寅以白馬之役責沙
抹只復以走宋主功釋之奚底遇敵而退以劍背擊之撒
合雖卻部伍不亂宥之冀王敵烈麾下先遁者斬之都監
以下杖之壬申宴沙抹只等將校賜物有差九月己卯燕

王韓匡嗣爲都統南府宰相耶律沙爲監軍惕隱休哥南
院大王斜軫權奚王抹只等各率所部兵南伐仍命大同
軍節度使善補領山西兵分道以進冬十月乙丑韓匡嗣
與宋兵戰於滿城敗績辛未太保矧思與宋兵戰於火山
敗之乙亥詔數韓匡嗣五罪赦之十一月戊寅宴賞休哥
及有功將校乙未南院樞密使兼政事令郭襲上書諫畋
獵嘉納之辛丑冬至赦改元乾亨十二月乙卯燕王韓匡
嗣遙授晉昌軍節度使降封秦王壬戌蜀王道隱南京留
守徙封荆王是冬駐蹕南京

二年春正月丙子朔封皇子隆緒爲梁王隆慶爲恒王丁
亥以惕隱休哥爲北院大王前樞密使賢適封西平郡王
二月戊辰如清河三月丁亥西南面招討副使耶律王六
大尉化哥遣人獻党項俘閏月庚午有鶬飛止御帳獲以
祭天夏四月庚辰祈雨戊子清暑燕子城五月雷火乾陵
松六月己亥喜隱復謀反囚于祖州秋七月戊午王六等
獻党項俘八月戊戌東幸冬十月辛未朔命巫者祠天地
及兵神辛巳將南伐祭旗鼓癸未次南京丁亥獲敵人射
鬼箭庚寅次固安以青牛白馬祭天地己亥圍瓦橋關十
一月庚子朔宋兵夜襲營突呂不部節度使蕭幹及四捷
軍詳穩耶律痕德戰卻之壬寅休哥敗宋兵於瓦橋東守

將張師引兵出戰休哥奮擊敗之戊申宋兵陣於水南休
哥涉水擊破之追至莫州殺傷甚衆己酉宋兵復來擊之
殆盡丙辰班師乙丑還次南京十二月庚午朔休哥拜于
越大饗軍士

三年春二月丙子東幸己丑復幸南京三月乙卯皇子韓
八卒辛酉葬潢土二河之間置永州以秦王韓匡嗣爲西
南面招討使五月丙午上京漢軍亂劫立喜隱不克偽立
其子留禮壽上京留守除室擒之秋七月甲子留禮壽伏
誅冬十月如蒲瑰坡十一月辛亥加除室同政事門下平
章事是月以南院樞密使郭襲爲武定軍節度使十二月

以遼興軍節度使韓德讓爲南院樞密使
四年春正月己亥如華林天柱三月乙未清明與諸王大
臣較射宴飲夏四月自將南伐至滿城戰不利守太尉奚
禿里中流矢死統軍使善補爲伏兵所圍樞密使斜軫救
免詔以失備杖之五月班師清暑燕子城秋七月壬辰遣
使賜喜隱死八月如西京九月庚子幸雲州甲辰獵于祥
古山帝不豫壬子次焦山崩於行在年三十五在位十三
年遺詔梁王隆緒嗣位軍國大事聽皇后命統和元年正
月壬戌上尊諡孝成皇帝廟號景宗重熙二十一年加諡
孝成康靖皇帝

贊曰遼興六十餘年神册會同之間日不暇給天祿應曆
之君不令其終保寧而來人人望治以景宗之資任人不
疑信賞必罰若可與有爲也而竭國之力以助河東破軍
殺將無救滅亡雖一取償於宋得不償失知匡嗣之罪數
而不罰善郭襲之諫納而不用沙門昭敏以左道亂德寵
以侍中不亦惑乎

本紀第九

開府儀同三司上柱國錄軍國重事中書右丞相監修國史領經筵事都總裁臣脫脫奉

勅修

聖宗一

聖宗文武大孝宣皇帝諱隆緒小字文殊奴景宗皇帝長子母曰睿智皇后蕭氏帝幼喜書翰十歲能詩既長精射法曉音律好繪畫乾亨二年封梁王四年九月壬子景宗崩癸丑即皇帝位於柩前時年十二皇后奉遺詔攝政詔諭諸道冬十月己未朔帝始臨朝辛酉群臣上尊號曰昭聖皇帝尊皇后為皇太后大赦以南院大王勃古哲總領山西諸州事北院大王于越休哥為南面行軍都統奚王和朔奴副之同政事門下平章事蕭道寧領本部軍駐南京乙丑如顯州十一月甲午置乾州十二月戊午朔耶律速撒討阻卜辛酉南京留守荊王道隱奏宋遣使獻犀帶請和詔以無書却之甲子撻剌干乃万十醉言宮掖事法當死杖而釋之辛未南面招討使秦王韓匡嗣薨癸酉奉大行皇帝梓宮于菆塗殿庚辰省置中臺省官

統和元年春正月戊午朔以大行在殯不受朝乙丑奉遺詔召先帝庶兄質睦于菆塗殿前復封寧王加宰相室昉宣徽使普領等恩丙寅荊王道隱有疾詔遣使存問是日

遼紀十　一

皇太后率其邸視疾戊辰以烏隈烏骨里部節度使耶律章瓦同政事門下平章事甲戌荊王道隱薨輟朝三日追封晉王遣使撫慰其家丙子以于越休哥為南京留守仍賜南面行營總管印綬總邊事渤海撻馬解里以受先帝厚恩乞殉葬詔不許賜物以旌之戊寅遣使賜于越休哥及奚王籌寧統軍使頗德等湯藥命懇篤持送休哥下車牓以諭燕民辛巳速撒獻阻卜俘壬午涿州刺史安吉奏宋築城河北詔留守于越休哥撓之勿令就功趙妃及公主胡骨典奚王籌寧宰相安寧北大王普奴寧惕隱屈烈吳王稍寧王只沒與橫帳國舅契丹漢官等並進助山陵費癸未齊國公主率內外命婦進物如之甲申西南面招討使韓德威奏党項十五部侵邊以兵擊破之乙酉以速撒破阻卜下詔褒美仍諭與大漢討党項諸部丁亥樞密使兼政事令室昉以年老請解兼職詔不允二月戊子朔禁所在官吏軍民不得無故聚衆私語及冒禁夜行違者坐之己丑南京奏聞宋多聚糧邊境及宋主將如臺山詔休哥嚴為之備甲午葬景宗皇帝於乾陵以近幸朗掌飲伶人撻魯為殉上與皇太后因為書附上大行丙申皇太后詣陵置奠命繪近臣於御容殿賜山陵工人物有差庚子以先帝遺物賜皇族及近臣辛丑南京統軍使耶律善

遼紀十　二

補養宋邊七十餘村來附詔撫存之乙巳以御容殿爲玉
殿酒谷爲聖谷速撒奏討党項捷遣使慰勞戊申以惕隱
化哥爲北院大王觧領爲南府宰相辛亥幸聖山遂謁三
陵甲寅以皇女長壽公主下嫁國舅宰相蕭婆項之子吳
留三月戊午天德軍節度使頗剌父子戰歿以其弟涅離
襲爵己未次獨山遣使賞西南面有功將士辛酉以大父
帳太尉耶律昌魯寧爲惕隱甲子駐蹕遼河之平淀辛巳
以國舅同平章事蕭道寧爲遼興軍節度使仍賜號忠亮
佐理功臣壬午以青牛白馬祭天地夏四月丙戌朔幸東
京以樞密副使耶律末只兼侍中爲東京留守庚寅謁太
祖廟癸巳詔賜物命婦寡居者丙申南幸辛丑謁三陵以
東京所進物分賜陵寢官吏復詔賜西南路招討使大漢
劒不用命者得專殺壬寅致享于凝神殿癸卯謁乾陵乙
巳遣人以酒脯祭平章耶律河陽墓庚戌幸夫人烏骨里
第謁太祖御容禮畢幸公主胡古典第飲賜與甚厚壬子
大臣以太后預政宜有尊號請下有司詳定册禮詔樞密
院諭沿邊節將至行禮日止遣子弟奉表稱賀恐失邊備
樞密請詔北府司徒頗德譯南京所進律文從之遂如徽
州以耶律慶朗爲信州節度使五月丙辰朔國舅政事門
下平章事蕭道寧以皇太 后慶壽請歸父母家行禮而齊

國公主及命婦群臣各進物設宴賜國舅帳耆年物有差
壬戌西南路招討請益兵討西突厥諸部詔北王府耶律
蒲奴寧以敵畢迭烈二部兵赴之癸亥以于越休哥在南
院過用吏人詔南大王毋相循襲庚午耶律善補招七入
宋者得千餘户歸國詔令撫慰辛未次永州祭王子藥師
奴墓乙亥詔近臣議皇太后上尊號册禮樞密使韓德慶
以後漢太后臨朝故事草定上之丙子以青牛白馬祭天
地戊寅幸木葉山西南路招討使大漢奏近遣拽剌跋剌
哥諭党項諸部來者甚衆下詔褒美六月乙酉朔詔有司
册皇太后日給三品以上法服三品以下用大射柳之服
西南路招討使奏党項酋長執夷离堇子隈引等乞內附
詔撫納之仍察其誠僞謹邊備丙戌還上京己丑有司奏
同政事門下平章事駙馬都尉盧俊與公主不協詔離之
遂出俊爲興國軍節度使辛卯有事于太廟甲午上率群
臣上皇太后尊號曰承天皇太后群臣上皇帝尊號曰天
輔皇帝大赦改元統和丁未覃恩中外文武官各進爵一
級以樞密副使耶律斜軫守司徒秋七月甲寅朔皇太后
聽政乙卯上親錄囚王子司徒婁國坐稱疾不赴山陵笞
二十辛酉行再生禮癸酉臨潢尹褭衮進飲饌上與諸王
分朋擊鞠丙子韓德威遣詳穩轄馬上破党項俘獲數并

涘夷留董之子來獻辛巳賞西南面有功將士八月戊子
上西巡己丑謁祖陵辛卯皇太后祭楚國王蕭思溫墓癸
巳上與皇太后謁懷陵遂幸懷州甲午上與斜軫於太后
前易弓矢鞍馬約以為友己亥獵赤山遣使薦熊肪鹿脯
于乾陵之凝神殿以政事令孫禎無子詔國舅小翁帳郎
君桃隈為之後乙巳詔于越休哥提點元城壬子韓德威
表請伐党項之復叛者詔許之仍發別部兵數千以助之
九月癸丑朔以東京平州旱蝗詔振之乙卯謁永興長寧
敦睦三宮丙辰南京留守奏秋霖害稼請權停關征以通
山西糴易從之庚申謁宣簡皇帝廟辛酉幸祖州謁祖陵
壬戌還上京辛未有司請以帝生日為千齡節從之皇太
后言故于越屋只有傳導功宜錄其子孫遂命其子洋決
為林牙丙子如老翁川冬十月癸未朔司天奏老人星見
戊子以公主淑哥下嫁國舅詳穩照姑癸巳速撒奏敵烈
部及叛番來降悉復故地乙未以燕京留守于越休哥言
每歲諸節度使貢獻如契丹官例止進鞍馬從之丁酉以
吳王稍為上京留守行臨潢尹事上將征高麗親閱東京
留守耶律末只所總兵馬丙午命宣徽使兼侍中蒲領林
牙肯德等將兵東討賜旗鼓及銀符十一月壬子朔觀漁
捷馬濼癸丑應州奏獲宋諜者言宋除道五臺山將入靈

丘界詔諜者及居停人並磔于市庚辰上與皇太后祭乾
陵下詔諭三京左右相左右平章事副留守判官諸道節
度使判官諸軍事判官錄事參軍等當執公方毋得阿順
諸縣令佐如遇州官及朝使非理徵求毋或畏徇恒加采
聽以為殿最民間有父母在別籍異居者聽鄰里覺察坐
之有孝于父母三世同居者旌其門閭十二月壬午朔謁
凝神殿遣使分祭諸陵賜守殿官屬酒是日幸顯州丁亥
以顯州歲貢綾錦分賜左右甲午東幸己亥皇太后觀漁
于玉盆灣辛丑觀漁于濬淵甲辰敕諸刑辟已結正者遣
而有冤者聽詣臺訴是夕然萬魚燈于雙溪戊申千齡節
祭日月禮畢百僚稱賀
二年春正月甲子如長濼二月癸巳國舅帳彰德軍節度
使蕭闥覽來朝甲午賜將軍耶律敵不春衣束帶丙申東
路行軍宣徽使蕭蒲寧奏討女直捷遣使執手獎諭庚子
朝皇太后因從觀獵于饒樂川乙巳五國烏隈于厥
節度使耶律隗洼以所轄諸部難治乞賜詔給劍便宜行
事從之丙午上與諸王大臣較射丁未韓德威以征党項
迴遂襲河東獻所俘賜詔褒美三月乙卯劃離部請今後
詳穩止從本部選授為宜上曰諸部官惟在得人豈得定
以所部為限不允贈故同平章事趙延煦兼侍中夏四月

丁亥宣徽使同平章事耶律普寧都監蕭勤德獻征女直
捷授普寧兼政事令勤德神武衞大將軍各賜金器諸物
庚寅皇太后臨決滯獄辛卯祭風伯壬辰以宣徽南院使
劉承規爲承德軍節度使崇德宮都部署保義軍節度使
張德筠爲宣徽北院使五月乙卯祠木葉山丁丑駐蹕沿
柳湖六月己卯朔皇太后決獄至月終秋七月癸丑皇太
后行再生禮八月辛卯東京留守兼侍中耶律末只奏女
直朮不直賽里等八族乞舉衆内附詔納之九月戊申朔
駐蹕土河辛未以景宗忌日詔諸道京鎮遣官行香飯僧
冬十月丁丑朔以歸化州刺史耶律普寧爲彰德軍節度

使右武衞大將軍韓倬爲彰國軍節度使兼侍衞親軍兵
馬都指揮使冬十一月壬子以樞密直學士給事中鄭碬爲
儒州刺史是月速撒等討阻卜殺其酋長撻剌干十二月
辛丑以翰林學士承旨馬得臣爲宣政殿學士耶律頗德
南京統軍使耶律瑤昇大內惕隱大仁靖東京中臺省右
平章事
三年春正月丙午朔如長濼丁巳以翰林學士邢抱朴爲
尚書禮部侍郎知制誥左拾遺知制誥劉景吏部郎中知
制誥牛藏用並政事舍人二月丙子朔以牛藏用知樞密
直學士三月乙巳朔樞密奏契丹諸役戶多困乏請以富

戶代之上因閱諸部籍涅剌烏隗二部戶少而役重并量
免之夏四月乙亥朔祠木葉山壬午以鳳州刺史趙匡符
爲保靜軍節度使癸未以左監門衞大將軍王庭鶚爲奉
先軍節度使彰武軍節度使韓德凝爲崇義軍節度使五
月壬子還上京癸酉以國舅蕭道寧同平章事知瀋州軍
州事六月甲戌如栢坡皇太后親決滯獄乙亥以歸義軍
節度使王希巖爲興國軍節度使秋七月甲辰朔詔諸道
繕甲兵以備東征高麗甲寅東幸甲子遣郎君班襃賜秦
王韓匡嗣葬物丙寅駐蹕土河以暴漲命造船橋明日乘
步輦出聽政老人星見丁卯遣使閱東京諸軍兵器及東

征道路以平章事蕭道寧爲昭德軍節度使武定軍節度
使守司空兼政事令郭襲爲天平軍節度使大同軍節度
使守太子太師兼政事令劉延構爲義成軍節度使贈尚
父秦王韓匡嗣尚書令八月癸酉朔以遼澤沮洳罷征高麗
命樞密使耶律斜軫爲都統駙馬都尉蕭懇德爲監軍以
兵討女直丁丑次槀城庚辰至顯州謁凝神殿辛巳幸乾
州觀新宮癸未謁乾陵甲申命南北面臣僚分巡山陵林
木及令乾顯二州上所部里社之數丙戌北皮室詳穩進
勇敢士七人戊子故南院大王諧領已里婉妻蕭氏奏夫
死不能葬詔有司助之庚寅東征都統所奏路尚陷濘未

可進討詔侯澤涸深入癸巳皇太后謁顯陵庚子謁乾陵辛丑西幸閏九月癸酉命邢抱朴勾檢顯陵丙子行次海上庚辰重九駱駝山登高賜群臣菊花酒辛巳詔諭東征將帥乘水涸進討丙申女直宰相术不里來貢戊戌駐蹕東古山己亥速撒奏术不姑諸部至近淀夷离菫易魯姑請行俘掠上曰諸部於國無惡何故俘掠徒生事耳不允冬十月甲戌詔吳王稍領秦王韓匡嗣葬祭事丁丑詔以東北路兵馬監軍妻婆底里存撫邊民戊寅賜公主胡骨典葬夫金帛工匠辛卯以韓德讓兼政事令癸巳禁行在市易布帛不中尺度者丙申東征女直都統蕭闥覽菩薩奴以行軍所經地里物產來上

本紀第十

開府儀同三司上柱國錄軍國重事中書右丞相監修國史領經筵事臣脫脫等奉

敕修

聖宗二

四年春正月甲戌觀漁土河林牙耶律謀魯姑彰德軍節度使蕭闥覽上東征俘獲賜詔獎諭丙子樞密使耶律斜軫林牙勤德等上討女直所獲生口十餘萬馬二十餘萬及諸物己卯朝皇太后決滯訟壬午樞密使斜軫林牙勤德謀魯姑節度使闥覽統軍使室羅侍中抹只奚王府監軍迪烈與安吉等克女直還軍遣近侍泥里吉詔旌其功

仍執手撫諭賜酒果勞之甲午幸長濼二月壬寅以四番都統軍李繼忠為檢校司徒上柱國癸卯西夏李繼遷叛宋來降以為定難軍節度使銀夏綏宥等州觀察處置等使特進檢校太師都督夏州諸軍事西番酋帥尾泥乞移為保大軍節度使鄜坊等州觀察處置等使甲寅耶律斜軫蕭闥覽謀魯姑等族帥來朝行飲至之禮賞賚有差丙寅行次梟里丼三月甲戌于越休哥奏宋遣曹彬崔彥進米信由雄州道田重進飛狐道潘美楊繼業鴈門道來侵岐溝涿州固安新城皆陷詔宣徽使蒲領馳赴燕南與休哥議軍事分遣使者徵諸部兵益休哥以擊之復遣東京

留守耶律抹只以大軍繼進賜劍專殺乙亥以親征告陵廟山川丙子統軍使耶律頗德敗宋軍于固安休哥絕其糧餉擒將吏獲馬牛器仗甚衆庚辰寰州刺史趙彥章以城叛附于宋辛巳宋兵入涿州義順軍節度副使趙希贊以朔州叛附于宋時上與皇太后駐兵駝羅口詔趣東征兵馬以為應援壬午詔林牙勤德以兵守平州之海岸以備宋仍報平州節度使迪里姑若勤德未至遣人趣行馬之則括民馬鎧甲闕則取於顯州之甲坊癸未遼軍與宋田重進戰于飛狐不利冀州防禦使大鵬翼康州刺史馬贇馬軍指揮使何萬通陷焉丁亥以北院樞密使耶律斜

軫為山西兵馬都統以北院宣徽使蒲領馬南征都統以副于越休哥彰國軍節度使艾正觀察判官宋雄以應州叛附于宋庚寅遣飛龍使亞刺文班吏亞達哥閱馬以給先發諸軍詔駙馬都尉蕭繼遠領之辛卯武定軍馬步軍都指揮使郢州防禦使呂行德副都指揮使張繼從馬軍都指揮使劉知進等以飛狐叛附于宋癸巳賜林牙謀魯姑旗鼓四劒一率禁軍之驍銳者南助休哥丙申步軍都指揮使穆超以靈丘叛附于宋詔遣使賜樞密使斜軫密旨及彰國軍節度使杓窊印以趣征討夏四月己亥朔次南京北郊庚子惕隱瑤昇西南面招討使韓德威以捷報辛

丑宋潘美陷雲州壬寅遣抹只謀魯姑勤德等領偏師以
助休哥仍賜旗鼓杓窊印㩲諭將校癸卯休哥復以捷報
上以酒脯祭天地率群臣賀于皇太后詔勤德還軍丙午
頗德上所獲鎧仗數戊申監軍宣徽使蒲領奏敵軍引退
而奚王籌寧北大王蒲奴寧統軍使頗德等以兵追躡皆
勝之遣敞史勤德持詔褒美及詔侍中抹只統諸軍赴行
在所頻不部節度使和盧覩黃皮室詳穩觧里等各上所
獲兵甲又詔兩部突騎赴蔚州以助閣覽橫帳郎君老君
奴率諸郎君巡傲居庸之北將軍化哥統平州兵馬橫帳
郎君奴哥為黃皮室都監郎君謁里為北府都監各以步
兵赴蔚州以助斜軫庚戌以斜軫為諸路兵馬都統閣覽
兵馬副部署迪子都監以代善補韓德威癸丑以艾正趙
希贊及應州朔州節度副使奚軍小校隘離轄渤海小校
貫海等叛入于宋籍其家屬分賜有功將校宋將曹彬米
信北渡拒馬河與于越休哥對壘挑戰南北列營長六七
里時上次涿州東五十里甲寅詔于越休哥奚王籌寧宣
徽使蒲領南北二王等嚴備水道無使敵兵得潛至涿州
乙卯休哥等敗宋軍獻所獲器甲貸射賜詔褒美蔚州左
右都押衙李存璋許彥欽等殺節度使蕭啜里執監城使
銅州節度使耿紹忠以城叛附于宋丙辰復涿州告昊天地戊

午上次沙姑河之北淀召林牙勤德議軍事諸將校各以
所俘獲來上奚王籌寧南北二王率所部將校來朝以近
侍粘米里所進自落鵰祭天地己未休哥蒲領來朝詔三
司給軍前夏衣布庚申上朝皇太后辛酉大軍次固安壬
戌圍固安城統軍使頗德先登城遂破大縱俘獲居民先
被俘者命以官物贖之甲子賞攻城將士有差五月庚午
遼師與曹彬米信戰于岐溝關大敗之追至拒馬河溺死
者不可勝紀餘衆奔高陽又為遼師衝擊死者數萬棄戈
甲若丘陵輓漕數萬人匿岐溝空城中圍之壬申以皇太
后生辰縱還癸酉班師還次新城休哥蒲領奏宋兵奔逃
者皆殺之甲戌以軍捷遣使分諭諸路京鎮丁丑詔諸將
校論功行賞無有不實己卯次固安南以青牛白馬祭天
地庚辰以所俘宋人射鬼箭詔遣詳穩排亞率弘義宮兵
及南北皮室郎君拽剌四軍赴應朔二州界與惕隱瑤昇
招討韓德威等同禦宋兵在山西之未退者辛巳以瑤昇
軍赴山西壬午還次南京癸未休哥籌寧蒲奴寧進俘獲斜
軫遣判官蒲姑奏復蔚州斬首二萬餘級乘勝攻下靈丘飛
狐賜蒲姑酒及銀器丙戌御元和殿大宴從軍將校封休
哥為宋國王加蒲領籌寧蒲奴寧及諸有功將校爵賞有
差丁亥發南京詔休哥備器甲儲粟待秋大舉南征戊子

斜軫奏宋軍復圍蔚州擊破之詔以兵授瑤昇韓德威等
壬辰以宋兵至平州瑤昇韓德威不盡追殺降詔詰責仍
諭據城未降者必盡掩殺無使逋逃癸巳以軍前降卒分
賜扈從乙未賞韓德威諸將校士卒六月戊戌朔詔韓德威
赴闕加統軍使頗德檢校太師甲辰詔南京留守休哥遣
磤手西助斜軫乙巳以奚寓畢姪里古部送輜重行宮暑
行日五十里人馬疲乏遣使讓之丁未度居庸關壬子南
京留守奏百姓歲輸三司鹽鐵錢折絹不如直詔增之甲
寅斜軫奏復寰州乙卯皇太妃諸王公主迎上嶺表設御
幄道傍置景宗御容率從臣進酒陳俘獲于前遂大宴戊
午幸涼陘以所俘分賜皇族及乳母己未聞所遣宣諭回
鶻覈列哿國度里亞里等爲术不姑邀留詔速撤賜术不
姑貨幣諭以朝廷來遠之意使者由是乃得行癸亥以節
度使韓毗哥翰林學士邢抱朴等充雲州宣諭招撫使丙
寅以太尉王八所俘生口分賜趙妃及于越迪輦乙里婉秋
七月丙子樞密使斜軫遣侍御涅里底幹勤哥奏復朔州
擒宋將楊繼業及上所獲將校印綬誥勑賜涅里底等酒
及銀器辛巳以捷告天地以宋歸命者二百四十人分賜
從臣又以殺敵多詔上京開龍寺建佛事一月僧飯萬人
辛卯斜軫奏大軍至蔚州營于　州左得諜報敵兵且至乃

設伏以待敵至縱兵逆擊追奔逐北至飛狐口遂乘勝鼓
行而西入寰州殺守城吏卒千餘人宋將楊繼業初以驍
勇自負號楊無敵北據雲朔數州至是引兵南出朔州三
十里至狼牙村惡其名不進左右固請乃行遇斜軫伏四
起中流矢墮馬被擒瘡發不食三日死遂函其首以獻詔
詳穩輦麥室傳其首于越休哥以示諸軍仍以朔州之捷
宣諭南京平州將吏自是宋守雲應諸州者聞繼業死皆
棄城遁八月丁酉置先離闥覽官六員領于骨里女直迪
烈于等諸部人之隸宮籍者以北大王蒲奴寧爲山後五
州都管乙巳韓德讓奏宋兵所掠州郡其逃民禾稼宜募
人收穫以其半給收者從之乙卯斜軫還自軍獻俘己未
用室昉韓德讓言復山西今年租賦詔第山西諸將校功
過而賞罰之乙室帳宰相安寧以功過相當追告身一通諦
居部節度使佛奴笞五十惕隱瑤昇挾刺欲烈朔州節度
使慎思應州節度使骨只雲州節度使化哥軍校李元迪
蔚州節度使佛留都監崔其劉繼琛皆以聞敵逃遁奪官
配烈仍配隸本貫領國舅軍王六笞五十壬戌以斜軫所
部將校前破女直後有宋捷第功加賞癸亥加斜軫守太
保九月丙寅朔皇太妃以上納后進衣物駝馬以助會親
頒賜甲戌次黑河以重九登高于高水南阜祭天賜從臣

命婦菊花酒丁丑次河陽北戊寅內外命婦進會親禮物辛巳納皇后蕭氏丙戌次儒州以大軍將南征詔遣皮室詳穩乞的郎君拽剌先赴本軍繕甲兵己丑召北大王蒲奴寧赴行在所甲午皇太后行再生禮冬十月丙申朔党項阻卜遣使來貢丁酉皇太后復行再生禮為帝祭神祈福己亥以乙室王帳郎君吳留為御史大夫政事令室昉奏山西四州自宋兵後人民轉徙盜賊充斥乞下有司禁止命新州節度使蒲打里選人分道巡檢北大王帳郎君曷葛只里言本府王蒲奴寧十七罪詔橫帳太保覈國底鞫之蒲奴寧伏其罪十一笞二十釋之曷葛只里亦伏誣

告六事命詳酌罪之知事勤德連坐杖一百免官甲辰出居庸關乙巳詔諸京鎮相次軍行諸細務權停理問庚戌分遣拽剌沿邊偵候辛亥命皇族盧盤帳駐東京延芳淀壬子詔以勑牓付于越休哥以南征諭指馬河南六州乙卯幸南京戊午以南院大王留寧言復南院部民今年租賦壬戌以銀鼠青鼠及諸物賜京官僧道耆老甲子上與大臣分朋擊鞠十一月丙寅朔党項來貢庚午以政事令韓德讓守司徒壬申以古北松亭榆關征稅不法致阻商旅遣使鞫之女直請以兵從征許之癸酉御正殿大勞南征將校丙子南伐次狹底堝皇太后親閱輜重兵甲丁丑以

休哥為先鋒都統戊寅日南至上率從臣祭酒景宗御容辛巳詔以北大王蒲奴寧居奉聖州山西五州公事並聽與節度使蒲打里共裁決之癸未祭日月為駙馬都尉勤德祈福乙酉置諸部監勒所部各守營伍毋相錯雜丙戌遣謀魯姑蕭繼遠沿邊巡徼以所獲宋卒射鬼箭丁亥以青牛白馬祭天地辛卯次白佛塔川獲自落訓狐以為吉徵祭天地詔駙馬都尉蕭繼遠林牙謀魯姑太尉林八等固守封疆毋漏間諜軍中無故不得馳馬仍縱諸軍殘南境桑果壬辰至唐興縣時宋軍屯滹沱橋北選將亂射之橋不能守進焚其橋癸巳涉沙河休哥來議事北皮室詳

穩排亞獻所獲宋諜二人上賜衣物令還招諭泰州諸特部節度使盧補古都監耶律聒與宋戰于泰州不利甲午祭麃鹿神以盧補古臨陣遁逃奪告身一通其判官都監各杖之郎君拽剌雙骨里遇宋先鋒於望都擒其士卒九人獲甲馬十一賜酒及銀器乙未以盧補古等罪詔諭諸軍以御盞郎君化哥權褚特部節度使橫帳郎君佛留為都監代盧補古權領國舅軍桃畏請置二校領散卒詔以郎君世音頗德等充命彰德軍節度使蕭闥覽將軍迪子略地東路詔休哥排亞等議軍事十二月己亥休哥敗宋軍於望都遣人獻俘壬寅營于滹沱北詔休哥以騎兵絕

宋兵毋令入邢州命太師王六謹偵候癸卯小校曷主遇
宋輜重引兵殺獲甚衆并焚其芻粟甲辰詔南大王與休
哥合勢進討宰相安寧領迪离部及三尅軍殿上率大軍
與宋將劉廷讓李敬源戰于莫州敗之乙巳擒宋將賀令
圖楊重進等國舅詳穩撻烈哥宮使蕭打里死之丙午詔
休哥以下入內殿賜酒勞之丁未築京觀復入南京禁軍
擊楊團城手將以城降詔禁侵掠己酉營神榆村詔呈楊
團城粟麥兵甲之數辛亥以黑白二牲祭天地癸丑拔馮
毋鎮大縱俘掠丙辰邢州降丁巳拔深州以不即降誅守
將以下縱兵大掠李繼遷引五百騎欵塞願婚大國永作

藩輔詔以王子帳節度使耶律襄之女汀封義成公主下
嫁賜馬三千疋

本紀第十一

開府儀同三司上柱國錄軍國重事中書右丞相兼修國史領經筵事總裁臣脫脫等奉
勑修

聖宗三

五年春正月乙丑破束城縣縱兵大掠丁卯次文安遣人諭降不聽遂擊破之盡殺其丁壯俘其老幼戊寅上還南京己卯御元和殿大賚將士壬辰如華林天柱二月甲午朔至自天柱三月癸亥朔幸長春宮賞花釣魚以牡丹徧賜近臣歡宴累日丁丑以諦居部下拽剌解里頗候有功命入御盞郎君班祗候夏四月癸巳朔幸南京丁酉上率

百僚冊上皇太后尊號曰睿德神略應運啓化承天皇太后禮畢群臣上皇帝尊號曰至德廣孝昭聖天輔皇帝戊戌詔有司條上勳舊等第加恩癸丑清暑氷井六月壬辰召大臣決庶政丙申以耶律蘇爲遂郡刺史秋七月戊辰涅剌部節度使撒葛里有惠政民請留從之是月獵平地松林九月丙戌幸南京是冬止焉

六年春正月庚申如華林天柱二月丁未奚王籌寧殺無罪人李浩所司議貴請貸其罪令出錢贍浩家從之甲寅大同軍節度使同平章政事劉京致仕己未休哥奏宋事宜上親覽之丙寅以司天趙宗德齊泰王守平邵棋閻梅從征四載言天象數有徵賜物有差三月癸未李繼遷遣使來貢夏四月乙未幸南京丁酉胡里室橫突韓德讓墜馬皇太后怒殺之戊戌幸宋國王休哥第五月癸亥南府宰相耶律沙薨閏月丙戌朔奉聖州言太祖所建金鈴閣壞乞加修繕詔以南征恐重勞百姓待軍還治之壬寅阿薩蘭回鶻來貢甲寅烏隈于厥部以歲貢貂鼠青鼠皮非土產皆於他處貿易以獻乞改貢詔自今止進牛馬六月癸亥党項太保阿剌佟來朝貢方物乙丑諭諸道兵馬備南征攻城器具乙酉奚寧王阿魯勃送沙州節度使曹恭順還授于越秋七月丙戌觀市己亥遣南面招討使韓德

威討河湟諸蕃違命者賜休哥排亞部諸軍戰馬己酉駐蹕于洛河壬子加韓德威開府儀同三司兼政事令門下平章事東京留守燕侍中漆水郡王耶律抹只爲大同軍節度使癸丑排亞請增置涿州驛傳丙辰以青牛白馬祭天地八月戊午休哥與排亞襲宋營擒生將至易州遇宋兵殺其指揮使而還庚申幸黎園溫湯癸亥以將伐宋遣使祭木葉山丁丑瀕海女直遣使速魯里來朝西北路管押詳穩速撒哥以伐折立助里二部所俘獲東路林牙蕭勤德及統軍石老以擊敗女直兵獻俘大同軍節度使耶律抹只奏今歲霜旱乏食乞增價折粟以利貧民詔從

之濱海女直遣厮魯里來修土貢丙申化哥與朮不姑若
古里來貢休哥遣詳穩意德里獻所獲宋諜者丁酉皇太
后幸韓德讓帳厚加賞賚命從臣分朋雙陸以盡歡九月
戊戌幸南京己亥有事于太宗皇帝廟以唐元德爲奉陵
軍節度使癸卯祭旗鼓南伐庚戌次涿州射帛書諭城中
降不聽乙卯縱兵四面攻之城破乃降因撫諭其衆駙馬
蕭勤德太師闥覽皆中流矢勤德載帝車中以歸聞宋軍
退遣斜軫排亞等追擊大敗之冬十月戊午攻沙堆驛破
之己巳以黑白羊祭天地庚午以宋降軍分置七指揮號
歸聖軍壬申行軍參謀宣政殿學士馬得臣言諭降宋軍
恐終不爲用請並放還詔不允丙子籌寧奏破狼山捷辛
巳復奏敗宋兵于益津關癸未進軍長城口宋定州守將
李興以兵來拒休哥擊敗之追奔五六里十一月甲申上
以將攻長城口詔諸軍備攻具庚寅駐長城口督大軍四
面進攻士潰圍委城遁斜軫招之不降上與韓德讓邀擊
之殺獲殆盡獲者分隸燕軍辛卯攻滿城圍之甲午拔其
城軍事開北門遁上使諭其將領乃率衆降戊戌攻下祁
州縱兵大掠己亥拔新樂庚子破小狼山砦丁未宋軍千
人出益津關國舅郎君桃委詳穩十哥擊走之殺副將一
人己酉休哥獻黃皮室詳穩徇地莫州所獲馬二千四十

卒二十人命賜降者衣帶使隸燕京辛亥西路又送降卒
二百餘人給寒者裘衣以馬得臣權宣徽院事十二月甲
寅朔賜皮室祥穩乞得禿骨里戰馬橫帳郎君達打里劫
掠命杖之丙辰畋于沙河休哥獻奚祥穩耶魯所獲宋諜
丁巳遣北宰相蕭繼遠等往覘安平侍衛馬軍司奏攻祁
州新樂都頭劉贊等三十人有功乞加恩賞是月大軍駐
宋境是歲詔開貢舉一人及第
七年春正月癸未朔班師戊子宋雞壁砦守將郭榮率衆
來降詔屯南京庚寅次長城口三卒出營劫掠笞以徇衆
以所獲物分賜左右壬辰李繼遷與兄繼捧有怨乞與通
好上知其非誠不許癸巳諭諸軍趣易州己亥禁部從伐
民桑梓癸卯攻易州宋兵出遂城來援遣鐵林軍擊之擒
其指揮使五人甲辰大軍齊進破易州降刺史劉墀守陴
士卒南遁上帥師邀之無敢出者即以馬質爲刺史趙質
爲兵馬都監遷易州軍民于燕京以東京騎將夏貞顯之
子仙壽先登授高州刺史乙巳幸易州御五花樓撫諭士
庶丙午以青牛白馬祭天地詔諭三京諸道戊申次涿水
謁景宗皇帝廟詔遣涿州刺史耶律守雄護送易州降人
八百還隸本貫己酉次岐溝射鬼箭辛亥還次南京六軍
解嚴二月壬子朔上御元和殿受百官賀詔雞壁砦民二

百戶徙居檀順薊三州。壬寅，回鶻于闐師子等國來貢。乙
卯，大饗軍士，爵賞有差。樞密使韓德讓封楚國王，駙馬都
尉蕭寧遠同政事門下平章事。是日，幸長春宮。甲子，詔南
征所俘有親屬分隸諸帳者，給官錢贖之，使相從。乙丑，賞
南征女直軍，使東還。丙寅，禁擧人匿名飛書謗訕朝廷。癸
酉，吐蕃党項來貢。甲戌，雲州租賦請止輸本道，從之。丙子，
以女直活骨德為本部相，分遣巫覡祭名山大川。丁丑，皇
子佛寶奴生。戊寅，阿薩蘭于闐轄烈並遣使來貢。三月壬
午朔，遣使祭木葉山，禁芻牧傷禾稼。宋進士十七人挈家
來歸，命有司考其中第者補國學官，餘授縣主簿尉。李繼

遷遣使來貢。丁亥，詔知易州趙質收戰亡士卒骸骨，築京
觀。戊子，賜于越宋國王紅珠筋線，命入內神帳行再生禮。
皇太后賜物甚厚。以雜擘若民戍延朗等八戶隸飛狐。己
丑，詔免雲州逋賦。乙室王貫寧擊鞠，為所部郎君高四縱
馬突死，詔訊高四罪。丙申，詔開奇峯路通易州市。戊戌，以
王子帳耶律襄之女封義成公主，下嫁李繼遷。是春，駐蹕
延芳淀。夏四月甲寅，還京。乙卯，國舅太師蕭闥覽為子排
亞請尚皇女延壽公主，許之。丙辰，謁太宗皇帝廟。以御史
大夫烏骨領乙室大王。己未，幸延壽寺飯僧。甲子，諫議大
夫馬得臣以上好擊毬，上疏切諫，臣伏見陛下聽朝之暇

以擊毬為樂。臣思此事有三不宜：上下分朋，君臣爭勝，君
得臣奪，君輸臣喜，一不宜也。往來交錯，前後遮約，爭心競
起，禮容全廢，若貪月杖，誤拂天衣，臣既失儀，君又難責，二
不宜也。輕萬乘之貴，逐廣場之娛，地雖平至為堅確，馬雖
良亦有驚蹶，或因奔擊失其控御，聖體寧無虧損？太后豈
不驚懼？三不宜也。臣望陛下念繼承之重，止危險之戲。疏
奏，大嘉納之。丁卯，吐渾還金回鶻安進吐蕃獨朶等自宋
來歸，皆賜衣帶。皇太后謁奇首可汗廟。丙子，以舍利軍耶
律杳為常衮。己卯，駐蹕儒州龍泉。庚辰，遣宣徽使蒲領等
率兵分道備宋，以通事副使控骨离為舍利拽剌詳穩。五

庚子得

月辛巳，祭風伯于儒州白馬村。休哥引軍至蒲城，招降卒
七百餘人，遣使來獻，詔隸東京。辛卯，獵桑乾河。壬辰，燕京
奏宋兵至邊，時暑未敢與戰，且駐易州，俟彼動則進擊，退
則班師，從之。六月庚戌朔，以太師柘母迎合，撾之二十。辛
酉，詔燕樂密雲二縣荒地許民耕種，免賦役十年。甲戌，宣
政殿學士馬得臣卒，詔贈太子少保，賜錢十萬、粟百石。乙
亥，詔出諸畜賜邊部貧民。是月，休哥排亞破宋兵于泰州。
秋七月乙酉，御含涼殿視朝。丙戌，以中丞耶律覈奚哥攝
夷离畢，橫帳郎君耶律延壽為御史大夫。癸巳，遣兵南征。
甲午，以迪离畢涅剌烏濊三部各四人益東北路夫人婆

皇德仍給印綬丁酉勞南征將士是日帝與皇太后謁景
宗皇帝廟八月庚午放進士高正等二人及第冬十月禁
置網捕兔十一月甲申于闐張文寶進內冊書十二月甲
寅鉤魚于沈子濼癸亥獵于好草嶺

本紀第十二

本紀第十三　　遼史十三

開府儀同三司上柱國錄軍國重事中書右丞相兼修國史領經筵事臣脫脫等

勑修

聖宗四

八年春正月辛巳如臺湖庚寅詔決滯獄庚子如沈子濼
二月丁未朔于闐回鶻各遣使來貢壬申女直遣使來貢
三月丁丑李繼遷遣使來貢庚辰太白熒惑鬬凡十有五
次乙酉城杏堝以宋俘實之辛丑置宜州夏四月丙午朔
鐵州刺史李壽英有惠政民請留從之庚戌女直遣使來
貢庚午以歲旱諸部艱食振之五月戊子以宋降卒分隸

諸軍庚寅女直宰相阿海來貢封順化王丙申清暑胡土
白山詔括民田六月丙午以北面林牙磨魯古為北院大
王阿薩蘭回鶻于越達剌干各遣使來貢甲寅月掩天駟
第一星丙辰女直遣使來貢秋七月庚辰改南京熊軍為
神軍詔東京路諸宮分提轄司置分定覇保和宣化三縣
白川州置洪理儀坤州置廣義遼西州置長慶乾州置安
德各一縣省遂偽松饒寧海瑞玉鐵里奉德等十州及王
田遂豐松山弘遠懷清雲龍平澤平山等八縣以其民分
隸他郡八月乙卯以黑白羊祭天地九月乙亥北女直四
部請內附壬辰李繼遷獻宋俘冬十月丙午以大敗宋軍

復遣使來告己酉阻卜等遣使來貢是月駐蹕大王川十
一月庚寅以吐谷渾民饑振之丁酉太白晝見十二月癸
卯李繼遷下宋麟鄜等州遣使來告女直遣使來貢庚戌
遣使封李繼遷為夏國王癸丑回鶻來貢是歲放鄭雲從
等二人及第

九年春正月甲戌女直遣使來貢丙子詔禁私度僧尼庚
辰如臺湖乙酉樞密使監修國史室昉等進實錄賜物有
差戊子選宋降卒五百置為宣力軍辛卯詔免三京諸道
租賦仍罷括田二月丙午夏國遣使告伐宋捷丁未以涿
州刺史耶律王六為燭隱甲子建威寇振化來遠三城屯

戍卒閏月辛未朔日有食之壬申遣翰林承旨邢抱朴三
司使李嗣給事中劉京政事舍人張幹南京副留守吳浩
分決諸道滯獄三月庚子朔振室韋烏古諸部戊申復遣
庫部員外郎馬守琪倉部員外郎祁正虞部員外郎崔祐
薊北縣令崔簡等分決諸道滯獄甲子幸南京夏四月甲
戌回鶻來貢乙亥夏國王李繼遷遣杜白來謝封冊丙戌
清暑炭山五月己未以奉王韓匡嗣私城為全州六月丁
亥突厥來貢是月南京霖雨傷稼秋七月癸卯通括戶口
乙巳詔諸道舉才行察貪酷撫高年禁奢僭有殁於王事
者官其子孫己未夏國以復綏銀二州遣使來告八月癸

酉銅州嘉禾生東京甘露降戊寅女直進喚鹿人壬午東
京進三足烏九月庚子鼻骨德來貢己酉駐蹕廟城南京
地震冬十月丁卯阿薩蘭回鶻來貢壬申夏國王李繼遷
遣使來上宋所授勅命丁丑定難軍節度使李繼捧來附
授推忠効順啓聖定難功臣開府儀同三司檢校太師兼
侍中封西平王十一月己亥以青牛白馬祭天地十二月
夏國王李繼遷潛附于宋遣招討使韓德威持詔諭之是
歲放進士石用中一人及第
十年春正月丁酉禁喪葬禮殺馬及藏甲冑金銀器玩丙
午如臺湖二月乙丑朔日有食之韓德威奏李繼遷稱故

不出至靈州俘掠以還壬申兀惹來貢壬午免雲州租賦
庚寅夏國以韓德威俘掠遣使來奏賜詔安慰辛卯給復
雲州流民三月甲辰鐵驪來貢丙辰如炭山夏四月乙丑
以臺湖爲望幸里庚寅命群臣較射五月癸巳朔州流民
給復三年七月辛酉鐵驪來貢八月癸亥觀稼仍遣使分
閱苗稼九月癸卯幸五臺山金河寺飯僧冬十月壬申夏
國王遣使來貢戊寅鐵驪來貢十一月壬辰回鶻來貢十
二月庚辰獵儒州東川拜天是月以東京留守蕭恒德等
伐高麗
十一年春三月壬寅回鶻來貢丙午出內帑錢賜南京統

軍司軍高麗王治遣朴良柔奉表請罪詔取女直鴨淥江
東數百里地賜之二月癸亥霸州民妻王氏以妖惑衆伏
誅夏四月幸炭山清暑六月大雨秋七月己丑桑乾羊河
溢居庸關西害禾稼殆盡奉聖南京居民廬舍多墊溺者
八月如秋山冬十月甲申朔駐蹕蒲瑰坂是時放進士王
熙載等二人及第
十二年春正月癸丑朔漷陰鎮水漂溺三十餘村詔疏舊
渠甲寅以同政事門下平章事耶律碩老爲惕隱詔復行
在五十里內租乙卯幸延芳淀戊午蠲宜州賦調庚申郎
君耶律鼻舍等謀叛伏誅壬戌以南院大王耶律景爲上

京留守封漆水郡王霸州民李在宥年百三十有三賜束
帛錦袍銀帶月給羊酒仍復其家二月甲申免南京被水
戶租賦己丑高麗來貢甲午免諸部歲輸羊及關征庚子
回鶻來貢三月丁巳高麗遣使請所俘人畜詔贖還戊午
幸南京丙寅遣使撫諭高麗己巳涿州木連理壬申如長
春宮觀牡丹是月復置南京統軍都監夏四月辛卯幸南
京壬辰樞密直學士劉恕爲南院樞密副使戊戌以景宗
石像成幸延壽寺飯僧五月甲寅詔北皮室軍老不任事
者免役戊午如炭山清暑庚辰武定軍節度使韓德冲秩
滿其民請留從之六月辛巳朔詔州縣長吏有才能無過

者減一資考任之癸未可汗州刺史賈俊進新曆庚子
囚甲辰詔龍鳳兩軍老疾者代之是月太白歲星相犯秋
七月辛亥朔日有食之甲寅遣使視諸道禾稼辛酉南院
樞密使室昉爲中京留守加尚父丙寅女直遣使來貢戊
辰觀穫庚午詔契丹人犯十惡者依漢律己卯以翰林承
旨邢抱朴參知政事八月庚辰朔詔皇太妃領西北路烏
古等部兵及永興宮分軍撫定西邊以蕭撻凜督其軍事
乙酉宋遣使求和不許戊子以國舅帳郎君蕭徒骨爲夷离
畢乙未下詔戒諭中外官吏丁酉録囚雜犯死罪以下釋
之九月壬子室韋党項吐谷渾等來貢辛酉宋復遣使求

和不許壬戌行拜奧禮癸酉阻卜等來貢冬十月乙酉獵
可汗州之西山乙巳詔定均稅法丁未大理寺置少卿及
正十一月戊申朔行再生禮鐵驪來貢詔諸部所俘宋人
有官吏儒生抱器能者諸道軍有勇健者具以名聞庚戌
詔郡邑貢明經茂材異等甲寅詔南京決滯獄己未官宋
俘衛德升等六人十二月戊寅朔日有食之詔并奚王府
奧理墮隗梅只三部爲一其二剋各分爲部以足六部之
數甲申賜南京統軍司貧戶耕牛戊子高麗進妓樂却之
庚寅禁游食民癸巳女直以宋人浮海賂本國及兀惹叛
來告丁未幸南京是年放進士呂德懋等二人及第

十三年春正月壬子幸延芳淀甲寅置廣靈縣丁巳增泰
州遂城等縣賦庚申詔諸道勸農癸亥長寧軍節度使蕭
解里秩滿民請留從之庚午如長春宮二月丁丑女直遣
使來貢甲辰高麗遣李周楨來貢三月癸丑夏國遣使來
貢戊辰武清縣百餘人入宋境剽掠命誅之還其所獲人
畜財物夏四月己卯參知政事邢抱朴以母憂去官起復
丙戌詔諸道民戶應曆以來脅從爲部曲者仍籍州縣甲
午如炭山清暑五月壬子高麗進鷹乙亥北南乙室三府
請括富民馬以備軍需不許給以官馬六月丙子朔啓聖
軍節度使劉繼琛秩滿民請留從之丁丑詔減前歲括田

租賦甲申以宣徽使阿没里私城爲豐州丙戌詔許昌平
懷柔等縣諸人請業荒地秋七月乙巳朔女直遣使來貢
丁巳兀惹烏昭度渤海燕頗等侵鐵驪遣奚王和朔奴等
討之壬戌詔蔚朔等州龍衛威勝軍更戍八月丙子夏國
遣使進馬壬辰詔修山澤祠宇先哲廟貌以時祀之九月
戊午以南京太學生員侵多特賜水磑莊一區丁卯奉安
景宗及皇太后石像于延芳淀冬十月乙亥置義倉辛巳
回鶻來貢甲申高麗遣李知白來貢戊子兀惹歸款詔諭
之庚子鼻骨德來貢十一月乙巳阿薩蘭回鶻遣使來貢
辛酉遣使册王治爲高麗國王戊辰高麗遣童子十人來

學本國語十二月己卯鐵驪遣使來貢鷹馬辛巳夏國以
敗宋人遣使來告是年放進士王用極等二人
十四年春正月己酉漁于潞河丁巳蠲三京及諸州稅賦
丙寅夏國遣使來貢庚午以宣徽使阿没里家奴閻貴爲
豐州刺史二月庚寅回鶻遣使來貢三月壬寅高麗王治
表乞爲婚許以東京留守駙馬蕭恒德女家之庚戌高麗
復遣童子十人來學本國語甲寅韓德威奏討党項捷甲
子詔安集朔州流民夏四月甲戌東邊諸糺各置都監庚
寅如炭山清暑己亥鑿大安山取劉守光所藏錢是月奚
王和朔奴東京留守蕭恒德等五人以討兀惹不克削官

改諸部令穩爲節度使五月癸卯詔參知政事邢抱朴決
南京滯獄庚戌朔州威勝軍一百七人叛入宋六月辛未
如炭山清暑鐵驪來貢乙酉回鶻來貢己丑高麗遣使來
問起居後至無時秋七月戊午回鶻等來貢閏月丁丑五
院部進穴地所得金馬冬十月丙辰命劉遂教南京神武
軍士劒法賜袍帶錦幣戊午烏昭度乞內附十一月甲戌
詔諸軍官毋非時畋獵妨農乙酉奉安景宗及太后石像
于乾州是月回鶻阿薩蘭遣使爲子求婚不許十二月甲
寅以南京道新定稅法太重減之甲子撻凜誘叛酋阿魯
敦等六十人斬之封蘭陵郡王幸南京是年放進士張儉

等三人
十五年春正月庚午幸延芳淀丙子以河西党項叛詔韓
德威討之庚辰詔諸道勸民種樹癸未兀惹長武周來降
戊子女直遣使來貢己丑詔南京決滯囚乙未免流民稅
二月丙申朔如長春宮戊戌勸品部富民出錢以贍貧民
庚子徙梁門遂城泰州北平民於內地丙午夏國遣使來
貢甲寅問安皇太后丙辰韓德威奏破党項捷丁巳詔品
部曠地令民耕種三月乙丑朔党項來貢戊辰募民耕灤
州荒地免其租賦十年己巳夏國破宋兵遣使來告己卯
封夏國王李繼遷爲西平王壬午通括官分人户免南京

逋稅及義倉粟甲申河西党項乞內附庚寅兀惹烏昭度
以地遠乞歲時免進鷹馬貂皮詔以生辰正旦貢如舊餘
免癸巳宋主炅殂子恒嗣位甲午皇太妃獻西邊捷夏四
月乙未朔罷奚五部歲貢麕戊戌錄囚壬寅發義倉粟振
南京諸縣民丙午廣德軍節度使韓德凝有善政秩滿其
民請留從之己酉幸南京丁巳致奠于太宗皇帝廟己未
如炭山清暑五月甲子朔日有食之己巳詔平州決滯獄
是月敵烈八部殺詳穩以叛蕭撻凜追擊獲部族之半六
月丙申鐵驪來貢壬子夏國遣使來謝封冊秋七月戊辰
党項來貢辛未禁吐谷渾別部鬻馬於宋丙子高麗遣韓

彥敬奉幣弔越國公主之喪辛卯詔南京疾決獄訟八月丁酉獵于平地松林皇太后誡曰前聖有言欲不可縱吾兒爲天下主馳騁田獵萬一有銜橛之變適遺予憂其深戒之九月丙寅罷東邊戍卒庚午幸饒州致奠太祖廟戊子蕭撻凜奏討阻卜捷冬十月壬辰朔駐蹕駝山罷奚王諸部貢物乙未賜宿衛時服丁酉禁諸山寺毋濫度僧尼戊戌弛東京道魚濼之禁戊申以上京獄訟繁冗詰其主者辛酉錄囚十一月壬戌朔錄囚丙戌幸顯州戊子謁顯陵庚寅謁乾陵是月高麗王治薨姪誦遣王同穎來告十二月乙巳鈎魚土河己酉駐蹕駝山壬子夏國遣使來貢甲寅遣使祭高麗王治詔其姪權知國事丙辰錄囚是年放進士陳鼎等二人

本紀第十三

開府儀同三司上柱國錄軍國重事中書右丞相兼修國史領經筵事都總裁臣脫脫奉
勑修
聖宗五
十六年春正月乙丑如長濼二月庚子夏國遣使來貢丙
午以監門衛上將軍耶律喜羅為中臺省左相三月甲子
女直遣使來貢乙亥鼻骨德酋長來貢夏四月癸卯振崇
德宮所隸州縣民之被水者丁未罷民輸官俸給自內帑
己酉祈雨乙卯如木葉山五月甲子祭白馬神丁卯祠木
葉山告來歲南伐庚辰鐵驪來貢乙酉還上京婦人年踰

九十者賜物六月戊子朔致奠於祖懷二陵是月清暑炭
山秋七月丁巳朔錄囚聽政八月丁亥朔東幸九月丁己
朔駐蹕得勝口冬十一月遣使冊高麗國王誦十二月丙
戌宋國王休哥薨輟朝五日進封皇弟恒王隆慶為梁國
王南京留守鄭王隆祐為吳國王是年放進士楊又玄等
二人
十七年春正月乙卯朔如長春宮夏四月如炭山清暑六
月九慈烏昭慶來秋七月以伐宋詔諭諸道九月庚辰朔
幸南京己亥南伐癸卯射鬼箭北院樞密使魏王耶律斜
軫薨以韓德讓兼知北院樞密使事冬十月癸酉攻遂城
不克遣蕭繼遠攻狼山鎮石砦破之次瀛州與宋軍戰擒
其將康昭裔宋順獲兵仗器甲無算進攻樂壽縣拔之次
遂城敵衆臨水以拒縱騎兵突之殺戮殆盡是年放進士
初錫等四人及第
十八年春正月還次南京賞有功將士罰不用命者詔諸
軍各還本道二月幸延芳淀夏四月己未駐蹕于清泉淀
五月丁酉清暑炭山六月阻卜叛酋鶻碾之弟鐵剌不率
部衆來附鶻碾無所歸遂降詔誅之秋七月駐蹕于湯泉
九月乙亥朔駐蹕黑河冬十一月甲戌朔授西平王李繼
遷子德昭朔方軍節度使十二月回鶻來貢是年放進士

南承保等三人及第
十九年春正月辛巳以祗候郎君班詳穩觀音為奚六部
大王甲申回鶻進梵僧名醫三月乙亥夏國遣李文貴來
貢乙酉西南面招討司奏党項捷壬辰皇后蕭氏以罪降
為貴妃賜大丞相韓德讓名德昌夏四月乙巳幸吳國王
隆祐第視疾丙午問安皇太后五月癸酉清暑炭山丙戌
冊蕭氏為齊天皇后庚寅以千牛衛將軍耶律王奴為乙
室大王辛卯以青牛白馬祭天地六月乙巳以所俘宋將
康昭裔為昭順軍節度使戊午夏國奏下宋恒環慶等三
州賜詔褒之秋七月丙戌以東京統軍使耶律奴瓜為南

府宰相八月庚戌達盧骨部來貢九月己巳朔問安皇太后戊子駐蹕昌平庚寅西南面招討司奏討吐谷渾捷辛卯幸南京冬十月己亥南伐壬寅次臨潢徙封吳國王隆祐爲楚國王留守京師丁未梁國王隆慶統先鋒軍以進辛亥射鬼箭壬子以青牛白馬祭天地甲寅遼軍與宋兵戰于遂城敗之庚申以黑白羊祭天地丙寅次滿城以泥淖班師十一月庚午射鬼箭丙子宋兵出淤口益津關來侵偵候謀洼虞人招古擊敗之己卯觀漁儒門濼閏月己酉鼻骨德來貢己未減關市稅十二月庚辰免南京平州租稅

二十年春正月庚子如延芳淀癸丑東方五色虹見詔安撫西南面向化諸部甲寅夏國遣使貢馬駝辛酉女直宰相夷离底來貢二月丁丑女直遣其子來朝高麗遣使賀伐宋捷三月甲寅遣北府宰相蕭繼遠等南伐壬戌駐蹕鴛鴦濼夏四月丙寅朔文班太保達里底敗宋兵于梁門甲戌南京統軍使蕭撻凜破宋軍於泰州乙酉南征將校獻俘賜爵賞有差戊子鐵驪遣使來貢五月乙卯幸炭山清暑六月夏國遣劉仁勗來告下靈州秋七月甲午朔日有食之丁酉以邢抱朴爲南院樞密使辛丑高麗遣使來貢本國地里圖九月癸巳朔謁顯陵告南伐捷冬十月癸亥朔至自顯陵十二月奚王府五帳六節度獻七金山土河川地賜金幣是歲南京平州麥秀兩岐放進士邢祥等六人及第

二十一年春正月如鴛鴦濼二月壬辰詔修日曆官毋書細事甲午朝皇太后戊午鐵驪來貢夏四月乙丑女直遣使來貢戊辰兀惹渤海奧里米越里篤越里吉等五部遣使來貢是月耶律奴瓜蕭撻凜獲宋將王繼忠于望都五月庚寅朔清暑炭山丁巳西平王李繼遷薨其子德昭遣使來告六月己卯贈繼遷尚書令遣西上閤門使丁振弔慰辛巳党項來貢乙酉阻卜鐵刺里率諸部來降是月修

可敦城秋七月庚戌阻卜烏古來貢甲寅以奚王府監軍耶律室魯爲南院大王八月乙酉阻卜鐵刺里來朝丙戌朝皇太后九月己亥夏國李德昭遣使來謝弔贈癸丑幸女河湯泉改其名曰松林冬十月丁巳駐蹕七渡河戊辰以楚國王隆祐爲西南面招討使十一月壬辰故于越耶律休哥之子道士奴高九等謀叛伏誅丙申通括南院部民十二月癸未罷三京諸道貢

二十二年春正月丁亥如鴛鴦濼二月乙卯朔女直遣使來貢丙寅南院樞密使邢抱朴薨輟朝三日三月己丑罷番部賀千齡節及冬至重五貢乙未西夏李德昭遣使上

繼遷遺物夏四月丁卯朝皇太后五月清暑炭山六月戊
子以可敦城爲鎮州軍曰建安秋七月甲申遣使封夏國
李德昭爲西平王丁亥兀惹蒲奴里剖阿里越里篤奥里
米等部來貢八月丙辰党項來貢庚申阻卜酋鐵剌里來
朝戊辰鐵剌里求婚不許丙子駐蹕大牙山九月己丑以
南伐諭高麗丙午幸南京女直遣使獻所獲烏昭慶妻子
丁未致祭于太宗皇帝廟以北院大王磨魯古太尉老君
奴監北南王府兵庚戌命楚國王隆祐留守京師閏月己
未南伐癸亥次固安以所獲諜者射鬼箭甲子以青牛白
馬祭天地丙寅遼師與宋兵戰于唐興大破之丁卯蕭撻

凜與宋軍戰于遂城敗之庚午軍于望都冬十月乙酉以
黑白羊祭天地丙戌攻瀛州不克甲午下祈州獲降兵以
酒脯祭天地己酉西平王李德昭遣使謝封冊十一月癸
亥馬軍都指揮使耶律課里遇宋兵于洺州擊退之甲子
東京留守蕭排押獲宋魏府官吏田逢吉郭守榮常顯劉
綽等以獻丁卯南院大王善補奏宋遣人遺王繼忠弓矢
密請求和詔繼忠與使會許和庚午攻破德清軍壬申次
澶淵蕭撻凜中伏弩死乙亥攻破通利軍丁丑宋遣崇儀
副使曹利用請和即遣飛龍使韓杞持書報聘十二月庚
辰朔日有食之既癸未宋復遣曹利用來以無還地之意

遣監門衛大將軍姚東之持書往報戊子宋遣李繼昌請
和以太后爲叔母願歲輸銀十萬兩絹二十萬匹許之即
遣閤門使丁振持書報聘己丑詔諸軍解嚴是月班師皇
太后賜大丞相齊王韓德昌姓耶律徙王晉是年放進士
李可封等三人
二十三年春正月戊午還次南京庚申大饗將卒爵賞有
差二月丙戌復置榷場於振武軍丁巳夏國遣使告下宋
青城辛酉朝皇太后以惕隱化哥爲南院大王行軍都監
老君奴爲惕隱乙丑振党項部丁卯回鶻來貢丁丑改易
州飛狐招安使爲安撫使夏四月丙戌女直及阿薩蘭回

鶻各遣使來貢乙未鐵驪來貢己亥党項來侵五月戊申
朔宋遣孫僅等來賀皇太后生辰乙卯以金帛賜陣亡將
士家丙寅高麗以與宋和遣使來賀六月壬辰清暑炭山
甲午阻卜酋鐵剌里遣使賀與宋和己亥達旦國九部遣
使來聘秋七月癸丑問安皇太后戊午党項來貢辛酉以
青牛白馬祭天地壬戌烏古來貢丁卯女直遣使來貢阿
薩蘭回鶻遣使來請先留使者皆遣之九月甲戌遣太尉
阿里太傅楊六賀宋主生辰冬十月丙子朔鼻骨德來貢
戊子朝皇太后甲午駐蹕七渡河癸卯宋歲幣始至後爲
常十一月戊申上遣太保合住頒給使韓簡太后遣太師

盆奴政事舍人高正使宋賀正旦辛亥觀漁桑乾河丁巳
詔大丞相耶律德昌出宮籍屬于橫帳十二月丙申宋遣
周漸等來賀千齡節丁酉復遣張若谷等來賀正旦
二十四年春正月如鴛鴦濼夏五月壬寅朔幸炭山清暑
幽皇太妃胡輦于懷州囚夫人夷懶于南京餘黨皆生瘞
之秋七月辛丑朔南幸八月丙戌改南京宮宣教門爲元
和外三門爲南端左掖門爲萬春右掖門爲千秋是月沙
州燉煌王曹壽遣使進大食國馬及美玉以對衣銀器等
物賜之九月辛南京冬十月庚午朔帝率群臣上皇太后
尊號曰睿德神略應運啓化承天皇太后群臣上皇帝尊

號曰至德廣孝昭聖天輔皇帝大赦是年放進士楊佶等
二十三人及第
二十五年春正月建中京二月如鴛鴦濼夏四月清暑炭
山六月賜皇太妃胡輦死于幽所秋七月壬申西平王李
德昭母薨遣使弔祭甲戌遣使起復九月西北路招討使
蕭圖玉討阻卜破之冬十月丙申駐蹕中京十二月己酉
振饒州饑民
二十六年春二月如長濼夏四月辛卯朔祠木葉山五月
庚申朔還上京丙寅高麗進龍鬚草席己巳遣使賀中京
成庚午致祭祖懷二陵辛未駐蹕懷州秋七月增太祖太
宗讓國皇帝世宗謚仍謚皇太弟李胡曰欽順皇帝冬十
月戊子朔幸中京十二月蕭圖玉奏討甘州回鶻降其王
耶剌里撫慰而還是年放進士史克忠等一十三人
二十七年春正月鉤魚土河獵于瑞鹿原夏四月丙戌朔
駐蹕中京營建宮室庚戌廢霸州處置司秋七月甲寅朔
霖雨潢土斡剌陰涼四河皆溢漂没民舍八月甲申北幸
冬十一月壬子朔行柴册禮十二月乙酉南幸皇太后不
豫戊子肆赦辛卯皇太后崩于行宮壬辰遣使報哀于宋
夏高麗戊申如中京己酉詔免賀千齡節是歲御前引試
劉二宜等三人

本紀第十四

開府儀同三司上柱國錄軍國重事中書右丞相兼修國史領經筵事都總裁臣脫脫奉

敕修

聖宗六

二十八年春正月辛亥朔不受賀甲寅如乾陵癸酉奉安大行皇太后梓宮于乾州菆塗殿二月丙戌宋遣王隨王儒等來弔祭己亥高麗遣魏守愚等來祭是月遣左龍虎衛上將軍蕭合卓饋大行皇太后遺物于宋仍遣臨海軍節度使蕭虛列左領軍衛上將軍張崇濟謝宋弔祭三月癸卯上大行皇太后謚為聖神宣獻皇后是月宋高麗遣

使來會葬夏四月甲子葬太后於乾陵賜大丞相耶律德昌名曰隆運庚午賜宅及陪葬地五月己卯朔如中京辛卯清暑七金山乙巳西北路招討使蕭圖玉奏伐甘州回鶻破肅州盡俘其民詔修土隗口故城以實之丙午高麗西京留守康肇弒其主誦擅立誦從兄詢詔諸道繕甲兵以備東征秋八月戊申振平州饑民辛亥幸中京丙寅謁顯乾二陵丁卯自將伐高麗遣使報宋以皇弟楚國王隆祐留守京師北府宰相駙馬都尉蕭排押為都統北面林牙僧奴為都監九月乙酉遣使冊西平王李德昭為夏國王辛卯遣樞密直學士高正引進使韓杞宣問高麗王詢

冬十月丙午朔女直進良馬萬匹乞從征高麗許之王詢遣使奉表乞罷師不許十一月乙酉大軍渡鴨淥江康肇拒戰敗之退保銅州丙戌肇復出右皮室詳穩耶律敵魯擒肇及副將李立追殺數十里獲所棄糧餉鎧仗戊子銅霍貴寧等州皆降排押至奴古達嶺遇敵兵戰敗之辛卯王詢遣使上表請朝許之禁軍士俘掠以政事舍人馬保佑為開京留守安州團練使王八為副留守遣太子太師乙凛將騎兵一千送保佑等赴京壬辰守將卓思正殺遼使者韓喜孫等十人領兵出拒保佑等還遣乙凛領兵擊之思正遂奔西京圍之五日不克駐蹕城西高麗禮部郎

中渤海陀失來降庚子遣排押盆奴等攻開京遇高麗兵敗之王詢棄城遁去遂焚開京至清江還

二十九年春正月乙亥朔班師所降諸城復叛至貴州南峻嶺谷大雨連日馬駝皆疲甲仗多遺棄霽乃得渡己丑次鴨淥江庚寅皇后及皇弟楚國王隆祐迎于來遠城壬辰詔罷諸軍己亥次東京二月己酉謁乾顯二陵戊午所俘高麗人分置諸陵廟餘賜內戚大臣三月己卯大丞相晉國王耶律隆運薨庚辰皇弟楚國王隆祐權知北院樞密使事樞密直學士高正為北院樞密副使庚寅南京平州水振之己亥以北院大王耶律室魯為北院樞密使封

韓王北院郎君耶律世良爲北院大王前三司使劉慎行
爲知政事兼知南院樞密使事夏四月清暑老古堝五月
甲戌朔詔已奏之事送所司附日曆又詔帳族有罪黥墨
依諸部人例乙未以劉慎行爲南院樞密使南府宰相邢
抱質知南院樞密使事六月庚戌升蔚州利州爲觀察使
乙卯韓王耶律室魯薨丙辰以南院大王化哥爲北院樞
密使丁巳詔西北路招討使駙馬都尉蕭圖玉安撫西鄙
置阻卜諸部節度使是秋獵于平地松林冬十月庚子駐
蹕廣平淀甲寅贈大丞相晉國王耶律隆運尚書令謚文
忠十一月庚午朔幸顯州十二月庚子復如廣平淀癸丑

以知南院樞密使事邢抱質年老詔乘小車入朝是月置
歸寧二州是年御試放高承顏等二人及第
開泰元年春正月己巳朔宋遣趙湘符成翰來賀癸未長
白山三十部女直酋長來貢乞授爵秩甲申駐蹕王子院
丙戌望祠木葉山丁亥女直太保蒲撚等來朝戊子獵于
買曷魯林庚寅祠木葉山辛卯曷蘇館大王曷里喜來朝
二月壬子駐蹕瑞鹿原三月甲戌以蔚州爲觀察不隸武
定軍乙亥如鞾淀丁丑詔封皇女八人爲郡主乙酉詔上
日行拜山大射柳之禮命北宰相駙馬蘭陵郡王蕭寧樞
密使司空邢抱質督有司具儀物丁亥皇弟楚國王隆祐

徙封齊國王留守東京夏四月庚子高麗遣蔡忠順來乞
稱臣如舊詔王詢親朝壬寅夏國遣使進良馬己酉祀風
伯辛酉以前孟父房敞穩蕭佛奴爲右夷离畢五月戊辰
朔還上京詔裴玄感邢祥知禮部貢舉放進士史簡等十
九人及第以駙馬蕭紹宗爲鄭州防禦使乙亥以邢抱質
爲大同軍節度使六月駐蹕上京七月丙子以耶律遂貞
爲遼興軍節度使遂正北院宣徽使張昭瑩南院宣徽使
耶律受益上京副留守寇卿彰德軍節度使命耶律釋身
奴李操充賀宋生辰國信使副蕭涅寧齊泰賀宋正旦使
副進士康文昭張素臣郎玄達坐論知貢舉裴玄感邢祥

私曲秘書省正字李萬上書辭涉怨訕皆杖而徙之萬役
陷河治八月丙申鐵驪那沙等送兀惹百餘戶至賓州賜
絲絹是日那沙乞賜佛像儒書詔賜護國仁王佛像一易
詩書春秋禮記各一部己未高麗王詢遣田拱之奉表稱
病不能朝詔復取六州地是月齊國王隆祐薨輟朝五日
冬十月辛亥如中京閏月丁卯贈隆祐守太師謚仁孝十
月甲午朔文武百官加上尊號曰弘文宣武尊道至德
崇仁廣孝聰睿昭聖神贊天輔皇帝大赦改元開泰改幽
都府爲析津府薊北縣爲析津縣幽都縣爲宛平縣覃恩
中外己亥賜夏國使東頭供奉官曹文斌呂文貴黃[illegible]祐

守榮武元正等爵有差癸卯前遼州錄事張庭美六世同
居儀坤州劉興胤四世同居各給復三年甲辰西北招討
使蕭圖玉奏七部太師阿里底因其部民之怨殺本部節
度使霸暗幷屠其家以叛阻卜執阿里底以獻而沿邊諸
部皆叛十二月丙寅奉遷南京諸帝石像于中京觀德殿
景宗及宣獻皇后于上京五鸞殿壬申振奉聖州饑民庚
辰賜皇太弟秦晉國王隆慶鐵券癸未劉晟言殿中高可垣
中京留守推官李可舉治獄明允詔超遷之甲申詔諸道
水蓄饑民質男女者起來年正月日計傭錢十文價折傭
盡遣還其家歸州言其居民本新羅所遷未習文字請設

學以教之詔允所請貴德龍化儀坤雙遼同祖七州至是
有詔始征商己丑詔諸鎭建宣敕樓
二年春正月癸巳朔以裴玄感爲翰林承旨邢祥給事中
石用中翰林學士呂德推樞密直學士張儉政事舍人邢
抱質加開府儀同三司守司空兼侍中王繼忠中京留守
檢校太師戶部侍郎劉涇加工部尚書駙馬蕭紹宗加檢
校太師耶律控溫加政事令封幽王丁未如瑞鹿原北院
樞密使耶律化哥封豳王以馬氏爲麗儀耿氏淑儀尚寢
白氏昭儀尚服李氏順儀尚功艾氏芳儀尚儀孫氏和儀
己未錄囚烏古敵烈叛右皮室詳穩延壽率兵討之是月

達旦國兵圍鎭州州軍堅守尋引去二月丙子詔以麥務
川爲象雷縣女河川爲神水縣羅家軍爲閭山縣山子川
爲富庶縣習家寨爲龍山縣阿覽峪爲勸農縣松山川爲
松山縣金甸子爲金原縣壬午遣北院樞密副使高正按
察諸道獄三月壬辰朔化哥以西北路略平留兵戍鎭州
赴行在夏四月甲子拜日詔從上京請以韓斌所括贍國
撻魯河奉高豪等州戶二萬五千四百有奇置長霸興仁保
和等十縣丙子如緬山五月辛卯朔復命化哥等西討六
月辛酉朔遣中丞耶律資忠使高麗取六州舊地秋七月
壬辰烏古敵烈皆復故疆乙未西南招討使政事令斜軫

奏党項諸部叛者皆遁黃河北模赧山其不叛者曷黨烏
迷兩部因據其地今復西遷詰之則曰逐水草不早圖之
後恐爲患又聞前後叛者多投西夏西夏不納詔遣使再
問西遷之意若歸故地則可就加撫諭使不報上怒欲伐
之遂詔李德昭令党項叛我欲西伐爾當東擊毋失犄角
之勢仍命諸軍各市肥馬丁酉以惕隱耶律滌冽爲南府
宰相太尉五哥爲惕隱癸卯鈎魚曲溝戊申詔以敦睦宮
子錢振貧民己酉化哥等破阻卜酋長烏八之衆丁卯封
皇子宗訓大內惕隱八月壬戌遣引進使李延弘賜夏國
王李德昭及義成公主車馬己丑耶律資忠使高麗還冬

十月己未朔畋甗井之北命耶律阿魯等使宋賀生辰辛
酉駐蹕長濼丙寅詳穩張馬留獻女直人知高麗事者上
問之曰臣三年前爲高麗所虜爲郎官故知之自開京東
馬行七日有大砦廣如開京旁州所貢珍異皆積于此勝
羅等州之南亦有二大砦所積如之若大軍行由前路取
曷蘇館女直北直渡鴨淥江並大河而上至郭州與大路
會高麗可取而有也上納之十一月甲午録囚癸丑樞密
使幽王化哥以西征有罪削其官封出爲大同軍節度使
十二月甲子以北院大王耶律世良爲北院樞密使封岐
王以宰臣劉晟監修國史牛璘爲彰國軍節度使蕭孝穆

爲曲北路招討使放進士鮮于茂昭等六人及第
三年春正月己丑録囚阻卜酋長烏八來朝封爲王乙未
如渾河丁酉女直及鐵驪各遣使來貢是夕彗星見西方
丙午畋黃河濱壬子帝及皇后獵瑞鹿原二月戊午詔增
樞密使以下月俸甲子遣上京副留守耶律資忠復使高
麗取六州舊地三月庚子遣耶律世良城招州戊申南京
奉聖平蔚雲應朔等州置轉運使夏四月戊午詔南京管
内毋淹刑獄以妨農務癸亥烏古叛乙亥沙州回鶻曹順
遣使來貢丙子以西北路招討都監蕭孝穆爲北府宰相
五月乙酉朔清暑緬山六月乙亥合拔里乙室二國舅爲

一帳以乙室夷离畢蕭敵烈爲詳穩以總之甲申封皇姪
胡都古爲廣平郡王是夏詔國舅詳穩蕭敵烈東京留守
耶律團石等討高麗造浮梁于鴨淥江城保宣義定遠等
州秋七月乙酉朔如平地松林壬辰詔政事省樞密院酒
間梭官釋罪毋即奉行明日覆奏八月日寅朔辛沙嶺九
月丁酉八部敵烈殺其詳穩稍瓦皆叛詔南府宰相耶律
吾剌葛招撫之辛亥釋敵烈數人令招諭其衆壬子耶律
世良遣使獻敵烈俘冬十月甲寅朔辛中京丙子以旗鼓
拽剌詳穩題里姑爲奚六部大王放進士張用行等三十
一人及第出身

四年春正月乙酉如瑞鹿原丙戌詔耶律世良再伐迪烈
得戊子命詳穩拔姑溺水瑞鹿原以備春蒐丁酉獵馬蘭
淀壬寅東征東京留守善寧平章涅里衮奏已總大軍及
女直諸部兵分道進討遂遣使齎密詔軍前二月壬子朔
如薩堤濼于闐國來貢夏四月癸丑以林牙建福爲北院
大王甲寅蕭敵烈等伐高麗還丙辰曷蘇館部請括女直
王殊只你户舊無籍者會其丁入賦役從之樞密使貫寧
奏大破八部迪烈得詔侍御撒剌奬諭代行執手之禮丙
寅耶律世良等上破阻卜俘獲數戊辰駐蹕沿柳湖己巳
女直遣使來貢壬申耶律世良討烏古破之甲戌遣使賞

有功將校世良討迪烈得至清泥堝時于厥既平朝廷議
內徙其衆于厥安土重遷遂叛世良懲劉既破迪烈得轉
職其丁壯勒兵渡曷刺河進擊餘黨斥候不謹其將勃括
聚兵欟林中擊遼軍遼軍小却結陣河曲勃括是夜
來襲翌日遼援軍至勃括誘于厥之衆皆遁世良追之軍至
險阨勃括方阻險少休遼軍偵知其所世良不亟掩之勃
括輕騎遁去獲其輜重及所誘于厥之衆并遷迪烈得所
獲輜重麥里部民城臚朐河上以居之是月蕭楊哥尚南平
郡主五月辛巳命北府宰相劉晟為都統樞密使耶律世
良為副殿前都點檢蕭屈烈為都監以伐高麗晟先携家

置邊郡致緩師期追還之以世良屈烈總兵進討以耶律
德政為遼興軍節度使蕭年骨烈天城軍節度使李仲舉
卒詔賻恤其家六月庚戌上拜日如禮以麻都骨世勳易
衣馬為好以上京留守耶律八哥為北院樞密副使秋七
月上又拜日遂幸秋山自八月射鹿至于九月復自癸丑
至于辛酉連獵于有栢碑石大保響應松山諸山丁卯與
夷离畢兵部尚書蕭榮寧安為交契以重君臣之好丙子
以旗鼓拽剌詳穩題里姑為六部奚王冬十月駐蹕撻剌
割濼十一月庚申詔汰東京僧及命上京中京泊諸宮選
精兵五萬五千人以備東征十二月南巡海徼還幸顯州

五年春正月丁未北幸庚戌耶律世良蕭屈烈與高麗戰
于郭州西破之斬首數萬級盡獲其輜重乙卯師次南海
軍耶律世良薨于軍癸酉駐蹕雪林二月己卯阻卜長來
朝辛巳如薩堤濼庚寅以前東京統軍使耶律韓留為右
夷离畢戊戌皇子宗真生三月乙卯鼻骨德長撒保特寨
剌等來貢辛酉諸道獄空詔進階賜物丙寅以前北院大
王耶律敵溫為阿扎割只辛未党項魁可來降夏四月乙
亥振招州民戊寅以左夷离畢蕭合卓為北院樞密使曷魯
寧為副使庚辰清暑狘樹淀五月甲子尚書蕭姫隱坐出
使後期削其官丁卯以耿元吉為戶部使六月以政事舍

人吳克昌按察霸州刑獄丁丑田鶻獻孔雀秋七月甲辰
獵于赤山八月丙子幸懷州有事于諸陵戊寅還上京九
月癸卯皇弟南京留守秦晉國王隆慶來朝上親出迎
勞至實德山因同獵于松山乙丑駐蹕杏堝冬十月甲午
封秦晉國王隆慶長子查割中山郡王次子遂哥樂安郡
王十一月辛丑以參知政事馬保忠同知樞密院事監修
國史丁巳以北面林牙蕭隈洼為國舅詳穩十二月乙酉
秦晉國王隆慶還至北安薨訃聞上為哀慟輟朝七日丁
酉宋遣張遜王承德來賀千齡節是歲放進士孫僼等四
十八人及第

六年春正月癸卯如雛子河二月甲戌以公主賽哥殺無罪婢駙馬蕭圖玉不能齊家降公主爲縣主削圖玉同平章事五詔國舅帳詳穩蕭隗洼將本部兵東征高麗其國舅司事以都監攝之庚辰以南面林牙湼合爲南院大王三月乙巳如顯州葬秦晉國王隆慶肴事于顯乾二陵追州隆慶爲太弟夏四月辛卯封隆慶少子謝家奴爲長以郡王以樞密使漆水郡王耶律制心權知諸行宮都部署事壬辰禁命婦再醮丙申如凉陘五月戊戌朔樞密使蕭合卓爲都統漢人行宮都部署王繼忠爲副殿前都點檢蕭屈烈爲都監以伐高麗翌日賜合卓劍俾得專殺丙

午録四巳酉設四帳都詳穩甲寅以南京統軍使蕭惠爲右夷离畢乙卯祠木葉山潢河乙丑駐蹕九層臺六月戊辰朔德妃蕭氏賜死葬兔兒山西後數日大風起塚上晝暝大雷電而雨不止者踰月是月南京諸縣蝗秋七月辛亥如秋山遣禮部尚書劉京翰林學士吳叔達知制誥仇正已起居舍人程翥吏部員外郎南承顏禮部員外郎王景運分路按察刑獄辛酉以西南路招討請置寧仁縣子勝州九月庚子還上京以皇子屬思生大赦丁未以駙馬蕭璉節度使化哥知制誥仇正已楊佶充賀宋生辰正旦使副乙卯蕭合卓等攻高麗興化軍不克還師冬十月丁

卯南京路饑輓雲應朔弘等州粟振之辛未獵鐸子河庚寅駐蹕達離山十一月乙卯建州節度使石匡弼卒十二月丁卯上輕騎還上京戊子宋遣李行簡張信來賀千齡節翌日宋馮元張綸來賀正旦

本紀第十五

開府儀同三司上柱國錄軍國重事中書右丞相監修國史領經筵事都總裁臣脫脫等
勑修

聖宗七

七年春正月甲辰如達離山二月乙丑朔拜日如渾河三月辛丑命東北越里篤剖阿里奧里米蒲奴里鐵驪等五部歲貢貂皮六萬五千馬三百丙午烏古部節度使蕭普達討叛命敵烈滅之夏四月拜日丙寅振川饒二州饑辛未振中京貧乏癸酉禁匿名書壬辰以三司使呂德懋爲樞密副使閏月壬子以蕭進忠爲彰武軍節度使兼五州制置戊午吐蕃王并里尊奏凡朝貢乞假道夏國從之五月丙寅皇子宗眞封梁王宗元永清軍節度使宗簡右衛大將軍宗愿左驍衛大將軍宗偉右衛大將軍皇姪宗範昭義軍節度使宗熙鎭國軍節度使宗亮絳州節度使宗弼濮州觀察使宗奕曹州防禦使宗顯宗肅皆防禦使以張儉守司徒兼政事令丙申品打魯瑰部節度使勃魯里至鼻洒河遇微雨忽天地晦冥大風飄四十三人飛旋空中良久乃墮數里外勃魯里幸獲免一酒壺在地乃不移八月丙午行大射柳之禮庚申以耶律留寧吳守達使宋加賀生辰蕭高九馬貽謀使宋賀正旦加平章蕭弘義開府

儀同三司尚父兼政事令秋七月甲子詔翰林待詔陳升寫南征得勝圖于上京五鸞殿丁卯蒲奴里部來貢九月庚申蒲昵國使奏本國與烏里國封壤相接數侵掠不寧賜詔諭之戊辰詔內外官因事受賕事覺而稱子孫僕從者禁之庚午錄囚括馬給東征軍是月駐蹕土河川冬十月名中京新建二殿曰延慶曰永安壬寅以順義軍節度使石用中爲漢人行宮都部署丙辰詔以東平郡王蕭排押爲都統殿前都點檢蕭虛列爲副統東京留守耶律八哥爲都監伐高麗仍諭高麗守吏能率衆自歸者厚賞堅壁相拒者追悔無及十一月壬戌以呂德懋知吏部尚書揚人玄知詳覆院劉晟爲霸州節度使北府宰相劉愼行爲彰武軍節度使庚辰禁服用明金縷金貼金戊子幸中京十二月丁酉宋遣呂夷簡曹瑋來賀千齡節是月蕭排押等與高麗戰于茶陀二河遼軍失利天雲右皮室二軍沒溺者衆遙輦帳詳穩阿果達客省使酌古渤海詳穩高清明天雲軍詳穩海里等皆死之放進士張克恭等三十七人及第

八年春正月宋遣陳堯佐張群來賀壬戌鐵驪來貢建景宗廟于中京封沙州節度使曹順爲燉煌郡王二月丁未以前南院樞密使韓制爲中京留守漢人行宮都部署王

繼忠南院樞密使丙辰祭風伯三月己未以契丹弘義宮
使赫石爲興聖宮都部署前遥恩拈部節度使控骨里積
慶宮都部署左祗候郎君耶律寧四捷軍都監乙亥東平
王蕭韓寧東京留守耶律八哥國舅平章事蕭排押林牙
要只等討高麗還坐失律數其罪而釋之己卯詔加征高
麗有功渤海將校官壬午閲飛龍院馬癸未回跋部太師
踏剌葛來貢丙戌置東京渤海承奉官都知押班夏四月
戊子朔如緬山五月壬申以駙馬蕭克忠爲長寧軍節度
使乙亥遷寧州渤海戶于遼土二河之間己卯曷蘇館惕
隱阿不葛宰相賽剌來貢六月戊子錄征高麗戰歿將校

子弟己丑以左夷离畢蕭解里爲西南面招討使御史大
夫蕭要只爲夷离畢己亥惕隱耶律合葛爲南府宰相南
面林牙耶律韓留爲惕隱癸卯弛大攏山猿嶺採木之禁
乙巳以南皮室軍校等討高麗有功賜金帛有差秋七月
己未征高麗戰歿諸將詔益封其妻庚申以東北路詳穩
耶律獨迭爲北院大王辛酉有里涅哥二奚軍征高麗有
功皆賜金帛癸亥詔阻卜依舊歲貢馬千七百駝四百四
十貂鼠皮萬青鼠皮二萬五千戊辰觀稼己巳回跋部太
保麻門來貢庚午觀市曲赦市中繫囚命解寧馬翼兖賀
宋生辰使副八月庚寅遣郎君曷不呂等率諸部兵會大

軍討高麗九月己巳以石用中參知政事宋遣崔遵度王
應昌來賀千齡節壬申錄囚甲戌復錄囚庚辰曷蘇館惕
隱阿不割來貢壬午駐蹕土河川冬十月乙酉詔諸道事
無巨細已斷者每三月一次條奏戊子遣耶律繼宗鄭玄
璣賀宋正旦癸巳詔橫帳三房不得與卑小帳族爲婚凡
嫁娶必奏而後行癸卯以前北院大王建福爲阿札割只
甲辰改東路耗里太保城爲咸州建郎以領之十一月甲
寅置雲州宣德縣十二月辛卯駐蹕中京乙巳以廣平郡
王宗業爲中京留守大定尹韓愬爲惕隱辛亥高麗王詢
遣使乞貢方物詔納之

九年春正月宋遣劉平張元普來賀二月如鴛鴦濼五月
庚午耶律資忠使高麗還王詢表請稱藩納貢歸所留王
人只剌里只剌里在高麗六年忠節不屈以爲林牙辛未
遣使釋王詢罪並允其請癸酉以耶律宗教檢校太傅宗
誨啓聖軍節度使劉晟太子太傅仍賜保節功臣秋七月
庚戌朔日有食之詔以近臣代拜救日甲寅遣使賜沙州
回鶻燉煌郡王曹順衣物以查剌耿元吉韓九宋璋爲來
年賀宋生辰正旦使副九月戊午以駙馬蕭紹宗平章事
丁卯文武百僚奉表上尊號不許表三上廼從之乙亥沙
州回鶻燉煌郡王曹順遣使來貢括諸道漢民馬賜東征

軍以夷离畢延寧爲兵馬副都部署總兵東征是月駐蹕
金鉼濼宋遣宋綬駱繼倫賀千齡節冬十月戊寅以涅里
爲奚王都監突迭里爲北王府舍利軍詳穩郎君老使沙
州還詔釋宿累國家舊使遠國多用犯徒罪而有才略者
使還即除其罪戊子西南招討奏党項部有宋犀族輸貢
不時常有他意宜以時遣使督之詔曰邊鄙小族歲有常
貢邊臣驕縱徵斂無度彼懷懼不能自達耳第遣清慎官
將示以恩信無或侵漁自然效順復奏諦居迭烈德部言
節度使韓留有惠政今當代請留上命進其治狀辛丑如
中京壬寅大食國遣使進象及方物爲子冊割請婚十一

月丁巳以漆水郡王韓制心爲南京留守析津尹兵馬都
總管己未以夷离畢蕭孝順爲南面諸行宫都部署加左
僕射十二月丁亥禁僧然身煉指戊子詔中京建太祖廟
制度祭器皆從古制乙巳詔來年冬行大冊禮放進士張
仲舉四十五人
太平元年春正月丁丑朔宋使魯宗道戚吉來賀如渾河
二月乙卯幸鉞河壬戌獵高柳林三月戊戌皇子勃己只
生庚子駙馬都尉蕭紹業建私城賜名睦州軍曰長慶是
月大食國王復遣使請婚封王子班郎君胡思里女可老
爲公主嫁之夏四月戊申東京留守奏女直三十部酋長

請各以其子詣闕祗候詔與其父俱來受約乙卯録囚丁
卯置萊州是月清暑緬山秋七月甲戌朔賜從獵女直人
秋衣乙亥遣骨里取石晉所上玉璽于中京阻卜來貢辛
巳如沙嶺是月獵潢河九月幸中京冬十月丁未敵烈酋
長頗白來貢馬駞戊申録囚壬子宋使李懿王仲賓來賀
千齡節及蘇惟甫周鼎賀來歲元正即遣蕭善程翥報聘
党項長昌魯來貢己未以薩敏觧里爲都點檢高六副點
檢耶律羅漢奴左皮室詳穩嗕姑右皮室詳穩聊了西北
路金吾耶律僧隱御史大夫求哥駙馬都尉蕭春骨里並
大將軍庚申幸通天觀觀魚龍曼衍之戲翌日再幸還升

玉輅自内三門入萬壽殿奠酒七廟御容因宴宗室十一
月癸未上御昭慶殿文武百僚奉冊上尊號曰睿文英武
遵道至德崇仁廣孝功成治定昭聖神贊天輔皇帝大赦
改元太平中外官進級有差宋遣使來聘夏高麗遣使來
貢甲申冊皇子梁王宗真爲皇太子
二年春正月如納水鈎魚二月辛丑朔駐蹕魚兒濼三月
甲戌如長春州丁丑宋使薛貽廓來告宋主恒殂子禎嗣
位遣都點檢耶律僧隱等充宋祭奠使副林牙蕭日新觀
察馮延休充宋后弔慰使副戊寅遣金吾耶律諧領引進
姚居信充宋主弔慰使副戊子爲宋主飯三京僧是月地

震雲應二州屋摧地陷嵬白山裂數百步泉湧成流夏四月如緬山清暑五月乙亥朔參知政事石用中薨庚辰鐵驪遣使獻兀惹十六户六月乙未宋遣使薛由等來饋其先帝遺物秋七月己卯以耶律信寧爲奉陵軍節度使高麗國參知政事王同顥靜海軍節度使耶律遂忠長寧軍節度使耿延毅昭德軍節度使高守貞河西軍節度使九月癸巳遣尚書僧隱韓格賀宋主即位壬寅遣掌後官張克恭充賀夏國王李德昭生日使耶律掃古韓王充賀宋太后生日使副耶律仙寧史克忠充賀宋正旦使副是月駐蹕胡魯古思淀冬十月癸卯朔賜宰臣呂德懋參知政

事吳叔達樞密副使楊又玄右丞相馬保忠錢物有差辛亥至上京曲赦畿內囚十一月丙戌宋遣使來謝十二月辛丑高麗王詢薨其子欽遣使來報即命使冊欽爲高麗國王甲寅宋遣劉燁郭志言來賀千齡節是年放進士張漸等四十七人

三年春正月丙寅朔如納水鉤魚以僧隱爲平章事乙亥以蕭臺德爲南王府都監林牙耶律信寧西北路招討都監辛巳賜越國公主私城之名曰懿州軍曰慶懿二月丙申以丁振爲武信軍節度使改封蘭陵郡王戊申以東平郡王蕭排押爲西南面都招討進封豳王夏四月以耶律

守寧爲都點檢五月清暑緬山六月戊申以南院宣徽使劉涇參知政事蕭孝惠爲副點檢蕭孝恭東京統軍兼沿邊巡檢使戊午以蕭璉爲左夷離畢蕭琳爲詳穩秋七月戊寅以南府宰相耶律合葛爲上京留守封漆水郡王丙戌以皇后生辰爲順天節丁亥賜緬山名曰永安是月獵赤山閏月壬辰以蕭伯達韓紹雍充賀宋正旦使副唐骨德程昭文賀宋生辰使副冬十月庚辰宋遣薛奎郭盛來賀順天節王臻慕容惟素賀千齡節東征軍奏統帥諧領常袞課奴率師自毛母國嶺入林牙高九裨將大臣逸等率師皷山嶺入閏月未至撻離河不遇敵而還以是月會

於弘怕只嶺馳馬死者甚衆駐蹕遼河十一月辛卯朔以皇姪宗範爲歸德軍節度使北府宰相蕭孝穆南京留守封燕王南京留守韓制心南院大王兵馬都總管仇正燕京轉運使十二月壬戌以宗範爲平章事封三韓郡王仇道衛中京副留守馮延休順州刺史郎玄化西山轉運使趙其樞密直學士丁卯以蕭永爲太子太師己卯封皇子重元秦國王

四年春正月庚寅朔宋遣張傳張士禹程琳丁保衡來賀如鴨子河二月己未獵撻魯河詔改鴨子河曰混同江撻魯河曰長春河三月戊子千齡節詔賜諸宮分耆老食夏

四月癸酉以右丞相馬保忠之子世弘使嶺表至平地松林爲盜所殺特贈昭信軍節度使五月清暑永安山己未南院大王韓制心薨戊辰以鄭弘節爲兵部郎中劉愼行順義軍節度使辛未以燕王蕭孝穆子順爲千牛衛將軍甲戌以中山郡王查哥爲保靜軍節度使樂安郡王遂哥廣德軍節度使蕭解里彰德軍節度使庚辰以遼興軍節度使周王胡都古爲臨海軍節度使漆水郡王敵烈南院大王秋七月如秋山八月丙辰以韓紹芳爲樞密直學士駙馬蕭匹敵都點檢九月以駙馬蕭紹宗爲定武軍節度使耶律宗福安國軍節度使冬十月駐蹕遼河宋遣蔡齊李用和來賀千齡節十一月追封南院大王韓制心爲陳王十二月以蕭從政爲歸義軍節度使康筠監門衛充賀宋正旦使副是年放進士李烱等四十七人

本紀第十六

開府儀同三司上柱國錄軍國重事中書右丞相監修國史領經筵事臣脫脫　奉

敕修

聖宗八

五年春正月乙酉如混同江二月戊午禁天下服用明金
及金線綺國親當服者奏而後用是月如魚兒濼三月壬
辰以左丞相張儉爲武定軍節度使同政事門下平章事
鄭弘節臨潢少尹劉慎行遼興軍節度使武定軍節度使
蕭匹敵契丹行宮都部署樞密副使楊又玄吏部尚書參
知政事兼樞密使是月如長春河魚兒濼有聲如雷其水

一夕越沙岡四十里別爲一陂夏五月清暑永安山以蕭
從順爲太子太師吳叔達翰林學士道士馮若谷加太子
中允耶律晨武定軍節度使張儉彰信軍節度使呂士宗
禮部員外郎李可舉順義軍節度使秋七月獵平地松林
九月駐蹕南京己亥以蕭迪烈李紹琪充賀宋太后生辰
使副耶律守寧劉四端充賀宋主生辰使副冬十月辛未
宋太后遣馮元宗史方來賀順天節十一月庚子幸內果
園宴京民聚觀求進士得七十二人命賦詩第其工拙以
張昱等一十四人爲太子校書郎韓欒等五十八人爲崇
文館校書郎辛丑以左祗候郎君詳穩蕭羅羅爲右夷離

畢十二月丁巳以漢人行宮都部署蕭孝先爲上京留守
皇姪長沙郡王謝家奴匡義軍節度使耶律仁舉興國軍
節度使甲子蕭守寧爲點檢侍衛親軍馬步軍乙丑北院
樞密使蕭合卓薨十二月戊辰以北府宰相蕭普古爲北
院樞密使己巳遣蕭諧李琪充賀宋正旦使副庚午以參
知政事劉京爲順義軍節度使乙亥宋使李維張綸來賀
千齡節是歲燕民以年穀豐熟車駕臨幸爭以土物來獻
上禮高年惠鰥寡賜酺飲至夕六街燈火如晝士庶嬉遊
上亦微行觀之丁丑禁工匠不得銷毀金銀器
六年春正月己卯朔宋遣徐奭裴繼起張若谷侯準來賀

庚辰如鴛鴦濼二月己酉以迷離已同知樞密院黃翩爲
兵馬都部署達骨只副之赫石爲都監引軍城混同江疏
木河之間黃龍府請建堡障三烽臺十詔以農隙築之東
京留守八哥奏黃翩領兵入女直界徇地俘獲人馬牛豕
不可勝計得降戶二百七十詔獎諭之戊午以耶律野爲
副點檢以國舅帳蕭柳氏徒魯骨領西北路十二班軍奚
王府舍利軍己巳南京水遣使振之庚午詔党項別部塌
西設契丹節度使治之三月戊寅以大同軍節度使張儉
入爲南院樞密使左丞相兼政事令參知政事吳叔達責
授將作少監出爲東州刺史是月阻卜來侵西北路招討

使蕭惠破之夏四月丁未朔以武定軍節度使耶律漢古
爲惕隱戊申蒲盧毛朶部多兀惹戶詔索之丙寅如永安
山五月辛卯以東京統軍使蕭僧古爲契丹行宮都部署
癸卯遣西北路招討使蕭惠將兵伐甘州回鶻六月辛丑
詔凡官畜並印其左以識之秋七月戊申獵黑嶺八月蕭
惠攻甘州不克師還自是阻卜諸部皆叛遼軍與戰皆爲
所敗監軍涅里姑國舅帳太保曷不呂死之詔遣惕隱耶
律洪古林牙化哥等將兵討之九月駐蹕遼河許冬十月
丙子曷蘇館諸部長來朝庚辰遣使問夏國五月與宋交
戰之故辛巳以前南院大王直魯袞爲烏古敵烈都詳穩

劉伯安

庚寅以蕭孝順蕭紹宗兼侍中駙馬蕭紹業平章政事前
南院大王胡覩堇同知上京留守安哥通化州節度使乙
丑宋遣韓翼田承說來賀順天節十一月戊辰西北路招
討司小校掃姑訴招討蕭惠三罪詔都監與胥楨按之十
二月庚辰曷蘇館部乞建旗鼓許之辛巳詔北南諸部廉
察州縣及石烈彌里之官不治者罷之詔大小職官有貪
暴殘民者立罷之終身不録其不廉直雖勳重任即代之
能清勤自持者在卑位亦當薦拔其內族受賂事發與常
人所犯同科戊戌遣杜防蕭蘊充賀宋生辰使副庚子駐
蹕遼河

七年春正月壬寅朔宋遣張保維孫繼業孔道輔馬崇望
來賀如混同江辛亥以女直白縷爲惕隱蒲馬爲嶽母部
太師甲寅蒲盧毛朶部遣使來貢夏四月乙未獵黑嶺五
月清暑永安山西南路招討司奏陰山中產金銀請置冶
從之復遣使循遼河源求產金銀之地六月禁諸屯田不
得擅貸官粟癸巳詔蕭惠再討阻卜秋七月己亥朔詔更
定法令庚子詔諭駙馬蕭鉏不公主粘米袞爾於后有父
母之尊后或臨幸祗謁先祖祗拜空帳失致敬之禮令後
可設像拜謁乙巳詔輦路所經旁三十步內不得耕種者
不得訴訟之限九月駐蹕遼河冬十月丁卯朔詔諸帳院

劉伯安

庶孽並從其母論貴賤十一月宋遣石中立石貽孫來賀
千齡節王博文王雙賀順天節辛亥以楊又玄邢祥知貢
舉乙未匡義軍節度使中山郡王查葛保寧軍節度使長
沙郡王謝家奴廣德軍節度使樂安郡王遂哥奏各將之
官乞選伴讀書史從之癸亥以三韓王欽爲啓聖軍節度
使楊佶刑部侍郎甲子以左千牛衛上將軍耶律古昱爲
北院大王十二月丁卯遣耶律遂英王永錫充賀宋太后
生辰蕭速撒馬保永充賀正旦使副癸酉以金吾蕭高六
爲奚舍利軍詳穩
八年春正月己亥如混同江庚申党項侵邊破之甲子詔

州縣長吏勸農二月戊子燕京留守蕭孝穆乞于拒馬河
接宋境上置戍長城察詔從之三月駐蹕長春河夏青
清暑永安山六月以韓寧劉湘女賀宋太后生辰使劉昊
克尚充賀夏國王李德昭生辰使癸巳權北院大王耶律
鄭留奏今歲十一月皇太子納妃諸族備會親之帳詔以
豪盛者三十戶給其費秋七月丁酉以遙輦帳郎君陳哥
為西北路巡檢與蕭諧領同管二招討地以南院大王耶律
敵烈為上京留守戊戌獵平地松林九月壬辰朔以渤
海宰相羅漢權東京統軍使壬子幸中京北敵烈部節度
使耶律延壽請視諸部賜旗鼓詔從之癸丑阻卜別部長

胡懶來降乙卯阻卜長春古來降冬十月宋遣唐肅葛懷
愍來賀順天節樞密使魏王耶律斜軫孫婦阿聒指斥乘
輿其孫骨欲為之隱事覺乃并坐之仍籍其家詔燕城將
士若敵至總管備城之東南統軍守其西北馬步軍備其
野戰統軍副使繕壁壘課士卒各練其事十一月丙申皇
太子納妃蕭氏以耶律求翰為北院大王冬十二月辛酉
朔以遙輦太尉謝佛留為天雲軍詳穩壬申以為北院大
王耶律留寧為雙州節度使康筠為崇德宮都部署謝十永
興宮都部署旅墳宜州節度使[redacted]奄遼州節度使耶律野同
知中京留守耶律曷魯突魏為大將軍丁丑詔庶孽雖已

為良不得預世選丁亥宋遣寇瑊康德來賀千齡節朱諫
曹英張逸劉永釗賀來歲兩宮正旦詔兩國舅及南北王
府乃國之貴族賤庶不得任本部官是歲放進士張宥等
五十七人
九年春正月至自中京二月戊辰遣使賜高麗王欽物如
斡凜河夏五月清暑永安山六月戊子以長沙郡王謝家
奴為廣德軍節度使樂安郡王遂哥匡義軍節度使中山
郡王查葛保定軍節度使進封潞王豫章王貼不長寧軍
節度使以耶律思忠耶律尚耶律曷遙遙輦謝佛留陳逸韓
紹一韓知白張震充賀宋兩宮生辰及來歲正旦秋七月

戊午朔如黑嶺八月己丑東京舍利軍詳穩大延琳囚留
守駙馬都尉蕭孝先及南陽公主殺戶部使韓紹勳副使
王嘉四捷軍都指揮使蕭頗得延琳遂僭位號其國為興
遼年為天慶初東遼之地自神冊來附未有榷酤鹽麴之
法關市之征亦甚寬弛馮延休韓紹勳相繼以燕地平山
之法繩之民不堪命燕又仍歲大饑戶部副使王嘉復獻
計造船使其民諳海事者漕粟以振燕民水路艱險多至
覆沒雖言不信鞭楚搒掠民怨思亂故延琳乘之首殺紹
勳嘉以快其衆延琳先事與副留守王道平謀道平夜棄
其家踰城走與延琳所遣召黃龍府黃翩者俱至行在告

變上即徵諸道兵以時進討時國舅詳穩蕭匹敵治近延
琳先率本管及家兵據其要害絕其西渡之計渤海太保
夏行美亦舊主兵戍保州延琳密馳書使圖統帥耶律蒲
古行美乃以實告蒲古得書遂殺渤海兵八百人而斷其
東路延琳知黃龍保州皆不附遂分兵西取瀋州其節度
使蕭王六初至其副張傑聲言欲降故不急攻及知其詐
而已有備攻之不克而還時南北女直皆從延琳高麗亦
稽其貢及諸道兵次第皆至延琳嬰城固守冬十月丙戌
朔以南京留守燕王蕭孝穆爲都統國舅詳穩蕭匹敵爲
副統奚六部大王蕭蒲奴爲都監以討之十一月乙卯朔
如顯陵丙寅以瀋州節度副使張傑爲節度使其皇城進
士張人紀趙睦等二十二人入朝試以詩賦皆賜第超授
保州戍將夏行美平章事壬申以駙馬劉四端權知宣徽
南院事十二月丁未宋遣倪永韓永錫來賀千齡節命耶
律育吳克荷蕭可觀趙利用充賀宋生辰使副耶律元吉
崔閏蕭昭古寶振充來歲賀宋正旦

十年春正月己卯朔宋遣王夷簡竇覿紀約張易張士宣來
賀二月幸龍化州三月甲寅朔詳穩蕭匹敵至自遼東言
都統蕭孝穆去城四面各五里許築城堡以圍之駙馬延
寧與其妹穴地道去惟公主崔八在後爲守陴者覺而止

夏四月如乾陵以耶律行平爲廣平軍節度使夏行美爲
中順軍節度使李延弘知易州蕭從順加太子太師五月
戊申清暑栢坡秋七月壬午詔來歲行貢舉法八月丙午
東京賊將楊詳世密送款夜開南門納遼軍擒延琳渤海
平冬十月駐蹕長寧淀十一月辛亥南京留守燕王蕭孝
穆以東征將士凱還戎服見上上大加宴勞翌日以孝穆
爲東平王東京留守國舅詳穩駙馬都尉蕭匹敵封蘭陵
郡王奚王蒲奴加侍中以權燕京留守兼侍中蕭惠爲燕
京統軍使前統軍委窊大將軍節度使宰相兼樞密使馬
保忠權知燕京留守奚王府都監蕭阿古軫東京統軍使
詔渤海舊族有勳勞材力者敘用餘分居來隰遷閏等州
十二月乙巳宋遣梅詢王令傑來賀千齡節涿水郡王耶
律敵烈加尚父烏古部節度使蕭普達爲乙室部大王尚
書左僕射蕭琳爲臨海軍節度使

十一年春正月己酉朔如混同江二月如長春河三月上
不豫夏五月大雨水諸河橫流皆失故道六月丁丑朔駐
蹕大福河之北己卯帝崩于行宮年六十一在位四十九
年景福元年閏十月壬申上尊謚曰文武大孝宣皇帝廟
號聖宗

贊曰聖宗幼冲嗣位政出慈闈及宋人二道來攻親御甲

胄一舉而後燕雲破信彬再舉而躪河朔不亦他歟既而侈心一啓佳兵不祥東有有陀之敗西有甘州之喪此狃於常勝之過也然其踐阼四十九年理冤滯舉才行察貪殘抑奢僭録死事之子孫振諸部之貧乏責迎合不忠之罪却高麗女樂之歸遼之諸帝在位長久令名無窮其唯

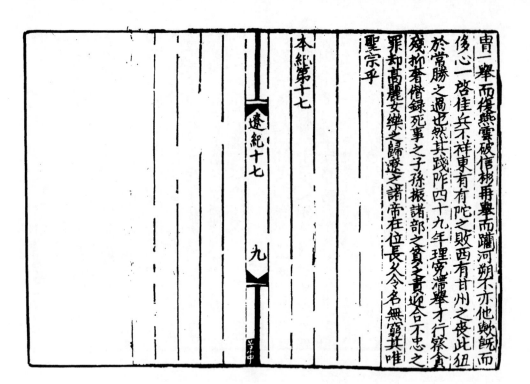

聖宗乎

本紀第十七

本紀第十八　遼史十八

開府儀同三司上柱國錄軍國重事中書右丞相監修國史領經筵事都總裁臣脫脫奉

勑修

興宗一

興宗神聖孝章皇帝諱宗真字夷不堇小字只骨聖宗長
子母曰欽哀皇后蕭氏上始生齊天皇后取養之幼而聰
明長而魁偉龍顏日角豁達大度善騎射好儒術通音律
三歲封梁王太平元年冊爲皇太子十年六月判北南院
樞密使事十一年六月己卯聖宗崩即皇帝位於柩前壬
午尊母元妃蕭氏爲皇太后甲申遣使告哀于宋及夏高

麗是年御宣政殿放進士劉貞等五十七人辛卯大赦改
元景福乙未奉大行皇帝梓宮殯于永安山太平殿辛丑
皇太后賜駙馬蕭鉏不里蕭匹敵死圍場都太師女直著
骨里右祗候郎君詳穩蕭延留等七人皆棄市籍其家遷
齊天皇后于上京秋七月丙午朔皇太后率皇族大臨于
太平殿高麗遣使弔慰上召晉王蕭普古等飲博夜分乃
罷丁未擊鞠戊申以耶律韓八爲左夷离畢特末里爲左
祗候郎君詳穩橫帳郎君樂古權右祗候郎君詳穩己酉
以耶律鄭留爲千厰迪烈都詳穩高八爲右皮室詳穩庚
戌振薊州民饑癸丑詔寫大行皇帝御容甲寅錄囚以觀

察姚居信爲上將軍建慶州于慶陵之南徙民實之充奉
陵邑乙卯以比歲豐稔罷給東京統軍司糧丁巳上謁大
行皇帝御容哀慟久之因詔寫北府宰相蕭孝先南府宰
相蕭孝穆象于御容殿以蕭阿姑軫爲東京留守丁卯謁
太平殿焚先帝所御弓矢幸晉王普古第視疾辛未錄囚
壬申上謁神主帳時與隈蕭氏始入宮亦命拜之八月壬
午遷大行皇帝梓宮於菆塗殿九月戊申躬視慶陵庚戌
問安于皇太后辛亥宋遣王隨曹儀致祭王驂許懷信梅
詢張綸來慰兩宮范諷孫繼業賀即位孔道輔魏昭文賀
皇太后冊禮戊午焚弧矢鞍勒于菆塗殿庚申夏國遣使

來慰庚午以宋使弔祭喪服臨菆塗殿甲戌遣御史中丞
耶律翥司農卿張確詳穩耶律勵四方館使高維翰謝宋
弔慰冬十月戊寅宰臣呂德懋薨癸未殺鉏不里黨彌勒
奴觀音奴等丙戌遣工部尚書高德順崇祿卿李可封致
先帝遺物于宋以右領軍衛上將軍耶律遂少府監馬憚
充皇太后謝宋使右監門衛上將軍耶律元載引進使魏
求充皇帝謝宋使丁酉夏國遣使來賻戊戌以蕭華趙爲
果耶律郁馬保業充來歲賀宋正旦使閏月辛亥謁菆塗
殿閱玄宮器有司請以生辰爲永壽節皇太后生辰爲
應聖節從之辛酉閱新造鎧甲丁卯振黃龍府饑民十一

月壬辰上率百僚奠于菆塗殿出大行皇帝服御玩好焚之縱五坊鷹鶻甲午葬文武大孝宣皇帝于慶陵乙未祭天地問安皇太后丙申謁慶陵以遺物賜群臣名其山曰慶雲殿曰望仙十二月癸丑至自慶陵皇太后聽政帝不親庶務群臣表請不從是歲以興平公主下嫁夏國王李德昭子元昊以元昊爲夏國公駙馬都尉

重熙元年春正月壬申朔皇太后御正殿受帝與群臣朝宋遣任布王遵範陳琰王克善來賀乙亥宋遣鄭向郭遵範來賀永壽節丁丑如雪林二月大蒐三月壬申朔尚父漆水郡王敵烈復爲惕隱是春皇太后誣齊天皇后以罪

遣人即上京行弑后請具浴以就死許之有頃后崩夏四月乙巳清暑别葦斗秋七月獵平地松林以蕭達溥王英秀蕭褭張素羽充來歲賀宋正旦生辰使八月丙午駐蹕剌河源皇子洪基生冬十月己酉幸中京十一月己卯帝率群臣上皇太后尊號曰法天應運仁德章聖皇太后群臣上皇帝尊號曰文武仁聖昭孝皇帝大赦改元重熙癸未宋遣劉隨王德本來賀應聖節以楊佶爲翰林承旨丙戌夏國遣使來賀辛卯五國酋長來貢夏國王李德昭薨冊其子夏國公元昊爲夏國王十二月庚戌宋遣胥偃王從益崔暨張懷志來賀來歲正旦又遣楊日嚴王克纂來賀永壽節以北大王耶律求翰同平章事是年放進士劉師貞等五十七人

二年春正月庚辰東幸乙酉夏國遣使來貢壬辰女直詳穩臺押率所部來貢宋遣曹琮來告母后劉氏哀章得象安繼昌來饋母后遺物即遣興聖宮使耶律壽寧給事中知制誥李奎充祭奠使天德軍節度使耶律鄉寧大理卿和道亨河西軍節度使耶律嵩引進使馬世卿充兩宮弔慰使秋七月甲子朔以耶律寔高升耶律迪王惟允充兩宮賀宋生辰使副以耶律師古劉五常充賀宋來歲三旦使副八月丁酉幸溫泉宮乙卯遣使閱諸路禾稼冬十一

月甲申宋遣劉寶符忠李昭述張茂實等來謝慰奠十二月乙未宋遣丁度王繼凝來賀應聖節己酉禁夏國使沿路私市金鐵甲寅宋遣章頻李懿王沖睦張緯李紘李繼一來賀永壽節及來歲正旦庚申以北府宰相蕭孝先爲樞密使

三年春正月丁卯宋使章頻卒詔有司賻贈命近侍護喪以歸辛卯如春水二月壬辰以北院樞密使蕭普古爲東京留守戊申耶律大師奴有侍禨禖恩詔入屬籍夏四月甲寅振耶迷只部五月庚申朔清暑沿柳湖是月皇太后還政于上躬守慶陵六月己亥以蕭普古爲南院樞密使

秋七月戊子朔上始親政以耶律庶徵劉六符耶律睦薄
可以充賀宋來歲正旦使副壬辰如秋山冬十月己未駐
蹕中會川十二月宋遣段少連杜仁積來賀來歲正旦楊
偕李守忠來賀永壽節
四年春正月庚寅如耶迷只里三月乙酉朔立皇后蕭氏
夏四月甲寅朔如涼陘五月庚子清暑散水源六月癸丑
朔皇子賓信奴生以耶律信呂士宗蕭袞郭揆充賀宋生
辰及來歲正旦使副秋七月壬午朔獵于黑嶺九月己酉
駐蹕長寧淀冬十月如王子城十一月壬午改南京總管
府為元帥府乙酉行柴冊禮于白嶺大赦加尚父耶律信

寧政事令耶律求翰者宿賁翊功臣十二月癸丑詔諸軍
砲弩弓劍手以時閱習庚申宋遣鄭戩柴貽範楊日華張
士禹來賀永壽節及正旦
五年春正月甲申如泉兒濼樞密使蕭延寧請改國舅乙
室小功帳敞史為將軍從之四月庚申以潞王查葛為南
府宰相崇德宮使耶律馬六為惕隱甲子幸后弟蕭無曲
第曲水泛觴賦詩丁卯頒新定條制己巳上與大臣分朋
擊鞠五月甲午朔幸丁木如胡土白山清暑庚申幸北院
大之高十行帳拜其母賜銀絹壬戌詔修南京宮闕府署秋
七月辛丑錄囚耶律把八詔其弟韓哥謀殺巳有司奏當

反坐臨刑其弟泣訴臣惟一兄乞貸其死上憫而從之九
月癸巳獵黃花山獲熊三十六賞獵人有差冬十月丁未
幸南京辛亥曲赦析津府境內囚壬子御元和殿以日射
三十六熊賦幸燕詩試進士于廷賜馮立趙徽四十九人
進士第以馮立為右補闕趙徽以下皆為太子中舍賜緋
衣銀魚遂大宴御試進士自此始宋遣宋郊王世文來賀
永壽節甲子宰臣張儉等請幸禮部貢院歡飲至暮而罷
賜物有差以耶律祥張素民耶律甫王澤充賀宋生辰正
旦使副
六年春正月丁丑西幸三月戊寅以秦王蕭孝穆為北院

樞密使徙封吳王晉王蕭孝先為南京留守夏四月獵野
狐嶺閏月獵龍門縣西山五月己酉清暑炭山以耶律韓
八為北院大王蕭把哥左夷离畢王子郎君詳穩鼻姑得
林牙簽北面事耶律涅哥同簽點檢司甲寅錄囚以南大
王耶律信寧故匿重囚及侍婢贓汙命撻以劍脊而奪其
官都監坐阿附及侍婢罪皆論死詔貸之丙辰以耶律信
寧為西南路招討使庚申出飛龍廄馬賜皇太弟重元及
北南面侍臣有差癸亥以上京留守耶律胡覩袞為南大
王平章事蕭查剌寧上京留守侍中管寧行宮都部署耶
律蒲奴寧烏古迪烈得都詳穩甲子以上京留守耶律洪

古爲北院大王六月壬申朔以善寧爲殿前都點檢護衛
太保耶律合住兼長寧宮使蕭阿剌里耶律烏骨斡耶律
和尚蕭韓家奴蕭特里蕭求翰爲各宮都部署上酒酣賦
詩吳國王蕭孝穆北宰相蕭八撒等皆屬和夜中乃罷己
卯祀天地癸未賜南院大王耶律胡覩袞命上親爲製誥
詞并賜詩以寵之丙申以北院大王侯哂爲南京統軍使
秋七月辛丑朔以北南樞密院獄空賞賚有差壬寅以皇
太弟重元生子賜詩及寶玩器物曲赦死罪以下癸卯如
秋山八月己卯北樞密院言越棘部民苦其酋帥坤長不
法多流亡詔罷越棘等五國酋帥以契丹節度使一員領
之冬十月癸酉駐蹕石寳岡十一月己亥朔阻卜酋長來
貢辛亥以契丹行宮都部署蕭惠爲南院樞密使壬子以
管寧爲南院樞密使蕭掃古諸行宮都部署耶律褭里知
南面行宮副部署蕭阿剌里左祗候郎君詳穩耶律曷主
右祗候郎君詳穩庚申幸晉國公主行帳視疾封皇子洪
基爲梁王十二月以楊佶爲忠順軍節度使遣耶律斡秦
鑑耶律德崔繼芳賀宋生辰及正旦
七年春正月戊戌朔宋遣高若訥夏元正謝絳張茂實來
賀正旦及永壽節辛丑如混同江二月庚午如春州乙亥
駐蹕東川丁丑高麗遣使來貢壬午幸五坊閱鷹鶻乙酉

遣使慶州問安皇太后三月戊戌朔幸皇太弟重元行帳
壬寅如蒲河淀辛亥夏國遣使來貢甲寅錄囚夏四月己
巳以興平公主薨遣北院承旨耶律庶成持詔問夏國王
李元昊公主生與元昊不睦沒詰其故己卯獵白馬堝甲
申射鬼箭淀乙未獵金山遣楊家進鹿尾茸于大安宮
六月乙亥御清涼殿試進士賜邢彭年以下五十五人第
秋七月甲辰錄囚乙巳阻卜酋長屯禿古斯來朝戊申如
黑嶺九月丁未駐蹕平淀冬十月甲子朔渡遼河丙寅駐
蹕白馬淀壬申錄囚十一月癸巳朔以耶律元方張泥韓
至德蕭傅充賀宋生辰正旦使副辛丑問安皇太后進珍
玩庚申錄囚十二月召善擊鞠者數十人于東京令與近
臣角勝上臨觀之己巳以皇太弟重元判北南院樞密使
事北府宰相撒八寧兼知東京留守事耶律應穩南
府宰相杳割折大內惕隱乙室已帳蕭翰乾州節度使劉
六符參知政事王子帳冠哥王子郎君詳穩組寛大王平
州節度使宰臣張克恭守司空宰臣韓紹芳加侍中惕隱
耶律馬六北院宣徽使傅父耶律喜孫南府宰相癸未宋
遣王舉正張士禹來賀永壽節甲申命日進酒于大安宮
致薦釀陵丁亥錄囚非故殺者減科南面侍御壯骨里詐
取女直貢物罪死上以有吏能黥而流之

八年春正月壬辰朔宋遣韓琦王從益來賀丙申如混同
江觀魚戊戌振品部庚戌叉魚于率沒里河丁巳禁朔州
鬻羊于宋二月丙子駐蹕長春河夏六月乙丑詔括戶口
秋七月丁巳謁慶陵致奠于望仙殿迎皇太后至顯州謁
園陵還京冬十月駐蹕東京十一月甲午詔有言北院處
事失平擊鐘及邀駕告者悉以奏聞戊戌朝皇太后召僧
論佛法戊申皇太后行再生禮大赦己酉城長春閏十二
月壬辰視吳國王蕭孝穆疾宋遣龐籍杜贇來賀永壽節
九年春正月丙辰朔上進酒于皇太后宮御正殿宋遣王
拱辰彭再思來賀庚申如鴨子河二月駐蹕魚兒濼三月

辛未以應聖節大赦五月乙卯朔清暑永安山六月射柳
祈雨秋七月癸酉宋遣郭禎以伐夏來報遣樞密使杜防
報聘丁丑如秋山冬十月癸未朔駐蹕中會川十一月甲
子女直侵邊發黃龍府鐵驪軍拒之宋遣蘇伸向傳範來
賀應聖節十二月庚寅以北大王府布猥帳郎君自言先
世與國聯姻許置敞史命本帳蕭胡覩爲之辛卯以所得
女直戶置肅州以蕭迪劉三嘏耶律元方王惟吉耶律庶
忠孫文昭蕭紹鈞秦德昌充賀宋生辰及來歲正旦使副
詔諸犯法者不得爲官吏諸職官非婚祭不得沉酗廢事
有治民安邊之略者悉具以聞　本紀第十八

開府儀同三司上柱國錄軍國重事中書右丞相監修國史領經筵事都總裁臣脫脫奉

勅修

興宗二

十年春正月辛亥朔宋遣梁適張從一富弼趙日宣來賀甲子復遣吳育馮載來賀永壽節二月庚辰朔詔蒲盧毛朵部歸曷蘇館戶之沒入者使復業甲申北樞密院言南北二王府洎諸部節度侍衛祗候郎君皆出族帳旣免與戍邊其祗候事請亦得以部曲代行詔從其請夏四月詔罷修鴨淥江浮梁及漢兵屯戍之役又以東京留守蕭撒八言弛東京擊鞠之禁六月戊寅以蕭寧耶律坦崔禹稱馬世良耶律仁先劉六符充賀宋生辰使副耶律庶成趙成耶律烈張旦元來歲賀宋正旦使副秋七月壬戌詔諸職官私取官物者以正盜論諸敢以先朝已斷事相告言者罪之諸帳郎君等於禁地射鹿決三百不徵償小將軍決二百以下及百姓犯者罪同郎君論八月丙戌以醫者鄧延貞治詳穩蕭留寧疾驗贈其父母官以獎之九月辛亥朝皇太后國舅留寧薨庚申皇太后射獲熊上進酒爲壽癸亥上獵馬盂山草木蒙密恐獵者誤射傷人命耶律迪姑各書姓名于矢以志之丙寅夏國獻宋俘以石碣

砦太保郭三避虎不射免官冬十月丙戌詔東京留守蕭孝忠察官吏有廉幹清彊者具以名聞庚寅以女直太師臺押爲曷蘇館都大王辛卯以皇子胡盧斡里生北宰相駙馬撒八寧迎上至其第宴飲上命衛士與漢人角觝爲樂壬辰復飲皇太后殿以皇子生肆赦夕復引公主駙馬及內族大臣入寢殿劇飲甲午幸中京庚子以駙馬都尉蕭忽列爲國舅詳穩十一月丙辰回鶻遣使來貢十二月丙子朔宋遣劉沆王整來賀應聖節乙未置撻木不姑酋長以胡撻剌爲平章事上聞宋設關河治壕塹恐爲邊患與南北樞密吳國王蕭孝穆趙國王蕭貫寧謀取宋舊割關南十縣地遂遣蕭英劉六符使宋庚寅宋遣張沔侯宗亮辭申侍其瀆施昌言潘永照來賀永壽節及來歲正旦以宣政殿學士楊佶爲吏部尚書判順度軍節度使事丁酉議伐宋詔諭諸道

十一年春正月戊申奉迎皇太后于內殿庚戌遣南院宣徽使蕭特末翰林學士劉六符使宋取晉陽及瓦橋以南十縣地且問興師伐夏及沿邊疏濬水澤增益兵戍之故二月壬寅如鴛鴦濼四月甲戌朔頒南征賞罰令六月乙亥宋遣富弼張茂實奉書來聘以書答之壬午御含涼殿放進士王寔等六十四人禁氈銀鬻入宋秋七月壬寅朔

詔盜易官馬者減死論外路官勤瘁正直者考蒲代不治
事者即易之八月丙申宋復遣富弼張茂實奉書來聘乞
增歲幣銀絹以書荅之九月壬寅遣北院樞密副使耶律
仁先漢人行宮副部署劉六符使宋約和是時富弼爲上
言大意謂遼與宋和坐獲歲幣則利在國家臣下無與與
宋交兵則利在臣下害在國家上感其言和好始定閏月
癸未耶律仁先遣人報宋歲增銀絹十萬兩匹文書稱貢
送至白溝帝喜宴群臣于昭慶殿是日振恤三父族之貧
者辛卯仁先劉六符還進宋國誓書冬十一月丁亥群臣
加上尊號曰聰文聖武英略神功睿哲仁孝皇帝冊皇后

蕭氏曰貞懿宣慈崇聖皇后大赦梁王洪基進封燕國王
十二月癸卯朝皇太后甲辰封皇太弟重元子涅魯古爲
安定郡王己酉以宣獻皇后忌日上與皇太后素服飯僧
于延壽憫忠三學三寺辛亥詔獨預備伐宋諸部租稅一
年壬子以吐渾党項多鬻馬夏國詔謹邊防己未宋遣賀
正旦及永壽節使居邸帝微服往觀丁卯禁喪葬殺牛馬
及藏珍寶
十二年春正月辛未遣同知析津府事耶律敵烈樞密院
都承旨王惟吉諭夏國與宋和壬申以吳國王蕭孝穆爲
南院樞密使北府宰相蕭孝忠北院樞密使封楚王韓國

王蕭惠北府宰相同知元帥府事韓八南院大王耶律遂
哂東京留守北院樞密副使耶律仁先同知東京留守事
北面林牙蕭革北院樞密副使甲戌如武清寨葦淀二月
壬寅禁關南漢民弓矢己酉夏國以加上尊號遣使來賀
甲寅耶律敵烈等使夏國還奏元昊罷兵即遣使報宋三
月辛卯幸南京壬辰高麗國以加上尊號遣使來賀夏四
月己亥置回跋部詳穩都監庚子夏國遣使進馬駝五月
辛卯斡魯蒲盧毛朶部二使來貢失期春而遣還乙未詔
復定禮制是月幸山西六月丙午詔世選宰相節度使族
屬及身爲節度使之家許葬用銀器仍禁殺牲以祭庚戌

詔漢人宮分戶絕恒產以親族繼之辛亥阻卜大王屯禿
古斯弟太尉撒葛里來朝丙辰回鶻遣使來貢甲子以南
院樞密使吳國王蕭孝穆爲北院樞密使徙封齊國王秋
七月丙寅朔北院樞密使蕭孝忠薨特釋繫囚庚寅夏國
遣使上表請伐宋不從八月丙申謁慶陵辛丑燕國王洪
基加尚書令知北南院樞密使事進封燕趙國王戊午以
前西北路招討使蕭塔烈葛爲右夷离畢庚申干越耶律
洪古薨甲子阻卜來貢九月壬申朝皇太后謁望仙殿壬
午謁懷陵冬十月丁酉駐蹕中會川己亥北院樞密使蕭
孝穆薨追贈大丞相晉國王庚子詔諸路上重囚遣官詳

諷辛亥參知政事韓紹芳爲廣德軍節度使三司使劉六
符長寧軍節度使壬子以夏人侵党項遣延昌宮使高家
奴讓之甲子北府宰相蕭惠爲北院樞密使豳王遂哥爲
惕隱惕隱敵魯古封漆水郡王西北路招討使樞密副使
蕭阿剌同知北院宣徽事出飛龍廐馬分賜群臣十一月
丁丑追封楚王蕭孝忠爲楚國王丁亥以上京歲儉復其
民租稅癸巳朝皇太后十二月戊申改政事省爲中書省
十三年春正月甲子朔朝皇太后戊辰如混同江辛未獵
元會館岡二月庚戌如魚兒濼丙辰以參知政事杜防爲
南府宰相三月丁亥高麗遣使來貢以宣政殿學士揚佶

參知政事是月置契丹警巡院夏四月己酉遣東京留守
耶律侯哂知黃龍府事耶律歐里斯將兵攻蒲盧毛朶部
甲寅南院大王耶律高十奏党項等部叛附夏國丙辰西
南面招討都監羅漢奴詳穩斡魯母等奏山西部族節度
使屈烈以五部叛入西夏乞南北府兵援送實威塞州户
詔富者遣行餘留屯疑天德軍五月壬戌朔羅漢奴奏所
發部兵與党項戰不利招討使蕭普達四捷軍詳穩張佛
奴歿于陣李元昊來援叛黨戊辰詔徵諸道兵會西南邊
以討元昊六月甲午阻卜酋長烏八遣其子執元昊所遣
來獴使窊邑改來乞以兵助戰從之駐蹕永安山以將伐

夏遣延昌宮使耶律高家奴告宋丙申詔前南院大王耶
律谷欲翰林都林牙耶律庶成等編集國朝上世以來事
蹟丙午高麗遣使來貢丁未録囚秋七月辛酉香河縣民
李宜兒以左道惑衆伏誅庚午行再生禮庚辰夏國遣使
來朝八月乙未以夏使對不以情覊之丁巳夏國復遣使
來詢以事宜又不以實對留之九月戊辰宋以親征夏國
遣余靖致贐禮壬申會大軍于九十九泉以皇太弟重元
北院樞密使韓國王蕭惠將先鋒兵西征冬十月庚寅祭
天地丙申獲党項偵人射鬼箭丁酉李元昊上表謝罪己
亥元昊遣使來奏欲收叛黨以獻從之辛亥元昊遣使來

進方物詔北院樞密副使蕭革迓之壬子軍于河曲革言
元昊親率党項三部來詔革詰其納叛背盟元昊伏罪賜
酒許以自新遣之召羣臣議皆以大軍既集宜加討伐癸
丑督數路兵掩襲殺數千人駙馬都尉蕭胡覩爲夏人所
執丁巳元昊遣使以先被執者來歸詔所留夏使亦還其
國十一月辛酉賜有功將校有差甲子班師丁卯改雲州
爲西京辛巳朝皇太后十二月己丑幸西京戊戌以北院
樞密副使耶律敵烈爲右夷离畢己亥高麗遣使來貢戊
申蕭胡覩自夏來歸
十四年春正月庚申以侍中蕭虛烈爲南院統軍使封遼

西郡王庚午如鴛鴦濼壬午以金吾衛大將軍敵魯古爲乙室大王甲申夏國遣使進鶻以常侍斡古得戰歿命其子習羅爲師二月庚子朝皇太后駐蹕撒剌濼三月己卯宋以伐夏師還遣使來賀辛亥高麗遣使來貢閏五月癸丑清暑永安山丁卯謁慶陵己卯阻卜大王屯秃古斯率諸酋長來朝庚辰夏國遣使來貢辛亥以西南面招討使蕭普達戰歿贈同中書門下平章事秋七月戊申駐蹕中會川冬十月甲子望祀木葉山十一月壬午朔回鶻阿薩蘭遣使來貢甲辰以同知北院宣徽事蕭阿剌爲北府宰相十二月癸丑觀漢軍習砲謝擊刺癸亥決滯獄

十五年春正月乙酉如混同江禁契丹以奴婢鬻與漢人二月乙卯如長春河丙寅蒲盧毛朶界曷懶河戶來附詔撫之三月甲申朝皇太后乙酉以應聖節減死罪釋徒以下辛卯朝皇太后丁酉高麗遣使來貢詔諸道歲具獄訟以聞夏四月辛亥禁五京吏民擊鞠戊午罷遙輦帳戍軍壬戌以北女直詳穩蕭高六爲奚六部大王甲子清暑永安山甲戌蒲盧毛朶曷懶河百八十戶來附六月癸丑以西京留守耶律馬六爲漢人行宮都部署參知政事楊佶出爲武定軍節度使戊辰御清涼殿放進士王棠等六十八人甲戌西北路招討使耶律敵魯古坐贓免官秋七月乙酉謚王遂哥薨戊子觀穫乙未以北院宣徽使旅墳爲左夷离畢前南府宰相耶律喜孫東北路詳穩丙申籍諸路軍丁酉如秋山辛丑禁扈從踐民田丁未以女直部長遮母率衆來附加太師八月癸丑高麗王欽薨遣使來告九月甲辰禁以罝網捕狐兎冬十月己酉駐蹕中會川十一月丁亥以南院樞密使蕭孝友爲北府宰相契丹行宮都部署耶律仁先南院大王北府宰相蕭革同知北院樞密使事知夷离畢事耶律信先漢人行宮都部署左夷离畢旅墳惕隱漢人行宮都部署耶律敵烈左夷离畢己亥海部以契丹戶例通括軍馬乙巳振南京貧民十二月

壬申　以下罪是日爲聖宗在時生辰

本紀第十九

開府儀同三司上柱國錄軍國重事中書右丞相監修國史領經筵事都總裁臣脫脫奉

勑修

興宗三

十六年春正月己卯如混同江二月庚申如魚兒濼辛酉禁群臣遇宴樂奏請私事詔世選之官從各部耆舊擇材能者用之三月丁亥如黑水濼癸巳遣使審决雙州囚壬寅大雪夏四月乙巳朔皇太后不豫上馳往視疾丙午皇太后愈復如黑水濼丁卯肆赦六月戊申清暑永安山丁巳阻卜大王屯秃古斯來朝獻方物戊午詔士庶言事秋

七月辛卯幸慶州自是月至于九月日射獵于楚不溝霞列繫輪石塔諸山冬十月辛亥幸中京謁祖廟丙辰定公主行婦禮於舅姑儀庚午鐵驪仙門來朝以始入貢加右監門衛大將軍十一月戊寅祠木葉山己丑幸中京朝皇太后壬辰禁漏泄宮中事十二月辛丑朔女直遣使來貢辛亥謁太祖廟觀太宗收晉圖癸丑問安皇太后乙卯以太后翁雜犯死罪減一等論徙以下免庚申南府宰相杜防韓紹榮奏事有誤各以大杖决之出防爲武定軍節度使壬戌高麗遣使來貢

十七年春正月丁亥如春水閏月癸丑射虎于候里吉二月辛巳振瑤穩嘲穩部是月詔士庶言國家利便不得及己事奴婢所見許白其主不得自陳夏國王李元昊薨其子諒祚遣使來告即遣永興宮使耶律褭里右護衛太保耶律興老將作少監王全慰奠三月癸卯以同知南京留守事蕭塔烈葛爲左夷离畢知右夷离畢事唐古爲右夷离畢丙午夏國李諒祚遣使上其父元昊遺物丁卯鐵不得國使來乞以本部軍助攻夏國不許夏四月辛未武定軍節度使杜防復爲南府宰相丙子高麗遣使來貢甲申蒲盧毛朶部大王蒲輦以造舟人來獻六月庚辰阻卜獻馬駝二萬辛卯長白山太師柴葛回跋部太師撒剌都來

貢方物秋七月丁未子越歷梅欲之子不葛二及婆離八部夷离堇虎懟等內附甲寅錄囚減雜犯死罪八月丙戌復南京貧戶租稅戊子以殿前都點檢耶律義先爲行軍都部署中順軍節度使夏行美副部署東北面詳穩耶律朮者爲監軍伐蒲奴里酋陶得里冬十月甲申南院大王耶律韓八薨甲午駐蹕獨盧金十一月乙未朔遣使括馬丁巳賜皇太弟重元金券封皇子和魯斡爲越王阿璉許王忠順軍節度使謝家奴陳王西京留守貼不漢王惕隱旅墳遼西郡王行宮都部署別古得柳城郡王奉陵軍節度使侯古饒樂郡王安定郡王涅魯古進封楚王

十八年春正月甲午朔日有食之戊戌留夏國賀正使不遣己亥遣北院樞密副使蕭惟信以伐夏告宋辛丑錄囚丙午如鴛鴦濼丙辰獵霸特山耶律義先奏蒲奴里捷二月庚辰幸燕趙國王洪基帳視疾乙酉耶律義先等執陶得里以獻三月乙巳高昌國遣使來貢壬子以洪基疾愈赦雜犯死罪以下丁巳烏古遣使送款夏四月癸酉以南府宰相耶律高十爲南京統軍使五月甲辰五國酋長各率其部來附庚戌回跋部長兀迭臺扎等來朝戊午五國節度使耶律仙童以降爲古叛人授左監門衛上將軍六月壬戌朔以韓國王蕭惠爲河南道行軍都統趙王蕭孝友漢王貼不副之乙丑錄囚丙寅行十二神纛禮己巳宋以遼師伐夏遣錢逸致賻禮庚辰阻卜來貢馬駝珍玩辛巳夏國使來貢留之不遣丁亥行再生禮秋七月戊戌親征八月辛酉渡河夏人遁乃還九月丁未蕭惠等爲夏人所敗冬十月北道行軍都統耶律敵魯古率阻卜諸軍至賀蘭山獲李元昊妻及其官僚家屬遇夏人三千來戰殪之烏古敵烈部都詳穩蕭慈氏奴南尅耶律斡里死焉十二月戊寅慶陵林木火己卯錄囚有弟從兄爲強盜者兄弟俱無子特原其弟

十九年春正月庚寅僧惠鑑加檢校太尉庚子耶律敵魯古復封漆水郡王諸將校及阻卜等部酋長各進爵有差贈蕭慈氏奴同中書門下平章事辛丑遣使問罪于夏國壬寅如魚兒濼二月丁亥夏將洼普猥貨乙靈紀等來攻金肅城南面林牙耶律高家奴等破之洼普被創遁去殺猥貨乙靈紀三月戊戌殿前都點檢蕭迭里得與夏戰于三角川敗之癸卯命西南招討使蕭蒲奴北院大王宜新林牙蕭撒抹等帥師伐夏以行宮都部署別古得監戰甲辰遣同知北院樞密使蕭革按軍邊城以爲聲援己酉駐蹕息雞淀丙辰幸殿前都點檢蕭迭里得駙馬都尉蕭胡覩帳視疾夏四月丙寅如魚兒濼壬申蒲盧毛朶部惕隱信篤來貢甲申高麗遣使來貢五月己丑如涼陘癸巳蕭蒲奴等入夏境不與敵遇縱軍俘掠而還丁酉夏國洼普來降己亥遠夷拔思母部遣使來貢六月丙辰朔置倒塌嶺都監丙寅謁慶陵庚午幸慶州謁大安殿壬申詔醫卜屠販奴隸及倍父母或犯事逃亡者不得舉進士回跋曷蘇館蒲盧毛朶部各遣使貢馬甲戌宋遣使來賀伐夏捷高麗使俱至辛巳御金鑾殿試進士秋七月壬辰駐蹕括里濼盌癸巳以燕趙國王洪基領北南樞密院乙未阻卜長豁得剌弟斡得來朝加太尉遣之戊戌錄囚戊申以左夷离畢蕭唐古爲北院樞密副使壬子獵候里吉八月丁

卯阻卜酋長喝呂、烏拔里斯來朝九月壬寅夏人侵邊敵
魯古率六院軍將海里擊敗之冬十月庚午還上京辛未
夏國王李諒祚母遣使乞依舊稱藩使還詔諭別遣信臣
詣闕之徐思之壬申獵臨潢府役徒甲戌如中會川十一
月甲午阻卜酋長豁得刺遣使來貢庚戌錄囚壬子以南
府宰相韓知白為武定軍節度使樞密副使楊績長寧軍
節度使翰林學士王綱澤州刺史張宥徽州刺史知制誥
周白海北州刺史閏月乙卯以漢王貼不為中京留守辛
未以同知北院樞密使事蕭革為南院樞密使南院大王
耶律仁先知北院樞密使事封守王十二月丁亥北府宰

相趙王蕭孝友出為東京留守東京留守蕭塔烈葛為北
府宰相南院樞密使潞王查葛為南院大王庚戌韓國王
蕭惠徙封魏王致仕子夏國李諒祚遣使上表乞依舊
臣屬
二十年春正月戊戌駐蹕混同江二月甲申遣前北院都
監蕭友括等使夏國索党項叛戶己丑如魚兒濼甲辰吐
蕃遣使來貢三月壬子朔幸黑水夏五月癸丑蕭友括等
使夏還李諒祚母表乞如党項權進之馳牛羊等物已
夏國遣使求唐隆鎮及乞罷所建城邑以詔答之六月丙
戌詔以所獲李元昊妻及前後所俘夏人安置蘇州戊

夏所獲物遣使遺宋秋七月如秋山九月詔更定條制駐
蹕中會川冬十月己卯朔括諸道軍籍十一月庚申以惕
隱都監蕭謨魯為左夷离畢甲子命東京留守司總領戶
部內省事丁卯罷中丞記錄職官過犯令承旨總之十二
月乙酉以皇太后行再生禮肆赦
二十一年春正月辛亥如混同江二月如魚兒濼夏四月
癸未以國舅詳穩蕭阿刺為西北路招討使封西平郡王
六月丙子駐蹕永安山秋七月甲辰朔召北府宰相蕭塔
烈葛南府宰相漢王貼不南院樞密使蕭革知北院樞密
使事仁先等賜坐論古今治道戊申祀天地己酉詔北南

樞密院曰毋奏事壬子追尊太祖之祖為簡獻皇帝廟號
玄祖祖妣為簡獻皇后太祖之考為宣簡皇帝廟號德祖
妣為宣簡皇后追封太祖伯父夷离堇巖木為蜀國王于
越釋魯為隋國王以燕趙國王洪基為天下兵馬大元帥
知惕隱事賜詔諭之癸亥近侍小底盧寶偽學御畫免死
配役終身甲子如秋山戊辰謁慶陵以南院樞密使蕭革
為北院樞密使封吳王辛未如慶州壬申追封太祖弟寅
底石為許國王八月戊子太尉烏者薨詔配享聖宗廟九
月乙卯平州進白兔己未謁懷陵庚申追上嗣聖皇帝天
順皇帝尊謚及更謚彰德皇后曰靖安癸亥謚齊天皇后

曰仁德皇后甲子謁祖陵增太祖謚大聖大明神烈天皇
帝更謚貞烈皇后曰淳欽恭順皇帝曰章肅后蕭氏謚曰
和敬冬十月戊寅駐蹕中會川丁亥夏國李諒祚遣使乞
弛邊備即遣蕭友括奉詔諭之戊子幸顯懿二州甲午遼
興軍節度使蕭虛烈封鄭王南院大王潞王查葛爲南院
樞密使進封越國王戊戌射虎于南撒葛柏辛丑謁乾陵
十一月壬寅朔增謚文獻皇帝爲文獻欽義皇帝及謚二
后曰端順曰柔貞復更謚世宗孝烈皇后爲懷節丁未增
孝成皇帝謚曰孝成康靖皇帝更謚聖神宣獻皇后爲睿
智甲子次中會川回鶻阿薩蘭遣使貢名馬文豹丙寅錄
囚十二月戊戌以北府宰相塔烈葛爲南京統軍使鄭王
虛烈北府宰相契冊行宮都部署耶律義先惕隱釋役徒
限年者
二十二年春正月乙巳如混同江二月丙子回鶻阿薩蘭
爲鄰國所侵遣使求援庚辰如春水三月癸亥李諒祚以
賜詔許降遣使來謝丙寅如黑水濼夏四月戊子獵鶴淀
五月壬寅詔內地州縣植果六月壬申駐蹕胡呂山癸未
高麗遣使來貢秋七月己酉阻卜大王屯禿古斯率諸部
長獻馬駝庚申如黑嶺閏月庚午烏古來貢癸巳長春州
置錢帛司九月壬辰夏國李諒祚遣使進降表甲午遣南

面林牙高家奴等奉詔撫諭冬十月丙申朔日有食之十
一月辛卯詔諸職事官以禮受代及以罪去者置籍歲申
樞密院十二月丙申朔詔回鶻部副使以契冊人充庚子
應聖節曲赦徒以下罪壬子詔大臣曰朕與宋主約爲兄
弟歡好歲久欲見其繪像可諭來使
二十三年春正月己巳如混同江癸酉獵雙子淀戊子夏
國遣使貢方物壬辰如春水甲午獵盤直坡三月丁亥幸
皇太弟重元帳夏四月癸卯高麗遣使來貢癸丑獵合只
忽里五月己巳李諒祚乞進馬駝詔歲貢之庚寅駐蹕求
安山壬辰夏國遣使來貢六月丙申如慶州己亥謁慶陵
壬寅高麗王徽請官其子詔加檢校太尉辛亥吐蕃遣使
來貢秋七月己巳夏國李諒祚遣使來求婚甲戌如秋山
己卯詔八房族巾幘九月庚寅獵遇三虎縱犬獲之冬十
月丁酉駐蹕中京戊戌幸新建祕書監辛丑有事于祖廟
癸丑以開泰寺鑄銀佛像曲赦在京囚丙辰李諒祚遣使
進誓表十一月乙丑阻卜部長來貢壬申帝率群臣上皇
太后尊號曰仁慈聖善欽孝廣德安靖貞純懿和寬厚崇
覺儀天皇太后大赦內外官進級有差癸未錄囚甲申群
臣上皇帝尊號曰欽天奉道祐世興曆武定文成聖神仁
孝皇帝冊皇后蕭氏曰貞懿慈和文惠孝敬廣愛崇聖

后十二月丙申如中會川
二十四年春正月癸亥如混同江戊辰朝皇太后辛巳宋遣使來賀饋馴象二月己丑朔召宋使釣魚賦詩癸巳如長春河甲寅夏國遣使來賀三月癸亥皇太弟重元生子曲赦行在及長春鎮北二州徒以下罪夏五月駐蹕南崖秋七月壬午如秋山次南崖之北峪不豫八月丁亥疾大漸召燕趙國王洪基諭以治國之要戊子大赦縱五坊鷹鶻焚釣魚之具己丑帝崩于行宮年四十遺詔燕趙國王洪基嗣位清寧元年十月庚子上尊謚為神聖孝章皇帝廟號興宗

贊曰興宗即位年十有六矣不能先尊母后而尊其母以致臨朝專政賊殺不辜又不能以禮幾諫使齊天死於弑逆有虧王者之孝惜哉若夫大行在殯飲酒博鞠疊見簡書及其謁遺像而哀慟受宋弔而衰絰所為若出二人何為其然歟至於感富弼之言而申南宋之好許諒祚之盟而罷西夏之兵邊鄙不聳政治內修親策進士大修條制下至士庶得陳便宜則求治之志切矣于時左右大臣曾不聞一賢之進一事之諫欲庶幾古帝王之風其可得乎雖然聖宗而下可謂賢君矣

本紀第二十

開府儀同三司上柱國錄軍國重事中書右丞相監修國史領經筵事都總裁臣脫脫奉

勑修

道宗一

道宗孝文皇帝諱洪基字涅鄰小字查剌興宗皇帝長子母曰仁懿皇后蕭氏六歲封梁王重熙十一年進封燕國總領中丞司事明年總北南院樞密使事加尚書令進封燕趙國王二十一年爲天下兵馬大元帥知惕隱事預朝政帝性沉靜嚴毅每朝興宗爲之斂容二十四年八月己丑興宗崩即皇帝位於柩前哀慟不聽政辛卯百僚上表固請許之詔曰朕以菲德託居士民之上第恐智識有不及群下有未信賦歛妄興賞罰不中上恩不能及下下情不能達上凡爾士庶直言無諱可則擇用否則不以爲愆卿等其體朕意壬辰以皇太弟重元爲皇太叔免漢拜不名癸巳遣使報哀于宋及夏高麗甲午遣重元安撫南京軍民戊戌以遺詔命西北路招討使西平郡王蕭阿剌爲北府宰相仍權知南院樞密使事北府宰相蕭虛烈爲武定軍節度使辛丑改元清寧大赦九月戊午詔常所幸圍場外毋禁庚申詔除護衛士餘不得佩刃入宮非勳戚後及夷离堇副使承應諸職事人不得冠巾壬戌詔夷离堇

及副使之族并民如賤不得服駝尼水獺裘刀柄兎鶻鞍勒珮子不許用犀玉骨突犀惟大將軍不禁乙丑賜內外臣僚爵賞有差庚午尊皇太后爲太皇太后辛未遣左夷离畢蕭讀魯翰林學士韓運以先帝遺物遺宋癸酉遣使以即位報宋丙子尊皇后爲皇太后宴敢塗殿以上京留守宿國王陳留爲南京留守壬午遣使賜高麗夏國先帝遺物冬十月丁亥有司請以帝生日爲天安節從之以吳王仁先同知南京留守事陳王涂孛特爲南府宰相進封吳王壬寅以順義軍節度使十神奴爲南院大王十一月甲子葬興宗皇帝於慶陵宋及高麗遣使來會名其山曰永興丙寅以南院大王侯古爲中京留守北府宰相西平郡王蕭阿剌進封韓王壬申次懷州有事於太宗穆宗廟甲戌謁祖陵戊寅冬至有事於太祖景宗興宗廟不受群臣賀十二月丙戌詔左夷离畢曰朕以眇沖獲嗣大位夙夜憂懼恐弗克任欲聞直言以匡其失今已數月未見所以副朕委任股肱耳目之意其令內外百官比秩滿各言一事仍轉諭所部無貴賤老幼皆得直言無諱戊子應聖節上太皇太后壽宴群臣命婦册妃蕭氏爲皇后進封皇弟越王和魯斡爲魯國王許王阿璉爲陳國王楚王涅魯古徙封吳王辛卯詔部署院事有機密即奏其投謗訕書

輒受及讀者並棄市癸巳皇族十公悖毋伏誅甲午以樞密副使姚景行爲參知政事翰林學士吳湛爲樞密副使參知政事同知樞密院事韓紹文爲上京留守丙申宋遣歐陽脩等來賀即位戊戌詔設學養士頒五經傳疏置博士助教各一員癸卯以知涿州楊績參知政事兼同知樞密院事庚戌以聖宗在時生辰赦上京囚是年御清涼殿放進士張孝傑等四十四人

二年春正月丙辰詔州郡官及僚屬決囚如諸部族例己巳詔二女古部與世預宰相節度使之選者免皮室軍是月幸魚兒濼二月乙酉以左夷离畢蕭謨魯知西南面招

討都監事乙巳以興宗在時生辰宴群臣命各賦詩三月丁巳應聖節曲赦百里內囚己卯御製放鷹賦賜群臣諭任臣之意閏月己亥始行東京所鑄錢乙巳南京獄空進留守以下官夏四月甲子詔曰方夏長養鳥獸孳育之時不得縱火於郊五月戊戌謁慶陵甲辰有事于興宗廟六月丁巳詔宰相舉才能之士戊午命有司籍軍補邊戍辛酉阻卜酋長來朝貢方物丁卯高麗遣使來貢辛未罷史官預聞朝議俾問宰相而後書乙亥中京蝗蝻為災丙子詔強盜得實者聽諸路決之丁丑南院樞密使趙國王查葛為上京留守同知南京留守事吳王仁先為南院樞密

使乙酉遣使分道平賦稅繕戎器勸農桑禁盜賊八月辛未如秋山九月庚子幸中京祭聖宗興宗於會安殿冬十月丙子如中會川十一月戊戌知左夷离畢事耶律劃里爲夷离畢北院大王耶律仙童知黃龍府事甲辰文武百僚上尊號曰天祐皇帝后曰懿德皇后大赦乙巳以皇太叔重元為天下兵馬大元帥徙封趙國王查葛為魏國王魯國王和魯斡為宋國王陳國王阿璉為秦國王吳王湼魯古進封楚國王百官進遷有差十二月戊申朔以韓王蕭阿剌爲北院樞密使東京留守宿國王陳留北府宰相宋國王和魯斡上京留守秦國王阿璉知中丞司事甲寅

上皇太后尊號曰慈懿仁和文惠孝敬廣愛宗天皇太后

三年春正月庚辰如鴨子河丙戌置倒塌嶺節度使乙未五國部長來貢方物二月己未如大魚濼三月辛巳以楚國王湼魯古為武定軍節度使夏四月丙辰清暑永安山五月己亥如慶陵獻酎於金殿同天殿六月辛未以魏國王查葛為惕隱同知樞密院事蕭唐古南府宰相魏國王貼不東京留守秋七月甲申南京地震赦其境內乙酉如秋山八月辛亥帝以君臣同志華夷同風詩進皇太后九月庚子幸中會川冬十月己酉謁祖陵庚申謁讓國皇帝及世宗廟辛酉奠酎于玉殿十一月丙子以左夷离畢蕭

謨魯爲契丹行宮都部署庚子高麗遣使來貢十二月庚
戌禁職官於部內假貸貿易戊辰太皇太后不豫曲赦行
在五百里內囚己巳太皇太后崩
四年春正月壬申朔遣使報哀于宋夏如鴨子河鈎魚癸
酉宋遣使奉宋主繪像來丁亥知易州事耶律頗得秩滿
部民乞留許之二月丙午詔夷离畢諸路鞫死罪獄雖具
仍令別州縣覆案無寃然後决之稱寃者即具奏庚戌如
魚兒濼三月戊寅募天德鎮武東勝等處勇捷者籍爲軍
甲午肆赦夏四月甲辰謁慶陵丁卯宋遣使弔祭五月庚
午朔上大行太皇太后尊謚曰欽哀皇后癸酉葬慶陵夏

國高麗遣使來會乙酉如永安山清暑六月乙丑以北院
樞密使鄭王蕭革爲南院樞密使徙封楚王南院樞密使
吳王仁先爲北院樞密使秋七月辛巳制諸掌內藏庫官
盜兩貫以上者許奴婢告壬午獵于黑嶺冬十月戊戌朔
以同知東京留守事侯古爲南院大王保安軍節度使奚
底爲奚六部大王十一月癸酉行再生及柴冊禮宴羣臣
於八方陂庚辰御清風殿受大冊禮大赦以吳王仁先爲
南京兵馬副元帥徙封隋王壬午謁太祖及諸帝宮丙戌
祠木葉山禁造玉器十二月辛丑詳駞尼水獺裘之禁乙
巳許士庶畜鷹鶻辛亥南院樞密使楚王蕭革復爲北院樞

密使閏月己巳賜皇太叔重元金券是歲皇子濬生
五年春如春州夏六月甲子朔駐蹕納葛濼己丑以南院
樞密使蕭阿速爲北府宰相樞密副使耶律乙辛南院樞
密使惕隱查葛遼興軍節度使魯王謝家奴武定軍節度
使東京留守吳王貼不西京留守秋七月丁酉以烏古敵
烈詳穩蕭謨魯爲左夷离畢冬十月壬子朔幸南京祭興
宗於嘉寧殿十一月禁獵十二月壬戌以北院林牙奚馬
六爲右夷离畢參知政事吳湛以弟洵冒入仕籍削爵爲
民是年上御百福殿放進士梁援等百一十五人
六年春如鴛鴦濼夏五月戊子朔監修國史耶律白請編

次御製詩賦仍命白爲序己酉駐蹕納葛濼六月戊午朔
以東北路女直詳穩高家奴爲惕隱壬戌遣使錄囚丙寅
中京置國子監命以時祭先聖先師癸未以隋王仁先爲
北院大王賜御製誥冬十月甲子駐蹕藕絲淀
七年春三月庚戌如春州以耶律乙辛知北院樞密使事
夏四月辛未禁吏民畜海東青鶻五月丙戌清暑永安山
丙午謁慶陵辛亥殺東京留守陳王蕭阿剌六月壬子朔
日有食之甲子以蕭謨魯爲順義軍節度使丁卯幸弘義
永興崇德三宮致祭射柳賜宴賞賚有差戊辰行再生禮
復命群臣分朋射柳丁丑以楚國王涅魯古知南院樞密

使事秋九月丁丑駐蹕鵝絲淀冬十一月壬午以知黃龍府事耶律阿里只爲南院大王

本紀第二十一

開府儀同三司上柱國錄軍國重事中書右丞相監修國史領經筵事都總裁臣脫脫奉

勅修

道宗二

八年春正月癸丑如鴨子河二月駐蹕納葛濼三月戊申朔楚王蕭革致仕進封鄭國王夏五月吾獨婉惕隱屯禿葛等乞歲貢馬駝許之六月丙子朔駐蹕拖古烈辛丑以右夷离畢奚馬六爲奚六部大王是月御清涼殿放進士王鼎等九十三人秋七月甲子射熊于外室剌冬十月甲戌朔駐蹕獨盧金十二月庚辰以知北院樞密使事蕭圖古辭爲北院樞密使癸未幸西京戊子以皇太后行再生禮曲赦西京囚

九年春正月辛亥幸鴛鴦濼辛未禁民鬻銅三月辛未宋主禎殂以姪曙爲子嗣位夏五月丙午以隋王仁先爲南院樞密使徙封許王是月清暑昜里狘秋七月丙辰如太子山戊午皇太叔重元與其子楚國王涅魯古及陳國王陳六同知北院樞密使事蕭胡覩衛王貼不林牙涅剌溥古統軍使蕭迭里得駙馬都尉參及弟朮者圖骨旗鼓拽剌詳穩耶律郭九文班太保奚叔內藏提點烏骨護衛左太保敵不古按荅副宮使韓家奴寶神奴等凡四百人誘

脅弩手軍犯行宮時南院樞密使許王仁先知北樞密院事趙王耶律乙辛南府宰相蕭唐古北院宣徽使蕭韓家奴北院樞密副使蕭惟信敦睦宮使耶律良等率宿衛士卒數千人禦之涅魯古躍馬突出將戰爲近侍詳穩渤海阿廝護衛蘇射殺之己未族逆黨家庚申重元亡入大漠自殺辛酉詔諭諸道壬戌以仁先爲北院樞密使進封宋王加尚父耶律乙辛南院樞密使韓家奴殿前都點檢封荊王蕭惟信耶律馮家奴並加太子太傅宿衛官蕭乙辛回鶻海鄰褭里耶律撻不也阿廝宮分人急里哥霞抹乙辛只魯並加上將軍諸護衛及士卒庖夫弩手傘子等三百餘人各授官有差耶律良密告重元變命籍橫帳夷离菫房爲漢人行宮都部署癸亥貼不詐爲重元等所脅詔削爵爲民流鎮州戊辰以黑白羊祭天八月庚午朔遣使安撫南京吏民癸酉以永興宮使耶律塔不也有定亂功爲同知點檢司事冬十月戊辰朔幸興王寺庚午以六院部太保耶律合朮知南院大王事是月駐蹕藕絲淀十一月辛丑以南院宣徽使蕭九哥爲北府宰相己未追封故富春郡王耶律義先爲許王是歲封皇子濬爲梁王

十年春正月己亥北幸二月禁南京民決水種粳稻秋七月壬申詔決諸路囚辛巳禁僧尼私詣行在妄述禍福取

財物九月壬寅幸懷州謁太宗穆宗廟冬十月壬辰朔駐
蹕中京戊午禁民私刊印文字十一月甲子定吏民衣服
之制辛未禁六齋日屠殺丁丑詔求乾文閣所闕經籍命
儒臣校讎庚辰以彰國軍節度使韓謝十爲惕隱詔南京
不得私造御用綵段私貨鐵及非時飲酒命南京三司每
歲春秋以官錢饗將士十二月癸巳以北院大王蕭兀古
匿爲契丹行宮都部署是歲南京西京大熟
咸雍元年春正月辛酉朔文武百僚加上尊號曰聖文神
武全功大略廣智聰仁睿孝天祐皇帝改元大赦冊梁王
濬爲皇太子內外官賜級有差甲子如魚兒濼庚寅詔諸

遇正旦重午冬至別表賀東宮三月丁亥以知興中府事
楊績知樞密院事夏四月辛卯以知樞密院事張嗣復疾
改知興中府事庚子清暑拖古烈五月辛巳夏國遣使來
貢秋七月丙子以皇太后射獲熊賞賚百官有差八月丙
申客星犯天廟詔諸路備盜賊嚴火禁九月乙亥駐蹕藕
絲淀丁丑左夷離畢燧古爲孟父敞隱冬十月丁亥朔幸
醫巫閭山己亥皇太后射獲虎大宴群臣令各賦詩十一
月壬戌有星如斗逆行隱隱有聲十二月甲午以遼王仁
先爲南京留守徙封晉王辛亥以南京留守蕭惟信爲左
夷離畢壬子熒惑與月並行自旦至午

二年春正月丁巳如鴨子河宋賀正使王巖辛以禮送還
癸未幸山榆淀二月甲午詔武定軍節度使姚景行問以
治道拜南院樞密使三月辛巳以東北路詳穩耶律韓福
奴爲北院大王壬午彗星見於西方夏四月霖雨五月乙
亥駐蹕拖古烈辛巳以戶部使劉詵爲樞密副使六月丙
戌田鶻來貢甲辰阻卜來貢秋七月癸丑朔以西北路招
討使蕭朮者爲北府宰相左夷離畢蕭惟信南院樞密使
同知南院樞密使事耶律白惕隱丙辰南院樞密使姚景
行致仕庚申錄囚辛酉景行復前職丁卯如藕絲淀以歲
旱遣使振山後貧民九月壬子朔日有食之以參知政事

韓孚爲樞密副使冬十二月壬午以知樞密院事楊績爲
南院樞密使樞密副使劉詵參知政事戊子僧守志加守
司徒丁酉以西京留守合朮爲南院大王辛丑以蕭朮者
爲武定軍節度使是年御永安殿放進士張臻等百一人
二年春正月辛亥如鴨子河甲子御安流殿鈎魚三月癸
亥宋主曙殂子頊嗣位遣使告哀即遣右護衛太保蕭撻
不也翰林學士陳覺等弔祭閏月丁亥龜鶴軍營火賜錢
粟及馬有差辛卯駐蹕春州北淀乙巳以蕭兀古匿爲北
府宰相夏五月壬辰駐蹕納葛濼壬寅賜隨駕官諸工人
馬六月戊申有司奏新城縣民楊從謀反僞署官吏上曰

小人無知此兒戲爾獨流其首惡餘釋之庚戌宋遣使饋其先帝遺物辛亥宋以即位遣陳襄來報即遣知黃龍府事蕭圖古辭中書舍人馬鉉往賀壬戌南府宰相韓王蕭唐古致仕壬申以廣德軍節度使耶律察奴爲南府宰相度支使趙徽參知政事秋七月辛丑熒惑晝見凡三十五日九月戊戌詔給諸路囚糧癸卯幸南京冬十一月壬辰夏國遣使進回鶻僧金佛梵覺經十二月丁未以參知政事劉詵爲樞密副使東北路詳穩高元南院大王樞密直學士張孝傑參知政事己酉以張孝傑同知樞密院事丁巳行再生禮赦死罪以下是月夏國王李諒祚薨是歲南京旱蝗

四年春正月甲戌朔日有食之丙子如鴛鴦濼辛巳改易州兵馬使爲安撫使丁亥獵炭山辛卯遣使振西京饑民二月甲辰朔詔元帥府募軍壬子夏國王李諒祚子秉常遣使告哀癸丑頒行御製華嚴經贊丁卯北行三月丙子遣使夏國弔祭甲申振應州饑民乙酉詔南京除軍行地餘皆得種稻庚寅振朔州饑民乙未夏國李秉常遣使獻其父諒祚遺物夏四月戊午阿薩蘭回鶻遣使來貢五月丙戌駐蹕拖古烈六月壬子西北路雨穀方三十里丙寅以北院林牙耶律趙三爲北院大王右夷离畢蕭素颯中京留守秋七月壬申置烏古敵烈部都統軍司丙子獵黑嶺是月南京霖雨地震九月己亥駐蹕藕絲淀冬十月辛亥曲赦南京徒罪以下囚永清武清安次固安新城歸義容城諸縣水復一歲租戊辰冊李秉常爲夏國王十二月辛亥夏國遣使來貢

五年春三月阻卜叛以晉王仁先爲西北路招討使領禁軍討之夏六月己亥駐蹕拖古烈丙午吐蕃遣使來貢壬戌以南院樞密使蕭惟信知北院樞密使事秋七月乙丑朔日有食之戊辰夏國遣使來謝封冊癸未詔禁皇族恃勢侵漁細民八月謁慶陵九月戊辰仁先遣人奏阻卜捷

冬十月己亥駐蹕藕絲淀十一月丁卯詔四方館副使止以契丹人充丁丑五國部阿里部叛命蕭素颯討之閏月戊申夏國王李秉常遣使乞賜印綬己未僧志福加守司徒十二月甲子行皇太子再生禮減諸路徒以下罪一等乙丑詔百官廷議國政甲戌五國來降仍獻方物

六年春正月甲午如千鵝濼二月丙寅阻卜來朝貢方物夏四月癸未西北路招討司以所降阻卜酋長至行在五月甲辰清暑拖古烈甲寅設賢良科詔應是科者先以所業十萬言進六月辛巳阻卜來朝乙酉以惕隱耶律白爲中京留守是月御永安殿放進士趙廷睦等百三十八人

秋七月辛亥獵于合魯聶特八月丙子耶律白薨追封遼
西郡王九月庚戌幸藕絲淀甲寅以馬希白詩才敏妙十
吏書不能給召試之冬十月丁卯五國部長來朝壬申西
北路招討司擒阻卜酋長來獻十一月乙卯禁鬻生熟鐵
于回鶻阻卜等界十二月戊午加圓釋法鈞二僧並守司
空己未以坤寧郎赦死罪以下辛酉禁漢人捕獵
七年春正月戊子如鴨子河二月乙丑女直進馬丙寅以
南院樞密使姚景行知興中府事三月己酉以討五國功
加知黃龍府事蒲延懷化軍節度使高元紀易州觀察使
高正並千牛衛上將軍五國節度使蕭陶蘇斡寧江州防

禦使大榮並靜江軍節度使幸黑水夏四月癸酉如納葛
濼乙亥禁布帛短狹不中尺度者六月己卯吐蕃來貢癸
未南院大王高八致仕秋七月甲申朔以東北路詳穩合
里只為南院大王西南面招討使拾得奴為奚六部大王
己丑遣使按問五京囚庚子如藕絲淀八月辛巳置佛骨
于招仙浮圖罷獵禁屠殺冬十月己卯如醫巫閭山壬戌
以南府宰相耶律燊奴為南京統軍使戊辰謁乾陵庚辰
詔百官廷議軍國事十一月戊子免南京流民租己丑振
饒州饑民丙午高麗遣使來貢十二月壬子以契丹行宮
都部署耶律胡覩知北院樞密使事知北院樞密使事蕭
惟信為南府宰相兼契丹行宮都部署丁巳漢人行宮都
部署李仲禧北院宣徽使劉霂樞密副使王觀都承旨楊
興工各賜國姓戊寅回鶻來貢是歲春州斗粟六錢

本紀第二十二

遼史二十三

本紀第二十三

開府儀同三司上柱國錄軍國重事中書右丞相監修國史領經筵事都總裁臣脫脫奉

勑修

道宗三

八年春正月癸未烏古敵烈部詳穩耶律巢等奏克北邊捷以戰多殺人飯僧南京中京甲申如魚兒濼壬寅昏霧連日二月丙辰北南樞密院言無事可陳壬戌以討北部功烏古敵烈部詳穩耶律巢知北院大王事都監蕭阿魯帶烏古敵烈部詳穩加左監門衛上將軍戊辰歲饑免武安州租稅振恩蔚順惠等州民三月癸卯有司奏春泰寧江三州三千餘人願為僧尼受具足戒許之夏四月壬子振義饒二州民丁巳駐蹕塔里捨己卯清暑拖古烈五月壬午晉王仁先薨六月甲寅振易州貧民己未振中京甲子振中興府甲戌封北府宰相楊績為趙王樞密副使耶律觀參知政事兼知南院樞密使事丁丑高麗遣使來貢秋七月己卯慶州靳文高八世同居詔賜爵丙申振饒州饑民丁酉幸黑嶺丁未以御書華嚴經五頌出示群臣閏月辛未射熊于羖羊山八月庚辰混同郡王侯古薨遣使致祭九月甲子駐蹕藕絲淀冬十月己丑參知政事耶律觀矯制營私第降為庶人癸巳回鶻來貢十一月庚戌免

祖州稅丙辰大雪許民樵採禁地丁卯賜延昌宮貧戶錢十二月戊辰漢人行宮都部署耶律仲禧封韓國公樞密副使參知政事趙徽出為武定軍節度使樞密副使柴德滋參知政事漢人行宮副部署耶律大悲奴陞都部署同知南院樞密使事蕭韓家奴知左夷离畢事丁丑以坤寧節大赦庚寅賜高麗佛經一藏

九年春正月丁未如雙濼夏四月壬辰如旺國崖秋七月甲辰獵大熊山戊申烏古敵烈統軍言八石烈敵烈人殺其節度使以叛己酉詔隗烏古部軍分道擊之丙寅南京奏歸義淶水兩縣蝗飛入宋境餘為蜂所食八月丙申以耶律仲禧為南院樞密使九月癸卯駐蹕獨盧金冬十月幸陰山遂如西京十一月戊午詔行幸之地免租一年甲子南院大王合理只致仕十二月辛未以知北院樞密使事耶律宜新為中京留守南院宣徽使耶律撒剌為南院大王壬辰高麗夏國並遣使來貢

十年春正月乙卯如鴛鴦濼二月癸未蠲平州復業民租賦戊子阻卜來貢三月甲子如拖古烈以耶律巢為北院大王夏四月旱辛未以奚人達魯三世同居賜官旌之五月丙寅錄囚六月戊辰親出題試進士壬申詔臣庶言得失丙子御永安殿策賢良秋七月丙辰如秋山癸亥謁慶

陵九月庚戌幸東京謁二儀五鸞殿癸亥祠木葉山冬十
月丁卯駐蹕藕絲淀丁丑詔有司頒行史記漢書十一月
戊午高麗遣使來貢十二月辛巳改明年爲大康大赦
大康元年春正月乙未如混同江壬寅振雲州饑二月丁
丣祥州火遣使恤災乙酉駐蹕大魚濼丁亥以獲鵝加鷹
坊使耶律楊六爲工部尚書三月乙巳命皇太子寫佛書
夏四月丙子振平州饑乙酉如犢山閏月丙午振平灤二
州饑庚戌皇孫延禧生五月甲子賜妃之親及東宮僚屬
爵有差六月癸巳以興聖宮使奚謝家奴知奚六部大王
事戊戌知三司使事韓操以錢穀增羨授三司使癸丣遣

使按問諸路囚以惕隱大悲奴爲始平軍節度使參知政
事柴德滋武定軍節度使乙丣吐蕃來貢丙辰詔皇太子
總領朝政仍戒諭之以武定軍節度使趙徽爲南府宰相
樞密副使楊遵勗參知政事秋七月辛酉朔獵平地松林
丙寅振南京貧民八月庚寅朔日有食之九月乙亥駐蹕
藕絲淀己丣以南京饑免租稅一年仍出錢粟振之冬十
月西北路酋長遐搭雛搭擭古等來降十一月辛酉皇后
被誣賜死殺伶人趙惟一高長命并籍其家屬十二月己
丑以南京統軍使耶律燊奴爲惕隱漢人行宮都部署耶
律琛樞密副使同知東京留守事蕭韓剌夷离畢康奮賜

張孝傑國姓壬辰以西京留守蕭燕六爲左夷离畢
二年春正月己未如春水庚辰駐蹕雙濼二月戊子振黃
龍府饑癸丑南京路饑免稅租一年三月辛酉皇太后崩
壬戌遣殿前副點檢耶律轄古報哀于宋癸亥遣使報哀
于高麗夏國丁卯大赦戊寅以皇太后遺物遣使遺宋夏
六月乙酉朔上太行皇太后尊謚曰仁懿皇后戊子宋及
高麗夏國各遣使弔祭甲午葬仁懿皇后于慶陵己亥駐
蹕拖古烈壬寅以北院樞密使魏王耶律乙辛爲中京留
守丁未冊皇后蕭氏封其父祗候郎君蕭鼈里刺爲趙王叔
西北路招討使余里也遼西郡王漢人行宮都部署駙馬

都尉霞抹柳城郡王參知政事楊遵勗知南院樞密使事
北院樞密副使蕭速撒知北院樞密使事漢人行宮副部
署劉詵參知政事己酉南府宰相趙徽致仕秋七月戊辰
如秋山癸酉柳城郡王霞抹薨八月庚寅獵遇麛失其母
憫之不射九月戊午以南京蝗免明年租稅己卯駐蹕藕
絲淀冬十月戊戌召中京留守魏王耶律乙辛復爲北院
樞密使十一月甲戌上欲觀起居注修注郎不攧及忽突
堇等不進各杖二百罷之流林牙蕭岩壽於烏隗部是月
南京地震民舍多壞十二月己丑以左夷离畢蕭撻不也
爲南京統軍使

三年春正月癸丑如混同江乙卯省諸道春貢金帛及停
周歲所輸尚方銀二月壬午朔東北路統軍使蕭韓家奴
加尚父封吳王甲申詔北院樞密使魏王耶律乙辛同母
兄大奴同母弟阿思世預北南院樞密之選其異母諸弟
世預夷离菫之選己丑如魚兒濼辛卯中京饑罷巡幸夏
四月乙酉泛舟黑龍江五月丙辰玉田安次蝝傷稼癸亥
日中有黑子己巳駐蹕犢山乙亥北院樞密使耶律乙辛
奏右護衛太保查剌等告北院樞密使蕭速撒等八人謀
立皇太子上以無狀不治出速撒等三人補外護衛撒撥
等六人各鞭百餘徙于邊丙子以西北路招討使遼西郡

王蕭余里也爲北府宰相兼知契丹行宮都部署事戊寅
詔告謀逆事者重加官賞六月己卯朔耶律乙辛令牌印
郎君蕭訛都斡誣首嘗預速撒等謀籍其姓名以告郎命
乙辛及耶律仲禧蕭余里也耶律孝傑楊遵勗燕哥抄只
蕭十三等鞫治杖皇太子囚之宮中辛巳殺宿直官敵里
剌等三人壬午殺宣徽使撻不也等二人癸未殺始平軍
節度使撒剌等十人又遣使殺上京留守速撒及已徙護
衛撒撥等六人乙酉殺耶律撻不也及其弟陳留丙戌廢
皇太子爲庶人囚之上京己丑回鶻來貢殺東京留守同
知耶律回里不辛卯殺速撒等諸子籍其家戊申遣使按

五京諸道獄秋七月辛亥護衛太保查次加鎮國大將軍
預突呂不部節度使之選宮章查剌及蕭寶神奴謀魯古
並加左衛大將軍牌印郎君訛都斡尚皇妹趙國公主授
駙馬都尉始平軍節度使祗候郎君耶律撻不也及蕭圖
古辭並加監門衛上將軍壬子知北院樞密副使蕭韓家
奴爲漢人行宮都部署乙丑如秋山丁丑謁慶陵八月庚
寅漢人行宮都部署蕭韓家奴薨辛丑謁慶陵九月癸亥
玉田貢嘉禾壬申修乾陵廟冬十月辛丑駐蹕藕絲淀十
一月北院樞密使耶律乙辛遣其私人盜殺庶人濬于上
京閏十二月戊午以北府宰相遼西郡王蕭余里也知北

院樞密使事左夷离畢耶律燕哥爲契丹行宮都部署丙
寅預行正旦禮是歲南京大熟
四年春正月庚辰如春水甲午振東京饑二月乙丑駐蹕
掃獲野戊辰以東路統軍使耶律王九爲惕隱夏四月辛
亥高麗遣使乞賜鴨渌江以東地不許五月丙戌駐蹕散
水原六月甲寅阻卜諸酋長進良馬秋七月甲戌諸路奏
飯僧尼三十六萬八月癸卯詔有司決滯獄九月乙未駐
蹕藕絲淀庚子五國部長來貢冬十月癸卯以參知政事
劉伸爲保靜軍節度使十一月丁亥禁士庶服用錦綺日
月山龍之文己丑回鶻遣使來貢庚寅南院樞密使耶律

仲禧爲廣德軍節度使辛夘錦州民張寳四世同居命諸子三班院袛候十二月丁卯以北院樞密副使耶律霂知北院樞密使事

本紀第二十三

開府儀同三司上柱國錄軍國重事中書右丞相監修國史領經筵事都總裁臣脫脫奉

勑修

道宗四

五年春正月壬申如混同江癸酉賜宰相耶律孝傑名仁傑乙亥如山榆淀三月辛未以宰相仁傑獲頭鵝加侍中壬辰以北院樞密使魏王耶律乙辛知南院大王事加于越知北院樞密使事耶律深爲北院樞密使北院樞密副使耶律特里底知北院樞密使事左夷离畢耶律世遷同知北院樞密使事夏四月己未如納葛濼五月丁亥謁慶

陵以契丹行宮都部署耶律燕哥爲南府宰相北面林牙耶律永寧爲夷离畢同知南院樞密使事蕭撻不也及殿前副點檢駙馬都尉蕭酬斡並封蘭陵郡王六月辛亥阻卜來貢丁巳以北府宰相遼西郡王蕭余里也爲西北路招討使己未遣使錄囚是月放進士劉瓘等百一十三人秋七月己卯獵夾山八月庚申命有司撰太宗神功碑立于南京九月己卯詔諸路毋禁僧徒開壇壬午禁扈從擾民冬十月戊戌夏國遣使來貢己亥駐蹕獨盧金壬子詔惟皇子仍一字王餘並削降丁巳振平州貧民己未以趙王楊績爲遼西郡王魏王耶律乙辛降封混同郡王吳王蕭韓家奴蘭陵郡王致仕十一月丁丑召沙門守道開壇于內殿癸未復南京流民差役三年被火之家免租稅一年十二月丙午彗星犯尾乙卯幸西京戊午行再生禮赦雜犯死罪以下

六年春正月癸酉如鴛鴦濼辛卯耶律乙辛出知興中府事三月庚寅封皇孫延禧爲梁王忠順軍節度使耶律頗德南院大王耶律仲禧南院樞密使戶部使陳毅參知政事夏四月乙卯獵炭山五月壬申免平州復業民租賦一年庚寅以旱禱雨命左右以水相沃俄而雨降六月戊戌駐蹕納葛濼戊申以度支使王績參知政事庚戌女直遣

使來貢秋七月戊辰觀市癸未爲皇孫梁王延禧設旗鼓拽剌六人衛護之甲申獵沙嶺九月壬寅祠木葉山己酉駐蹕藕絲淀冬十月己未朔省同知廣德軍節度使事命奉先軍節度使兼巡警乾顯二州丁卯耶律仁傑出爲武定軍節度使庚午參知政事劉詵致仕癸酉以陳毅爲漢人行宮都部署王績同知樞密院事辛巳回鶻遣使來貢十一月己丑朔日有食之癸卯召群臣議政十二月甲子以耶律特里底爲孟父敞穩乙丑以蕭撻不也爲北府宰相耶律世遷知北院樞密使事耶律慎思同知北院樞密使事庚午免西京流民租賦一年甲戌減民賦丁亥豫行

正旦禮戊子如混同江
七年春正月戊申五國部長來貢甲寅女直貢良馬二月
甲子如魚兒濼夏五月壬子駐蹕嶺西癸丑有司奏永清
武清固安三縣蝗甲寅以蕭撻不也兼殿前都點檢蕭酬
斡爲漢人行宮都部署兼知樞密院事六月甲子詔月祭
觀德殿歲寒食諸帝在時生辰及忌日詣景宗御容殿致
奠丙寅阻卜余古赧來貢丁卯以翰林學士王言敷參知
政事封北院宣徽使石篤漆水郡王秋七月戊子如秋山
丙申謁慶陵八月丁卯射鹿赤山加圍場使涅葛爲靜江
軍節度使九月戊子次懷州命皇后謁懷陵辛卯次祖州

命皇后謁祖陵乙巳駐蹕藕絲淀冬十月戊辰以惕隱主
九爲南院大王夷离畢奚抄只爲彰國軍節度使十一月
乙酉詔歲出官錢振諸宮分及邊戍貧戶丁亥幸駙馬都
尉蕭酬斡第方飲宰相梁穎諫曰天子不可飲人臣家上
即還宮己亥高麗遣使來貢辛亥除絹帛尺度狹短之令
十二月丁卯武定軍節度使耶律仁傑以罪削爵爲民辛
未知興中府事耶律乙辛以罪囚于萊州
八年春正月甲申如混同江丁酉鐵驪五國諸長各貢方
物二月戊午如山榆淀辛酉詔北南院官凡給驛者必先
奏聞貢新及奏獄訟方許馳驛餘並禁之己巳夏國獲宋

將張天一遣使來獻壬申以耶律頗德爲南府宰相兼知
北院樞密使燕哥爲惕隱蕭撻不也兼知契丹行宮都部
署事三月庚戌黄龍府女直部長术乃率部民內附予官
賜印綬是月詔行秬黍所定升斗夏四月壬戌以耶律世
遷爲上京留守六月辛亥朔駐蹕納葛濼丙辰夏國遣使
來貢丁巳以耶律頗德爲北院樞密使耶律巢哥南府宰
相劉筠南院樞密使蕭撻不也兼知北院樞密使事王績
漢人行宮都部署蕭酬斡國舅詳穩乙丑阻卜長來貢丙
子以耶律慎思知右夷离畢事秋七月甲午如秋山南京
霖雨沙河溢永清歸義新城安次武清香河六縣傷稼九

月庚寅謁慶陵丁未駐蹕藕絲淀大風雪牛馬多死賜扈
從官以下衣馬有差冬十月乙卯詔化哥傳導梁王延禧
加金吾衛大將軍丙子謁乾陵十一月壬午以乙室大王
蕭何葛爲南院宣徽使權知奚六部大王事圖赶爲本部
大王十二月癸丑烏古敵烈統軍使耶律馬五爲北院大
王庚申降皇后爲惠妃出居乾陵
九年春正月辛巳如春水夏四月丙午朔大雪平地丈餘
馬死者十六七五月如黑嶺六月己未駐蹕散水原甲子
以耶律阿思爲契丹行宮都部署耶律慎思北院樞密副
使庚午詔諸路檢括脫戶罪至死者原之閏月丁丑以漢

人行宮副部署可汗奴爲南院大王戊寅追謚庶人濬爲
昭懷太子丁亥阻卜來貢己丑以知興中府事邢熙年爲
漢人行宮都部署漢人行宮都部署王績爲南院樞密副
使秋七月乙巳獵馬尾山丁巳謁慶陵癸亥禁外官部內
貸錢取息及使者館于民家八月高麗王徽薨九月癸卯
朔日有食之己酉射熊于白石山加圍場使涅葛左金吾
衛大將軍己巳以高麗王徽子三韓國公勳權知國事辛
未五國部長來貢壬申召北南樞密院官議政事冬十月
丁丑謁觀德殿己卯南院樞密使劉筠薨壬辰混同郡王
耶律乙辛謀亡入宋伏誅十一月丙午進封梁王延禧爲
燕國王大赦以南院宣徽使蕭何葛爲南府宰相三司使
王經參知政事兼知樞密事甲寅詔僧善知讎校高麗所
進佛經頒行之己未定諸令史譯史遷敘等級十二月丁
亥以邢熙年知南院樞密使事辛卯以王言敷爲漢人行
宮都部署高麗三韓國公王勳薨是年御前放進士李君
裕等五十一人
十年春正月辛丑朔如春水丙午復建南京奉福寺浮圖
戊辰如山榆淀二月庚午朔萌古國遣使來聘三月戊申
遠萌古國遣使來聘丁巳命知制誥王師儒牌印郎君耶
律固傳導燕國王延禧夏四月丁丑女直貢良馬五月壬

戌駐蹕散水原乙丑阻卜來貢丙寅降國舅詳穩班位在
敞穩之下六月壬辰禁毀銅錢爲器秋七月甲辰如黑嶺
九月癸亥駐蹕鵝絲淀冬十二月乙未改慶州大安軍曰
興平是月改明年爲大安赦雜犯死罪以下
大安元年春正月丁酉如混同江癸卯王績知南院樞密
使事邢熙年爲中京留守戊申以樞密直學士杜公謂參
知政事庚戌五國酋長來貢良馬二月辛未如山榆淀夏
四月乙酉宋主頊殂子煦嗣位使來告哀辛卯西幸六月
戊辰駐蹕拖古烈壬申以王績爲南府宰相蕭撻不也兼
知南院樞密使事丁丑遣使弔祭于宋戊寅宋遣王[illegible]
祐等饋其先帝遺物秋七月乙巳遣使賀宋主即位戊午
獵于赤山八月丁卯幸慶州戊辰謁慶陵冬十月癸亥駐
蹕好草淀戊辰夏國主李秉常遣使報其母梁氏哀甲申
以蕭撻不也爲南院樞密使十一月乙未詔比者外官因
譽進秩久而不調民被其害今後皆以資級遷轉丁酉以
南女直詳穩蕭袍里爲北府宰相辛亥史臣進太祖以下
七帝實錄丙辰遣使冊三韓國公王運爲高麗國王
己未詔僧尼無故不得赴闕十二月甲戌宋遣蔡卞來謝
弔祭
二年春正月辛卯如混同江己酉五國諸部長來貢癸丑

召權翰林學士趙孝嚴知制誥王師儒等講五經大義二月癸酉駐蹕山榆淀是月太白犯歲星三月乙酉女直貢良馬夏四月戊戌北幸癸丑遣使加統軍使蕭訛都斡太子太保裨將老古金吾衛大將軍蕭雅哥靜江軍節度使耶律燕奴右監門衛大將軍仍賜賚諸軍士五月丁巳朔以牧馬蕃息多至百萬賞群牧官以次進階乙亥駐蹕納葛濼戊寅宰相梁穎出知興中府事是月放進士張轂等二十六人六月丁亥朔以左夷离畢耶律坦爲惕隱知樞密院事耶律斡特剌兼知左夷离畢事丙申阻卜來朝癸卯遣使按諸路獄甲辰以同知南京留守事耶律那也知

右夷离畢事乙巳阻卜酋長余古赧及愛的來朝詔燕國王延禧相結爲友戊申以契丹行宮都部署耶律阿思兼知北院大王事壬子高墩以下縣令錄事兄弟及子悉許敘用秋七月丁巳惠妃母燕國夫人削古以厭魅梁王事覺伏誅子蘭陵郡王蕭酬斡除名置邊郡仍隸興聖宮戊午獵沙嶺甲子賜興聖積慶二宮貧民錢乙酉出粟振遼州貧民八月戊子以雪罷獵九月庚午還上京壬申發粟振上京中京貧民丙子謁二儀五鸞二殿己卯出太祖太宗所御鎧仗示燕國王延禧諭以創業征伐之難辛巳召南府宰相議國政冬十月乙酉朔以樞密副使竇景庸知樞密院事丙戌五國部長來貢丁亥以夏國王李秉常薨遣使詔其子乾順知國事十一月甲戌爲燕國王延禧行再生禮曲赦上京囚戊寅高麗遣使謝封冊癸未出粟振乾顯成懿四州貧民十二月辛卯以蘭陵郡王蕭撻不也爲南院樞密使己亥夏國王李乾順遣使上其父遺物

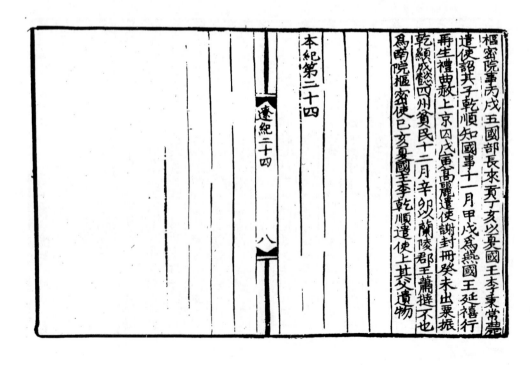

本紀第二十四

本紀第二十五　遼史二十五

開府儀同三司上柱國錄軍國重事中書右丞相監修國史領經筵事都總裁臣脫脫奉

勅修

道宗五

三年春正月乙卯如魚兒濼甲戌出錢粟振南京貧民仍復其租賦己卯大雪二月丙戌發粟振中京饑甲辰以民多流散除安泊逃戶徵償法三月乙卯高麗遣使來貢己未免錦州貧民租一年甲戌免上京貧民租如錦州庚辰女直貢良馬夏四月戊子賜中京貧民帛及免諸路貢輸之半丙申賜隈烏古部貧民帛庚子如涼陘甲辰南府宰相王績薨乙巳詔出戶部司粟振諸路流民及義州之饑五月庚申海雲寺進濟民錢千萬秋七月丙辰獵黑嶺丁巳出雜帛賜興聖宮貧民庚午大雨罷獵丁丑秦越國王阿璉薨九月乙亥駐蹕匣魯金冬十月庚辰以參知政事王經爲三司使壬辰罷節度使已下官進珍玩癸卯追封秦越國王阿璉爲秦魏國王十一月甲寅以惕隱耶律坦同知南京留守事遼興軍節度使耶律王九爲南府宰相十二月己卯朔以樞密直學士呂嗣立參知政事

四年春正月庚戌如混同江甲寅太白晝見甲子五國部長來貢庚午免上京逋逃及貧戶稅賦甲戌以上京南京

饑許良人自鬻丁丑曲赦西京役徒二月己丑如魚兒濼甲午曲赦春州役徒終身者皆五歲免己亥如春州赦泰州役徒三月乙丑免高麗歲貢己巳振上京及平錦來三州饑夏四月己卯振蘇吉復淥鐵五州貧民并免其租稅甲申振慶州貧民乙酉減諸路常貢服御物丁酉立入粟補官法癸卯西幸召樞密直學士耶律儼講尚書洪範五月辛亥命燕國王延禧寫尚書五子之歌乙卯振祖州貧民丁巳詔免役徒終身者五歲免之己未振春州貧民丙寅禁挾私引水犯田六月庚辰駐蹕散水原丁亥命燕國王延禧知中丞司事以同知南院樞密使事耶律聶里知右夷离畢事耶律那也同知南院樞密使事

庚寅北院樞密使耶律頗德致仕秋七月戊申曲赦奉聖州役徒丙辰遣使冊李乾順爲夏國王庚申如秋山己巳禁錢出境八月庚辰有司奏宛平永清蝗爲飛鳥所食庚寅謁慶陵冬十月丁丑獵遼水之濱己卯駐蹕藕絲淀癸未免百姓所貸官粟己丑知北院樞密使事耶律阿思封漆水郡王癸巳以乙室大王耶律敵烈知西北路招討使事權知西北路招討使事蕭朽哥知乙室大王事壬寅詔諸部長官親鞫獄訟十一月庚申興中府民張化法以父兄犯盜當死請代皆免十二月戊寅南府宰相耶律王九

致仕癸未以孟父敞穩耶律慎思爲中京留守閏十二月癸卯朔頒行正旦禮丙午如混同江

五年春正月癸未如魚兒濼甲午高麗遣使來貢三月癸酉詔析津大定二府精選舉人以聞仍詔諭學者當窮經明道夏四月甲辰以知奚六部大王事涅葛爲本部大王壬子獵北山甲子霖雨罷獵五月丁亥駐蹕赤勒嶺己丑以阻卜磨古斯爲諸部長癸巳回鶻遣使貢良馬己亥以同知南院樞密使事耶律那也知右夷离畢事左祗候郎君班詳穩耶律涅里知北院大王事六月甲寅夏國遣使來謝封册壬戌以參知政事王言敷爲樞密副使前樞密

副使賈士勳參知政事兼同知樞密院事秋七月庚午獵沙嶺九月辛卯遣使遺宋鹿脯壬辰駐蹕藕絲淀冬十月乙巳以新定法令太煩復行舊法庚申以遼興軍節度使何葛爲乙室大王十一月丁卯朔燕國王延禧生子大赦妃之族屬進爵有差

六年春正月如混同江二月辛丑駐蹕雙山三月辛未女直遣使來貢夏四月丁酉東北路統軍司設掌法官庚子以同知南院樞密使事耶律吐朶知左夷离畢事五月壬辰駐蹕散水原六月甲寅遣使決五京囚秋七月丙子如黑嶺冬十月丁酉駐蹕藕絲淀十一月壬戌高麗遣使來

貢己巳以南府宰相竇景庸爲武定軍節度使是年放進士文充等七十二人

七年春正月壬戌如混同江二月己亥駐蹕魚兒濼壬寅詔給渭州貧民耕牛布絹三月丙戌駐蹕黑龍江夏四月丙辰以漢人行宮副部署耶律谷欲知乙室大王事五月己未朔日有食之六月甲午駐蹕赤勒嶺己亥倒塌嶺人進古鼎有文曰萬歲永爲寶用辛丑回鶻遣使貢方物癸卯以權知東京留守蕭陶隗爲契丹行宮都部署丁未端拱殿門災秋七月戊午朔回鶻遣使來貢異物不納厚賜遣之八月庚寅以霖雨罷獵壬寅幸慶州謁慶陵九月丙

申還上京己亥日本國遣鄭元鄭心及僧應範等二十八人來貢冬十月辛巳命燕國王延禧爲天下兵馬大元帥總北南院樞密使事十一月庚子如藕絲淀甲子望祀木葉山

八年春正月乙酉如山榆淀乙未阻卜諸長來降三月己亥駐蹕撻里捨淀丁未曲赦中京蔚州役徒夏四月乙卯阻卜長來貢丁丑獵西山惕隱酋長胡里只來附五月甲辰駐蹕赤勒嶺六月乙丑夏國爲宋侵遣使乞援秋七月丁亥獵沙嶺九月乙巳駐蹕藕絲淀丁未日本國遣使來貢冬十月庚戌朔遣使遺宋鹿脯丙辰振西北路饑辛酉阻卜磨古斯殺金吾吐古斯以叛遣奚六部禿里耶律郭

三號諸蕃部兵討之壬申南府宰相王經薨戊寅以左夷离畢耶律浬里爲彰聖軍節度使十一月戊子以樞密副使王是敢兼知樞密院事權參知政事韓資讓參知政事漢人行宮都部署奚回离保知奚六部大王事丁酉以通州潦水害稼遣使振之戊申北院大王合魯薨是年放進士冠尋文等五十三人

九年春正月庚辰如混同江二月磨古斯來侵三月西北路招討使耶律阿魯掃古追磨古斯還都監蕭張九遇賊與戰不利二室韋拽剌北王府特滿群牧宮分等軍多陷沒夏四月乙卯興中府甘露降遣使祠佛飯僧癸酉獵西

山六月丁未朔駐蹕散水原庚申以遼興軍節度使桊哥爲南院大王知左夷离畢事耶律吐朶爲左夷离畢秋七月辛卯如黑嶺壬寅遣使賜高麗羊九月癸卯振西北路貧民冬十月庚戌有司奏磨古斯詣西北路招討使耶律撻不也僞降旣而乘虛來襲撻不也死之阻卜烏古扎叛達里底拔思母並寇倒塌嶺壬子遣使籍諸路兵癸丑以南院大王特末同知南京留守事命鄭家奴率兵往援倒塌嶺甲寅駐蹕藕絲淀以左夷离畢耶律禿朶圍場都管撒八並爲西北路行軍都監乙卯詔以馬三千給烏古部丙辰有司奏阻卜長轄底掠西路群牧丁巳振西北路貧民己未燕國王延禧生子肆赦妃之族屬並進級壬戌以樞密直學士趙廷睦參知政事兼同知南院樞密使事癸亥烏古敵烈統軍使蕭朽哥奏討阻卜等部捷甲子宋遣使告其母后曹氏哀即遣使弔祭己巳詔廣積貯以備水旱十一月辛巳特抹等奏討阻卜捷十二月丙辰宋遣使以母后遺留物來饋

十年春正月如春水癸未惕德來貢戊子烏古扎等來降達里底拔思母二部來侵四捷軍都監特抹死之二月甲辰以破阻卜賞有功者丙午西南面招討司奏討拔思母捷癸丑排雅僕里同葛虎骨僕果等來降達里底來侵三

月壬申朔日有食之山北路副部署蕭阿魯帶奏討達里底捷夏四月壬寅朔惕德萌得斯老古得等各率所部來附詔徙舊地甲辰駐蹕春州北平淀丙午烏古部節度使耶律陳家奴奏討茶扎剌捷庚戌以知北院樞密使事耶律斡特剌爲都統夷离畢耶律禿朶爲副統龍虎衛上將軍耶律胡呂都監討磨古斯遣積慶宮使蕭紀里監戰辛亥朽哥奏頗里八部來侵擊破之己巳除玉田密雲流民租賦一年閏月庚子賜西北路貧民錢達里底拔思母二部來降五月甲辰駐蹕赤勒嶺甲寅括馬戊午西北路招討司奏敵烈等部來侵統軍司出兵與戰不利招討司以

兵擊破之敦睦宮太師耶律愛奴及其子死之辛酉以知
國舅詳穩事蕭阿烈同領西北路行軍事六月辛未宋遣
使來謝弔祭乙酉烏古敵烈統軍使朽哥有罪除名丙戌
和烈葛等部來聘癸巳惕德來貢己亥禁邊民與蕃部為
婚是夏高麗國王運薨子昱遣使來告即遣使賻贈秋七
月庚子朔獵赤山是月阻卜等寇倒塌嶺盡掠西路群牧
馬去東北路統軍使耶律石柳以兵追及盡獲所掠而還
九月己未以南院大王特末為南院樞密使甲子敵烈諸
酋來降釋其罪是月斡特剌破磨古斯冬十月丙子駐蹕
藕絲淀壬午山北路副部署蕭阿魯帶以討達里底功加

左金吾衛上將軍癸巳西北路統軍司獲阻卜長拍撒葛
蒲魯等來獻十一月乙巳惕德銅刮阻卜的烈等來降達
里底及拔思母等復來侵山北副部署阿魯帶擊敗之十
二月癸酉三河縣民孫賓及其妻皆百歲復其家甲戌以
參知政事趙廷睦兼同知樞密院事樞密副使王師儒參
知政事兼同知樞密院事己卯詔錄西北路有功將士及
戰歿者贈官乙酉詔以明年元減雜犯死罪以下仍除貧
民租賦戊子西北路統軍司奏討磨古斯捷

開府儀同三司上柱國錄軍國重事中書右丞相兼修國史領經筵事都總裁臣脫脫奉
勑修

道宗六

壽隆元年春正月己亥如混同江庚戌西南面招討司奏拔思母來侵蕭阿魯帶等擊破之乙卯振奉聖州貧民二月戊辰賜左右二皮室貧民錢癸酉高麗遣使來貢乙亥駐蹕魚兒濼三月丙午賜東北路貧民絹夏四月丁卯斡特剌奏討耶覩刮捷己亥女直遣使來貢庚寅錄西北路有功將士五月乙未朔左夷离畢耶律吐朶爲惕隱南京

宣徽使耶律特末爲北院大王癸卯贈陣亡者官丁巳駐蹕特禮嶺六月己巳以知奚六部大王事回里不爲本部大王權參知政事趙孝嚴爲漢人行宮都部署圍場都管撒八以討阻卜功加鎮國大將軍癸巳阻卜長禿里底及圖木葛來貢秋七月庚子阻卜長猛達斯等來貢癸卯獵沙嶺癸丑頗里八部來附進方物甲寅斡特剌奏磨古斯捷九月甲寅祠木葉山丙辰詔西京砲人弩人教西北路漢軍冬十月甲子駐蹕藕絲淀甲戌以北面林牙耶律大悲奴爲右夷离畢癸未以參知政事王師儒爲樞密副使漢人行宮都部署趙孝嚴參知政事壬辰錄討阻卜有功將士十一月丙申女直遣使進馬己亥以都統斡特剌爲西北路招討使封漆水郡王甲辰夏國進貝多葉佛經庚申高麗王昱疾命其子顒權知國事十二月癸亥朔以知北院樞密使事耶律阿思爲北院樞密使是年放進士陳衡甫等百三十人

二年春正月甲午如春水癸卯西南面招討司討拔思母破之乙卯駐蹕瑟尼思辛酉市牛給烏古敵烈隈烏古部貧民二月癸亥振達麻里別古部夏四月己卯振西北邊軍六月辛酉駐蹕撒里乃秋七月甲午阻卜來貢丙午獵赤山八月乙丑頗里八部進馬九月丙午徙烏古敵烈部

于烏納水以扼北邊之衝冬十月戊辰駐蹕藕絲淀庚辰高麗遣使來貢十二月己未斡特剌討梅里急破之壬戌南府宰相耶律鐸魯斡致仕癸亥蕭撻不也爲北府宰相耶律大悲奴殿前都點檢乙亥夏國獻宋俘

三年春正月丁亥如春水壬寅烏古部節度使耶律陳家奴以功加尚書右僕射癸卯駐蹕雙山二月甲辰朔南京水遣使振之丙午阻卜長猛撒葛粘八葛長禿骨撒梅里急長忽魯八等請復舊地貢方物從之三月辛酉燕國王延禧生子癸亥賜名撻魯妃之父長哥遷左監門衛上將軍仍賜官屬錢是春高麗王昱薨夏四月南府宰相趙廷

睦出知興中府事參知政事牛温舒兼同知樞密院事五
月癸亥斡特剌討阻卜破之己巳駐蹕撒里乃六月甲申
詔罷諸路馳驅貢新丙戌詔每冬駐蹕之所宰相以下構
宅毋役其民辛丑夏人來告宋城要地遣使之宋諭與夏
和庚戌以契丹行宮都部署耶律吾也爲南院大王秋七
月壬子朔獵黑嶺八月己亥蒲盧毛朶部長率其民來歸
乙巳彗星見西方九月壬申駐蹕藕絲淀丁丑以武定軍
節度使梁援爲漢人行宮都部署戊寅斡特剌奏討梅里
急捷己卯五國部長來貢冬十月庚戌以西北路招討使
斡特剌爲南府宰相十一月乙卯蒲盧毛朶部來貢戊午

以安車召醫巫閭山僧志達己未以中京留守韓資讓知
樞密院事同知南院樞密使事蕭藥師奴知右夷离畢丁
丑西北路統軍司奏討梅里急捷
四年春正月壬子如魚兒濼己巳徙阻卜等貧民于山前
辛未宋遣使來饋錦綺三月庚午幸春州丙子有司奏黃
河清夏四月辛丑以雨罷獵五月癸酉那也奏北邊捷甲
戌駐蹕撒里乃六月戊寅朔夏國爲宋所攻遣使求援丁
亥以遼興軍節度使涅里爲惕隱前知惕隱事耶律郭三
爲南京統軍使甲午以參知政事牛温舒兼知中京留守
事秋七月戊午獵黑嶺冬十月乙亥朔駐蹕藕絲淀己卯

以南府宰相斡特剌兼契丹行宮都部署以傅導燕國王
延禧十一月乙巳朔知右夷离畢事蕭藥師奴樞密直學
士耶律儼使宋諷與夏和辛酉夏復遣使求援十二月壬
辰爲燕國王延禧行再生禮曲赦三百里內囚
五年春正月乙巳如魚兒濼己酉詔夏國王李乾順伐拔
思母等部夏五月壬戌蕭藥師奴等使宋迴奏宋罷兵癸亥
謁乾陵戊辰以南府宰相斡特剌兼西北路招討使禁軍
都統己巳駐蹕沿柳湖六月甲申以奚六部大王回离保
爲契丹行宮都部署知右夷离畢事蕭藥師奴南面林牙
兼知契丹行宮都部署事乙未五國部長來朝戊戌阻卜

來貢己亥以興聖宮使耶律郝家奴爲右夷离畢秋七月
壬寅朔惕德長禿的等來貢辛亥如大牢古山閏九月丙
子駐蹕獨盧金冬十月己亥朔高麗王顒遣使乞封冊丁
巳斡特剌奏討耶覩刮捷丙寅以同知南京留守事蕭得
里底知北院樞密使事丁卯宋遣郭知章曹平來聘戊辰
振遼州饑仍免租賦一年十一月甲戌振南北二紇乙酉
夏國以宋罷兵遣使來謝十二月甲子以參知政事趙孝
嚴爲漢人行宮都部署漢人行宮都部署梁援爲遼興軍
節度使
六年春正月癸酉南院大王耶律吾也薨壬午以太師致

仕禿開起爲奚六部大王丁亥如春水辛卯斡特剌執磨
古斯來獻丙申詔問民疾苦二月丁未以烏古部節度使
陳家奴爲南院大王己酉磔磨古斯于市癸丑出絹賜五
院貧民辛酉宋遣使告宋主煦殂弟佶嗣位即日遣使弔
祭三月甲申弛朔州山林之禁夏四月丁酉朔日有食之
癸卯如炭山五月壬午烏古部討茶扎剌破之乙酉漢人
行宮都部署趙孝嚴薨丙戌駐蹕納葛濼辛卯宋遣使饋
先帝遺物乙未以東京留守何魯掃古爲惕隱南院宣徽
使蕭常哥爲漢人行宮都部署六月庚子遣使賀宋主辛
丑以有司案牘書宋帝嗣位爲登寶位詔奪宰相鄭顓以

下官出顓知興中府事韓資讓爲崇義軍節度使御史中
丞韓君義爲廣順軍節度使癸丑阻卜長來貢戊午遣使
決五京滯獄己未以遼興軍節度使梁援爲樞密副使秋
七月庚午如沙嶺壬申耶覩刮諸部寇西北路八月斡特
剌以兵擊敗之使來獻捷九月癸未望祠木葉山戊子駐
蹕藕絲淀冬十月壬寅以樞密副使王師儒監修國史癸
卯五國諸部長來貢甲寅以平州饑復其租賦一年十一
月壬申以天德軍民田世榮三世同居詔官之令一子三
班院祗候丙子召監巫閭山僧志達設壇於內殿戊子夏
國王李乾順遣使請尚公主十二月乙未女直遣使來貢

己亥以知右夷離畢事郝家奴爲北面林牙辛亥詔燕國
王延禧擬注大將軍以下官庚申鐵驪來貢宋遣使來謝
帝不豫是歲封高麗王顒爲三韓國公放進士康秉儉等
八十七人
七年春正月壬戌朔力疾御清風殿受百官及諸國使賀
是夜白氣如練自天而降黑雲起于西北疾飛有聲北有
青赤黑白氣相雜而落癸亥如混同江甲戌上崩于行宮
年七十遺詔燕國王延禧嗣位六月庚子上尊謚仁聖大
孝文皇帝廟號道宗
贊曰道宗初即位求直言訪治道勸農興學救荒恤患粲

然可觀及夫謗訕之令既行告訐之賞日重群邪並興讒
巧競進賊及骨肉皇基寖危衆正淪胥諸部反側甲兵之
用無寧歲矣一歲而飯僧三十六萬一日而祝髮三千徒
勤小惠蔑計大本尚足與論治成

本紀第二十六

本紀第二十七　　遼史二十七

開府儀同三司上柱國錄軍國重事中書右丞相監修國史領經筵事都總裁臣脫脫奉

敕修

天祚皇帝一

天祚皇帝諱延禧字延寧小字阿果道宗之孫父順宗大孝順聖皇帝母貞順皇后蕭氏大康元年生六歲封梁王加守太尉兼中書令後三年進封燕國王大安七年總北南院樞密使事加尚書令為天下兵馬大元帥壽隆七年正月甲戌道宗崩奉遺詔即皇帝位于柩前群臣上尊號曰天祚皇帝二月壬辰朔改元乾統大赦詔為耶律乙辛所誣陷者復其官爵籍沒者出之流放者還之乙未遣使告哀于宋及西夏高麗乙巳以北府宰相蕭兀納為遼興軍節度使加守太傅三月丁卯詔有司以張孝傑家屬分賜群臣甲戌召僧法頤放戒于內庭夏四月旱六月庚寅朔如慶州甲午宋遣王潛等來弔祭丙申高麗夏國各遣使慰奠戊戌以南府宰相斡特剌兼南院樞密使庚子追諡懿德皇后為宣懿皇后壬寅以宋魏國王和魯斡為天下兵馬大元帥乙巳以北平郡王淳進封鄭王丁未北院樞密使耶律阿思加于越辛亥葬仁聖大孝文皇帝宣懿皇后于慶陵秋七月癸亥阻卜鐵驪來貢八月甲寅謁慶陵九月壬申謁懷陵乙亥駐蹕藕絲淀冬十月壬辰謁乾陵甲辰上皇考昭懷太子諡曰大孝順聖皇帝廟號順宗皇妣曰貞順皇后十二月戊子以樞密副使張琳知樞密院事翰林學士張奉珪參知政事兼同知樞密院事癸巳宋遣黃寔來賀即位丁酉高麗夏國並遣使來賀乙巳詔先朝已行事不得陳告初以楊割為生女直部節度使其俗呼為太師是歲楊割死傳于兄之子烏雅束束死其弟阿骨打襲

二年春正月如鴨子河二月辛卯如春州三月大寒冰復合夏四月辛亥詔誅乙辛黨徙其子孫于邊發乙辛得里特之墓剖棺戮屍以其家屬分賜被殺之家五月乙丑斡特剌獻耶睹刮等部捷六月壬辰以雨罷獵駐蹕散水原丙午夏國王李乾順復遣使請尚公主丁未南院大王陳家奴致仕壬子李乾順為宋所攻遣李造福田若水求援閏月庚申策賢良壬申降惠妃為庶人秋七月獵黑嶺以霖雨給獵人馬阻卜來侵斡特剌等戰敗之冬十月乙卯蕭海里叛劫乾州武庫器甲命北面林牙郝家奴捕之蕭海里亡入陪朮水阿典部丙寅以南府宰相耶律斡特剌為北院樞密使參知政事牛溫舒知南院樞密使事十一月乙未郝家奴以不獲蕭海里免官壬寅以上京留守耶

律慎思爲北院樞密副使有司請以帝生日爲天興節

三年春正月辛巳朔如混同江女直函蕭海里首遣使來獻戊申如春州二月庚午以武清縣大水弛其陂澤之禁夏五月戊子以獵人多亡嚴立科禁乙巳清暑赤勒嶺丙午謁慶陵六月辛酉夏國王李乾順復遣使請尚公主秋七月中京雨雹傷稼冬十月甲辰如中京己未吐蕃遣使來貢庚申夏國復遣使求援己巳有事于觀德殿十一月丙申文武百官加上尊號曰惠文智武聖孝天祚皇帝大赦以宋魏國王和魯斡爲皇太叔梁王撻魯進封燕國王鄭王淳爲東京留守進封越國王百官各進一階丁酉以惕隱耶律何魯掃古爲南院大王戊戌以受尊號告廟乙巳謁太祖廟追尊太祖之高祖曰昭烈皇帝廟號肅祖妣曰昭烈皇后曾祖曰莊敬皇帝廟號懿祖妣曰莊敬皇后召監修國史耶律儼纂太祖諸帝實錄十二月戊申如藕絲淀是年放進士馬恭回等百三人

四年春正月戊子幸魚兒濼壬寅獵木嶺癸卯燕國王撻魯薨二月丁丑鼻骨德遣使來貢夏六月甲辰駐蹕旺國崖甲寅夏國遣李造福田若水求援癸亥吐蕃遣使來貢秋七月南京蝗庚辰獵南山癸未以西北路招討使蕭得里底北院樞密副使耶律慎思並知北院樞密使事辛卯以同知南院樞密使事蕭敵里爲西北路招討使冬十月己酉鳳凰見于漷陰己未幸南京十一月乙亥御迎月樓賜貧民錢十二月辛丑以張琳爲南府宰相

五年春正月乙亥夏國遣李造福等來求援且乞伐宋庚寅以遼興軍節度使蕭常哥爲北府宰相丁酉遣樞密直學士高端禮等諷宋罷伐夏兵二月癸卯微行視民疾苦丙午幸鴛鴦濼三月壬申以族女南仙封成安公主下嫁夏國王李乾順夏四月甲申射虎炭山五月癸卯清暑南崖壬子宋遣曾孝廣王戩報聘六月甲戌夏國遣使來謝及貢方物己丑幸候里吉秋七月謁慶陵九月辛亥駐蹕藕絲淀乙卯謁乾陵冬十一月戊戌禁商賈之家應進士舉丙辰高麗三韓國公王顒薨子俁遣使來告十二月己巳夏國復遣李造福田若水求援癸酉宋遣林洙來議與夏約和

六年春正月辛丑遣知北院樞密使蕭得里底知南院樞密使事牛温舒使宋諷歸所侵夏地夏五月清暑散水原六月辛巳夏國遣李造福等來謝秋七月癸巳阻卜來貢甲午如黑嶺庚子獵鹿角山冬十月乙亥宋與夏通好遣劉正符曹穆來告庚辰以皇太叔南京留守和魯斡兼惕隱東京留守越國王淳爲南府宰相十一月乙未以謝家

奴爲南院大王馬奴爲奚六部大王丙申行柴冊禮戊戌大赦以和魯斡爲義和仁聖皇太叔越國王淳進封魏國王封皇子敖盧斡爲晉王習泥烈爲饒樂郡王己亥謁太祖廟甲辰祠木葉山十二月己巳封耶律儼爲漆水郡王餘官進爵有差

七年春正月鈎魚于鴨子河二月駐蹕大魚濼夏六月次散水原秋七月如黑嶺冬十月謁乾陵獵醫巫閭山是年放進士李石等百人

八年春正月如春州夏四月丙申封高麗王俁爲三韓國公贈其父顒爲高麗國王五月清暑散水原六月壬辰西

北路招討使蕭敵里率諸蕃來朝丙申射柳祈雨壬寅夏國王李乾順以成安公主生子遣使來告丁未如黑嶺秋七月戊辰以雨罷獵冬十二月己卯高麗遣使來謝

九年春正月丙午朔如鴨子河二月如春州三月戊午夏國以宋不歸地遣使來告夏四月壬午五國部來貢六月乙亥清暑特禮嶺秋七月隕霜傷稼甲寅獵于候里吉八月丁酉雪罷獵冬十月癸酉望祠木葉山丁丑詔免今年租稅十二月甲申高麗遣使來貢是年放進士劉楨等九十人

十年春正月辛丑預行立春禮如鴨子河二月庚午朔駐蹕大魚濼夏四月丙子五國部長來貢丙戌預行再生禮癸巳獵于北山六月甲戌清暑王丘癸未夏國遣李造福等來貢甲午阻卜來貢秋七月辛丑謁慶陵閏月辛亥謁懷陵己未謁祖陵壬戌皇太叔和魯斡薨九月甲戌免重九節禮冬十月駐蹕藕絲淀十二月己酉改明年元是歲大饑

天慶元年春正月鈎魚于鴨子河二月如春州三月乙亥五國部長來貢夏五月清暑散水原秋七月獵冬十月駐蹕藕絲淀

二年春正月己未朔如鴨子河丁丑五國部長來貢二月

丁酉如春州幸混同江鈎魚界外生女直酋長在千里內者以故事皆來朝適遇頭魚宴酒半酣上臨軒命諸酋次第起舞獨阿骨打辭以不能諭之再三終不從他日上密謂樞密使蕭奉先曰前日之燕阿骨打意氣雄豪顧視不常可託以邊事誅之否則必貽後患奉先曰麤人不知禮義無大過而殺之恐傷向化之心假有異志又何能爲其弟吳乞買粘罕胡舍等嘗從獵能呼鹿刺虎搏熊上喜輒加官爵夏六月庚寅清暑南崖甲午和州回鶻來貢戊戌成安公主來朝甲辰阻卜來貢秋七月乙丑獵南山九月己未射獲熊燕群臣上親御琵琶初阿骨打混同江宴歸

疑上知其異志遂稱兵先併旁近部族女直趙三阿鶻産
拒之阿骨打虜其家屬二人走訴咸州詳穩司送北樞密
院樞密使蕭奉先作常事以聞上仍送咸州詰責欲使自
新後數召阿骨打竟稱疾不至冬十月辛亥高麗三韓國
公王俁之母死來告即遣使致祭起復是月駐蹕奉聖州
十一月乙卯幸南京丁卯謁太祖廟是年放進士韓昉等
七十七人
三年春正月丙寅賜南京貧民錢丁卯如大魚濼甲戌禁
僧尼破戒丙子獵狗牙山大寒獵人多死三月籍諸道戶
徙大牢古山圍場地居民于別土阿骨打一日率五百騎

突至咸州吏民大驚翌日赴詳穩司與趙三等面折庭下
阿骨打不屈送所司問狀一夕遁去遣人訴于上謂詳穩
司欲見殺故不敢留自是召不復至夏閏四月李弘以左
道聚衆為亂支解分示五京六月乙卯斡朗改國遣使來
貢良犬丙辰夏國遣使來貢秋七月幸秋山九月駐蹕藕
絲淀十一月甲午以三司使虞融知南院樞密使事西南
面招討使蕭樂古為南府宰相十二月庚戌高麗遣使來
謝致祭癸丑回鶻遣使來貢甲寅以樞密直學士馬人望
參知政事丙辰知樞密院事耶律儼薨癸亥高麗遣使來
謝起復

四年春正月如春州初女直起兵以紇石烈部人阿疎不
從遣其部撒改討之阿疎弟狄故保來告詔諭使勿討不
聽阿疎來奔至是女直遣使來索不發夏五月清暑散水
原秋七月女直復遣使取阿疎不發乃遣侍御阿息保問
上多建城堡之故女直以慢語答曰若還阿疎朝貢如
故不然城未能已遂發渾河北諸軍益東北路統軍司阿
骨打乃與弟粘罕胡舍等謀以銀朮割移烈婁室闍母等
為帥集女直諸部兵擒遼障鷹官及攻寧江州東北路統
軍司以聞時上在慶州射鹿聞之略不介意遣海州刺史
高仙壽統渤海軍應援蕭撻不也遇女直戰于寧江東敗

績十月壬寅以守司空蕭嗣先為東北路都統靜江軍節
度使蕭撻不也為副發契丹奚軍三千人中京禁兵及土
豪二千人別選諸路武勇二千餘人以虞候崔公義為都
押官控鶴指揮邢頴為副引軍屯出河店兩軍對壘女直
軍潛渡混同江掩擊遼衆蕭嗣先軍潰崔公義邢頴耶律
佛留蕭葛十等死之其獲免者十有七人蕭奉先懼其弟
嗣先獲罪輒奏東征潰軍所至刦掠若不肆赦恐聚為患
上從之嗣先但免官而已諸軍相謂曰戰則有死而無功
退則有生而無罪故士無鬭志望風奔潰十一月壬辰都
統蕭敵里等營于斡鄰濼東又為女直所襲士卒死者甚

衆甲午蕭敵里亦坐免官辛丑以西北路招討使耶律斡里朶為行軍都統副點檢蕭乙薛同知南院樞密使事耶律章奴副之十二月咸賓祥三州及鐵驪兀惹皆叛入女直乙薛往援賓州南軍諸將實婁特烈等往援咸州並為女直所敗

本紀第二十七

開府儀同三司上柱國録軍國重事中書右丞相監修國史領經筵事都總裁臣脫脫奉

勑修

天祚皇帝二

五年春正月下詔親征遣僧家奴持書約和斥阿骨打名阿骨打遣賽剌復書若歸叛人阿踈遷黃龍府於別地然後議之都統耶律斡里朵等與女直兵戰于達魯古城敗績二月饒州渤海古欲等反自稱大王三月以蕭謝佛留等討之遣耶律張家奴等六人齎書使女直斥其主名冀以速降夏四月癸丑蕭謝佛留等爲渤海古欲所敗以南面副部署蕭陶蘇斡爲都統赴之五月陶蘇斡及古欲戰敗績張家奴等以阿骨打書來復遣之往六月己亥朔清暑特禮嶺壬子張家奴等還阿骨打復書亦斥名諭之使降癸丑以親征諭諸道丙辰陶蘇斡招獲古欲等癸亥以惕隱耶非末里爲北院大王是月遣蕭辭剌使女直以書辭不屈見留秋七月辛未宋遣使致助軍銀絹丙子獵于嶺東是月都統斡里朵等與女直戰于白馬濼敗績八月甲子罷獵趨軍中以斡里朵等軍敗免官丙寅以圍場使阿不爲中軍都統耶律張家奴爲都監率番漢兵十萬蕭奉先充御營都統諸行營都部署耶律章奴爲副以精兵

二萬爲先鋒餘分五部爲正軍貴族子弟千人爲硬軍扈從百司爲護衛軍北出駱駝口以都點檢蕭胡覩姑爲都統樞密直學士柴誼爲副將漢步騎三萬南出寧江州自長春州分道而進發數月糧期必滅女直九月丁卯朔女直軍陷黃龍府己巳知北院樞密使蕭得里底出爲西南面招討使辭剌還女直復遣賽剌以書來報若歸我叛人阿踈等即當班師上親征粘罕兀朮等以書來上陽爲卑哀之辭實欲求戰書上上怒下詔有女直作過大軍翦除之語女直主聚衆剺面仰天慟哭曰始與汝等起兵蓋苦契丹殘忍欲自立國今主上親征奈何非人死戰莫能當也不若殺我一族汝等迎降轉禍爲福諸軍皆曰事已至此惟命是從乙巳耶律章奴反奔上京謀迎立魏國王淳上遣駙馬蕭昱領兵詣廣平淀護后妃行宮小底乙信持書馳報魏國王時章奴先遣王妃親弟蕭諦里以所謀說魏國王王曰此非細事主上自有諸王當立北南面大臣不來而汝言及此何也密令左右拘之有頃乙信等齎御札至備言章奴等欲廢立事魏國王立斬蕭諦里等首以獻單騎間道詣廣平淀待罪上遇之如初章奴知魏國王不聽率麾下掠慶饒懷祖等州結渤海群盜衆至數萬趨廣平淀犯行宮順國女直阿鶻產以三百騎一戰而勝擒

其貴族二百餘人並斬首以徇其妻子配役繡院或散諸近侍爲婢餘得脫者皆奔女直章奴詐爲使者欲奔女直爲邏者所獲縛送行在腰斬于市剖其心以獻祖廟支解以徇五路冬十一月遣駙馬蕭特末林牙蕭察剌等將騎兵五萬步卒四十萬親軍七十萬至駞門十二月乙巳耶律張家奴叛戊申親戰于護步答岡敗績盡亡其輜重己未錦州刺史耶律朮者叛應張家奴庚申北面林牙耶律馬哥討張家奴癸亥以北院宣徽使蕭韓家奴知北院樞密使事南院宣徽使蕭特末爲漢人行宮都部署

六年春正月丙寅朔東京夜有惡少年十餘人乘酒執刃

踰垣入留守府問留守蕭保先所在今軍變請爲備蕭保先出刺殺之戶部使大公鼎聞亂即攝留守事與副留守高清明集奚漢兵千人盡捕其衆斬之撫定其民東京故渤海地太祖力戰二十餘年乃得之而蕭保先嚴酷渤海苦之故有是變其裨將渤海高永昌僭號稱隆基元年遣蕭乙薛高興順招之不從閏月己亥遣蕭韓家奴張琳討之戊午貴德州守將耶律余覩以廣州渤海叛附永昌我師擊敗之二月戊辰侍御司徒撻不也等討張家奴戰于祖州敗績乙酉遣漢人行宮都部署蕭特末率諸將討張家奴戊子張家奴誘饒州渤海及中京賊侯槩等萬餘人

攻陷高州三月東面行軍副統酬斡等擒侯槩于川州夏四月戊辰親征張家奴癸酉敗之甲戌誅叛黨饒州渤海平丙子賞平賊將士有差而蕭韓家奴張琳等復爲賊所敗五月清暑散水原女直軍攻下瀋州復陷東京擒高永昌東京州縣族人痕孛鐸剌吳十撻不也道剌酬斡等十三人皆降女直六月乙丑籍諸路兵有雜畜十頭以上者皆從軍庚辰魏國王淳進封秦晉國王爲都元帥上京留守蕭撻不也爲契丹行宮都部署兼副元帥丁亥知北院樞密使事蕭韓家奴爲上京留守秋七月獵秋山春州渤海二千餘戶叛東北路統軍使勒兵追及盡俘以還八月

烏古部叛遣中丞耶律撻不也等招之九月丙午謁懷陵冬十月丁卯以張琳軍敗奪官庚辰烏古部來降十一月東面行軍副統馬哥等攻曷蘇館敗績十二月乙亥封庶人蕭氏爲太皇太妃辛巳削副統耶律馬哥官

七年春正月甲寅減廐馬粟分給諸局是月女直軍攻春州東北面諸軍不戰自潰女古皮室四部及渤海人皆降復下泰州二月淶水縣賊董厖兒聚衆萬餘西京留守蕭乙薛南京統軍都監查剌與戰于易水破之三月厖兒黨復聚乙薛復擊破之于奉聖州夏五月庚寅東北面行軍諸將涅里合魯涅哥虛古等棄市乙巳諸圍場隙地縱百

姓樵採六月辛巳以同知樞密院事余里也爲北院大王秋七月癸卯獵秋山八月丙寅獵狘斯那里山命都元帥秦晉王赴沿邊會四路兵馬防秋九月上自燕至陰涼河置怨軍八營募自宜州者曰前宜後宜自錦州者曰前錦後錦自乾自顯者曰乾曰顯又有乾顯大營岩州營凡二萬八千餘人屯衛州蒺藜山丁酉獵輞子山冬十月乙卯朔至中京十二月丙寅都元帥秦晉國王淳遇女直軍戰于蒺藜山敗績女直復拔顯州旁近州郡庚午下詔自責癸酉遣夷离畢查剌與大公鼎諸路募兵丁丑以西京留守蕭乙薛爲北府宰相東北路行軍都統奚霞末知奚六部大王事是歲女直阿骨行用鐵州楊朴策即皇帝位建元天輔國號金楊朴又言自古英雄開國或受禪必先求大國封冊遂遣使議和以求封冊

八年春正月幸鴛鴦濼丁亥遣耶律奴哥等使金議和庚寅保安軍節度使張崇以雙州二百戶降金東路諸州盜賊蜂起掠民自隨以充食二月耶律奴哥還自金金主復書曰能以兄事朕歲貢方物歸我上中京興中府三路州縣以親王公主駙馬大臣子孫爲質還我行人及元給信符并宋夏高麗往復書詔表牒則可以如約三月甲午復遣奴哥使金夏四月辛酉以西南面招討使蕭得里底爲

北院樞密使五月壬午朔奴哥以書來約不踰此月見報戊戌復遣奴哥使金要以酌中之議是月至納葛濼賊安生兒張高兒聚衆二十萬耶律馬哥等斬生兒于龍化州高兒亡入懿州與霍六哥相合金主遣胡突衮與奴哥持書報如前約六月丁卯遣奴哥等齎宋夏高麗書詔表牒至金霍六哥陷海北州趣義州軍帥回離保等擊敗之通祺雙遼四州之民八百餘戶降于金秋七月獵秋山金復遣胡突衮來免取質子及上京興中府所屬州郡裁減歲幣之數如能以兄事朕冊用漢儀可以如約八月庚午遣奴哥突迭使金議冊禮九月突迭見留遣奴哥還謂之曰言如不從勿復遣使閏月丙寅遣奴哥復使金而蕭寶訛里等十五人各率戶降于金冬十月奴哥突迭持金書來龍化州張應古等四人率衆降金十一月副元帥蕭撻不也薨十二月甲申議定冊禮遣奴哥使金寧昌軍節度使劉宏以懿州戶三千降金時山前諸路大饑乾顯宜錦興中等路斗粟直數縑民削榆皮食之既而人相食是年放進士王翬等百三人

九年春正月金遣烏林荅贊謨持書來迎冊二月至鴛鴦濼賊張撒八誘中京射糧軍僭號南面軍帥余覩擒撒八三月丁未朔遣知右夷离畢事蕭習泥烈等冊金主爲東

懷國皇帝己酉烏林荅贊謨奴哥等先以書報夏五月阻卜補蹺只等叛執招討使耶律斡里朶都監蕭斜里得死之秋七月獵南山金復遣烏林荅贊謨來責冊文無兄事之語不言大金而云東懷乃小邦懷其德之義及冊文有渠材二字語涉輕侮若遥芬多戩等語皆非善意殊乖體式如依前書所定然後可從楊詢卿羅子韋率衆降金八月以趙王習泥烈爲西京留守九月至西京復遣習泥烈楊立忠先持冊藁使金冬十月甲戌朔耶律陳圖奴等二十餘人謀反伏誅是月遣使送烏林荅贊謨持書以還

十年春二月辛鴛鴦濼金復遣烏林荅贊謨持書及冊文副本以來仍責乞兵于高麗三月己酉民有群馬者十取其一給東路軍庚申以金人所定大聖二字與先世稱號同復遣習泥烈往議金主怒遂絕之夏四月獵胡土白山聞金師再舉耶律白斯不等選精兵三千以濟遼師五月金主親攻上京克外郛留守撻不也率衆出降六月乙酉以北府宰相蕭乙薛爲上京留守知鹽鐵内省兩司東北統軍司事秋獵沙嶺冬復至西京

開府儀同三司上柱國錄軍國重事中書右丞相監修國史領經筵事都總裁臣脫脫　奉

敕修

天祚皇帝三

保大元年春正月丁酉朔改元肆赦初金人興兵郡縣所失幾半上有四子長趙王母趙昭容次晉王母文妃次秦王許王皆元妃生國人知晉王之賢深所屬望元妃之兄樞密使蕭奉先恐秦王不得立潛圖之文妃娣妹三人長適耶律撻曷里次文妃次適余覩一日其娣若妹俱會軍前奉先諷人誣駙馬蕭昱及余覩等謀立晉王事覺昱撻曷里等伏誅文妃亦賜死獨晉王未忍加罪余覩在軍中聞之大懼即率千餘騎叛入金上遣知奚王府事蕭遐買北府宰相蕭德恭大常衮耶律諦里姑歸州觀察使蕭和尚奴四軍太師蕭幹將所部兵追之及諸閭山縣諸將議曰主上信蕭奉先言奉先視吾輩蔑如也余覩乃宗室豪俊常不肯爲奉先下若擒余覩他日吾黨皆余覩也不若縱之還即紿曰追襲不及奉先既見余覩之亡恐後日諸校亦叛遂勸驟加爵賞以結衆心以蕭遐買爲奚王蕭德恭試中書門下平章事兼判上京留守事耶律諦里姑爲龍虎衛上將軍蕭和尚奴金吾衛上將軍蕭幹鎮國大將

軍二月幸鴛鴦濼夏五月至曷里狘秋七月獵炭山九月至南京冬十一月癸亥以西京留守趙王習泥烈爲惕隱

二年春正月乙亥金克中京進下澤州上出居庸關至鴛鴦濼聞余覩引金人婁室孛堇奄至蕭奉先曰余覩乃王子班之苗裔此來欲立甥晉王耳若爲社稷計不惜一子明其罪誅之可不戰而余覩自回矣上遂賜晉王死素服三日耶律撒八等皆伏誅王素有人望諸軍聞其死無不流涕由是人心解體余覩引金人逼行宮上率衛兵五千餘騎幸雲中遺傳國璽于桑乾河二月庚寅朔日有食之既甲午知北院大王事耶律馬哥漢人行宮都部署蕭特末並爲都統大和宮使耶律補得副之將兵屯鴛鴦濼己亥金師敗奚王霞末於北安州遂降其城三月辛酉上聞金師將出嶺西遂趨白水濼乙丑群牧使謨魯斡降金丙寅上至女古底倉聞金兵將近計不知所出乘輕騎入夾山方悟奉先之不忠怒曰汝父子誤我至此今欲誅汝何益于事恐軍心忿怨爾曹避敵苟安禍必及我其勿從行奉先下馬哭拜而去行未數里左右執其父子縛送金兵金人斬其長子昂以奉先及其次子昱械送金主道遇遼軍奪以歸國遂並賜死逐樞密使蕭得里底召撻不也典禁衛丁卯以北院樞密副使蕭僧孝奴知北院樞密使事

同知北院樞密使事蕭查剌爲左夷离畢戊辰同知殿前點檢事耶律高八率衛士降金己巳偵人蕭和尚牌印郎君耶律哂斯爲金師所獲癸酉以諸局百工多亡凡竄從不限吏民皆官之初詔留宰相張琳李處溫與秦晉國王淳守燕處溫聞上入夾山數日命令不通即與弟處能子奭外假怨軍內結都統蕭幹謀立淳遂與諸大臣耶律大石左企弓虞仲文曹勇義康公弼集蕃漢百官諸軍及父老數萬人詣淳府處溫邀張琳至白其事琳曰攝政則可處溫曰天意人心已定請立班耳處溫等請淳受禮淳方出李奭持赭袍被之令百官拜舞山呼淳驚駭再三辭不

獲已而從之以處溫守太尉左企弓守司徒曹勇義知樞密院事虞仲文參知政事張琳守太師李處能直樞密院李奭爲少府少監提舉翰林醫官李爽陳秘十餘人曾與大計並賜進士及第授官有差蕭幹爲北樞密使駙馬都尉蕭旦知樞密院事改怨軍爲常勝軍於是肆赦自稱天錫皇帝改元建福降封天祚爲湘陰王遂據有燕雲平及上京遼西六路天祚所有沙漠已北西南西北路兩都招討府諸蕃部族而已夏四月辛卯西南面招討使耶律佛頂降金雲內寧邊東勝等州皆降阿疎爲金兵所擒金已取西京沙漠以南部族皆降上遂遁於訛莎烈時北部謨

葛失贐馬駝食羊五月甲戌都統馬哥收集散亡會于漚里謹丙子以馬哥知北院樞密使事兼都統六月淳寢疾聞上傳檄天德雲內朔武應蔚等州合諸蕃精兵五萬騎約以八月入燕并遣人問勞索衣裘茗藥淳甚驚命南北面大臣議而李處溫蕭幹等有迎秦拒湘之說集蕃漢百官議之從其議者東立惟南面行營都部署耶律寧西立處溫等問故寧曰天祚果能以諸蕃兵大舉奪燕則是天數未盡豈能拒之否則秦湘父子也拒則皆拒自古安有迎子而拒其父者處溫等相顧微笑以寧扇亂軍心欲殺之淳欹枕長歎曰彼忠臣也焉可殺天祚果來吾有死耳

復何面目相見耶已而淳死衆乃議立其妻蕭氏爲皇太后主軍國事奉遺命迎立天祚次子秦王定爲帝太后遂稱制改元德興處溫父子懼禍南通童貫欲挾蕭太后納土于宋北通于金欲爲內應外以援立大功自陳蕭太后罵曰誤秦晉國王者皆汝父子悉數其過數十賜死臠其子奭而磔之籍其家得錢七萬緡金玉寶器稱是爲宰相數月之間所取也謨葛失以兵來援爲金人敗于洪灰水擒其子陀古及其屬阿敵音夏國援兵至亦爲金所敗秋七月丁巳朔敵烈部皮室叛烏古部節度使耶律棠古討平之加太子太保乙丑上京毛八十率二千戶降金辛未

夏國遣曹价來問起居八月戊戌親遇金軍戰于石輦驛敗績都統蕭特末及其姪撒古被執辛丑會軍于歡撻新查刺金兵追之急棄輜重以遁九月敵烈部叛都統馬哥克之冬十月金兵攻蔚州降十一月乙丑聞金兵至奉聖州遂率衛兵屯于落昆髓秦晉王淳妻蕭德妃五表于金求立秦王不許以勁兵守居庸及金兵臨關厓石自崩戍卒多壓死不戰而潰德妃出古北口趨天德軍十二月知金主撫定南京上遂由埽里關出居四部族詳穩之家

三年春正月丁巳奚王回离保僭號稱天復元年命都統馬哥討之甲子初張瑴為遼興軍節度副使民推瑴領州

事秦晉王淳既死蕭德妃遣時立愛知平州瑴知遼必亡練兵畜馬籍丁壯為備立愛至瑴弗納金帥粘罕入燕首問平州事於故參知政事康公弼公弼曰瑴狂妄寡謀雖有鄉兵彼何能為示之不疑圖之未晚金人招時立愛赴軍前加瑴臨海軍節度使仍知平州既而又欲以精兵三千先下平州擒張瑴公弼曰若加兵是趣之叛也公弼請自往覘之瑴謂公弼曰遼之八路七路已降獨平州未解甲者防蕭幹耳厚賂公弼而還公弼復粘罕曰彼無足慮金人遂改平州為南京加瑴試中書門下平章事判留守事庚辰宜錦乾顯成川豪懿等州相繼皆降上京盧彥倫叛殺契丹人二月乙酉朔興中府降金來州歸德軍節度使田顥權隰州刺史杜師回權遷州刺史高永昌權閏州刺史張成皆籍所管戶降金丙戌誅蕭德妃降淳為庶人盡釋其黨癸巳興中宜州復城守三月駐蹕于雲內州南夏四月甲申朔以知北院樞密使蕭僧孝奴為諸道大都督丙申金兵至居庸關擒耶律大石戊戌金兵圍輜重于青塚硬寨太保特母哥竊梁王雅里以遁秦王許王諸妃公主從臣皆陷沒庚子梁宋大長公主特里亡歸壬寅金遣人來招癸卯答書請和丙午金兵送族屬輜重東行乃遣兵邀戰于白水濼趙王習泥烈蕭道寧皆被執上遣牌

印郎君謀盧瓦送兔紐金印偽降遂西遁雲內駙馬都尉乳奴詣金降己酉金復以書來招答其書壬子金帥書來不許請和是月特母哥挈雅里至上怒不能盡救諸子詰之五月乙卯夏國王李乾順遣使請臨其國庚申軍將耶律敵烈等夜劫梁王雅里奔西北部立以為帝改元神曆辛酉渡河止于金肅軍北回离保為衆所殺六月遣使冊李乾順為夏國皇帝秋九月耶律大石自金來歸冬十月復渡河東還居突呂不部梁王雅里殂耶律朮烈繼之十一月朮烈為衆所殺

四年春正月上趨都統馬哥軍金人來攻棄營北遁馬哥

被執謨葛失來迎驢馬駝羊又率部人防衛時侍從之糧數日以衣易羊至烏古敵烈部以都點檢蕭乙薛知北院樞密使事封謨葛失爲神于越王特毋哥降金二月耶律遥設等十人謀叛伏誅夏五月金人既克燕驅燕之大家東徙以燕空城及涿易檀順景薊州與宋以塞盟左企弓康公弼曹勇義虞仲文皆東遷燕民流離道路不勝其苦入平州言於留守張轂曰宰相左企弓不謀守燕使吾民流離無所安集公今臨巨鎮握強兵盡忠於遼必能使我復歸鄉土人心亦惟公是望轂遂召諸將領議皆曰聞天祚兵勢復振出没漠南公若仗義勤王奉迎天祚以圖中興先責左企弓等叛降之罪而誅之盡歸燕民使復其業而以平州歸宋則宋無不接納平州遂爲藩鎮矣即後日金人加兵內用平山之軍外得宋爲之援又何懼焉轂曰此大事也不可草草翰林學士李石智而多謀可召與議石至其言與之合乃遣張謙率五百餘騎傳留守令召宰相左企弓曹勇義樞密使虞仲文參知政事康公弼至灤河西岸遣議事官趙祕校往數十罪曰天祚播遷夾山不即奉迎一也勸皇叔秦晉王僭號二也詆訐君父降封湘陰三也天祚遣知閤王有慶來議事而殺之四也檄書始至有迎秦拒湘之議五也不謀守燕而降六也不顧大義

臣事于金七也根括燕財取悅于金八也使燕人遷徙失業九也教金人發兵先下平州十也爾有十罪所不容誅左企弓等無以對皆縊殺之仍稱保大三年畫天祚象朝夕謁事必告而後行稱遼官秩六月榜諭燕人復業恒産爲常勝軍所占者悉還之燕民既得歸大悅翰林學士李石更名安弼偕故三司使高黨往燕山說宋王安中曰平州帶甲萬餘轂有文武材可用爲屏翰不然將爲肘腋之患安中深然之令安弼與黨詣宋宋主詔帥臣王安中詹度厚加安撫與免三年常賦轂聞之自謂得計秋七月金人屯來州闍母開平州附宋以二千騎問罪先入營州轂以精兵萬騎擊敗之宋建平州爲泰寧軍以轂爲節度使以安弼黨爲徽猷閣待制令宣撫司出銀絹數萬犒賞轂喜遠迎金人諜知舉兵來襲轂不得歸奔燕金人克三州始來索轂王安中諱之索急斬一人貌類者去金人曰非轂也以兵來取安中不得已殺轂函其首送金天祚既得林牙耶律大石兵歸又得陰山室韋謨葛失兵自謂得天助再謀出兵復收燕雲大石林牙力諫曰自金人初陷長春遼陽則車駕不幸廣平淀而都中京及陷上京則都燕山及陷中京則幸雲中自雲中而播遷夾山向以全師不謀戰備使舉國漢地皆爲金有國勢至此而方求戰非計

也當養兵待時而動不可輕舉不從大石遂殺乙薛及坡里括置北南面官屬自立為王率所部西去上遂率諸軍出夾山下漁陽嶺取天德東勝寧邊雲內等州南下武州遇金人戰于奄遏下水復潰直趨山陰八月國舅詳穩蕭撻不也筆硯祗候察剌降金是月金主阿骨打死九月建州降金冬十月納突呂不部人訛哥之妻諳葛以訛哥為本部節度使昭古牙率衆降金金攻興中府降之十一月從行者舉兵亂北護衛太保术者舍利詳穩牙不里等擊敗之十二月置二總管府

本紀第二十九卷

開府儀同三司上柱國錄軍國重事中書右丞相監修國史領經筵事都總裁臣脫脫奉

勑修

天祚皇帝四

五年春正月辛巳党項小斛祿遣人請臨其地戊子趨天德過沙漠金兵忽至上徒步出走近侍進珠帽却之乘張仁貴馬得脫至天德己丑遇雪無禦寒具术者以貂裘帽進途次絶糧术者進之與棗欲憩术者即跪坐倚之假寐术者輩惟齧冰雪以濟饑過天德至夜將宿民家紿曰偵騎其家知之乃叩馬首跪而大慟潛宿其家居數日嘉其忠遥授以節度使遂趨党項以小斛祿爲西南面招討使總知軍事仍賜其子及諸校爵賞有差二月至應州新城東六十里爲金人完顏婁室等所獲八月癸卯至金丙午降封海濱王以疾終年五十有四在位二十四年金皇統元年二月改封豫王五年葬于廣寧府閭陽縣乾陵傍耶律淳者世號爲北遼淳小字涅里興宗第四孫南京留守宋魏王和魯斡之子清寧初大后鞠育之既長篤好文學昭懷太子得罪上欲以淳爲嗣上怒耶律白斯不知與淳善出淳爲彰聖等軍節度使天祚即位進王鄭乾統二年加越王六年拜南府宰相首議制兩府禮儀上喜徙王魏

其父和魯斡薨即以淳襲父守南京冬夏入朝寵冠諸王天慶五年東征都監章奴濟鴨子河與淳子阿撒等三百餘人亡歸先遣敵里等以廢立之謀報淳淳斬敵里首以獻進封秦晉國王拜都元帥賜金券免漢拜禮不名許自擇將士乃募燕雲精兵東至錦州隊長武朝彥作亂劫淳淳匿而免收朝彥誅之會金兵至聚兵戰于阿里軫斗敗績收亡卒數千人拒之淳入朝釋其罪詔南京刻石紀功保大二年天祚入夾山奚王回離保林牙耶律大石等引唐靈武故事議欲立淳淳不從官屬勸進曰主上蒙塵中原擾攘若不立王百姓何歸宜熟計之遂即位百官上號天錫皇帝改保大二年爲建福元年大赦放進士李寶信等一十九人遥降天祚爲湘陰王以燕雲平上京中京遼西六路淳主之沙漠以北南北路兩都招討府諸蕃部族等仍隸天祚自此遼國分矣封其妻普賢女爲德妃以回離保知北院樞密使事軍旅之事悉委大石又遣使報宋免歲幣結好宋人發兵問罪擊敗之尋遣使奉表于金乞爲附庸事未决淳病死年六十百官僞謚曰孝章皇帝廟號宣宗葬燕西香山永安陵遺命遥立秦王定以存社稷德妃爲皇太后稱制改建福爲德興元年放進士李球等百八人時宋兵來攻戰敗之由是人心大悦兵勢日振宰

相李純等潛納宋兵居民內應抱關者被殺甚衆翌日攻
內東門衛兵力戰宋軍大潰踰城而走死者相籍五表于
金求立秦王不從而金兵大至德妃奔天德軍見天祚天
祚怒誅德妃降淳庶人除其屬籍耶律雅里者天祚皇帝
第二子也字撒鸞七歲欲立爲皇太子別置禁衛封梁王
保大三年金師圍青塚寨雅里在軍中大保特毋哥挾之
出走間道行至陰山聞天祚失利趨雲內雅里馳赴時扈
從者千餘人多於天祚天祚慮特毋哥生變欲誅之責以
不能全救諸王將訊之仗劒召雅里問曰特毋哥教汝何
爲雅里對曰無他言廼釋之天祚渡河奔夏隊帥耶律敵
列等刼雅里北走至沙嶺見鴕横道而過識者以爲不祥
後三日群僚共立雅里爲主雅里遂即位改元神曆命士
庶上便宜雅里性寬大惡誅殺獲亡者笞之而已有自歸
者即官之因謂左右曰欲附來歸不附則去何須威逼耶
每取唐貞觀政要及林牙資忠所作治國詩令侍從讀之
烏古部節度使糺哲迭烈部統軍撻不也都監突里不等
各率其衆來附自是諸部繼至而雅里日漸荒怠好擊鞠
特毋哥切諫乃不復出以耶律敵列爲樞密使特毋哥副
之敵列劾西北路招討使蕭糺里熒惑衆心志有不臣與
其子麻涅並誅之以遙設爲招討使與諸部戰數敗杖免

官從行有疲困者輒振給之直長保德諫曰今國家空虛
賜賚若此將何以相給耶雅里怒曰昔畋於福山卿誣獵
官今復有此言若無諸部我將何取不納初令群牧運鹽
濼倉粟而民盜之議籍以償雅里乃自爲直每粟一車償
一羊三車一牛五車一馬八車一駝左右曰今一羊易粟
二斗且不可得乃償一車雅里曰民有則我有若令盡償
民　堪後獵查剌山一日而射黃羊四十狼二十一因致
疾　年三十耶律大石者世號爲西遼大石字重德太祖
八代孫也通遼漢字善騎射登天慶五年進士第擢翰林
應奉尋陞承旨遼以翰林爲林牙故稱大石林牙歷泰祥
二州刺史遼興軍節度使保大二年金兵日逼天祚播越
與諸大臣立秦晉王淳爲帝淳死立其妻蕭德妃爲太后
以守燕及金兵至蕭德妃歸天祚天祚怒誅德妃而責大
石曰我在汝何敢立淳對曰陛下以全國之勢不能一拒
敵棄國遠遁使黎民塗炭即立十淳皆太祖子孫豈不勝
乞命於他人耶上無以荅賜酒食赦其罪大石不自安遂
殺蕭乙薛坡里括自立爲王率鐵騎二百宵遁北行三日
過黑水見白達達詳穩牀古兒牀古兒獻馬四百駝二十
羊若干西至可敦城駐北庭都護府會威武崇德會蕃新
大林紫河駝等七州及大黃室韋敵剌王紀剌茶赤剌也

喜鼻古德尼剌達剌乖達密里密兒紀合主烏古里阻卜
普速完唐古忽母思奚的紇而畢十八部王衆諭曰我祖
宗艱難創業歷世九主歷年二百金以臣屬逼我國家殘
我黎庶屠翦我州邑使我天祚皇帝蒙塵于外日夜痛心
疾首我今仗義而西欲借力諸蕃翦我仇敵復我疆宇惟
爾衆亦有軫我國家憂我社稷思共救君父濟生民於難
者乎遂得精兵萬餘置官吏立排甲具器仗明年二月甲
午以青牛白馬祭天地祖宗整旅而西先遺書回鶻王畢
勒哥曰昔我太祖皇帝北征過卜古罕城即遣使至甘州
詔爾祖烏母主曰汝思故國耶朕即爲汝復之汝不能返

耶朕則有之在朕猶在爾也爾祖即表謝以爲遷國于此
十有餘世軍民皆安土重遷不能復返矣是與爾國非一
日之好也今我將西至大食假道爾國其勿致疑畢勒哥
得書即迎至邸大宴三日臨行獻馬六百駞百羊三千願
質子孫爲附庸送至境外所過敵者勝之降者安之兵行
萬里歸者數國獲駞馬牛羊財物不可勝計軍勢日盛鋭
氣日倍至尋思干西域諸國舉兵十萬號忽兒珊來拒戰
兩軍相望二里許諭將士曰彼軍雖多而無謀攻之則首
尾不救我師必勝遣六院司大王蕭斡里剌招討副使耶
律松山等將兵二千五百攻其右樞密副使蕭剌阿不招

討使耶律术薛等將兵二千五百攻其左自以衆攻其中
三軍俱進忽兒珊大敗僵屍數十里駐軍尋思干凡九十
日回回國王來降貢方物又西至起兒漫文武百官冊立
大石爲帝以甲辰歲二月五日即位年三十八號葛兒罕
復上漢尊號曰天祐皇帝改元延慶追謚祖父爲嗣元皇
帝祖母爲宣義皇后冊元妃蕭氏爲昭德皇后因謂百官
曰朕與卿等行三萬里跋涉沙漠夙夜艱勤賴祖宗之福
卿等之力冒登大位爾祖爾父宜加卹典共享尊榮自蕭
斡里剌等四十九人祖父封爵有差延慶三年班師東歸
馬行二十日得善地遂建都城號虎思斡耳朶改延慶爲

康國元年三月以六院司大王蕭斡里剌爲兵馬都元帥
敵剌部前同知樞密院事蕭查剌阿不副之茶赤剌部秃
魯耶律燕山爲都部署護衛耶律鐵哥爲都監率七萬騎
東征以青牛白馬祭天樹旗以誓于衆曰我大遼自太祖
太宗艱難而成帝業其後嗣君耽樂無厭不恤國政盜賊
蠭起天下土崩朕率爾衆遠至朔漠期復大業以光中興
此非朕與爾世居之地申命元帥斡里剌曰今汝其往信
賞必罰與士卒同甘苦擇善水草以立營量敵而進毋自
取禍敗也行萬餘里無所得牛馬多死勒兵而還大石曰
皇天弗順數也康國十年殁在位二十年廟號德宗子夷

列年幼遺命皇后權國后名塔不煙號感天皇后稱制改
元咸清在位七年子夷列即位改元紹興籍民十八歲以
上得八萬四千五百戶在位十三年殂廟號仁宗子幼遺
詔以妹普速完權國稱制改元崇福號承天太后後與駙
馬蕭朶魯不弟朴古只沙里通出駙馬為東平王羅織殺
之駙馬父斡里剌以兵圍其宮射殺普速完及朴古只沙
里普速完在位十四年仁宗次子直魯古即位改元天禧
在位三十四年時秋出獵乃蠻王屈出律以伏兵八千擒
之而據其位遂襲遼衣冠尊直魯古為太上皇皇后為皇
太后朝夕問起居以侍終焉直魯古死遼絕耶律淳在天

祚之世歷王大國受賜金券贊拜不名一時恩遇無與為
比當天祚播越以都元帥留守南京獨不可奮大義以激
燕民及諸大臣興勤王之師東拒金而迎天祚乎乃自取
之是篡也況忍王天祚哉大石既帝淳而王天祚矣復歸
天祚天祚責以大義乃自立為王而去之幸藉祖宗餘威
遺智建號萬里之外雖寡母弱子更繼迭承幾九十年亦
可謂難矣然淳與雅里天石之立皆在天祚之世有君而
復君之其可乎哉諸葛武侯為獻帝發喪而後立先主為
帝者不可同年語矣故著以為戒云

贊曰遼起朔野兵甲之盛鼓行殺外席卷河朔樹晉植漢

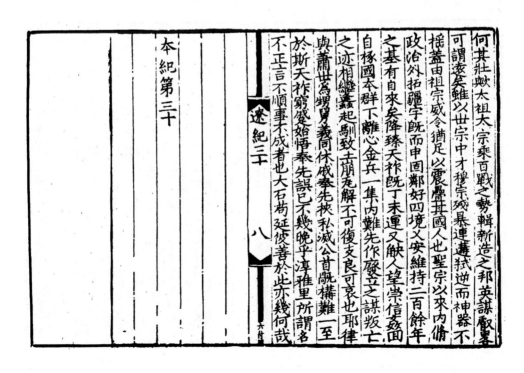

何其壯歟太祖太宗乘百戰之勢輯新造之邦英謀睿畧
可謂遠矣雖以世宗中才穆宗殘暴連遘弒逆而神器不
搖蓋由祖宗威令猶足以震疊其國人也聖宗以來內修
政治外拓疆宇既而申固鄰好四境乂安維持二百餘年
之基有自來矣降臻天祚既丁末運又觖人望崇信姦回
自椓國本群下離心金兵一集內難先作廢立之謀叛亡
之迹相繼蠭起馴致土崩瓦解不可復支良可哀也耶律
與蕭世為甥舅義同休戚奉先挾私滅公首𨚗構難一至
於斯天祚窮蹙始悟奉先誤己不幾晚乎淳雅里所謂名
不正言不順事不成者也大石苟延彼善於此亦幾何哉

本紀第三十

志第一　遼史三十一

開府儀同三司上柱國錄軍國重事中書右丞相監修國史領經筵事都總裁臣脫脫等奉

敕修

營衛志上

上古之世，草衣木食，巢居穴處，熙熙于于，不求不爭。爰自炎帝政衰，蚩尤作亂，始制干戈，以毒天下。軒轅氏作，戮之涿鹿之阿，處則象吻于宮，行則懸旌于纛，以為天下萬世戒。於是師兵營衛，不得不設矣。冀州以南，歷洪水之變，夏后始制城郭。其人土著而居，綴服之中，外奮武衛，內揆文教，守在四邊，營衛之設，以備非常而已。并營以北，勁風多寒，隨陽遷徙，歲無寧居，曠土萬里，寇賊姦宄乘隙而作。營衛之設，以為常然，其勢然也。有遼始大，設制尤密。居有宮衛，謂之斡魯朵；出有行營，謂之捺缽；分鎮邊圉，謂之部族。有事則以攻戰為務，閑暇則以畋漁為生。無日不營，無在不衛。立國規模，莫重於此。作營衛志。

宮衛

遼國之法：天子踐位置宮衛，分州縣，析部族，設官府，籍戶口，備兵馬。崩則扈從后妃宮帳，以奉陵寢。有調發，則丁壯從戎事，老弱居守。太祖曰弘義宮，應天皇后曰長寧宮，太宗曰永興宮，世宗曰積慶宮，穆宗曰延昌宮，景宗曰彰愍宮，承天太后曰崇德宮，聖宗曰興聖宮，興宗曰延慶宮，道宗曰太和宮，天祚曰永昌宮。又孝文皇太弟有敦睦宮，丞相耶律隆運有文忠王府。凡州三十八，縣十，提轄司四十一，石烈二十三，瓦里七十四，抹里九十八，得里二，閘撒十九。為正戶八萬，蕃漢轉戶十二萬三千，共二十萬三千戶。

算斡魯朵，太祖置。國語心腹曰「算」，宮曰「斡魯朵」。是為弘義宮。以心腹之衛置，益以渤海俘，錦州戶。其斡魯朵在臨潢府，陵寢在祖州東南二十里。正戶八千，蕃漢轉戶七千，出騎軍六千。

州五：錦、祖、嚴、祺、銀。

縣一：富義。

提轄司四：南京、西京、奉聖州、平州。

石烈二：曰須，曰速魯。

瓦里四：曰合不，曰撻撒，曰慢押，曰虎池。

抹里四：曰膻，曰預墩，曰鶻突，曰紇里闌。

得里二：曰述壘北，曰述壘南。

國阿輦斡魯朵，太宗置。收國曰「國阿輦」。是為永興宮。初名孤穩斡魯朵，以太祖平渤海俘戶，東京、懷州提轄司及雲州懷仁縣、澤州灤河縣等戶置。其斡魯朵在游古河側，陵寢在懷州南三十里。正戶三千，蕃漢轉戶七千，出騎軍五

千
州四懷黔開泰
縣二保和灤河
提轄司四南京西京奉聖州平州
石烈一北女古
瓦里四曰抹白毋曰合李只曰述壘
抹里十三曰述壘彰曰大隣茂曰小隣茂曰毋白
歸化不术白唐括曰吐谷曰百爾瓜忒曰合
魯不只曰移馬不只曰膻曰清桸曰速穩
閘撒七曰伯德部曰守狘曰宂骨只曰合不頻尼

遼志一　三

曰虎里狘曰耶里只曰挾室曰僧隱令公
耶魯盌斡魯朶世宗置興盛曰耶魯盌是為積慶宮以文
獻皇帝衛從及太祖俘戶及雲州提轄司并高宜等州戶
置其斡魯朶在土河東陵寢在長寧宮北正戶五千蕃漢
轉戶八千出騎軍八千
州三康顯宜
縣一山東
提轄司四
石烈一亏臘
瓦里八曰達撒曰合不曰吸烈曰逼里曰潭馬曰

粘米不曰耶里直曰耶魯兀也
抹里十曰紇斯直曰鐵葛曰厥里曰潭馬忒曰出
懶曰速忽魯椀曰牒里得曰闇馬曰迭里特
曰女古
蒲速盌斡魯朶應天皇太后置興隆曰蒲速盌是為長寧
宮以遼州及海濱縣等戶置其斡魯朶在高州陵寢在龍
化州東一百里世宗分屬讓國皇帝宮院正戶七千蕃漢
轉戶六千出騎軍五千
州四遼儀坤遼西顯
縣三奉先歸義定覇

遼志一　四　林安

提轄司四
石烈一北女古
瓦里六曰潭馬曰合不曰達撒曰慢押曰耶里貴
曰渾只
抹里十三曰渾得移隣稍瓦只曰合四毕臘因鐵
里毕稍只曰奪羅果只曰拏葛只曰合里只
曰婆渾昆母溫曰阿魯埃得本曰東廝里門
曰西廝里門曰東鑊里曰西鑊里曰牒得只
曰滅母隣母
奪里本斡魯朶穆宗置是為延昌宮討平曰奪里本以國

阿輦斡魯朶户及阻卜俘户中京提轄司南京制置司咸
信韓等州户置其斡魯朶在紀雅里山南陵寢在京南正
户一千蕃漢轉户三千出騎軍二千
州二遂韓
提轄司三中京南京平州
石烈一曰須
瓦里四曰抹骨古等曰兀没曰潭馬曰合里直
抹里四曰抹骨登兀没減曰土木直移隣曰息州
決里曰莫瑰奉右
監母斡魯朶景宗置是爲彰愍宮遺留曰監母以章肅皇

帝侍衛及武安州户置其斡魯朶在合魯河陵寢在祖州
南正户八千蕃漢轉户一萬出騎軍一萬
州四永龍化降聖同
縣二行唐阜俗
提轄司四
石烈二曰監母曰南女古
瓦里七曰潭馬曰奚烈曰埃合里直曰鸞雅葛曰
特末曰鳥也曰娍合里直
抹里十一曰尼母曷烈因稍瓦直曰察改因麻得
不曰猴失隣斡直曰辛古不直曰撒改真

牙葛直曰虎狨阿里鄰曰潑昆曰潭馬曰閘
臘曰楚兀真果鄰
孤穩斡魯朶承天太后置是爲崇德宮玉曰孤穩以乾顯
雙三州户置其斡魯朶在土河東陵寢祔景宗皇帝正户六
千蕃漢轉户一萬出騎軍一萬
州四乾川雙貴德
縣一潞上京
提轄司三南京西京奉聖州
石烈三曰鑻里曰滂曰迭里特女古
瓦里七曰達撒曰耶里曰合不曰歌不曰合里直

曰慢押曰耶里直
抹里十一曰阿里廝直述壘曰預篤温稍瓦直曰
潭馬曰債預篤溫一臘曰牙葛直曰牒得直
曰虎温曰孤温曰撒里僧曰阿里葛斯過鄰
曰鐵里乖穩鑻里
閘撒五曰合不直迷里幾頻你曰牒耳葛太保果
直曰爪里阿本果直曰僧隱令公果直曰老
昆令公果直
女古斡魯朶聖宗置是爲興聖宮金曰女古以國阿輦耶
魯盌蒲速盌三斡魯朶户置其斡魯朶在女混活直陵寢

在慶州南安正户一萬蕃漢轉户二萬出騎軍五千
州五慶隰烏上京烏東京霸
提轄司四
石烈四曰毫兀真女姑曰拏兀真女室曰女特里
特曰女古滓
瓦里六曰女古蒲速盌白鶻篤曰乙抵曰蓊曰埃
也
抹里九曰乙辛不只曰鐵乖温曰埃合里只曰嘲
現曰合魯山血古只曰拏忒排登血古只曰
勞骨曰盧沙曰土隣

閘撒五曰達隣頻你曰和里懶你曰介阿不厥真
曰粘獨里僧曰袍達夫人厥只
窩篤盌斡魯朶興宗置是為延慶宮孳息曰窩篤盌以諸
斡魯朶及饒州户置其斡魯朶在高州西陵寢在上京慶
州正户七千蕃漢轉户一萬出騎軍一萬
州三饒長春泰
提轄司四
石烈二曰窩篤盌曰鶻篤骨
瓦里六曰窩篤盌曰厮把曰厮阿曰紇里曰得里
曰歐烈

抹里六曰歐里本曰燕厮曰緬四曰乙僧曰北得
里曰南得里
阿思斡魯朶道宗置是為太和宮寬大曰阿思以諸斡魯
朶御前承應人及興中府户置其斡魯朶在好水濼陵寢
在上京慶州正户一萬蕃漢轉户二萬出騎軍一萬五千
石烈二曰阿厮曰耶魯
瓦里八曰阿厮曰耶魯曰得里曰紇里曰撒不曰
鶻篤曰蒲速斡曰曷烈
抹里七曰恩州得里曰斡奢得里曰歐里本曰特
滿曰查剌土隣曰紇里曰阿里厮迷里

阿魯盌斡魯朶天祚皇帝置是為永昌宮輔祐曰阿魯盌
以諸斡魯朶御前承應人春宣州户置正户八千蕃漢轉
户一萬出騎軍一萬
石烈二曰阿魯盌曰榆魯苑
瓦里八曰阿魯斡曰合里也曰鶻突曰敵剌曰謀
魯斡曰紇里曰奪里剌曰特末也
抹里八曰蒲速盌曰移葦曰斡篤盌曰特末蒲曰謀
魯盌曰移典曰悅曰勃得本
孝文皇太弟敦睦宮謂之赤寔得本斡魯朶孝曰赤寔得
本文獻皇帝承應人及渤海俘建瀋巖三州户置陵寢在

祖州西南三十里正户三千蕃漢轉户五千出騎軍五千

州三建瀋巖

提轄司一南京

石烈二曰嘲曰與敦

瓦里六曰乙辛曰得里曰奚烈直曰大潭馬曰小潭馬曰與敦

抹里二曰潭馬抹乖曰柳實

閘撒二曰聶里頻你曰打里頻你

大丞相晉國王耶律隆運本韓氏名德讓以功賜國姓出宮籍隸橫帳季父房贈尚書令謚文忠無子以皇族魏王貼不子耶魯爲嗣早卒天祚皇帝又以皇子敖魯斡繼之官給葬具建廟乾陵側擬諸宮例建文忠王府正户五千蕃漢轉户八千出騎軍一萬

州一

提轄司六上京中京南京西京奉聖州平州

著帳郎君

著帳郎君初遥輦痕德菫可汗以蒲古只等三族害于越釋魯籍没家屬入瓦里淳欽皇后宥之以爲著帳郎君世宗悉免後族戚世官犯罪者没入

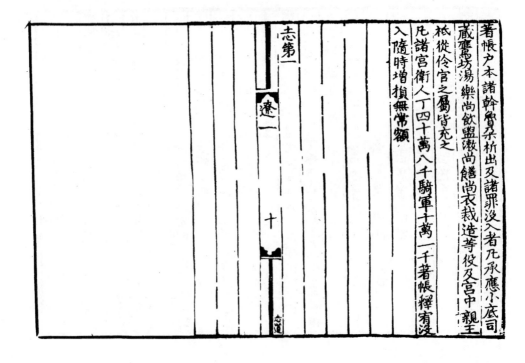

著帳户

著帳户本諸斡魯朶析出及諸罪没入者凡承應小底司藏鷹坊湯藥尚飲盥漱尚饍尚衣裁造等役及宮中親王祗從伶官之屬皆充之

凡諸宮衛人丁四十萬八千騎軍十萬一千著帳釋宥没入隨時增損無常額

志第一

開府儀同三司上柱國錄軍國重事中書右丞相監修國史領經筵事都總裁臣脫脫奉

勑修

營衛志中

行營

周官土圭之法日東景朝多風日北景長多寒天地之間風氣異宜人生其間各適其便王者因三才而節制之長城以南多雨多暑其人耕稼以食桑麻以衣宮室以居城郭以治大漠之間多寒多風畜牧畋漁以食皮毛以衣轉徙隨時車馬為家此天時地利所以限南北也遼國盡有

大漠浸包長城之境因宜為治秋冬違寒春夏避暑隨水草就畋漁歲以為常四時各有行在之所謂之捺鉢

春捺鉢

曰鴨子河濼皇帝正月上旬起牙帳約六十日方至天鵝未至卓帳冰上鑿冰取魚冰泮乃縱鷹鶻捕鵝鴈晨出暮歸從事弋獵鴨子河濼東西二十里南北三十里在長春州東北三十五里四面皆沙堝多榆柳杏林皇帝每至侍御皆服墨綠色衣各備連鎚一柄鷹食一器刺鵝錐一枚於濼周圍相去各五七步排立皇帝冠巾衣時服繫玉束帶於上風望之有鵝之處舉旗探騎馳報遠泊鳴鼓鵝驚騰起左右圍騎皆舉幟麾之五坊擎進海東青鶻拜授皇帝放之鶻擒鵝墜勢力不加排立近者舉錐刺鵝取腦以飼鶻救鶻人例賞銀絹皇帝得頭鵝薦廟羣臣各獻酒果舉樂更相酬酢致賀語皆插鵝毛于首以為樂賜從人酒遍散其毛弋獵網鈎春盡乃還

夏捺鉢

無常所多在吐兒山道宗每歲先幸黑山拜聖宗興宗陵賞金蓮乃幸子河避暑吐兒山在黑山東北三百里近饅頭山黑山在慶州北十三里上有池池中有金蓮

子河在吐兒山東北三百里懷州西山有清涼殿亦為行幸避暑之所四月中旬起牙帳卜吉地為納涼所五月末旬六月上旬至居五旬與北南臣僚議國事暇日遊獵七月中旬乃去

秋捺鉢

曰伏虎林七月中旬自納涼處起牙帳入山射鹿及虎林在永州西北五十里甞有虎據林傷害居民畜牧景宗領數騎獵焉虎伏草際戰慄不敢仰視上舍之因號伏虎林每歲車駕至皇族而下分布濼水側伺夜將半鹿飲鹽水令獵人吹角效鹿鳴既集而射之謂之䑛鹻

鹿又名呼鹿

冬捺鉢

曰廣平淀在永州東南三十里本名白馬淀東西二十餘里南北十餘里地甚坦夷四望皆沙磧木多榆柳其地饒沙冬月稍暖牙帳多於此坐冬與北南大臣會議國事時出校獵講武兼受南宋及諸國禮貢皇帝牙帳以槍為硬寨用毛繩連繫每槍下黑氈傘一以庇衛士風雪槍外小氈帳一層每帳五人各執兵仗為禁圍南有省方殿殿北約二里曰壽寧殿皆木柱竹榱以氈為蓋彩繪韜柱錦為壁衣加緋繡額又以黃布繡龍為地

障窗槅皆以氈為之傳以黃油絹基高尺餘兩廂廊廡亦以氈蓋無門戶省方殿北有鹿皮帳帳次北有八方公用殿壽寧殿北有長春帳衛以梗寨宮用契丹兵四千人每日輪番千人祗直禁圍外卓槍為寨夜則拔槍移卓御寢帳周圍拒馬外設鋪傳鈴宿衛每歲四時周而復始

皇帝四時巡守契丹大小內外臣僚并應役次人及漢人宣徽院所管百司皆從漢人樞密院中書省唯摘宰相一員樞密院都副承旨二員令史十人中書令史一人御史臺大理寺選摘一人扈從每歲正月上旬車駕啟行宰相以下還於中京居守行遣漢人一切公事除拜官僚止行堂帖權差俟會議行在所取旨出給誥敕文官縣令錄事以下更不奏聞聽中書銓選武官須奏聞五月納涼行在所南北臣僚會議十月坐冬行在所亦如之

部族上

部落曰部氏族曰族契丹故俗分地而居合族而處有族而部者五院六院之類是也有部而族者奚王室韋之類是也有部而不族者特里特勉稍瓦曷朮之類是也有族而不部者遙輦九帳皇族三父房是也奇首八部為高麗蠕蠕所侵僅以萬口附于元魏生聚未幾北齊見侵掠男

女十萬餘口繼為突厥所逼寄處高麗不過萬家部落離散非復古八部矣別部有臣附突厥者內附於隋者依紇臣水而居部落漸衆分為十部有地遼西五百餘里唐世大賀氏仍為八部而松漠玄州別出亦十部也遙輦氏承萬榮可突于散敗之餘更為八部然遙輦迭剌別出又十部也阻午可汗析為二十部契丹始大至于遼太祖析九帳三房之族更列二十部聖宗之世分置十有六增置十有八并舊為五十四部內有拔里乙室已國舅族外有附庸十部盛矣其氏族可知者畧具皇族外戚之表餘五院六院乙室部止見益古撒里本涅剌烏古部止見撒里卜

涅勒突呂不突舉部止見塔古里航斡皆兄弟也奚王府部時瑟哲里則臣主也品部有拏女楮特部有洼其餘世繫名字皆漫無所考矣舊志曰契丹之初草居野次靡有定所至涅里始制部族各有分地太祖之興以迭剌部強熾析爲五院六院奚六部以下多因俘降而置勝兵甲者即著軍籍分隸諸路詳穩統軍招討司番居內地者歲時田牧平莽間邊防糺戶生生之資仰給畜牧績毛飲湩以爲衣食各安舊風狃習勞事不見紛華異物而遷故家給人足戎備整完卒之虎視四方彊朝弱附東踰蟠木西越流沙莫不率服部族寔爲之爪牙云

古八部

悉萬丹部

何大何部

伏弗郁部

羽陵部

日連部

匹絜部

黎部

吐六于部

契丹之先曰奇首可汗生八子其後族屬漸盛分爲八部居松漠之間今永州木葉山有契丹始祖廟奇首可汗可敦幷八子像在焉潢河之西土河之北奇首可汗故壤也

隋契丹十部

元魏疑莫弗賀勿于畏高麗蠕蠕侵逼率車三千乘衆萬口內附乃去奇首可汗故壤居白狼水東北齊文宣帝自平州三道來侵虜男女十餘萬口分置諸州又爲突厥所逼以萬家寄處高麗境內隋開皇四年諸莫弗賀悉衆款塞聽居白狼故地又別部寄處高麗者曰出伏等率衆內附詔置獨奚那頡之北又別部臣附突厥者四千餘戶來降詔給粮遣還固辭不去部落漸衆徙逐水草依紇臣水而居在遼西正北二百里其地東西亘五百里南北三百里分爲十部逸其名

唐大賀氏八部

達稽部峭落州

紇便部彈汗州

獨活部無逢州

芬問部羽陵州

突便部日連州

芮奚部徒河州

墜斤部萬丹州

伏部州二匹黎赤山

唐太宗置玄州以契丹大師據曲爲刺史又置松漠都督府以窟哥爲都督分八部并玄州爲十州則十部在其中矣

遙輦氏八部

旦利皆部

乙室活部

實活部

納尾部

頻沒部

納會雞部

集解部

奚嗢部

當唐開元天寶閒大賀氏既微遼始祖涅里立迪輦祖里爲阻午可汗時契丹因萬榮之敗部落凋散即故有族衆分爲八部涅里所統迭剌部自爲別部不與其列并遙輦迭剌亦十部也

遙輦阻午可汗二十部

耶律七部

審密五部

八部

涅里相阻午可汗分三耶律爲七二審密爲五并前八部爲二十部三耶律一曰大賀二曰遙輦三曰世里即皇族也二審密一曰乙室已二曰拔里即國舅也其分部皆未詳可知者曰迭剌曰乙室曰品曰楮特曰烏隗曰突呂不曰捏剌曰突舉又有右大部左大部凡十逆其二大賀遙輦析爲六而世里合爲一茲所以迭剌部終遙輦之世彊不可制云

志第二

志第三　遼史三十二

開府儀同三司上柱國錄軍國重事中書右丞相監修國史領經筵事都總裁臣脫脫奉

勑修

營衛志下

部族下

遼起松漠經營撫納竟有唐晉帝王之器典章文物施及濱海之區作史者尚可以故俗語耶舊史有部族志歷代之所無也古者巡守于方岳五服之君各述其職遼之部族實似之故以部族置宮衛行營之後云

遼內四部族

遙輦九帳族

橫帳三父房族

國舅帳拔里乙室已族

國舅別部

太祖二十部二國舅升帳分止十八部

五院部其先曰益古凡六營阻午可汗時與弟撒里本領之曰迭剌部傳至太祖以夷离菫即位天贊元年以彊大難制析五石烈爲五院六爪爲六院各置夷离菫會同元年更夷离菫爲大王部隸北府以鎮南境大王及都監春夏居五院部之側秋居羊門甸石烈四

大蔑孤石烈

小蔑孤石烈

甌昆石烈太宗會同二年以烏古之地水草豐羨命居之三年益以海勒水之地爲農田

乙習本石烈會同二年命以烏古之地

六院部隸北府以鎮南境其大王及都監春夏居泰德泉之北秋冬居獨盧金石烈四

轄懶石烈

阿速石烈

斡納撥石烈

斡納阿剌石烈會同二年命居烏古三年益以海勒水地

乙室部其先曰撒里本阻午可汗之世與其兄益古分營而領之曰乙室部會同二年更夷离菫爲大王隸南府其大王及都監鎮駐西南之境司徒居鴛鴦泊闡撒狘居車軸山石烈二

阿里答石烈

欲主石烈

品部其先曰拏女阻午可汗以其營爲部太祖更諸部夷离菫爲令穩統和中又改節度使隸北府屬西北路

招討司司徒居太子墳充戍軍隸節度使留後户隸司
徒石烈二
北哲里只石烈
南轄懶石烈
楮特部其先曰洼阻午可汗以其營爲部隸南府節度
使屬西北路招討司司徒居栢坡山及鏵山之側石烈
二
北石烈
南石烈
烏隗部其先曰撒里卜與其兄涅勒同營阻午可汗析

爲二撒里卜爲烏隗部涅勒爲涅剌部俱隸北府烏隗
部節度使屬東北路招討司司徒居徐母山郝里河之
側石烈二
北石烈
南石烈
涅剌部其先曰涅勒阻午可汗分其營爲部節度使屬
西南路招討司居黑山北司徒居郝里河側石烈二
北塌里石烈
南察里石烈
突呂不部其先曰塔古里領三營阻午可汗命分其一

與弟航斡爲突舉部塔古里得其二更爲突呂不部隸
北府節度使屬西北路招討司司徒居長春州西石烈
二
北托不石烈
南須石烈
突舉部其先曰航斡阻午可汗分營置部隸南府戍於
隗烏古部司徒居兀泉側石烈二
北石烈
南石烈
奚王府六部五帳分其先曰時瑟事東遙里十帳部主

哲里後遂哲里自立爲奚王卒弟吐勒斯立遙輦鮮質
可汗討之俘其拒敵者七百户撫其降者以時瑟鄰睦
之故止俘部曲之半餘悉留馬奚勢由是衰矣初爲五
部曰遙里曰伯德曰奧里曰梅只曰楚里太祖盡降之
號五部奚天贊八年有東扒里廝胡損者恃險堅壁於
箭笴山以拒命揶揄曰大軍何能爲我當飲墮瑰門下
矣太祖滅之以奚府給役户併括諸部稔丁收合流散
置墮瑰部因墮瑰門之語爲名遂號六部奚命勃魯恩
主之仍號奚王太宗即位置宰相常衮各二員聖宗合
奧里梅只墮瑰三部爲一特置二剋部以足六部之數

奚王和朔奴討兀惹敗績籍六部隸北府

突呂不室韋部本名大小二黃室韋戶太祖為達馬狘沙里以計降之乃置為二部隸北府節度使屬東北路統軍司戍泰州東北

涅剌拏古部與突呂不室韋部同節度使戍泰州東

迭剌迭達部本鮮質可汗所俘奚七百戶太祖即位以為十四石烈置為部隸南府節度使屬西南路招討司戍黑山北部民居慶州南

乙室奧隗部神冊六年太祖以所俘奚戶置隸南府節度使屬東北路兵馬司

楮特奧隗部太祖以奚戶置隸南府節度使屬東京都部署司

品達魯虢部太祖以所俘達魯虢部置隸南府節度使屬西南路招討司戍黑山北

烏古涅剌部亦曰涅離部太祖取于骨里戶六千神冊六年析為烏古涅剌及圖魯二部俱隸北府節度使屬西南路招討司

圖魯部節度使屬東北路統軍司

已上太祖以遙輦氏舊部族分置者凡十部增置者八

聖宗三十四部

撒里葛部奚有三營曰撒里葛曰窈爪曰耨盌爪太祖伐奚乞降願為著帳子弟籍于宮分皆設夷離菫聖宗各置為部改設節度使皆隸南府以備畋獵之役居澤州東

窈爪部與撒里葛部同居潭州南

耨盌爪部節度使屬東京都部署司

訛僕括部與撒里葛三部同居望雲縣東

特里特勉部初於八部各析二十戶以戍奚偵候落馬河及速魯河側置二十詳穩聖宗以戶口蕃息置為部設節度使隸南府戍倒塌嶺居橐駝岡

稍瓦部初取諸宮及橫帳大族奴隸置稍瓦石烈稍瓦鷹坊也居遼水東掌羅捕飛鳥聖宗以戶口蕃息置部節度使屬東京都部署司

曷朮部初取諸宮及橫帳大族奴隸置曷朮石烈曷朮鐵也以冶于海濱柳濕河三黜古斯手山聖宗以戶口蕃息置部屬東京都部署司

遙里部居潭利二州間石烈三

撒里必石烈

北石烈

帖魯石烈
伯德部松山平州之間太師太保居中京西石烈六
豰勒石烈
速古石烈
胦你石烈
迭里石烈
旭特石烈
怳里石烈
楚里部居潭州北
奥里部統和十二年以與梅只隆瑰三部民籍數寡合

爲一部并上三部本屬奚王府聖宗分置
南剋部
北剋部統和二年以奚府二剋分置二部
隗衍突厥部聖宗析四闢沙四頗憊戶置以鎮東北女
直之境開泰九年節度使奏請置石烈隸北府屬黄龍
府都部署司
奥衍突厥部與隗衍突厥同
涅剌越兀部以涅剌室韋戶置隸北府節度使屬西南
面招討司戍黑山北
奥衍女直部聖宗以女直戶置隸北府節度使屬西北
招討司戍鎮州境自北至河西部皆俘獲諸國之民初
隸諸宫戶口蕃息置部訖於五國皆有節度使
乙典女直部聖宗以女直戶置隸南府居高州北
斡突盌烏古部聖宗以烏古戶置隸南府節度使屬西
南面招討司戍黑山北
迭魯敵烈部聖宗以敵烈戶置隸北府節度使屬烏古
敵烈統軍司
室韋部聖宗以室韋戶置節度使屬西北路招討司
术哲達魯虢部聖宗以達魯虢戶置隸北府節度使屬
東北路統軍司戍境內居境外

梅古悉部聖宗以唐古戶置隸北府節度使屬西南面
招討司
頡的部聖宗以唐古戶置隸北府節度使屬西南面招
討司
北敵烈部聖宗以敵烈戶置戍隗烏古部
匿訖唐古部聖宗置隸北府節度使屬西南面招討司
北唐古部聖宗以唐古戶置隸北府節度使屬黄龍府
都部署司戍府南
南唐古部聖宗置隸北府
鶴剌唐古部與南唐古同節度使屬西南面招討司

河西部聖宗置隸北府節度使屬東北路統軍司
薛特部開泰四年以回鶻户置隸北府居慈仁縣北
伯斯鼻骨德部本鼻骨德户初隸諸宫聖宗以户口蕃息置部隸北府節度使屬東北路統軍司戍境内居境外
達馬鼻骨德部聖宗以鼻骨德户置隸南府節度使屬東北路統軍司
五國部剖阿里國盆奴里國奥里米國越里篤國越里吉國聖宗時來附命居本土以鎮東北境屬黄龍府都部署司重熙六年以越里吉國人尚海等訴酋帥渾敞

貪汚罷五國酋帥設節度使以領之
已上聖宗以舊部族置者十六增置十八

遼國外十部

烏古部
敵烈八部
隗古部
回跋部
嵒母部
吾秃婉部
迭刺葛部
回鶻部
長白山部
蒲盧毛朶部

右十部不能成國附庸於遼時叛時服各有職貢猶唐人之有羈縻州也

志第三

志第四

開府儀同三司上柱國錄軍國重事中書右丞相監修國史領經筵事都總裁臣脫脫奉
勅修

兵衛志上

軒轅氏合符東海邑于涿鹿之阿遷徙往來無常處以兵為營衛飛狐以北無慮以東西暨流沙四戰之地聖人猶不免處兵衛地勢然耳遼國左都遼海右邑涿鹿兵力莫彊焉其在隋世依紇臣水而居分為十部兵多者三千少者千餘順寒暑逐水草畜牧侵伐則十部相與議興兵致役合契而後動獵則部得自行至唐大賀氏勝兵四萬三千人分為八部大賀氏中衰僅存五部有耶律雅里者分五部為八立二府以總之析三耶律氏為七二審密氏為五凡二十部刻木為契政令大行遜不有國廼立遙輦氏代大賀氏兵力益振即太祖六世祖也及太祖會李克用于雲中以兵三十萬盛矣遙輦耶瀾可汗十年歲在辛酉太祖授鉞專征破室韋于厥奚三國俘獲廬帳不可勝紀十月授大迭烈府夷离菫明賞罰繕甲兵休息民庶滋蕃羣牧務在戢兵十一年總兵四十萬伐代北克郡縣九俘九萬五千口十二年德祖討奚俘七千戶十五年遙輦可汗卒遺命遜位于太祖太祖即位五年討西奚東奚悉平

之盡有奚霫之眾六年春親征幽州東西旌旗相望亘數百里所經郡縣望風皆下俘獲甚眾振旅而還秋親征背陰國俘獲數萬計神冊元年親征突厥吐渾党項小蕃沙陀諸部俘戶一萬五千六百攻振武乘勝而東攻蔚新武媯儒五州俘獲不可勝紀斬不從命者萬四千七百級盡有代北河曲陰山之眾遂取山北八軍四年親征于骨里國俘獲一萬四千二百口五年征党項俘獲二千六百口攻天德軍拔十有二柵徙其民六年出居庸關分兵掠檀順等州安遠軍三河良鄉望都潞滿城遂城等縣俘其民徙內地皇太子略定州俘獲甚眾天贊元年以戶口滋繁糺轄疏遠分北大濃兀為二部立兩節度以統之三年西征党項等國俘獲不可勝紀四年親征渤海天顯元年滅渤海國地方五千里兵數十萬五京十五府六十二州盡有其眾契丹益大會同初太宗滅唐立晉晉獻燕代十六州民眾兵彊莫之能禦矣

兵制

遼國兵制凡民年十五以上五十以下隸兵籍每正軍一名馬三疋打草穀守營鋪家丁各一人人鐵甲九事馬韉轡馬甲皮鐵視其力弓四箭四百長短鎗䤬䤸斧鉞小旗鎚錐火刀石馬盂粆一斗粆袋搭紿傘各一縻馬繩二百

人皆自備人馬不給糧草日遣打草穀騎四出抄掠以供
之鑄金魚符調發軍馬其捉馬及傳命有銀牌二百軍所
舍有遠探攔子馬以夜聽人馬之聲凡舉兵帝率蕃漢文
武臣僚以青牛白馬祭告天地日神惟不拜月分命近臣
告太祖以下諸陵及木葉山神乃詔諸道徵兵惟南北奚
王東京渤海兵馬燕京統軍兵馬雖奉詔未敢發兵必以
聞上遣大將持金魚符合然後行始聞詔攢戶丁推戶力
覈籍齊衆以待自十將以上次第點集軍馬器仗符至兵
馬本司自領使者不得與唯再共點軍馬訖又以上聞量
兵馬多少再命使充軍主與本司互相監督又請引五方

旗鼓然後皇帝親點將校又選勳戚大臣充行營兵馬都
統副都統都監各一人又選諸軍兵馬尤精銳者三萬人
爲護駕軍又選驍勇三千人爲先鋒軍又選剽悍百人之
上爲遠探攔子軍以上各有將領又於諸軍每部量衆寡
抽十人或五人合爲一隊別立將領以備勾取兵馬騰遞
公事其南伐點兵多在幽州北千里鴛鴦泊及行並取居
庸關曹王峪白馬口古北口安達馬口松亭關榆關等路
將至平州幽州境又遣使分道催發不得久駐恐踐禾稼
出兵不過九月還師不過十二月正路不得見僧尼喪服
之人皇帝親征留親王一人在幽州權知軍國大事既入

南界分爲三路廣信軍雄州霸州各一駕必由中道兵馬
都統護駕等軍皆從各路軍馬遇縣鎮即時攻擊若大州
軍必先料其虛實可攻次第而後進兵沿途民居園囿桑
柘必夷伐焚蕩至宋北京三路兵皆會以議攻取及退亦
然三路軍馬前後左右有先鋒遠探攔子馬各十數人在
先鋒前後二十餘里全副衣甲夜中每行十里或五里少
駐下馬側聽無有人馬之聲有則擒之力不可敵飛報先
鋒齊力攻擊如有大軍走報主帥敵中虛實動必知之軍
行當道州城防守堅固不可攻擊引兵過之恐敵人出城
邀阻乃圍射鼓譟詐爲攻擊敵方閉城固守前路無阻引

兵進分兵抄截使隨處州城隔絕不通孤立無援所過大
小州城至夜恐城中出兵突擊及與鄰州計會軍馬甲夜
每城以騎兵百人去城門左右百餘步被甲執兵立馬以
待兵出力不能加馳還勾集衆兵與戰左右官道斜徑山
路河津夜中並遣兵巡守其打草穀家丁各衣甲持兵旋
團爲隊必先所伐園林然後驅掠老幼運土木塡壕塹攻
城之際必使先登矢石檑木併下止傷老幼又於本國州
縣起漢人鄉兵萬人隨軍專伐園林塡道路御寨及諸營
壘唯用桑柘梨栗軍退縱火焚之敵軍既陣料其陣勢小
大山川形勢往回道路救援捷徑漕運所出各有以制之

然後於陣四面列騎為隊每隊五七百人十隊為一道十道當一面各有主帥最先一隊走馬大譟衝突敵陣得利則諸隊齊進若未利引退第二隊繼之退者息馬飲水粆諸道皆然更退迭進敵陣不動亦不力戰歷二三日待其困憊又令打草穀家丁馬施雙箒因風疾馳揚塵敵陣更互往來中既飢疲目不相覩可以取勝若陣南獲勝陣北失利主將在中無以知之則以本國四方山川為號聲以相聞得相救應若帝不親征重臣統兵不下十五萬衆三路往還北京會兵進以九月退以十二月行事次第皆如之若春以正月秋以九月不命都統止遣騎兵六萬不許

深入不攻城池不伐林木但於界外三百里內耗蕩生聚不令種養而已軍入南界步騎車帳不循阡陌三道將領各一人率攔子馬各萬騎支散游弈百十里外更迭覘邏及暮以吹角為號衆即頓舍環繞御帳自近及遠折木梢屈為弓子鋪不設鎗營塹柵之備每軍行鼓三伐不問晝夜大衆齊發未遇大敵不乘戰馬俟近敵師乘新羈馬蹄有餘力成列不戰退則乘之多伏兵斷糧道冒夜舉火上風曳柴饋餉自賫散而復聚善戰能寒此兵之所以彊也

志第四

兵衛志中

御帳親軍

漢武帝多行幸之事置期門佽飛羽林之目天子始有親軍唐太宗加親勳翊千牛之衛布腹心之地防衛密矣遼太祖宗室盛彊分迭剌部爲二宮衛內虛經營四方未遑鳩集皇后述律氏居守之際摘蕃漢精銳爲屬珊軍太宗益選天下精甲置諸爪牙爲皮室軍合騎五十萬國威壯矣

大帳皮室軍

太宗置凡三十萬騎

屬珊軍

地皇后置二十萬騎

宮衛騎軍

太祖以迭剌部受禪分本部爲五院六院統以皇族而親衛缺然乃立斡魯朶法裂州縣割戶丁以彊幹弱支詒謀嗣續世建宮衛入則居守出則扈從葬則因以守陵有兵事則五京二州各提轄司傳檄而集不待調發州縣部族十萬騎軍已立具矣恩意親洽兵甲犀利教練完習簡天下精銳聚之腹心之中懷舊者歲深增新者世盛此軍制之良者也

弘義宮

正丁一萬六千

蕃漢轉丁一萬四千

騎軍六千

長寧宮

正丁一萬四千

蕃漢轉丁一萬二千

騎軍五千

永興宮

正丁六千

蕃漢轉丁一萬四千

騎軍五千

積慶宮

正丁一萬

蕃漢轉丁一萬六千

騎軍八千

延昌宮

正丁二千

蕃漢轉丁六千

騎軍二千

彰愍宮

正丁一萬六千

蕃漢轉丁二萬

騎軍一萬

崇德宮

正丁一萬二千

蕃漢轉丁二萬

騎軍一萬

興聖宮

正丁二萬

蕃漢轉丁四萬

騎軍五千

延慶宮

正丁一萬四千

蕃漢轉丁二萬

騎軍一萬

太和宮

正丁二萬

蕃漢轉丁四萬

騎軍一萬五千

永昌宮

正丁一萬四千

蕃漢轉丁二萬

騎軍一萬

敦睦宮

正丁六千

蕃漢轉丁一萬

騎軍五千

文忠王府

正丁一萬

蕃漢轉丁一萬六千

騎兵一萬

十二宮一府自上京至南京總要之地各置提轄司重地每宮皆置內地一二而已太和永昌二宮宜與興聖延慶同舊史不見提轄司蓋闕文也

南京

弘義宮提轄司

長寧宮提轄司

永興宮提轄司

積慶宮提轄司
延昌宮提轄司
彰愍宮提轄司
崇德宮提轄司
興聖宮提轄司
延慶宮提轄司
敦睦宮提轄司
文忠王府提轄司

西京

弘義宮提轄司

長寧宮提轄司
永興宮提轄司
積慶宮提轄司
彰愍宮提轄司
崇德宮提轄司
延慶宮提轄司
文忠王府提轄司

奉聖州

弘義宮提轄司
長寧宮提轄司

永興宮提轄司
積慶宮提轄司
彰愍宮提轄司
崇德宮提轄司
興聖宮提轄司
延慶宮提轄司
文忠王府提轄司

平州

弘義宮提轄司
長寧宮提轄司

永興宮提轄司
積慶宮提轄司
延昌宮提轄司
彰愍宮提轄司
興聖宮提轄司
延慶宮提轄司
文忠王府提轄司

中京

延昌宮提轄司
文忠王府提轄司

上京

文忠王府提轄司

凡諸宮衛丁四十萬八千出騎軍十萬一千

大首領部族軍

遼親王大臣體國如家征伐之際往往置私甲以從王事大者千餘騎小者數百人著籍皇府國有戎政量借三五千騎常留餘兵為部族根本

太子軍

偉王軍

永康王軍

于越王軍

麻荅軍

五押軍

衆部族軍

衆部族分隷南北府守衛四邊各有司存具如左

北府凡二十八部

侍從宮帳

奚王府部

鎮南境

五院部

六院部

東北路招討司

烏隗部

東北路統軍司

遥里部

伯德部

奥里部

南剋部

北剋部

圖盧部

术哲達魯虢部

河西部

西北路招討司

突呂不部

奥衍女直部

室韋部

西南路招討司

涅剌部

烏古剌部

涅剌越兀部

梅古悉部
頡的部
匿訖唐古部
鶻剌唐古部
黃龍府都部署司
隗衍突厥部
奥衍突厥部
北唐古部
五國部
烏古敵烈統軍司

迭魯敵烈部
戍隗烏古部
北敵烈部
南府凡一十六部
鎮駐西南境
乙室部
西南路招討司
品部
迭達迭剌部
品達魯虢部

乙典女直部
西北路招討司
楮特部
東北路統軍司
達馬鼻古德部
東北路女直兵馬司
乙室奥隗部
東京都部署司
楮特奥隗部
窈爪部

稍瓦部
曷朮部
戍倒塌嶺
訛僕括部
屯駐本境
撒里葛部
南唐古部
薛特部

志第五

志第六　　遼史三十六

開府儀同三司上柱國錄軍國重事中書右丞相監修國史領經筵事都總裁脫脫等

勑修

兵衛志下

五京鄉丁

遼建五京臨潢契丹故壤遼陽漢之遼東爲渤海故國中京漢遼西地自唐以來契丹有之三京丁籍可紀者二十二萬六千一百蕃漢轉户爲多析津大同故漢地籍丁八十萬六千七百契丹本户多隷宮帳部族其餘蕃漢户丁分隷者皆不與焉

太祖建皇都于臨潢府太宗定晉晉王石敬塘來獻十六城乃定四京改皇都爲上京有丁一十六萬七千二百

臨潢府

臨潢縣丁七千

長泰縣丁八千

保和縣丁六千

定霸縣丁六千

宣化縣丁四千

潞縣丁六千

易俗縣丁一千五百

遷遼縣丁一千五百

祖州

長霸縣丁四千

咸寧縣丁二千

越王城丁二千

懷州

扶餘縣丁三千

顯理縣丁二千

慶州玄寧縣丁一萬二千

泰州興國縣丁一千四百

長春州長春縣丁四千

烏州愛民縣丁二千

永州

長寧縣丁九千

義豐縣丁三千

慈仁縣丁八百

儀坤州廣義縣丁五千

龍化州龍化縣丁二千

降聖州永安縣丁一千五百

饒州

長樂縣丁八千
臨河縣丁二千
安民縣丁二千
頭下徽州丁二萬
成州丁八千
懿州丁八千
渭州丁二千
原州丁一千
壕州丁一萬二千
福州丁五百

橫州丁四百
鳳州丁一千
遂州丁一千
豐州丁一千
順州丁二千
閭州丁二千
松山州丁一千
豫州丁一千
寧州丁六百

東京本渤海以其地建南京遼陽府統縣六轄軍府州城二十六有丁四萬一千四百天顯十三年太宗改爲東京

遼陽府
遼陽縣丁三千
仙鄉縣丁三千
鶴野縣丁二千四百
析木縣丁二千
紫蒙縣丁二千
興遼縣丁二千
開州開遠縣丁二千
鹽州丁五百

穆州丁五百
賀州丁五百
定州定東縣丁一千六百
保州來遠縣丁二千
辰州丁四千
盧州丁五百
鐵州丁二千
興州丁三百
湯州丁七百
崇州丁一千

海州丁三千
巖州丁一千二百
嬪州丁七百
淥州丁四千
桓州丁一千
豐州丁五百
正州丁七百
慕州丁三百
南京析津府統縣十一轄軍府州城九有丁五十六萬六千
析津府
析津縣丁四萬
宛平縣丁四萬四千
昌平縣丁一萬四千
良鄉縣丁一萬四千
潞縣丁一萬一千
安次縣丁二萬四千
武清縣丁二萬
永清縣丁一萬
香河縣丁一萬四千
玉河縣丁二千

漷陰縣丁一萬
順州懷柔縣丁一萬
檀州
密雲縣丁一萬
行唐縣丁六千
涿州
范陽縣丁二萬
固安縣丁二萬
新城縣丁二萬
歸義縣丁八萬
易州
易縣丁五萬
淶水縣丁五萬四千
容城縣丁一萬
薊州
漁陽縣丁八千
三河縣丁六千
玉田縣丁六千
平州
盧龍縣丁一萬四千

安喜縣丁一萬
望都縣丁六千
灤州
義豐縣丁八千
馬城縣丁六千
石城縣丁六千
營州廣寧縣丁六千
景州遵化縣丁六千
西京大同府統縣七轄軍府州城十七有丁三十二萬二
千七百

大同府
大同縣丁二萬
雲中縣丁二萬
天詳縣丁一萬
長青縣丁八千
奉義縣丁六千
懷仁縣丁六千
懷安縣丁六千
弘州
永寧縣丁二萬

順聖縣丁六千
德州宣德縣丁六千
豐州
富民縣丁一千四百
振武縣鄉兵三百
奉聖州
永興縣丁一萬六千
礬山縣丁六千
龍門縣丁八千
望雲縣丁二千

歸化州文德縣丁二萬
可汗州懷來縣丁六千
儒州縉山縣丁一萬
蔚州
靈仙縣丁四萬
定安縣丁二萬
飛狐縣丁一萬
靈丘縣丁六千
廣陵縣丁六千
應州

金城縣丁一萬六千
渾源縣丁一萬
河陰縣丁六千
朔州
鄯陽縣丁八千
寧遠縣丁四千
馬邑縣丁六千
金肅軍防秋兵一千
武州神武縣丁一萬
河清軍防秋兵一千

聖宗統和二十三年城七金山建大定府號中京統縣九
轄軍府州城二十三草創未定丁籍莫考可見者一縣
高州三韓縣丁一萬
大約五京民丁可見者一百一十萬七千三百爲鄉兵

屬國軍

遼屬國可紀者五十有九朝貢無常有事則遣使徵兵或下詔專征不從者討之助軍衆寡各從其便無常額又有鐵不得國者興宗重熈十七年乞以兵助攻夏國詔不許

吐谷渾
鐵驪
靺鞨
兀惹
黑車子室韋
西奚
東部奚
烏馬山奚
斜離底
突厥
党項
小蕃

沙陀
阻卜
烏古
素昆那
胡母思山蕃
波斯
大食
甘州回鶻
新羅
烏孫

燉煌
賃烈
要里
回鶻
轄戛斯
吐蕃
黄室韋
小黄室韋
大黄室韋
阿薩蘭回鶻

于闐
師子
北女直
河西党項
南京女直
沙州燉煌
曷蘇館
沙州回鶻
査只底
蒲盧毛朶

蒲奴里
大蕃
高昌
回拔
頗里
達里底
拔思母
敵烈
粘八葛
梅里急

耶覩刮
鼻骨德
和州回鶻
斡朗改
高麗
西夏
女直

遼之為國鄰於梁唐晉漢周宋晉以恩故始則父子一家終則寇讎相攻梁唐周德然然敵國宋惟太宗征北漢遼不能救餘多敗衂縱得亦不償失良由石晉獻土中國失五

關之固然也高麗小邦屢丧遼兵非以險阻足恃故歟西
夏彈丸之地南敗宋東抗遼雖西北士馬雄勁元昊諒祚
智勇過人能使党項阻卜掣肘大國蓋亦襟山帶河有以
助其勢耳雖然宋久失地利而舊志言兵唯以敵宋爲務
踰三關聚議北京猶不敢輕進豈不以大河在前三鎮在
後臨事好謀之審不容不然歟二帳十二宮一府五京有
兵一百六十四萬二千八百宮丁大首領諸部族中京頭
下等州屬國之衆皆不與焉不輕州之所以長世

邊境戍兵

人得高麗大遼事跡載東境戍兵以備高麗女直等國見

其守國規模布置簡要舉一可知三邊矣

東京至鴨渌西北峰爲界

黄龍府正兵五千

咸州正兵一千

東京沿女直界至鴨渌江

軍堡凡七十各守軍二十人計正兵一千四百

來遠城宣義軍營八

太子營正兵三百

大營正兵六百

蒲州營正兵二百

新營正兵五百

加陁營正兵三百

王海城正兵三百

柳白營正兵四百

沃野營正兵一千

神虎軍城正兵一萬大康十年置

右一府一州二城七十堡八營計正兵二萬二千

志第六

志第七　遼史三十七

開府儀同三司上柱國錄軍國重事中書右丞相監修國史領經筵事都總裁臣脫脫　奉

勑修

地理志一

帝堯畫天下為九州舜以冀青地大分幽并營為州十有二幽州在渤碣之間并州北有代朔營州東暨遼海其地負山帶海其民執干戈奮武衛風氣剛勁自古為用武之地太祖以迭剌部之衆代遙輦氏起臨潢建皇都東併渤海得城邑之居百有三太宗立晉有幽涿檀薊順營平蔚朔雲應新嬀儒武寰十六州於是割古幽并營之境而跨

有之東朝高麗西臣夏國南子石晉而兄弟趙宋吳越南唐航海輸貢嘻其盛矣遼國其先曰契丹本鮮卑之地居遼澤中去榆關一千一百三十里去幽州又七百一十四里南控黃龍北帶潢水冷陘屏右遼河塹左高原多榆柳下隰饒蒲葦當元魏時有地數百里至唐大賀氏蠶食扶餘室韋奚靺鞨之區地方二千餘里貞觀三年以其地置玄州尋置松漠都督府建八部為州各置刺史達稽部曰峭落州紇便部曰彈汗州獨活部曰無逢州芬問部曰羽陵州突便部曰日連州芮奚部曰徒河州墜斤部曰萬丹州伏部曰匹黎赤山二州以大賀氏窟哥為使持節十州軍事分州建官蓋昉於此迨于五代闢地東西三千里遙輦氏更八部曰旦利皆部乙室活部實活部納尾部頻沒部內會雞部集解部奚嗢部屬縣四十有一每部設刺史縣置令太宗以皇都為上京升幽州為南京改南京為東京聖宗城中京興宗升雲州為西京於是五京備焉又以征伐俘戶建州襟要之地多因舊居名之加以私奴置投下州總京五府六州軍城百五十有六縣二百有九部族五十有二屬國六十東至于海西至金山暨于流沙北至臚朐河南至白溝幅員萬里

上京道

上京臨潢府本漢遼東郡西安平之地新莽曰北安平太祖取天梯別魯等三山之勢于葦甸射金齪箭以識之謂之龍眉宮神冊三年城之名曰皇都天顯十三年更名上京府曰臨潢涞流河自西北南流遶京三面東入于曲江其北東流為按出河又有御河沙河黑河潢河鴨子河他魯河狼河蒼耳河輞子河臚朐河陰涼河豬河鴛鴦湖興國惠民湖廣濟湖鹽濼百狗濼大神淀馬盂山兔兒山野鵲山鹽山鑿山松山平地松林大斧山列山屈劣山勒得山唐所封大賀氏勒得王有墓存焉戶三萬六千五百統軍府州城二十五統縣十

臨潢縣太祖天贊初南攻燕薊以所俘人戶散居潢水
之北縣臨潢水故以名地宜種植戶三千五百
長泰縣本渤海國長平縣民太祖伐大諲譔先得是邑
遷其人於京西北與漢民雜居戶四千
定霸縣本扶餘府強師縣民太祖下扶餘遷其人於京
西與漢人雜處分地耕種統和八年以諸宮提轄司人
戶置隸長寧宮戶二千
保和縣本渤海國富利縣民太祖破龍州盡徙富利縣
人散居京南統和八年以諸宮提轄司人戶置隸彰愍
宮戶四千

潞縣本幽州潞縣民天贊元年太祖破薊州掠潞縣民
布於京東與渤海人雜處隸崇德宮戶三千
易俗縣本遼東渤海之民太平九年大延琳結搆遼東
夷叛圍守經年乃降盡遷於京北置縣居之是年又徙
渤海叛人家屬置焉戶一千
遷遼縣本遼東諸縣渤海人大延琳叛擇其謀勇者置
之左右後以城降戮之徙其家屬於京東北故名戶一千
渤海縣本東京人因叛徙置
興仁縣開泰二年置
宣化縣本遼東神化縣民太祖破鴨淥府盡徙其民居

京之南統和八年以諸宮提轄司人戶置隸彰愍宮戶
四千
上京太祖創業之地負山抱海天險足以為固地沃宜耕
植水草便畜牧金齪一箭二百年之基壯矣天顯元年平
渤海歸乃展郛郭建宮室名以天贊起三大殿曰開皇安
德五鑾中有歷代帝王御容每月朔望節辰忌日在京文
武百官並赴致祭又於內城東南隅建天雄寺奉安烈考
宣簡皇帝遺像是歲太祖崩應天皇后於義節寺斷腕置
太祖陵即寺建斷腕樓樹碑焉太宗援立晉遣宰相馮道
劉煦等持節具鹵簿法服至此冊上太宗及應天皇后尊

號太宗詔蕃部並依漢制御開皇殿闢承天門受禮因改
皇都為上京城高二丈不設敵樓幅員二十七里門東曰
迎春曰鴈兒南曰順陽西曰金鳳曰西鴈兒曰南福其北
謂之皇城高三丈有樓櫓門東曰安東南曰大順西曰乾
德北曰拱辰中有大內內南門曰承天有樓閣東門曰東
華西曰西華此通內出入之所正南街東留守司衙次鹽
鐵司次南門龍寺街南曰臨潢府其側臨潢縣縣西南崇
孝寺承天皇后建寺西長泰縣又西天長觀西南國子監
監北孔子廟廟東節義寺又西北安國寺太宗所建寺東
齊天皇后故宅宅東有元妃宅即法天皇后所建也其南

貝聖尼寺綾錦院内省司麴院贍國省司二叒皆在大内西南八作司與天雄寺對南城謂之漢城南當橫街各有樓對峙下列井肆東門之北潞縣又東南興仁縣南門之東西鶻營西鶻商販留居上京置營居之西南同文驛諸國信使居之驛西南臨潢驛以待夏國使驛西福先寺寺西宣化縣西南定霸縣縣西保和縣西門之北易俗縣縣東遷遼縣

周廣順中胡嶠記曰上京西樓有邑屋市肆交易無錢而用布有綾錦諸工作宦者翰林伎術教坊角觝儒僧尼道士中國人并汾幽薊爲多宋大中祥符九年薛映記曰上京者中京正北八十里至松山館七十里至崇信館九十里至廣寧館五十里至姚家寨館五十里至咸寧館三十里度潢水石橋旁有饒州唐於契丹嘗置饒樂今渤海人居之五十里保和館度黑水河七十里宣化館五十里長泰館館西二十里有佛舍民居即祖州又四十里至臨潢府自過崇信館乃契丹舊境其南奚地也入西門門曰金德内有臨潢館子城東門曰順陽北行至景福門又至承天門内有昭德宣政二殿與氊廬皆東向臨潢西北二百餘里號涼淀在饅頭山南避暑之處多豐草掘地丈餘即有堅冰

祖州天成軍上節度本遼右八部世沒里地太祖秋獵多於此始置西樓後因建城號祖州以高祖昭烈皇帝曾祖莊敬皇帝祖考簡獻皇帝皇考宣簡皇帝所生之地故名城高二丈無敵棚幅員九里門東曰望京南曰大夏西曰液山北曰興國西北隅有内城殿曰兩明奉安祖考御容曰二儀以白金鑄太祖像曰黑龍曰清秘各有太祖微時兵仗器物及服御皮毛之類存之以示後嗣使勿忘本内南門曰興聖凡三門上有樓閣東西有角樓東爲州廨及諸官廨舍綾錦院班院祗候蕃漢渤海三百人供給内府取索東南橫街四隅有樓對峙下連市肆東長霸縣西咸寧縣有祖山山有太祖天皇帝廟御靴尚存又有龍門黎谷液山液泉白馬獨石天梯之山水則南沙河西液泉太祖陵鑿山爲殿曰明殿殿南嶺有膳堂以備時祭門曰黑龍東偏有聖蹤殿立碑述太祖遊獵之事殿東有樓立碑以紀太祖創業之功皆在州西五里天顯中太宗建隸弘義宮統縣二城一

長霸縣本龍州長平縣民遷于此户二千

咸寧縣本長寧縣破遼陽遷其民置户一千

越王城太祖伯父于越王述魯西伐党項吐渾俘其民放牧於此因建城在州東南二十里户一千

懷州奉陵軍上節度本唐歸誠州太宗行帳放牧於此天
贊中從太祖破扶餘城下龍泉府俘其人築寨居之會同
中掠燕薊所俘亦置此太宗崩葬西山曰懷陵大同元年
世宗置州以奉焉是年有騎十餘獵于祖州西五十里大
山中見太宗乘白馬獨追白狐射之一發而斃忽不見但
獲狐與矢是日太宗崩于欒城後於其地建廟又於州之
鳳凰門繪太宗馳騎貫狐之像穆宗被害葬懷陵側建鳳
凰殿以奉焉有清涼殿爲行幸避暑之所皆在州西二十
里隸永興宮統縣二
　扶餘縣本龍泉府太祖遷渤海扶餘縣降戶於此世宗

置縣戶一千五百
　顯理縣本顯理府人太祖伐渤海俘其王大諲譔遷民
於此世宗置縣戶一千
慶州玄寧軍上節度本太保山黑河之地巖谷險峻穆宗
建城號黑河州每歲來幸射虎障鷹軍國之事多委大臣
後遇弒於此以地苦寒統和八年州廢聖宗秋畋愛其奇
秀建號慶州遼國五代祖勃突貌異常有武略力敵百人
衆推爲王生于勃突山因以名没葬山下在州二百里慶
雲山本黑嶺也聖宗駐蹕愛羨曰吾萬歲後當葬此興宗
遵遺命建永慶陵有望仙殿御容殿置蕃漢守陵三千戶

並隸大內都總管司在州西二十里有黑山赤山太保山
老翁嶺饅頭山興國湖轄失濼黑河景福元年復置更隸
興聖宮統縣三
　玄德縣本黑山黑河之地景福元年括落帳人戶從便
居之戶六千
　孝安縣
　富義縣本義州太宗遷渤海義州民於重熙元年降爲
義豐縣後更名隸弘義宮
泰州德昌軍節度本契丹二十部族放牧之地因黑鼠族
累犯通化州民不能禦遂移東南六百里來建城居之以
近本族黑鼠穴居膚黑吻銳類鼠故以名州隸延慶宮兵
事屬東北統軍司統縣二

　樂康縣倚郭
　興國縣本山前之民因罪配遞至此興宗置縣戶七百
長春州韶陽軍下節度本鴨子河春獵之地興宗重熙八
年置隸延慶宮兵事隸東北統軍司統縣一
　長春縣本混同江地燕薊犯罪者流配於此戶二千
烏州靜安軍刺史本烏丸之地東胡之種也遼北大王撥
剌占爲牧建城後官收隸興聖宮有遼河夜河烏丸川烏
丸山統縣一

愛民縣撥剌王從軍南征俘漢民置于此戶一千
永州永昌軍觀察承天皇太后所建太祖於此置南樓乾
亨三年置州于皇子韓八墓側東潢河南土河二水合流
故號永州冬月牙帳多駐此謂之冬捺缽有木葉山上建
契丹始祖廟奇首可汗在南廟可敦在北廟繪塑二聖并
八子神像相傳有神人乘白馬自馬盂山浮土河而東有
天女駕青牛車由平地松林泛潢河而下至木葉山二水
合流相遇為配偶生八子其後族屬漸盛分為八部每行
軍及春秋時祭必用白馬青牛示不忘本云興王寺有白
衣觀音像太祖援石晉主中國自潞州迴入幽州幸大悲

閣指此像曰我夢神人令送石郎為中國帝即此也因移
木葉山建廟春秋告賽尊為家神興軍必告之乃合符傳
前於諸部又有高淀山柳林淀亦曰馬淀隸彰愍宮統縣
三
長寧縣本顯德府縣名太祖平渤海遷其民於此戶四
千五百
義豐縣本鐵利府義州遼兵破之遷其民於南樓之西
北仍名義州重熙元年廢州改今縣在州西北一百里
又嘗改富義縣屬泰州始末不可具考今兩存之戶一
千五百

慈仁縣太宗以皇子只撒古亡置慈州墳西重熙元年
州廢改今縣戶四百
儀坤州啓聖軍節度本契丹右大部地應天皇后建州回
鶻糯思居之至四世孫容我梅里生應天皇后述律氏適
太祖太祖開拓四方平渤海后有力焉俘掠有伎藝者多
歸帳下謂之屬珊以所生之地置州州建啓聖院中為儀
寧殿太祖天皇帝應天地皇后銀像在焉隸長寧宮統縣
廣義縣本回鶻部牧地應天皇后以四征所俘居之因
建州縣統和八年以諸宮提轄司戶置來遠縣十三年

併入戶二千五百
龍化州興國軍下節度本漢北安平縣地契丹始祖奇首
可汗居此稱龍庭太祖於此建東樓唐天復二年太祖為
迭烈部夷離菫破代北遷其民建城居之明年伐女直俘
數百戶實焉天祐元年增修東城制度頗壯麗十三年太
祖於城東金鈴岡受尊號曰大聖大明天皇帝建元神册
天顯元年崩于東樓太宗升節度隸彰愍宮兵事屬北路
女直兵馬司刺史州一未詳統縣一
龍化縣太祖東伐女直南掠燕薊所俘建城置邑戶一
千

降聖州開國軍下刺史本大部落東樓之地太祖春月行帳多駐此應天皇后夢神人金冠素服執兵仗貌甚丰美異獸十二隨之中有黑兔躍入后懷因而有娠遂生太宗時黑雲覆帳火光照室有聲如雷諸部異之穆宗建州四面各三十里禁樵採放牧先屬延昌宮後隸彰愍宮統縣一

永安縣本龍原府慶州縣名太祖平渤海破懷州之永安遷其人置寨於此建縣戶八百

饒州匡義軍中節度本唐饒樂府地貞觀中置松漠府太祖完葺故壘有潢河長水濼沒打河青山大福山松山隸

延慶宮統縣三

長樂縣本遼城縣名太祖伐渤海遷其民建縣居之戶四千內一千戶納鐵

臨河縣本豐永縣人太宗分兵伐渤海遷於潢水之曲戶一千

安民縣太宗以渤海諸邑所俘雜置戶一千

頭下軍州皆諸王外戚大臣及諸部從征俘掠或置生口各團集建州縣以居之橫帳諸王國舅公主許創立州城自餘不得建城郭朝廷賜州縣額其節度使朝廷命之刺史以下皆以本主部曲充焉官位九品之下及井邑商賈之家征稅各歸頭下唯酒稅課納上京鹽鐵司

徽州宣德軍節度景宗女秦晉大長公主所建媵臣萬戶在宜州之北二百里因建州城北至上京七百里節度使以下皆公主府署戶一萬

成州長慶軍節度聖宗女晉國長公主以上賜媵臣戶置在宜州北百六十里因建州城北至上京七百四十里戶四千

懿州廣順軍節度聖宗女燕國長公主以上賜媵臣戶置在顯州東北二百里因建州城西北至上京八百里戶四千

渭州高陽軍節度駙馬都尉蕭昌裔建尚秦國王隆慶女

韓國長公主以所賜媵臣建州城顯州東北二百五十里遂制皇子嫡生者其女與帝女同戶一千

壕州國舅宰相南征俘掠漢民居遼東西安平縣故地在顯州東北二百二十里西北至上京七百二十里戶六千

原州本遼東北安平縣地顯州東北三百里國舅金德俘掠漢民建城西北至上京八百里戶五百

福州國舅蕭寧建南征俘掠漢民居北安平縣故地在原州北二十里西北至上京七百八十里戶三百

橫州國舅蕭克忠建部下牧人居漢故遼陽縣地因置州城在遼州西北九十里西北至上京七百二十里有橫山

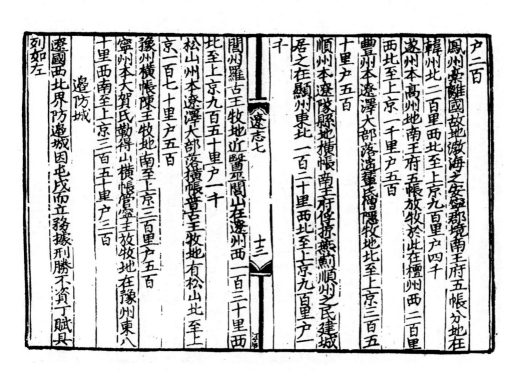

户二百
鳳州稾離國故地渤海之安寧郡境南王府五帳分地在
韓州北二百里西北至上京九百里户四千
遂州本高州地南王府五帳放牧於此在檀州西二百里
西北至上京一千里户五百
豐州本遼澤大部落遥輦氏僧隱牧地北至上京三百五
十里户五百
順州本遼隊縣地横帳南王府俘掠燕薊順州之民建城
居之在顯州東北一百二十里西北至上京九百里户一
千

閭州羅古王牧地近醫巫閭山在遼州西一百三十里西
北至上京九百五十里户一千
松山州本遼澤大部落横帳普古王牧地有松山北至上
京一百七十里户五百
豫州横帳陳王牧地南至上京三百里户五百
寧州本大賀氏勒得山横帳管寧王放牧地在豫州東八
十里西南至上京三百五十里户三百

邊防城

遼國西北界防邊城因屯戍而立務據形勝不資丁賦具
列如左

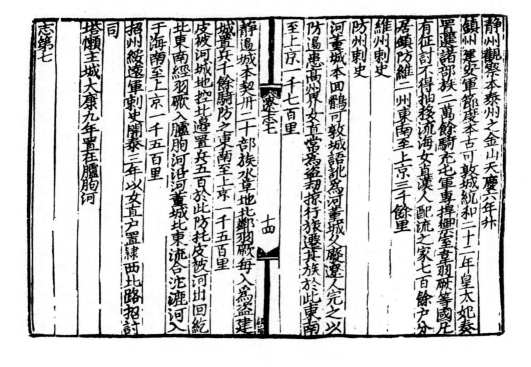

靜州觀察本泰州之金山天慶六年升
鎮州建安軍節度本古可敦城統和二十二年皇太妃奏
置選諸部族二萬餘騎充屯軍專捍禦室韋羽厥等國凡
有征討不得抽移流徙女直漢人配流之家七百餘户分
居鎮防維二州東南至上京三千餘里
維州刺史
防州刺史
河董城本回鶻可敦城語訛為河董城久廢遼人完之以
防邊患高州界女直常為盜劫掠行旅遷其族於此東南
至上京一千七百里

靜邊城本契丹二十部族水草地北鄰羽厥每入為盜建
城置兵千餘騎防之東南至上京一千五百里
皮被河城地控北邊置兵五百於此防托皮被河出回紇
北東南經羽厥入臚朐河沿河董城北東流合沱漉河入
于海南至上京一千五百里
招州綏遠軍刺史開泰三年以女直户置隸西北路招討
司
塔懶主城大康九年置在臚朐河

志第七

志第八　　　　　　　　　　　　遼史三十八

開府儀同三司上柱國錄軍國重事中書右丞相監修國史領經筵事都總裁臣脫脫奉

勅修

地理志二

東京道

東京遼陽府本朝鮮之地周武王釋箕子囚去之朝鮮因以封之作八條之教尚禮義富農桑外户不閉人不爲盜傳四十餘世燕屬眞番朝鮮始置吏築障秦屬遼東外徼漢初燕人滿王故空地武帝元封三年定朝鮮爲眞番臨屯樂浪玄菟四郡後漢出入青幽二州遼東玄菟二郡沿

革不常漢末爲公孫度所據傳子康孫淵自稱燕王建元紹漢魏滅之晉陷高麗後歸慕容垂子寶以勾麗王安爲平州牧居之元魏太武遣使至其所居平壤城遼東京本此唐高宗平高麗於此置安東都護府後爲渤海大氏所有大氏始保挹婁之東牟山武后萬歲通天中爲契丹盡忠所逼有乞乞仲象者度遼水自固武后封爲震國公傳子祚榮建都邑自稱震王併吞海北地方五千里兵數十萬中宗賜所都曰忽汗州封渤海郡王十有二世至彝震僭號改元擬建宮闕有五京十五府六十二州爲遼東盛國忽汗州即故平壤城也號中京顯德府太祖建國攻渤

海拔忽汗城俘其王大諲譔以爲東丹王國立太子圖欲爲人皇王以主之神册四年葺遼陽故城以渤海漢户建東平郡爲防禦州天顯三年遷東丹國民居之升爲南京城名天福高三丈有樓櫓幅員三十里八門東曰迎陽東南曰韶陽南曰龍原西南曰顯德西曰大順西北曰大遼北曰懷遠東北曰安遠宮城在東北隅高三丈具敵樓南爲三門壯以樓觀四隅有角樓相去各二里宮牆北有讓國皇帝御容殿大內建二殿不置宮嬪唯以內省使副判官守之大東丹國新建南京碑銘在宮門之南外城謂之漢城分南北市中爲看樓晨集南市夕集北市街西有金

德寺大悲寺駙馬寺鐵幡竿在焉趙頭陀寺留守衙户部司軍巡院歸化營軍千餘人河朔亡命皆籍于此東至北烏魯虎克四百里南至海邊鐵山八百六十里西至望平縣海口三百六十里北至挹婁縣范河二百七十里東西南三面抱海遼河出東北山口爲范河西南流爲大口入于海東梁河自東山西流與渾河合爲小口會遼河入于海又名太子河亦曰大梁水渾河在東梁范河之間沙河出東南山西北流徑蓋州入于海有蒲河清河浿水亦曰泥河又曰蓒芋濼水多蓒芋之草駐蹕山唐太宗征高麗駐蹕其巔數日勒石紀功焉俗稱手山山巔平石之上有

峯指之狀泉出其中取之不竭又有明王山白石山亦曰
横山天顯十三年改南京爲東京府曰遼陽戸四萬六百
四轄州府軍城八十七統縣九
遼陽縣本渤海國金德縣地漢浿水縣高麗改爲勾麗
縣渤海爲常樂縣戸一千五百
仙鄉縣本漢遼隊縣渤海爲永豐縣神仙傳云仙人白
仲理能煉神丹點黄金以救百姓戸一千五百
鶴野縣本漢居就縣地渤海爲雞山縣昔丁令威家此
去家千年化鶴來歸集於華表柱以咮畫表云有鳥有
鳥丁令威去家千年今來歸城郭雖是人民非何不學

仙塚纍纍戸一千二百
析木縣本漢望平縣地渤海爲花山縣戸一千
紫蒙縣本漢鏤芳縣地後拂涅國置東平府領蒙州紫
蒙縣後徙遼城并入黄嶺縣渤海復爲紫蒙縣戸一千
興遼縣本漢平郭縣地渤海改爲長寧縣唐元和中渤
海王大仁秀南定新羅北略諸部開置郡邑遂定今民
戸一千
肅慎縣以渤海戸置
歸仁縣
順化縣

開州鎮國軍節度本濊貊地高麗爲慶州渤海爲東京龍
原府有宮殿都督慶鹽穆賀四州事故縣六曰龍原永安
烏山壁谷熊山白楊皆廢壘石爲城周圍二十里唐薛仁
貴征高麗與其大將温沙門戰熊山擒善射者於石城即
此太祖平渤海徙其民于大部落城遂廢聖宗伐新羅還
周覽城基復加完葺開泰三年遷雙韓二州千餘戸實之
號開封府開遠軍節度更名鎮國軍隷東京留守兵事屬
東京統軍司統州三縣一
開遠縣本柵城地高麗爲龍原縣渤海因之遼初廢聖
宗東討復置以軍額民戸一千

鹽州本渤海龍河郡故縣四海陽接海格川龍河皆廢
戸三百隷開州相去一百四十里
穆州保和軍刺史本渤海會農郡故縣四會農水岐順
化美縣皆廢戸三百隷開州東北至開州一百二十里
統縣一
會農縣
賀州刺史本渤海吉理郡故縣四洪賀送誠吉理石山
皆廢戸三百隷開州
定州保寧軍高麗置州故縣一曰定東聖宗統和十三年
升軍遷遼西民實之隷東京留守司統縣一

定東縣高麗所置遼徙遼西民居之戶八百
保州宣義軍節度高麗置州故縣一曰來遠聖宗以高麗王詢擅立問罪不服開泰三年取其保定二州統和末高麗降於此置榷場隸東京統軍司統州軍二縣一
來遠縣初徙遼西諸縣民實之又徙奚漢兵七百防戍焉戶一千
宣州定遠軍刺史開泰三年徙漢戶置隸保州
懷化軍下刺史開泰三年置隸保州
辰州奉國軍節度本高麗蓋牟城唐太宗會李世勣攻破蓋牟城即此渤海改為蓋州又改辰州以辰韓得名井邑

駢列最為衝會遼徙其民於祖州初曰長平軍戶二千隸東京留守司統縣一
建安縣
盧州玄德軍刺史本渤海杉盧郡故縣五山陽杉盧漢陽白巖霜巖皆廢戶三百在京東一百三十里兵事屬南女直湯河司統縣一
熊岳縣西至海一十五里傍海有熊岳山
來遠城本熟女直地統和中伐高麗以燕軍驍猛置兩指揮建城防戍兵事屬東京統軍司
鐵州建武軍刺史本漢安市縣高麗為安市城唐太宗攻之不下薛仁貴白衣登城即此渤海置州故縣四位城河端蒼山龍珍皆廢戶一千在京西南六十里統縣一
湯池縣
興州中興軍節度本漢海冥縣地渤海置州故縣三盛吉蒜山鐵山皆廢戶二百在京西南三百里
湯州本漢襄平縣地故縣五靈峯常豐白石均谷嘉利皆廢戶五百在京西北一百里
崇州隆安軍刺史本漢長岑縣地渤海置州故縣三崇山潙水綠城皆廢戶五百在京東北一百五十里統縣一
崇信縣

海州南海軍節度本沃沮國地高麗為沙卑城唐李世勣嘗攻焉渤海號南京南海府疊石為城幅員九里都督沃睛椒三州故縣六沃沮鷲巖龍山濱海昇平靈泉皆廢太平中大延琳叛南海城堅守經歲不下別部酋長皆被擒乃降因盡徙其人於上京置遷遼縣移澤州民來實之戶千五百統州二縣一
臨溟縣
耀州刺史本渤海椒州故縣五椒山貂領澌泉尖山巖淵皆廢戶七百隸海州東北至海州二百里統縣一
巖淵縣東界新羅故平壤城在縣西南東北至海州

一百二十里

嬪州柔遠軍刺史本渤海睛州故縣五天睛神陽蓮池狼山仙巖皆廢戶五百隸海州東南至海州一百二十里

淥州鴨淥軍節度本高麗故國渤海號西京鴨淥府城高三丈廣輪二十里都督神桓豐正四州事故縣三神鹿神化劒門皆廢大延琳叛遷餘黨於上京置易俗縣居之在者戶二千隸東京留守司統州四縣二

弘聞縣

神鄉縣

桓州高麗中都城故縣三桓都神鄉淇水皆廢於高麗王於此剏立宮闕國人謂之新國五世孫釗晉康帝建元初爲慕容皝所敗宮室焚蕩戶七百隸淥州在西南二百里

豐州渤海置盤安郡故縣四安豐渤恪隰壤硤石皆廢戶三百隸淥州在東北二百一十里

正州本沸流王故地國爲公孫康所併渤海置沸流郡有沸流水戶五百隸淥州在西北三百八十里統縣一

東那縣本漢東耐縣地在州西七十里

慕州本渤海安遠府地故縣二慕化崇平久廢戶二百隸淥州在西之二百里

顯州奉先軍上節度本渤海顯德府地世宗置以奉顯陵顯陵者東丹人皇王墓也人皇王性好讀書不喜射獵購書數萬卷置醫巫閭山絕頂築堂曰望海山南去海一百三十里大同元年世宗親護人皇王靈駕歸自汴京以人皇王愛醫巫閭山水奇秀因葬焉山形掩抱六重於其中作影殿制度宏麗州在山東南遷東京三百餘戶以實之應曆元年穆宗葬世宗於顯陵西山仍禁樵採有十三山有沙河隸長寧積慶二宮兵事屬東京都部署司統州三縣三

奉先縣本漢無慮縣即醫巫閭幽州鎮山世宗析遼東長樂縣民以爲陵戶隸長寧宮

山東縣本漢望平縣穆宗割渤海永豐縣民爲陵戶隸積慶宮

歸義縣初置顯州渤海民自來助役世宗嘉憫因籍其人戶置縣隸長寧宮

嘉州嘉平軍下刺史隸顯州

遼西州阜成軍中刺史本漢遼西郡地世宗置州隸長寧宮屬顯州統縣一

長慶縣統和八年以諸宮提轄司人戶置

康州下刺史世宗遷渤海率賓府人戶置屬顯州初建
長寧宮後屬積慶宮統縣一
率賓縣本渤海率賓府地
宗州下刺史在遼東石熊山耶律隆運以所俘漢民置聖
宗立爲州隸文忠王府王薨屬提轄司統縣一
熊山縣本渤海縣地
乾州廣德軍上節度本漢無慮縣地聖宗統和三年置以
奉景宗乾陵有凝神殿隸崇德宮兵事屬東京都部署司
統州一縣四
奉陵縣本漢無慮縣地括諸落帳戶助營山陵

延昌縣析延昌宮戶置
靈山縣本渤海靈峯縣地
司農縣本渤海麓郡縣併麓波雲川二縣入焉
海北州廣化軍中刺史世宗以所俘漢戶置地在閭山
之西南海之北初隸宣州後屬乾州統縣一
開義縣
貴德州寧遠軍下節度本漢襄平縣地漢公孫度所據太
宗時察割以所俘漢民置後以弒逆誅沒入焉聖宗升貴
德軍後更名有陁河大寶山隸崇德宮兵事屬東京都部
署司統縣二

貴德縣本漢襄平縣渤海爲崇山縣
奉德縣本渤海緣城縣地常置奉德州
瀋州昭德軍中節度本挹婁國地渤海建瀋州故縣九皆
廢太宗置興遼軍後更名初隸永興後屬敦睦宮兵事隸
東京都部署司統州一縣二
樂郊縣太祖俘薊州三河民建三河縣後更名
靈源縣太祖俘薊州吏民建漁陽縣後更名
巖州白巖軍下刺史本渤海白巖城太宗撥屬瀋州初
隸長寧宮後屬敦睦宮統縣一
白巖縣渤海置

集州懷衆軍下刺史古陴離郡地漢屬險瀆縣高麗爲霜
巖縣渤海置州統縣一
奉集縣渤海置
廣州防禦漢屬襄平縣高麗爲當山縣渤海爲鐵利郡太
祖遷渤海人居之建鐵利州統和八年省開泰七年以漢
戶置統縣一
昌義縣
遼州始平軍下節度本拂涅國城渤海爲東平府唐太宗
親征高麗李世勣拔遼城高宗詔程振蘇定方討高麗至
新城大破之皆此地也太祖伐渤海先破東平府遷民實

之故東平府都督伊蒙佗黑北五州共領縣十八皆廢太祖改為州軍曰東平太宗更為始平軍有遼河羊腸河錐子河駝山狼山黑山巾子山隸長寧宮兵事屬北女直兵馬司統州一縣二

遼濱縣

安定縣

棋州祐聖軍下刺史本渤海蒙州地太祖以檀州俘於此建檀州後更名隸弘義宮兵事屬北女直兵馬司統縣一

慶雲縣太祖俘密雲民於此建密雲縣後更名

遂州刺史本渤海美州地採訪使耶律頗德以部下漢民置穆宗時頗得嗣絕沒入焉隸延昌宮統縣一

山河縣本渤海縣併黑川麓川二縣置

通州安遠軍節度本扶餘國王城渤海號扶餘城太祖改龍州聖宗更今名保寧七年以黃龍府叛人燕頗餘黨千餘戶置升節度統縣四

通遠縣本渤海扶餘縣併布多縣置

安遠縣本渤海顯義縣併鵲川縣置

歸仁縣本渤海強帥縣併新安縣置

漁谷縣本渤海縣

韓州東平軍下刺史本藁離國舊治柳河縣高麗置鄚頡府都督鄚頡二州渤海因之今廢太宗置三河榆河二州聖宗併二州置隸延昌宮兵事屬北女直兵馬司統縣一

柳河縣本渤海粵喜縣地併萬安縣置

雙州保安軍下節度本挹婁故地渤海置安定郡久廢遼里僧王從太宗南征以俘鎮定二州之民建城置州察割弑逆誅沒入焉初隸延昌宮後屬崇德宮兵事隸北女直兵馬司統縣一

雙城縣本渤海安夷縣地

銀州富國軍下刺史本渤海富州太祖以銀冶更名隸弘

義宮兵事屬北女直兵馬司統縣三

延津縣本渤海富壽縣境有延津故城更名

新興縣本故越喜國地渤海置銀冶常置銀州

永平縣本渤海優富縣地太祖以俘戶置舊有永平寨

同州鎮安軍下節度本漢襄平縣地渤海為東平寨太祖置州軍曰鎮東後更名隸彰愍宮兵事屬北女直兵馬司統州一未詳縣二

東平縣本漢襄平縣地產鐵礦戶三百採鍊隨征賦輸

永昌縣本高麗永寧縣地

咸州安東軍下節度本高麗銅山縣地渤海置銅山郡地

在漢候城縣北渤海龍泉府南地多山險寇盜以爲淵藪乃招平營等州客户數百建城居之初隸郡里太保城開泰八年置州兵事屬北女直兵馬司統縣一

咸平縣唐安東都護天寶中治營平二州間即此太祖滅渤海復置安東軍開泰中置隸

信州彰聖軍下節度本越喜故城渤海置懷遠府今廢聖宗以地鄰高麗開泰初置州以所俘漢民實之兵事屬黃龍府都部署司統州三未詳縣二

武昌縣本渤海懷福縣地析平州提轄司及豹山縣一千户隸之

定武縣本渤海豹山縣地析平州提轄司併乳水縣人户置初名定功縣

賓州懷化軍節度本渤海城統和十七年遷兀惹户置刺史于鴨子混同二水之間後升兵事隸黃龍府都部署司

龍州黃龍府本渤海扶餘府太祖平渤海還至此崩有黃龍見更名保寧七年軍將燕頗叛府廢開泰九年遷城于東北以宗州檀州漢户一千復置統州五縣三

黃龍縣本渤海長平縣併富利佐慕肅慎置

遷民縣本渤海永寧縣併豐水扶羅置

永平縣渤海置

益州觀察屬黃龍府統縣一

靜遠縣

安遠州懷義軍刺史屬黃龍府

威州武寧軍刺史屬黃龍府

清州建寧軍刺史屬黃龍府

雍州刺史屬黃龍府

湖州興利軍刺史渤海置兵事隸東京統軍司統縣一

長慶縣

渤州清化軍刺史渤海置兵事隸東京統軍司統縣一

貢珍縣渤海置

郢州彰聖軍刺史渤海置兵事隸北女直兵馬司統縣一

延慶縣

銅州廣利軍刺史渤海置兵事隸北兵馬司統縣一

析木縣本漢望平縣地渤海爲花山縣初隸東京後來屬

涑州刺史渤海置兵事隸南兵馬司

率賓府刺史故率賓國地

定理府刺史故挹婁國地

鐵利府刺史故鐵利國地

安定府

長嶺府
鎮海府防禦兵事隷南女直湯河司統縣一
平南縣
冀州防禦聖宗建升永安軍
東州以渤海户置
尚州以渤海户置
吉州福昌軍刺史
麓州下刺史渤海置
荆州刺史
懿州寧昌軍節度太平三年越國公主以媵臣户置初曰

慶懿軍更曰廣順軍隷上京清寧七年宣懿皇后進入改
今名統縣二
寧昌縣本平陽縣
順安縣
勝州昌永軍刺史
順化城嚮義軍下刺史開泰三年以漢户置兵事隷東京
統軍司
寧州觀察統和二十九年伐高麗以渤海降户置兵事隷
東京統軍司統縣一
新安縣

衍州安廣軍防禦以漢户置初刺史後升軍兵事屬東京
統軍司統縣一
宜豐縣
連州德昌軍刺史以漢户置兵事屬東京統軍司統縣一
安民縣
歸州觀察太祖平渤海以降户置後廢統和二十九年伐
高麗以所俘渤海户復置兵事屬南女直湯河司統縣一
歸勝縣
蘇州安復軍節度本高麗南蘇興宗置州兵事屬南女直
湯河司統縣二

來蘇縣
懷化縣
復州懷德軍節度興宗置兵事屬南女直湯河司統縣二
永寧縣
德勝縣
肅州信陵軍刺史重熙十年州民亡入女直取之復置兵
事隷北女直兵馬司統縣一
清安縣
安州刺史兵事隷北女直兵馬司
榮州

華州

荷州

源州

激海州

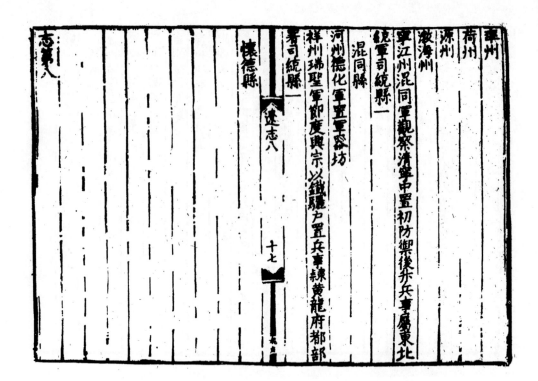

寧江州混同軍觀察清寧中置初防禦後升兵事屬東北統軍司統縣一

混同縣

河州德化軍置軍器坊

祥州瑞聖軍節度興宗以鐵驪户置兵事隸黃龍府都部署司統縣一

懷德縣

志第八

開府儀同三司上柱國錄軍國重事中書右丞相監修國史領經筵事都總裁臣脫脫奉

勑修

地理志三

中京道

中京大定府虞爲營州夏屬冀州周在幽州之分秦郡天下是爲遼西漢爲新安平縣漢末步奚居之幅員千里多大山深谷阻險足以自固魏武北征從兵大戰降者二十餘萬去之松漠其後拓拔氏乘遼建牙於此當饒樂河水之南溫渝河水之北唐太宗伐高麗駐蹕於此部帥蘇支

從征有功奚長可度率衆內附爲置饒樂都督府咸通以後契丹始大奚族不敢復抗太祖建國舉族臣屬聖宗嘗過七金山土河之濱南望雲氣有郛郭樓闕之狀因議建都擇良工於燕薊董役二歲郛郭宮掖樓閣府庫市肆廊廡擬神都之制統和二十四年五帳院進故奚王牙帳地二十五年城之實以漢戶號曰中京府曰大定皇城中有祖廟景宗承天皇后御容殿城池湫濕多鑿井泄之人以爲便大同驛以待宋使朝天館待新羅使來賓館待夏使有七金山馬盂山雙山松山土河統州十縣九

大定縣白霫故地以諸國俘戶居之

長安縣本漢賓從縣以諸部人居之

富庶縣本漢新安平地開泰二年析京民置

勸農縣本漢賓從縣地開泰二年析京民置

文定縣開泰二年析京民置

升平縣開泰二年析京民置

歸化縣本漢柳城縣地

神水縣本漢徒河縣地開泰二年置

金源縣本唐青山縣境開泰二年析京民置

恩州懷德軍下刺史本漢新安平縣地太宗建州開泰中以渤海戶實之初隸永興宮後屬中京統縣一

恩化縣開泰中渤海人戶置

惠州惠和軍中刺史本唐歸義州地太祖俘漢民數百戶兔麛山下創城居之置州屬中京統縣一

惠和縣聖宗遷上京惠州民括諸宮院落帳戶置

高州觀察唐信州之地萬歲通天元年以契丹室活部置開泰中聖宗伐高麗以俘戶置高州有平頂山灤河屬中京統縣一

三韓縣辰韓爲扶餘弁韓爲新羅馬韓爲高麗開泰中聖宗伐高麗俘三國之遺人置縣戶五千

武安州觀察唐沃州地太祖俘漢民居木葉山下因建

城以遷之號杏堝新城複以遼西户益之更曰新州統
和八年改今名初刺史後升有黄柏嶺象羅水箇没里
水屬中京統縣一
　沃野縣
利州中觀察本中京阜俗縣統和二十六年置刺史州
開泰元年升屬中京統縣一
　阜俗縣唐末契丹漸織役使奚人遷居琵琶川統和
四年置縣初隸彰愍宫更隸中京後置州仍屬中京
榆州高平軍下刺史本漢臨渝縣地後隸右北平驪城
縣唐載初二年析鎮州置黎州處靺鞨部落後爲奚人

所據太宗南征横帳解里以所俘鎮州民置州開泰中
没入屬中京統縣二
　和衆縣本新黎縣地
　永和縣本漢昌城縣地統和二十二年置
澤州廣濟軍下刺史本漢土垠縣地太祖俘蔚州民立
寨居之採煉陷河銀冶隸中京留守司開泰中置澤州
有松亭關神山九宫嶺石子嶺灤河撒河屬中京統縣
二
　神山縣神山在西南
　灤河縣本漢徐無縣地屬永興宫

北安州興化軍上刺史本漢女祁縣地屬上谷郡晉爲
馮跋所據唐爲奚王府西省地聖宗以漢户置北安州
屬中京統縣一
　利民縣本漢且居縣地
潭州廣潤軍下刺史本中京之龍山縣開泰中置州仍
屬中京統縣一
　龍山縣本漢交黎縣地開泰二年以習家寨置
松江州勝安軍下刺史開泰中置統和八年省復置屬
中京統縣一
　松江縣本漢文成縣地遏松漠商賈會衝開泰二年

　置縣有松山川
宋王曾上契丹事曰出燕京北門至望京館五十里至順
州七十里至檀州漸入山五十里至金溝館將至館川原
平曠謂之金溝淀自此入山詰曲登陟無復里堠但以馬
行記日約其里數九十里至古北口兩傍峻崖僅容車軌
又度德勝嶺盤道數層俗名思鄉嶺八十里至新館過雕
窠嶺偏槍嶺四十里卧如來館過烏灤河東有灤州又過
墨斗嶺度雲嶺芹菜嶺七十里至柳河館松亭嶺甚險峻
七十里打造部落東南行五十里至牛山館八十里至鹿
兒峽館過蝦蟆嶺九十里至鐵漿館過石子嶺自此漸出

山七十里至富谷館八十里至通天館二十里至中京大
定府城垣卑小方圓纔四里許門但重屋無築闍之制南
門曰朱夏門内通步廊多坊門又有市楼四曰天方大衢
通闤望闕次至大同館其門正北曰陽德閶闔城西内西
南隅岡上有寺城南有園圃宴射之所自過北口居人草
庵板屋耕種但無桑柘所種皆從壠上虞吹沙所壅山中
長松鬱然深谷中時見畜牧牛馬橐駞多青鹽黄豕
成州興府軍節度晉國長公主以媵户置軍曰長慶縣上
京復改軍名統縣一
同昌縣

興中府本覇州彰武軍節度古孤竹國漢柳城縣地慕容
皝以柳城之北龍山之南福德之地乃築龍城構宫廟改
柳城爲龍城縣遂遷都號曰和龍宫慕容垂復居焉後爲
馮跋所滅元魏取爲遼西郡隋平高保寧置營州煬帝罷
州置柳城郡唐武德初改營州總管府尋爲都督府萬歲
通天中陷李萬榮神龍初移府幽州開元四年復治柳城
八年西徙漁陽十年還柳城後爲奚所據太祖平奚及俘
燕民將建城命韓知方擇其處乃完葺柳城號覇州彰武
軍節度統和中制置建覇宜錦白川等五州尋落制置隸
積慶宫後屬興聖宫重熙十年升興中府有大華山小華
山香高山麝香崖天授皇帝刻石在焉駐龍峪神射泉小
靈河統州二縣四
興中縣本漢柳城縣地太祖掠漢民居此建覇城縣重
熙中置府更名
營丘縣析覇城置
象雷縣開泰二年以麥務川置初隸中京後屬
閭山縣本漢且慮縣開泰二年以羅家軍置隸中京後
屬
安德州化平軍下刺史以覇州安德縣置來屬統縣一
安德縣統和八年析覇城東南龍山徒河境户置初

隸乾州更屬覇州置州來屬
黔州阜昌軍下刺史本漢遼西郡地太祖平渤海以所
俘户居之隸黑水河提轄司安帝置州析宜覇二州漢
户益之初隸永興宫更隸中京後置府來屬統縣一
盛吉縣太祖平渤海俘興州盛吉縣民來居因置縣
宜州崇義軍上節度本遼西累縣地東丹王每秋畋于此
興宗以定州俘户建州有墳山松柏連亘百餘里禁樵採
埭河累石爲堤隸積慶宫統縣二
弘政縣世宗以定州俘户置民工織紝多技巧
聞義縣世宗置初隸海北州後來屬

錦州臨海軍中節度本漢遼東無慮縣慕容皝置西樂縣太祖以漢俘建州有大胡僧山小胡僧山大查牙山小查牙山淘河烏隸弘義宮統州一縣二

永樂縣

安昌縣

嚴州保肅軍下刺史本漢海陽縣地太祖平渤海遷漢户雜居興州境聖宗於此建城焉隸弘義宮來屬統縣一

興城縣

川州長寧軍中節度本唐青山州地太祖弟明王安端置會同三年詔爲白川州安端子察割以大逆誅没入省曰川州初隸崇德宮統和中屬文忠王府統縣三

弘理縣統和八年以諸宮提轄司户置

咸康縣

宜民縣統和中置

建州保靜軍上節度唐武德中置昌樂縣太祖完葺故壘置州漢乾祐元年故石晉太后詣世宗求於漢城側耕墾自贍許於建州南四十里給地五十頃營構房室創立宗廟州在靈河之南屢遭水害聖宗遷於河北唐崇州故城初隸武寧軍隸永興宮後屬敦睦宮統縣二

永霸縣

永康縣本唐昌黎縣地

來州歸德軍下節度聖宗以女直五部歲饑來歸置州居之初刺史後升隸永興宮有三州山六州山五脂山統州二縣一

來賓縣本唐來遠縣地

隰州平海軍下刺史慕容皝置集寧縣聖宗括帳户遷信州大雪不能進建城於此置焉隸興聖宮來屬統縣一

海陽縣本漢縣瀕海地多鹻鹵置鹽場於此

遷州興善軍下刺史本漢陽樂縣地聖宗平大延琳遷歸州民置來屬有箭笴山統縣一

遷民縣

潤州海陽軍下刺史聖宗平大延琳遷寧州之民居此置州統縣一

海濱縣本漢陽樂縣地遷潤州本東京城內渤海民户因叛移於此

志第九

志第十　遼史四十

開府儀同三司上柱國錄軍國重事中書右丞相監修國史領經筵事都總裁臣脫脫奉

勑修

地理志四

南京道

南京析津府本古冀州之地高陽氏謂之幽陵陶唐曰幽都有虞析爲幽州商併幽於冀周分并爲幽職方東北幽州山鎮醫巫閭澤藪貕養川河泲浸菑時其利魚鹽其畜馬牛豕其穀黍稷稻武王封太保奭于燕秦以其地爲漁陽上谷右北平遼西遼東五郡漢爲燕國歷封臧荼盧綰劉建劉澤劉旦常置涿郡廣陽國後漢爲廣平國廣陽郡或合于上谷復置幽州後周置燕及范陽郡隋爲幽州總管唐置大都督府改范陽節度使安祿山史思明李懷仙朱滔劉怦劉濟相繼割據劉總歸唐至張仲武張允伸以正得民劉仁恭父子僭爭遂入五代自唐而晉高祖以遼有援力之勞割幽州等十六年以獻太宗升爲南京又曰燕京城方三十六里崇三丈衡廣一丈五尺敵樓戰櫓具八門東曰安東迎春南曰開陽丹鳳西曰顯西清晉北曰通天拱辰大內在西南隅皇城內有景宗聖宗御容殿二東曰宣和南曰大內內門曰宣教改元和外三門曰南端左掖右掖左掖改萬春右掖改千秋門有樓閣毬場在其南東爲永平館皇城西門曰顯西設而不開北曰子北西城巔有涼殿東北隅有燕角樓坊市廨舍寺觀蓋不勝書其外有居庸松亭榆林之關古北之口桑乾河高梁河石子河大安山燕山中有瑤嶼府曰幽都軍號盧龍開泰元年落軍額統州六縣十一

析津縣本晉薊縣改薊北縣開泰元年更今名以燕分野旅寅爲析木之津故民戶二萬

宛平縣本晉幽都縣開泰元年改今民戶二萬二千

昌平縣本漢軍都縣後漢屬廣陽郡晉屬燕國元魏置東燕郡及昌平縣郡廢縣隸幽州在京北九十里戶七千

良鄉縣燕爲中都縣漢改良鄉縣舊屬涿郡北齊天保七年省入薊縣武平六年復置唐聖曆元年改固節鎮神龍元年復爲良鄉縣劉守光徙治此在京南六十里戶七千

潞縣本漢舊縣屬漁陽郡唐武德二年置元州貞觀元年州廢復爲縣有潞水在京東六十里戶六千

安次縣本漢舊縣屬漁陽郡唐武德四年徙置東南五十里石梁城貞觀八年又徙今縣西五里常道城開元

二十三年又徙耿就攝行市南在京南一百二十里戶一萬二千

永清縣本漢益昌縣隋置通澤縣唐置武隆縣改會昌天寶初爲永清縣在京南一百五十里戶五千

武清縣前漢雍奴縣屬漁陽郡水經雍奴者藪澤之名四面有水曰雍不流曰奴唐天寶初改武清在京東南一百五十里戶一萬

香河縣本武清孫村遼於新倉置榷鹽院居民聚集因分武清香河潞三縣戶置在京東南一百二十里戶七千

玉河縣本泉山地劉仁恭於大安山創宮觀師煉丹羽化之術于方士王若訥因割薊縣分置以供給之在京西四十里戶一千

漷陰縣本漢泉山之霍村鎮遼每季春弋獵於延芳淀居民成邑就城故漷陰鎮後改爲縣在京東南九十里延芳淀方數百里春時鵝鶩所聚夏秋多菱芡國主春獵衛士皆衣墨綠各持連鎚鷹食刺鵝錐列水次相去五七步上風擊鼓驚鵝稍離水面國主親放海東青鶻擒之鵝墜恐鶻力不勝在列者以佩錐刺鵝急取其腦飼鶻得頭鵝者例賞銀絹國主皇族群臣各有分地戶五千

宋王曾上契丹事曰自雄州白溝驛度河四十里至新城縣古督亢亭之地又七十里至涿州北渡范水劉李河六十里至良鄉縣度盧溝河六十里至幽州號燕京子城就羅郭西南爲之正南曰啓夏門內有元和殿東門曰宣和城中坊閈皆有樓有閔忠寺本唐太宗爲征遼陣亡將士所造又有開泰寺魏王耶律漢寧造皆遣朝使遊觀南門外有于越王廨爲宴集之所門外水平館舊名碣石館清和後易之南即桑乾河

順州歸化軍中刺史秦上谷漢范陽北齊歸德郡境隋開皇中粟末靺鞨與高麗戰不勝厥稽部長突地稽率八部勝兵數千人自扶餘城西北舉落內附置順州以處之唐武德初改燕州會昌中改歸順州唐末仍爲順州有溫渝河白遼河曹王山曹操常駐軍于此黍谷山鄒衍吹律之地南有齊長城城東北有華林天柱二莊遼建涼殿春賞花夏納涼初軍曰歸寧後更名統縣一

懷柔縣唐貞觀六年置治五柳城改順義縣開元四年置松漠府彈汗州天寶元年改歸化縣乾元元年復今名戶五千

檀州武威軍下刺史本燕漁陽郡地漢爲白檀縣魏書

曹公歷白檀破烏丸於柳城續漢書白檀在古北平元魏創密雲郡兼置安州後周改爲元州隋開皇十八年割燕樂密雲二縣置檀州唐天寶元年改密雲郡乾元元年復爲檀州遼加今軍號有栗溪鮑丘山桃花山螺山統縣二

密雲縣本漢白檀縣後漢以居庠奚元魏置密雲郡領白檀要陽密雲三縣高齊廢郡及二縣來屬户五千

行唐縣本定州行唐縣太祖掠定州破行唐盡驅其民北至檀州擇曠土居之凡置十寨仍名行唐縣隸

彰愍宮户三千

涿州永泰軍上刺史漢高祖六年分燕置涿郡魏文帝改范陽郡晉爲范陽國元魏復爲郡隋開皇三年罷郡屬幽州大業三年以幽州爲涿郡唐武德元年郡廢爲涿縣七年改范陽縣大曆四年置涿州石晉以歸太祖有大房山六聘山涿水樓桑河橫溝河禮遜河祁溝河統縣四

范陽縣本漢涿縣唐武德中改范陽縣有涿水范水户一萬

固安縣本漢方城縣先屬廣陽國隋開皇九年自易州淶水縣移置屬幽州取漢故安縣名唐武德四年屬北義州徙治章信保貞觀二年義州廢移今治復屬幽州在州東南九十里户一萬

新城縣本漢新昌縣唐大曆四年析固安縣置後省後唐天成四年復析范陽縣置在州南六十里户一萬

歸義縣本漢易縣地齊併入鄚縣唐武德五年置北義州州廢復置縣來屬民居在巨馬河南僑治新城户四千

易州高陽軍上刺史漢爲易安故二縣地隋置易州隋

末爲上谷郡唐武德四年復易州天寶元年仍上谷郡乾元元年又改易州五代隸定州節度使會同九年孫方簡以其地來附應曆九年爲周世宗所取後屬宋統和七年攻克之升高陽軍有易水淶水狼山太寧山白馬山統縣三

易縣本漢縣故城在今縣東南六十里齊天保七年省隋開皇十六年於故安城西北隅置縣即今縣治也户二萬五千

淶水縣本漢遒縣今縣北一里故遒城是也元魏移於故城南即今縣置周大象十八年改淶水縣在州

東四十里有涿水戶二萬七千
容城縣本漢縣先屬涿郡故城在雄州西南唐武德五年屬北義州貞觀元年還本屬聖曆二年改全忠縣天寶元年復名容城縣在州東八十里戶民皆居巨馬河南僑治涿州新城縣戶五千
薊州尚武軍上刺史秦漁陽右北平二郡地隋開皇中徙治玄州總管府煬帝改漁陽郡唐武德元年廢入幽州開元十八年分立薊州統縣三
漁陽縣本漢縣屬漁陽郡晉省復置元魏省唐屬幽州開元十八年置薊州有鮑丘水戶四千

三河縣本漢臨朐縣地唐開元四年析潞州置戶三千
玉田縣本春秋無終子國漢置無終縣屬右北平郡元魏屬漁陽郡治省唐武德二年復置貞觀初省乾封中復置萬歲通天元年更名玉田屬營州開元四年還屬幽州八年屬營州十一年又屬幽州十八年來屬搜神記雍伯洛陽人性孝父母沒葬無終山山高八十里上無水雍伯置飲人有就飲者與石一斗種生玉因名玉田戶三千
景州清安軍下刺史本薊州遵化縣重熙中置戶三千

遵化縣本唐平州買馬監爲縣來屬
平州遼興軍上節度商爲孤竹國春秋山戎國秦爲遼西右北平二郡地漢因之漢末公孫度據有傳子康孫淵入魏隋開皇中改平州大業初復爲郡唐武德初改州天寶元年仍北平郡後唐復爲平州太祖天贊二年取之以定州俘戶錯置其地統州二縣三
盧龍縣本肥如國春秋晉滅肥肥子奔燕受封於此漢晉屬遼西郡元魏爲郡治兼立平州北齊屬北平郡隋開皇中省肥如入新昌十八年改新昌曰盧龍唐爲平州後因之戶七千

安喜縣本漢令支縣地久廢太祖以定州安喜縣俘戶置在平東北六十里戶五千
望都縣本漢海陽縣久廢太祖以定州望都縣俘戶置有海陽山縣在州南三十里戶三千
灤州永安軍中刺史本古黃洛城灤河環繞在盧龍山南齊桓公伐山戎見山神俞兒即此秦爲右北平漢爲石城縣後名海陽縣漢末爲公孫度所有晉以後屬遼西石晉割地在平州之境太祖以俘戶置灤州負山帶河爲朔漢形勝之地有扶蘇泉甚甘美秦太子扶蘇北築長城常駐此臨榆山峯巒崛起高千餘仞下臨渝河

統縣三
義豐縣本黃洛故城黃洛水北出盧龍山南流入於
濡水漢屬遼西郡久廢唐季入契丹世宗置縣户四
千
馬城縣本盧龍縣地唐開元二十八年析置縣以通
水運東北有千金冶東有茂鄉鎮遼割隸灤州在州
西南四十里户三千
石城縣漢置屬右北平郡久廢唐貞觀中於此置臨
渝縣萬歲通天元年改石城縣在灤州南三十里唐
儀鳳石刻在焉今縣又在其南五十里遼徙置以就
鹽官户三千

營州鄰海軍下刺史本商孤竹國秦屬遼西郡漢爲昌
黎郡前燕慕容皝徙都于此元魏立營州領昌黎建德
遼東樂浪冀陽營丘六郡後周爲高寶寧所據隋開皇
置州大業改遼西郡唐武德元年改營州萬歲通天元
年始入契丹聖曆二年僑治漁陽開元五年還治柳城
天寶元年改曰柳城郡後唐復爲營州太祖以居定州
俘户統縣一
廣寧縣漢柳城縣屬遼西郡東北與奚契丹接境萬
歲通天元年入契丹李萬營神龍元年移幽州界開

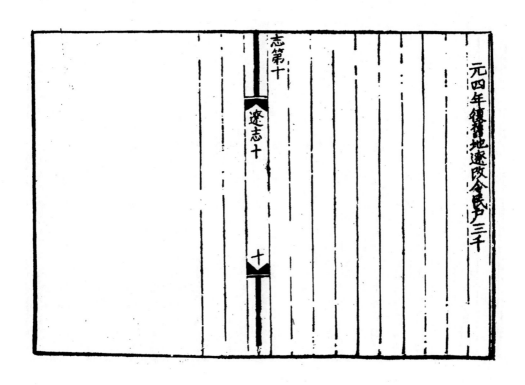

元四年復舊地遼改今民户三千

志第十

開府儀同三司上柱國錄軍國重事中書右丞相監修國史領經筵事都總裁臣脫脫奉

勑修

地理志五

西京道

西京大同府陶唐冀州之域虞分并州夏復屬冀州周職方正北曰并州戰國屬趙武靈王始置雲中郡秦屬代王國後爲平城縣魏屬新興郡晉仍屬鴈門劉琨表封猗盧爲代王都平城元魏道武於此遂建都邑孝文帝改爲司州牧置代尹遷都洛邑改萬年又置恒州高齊文宣帝廢州爲恒安鎮今謂之東城尋復恒州周復恒安鎮改朔州隋仍爲鎮唐武德四年置北恒州七年廢貞觀十四年移雲中定襄縣於此永淳元年默啜爲民患移民朔州開元十八年置雲中州天寶元年改雲中郡乾元元年曰雲州乾符三年大同軍節度使李國昌子克用爲雲中守捉使殺防禦使據州以聞僖宗赦克用以國昌爲大同軍防禦使不受命廣明元年李琢攻國昌國昌兵敗與克用奔北地黃巢入京師詔發代北軍尋赦國昌使討賊克用率三萬五千騎而南收京師功第一國昌封隴西郡王國昌卒克用取雲南既而所向失利乃卑詞厚禮與太祖會于雲

州之東城謀大舉兵攻梁不果克用子存勗滅梁是爲唐莊宗同光三年復以雲州爲大同軍節度使晉高祖代唐以契丹有援立功割山前代北地爲賂大同來屬因建西京敵樓棚櫓具廣袤二十里門東曰迎春南曰朝陽西曰定西北曰拱極元魏宮垣占城之北面雙闕尚在遼既建都用爲重地非親王不得主之清寧八年建華嚴寺奉安諸帝石像銅像又有天王寺留守司衙南曰西省北門之東曰大同府北門之西曰大同驛初爲大同軍節度重熙十三年升爲西京府曰大同統州二縣七

大同縣本大同川地重熙十七年西夏犯邊析雲中縣置户一萬

雲中縣趙置沿革與京府同户一萬

天成縣本極塞之地魏道武帝置廣牧縣唐武德五年置定襄縣遼析雲中置在京北一百八十里户五千

長青縣本白登臺地冒頓單于縱精騎三十餘萬圍漢高帝於白登七日即此遼始置縣有青陂梁元帝橫吹曲云朝跋青陂暮上白登在京東北一百一十里户四千

奉義縣本漢陶林縣地後唐武皇與太祖會此遼析雲中置户三千

懷仁縣本漢沙南縣元魏葛榮亂縣廢隋開皇二年移
雲内于此大業二年置大利縣屬雲州改屬定襄郡隋
末陷突厥李克用敗赫連鐸駐兵於此遼改懷仁在京
南六十里户三千
懷安縣本漢夷輿縣地歷魏至隋爲突厥所據唐克頡
利縣遂廢爲懷荒鎮高勲鎮燕奏分歸化州文德縣置
初隸奉聖州後來屬在州西北二百八十里户三千
弘州博寧軍下刺史東魏靜帝置北靈丘縣唐初地陷
突厥開元中置横野軍安邊縣天寶亂廢後爲義陰村
統和中以襄州近邊爲宋將潘美所破廢之乃於此置

弘州初軍曰永寧有桑乾河白道泉白登山赤曰火燒
山有火井統縣二
永寧縣户一萬
順聖縣本魏安塞軍五代兵廢高勲鎮幽州奏景宗
分永興縣置初隸奉聖州在州西北二百八十里户
三千
德州下刺史唐會昌中以西德店置德州開泰八年以
漢户復置有歩落泉金河山野狐嶺白道坂縣一
宣德縣本漢桐過縣地屬雲中郡後隸定襄郡漢末
廢高齊置紫河鎮唐會昌中置縣户三千

豐州天德軍節度使秦爲上郡北境漢屬五原郡地磧鹵
少田疇自晉永嘉之亂屬赫連勃勃後周置永豐鎮隋開
皇中升永豐縣改豐州大業七年爲五原郡義寧元年太
守張遜奏改歸順郡唐武德元年爲豐州總管府六年省
遷民於白馬縣遂廢貞觀四年分靈州境置豐州都督府
領蕃户天寶初改九原郡乾元元年復豐州後入回鶻會
昌中克之後唐改天德軍太祖神册五年攻下更名應天
軍復爲州有大鹽濼九十九泉没越濼古磧口青塚即王
昭君墓兵事屬西南面招討司統縣二
富民縣本漢臨戎縣遼改今名户一千二百

振武縣本漢定襄郡盛樂縣背負陰山前帶黄河元魏
嘗都盛樂即此唐武德四年克突厥建雲中都督府麟
德三年改單于大都督府聖曆元年又改安北都督開
元七年割隸東受降城八年置振武軍節度使會昌五
年爲安北都護府後唐莊宗以兄嗣本爲振武節度使
太祖神册元年伐吐渾還攻之盡俘其民以東唯存鄉
兵三百人防戍後更爲縣
雲内州開遠軍下節度本中受降城地遼初置代北雲朔
招討司改雲内州清寧初升有威塞軍古可敦城大同州
天安軍永濟柵安樂戍拂雲堆兵事屬西南面招討司縣

二
柔服縣
寧人縣
天德軍本中受降城唐開元中廢橫塞軍置天安軍於大
同川乾元中改天德軍移永濟柵今治是也太祖平党項
遂破天德盡掠吏民以東後置招討司漸成井邑乃以國
族爲天德軍節度使有黃河黑山峪廬城威塞軍秦長城
唐長城又有牟那山鉗耳觜城在其北
寧邊州鎮西軍下刺史本唐隆鎮遼置兵事屬西南面招
討司

奉聖州武定軍上節度本唐新州後唐置團練使總山後
八軍莊宗以弟存矩爲之軍亂殺存矩于祁州擁大將盧
文進亡歸太祖克新州莊宗遣李嗣源復取之同光二年
升威塞軍石晉高祖割獻太宗改升有兩河會溫泉龍門
山涿鹿山東南至南京三百里西北至西京四百四十里
兵事屬西京都部署司統州三縣四
永興縣本漢涿鹿縣地黃帝與蚩尤戰于此戶八十
礬山縣本漢軍都縣山出白綠礬故名有礬山桑乾河
在州南六十里戶三千
龍門縣有龍門山石壁對峙高數百尺望之若門徼外

諸河及沙漠灤水皆於此趣海雨則俄頃水踰十仞晴
則清淺可涉實塞北控扼之衝要也在州東北二百八
十里戶四千
望雲縣本望雲川地景宗於此建潛邸因而成井肆穆
宗崩景宗入紹國統號御莊後置望雲縣直隸章愍宮
附庸于此在州東北二百六十里戶一千
歸化州雄武軍上刺史本漢下洛縣元魏改文德縣唐
升武州僖宗改毅州後唐太祖復武州明宗又爲毅州
潞王仍爲武州晉高祖割獻于遼改今名有桑乾河會
河川愛陽川炭山又謂之陘頭有涼殿承天皇后納涼

於此山東北三十里有新涼殿景宗納涼於此唯松棚
數陘而已斷雲嶺極高峻故名州西北至西京四百五
十里統縣一
文德縣本漢女祁縣地元魏置戶一萬
可汗州清平軍下刺史本漢潘縣元魏廢北齊置北燕
郡改懷戎縣隋廢郡屬涿郡唐武德中復置北燕州縣
仍舊貞觀八年改媯州五代時奚王去諸以數千帳徙
媯州自別爲西奚號可汗州太祖因之有媯泉在城中
相傳舜嬪二女於此又有溫泉版泉磨笄山雞鳴山喬
山歷山統縣一

懷來縣本懷戎縣太祖改户三千
儒州縉陽軍中刺史唐置後唐同光二年隸新州太宗
改奉聖州仍屬有南溪河沽河宋王峪桃峪口統縣一
縉山縣本縣廣寧縣地唐天寶中割嬀川縣置户五
千
蔚州忠順軍上節度周職方并州川曰滹東在州境飛狐
縣趙襄子滅代武靈王置代郡項羽徙趙歇爲代王歇還
趙立陳餘王代漢韓信斬餘復置代郡文帝初封代皆此
地周宣帝始置蔚州隋開皇中廢唐武德四年復置至德
二年改興唐縣乾元元年仍舊大中後朱邪執宜爲刺史

有功賜姓名李國昌子克用乞爲留後僖宗不許廣明初
功敗國昌代北無備太祖來攻克之俘掠居民而去石晉
獻地升忠順軍後更武安軍統和四年入宋尋復之降刺
史隸奉聖州升觀察復忠順軍節度兵事屬西京都部署
司統縣五
靈仙縣唐置興唐縣梁改隆化縣後唐同光初復置晉
改今名户二萬
定安縣本漢東安陽縣地久廢後唐太祖伐劉仁恭次
蔚州晨霧晦冥占不利深入會雷雹大作燕軍解去即
此遼置定安縣西北至州六十里户一萬

飛狐縣後周大象二年置廣昌縣于五龍城即此隋仁
壽元年改名飛狐相傳有狐於紫荆嶺食五粒松子成
飛仙故云西北至州一百四十里户五千
靈丘縣漢置後漢省東魏復置屬靈丘郡隋開皇中罷
郡來屬大業初改隸代州唐武德六年仍舊東北至州
一百八十里户三千
廣陵縣本漢延陵縣隋唐爲鎮州後唐同光初分興唐
縣置石晉割屬遼東南至州四十里户三千
應州彰國軍上節度唐武德中置金城縣後改應州後唐
明宗州人也天成元年升彰國軍節度興唐軍寰州隸焉

遼因之北龍首山南鴈門兵事屬西京都部署司統縣三
金城縣本漢陰館縣地漢末廢爲陰館城大業末陷突
厥唐始置金城縣遼因之户八千
渾源縣唐置有渾源川在州東南一百五十里户五千
河陰縣本漢陰館縣地初隸朔州清寧中來屬户三千
朔州順義軍下節度本漢馬邑縣地元魏孝文帝始置朔
州在今州北三百八十里定襄故城葛榮亂廢高齊天保
六年復置在今州南四十七里新城八年徙馬邑即今城
武成帝置北道行臺周武帝置朔州總管府隋大業三年
改馬邑郡唐武德四年復朔州遼升順義軍節度兵事屬

西京都部署司統州一縣三

鄯陽縣本漢定襄縣地建安中置新興郡元魏置桑乾郡高齊置招遠縣郡仍舊隋開皇三年罷郡隸朔州大業元年初名鄯陽縣遼因之户四千

寧遠縣齊天保六年於朔州西置招遠縣唐乾元元年改今名遼因之有寧遠鎮東至朔州八十里户二千

馬邑縣漢置屬鴈門郡唐開元五年析鄯陽縣東三十里置大同軍倚郭置馬邑縣南至朔州四十里户三千

武州宣威軍下刺史趙惠王置武川塞魏置神武縣唐末置武州唐改毅州重熈九年復武州號宣威軍統縣一

神武縣魏置晉改新城後唐太祖生神武川之新城即此初隸朔州後置州併寧遠爲一縣來屬户五千

東勝州武興軍下刺史隋開皇七年置勝州大業五年改榆林郡唐貞觀五年於南河地置决勝州故謂此爲東勝州天寶七年又爲榆林郡乾元元年復爲勝州太祖神冊元年破振武軍勝州之民皆趨河東州廢晉割代北來獻復置兵事屬西南面招討司統縣二

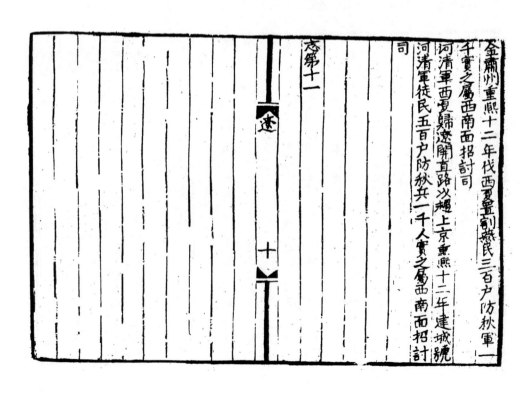

榆林縣

河濱縣

金肅州重熈十二年伐西夏置割燕民三百户防秋軍一千實之屬西南面招討司

河清軍西夏歸遼開直路以趨上京重熈十二年建城號河清軍徙民五百户防秋兵一千人實之屬西南面招討司

志第十一

開府儀同三司上柱國錄軍國重事中書右丞相監修國史領經筵事都總裁臣脫脫奉

勑修

曆象志上

遼以幽營立國禮樂制度規模日完授曆頒朔二百餘年今奉
詔修遼史體與宋金儗其大明曆不可少也曆書法禁不可得求大明曆元得祖冲之法于外史冲之之法遼曆之所從出也歟
國朝亦嘗因之以冲之之法筭而至於遼更曆之年以起元數是蓋遼大明曆遼曆因是固可補然弗之補史貴闕文也外史紀其法司天存其職遼史志是足矣作曆象志

曆

大同元年太宗皇帝自晉汴京收百司僚屬伎術曆象遷于中京遼始有曆先是梁唐仍用唐景福崇玄曆晉天福四年司天監馬重績奏上乙未元曆號調元曆太宗所收于汴是也穆宗應曆十一年司天王白李正等進曆蓋乙未元曆也聖宗統和十二年可汗州刺史賈俊進新曆則大明曆是也高麗所志大遼古今錄稱統和十二年始頒正朔改曆驗矣大明曆本宋祖冲之法具見沈約宋書具如左

宋武帝大明六年祖冲之上甲子元曆法未及施用因名大明曆

上元甲子至宋大明七年癸卯五萬一千九百三十九年筭外

元法五十九萬二千三百六十五

紀法三萬九千四百九十一

章歲三百九十一

章月四千八百三十六

章閏一百四十四　閏法十二

月法十一萬六千三百二十一

日法三千九百三十九

餘數二十萬七千四十四

歲餘九千五百八十九

沒分三百六十萬五千九百五十一

沒法五萬一千七百六十一

周天一千四百四十二萬四千六百六十四

虛分萬四百四十九

行分法二十三

小分法一千七百一十七
通周七十二萬六千八百一十
會周七十一萬七千七百七十七
通法二萬六千三百七十七
差率三十九
推朔術
置入上元年數筭外以章月乘之滿章歲爲積月不盡爲閏餘閏餘二百四十七以上其年有閏以月法乘積月滿日法爲積日不盡爲小餘六旬去積日不盡爲大餘大餘命以甲子筭外所求年天正十一月朔也小餘

千八百四十九以上其月大
求次月
加大餘二十九小餘二千九十餘滿日法從大餘大餘滿六旬去之命如前次月朔也
求弦望
加朔大餘七小餘千五百七小分一小分滿四從小餘小餘滿日法從大餘命如前上弦日也又加得望又加得下弦又加得後月朔也
推閏術
以閏餘減章歲餘滿閏法得一月命以天正筭外閏所

在也閏有進退以無中氣爲正
推二十四氣
置入上元年數筭外以餘數乘之滿紀法爲積日不盡爲小餘六旬去積日不盡爲大餘大餘命以甲子筭外天正十一月冬至日也
求次氣
加大餘十五小餘八千六百二十六小分五小分滿六從小餘滿紀法從大餘命如前次氣日也
求土王用事
加冬至大餘二十七小餘萬五千五百二十八季月土

用事日也又加大餘九十一小餘萬二千二百七十次土用事日也
推沒術
以九十乘冬至小餘以減沒分滿沒法爲日不盡爲日餘命日以冬至筭外沒日也
求次沒
加日六十九日餘三萬四千四百四十二餘滿沒法從日次沒日也日餘盡爲滅
推日所在度術
以紀法乘朔積日爲度實周天去之餘滿紀法爲積度

不盡爲度餘命以虛一次宿除之筭外天正十一月朔
夜半日所在度也
求次月
大月加度三十小月加度二十九入虛去度分
求行分
以小分法除度餘所得爲行分不盡爲小分小分滿法
從行分行分滿法從度
求次日
加一度入虛去行分六小分百四十七
推月所在度術

以朔小餘乘百二十四爲度餘又以朔小餘乘八百六
十爲微分微分滿月法從度度餘滿紀法爲度以減朔
夜半日所在則月所在度
求次月
大月加度三十五度餘三萬一千八百三十四微分七
萬七千九百六十七小月加度二十二度餘萬七千二
百六十一微分六萬三千七百三十六入虛去度也
遲疾曆

月行度	損益率	盈縮積分	差法
一日十四 行分十三	益七十	盈初	五千三百四

二日十四 十一	益六十五	盈百八十四萬二千三百一十六	五千二百七十
三日十四 八	益五十七	盈三百五十五萬七百六	五千二百一十九
四日十四 四	益四十七	盈五百五萬八千三百八	五千一百五十一
五日十三 二十一	益三十四	盈六百二十九萬七千八百五十七	五千六十六
六日十三 十七	益二十二	盈七百二十萬二千六百九十一	四千九百八十一
七日十三 十一	益六	盈七百七十七萬二千七百一十一	四千八百七十九
八日十三 五	損九	盈七百九十四萬九百五十二	四千七百七十七
九日十二 二十二	損二十四	盈七百七十萬七千四百一十五	四千六百七十五
十日十二 十六	損三十九	盈七百七萬二千一百	四千五百七十三
十一日十二 十一	損五十二	盈六百三萬五千七	四千四百八十八
十二日十二 八	損六十	盈四百六十六萬三千一百	四千四百二十七
十三日十二 六	損六十五	盈三百九萬三百	四千四百三
十四日十二 四	損七十	盈百三十八萬三千五百八十	四千三百六十九
十五日十二 五	益六十七	縮四十五萬七千六十九	四千三百八十六
十六日十二 七	益六十二	縮二百二十三萬七百五十五	四千四百二十
十七日十二 十	益五十五	縮三百八十七萬五十四	四千四百七十一
十八日十二 十四	益四十四	縮五百三十一萬九千三百八十五	四千五百二十九
十九日十二 十九	益三十二	縮六百四十八萬四百四	四千六百二十四
二十日十三	益十九	縮七百三十一萬六千六百八	
二十一日十三 七	益四	縮七百八十一萬七千九百九十六	四千八百一十一

二十二日	十二 十二	損十二	縮七百九十一萬七千六百七	四千九百一十三
二十三日	十三 十九	損三十七	縮七百六十一萬五千四百四十	五千一十五
二十四日	十四 一	損三十九	縮六百九十萬一千四百九十五	五千一百
二十五日	十四 十六	損五十二	縮五百八十七萬一千七百三十五	五千一百八十五
二十六日	十四 十	損六十二	縮四百四十九萬九千一百五十九	五千二百五十三
二十七日	十四 十二	損六十七	縮二百八十五萬七千七百三十二	五千二百八十七
二十八日	十四 十	損七十四	縮百八萬二千三百七十九	五千三百三十一

推入遲疾曆術以通法乘朔積日爲通，通實通周去之餘滿通法爲日，不盡爲日餘，命日筭外，天正十一月朔夜半入曆日也

求次月

大月加二日，小月加一日，日餘皆萬一千七百四十六，曆滿二十七日日餘萬四千六百三十一則去之

求次日

加一日求日所在定度，以夜半入曆日餘乘損益率，以損益盈縮積，分如差率而一，所得滿紀法爲度，不盡爲度餘，以盈加縮減平行度及餘爲定度，益之或滿法損之或不足以紀法進退，求度行分如上法，求次日如所入遲疾加之，壓去分如上法

陰陽曆

	損益率	兼數
一日	益十六	初
二日	益十五	十六
三日	益十四	三十一
四日	益十二	四十五
五日	益九	五十七
六日	益五	六十六
七日	益一	七十一
八日	損三	七十二
九日	損六	七十
十日	損十	六十四
十一日	損十三	五十四
十二日	損十五	四十一
十三日	損十六	二十六
十四日	損十六	十

推入陰陽曆術置通實以會周去之，不滿交數二十五萬八千八百八十八半爲朔入陽曆分，各去之爲朔入陰曆分，各滿通法得一日，不盡爲日餘，命日筭外，天正十一月朔夜半入曆日也

求次月

大月加二日小月加一日日餘皆二萬七百七十九曆滿十三日日餘萬五千九百八十七半則去之陽竟入陰陰竟入陽

求次日

加一日求朔望差以二千二十九乘朔小餘滿三百三爲日餘不盡倍之爲小分則朔差數也加一十四日日餘二萬一百八十六小分百二十五小分滿六百六從日餘日餘滿通法爲日即望差數也又加之後月朔也

求合朔月食

置朔望夜半入陰陽曆及餘有半者去之置小分三百三以差數加之小分滿六百六從日餘日餘滿通法從日日滿一曆去之命日筭外則朔望加時入曆也朔望加時入曆一日日餘四千一百九十八小分四百二十八以下十二日日餘萬一千七百八十八小分四百八十一以上朔則交會望則月食

求合朔月食定大小餘

合差數日餘加夜半入遲疾曆餘日餘滿通法從日則朔望加時入曆也以入曆餘乘損益率以損益盈縮積分如差法而一以盈減縮加本朔望小餘爲定小餘益之或滿法損之或不足以日法進退日

求合朔月食加時

以十二乘定小餘滿日法得一辰命以子筭外加時所在辰也有餘者四之滿日法得一爲少二爲半三爲太又有餘者三之滿日法得一爲強以強弁少爲少強并半爲半強并太爲太強得二者爲少弱以并太爲一辰弱以前辰名之

求月去日道度

置入陰陽曆餘乘損益率如通法而一以損益兼數爲定數十二而一爲度不盡三而一爲少半太又不盡者一爲強二爲少弱則月去日道數也陽曆在表陰曆在裏

測景漏刻中星數

二十四氣	日中景	晝漏刻	夜漏刻	昏中星度	明中星度
冬至	一丈三尺	四十五	五十五	八十二 十一行分二	二百七十三 八行分
小寒	一丈二尺四寸三分	四十五 六	五十四 四	八十四	二百七十二 六
大寒	一丈一尺二寸	四十六 七	五十三 二	八十六 一	二百八十六
立春	九尺八寸	四十八 四	五十一 六	八十九 三	二百七十七 三
雨水	八尺一寸七分	五十 五	四十九 五	九十三	二百七十三 七
驚蟄	六尺六寸七分	五十二 九	四十七 一	九十一	二百六十八 十二
春分	五尺三寸七分	五十五 五	四十四 五	百二 三	二百六十四 三
清明	四尺二寸五分	五十八 一	四十一 九	百六 二三	二百五十九 八

穀雨	二尺二寸六分	六十 四	三十九 六	百十一 三	二百五十四 四
立夏	二尺五寸三分	六十二 四	三十七 六	百十四 六	二百五十一 七
小滿	一尺九寸九分	六十三 九	三十六 一	百十七 十二	二百四十八 七十
芒種	一尺六寸九分	六十四 八	三十五 二	百十九 四	二百四十七 三
夏至	一尺五寸	六十五	三十五	百十九 十二	二百四十六 七十
小暑	一尺六寸九分	六十四 六分	三十五 一	百十九 四	二百四十七 二
大暑	一尺九寸九分	六十三 九	三十六 一	百十七 十二	二百四十八 七十
立秋	二尺五寸三分	六十二 四	三十七 六	百十四 八	二百五十一 十
處暑	三尺二寸六分	六十 四	三十九 六	百十一 二	二百五十四 四
白露	四尺二寸五分	五十八 一	四十一 九	百六 十一	二百五十九 八

秋分	五尺三寸七分	五十五 五	四十四 五	百一 三	二百六十四 三
寒露	六尺六寸七分	五十二 九	四十七 一	九十七 九	二百六十八 十二
霜降	八尺一寸七分	五十 五	四十九 五	九十三	二百七十二 七
立冬	九尺八寸	四十八 四	五十一 六	八十九 三	二百七十七 三
小雪	一丈一尺二寸	四十六 七	五十三 三	八十六 七	二百八十 六
大雪	一丈二尺四寸三分	四十五 六	五十四 四	八十四	二百八十二 六

求昏明中星

各以度數如夜半日所在則中星度

推五星術

木率千五百七十五萬三千八十二

火率三千八十萬四千一百九十六

土率千四百九十三萬三百五十四

金率二千三百六萬一千四

水率四百五十七萬六千二百四

推五星術

置度實各以率去之餘以減率其餘如紀法而一爲入歲日不盡爲日餘命以天正朔筭外星合日

求星合度

以入歲日及餘從天正朔日積度及餘滿紀法從度滿三百六十餘度分則去之命以虛一筭外星合所在度也

求星見日

以術伏日及餘加星合日及餘餘滿紀法從日命如前見日也

求星見度

以術伏度及餘加星合度及餘餘滿紀法從度入虛去度分命如前星見度也

行五星法

以小分法除度餘所得爲行分不盡爲小分及日加所行分滿法從度留者因前逆則減之伏不盡度從行入虛去行分六小分百四十七進行出虛則加之

木星
初與日合伏十六日日餘萬七千八百三十二行二度
度餘三萬七千五百四晨見東方從日行四分百一十二日
行十九度十一分留二十八日逆日行三分八十六日退十
一度五分又留二十八日從日行四分百一十五日夕伏西
方日度餘如初一終三百九十八日日餘五萬五千六百
六十四行三十三度度餘二萬五千二百一十五
火星
初與日合伏二十七日日餘六百八行五十五度度餘
二萬八千八百六十五晨見東方從疾日行十七分九十二

日行六十八度小遲日行十四分九十二日行五十六度
大遲日行九分九十二日行三十六度留十日逆日行六
分六十四日退十六度十六分又留十日從遲日行九
分九十二日小疾日行十四分九十二日大疾日行十
七分九十二日夕伏西方日度餘如初一終七百八十
日日餘千二百一十六行四百一十四度度餘三萬二
百五十八除一周定行四十九度度餘萬九千八百九
土星
初與日合伏十七日日餘千三百七十八行一度度餘
萬九千三百三十三晨見東方行順日行二分八十四

日行七度七分留三十三日行逆日行一分百一十日
退四度十八分又留三十三日從日行二分八十四日
夕伏西方日度餘如初一終三百七十八日日餘二千
七百五十六行十二度度餘三萬一千七百九十八
金星
初與日合伏三十九日日餘三萬八千一百二十六行
四十九度度餘三萬八千一百二十六夕見西方從疾
日行一度五分九十二日行百十二度小遲日行一度
四分九十二日行百八度大遲日行十七分四十五日
行二十三度六分留九日遲日行十六分九日退六度

六分夕伏西方伏五日退五度而與日合又五日退五
度而晨見東方逆日行十六分九日留九日從日遲日
行十七分四十五日小疾日行一度四分九十二日大
疾日行一度五分九十二日晨伏東方日度餘如初一
終五百八十三日日餘三萬六千七百六十一行星如之
除一周定行二百十八度度餘二萬六千三百一十三合
二百九十一日日餘三萬八千一百二十六行星亦如之
水星
初與日合伏十四日日餘三萬七千一百一十五行三
十度度餘三萬七千一百一十五夕見西方從疾日行

一度六分二十三日行二十九度遲日行二十分八日
行六度二十二分留二日遲日行十一分二日退二十
一分夕伏西方伏八日退八度而與日合又八日退八
度晨見東方逆日行十一分二日留二日從遲日行二
十分八日疾日行一度六分二十三日晨伏東方日度
餘如初一終百一十五日日餘三萬四千七百三十九
行星如之一合五十七日日餘三萬七千一百一十五
行星亦如之
上元之歲歲在甲子天正甲子朔夜半冬至日月五星聚
于虛度之初陰陽遲疾並自此始

梁武帝天監三年沖之子暅上疏論何承天曆乖謬不
可用九年正月詔用祖沖之所造甲子元曆頒朔陳氏
因梁亦用祖沖之曆至遼聖宗以賈俊所進新曆因宋
大明舊號行之金曰重修大明曆傳至
皇元亦曰重修大明曆及改授時曆別立司天監存肄之
每歲甲子冬至重修其法書在太史院禁莫得闚

志第十二

志第十三　遼史四十三

開府儀同三司上柱國錄軍國重事中書右丞相監修國史領經筵事都總裁臣脫脫奉

敕修

曆象志中

閏考

月度不足是生朔虛天行有餘是爲氣盈盈虛相縣歲月乃胖積胖而差寒暑互易百穀不成庶政不明聖人驗以斗柄準以歲星爰立閏法信治百官是故閏正而月正月正而歲正歲月既正須令考績無有不時國史正歲年以敘事莫重於此遼始徵曆梁唐入晉之後奄有帝制乙未大明曆法再變穆宗應曆六年周用顯德欽天曆十年宋用建隆應天曆景宗乾亨四年宋用乾元曆聖宗統和十九年宋用儀天曆太平元年宋用崇天曆道宗清寧十年宋用明天曆大康元年宋用奉元曆大安七年宋用觀天曆天祚皇帝乾統六年宋用紀元曆五代曆三變宋凡八變遼終始再變曆法不齊故定朔置閏時有不同覽者惑焉作閏考

年 首闕五閏	太祖神冊五年	天贊年	太宗欽閏天顯三年	六年	九年	十一年	會同二年
正					閏 儼 大任 唐		
二							
三							
四		梁閏					
五				閏 儼 唐			閏 儼 大任 晉
六	閏 耶律儼 陳大任						
七							
八			閏 儼				
九							
十							
十一						閏 儼 大任 唐	
十二							

欽閩七年	大同九年	穆宗應曆三年	五年
閩儀大任	閩儀大任高麗十年七月		閩儀大任

八年	十一年	十三年	十六年
閩儀大任	閩儀大任宋	宋閩	閩儀大任宋

十九年	景宗保寧四年	六年	九年
宋閩	閩儀大任宋	宋閩	宋閩

乾亨二年	四年	聖宗統和三年	六年
閩儀大任宋	宋閩	宋閩	閩儀大任

遼志十三　五

九年		閏儼大任宋										
十一年		高麗誤當在九年								宋閏高麗		
十四年			宋閏									
十七年							閏大任宋					
十九年											閏儼大任	宋閏異
二十二年									閏大任宋			
二十五年					宋閏							
二十八年		宋閏										

遼志十三　六

開泰元年											宋閏	
四年						宋閏						
七年				宋閏								
九年		閏儼										宋閏異
太平三年									閏儼宋			
六年					宋閏							
九年		宋閏										
十一年										閏儼大任宋高麗		

興宗重熙三年	六年	八年	十一年	十四年	十七年	十九年	二十二年
					高麗 宋 儼 閏		
	宋 儼 閏						
				宋 儼 閏			
宋閏							
							宋 儼 閏
			宋 儼 閏				
						高麗 宋 儼 閏	
		高麗 宋 儼 閏					

清寧二年	四年	七年	十年	咸雍三年	五年	八年	大康元年
宋 儼 閏				宋閏			
							宋 大佺 儼 閏
			宋閏				
						宋 儼 閏	
		宋閏					
					宋 大佺 閏		
	宋 儼 閏						

三年 宋閏景年冑異	六年	九年	大安四年
		閏 儼 大任 宋	
宋閏			
閏 儼			閏 儼 大任 宋 高麗

七年	十年	壽昌三年	五年
		宋閏	
	閏 大任 宋		
宋閏			
			閏 儼 大任 宋

天祚乾統二年	五年	七年	十年
	宋閏		
閏 儼 大任 宋			
			閏 儼 大任
			宋閏 異
		宋閏	

天慶三年	六年	八年	保大元年
	閏 儼 大任 宋		
閏 儼 大任 宋			
			宋閏
		閏 儼 大任 宋	

四年

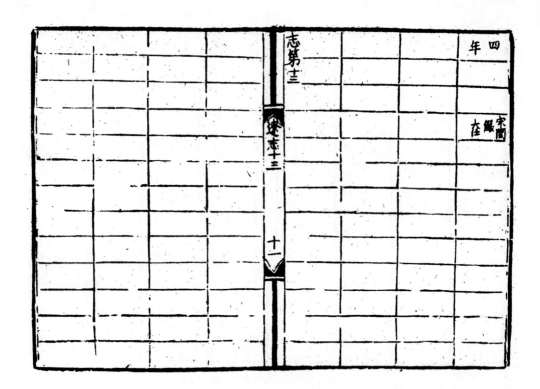

宋國 饑 奎

開府儀同三司上柱國錄軍國重事中書右丞相監修國史領經筵事都總裁臣脫脫奉

勑修

曆象志下

朔考

古者太史掌正歲年以叙事國史以事繫日以日月時繫年時月不正則叙事不一故二史合爲一官頒曆授時必大一統遼漢周宋俱行夏時各自爲曆國史閏朔頗有異同遼初用乙未元曆本何承天元嘉曆法後用大明曆本祖冲之甲子元曆法承天日食晦朏一章必七閏冲之日必食朔或四年一閏用乙未曆漢周多同用大明曆則閏與宋異國史叙事甲子不殊閏朔多異以此故也耶律儼紀以大明法追正乙未月朔又與陳大任紀時或牴牾稽古君子往往惑之用五代職方考志契丹州軍例作朔考法殊曰異傳訛曰誤遼史不書國儼大任偏見並見各名他史以國冠朔並見注于后

年	孟月朔	仲月朔	季月朔
太祖元年	丁未耶律儼	梁丁丑	
二年			梁壬申
	乙亥儼		
四年	梁壬辰		
	戊子儼		
五年	戊戌儼		
		梁甲申	
	壬午儼		梁辛巳
六年	丙戌儼		

七年	八年	九年	十年	十一年	神册元年
	甲子儀	甲辰儀 癸酉儀 辛丑儀 巳巳儀	戊戌儀 丁卯儀 丙申儀 甲子儀	壬辰儀 庚申儀 戊子儀	丙辰儀 乙酉儀 甲寅儀 癸未儀
甲戌儀		甲戌儀 壬寅儀 庚午儀			戊戌儀 癸未儀 壬子儀
		甲辰儀 壬申儀（梁庚寅誤） 庚子儀 戊辰儀		庚寅儀	乙卯儀 甲申儀 壬戌儀

二年	三年	四年	五年（閏六月庚申儀大任）	六年	天贊元年
辛亥儀 己卯儀 戊申儀 丁丑儀	乙亥儀 癸卯儀 壬申儀 辛丑儀	庚午儀 戊戌儀 丙寅儀 乙未儀	甲子儀 癸巳儀 庚寅儀 己未儀	戊子儀 丁卯儀（誤作丁亥） 甲申儀 癸丑儀（大任）	
庚辰儀 戊寅儀	甲辰儀 癸酉儀	己亥儀 丁卯儀 乙未儀	壬戌儀（誤當作壬辰） 己未儀（梁乙未誤） 戊午儀（誤當作戊子）	戊午儀 丙戌儀（大任）（誤當作丙辰） 壬午儀	
庚戌儀 戊寅儀	甲戌 庚子		癸亥儀（梁）（誤當作癸巳） 辛亥儀（誤當作辛酉） 己丑儀（大任）	丁亥儀（誤當作丁巳） 己卯儀（大任）	

二年
辛未儀 洲 大任 庚午儀唐
唐己巳

三年
丙寅儀 乙未儀 丙申儀

四年
唐癸亥

歷學傳

天顯元年
丁亥儀 大任
唐乙酉
唐癸丑 唐壬午 唐壬子

二年
己卯儀唐

三年
閏八月癸未儀
戊申儀 丁丑儀唐 丁未儀唐
丙子儀 乙巳儀 甲戌儀
甲辰儀 癸酉儀 癸酉儀
壬寅儀 大任癸卯異 壬申儀 壬寅儀

四年
壬申儀 大任 辛丑儀 辛未儀
庚子儀 己巳儀唐 戊戌儀
戊辰儀 丁丑儀 丁卯儀 大任
丙申儀 丙寅儀 丙申儀

五年
丙寅儀 乙未儀 乙丑儀
甲午儀 甲子儀 癸巳儀唐
壬戌儀 壬辰儀 辛酉儀
辛卯儀 庚申儀唐 庚寅儀

六年
閏五月戊子 儀唐
庚申儀 己丑儀 己未儀
己丑儀 戊午儀 丁巳儀
丙戌儀 丙辰儀 乙酉儀
乙卯儀 甲申儀唐 甲寅儀唐

癸未儀 癸丑儀 癸未儀

七年
癸丑儀 壬午儀 大任 壬子儀
辛巳儀 大任 庚戌儀 庚辰儀
己酉儀 己卯儀 戊申儀
戊寅儀 丁未儀 丁丑儀

八年
丁未儀 丙子儀 丙午儀
乙亥儀
甲辰儀 癸酉儀 癸卯儀 大任乙巳異

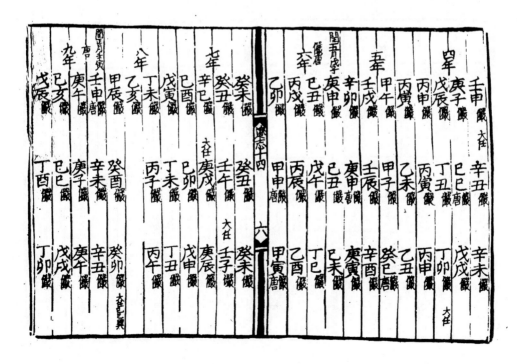

九年
閏正月壬寅 唐
壬申儀唐 辛未儀 辛丑儀
庚午儀 庚子儀 庚午儀
己亥儀 己巳儀 戊戌儀
戊辰儀 丁酉儀 丁卯儀

十年	十一年 閏十一月丙辰 儼 唐 大任	十二年	會同元年	二年 閏七月 儼 大任 晉	三年
丙申儼 乙丑儼 癸巳儼 壬戌儼	辛卯儼 己未儼 丁亥儼 丙辰儼	甲寅儼 晉 大任乙卯 二日乙卯 癸未儼 辛亥儼 庚辰儼	戊申儼 晉同 大任己酉異 戊寅儼 大任 丙午儼 甲戌儼	癸卯儼 壬申儼 晉 庚子儼 戊戌儼	丁卯儼 丙申儼 甲子儼 癸巳儼
丙寅儼 甲午儼 大任 壬辰儼	庚申儼 己丑儼 丁巳儼 丙戌儼	甲申儼 壬子儼 辛巳儼 庚戌儼	戊寅儼 丁未儼 乙亥儼 甲辰儼	癸酉儼 壬寅儼 己亥儼 戊辰儼	丁酉儼 丙寅儼 甲午儼 壬戌儼
乙未儼 甲子儼 癸巳儼 壬戌儼	庚寅儼 大任 丁亥儼 乙酉儼	甲寅儼 壬午儼 庚戌儼 己卯儼	戊申儼 丙子儼 大任 乙巳儼 甲戌儼	癸卯儼 辛未儼 己巳儼 丁酉儼	丁卯儼 乙未儼 癸亥儼 壬辰儼

四年	五年 閏三月甲申		七年 閏十二月己巳 儼 晉 大任	八年	九年
辛酉儼 庚寅儼 己未儼 丁亥儼	丙辰儼 甲寅儼 晉 大任 癸未儼 辛亥儼	庚辰儼 戊申儼 丁丑儼 丙午儼	甲戌儼 癸卯儼 辛未儼 庚子儼	戊戌儼 丙寅儼 乙未儼 甲子儼	癸巳儼 辛酉儼 大任 己丑儼 戊午儼
辛卯儼 庚申儼 戊子儼 丁巳儼	乙酉儼 甲申儼 壬子儼 辛巳儼	己酉儼 戊寅儼 丁未陳儼 乙亥儼	甲辰儼 大任 壬申儼 辛丑儼 庚午儼	戊辰儼 丙申儼 甲子儼 晉 甲午儼	壬戌儼 晉 庚寅儼 己未儼 戊子儼 大任
辛酉儼 庚寅儼 戊午儼 丙戌儼	乙卯儼 癸丑儼 大任 壬午儼 庚戌儼	己卯儼 大任 丁未儼 丙子儼 乙巳儼	癸酉儼 大任 辛丑儼 庚午儼 晉 己卯儼誤當作己亥	丁酉儼 乙丑儼 甲午儼 癸亥儼	壬辰儼 庚申儼 戊子儼 丁巳儼

大同元年 九月改天祿元年	世宗天祿二年	三年	四年	五年 九月改應曆	穆宗應曆二年
丁亥 儀大任 丙辰 儀大任	庚辰 儀大任 漢戊申	漢乙巳 漢癸酉		癸亥 儀大任 辛酉 儀大任	戊午 儀大任 丙戌 儀大任 甲申 儀大任
丁巳 儀大任 壬午 儀大任			漢甲子	壬戌 儀大任 丙辰 儀誤當作庚寅	丙辰 儀大任 癸丑 儀大任
丙戌 儀大任 甲寅 儀大任 壬子 儀大任	漢戊寅	辛丑 儀大任	戊戌 儀大任 乙丑 儀大任	辛卯 儀大任 庚申 儀大任	周丁巳 周乙酉 甲寅 儀大任 癸未 儀大任

三年	四年	五年 閏九月儀大任	六年	七年	八年 閏七月[illegible]儀大任
壬午 周儀大任	周丙子	辛未 儀大任		戊午 儀大任	
辛亥 儀大任	丙午 儀大任	庚子 [illegible] 大任 乙未 儀大任			周辛巳
庚申 儀大任		乙丑 儀大任	己未 儀大任	丙辰 儀大任	周壬午

九年						乙巳 周儀 大任	甲戌 儀 大任			乙亥 儀 大任		
十年	宋辛丑	宋庚午	己亥 宋儀	宋丁亥	宋辛未	宋己亥	戊辰 宋儀 大任	宋丁酉	宋庚子	宋己巳	宋戊戌	宋丙寅
十一年 閏三月甲子 宋大任	宋丙申	癸巳 宋儀 大任	宋壬戌	宋辛卯	宋乙丑	宋癸亥	宋壬辰	宋辛酉	宋乙未	宋癸巳	宋壬戌	宋庚寅

十二年	宋庚申	宋戊子	宋丙辰	宋乙酉	己丑 宋儀 大任	丁巳 宋儀 宋戊午異	宋丙戌	宋乙卯	宋戊午	宋丁亥	宋丙辰	宋乙酉
十三年 宋閏十二月己酉	宋甲寅	宋壬午	辛亥 宋儀 大任	宋己卯	宋甲申	宋壬子	宋庚辰	宋己酉	癸丑 宋儀 大任	宋辛巳	庚戌 宋儀 大任	宋己卯
十四年	戊寅 宋儀 大任	宋丁未	宋甲戌	宋癸卯	宋戊申	宋丙子	宋甲辰	宋癸酉	宋丁丑	丙午 宋儀 宋乙巳異 大任	宋甲戌	宋癸卯

十五年	宋癸酉	宋辛丑	宋己巳	宋丁酉	壬寅 宋儀 大任	宋辛未	宋戊戌	宋丁卯	宋壬申	宋庚子	宋戊辰	宋丁酉
十六年 閏八月壬戌 宋大任	丁卯 宋儀 大任	宋丙申	宋甲子	宋辛酉	宋丙申	宋乙丑	宋癸巳	宋辛卯	宋丙寅	宋甲午	宋壬辰	宋辛酉
十七年	庚寅 宋儀 大任	宋己未	宋戊子	宋丙辰	宋庚申	宋己丑	宋丁巳	宋乙酉	宋庚寅	宋戊午	丙戌 宋大任	宋乙卯

十八年	乙酉 宋儀 大任	癸丑 宋大任	宋壬午	辛亥 宋儀 宋庚戌異 大任	宋甲寅	宋癸未	宋壬子	宋庚辰	甲申 宋儀 宋乙酉異 大任	宋癸丑	宋辛巳	宋己酉
十九年 宋閏五月丁未	己卯 宋儀 大任	戊申 宋儀 大任	宋丙午	宋乙亥	己酉 宋儀 宋戊申異 大任	宋丁丑	宋丙子	甲辰 宋儀 大任	宋戊寅	丙子 宋儀 大任	宋乙巳	宋甲戌
景宗 保寧 二年	宋癸卯	宋辛未	宋庚子	宋己巳	宋壬申	宋辛丑	宋庚午	宋己亥	宋壬寅	宋庚午	宋己亥	宋己巳

年			
三年	宋戊戌	宋丁卯	宋丙申
	宋丙寅	宋乙未	宋乙丑
	宋甲午	甲子宋儀大任	宋甲午
	宋癸亥、	宋癸巳	癸亥、宋儀大任
四年（宋閏二月辛卯）	宋壬辰	宋壬戌	庚申宋儀大任
	庚寅宋儀大任	宋己未	宋戊子
	宋戊午	宋戊子	宋丁巳
	丁亥宋儀大任	宋丁巳	宋丙戌
五年	宋丙辰	宋丙戌	乙卯宋儀大任
	宋甲申	宋癸丑	宋癸未
	宋壬子	宋壬午	宋壬子
	宋辛巳	辛亥宋儀大任	宋辛巳

年			
六年（宋閏十月己巳）	宋庚戌	宋庚辰	宋庚戌
	宋己卯	宋戊申	宋戊寅
	丁未宋儀大任	宋丙子	宋丙午
	乙亥宋儀大任	宋乙亥	宋甲辰
七年	甲戌宋儀大任	宋甲辰	宋癸酉
	宋癸卯	宋壬申	宋壬寅
	宋辛未	宋庚子	宋庚午
	宋己亥	宋己巳	宋己亥
八年	宋戊辰	宋戊戌	宋戊辰
	宋丁卯	宋丁酉	宋丙申
	宋乙未	宋乙丑	甲子宋儀大任
	宋癸亥、	宋癸巳	宋癸亥

年			
九年（宋閏七月庚寅）	宋壬戌	宋壬辰	宋壬戌
	宋辛卯	宋辛酉	宋辛卯
	庚申宋儀	宋己未	宋己丑
	宋戊午	丁亥、宋儀大任	宋丁巳
十年	宋丙戌	宋丙辰	宋乙酉
	宋乙卯	宋乙酉	宋甲寅
	宋甲申	癸丑宋儀大任	宋癸未
	癸丑宋儀大任	宋癸未	宋壬子
乾亨元年	宋辛巳	宋辛亥、	宋庚、辰
	宋己酉	己卯宋儀大任	宋己酉
	宋戊寅	宋戊申	宋丁丑
	宋丁未	宋丁丑	宋丙午

年			
二年（宋閏三月甲辰）	丙子宋儀大任	宋乙巳	宋甲戌
	宋甲戌	宋癸卯	宋癸酉
	宋癸卯	宋壬申	宋壬寅
	辛未宋儀大任	庚子宋儀大任	庚午宋儀大任
三年	宋庚子	宋己巳	
	宋戊辰	宋丁酉	
	宋丙申	宋乙丑	宋乙未
	宋乙丑	宋乙未	宋甲子
四年（宋閏十二月戊午）	宋甲午		
	宋壬戌		
		宋庚申	宋己丑
	己未宋儀大任	宋己丑	戊午宋儀大任

年	上	中	下
五年（是歲改統和元年）	戊午 宋儀	戊子 儀 大任丁亥異 宋	宋丁巳
	丙戌 宋儀 大任	丙辰 宋儀	乙酉 宋儀 大任
	甲寅 儀 大任乙卯異 宋	甲申 儀 大任	癸丑 宋儀 大任
	癸未 儀 大任	壬子 儀 大任 宋	壬午 宋儀 大任
聖宗統和二年	壬子 宋儀	壬午 儀	辛亥 儀 大任庚戌異 宋
	辛巳 儀	庚戌 儀	庚辰 儀 大任己卯異 宋
	己酉 儀	戊寅 儀	戊申 宋儀 大任
	丁丑 儀 宋戊寅異	丁未 宋儀	
三年（宋閏九月壬申）	丙午 儀 大任甲戌異 宋	丙子 宋儀 乙亥異	乙巳 宋儀
	乙亥 儀 大任甲戌異 宋	乙巳 宋儀 甲辰異 大任	甲戌 儀 大任癸酉異 宋
	甲辰 儀 宋	癸酉 宋儀 大任	壬寅
	辛丑	辛未	庚子 宋儀

遼志十四　十五

年	上	中	下
四年	庚午 宋儀	己亥 宋儀 庚子異	己巳 宋儀 大任
	己亥 宋 大任	戊辰 宋儀	戊戌 宋儀
	宋戊辰	丁酉 儀 大任丙申異 宋	丙寅 宋儀
	丙申 宋儀 大任	乙丑 儀 大任丙寅異 宋	丁酉 宋儀誤 乙未異 大任
五年	甲子 宋儀	甲午 儀 宋	癸亥 宋儀 大任
	癸巳 宋儀 大任	壬戌 宋儀 癸亥異	壬辰 宋儀
	壬戌	宋辛卯	宋辛酉
	宋庚寅	宋庚申	宋庚寅
六年（閏五月丙戌 宋大任）	己未 宋儀	戊子 宋儀 己丑異	戊午 宋儀
	丁亥	丁巳 宋儀 丙辰異	丙辰 宋儀
	乙酉	乙卯	乙酉 宋儀
	宋甲寅	甲申 宋儀	甲寅 宋儀

年	上	中	下
七年	癸未 宋儀 大任	壬子 儀 宋	壬午 宋儀 大任
	辛亥 宋儀	庚辰 大任 宋	庚戌
	宋己卯	宋己酉	宋己卯
	宋己酉	宋戊寅	宋戊申
八年	宋戊寅	丁未 宋儀	宋丙子
	丙午 宋儀	宋乙亥	宋甲辰
	宋甲戌	宋癸卯	宋癸酉
	宋癸卯	宋壬申	宋壬寅
九年（閏二月辛未 儀宋）	宋壬申	宋辛丑	庚子 宋儀
	宋庚午	宋己亥	宋己巳
	宋戊戌	宋丁卯	宋丁酉
	宋丙寅	宋丙申	宋丙寅

遼志十四　十六

年	上	中	下
十年	宋丙申	乙丑 宋儀	宋乙未
	宋甲子	甲午 儀	宋癸亥
	宋壬辰	宋壬戌	宋壬辰
	庚申 儀誤 宋辛酉	宋辛卯	宋庚申
十一年（宋閏十月甲申）	宋庚寅	宋己未	宋己丑
	宋己未	宋戊子	宋戊午
	宋丁亥	宋丙辰	宋丙戌
	甲申 儀誤 宋乙卯	宋甲寅	宋甲申
十二年	癸丑 儀 大任 宋甲寅異	宋癸未	宋癸丑
	宋壬午	宋壬子	辛巳 儀 宋壬午異
	辛亥 宋儀 大任	庚辰 宋儀 大任	宋庚戌
	宋己卯	戊申 宋儀 大任	戊寅 宋儀 大任

十三年	宋戊申	丁丑 儼大任宋	宋丁未	宋丙子	宋丙午	丙子 儼大任宋	己巳 儼大任宋	宋乙亥	宋甲辰	宋甲戌	宋癸卯 高麗	宋癸酉
十四年 閏七月己巳 儼大任宋	宋壬寅	宋壬申	宋辛丑	宋辛未	宋辛丑	宋庚午	宋己亥	宋己亥	宋戊辰	宋戊戌	宋丁卯	宋丁酉
十五年	宋丙寅	丙申 儼大任宋	乙丑 儼大任宋	乙未 儼大任宋	甲子 儼大任宋	宋癸巳	宋癸亥	宋癸巳	宋癸亥	壬辰 儼大任宋	壬戌 儼大任宋	宋壬辰
十六年	宋辛酉	宋庚寅	宋庚申	宋己丑	宋戊午	戊子 儼大任宋	丁巳 儼大任宋	丁亥 儼大任宋	丁巳 儼大任宋	宋丙戌	宋丙辰	丙戌 儼大任宋
十七年 宋閏三月丙申	乙卯 儼大任宋丙辰異	宋乙酉	宋甲寅	宋癸丑	宋壬午	宋壬子	宋辛丑	宋辛亥	庚辰 儼大任宋	宋庚戌	宋庚辰	宋庚戌
十八年	宋己卯	宋己酉	宋戊寅	宋戊申	宋丁丑	宋丙午	宋丙子	宋乙巳	乙亥 儼大任宋	宋甲辰	甲戌 儼大任宋	宋甲辰

十九年 宋閏十二月戊辰	宋甲戌	宋癸卯	宋壬申	宋壬寅	宋壬申	宋辛丑	庚午 儼大任宋	宋庚子	己巳 儼大任宋	宋己亥	宋戊辰	宋戊戌
二十年	宋丁酉	宋丁卯	宋丁酉	丙寅 儼大任宋	宋丙申	宋乙丑	甲午 儼大任宋	甲子 儼大任宋	癸巳 儼大任宋	癸亥 儼大任宋	宋壬辰	宋壬戌
二十一年	宋辛卯	宋辛酉	宋辛卯	宋庚申	庚寅 儼大任宋	宋己未	宋己丑	宋戊午	宋戊子	丁巳 儼大任宋	丁亥 儼大任宋	宋丙辰
二十二年 閏九月壬子 儼宋大任	宋丙戌	乙卯 儼大任宋	宋乙酉	宋甲寅	宋甲申	宋甲寅	宋癸未	宋癸丑	宋壬午	宋辛巳	宋辛亥	庚辰 儼大任宋
二十三年	宋庚戌	宋己卯	宋己酉	宋戊寅	戊申 儼大任宋	宋丁丑	宋丁未	宋丁丑	宋丙午	丙子 儼大任宋	乙巳	宋乙亥
二十四年	宋甲辰	宋甲戌	宋癸卯	宋壬申	壬寅 儼大任宋	宋辛未	辛丑 儼大任宋	宋辛未	宋庚子	庚午 儼宋	宋庚子	宋己巳

二十五年 宋閏五月丙寅				二十六年				二十七年			
宋己亥	宋丁卯	宋乙丑	宋甲午	宋癸亥	辛卯 儀大任宋	宋己未	戊子 儀宋	宋丁巳	丙戌 儀大任宋	甲申 儀誤宋大任甲寅	宋壬午
宋戊辰	宋丙申	宋甲午	宋甲子	宋壬辰	庚申 儀宋	宋己丑	宋戊午	宋丁亥	宋乙卯	宋癸未	壬子 儀大任宋
宋戊戌	宋乙未	宋甲子	宋癸巳	宋壬戌	宋庚寅	宋戊午	宋丁亥	宋丙辰	宋甲申	宋壬子	宋辛巳

二十八年 宋閏二月辛亥				二十九年				開泰元年			宋閏十月乙丑
辛亥 儀大任宋	宋庚戌	宋戊寅	丙午 儀大任宋	乙亥 儀大任宋	宋甲辰	宋壬申	宋庚子	宋己巳	宋戊戌	宋丁卯	宋乙未
宋辛巳	己卯 儀大任宋乙卯誤	宋丁未	宋丙子	宋乙巳	甲戌 儀大任宋	宋壬寅	庚午 大任宋	宋己亥	戊辰 儀大任宋	宋丙申	甲午 大任宋
宋庚辰	宋戊申	宋丙子	宋乙巳	宋甲戌	宋癸卯	宋辛未	宋庚子	宋戊辰	宋丁酉	宋丙寅	宋甲子

二年				三年				宋閏六月己卯	四年		
宋癸巳	壬戌	辛卯	己未 儀大任宋	宋戊子	宋丙辰	乙酉 儀大任宋	甲寅 儀大任宋	宋壬午	庚戌 儀大任宋	宋戊申	宋戊寅
宋癸亥	辛卯 儀大任宋	宋庚申	宋己丑	宋丁巳	丙戌 儀大任宋乙酉誤	甲寅 儀大任宋	宋癸未	壬子 儀大任宋	宋庚辰	宋戊寅	宋丁未
壬辰 儀大任宋	辛酉 儀大任宋	宋庚寅	宋戊午	宋丙戌	宋乙卯	宋甲申	宋癸丑	宋辛巳	宋己酉	宋戊申	宋丁丑

	五年				六年			宋閏四月癸巳	七年		
宋丙午	宋甲戌	宋癸卯	宋壬申	宋辛丑	宋己巳	宋丁酉	宋丙寅	宋乙未	宋甲子	宋辛酉	宋庚寅
宋丙子	宋甲辰	宋壬申	宋辛丑	宋庚午	戊戌 儀大任宋	宋丙寅	宋乙未	乙丑 儀大任宋	宋壬戌	宋庚寅	宋己未
乙巳 儀大任宋	宋甲戌	宋壬寅	宋辛未	宋庚子	戊辰 大任宋	宋丙申	宋乙丑	宋乙未	宋壬辰	宋庚申	宋己丑

年												
八年	宋己未	戊子 儼 大任 宋	宋丙辰	宋甲申	宋己丑	宋丁巳	宋乙酉	宋癸丑	宋戊午	宋丙戌	宋甲寅	宋癸未
九年 閏二月壬子 儼	宋癸丑	宋壬午 儼三月以下用此推之	庚戌 儼 大任 宋	宋戊寅	宋癸未	宋辛亥	宋庚辰	宋戊申	宋壬子 以下宋閏月異	宋辛巳	宋己酉	宋丁丑 宋閏丁未異
太平元年	宋丁丑	宋丙午	甲戌 儼 大任 宋	宋癸卯	宋丙午	宋乙亥	宋甲辰	壬申 儼 宋癸酉異	宋丙子	宋乙巳	宋甲戌	宋壬寅
二年	宋辛未	宋庚子	宋戊辰	宋丁酉	辛丑 儼 大任 宋庚子異	宋己巳	宋戊戌	宋丁卯	宋庚午	宋己亥	宋戊辰	宋丙申
三年 閏九月壬辰 儼 宋	宋丙寅 高麗	宋甲午	宋壬戌	宋辛酉	宋乙未	宋癸亥	宋壬辰	宋辛卯	宋甲子	宋癸巳	宋壬戌	宋庚申
四年	宋庚寅	宋戊午	宋丙戌	宋乙卯	宋己未	宋丁亥	宋丙辰	宋乙酉	戊子 儼 宋	宋丁巳	宋丙戌	宋乙卯

年												
五年	宋甲申	宋壬子	宋庚辰	宋己酉	宋甲寅	宋壬午	宋庚戌	宋己卯	宋癸未	宋辛亥	宋庚辰	宋己酉
六年 閏五月丙午 宋	宋己卯	丁未 儼 宋	宋甲辰	宋甲戌	宋戊申	宋丁丑	宋甲戌	宋癸卯	宋戊寅	宋乙亥	宋甲辰	宋壬申
七年	宋壬寅	宋辛未	宋己亥	宋丁卯	宋壬申	宋庚子	宋戊辰	宋丁酉	宋壬寅	宋庚午	宋戊戌	宋丁卯
八年	宋丁酉	宋丙寅	宋甲午	宋壬戌	宋丙寅	宋乙未	宋癸亥	宋辛卯	宋丙申	宋甲子	宋壬辰	宋辛酉
九年 閏七月庚寅 宋	宋辛卯	宋己丑	戊午 儼 大任 宋	丙戌 儼 大任 宋	宋庚申	宋己未	丁卯 儼誤 宋丁亥	乙卯 儼 大任 宋	宋庚申	宋戊子	宋丙辰	宋乙酉
十年	宋乙卯	宋癸未	宋壬子	宋辛巳	宋甲申	宋癸丑	宋壬午	宋庚戌	宋甲寅	宋癸未	宋辛亥	宋己卯

年	上	中	下
十一年 閏十月乙巳 宋儼	宋己酉	宋戊寅	宋戊申
	宋丁丑	宋丁未	丁丑 宋儼 大任
	宋丙午	宋庚子 誤當作丙子	宋丙午
	宋乙亥	宋甲戌	宋癸卯
興宗 重熙元年	宋壬申	宋壬寅	壬申 宋儼
	宋辛丑	宋辛未	宋庚子
	宋庚午	宋庚子	宋己巳
	宋己亥	宋己巳	宋戊戌
二年	宋戊辰	宋丁酉	宋丙寅
	宋丙申	宋乙丑	宋甲午
	宋甲子	宋甲午	宋癸亥
	宋癸巳	宋癸亥	宋癸巳

年	上	中	下
三年 閏六月戊午 宋	宋壬戌	壬辰 宋儼	宋辛酉
	宋庚寅	庚申 宋儼	宋己丑
	戊子 宋儼	宋戊午	宋丁亥
	宋丁巳	宋丁亥	宋丁巳
四年	宋丙戌	宋丙辰	乙酉 宋儼
	甲寅 宋儼	宋甲申	癸酉 宋儼 誤癸丑
	壬午 宋儼	宋壬子	宋辛巳
	宋辛亥	宋辛巳	宋辛亥
五年	宋庚辰	宋庚戌	宋庚辰
	宋己酉	宋戊寅	宋戊申
	宋丁丑	丙午 宋儼	丙子
	宋乙巳	宋乙亥	宋乙巳

年	上	中	下
六年 閏四月癸酉 宋	宋甲戌	宋甲辰	宋甲戌
	宋甲辰	宋壬寅	宋壬申
	辛丑 宋儼	宋庚午	宋庚子
	宋己巳	宋己亥	己亥 宋儼 誤戊辰
七年	宋戊戌	宋戊辰	戊戌
	宋丁卯	宋丁酉	宋丙寅
	宋丙申	宋乙丑	宋甲午
	甲子 宋儼	宋癸巳	宋癸亥
八年 閏十二月丁亥 宋	宋壬辰	宋壬戌	宋壬辰
	宋辛酉	宋辛卯	宋庚申
	宋庚寅	宋庚申	宋己丑
	宋己未	宋戊子	宋丁巳

年	上	中	下
九年	丙辰 宋儼	宋丙戌	宋乙卯
	宋乙酉	乙卯 宋儼 宋甲寅誤	宋甲申
	宋甲寅	宋癸未	宋癸丑
	癸未 宋儼	宋壬子	宋壬午
十年	宋辛亥	庚辰 宋儼	宋庚戌
	宋己卯	宋己酉	宋戊寅
	宋戊申	宋丁丑	宋丁未
	宋丁丑	宋丁未	宋丙子
十一年 閏九月辛未 宋	宋丙午	宋乙亥	甲辰 宋儼
	甲戌 宋儼	宋癸卯	宋癸酉
	壬寅 宋儼	宋壬申	宋辛丑
	宋辛丑	宋庚午	宋庚子

十二年	宋庚午	宋戊戌	丙寅 宋儼	宋乙未	宋己亥	宋丁卯	乙未 宋儼 高麗	宋乙丑	宋戊辰	宋丙申	壬申 宋誤乙丑	宋甲午
十三年	甲子 宋儼	宋壬辰	宋辛酉	宋己丑	宋甲午	壬戌 宋儼	宋庚寅	宋戊午	宋癸亥	宋辛卯	宋己未	宋戊子
十四年 閏五月丙戌 象	宋戊午	宋丁亥	甲申 宋儼	宋癸丑	宋戊子	宋丙辰	宋甲寅	壬午 宋儼	宋丁巳	宋乙卯	宋癸未	宋壬子
十五年	宋壬午	辛亥 宋儼	宋己卯	宋丁未	宋壬子	宋庚辰	宋戊申	宋丁丑	宋辛巳	宋庚戌	宋戊寅	宋丙午
十六年	宋丙子	乙巳 宋儼	宋甲戌	宋壬寅	宋丙午	宋乙亥	宋癸卯	宋辛未	宋乙亥	宋甲辰	宋壬申	辛丑 宋儼
十七年 閏正月庚子 宋	宋庚午	宋己巳	宋丁酉	宋丙寅	宋己巳	宋戊戌	宋丁卯	乙未 宋儼	宋己亥	宋戊辰	宋丙申	宋乙丑

遼志十四　二十五　刘伏

十八年	甲午 宋儼 高麗	宋癸亥	宋壬辰	宋庚申	宋甲子	宋壬辰	宋辛酉	宋庚寅	宋癸巳	宋壬戌	宋辛卯	宋庚申
十九年 閏十二年甲寅 宋	宋己丑	宋丁巳	丙戌	宋乙卯	宋戊午	宋丁亥	宋乙卯	宋甲申	宋戊子	丙辰 宋儼	宋乙酉	宋甲申
二十年	宋癸丑	宋辛巳	宋己酉	己卯 宋儼	宋壬午	宋庚戌	宋己卯	宋戊申	壬子 宋儼	宋庚辰	宋己酉	宋戊寅
二十一年	宋戊申	宋丙子	甲辰 宋儼	宋癸酉	宋丁丑	宋乙巳	癸酉 宋儼	宋壬寅	宋丙午	宋甲戌	宋癸卯	宋壬申
二十二年 閏七月戊辰	宋壬寅	宋庚午	宋戊戌	丙申 宋儼	宋壬申	宋庚子	宋丁酉	宋丙寅	宋辛丑	宋己巳	宋丁卯	丙申 宋儼
二十三年	宋丙寅	宋甲午	宋壬戌	宋辛卯	宋乙未	宋甲子	宋壬辰	宋庚申	宋乙丑	宋癸巳	宋辛酉	宋庚寅

遼志十四　二十六　刘後三

二十四年	宋庚申	宋己丑	宋丁巳	宋乙酉	宋己丑	宋戊午	宋丙戌	宋乙卯	宋己未 儼	宋戊子	宋丙辰	宋甲申
道宗清寧二年 宋閏三月癸未	宋甲寅	宋壬子	宋辛巳	宋己酉	宋癸未	宋壬午	宋庚戌	宋己卯	宋癸丑	宋辛亥	宋庚辰	戊申 儼宋
三年	宋戊寅 高麗	宋丙午	宋乙亥	宋甲辰	宋丁未	宋丙子	宋乙巳	宋癸酉	宋丁丑	宋丙午	宋甲戌	宋癸卯
四年 宋閏十二月丁卯	壬申 儼宋	宋辛丑	宋己巳	戊戌 儼宋	宋壬寅	庚午 儼宋	宋己亥	宋戊辰	宋辛未	宋庚子	宋己巳	宋丁酉
五年	宋丙申	甲子 儼宋乙丑異	宋癸巳	壬子 誤宋壬戌	宋丙寅	宋甲午	宋癸亥	宋壬辰	宋乙未	宋癸亥	宋癸巳	宋壬戌
六年	宋辛卯	宋己未	宋丁亥	宋丙辰	宋庚申	戊子 儼宋	宋丁巳	宋丙戌	宋庚寅	戊午 儼宋	宋丁亥	宋丙辰

遼志十四　二十七　刘伏

七年 宋閏八月辛巳	宋乙酉	宋甲寅	宋壬午	宋庚辰	宋乙卯	宋癸未	宋辛亥	宋庚戌	宋甲申	壬午 儼誤宋壬子	宋庚戌	宋庚辰
八年	宋己酉	宋戊寅	宋丙午	甲戌 儼宋	宋己卯	宋丁未	宋乙亥	宋甲辰	戊申 儼宋	甲子 儼誤宋丙子	宋乙巳	宋甲戌
九年	宋癸卯	宋壬申	宋庚子	戊辰 儼宋	宋癸酉	宋壬寅	庚午 儼宋	宋戊戌	宋癸卯	宋辛未	宋己亥	宋戊辰
十年 宋閏五月丙寅	宋丁酉	宋丁卯	宋甲子	壬辰 儼宋癸巳異	宋丁卯	宋丙申	宋甲午	宋壬戌	宋丁酉	宋乙未	宋癸亥	宋壬辰
咸雍元年	辛酉 儼大任宋高麗	宋庚寅	宋己未	丁亥 儼大任宋	宋辛卯	宋庚申	宋戊子	宋丁巳	宋辛酉	宋己丑	宋戊午	宋丙戌
二年	宋丙辰	宋甲申	癸丑 儼大任宋	宋壬午	宋乙酉	宋甲寅	宋癸未	宋辛亥	宋乙卯	宋甲申	壬子 儼大任宋	宋辛巳

遼志十四　二十八　刘伏

三年 閏三月己卯 宋				四年				五年 閏十一月甲午 宋			
宋庚戌	宋戊申	宋丁丑	宋丙午	甲戌 宋儼 大任	宋壬寅	宋辛未	宋庚子	宋己巳	宋丁酉	乙丑 宋儼 大任	宋甲午
宋庚辰	宋戊寅	宋丁未	宋乙亥	甲辰 宋儼 大任	宋壬申	宋辛丑	宋庚午	宋戊戌	宋丙寅	宋乙未	宋甲子
宋己酉	宋丁未	宋丙子	宋乙巳	宋癸酉	宋辛丑	宋庚午	宋己亥	宋戊辰	宋丙申	宋甲子	宋癸亥

遼志十四　二十九　丘老

六年				七年				八年 閏七月戊申 宋			
宋癸巳	宋辛酉	宋己丑	宋戊午	宋丁亥	宋丙辰	甲申 宋儼 大任	宋壬子	宋辛巳	宋庚戌	宋戊寅	宋丙子
宋癸亥	宋庚寅	宋戊午	宋戊子	宋丁巳	宋乙酉	宋癸丑	宋壬午	宋辛亥	宋庚辰	宋丁丑	宋丙午
宋壬辰	宋庚申	宋戊子	宋丁巳	宋丙戌	宋甲寅	宋壬午	宋辛亥	宋辛巳	宋己酉	宋丙午	宋乙亥

九年				十年				大康元年 閏四月壬辰 宋			
宋乙巳	宋甲戌	宋壬寅	宋庚午	宋己亥	宋戊辰	宋丁酉	宋乙丑	宋甲午	宋壬戌	辛酉 宋	宋己丑
宋乙亥	宋癸卯	宋壬申	宋庚子	宋己巳	宋戊戌	宋丙寅	宋乙未	宋癸亥	宋辛酉	庚寅 宋儼 大任	宋己未
宋甲辰	宋癸酉	宋辛丑	宋庚午	宋戊戌	宋丁卯	宋丙申	宋甲子	宋癸巳	宋辛卯	宋庚申	宋己丑

遼志十四　三十

二年				三年				四年 閏五月丙子 宋			
宋戊午	宋丙戌	宋乙卯	宋甲申	宋壬子	宋庚辰	宋己酉	宋戊寅	宋丁未	宋甲辰	宋癸酉	宋壬寅
宋丁亥	宋丙辰	宋甲申	宋癸丑	壬午 宋儼 大任	宋庚戌	宋戊寅	宋戊申	宋丙午	宋甲戌	宋壬寅	宋辛未
宋丙辰	乙酉 宋儼 大任	宋甲寅	宋癸未	宋辛亥	己卯	宋戊申	宋丁丑	宋乙亥	宋癸卯	宋壬申	宋辛丑

五年	宋辛未	宋庚子	宋庚午
	宋己亥	宋戊辰	宋戊戌
	宋丁卯	宋丙申	宋丙寅
	宋丙申	宋乙丑	宋乙未
六年 閏六月庚寅 宋	宋乙丑	宋乙未	宋甲子
	宋甲午	癸亥 大任	宋壬辰
	宋壬戌	宋辛卯	宋庚申
	己未 嚴大任 宋	己丑 嚴大任 宋	宋己未
七年	宋己丑	宋戊午	宋戊子
	宋戊午	宋丁亥	宋丙辰
	宋丙戌	宋乙卯	宋甲申
	宋甲寅	宋癸未	宋癸丑

八年	宋癸未	宋癸丑	宋壬午
	宋壬子	宋辛巳	辛亥 嚴大任 宋
	宋庚辰	宋庚戌	宋己卯
	宋戊申	宋戊寅	宋丁未
九年 閏六月乙亥 宋	宋丁丑	宋丁未	宋丙子
	丙午 嚴大任 宋	宋丙子	宋乙巳
	宋甲辰	宋甲戌	癸卯 嚴大任
	宋癸酉	宋壬寅	宋辛未
十年	辛丑 嚴大任 宋高麗	庚午 嚴 宋	宋庚子
	宋庚午	宋己亥	宋己巳
	宋戊戌	宋戊辰	宋戊戌
	宋丁卯	宋丁酉	宋丙寅

大安元年 缺閏	宋丙申	宋乙丑	宋甲午
	宋甲子	宋癸巳	宋癸亥
	宋癸巳	宋壬戌	宋壬辰
	宋壬戌	辛卯 高麗 宋	辛酉
二年	宋庚寅	庚申	宋戊午
	宋戊子	丁巳 嚴大任 宋	丁亥 嚴大任丙午誤 宋
	宋丙辰	宋丙戌	宋丙辰
	己酉 嚴誤 宋乙酉	宋庚午 誤 當作乙卯	宋乙酉
三年	宋甲寅	宋甲申	宋癸丑
	宋壬午	宋壬子	宋辛巳
	宋庚戌	宋庚辰	宋庚戌
	宋己卯	宋己酉	宋己卯

四年 閏十二月癸卯 宋	宋己酉	宋戊寅	宋戊申
	宋丁丑	宋丙午	宋丙子
	宋乙巳	宋甲戌	宋甲辰
	宋癸酉	宋癸卯	癸卯 嚴誤大任 宋癸酉
五年	宋壬申	宋壬寅	宋壬申
	宋辛丑	宋庚午	宋庚子
	宋己巳	宋戊戌	宋戊辰
	宋丁酉	丁卯 嚴大任 宋	宋丁酉
六年	宋丁卯	宋丙申	宋丙寅
	宋丙申	宋乙丑	宋甲午
	宋甲子	宋癸巳	宋壬戌
	宋壬辰	宋辛酉	宋辛卯

七年 閏八月丁巳 宋	宋辛酉	宋庚寅	戊午 宋儼大任	宋丙辰	宋庚寅	己未 宋儼大任	宋戊子	宋乙酉	宋庚申	宋己丑	宋丙戌	宋乙卯
八年	宋甲申	宋癸丑	宋壬午	庚戌 宋儼大任	宋甲寅	宋癸未	宋壬子	宋庚辰	宋甲申	宋癸丑	宋辛巳	宋己酉
九年	宋己卯	宋丁未	宋丙子	宋乙巳	宋戊申	宋丁丑	宋丙午	宋乙亥	宋戊寅	丁未 宋儼大任	宋丙子	宋甲辰
十年 閏四月辛未 宋	宋癸酉	壬寅 宋儼大任	庚子 宋大任	宋己巳	宋癸卯	宋辛丑	宋庚午	宋己亥	壬申 宋儼	宋庚午	宋己亥	宋戊辰
壽隆元年	戊戌 宋儼大任	宋丙寅	宋甲午	宋癸亥	宋丁卯	乙未 宋儼大在	宋甲子	宋癸巳	宋丙申	宋乙丑	宋癸巳	宋癸亥
二年	宋壬辰	宋庚申	宋戊子	宋丁巳	宋壬戌	宋庚寅	宋戊午	宋丁亥	宋辛卯	宋己未	宋丁亥	宋丁巳

三年 閏二月丙戌 宋	宋丙戌	宋甲申	壬子 大任	宋辛巳	丙辰 宋儼大任	宋甲寅	宋壬午	宋辛亥	宋乙卯	宋癸未	宋辛亥	宋辛巳
四年	宋庚戌	宋己卯	宋丁未	乙亥 宋儼大任	宋庚辰	宋戊申	宋丙子	乙巳 宋儼大在	宋庚戌	戊寅 宋儼大任	宋丙午	宋乙亥
五年 閏九月庚午 宋	宋甲辰	宋癸酉	壬寅 宋儼大任	乙亥 宋儼大任	宋甲戌	宋癸卯	宋辛未	己巳 儼	宋甲辰	宋壬申	宋庚子	宋戊戌
六年	宋戊辰	丁酉 宋儼大任	宋丙寅	宋甲午	宋戊戌	宋丁卯	宋乙未	宋癸亥	宋戊辰	宋丙申	宋甲子	宋癸巳
七年	壬戌 宋儼大任	宋辛卯	宋庚申	宋戊子	壬辰 宋儼大任	宋辛酉	宋庚寅	宋戊午	宋壬戌	宋庚寅	宋己未	宋丁亥
天祚乾統 閏六月甲寅 宋 二年	宋丁巳	宋乙酉	宋甲申	宋壬子	宋丙戌	宋乙卯	宋癸丑	宋壬午	宋丙辰	宋乙酉	宋癸未	宋辛亥

三年	宋辛巳	宋庚戌	宋庚辰
	宋己酉	宋己卯	宋戊申
	宋戊寅	宋丁未	宋丁丑
	宋丁未	宋丁丑	宋丙午
四年	宋丙子	宋乙巳	宋甲戌
	宋甲辰	宋癸酉	宋壬寅
	宋壬申	宋壬寅	宋辛未
	宋辛丑	宋辛未	宋庚子
五年 閏二月己巳 宋	宋庚午	宋庚子	宋戊戌
	宋戊辰	宋丁酉	宋丙寅
	宋丙申	宋乙丑	宋乙未
	宋乙丑	宋乙未	宋甲子

遼志十四　三十五

六年	宋甲午	宋甲子	宋癸巳
	宋壬戌	宋壬辰	宋辛酉
	宋庚寅	宋庚申	宋己丑
	宋己未	宋戊子	宋戊午
七年 閏十月癸未 宋	宋戊子	宋戊午	宋丁亥
	宋丁巳	宋丙戌	宋丙辰
	宋乙酉	宋甲寅	宋甲申
	宋癸丑	宋壬子	宋壬午
八年	宋壬子	宋壬午	宋辛亥 高麗
	宋辛巳	宋庚戌	宋庚辰
	宋己酉	宋戊寅	宋戊申
	宋丁丑	宋丁未	宋丙子

九年	丙午 宋大任	宋丙子	宋乙巳
	宋乙亥	宋乙巳	宋甲戌
	宋甲辰	宋癸酉	宋壬寅
	宋壬申	宋辛丑	宋辛未
十年 閏八月丁酉 宋	宋庚子	宋庚午	宋己亥
	宋己巳	宋己亥	宋戊辰
	宋戊戌	宋丁卯	宋丙寅
	宋丙申	宋乙丑	宋乙未
天慶元年	宋甲子	宋甲午	宋癸亥
	宋癸巳	宋壬戌	宋壬辰
	宋壬戌	宋辛卯	宋辛酉
	宋庚寅	宋庚申	宋己丑

遼志十四　三十六

二年	己未 宋儀 大任	宋戊子	宋戊午
	丁亥 宋儀 大任	宋丁巳	宋丙戌
	宋丙辰	宋乙酉	宋乙卯
	宋乙酉	宋甲寅	宋甲申
三年 閏四月辛亥 宋	宋甲寅	宋癸未	宋壬子
	宋壬午	宋庚辰	宋庚戌
	宋己卯	宋己酉	宋己卯
	宋戊申	宋戊寅	宋戊申
四年	宋戊寅	宋丁未	宋丙子
	宋丙午	宋乙亥	宋甲辰
	宋甲戌	宋癸卯	宋癸酉
	壬寅 宋儀 大任	宋壬申	宋壬寅

年	上	中	下
五年	宋壬申　宋庚子　宋戊辰　宋丁酉	宋辛丑　宋庚午　宋戊戌　宋丙寅	宋辛未　己亥 儼 大任 宋　丁卯 儼 大任 宋　宋丙申
六年 閏二月丙申 宋	宋丙寅　宋甲子　宋壬辰　宋辛酉	宋乙丑　宋甲午　宋壬戌　宋庚寅	宋乙未　宋癸亥　宋辛卯　宋庚申
七年	宋庚寅　宋己未　宋丁亥　乙卯 儼 大任 宋	宋己未　宋戊子　宋丙辰　宋乙酉	宋己丑　宋戊午　宋丙戌　宋甲寅

年	上	中	下
八年 閏五月庚戌 宋	宋甲申　宋癸丑　宋辛巳　宋己卯	宋癸丑　壬午 儼 宋　宋辛亥　宋己酉	宋癸未　宋壬子　宋庚辰　宋戊寅
九年	宋戊申　宋丙子　宋乙巳　甲戌 大任 宋	宋丁丑　宋丙午　宋乙亥　宋癸卯	丁未 儼 大任 宋　宋丙子　宋甲辰　宋癸酉
十年	宋壬寅　宋辛未　宋己亥　宋戊辰	宋壬申　宋庚子　宋己巳　宋戊戌	宋辛丑　宋庚午　宋己亥　宋丁卯

年	上	中	下
保大元年 閏五月甲子 宋	丁酉 儼 大任 宋　宋乙丑　宋癸亥　宋壬辰	宋丙寅　宋甲午　宋癸巳　宋壬戌	宋丙申　宋癸巳　宋壬戌　宋辛卯
二年	宋辛酉　宋己丑　丁巳 儼 大任 宋　宋丙戌	庚寅 儼 大任 宋　宋戊午　宋丁亥　宋丙辰	宋庚申　宋戊子　宋丁巳　宋丙戌
三年	宋乙卯　甲申 儼 大任 宋　宋壬子　宋庚辰	乙酉 儼 宋　癸丑 大任 宋　宋辛巳　宋庚戌	宋甲寅　宋壬午　宋辛亥　宋庚辰

年	上	中	下
四年 閏三月戊寅 宋	宋庚戌　宋戊申　宋丙子　宋甲辰	宋己卯　宋丁丑　宋乙巳　宋甲戌	宋己酉　宋丙午　宋甲戌　宋甲辰
五年	宋癸酉　宋壬寅　宋庚午　宋戊戌	宋癸卯　宋壬申　宋庚子　宋戊辰	宋癸酉　宋辛丑　宋己巳　宋戊戌

宋元豐元年十二月詔司天監考遼及高麗日本國曆與奉元曆同異遼己未歲氣朔與宣明曆合日本戊午歲與遼曆相近高麗戊午年朔與奉元曆合氣有不同戊午遼太康四年己未五年也當遼宋之世二國司天固相參考矣高麗所進大遼事跡載諸王冊文頗見月朔因附入

象

孟子有言天之高也星辰之遠也苟求其故千歲之日至可坐而致甚哉聖人之用心可謂廣大精微至矣盡矣日有晷景月有明魄斗有建除星有昏旦觀天之變而制器以候之八尺之表六尺之簡百刻之漏日月星辰示諸掌上運行既察度分既審於是像天圓以顯運行置地櫃以驗出入渾象是作天道之常尋尺之中可以俯窺陶唐之象是矣設三儀以明度分管一衡以正辰極渾儀是作天文之變六合之表可以仰觀有虞之璣是矣體莫固於金用莫利於水範金走水不出戶而知天道此聖人之所以爲聖也歷代儀象表漏各具于志太宗大同元年得晉曆象刻漏渾象後唐清泰二年已稱損折不可施用其至中京者槩可知矣古之鍊銅黑黃白青之氣盡然後用之故可施於久遠唐沙門一行鑄渾天儀時稱精妙未幾銅鐵漸澁不能自轉置不復用金質不精水性不行況移之沍寒之地乎

刻漏

晉天福三年造周官挈壺氏懸壺必爨之以火地雖沍寒蓋可施也

官星

古者官星萬餘名遭秦焚滅圖籍世秘不傳漢收散亡得甘德石申巫咸三家圖經緯合千餘官僅存什一分爲三垣四宮二十八宿樞以二極建以北斗緯以五星日月代明貫而太一賤遠尿擬占決之用亦云備矣司馬遷天官書既以具錄後世保章守候無出三家官星之外者天象昭垂歷代不易而漢晉隋唐之書累志天文近於衍矣且天象機祥律格有禁書亭勝國之史詿誤學者不宜書其日食星變風雲震雹之祥具載帝紀不復書

志第十四

志第十五　　遼史四十五

開府儀同三司上柱國錄軍國重事中書右丞相監修國史領經筵事都總裁臣脫脫奉

勅修

百官

官生於職職沿於事而名加之後世沿名不究其實吏部一太宰也爲大司徒爲尚書爲中書爲門下兵部一司馬也爲大司馬爲大尉爲樞密使沿古官名分今之職事以配之於是先王統理天下之法如治絲而棼名實淆矣契丹舊俗事簡職專官制朴實不以名亂之其興也勃焉太祖神冊六年詔正班爵至于太宗兼制中國官分南北以國制治契丹以漢制待漢人國制簡朴漢制則沿名之風固存也

遼國官制分北南院北面治宮帳部族屬國之政南面治漢人州縣租賦軍馬之事因俗而治得其宜矣初太祖分迭剌夷離菫爲北南二大王謂之北南院宰相樞密宣徽林牙下至郎君護衛皆分北南其實所治皆北面之事語遼官制者不可不辨凡遼朝官北樞密視兵部南樞密視吏部北南二王視户部夷離畢視刑部宣徽視工部敵烈麻都視禮部北南府宰相總之惕隱治宗族林牙修文告于越坐而論議以象公師朝廷之上事簡職專此遼所以興也

契丹北樞密院掌兵機武銓群牧之政凡契丹軍馬皆屬焉以其牙帳居大內帳殿之北故名北院元好問所謂北衙不理民是也

北院樞密使

知北院樞密使事

知樞密院事

北院樞密副使

知北院樞密副使事

同知北院樞密使事

簽書北樞密院事

北院都承旨

北院副承旨

北院林牙

知北院貼黃

給事北院知聖旨頭子事

掌北院頭子

北樞密院敞史

北院郎君

北樞密院通事

北院掾史

北樞密院中丞司
北南樞密院點檢中丞司事
總知中丞司事
北院左中丞
北院右中丞
同知中丞司事
北院侍御

契丹南樞密院掌文銓部族丁賦之政凡契丹人民皆屬焉以其牙帳居大內之南故名南院元好問所謂南衙不主兵是也

南院樞密使
知南院樞密使事
知南院樞密事
南院樞密副使
知南院樞密副使事
同知南院樞密使事
簽書南樞密院事
南院都承旨
南院副承旨
南院林牙
知南院帖黃
給事南院知聖旨頭　事
掌南院頭子
南樞密院敞史
南院郎君
南樞密院通事
南院掾史

南樞密院中丞司
北南樞密院點檢中丞司事
總知中丞司事

南院左中丞
南院右中丞
同知中丞司事
南院侍御

北宰相府掌佐理軍國之大政皇族四帳世預其選
北府左宰相
北府右宰相
總知軍國事
知國事

南宰相府掌佐理軍國之大政國舅五帳世預其選

南府左宰相
南府右宰相
總知軍國事
知國事
北大王院分掌部族軍民之政
北院大王初名迭剌部夷離菫太祖分北南院太宗會同元年改夷離菫爲大王
知北院大王事
北院太師
北院太保
北院司徒
北院司空
北院郎君
北院都統軍司掌北院從軍之政令
北院統軍使
北院副統軍使
北院統軍都監
北院詳穩司掌北院部族軍馬之政令
北院詳穩
北院都監

北院將軍
北院小將軍
北院都部署司掌北院部族軍民之事
北院都部署
北院副部署
南大王院分掌部族軍民之政
南面大王
知南院大王事
南院太師
南院太保天慶八年省南院太保
南院司徒
南院司空
南院郎君
南院都統軍司掌南院從軍之政令
南院統軍使
南院副統軍使
南院統軍都監
南院詳穩司掌南院部族軍馬之政令
南院詳穩
南院都監

南院將軍

南院小將軍

南院都部署司掌南院部族軍民之事

南院都部署

南院副部署

宣徽北院太宗會同元年置掌北院御前祗應之事

北院宣徽使

知北院宣徽事

北院宣徽副使

同知北院宣徽事

宣徽南院會同元年置掌南院御前祗應之事

南院宣徽使

知南院宣徽事

南院宣徽副使

同知南院宣徽事

大于越府無職掌班百僚之上非有大功德者不授遼國尊官猶南面之有三公太祖以遙輦氏于越受禪終遼之世以于越得重名者三人耶律曷魯屋質仁先謂之三于越

大于越

大惕隱司太祖置掌皇族之政教興宗重熙二十二年耶律義先拜惕隱戒族人曰國家三父房最爲貴族凡天下風化之所自出不孝不義雖小不可爲其妻晉國長公主之女每見中表必具禮服義先以身率先國族化之遼國設官之實於此可見太祖有國首設此官其後百官擇人必先宗姓

惕隱亦曰梯里巳

知惕隱司事

惕隱都監

夷離畢院掌刑獄

夷離畢

左夷離畢

右夷離畢

知左夷離畢事

知右夷離畢事

敞史

選底掌獄

大林牙院掌文翰之事

北面都林牙

北面林牙承旨

北面林牙

左林牙

右林牙

敵烈麻都司掌禮儀

敵烈麻都

總知朝廷禮儀

總禮儀事

文班司所掌未詳

文班太保

文班林牙

文班牙署

文班吏

阿札割只所掌未詳遥輦故官後併樞密院

阿札割只

北面御帳官

三皇聖人也當淳朴之世重門擊柝猶嚴於待暴客遼之先世未有城郭溝池宮室之固氈車為營硬寨為宮御帳之官不得不謹出於貴戚為侍衛著帳為近侍北南部族為護衛武臣為宿衛親軍為禁衛百官番宿為宿直奉宸以司供御三班以肅會朝硬寨以嚴晨夜法制可謂嚴密矣考其凡如左

侍衛司掌御帳親衛之事

侍衛太師

侍衛太保

侍衛司徒

侍衛司空

侍衛

近侍局

近侍直長

近侍

近侍小底

近侍詳穩司

近侍詳穩

近侍都監

近侍將軍

近侍小將軍

北護衛府掌北院護衛之事皇太后宮有左右護衛

北護衛太師

北護衛太保

北護衛司徒

總領左右護衛司
總領左右護衛
左護衛司
左護衛太保
左護衛
右護衛司
右護衛太保
右護衛
南護衛府掌南院護衛之事
南護衛太師

南護衛太保
南護衛司徒
總領左右護衛司
總領左右護衛
左護衛司
左護衛太保
左護衛
右護衛司
右護衛太保
右護衛

奉宸司掌供奉宸御之事
官名未詳
奉宸
三班院掌左右寄班之事
左班都知
右班都知
寄班都知
三班院祗候
宿衛司事掌宿衛之事
總宿衛事亦曰典宿衛事

總知宿衛事
同掌宿衛事
宿衛官
禁衛局
總禁衛事
禁衛長
宿直司掌輪直官員宿直之事皇太后宮有宿直官
宿直詳穩
宿直都監
宿直將軍

宿直小將軍

宿直官

宿直護衛

硬寨司掌禁圍槍寨下鋪傳鈴之事

硬寨太保

皇太子惕隱司掌皇太子宮帳之事

皇太子惕隱

北面著帳官

古者刑人不在君側叛逆家屬沒爲著帳執事禁衛可爲寒心此遼世所以多變起肘腋歟

著帳郎君院遙輦痕德堇可汗以蒲古只等三族害于越室魯家屬沒入瓦里應天皇太后知國政析出之以爲著帳郎君娘子每加矜恤世宗悉免之其後內族外戚及世官之家犯罪者皆沒入瓦里人戶益衆因復故名皇太后皇太妃帳皆有著帳諸局

著帳郎君節度使

著帳郎君司徒

祗候郎君班詳穩司

祗候郎君班詳穩

祗候郎君直長

祗候郎君閘撒狘

祗候郎君

祗候郎君拽剌

左祗候郎君班詳穩司

左祗候郎君班詳穩

左祗候郎君直長

左祗候郎君閘撒狘

左祗候郎君

左祗候郎君拽剌

右祗候郎君班詳穩司

右祗候郎君班詳穩

右祗候郎君直長

右祗候郎君閘撒狘

右祗候郎君

右祗候郎君拽剌

筆硯局

筆硯祗候郎君

筆硯吏

牌印局

牌印郎君

裀褥局
裀褥郎君
燈燭局
燈燭郎君
牀幔局
牀幔郎君
殿幄局
殿幄郎君
車輿局
車輿郎君

御盞局
御盞郎君
本班局
本班郎君
皇太后祗應司
領皇太后諸局事
知皇太后宮諸司事
皇太妃祗應司
皇后祗應司
近位祗應司

皇太子祗應司
親王祗應司
著帳戶司本諸斡魯朵戶析出及諸色人犯罪沒入凡御帳皇太后皇太妃皇太子近位親王祗從伶官皆充其役
著帳節度使
著帳殿中
承應小底局
筆硯小底
寢殿小底

佛殿小底
司藏小底
習馬小底
鷹坊小底
湯藥小底
尚飲小底
盥漱小底
尚膳小底
尚衣小底
裁造小底

北面皇族帳官

肅祖長子洽昚之族在五院司叔子葛剌季子洽禮及懿祖仲子帖剌季子褭古直之族皆在六院司此五房者謂之二院皇族玄祖伯子麻魯無後次子巖木之後曰孟父房叔子釋魯曰仲父房季子為德祖德祖之元子是爲太祖天皇帝謂之橫帳次曰剌葛曰迭剌曰寅底石曰安端曰蘇皆曰季父房此一帳三房謂之四帳皇族二院治之以北南二王四帳治之以大内惕隱皆統於大惕隱司

大内惕隱司掌皇族四帳之政教

大内惕隱

知大内惕隱事

大内惕隱都監

大橫帳常袞司掌太祖皇帝後九帳皇族之事

橫帳常袞亦曰橫帳敞穩

橫帳太師

橫帳太保

橫帳司空

橫帳郎君

橫帳知事

孟父族帳常袞司掌蜀國王巖木房族之事

仲父族帳常袞司掌隋國王釋魯房族之事

季父族帳常袞司掌德祖皇帝三房族之事

四帳都詳穩司掌四帳軍馬之事

都詳穩

都監

将軍本名敞史

小将軍

橫帳詳穩司

孟父帳詳穩司

仲父帳詳穩司

季父帳詳穩司

舍利司掌皇族之軍政

舍利詳穩

舍利都監

舍利将軍

舍利小将軍

舍利

梅里

親王國官制未詳

王府近侍

王府祗候

大東丹國中臺省太祖天顯元年置乾亨元年聖宗省

左大相

右大相

左次相

右次相

王子院掌王子各帳之事

王子太師

王子太保

王子司徒

王子司空

王子班郎君

駙馬都尉府掌公主帳宅之事

駙馬都尉

北面諸帳官

遼太祖有帝王之度者三代遥輦氏尊九帳於御營之上一也滅渤海國存其族帳亞於遥輦二也併奚王之衆撫其帳部擬於國族三也有英雄之智者三任國舅以耦皇族崇乙室以抗奚王列二院以制遥輦是已觀北面諸帳官可以見之矣

遥輦九帳大常袞司掌遥輦洼可汗阻午可汗胡剌可汗蘇可汗鮮質可汗昭古可汗耶瀾可汗巴剌可汗痕德堇可汗九世宮分之事太祖受位于遥輦以九帳居皇族一帳之上設常袞司以奉之有司不與焉凡遼十二宮五京皆太祖以來征討所得非受之於遥輦也其待先世之厚蔑以加矣遼俗東嚮而尚左御帳東嚮遥輦九帳南嚮皇族三父帳北嚮東西為經南北為緯故謂御營為橫帳云

大常袞亦曰敞穩

遥輦太師

遥輦太保

遥輦太尉

遥輦司徒

遥輦司空

遥輦侍中一作世燭太宗會同元年置

敞史

知事

遥輦帳節度使司

節度使

節度副使

遥輦糺詳穩司

遙輦糺詳穩

遙輦糺都監

遙輦軍糺將軍

遙輦糺小將軍

遙輦剋官名未詳

大國舅司掌國舅乙室已拔里二帳之事太宗天顯十年合皇太后二帳爲國舅司聖宗開泰三年又併乙室已拔里二司爲一帳

乙室已國舅大翁帳常衮一作敞穩

乙室已國舅小翁帳常衮

拔里國舅大父帳常衮

拔里國舅少父帳常衮

國舅太師

國舅太保

國舅太尉

國舅司徒

國舅司空

敞史太宗會同元年改郎君爲敞史知事

國舅乙室已大翁帳詳穩司

國舅詳穩

國舅都監

國舅本族將軍

國舅本族小將軍興宗重熙五年樞密院奏國舅乙室已小翁帳敞史准大橫帳泊國舅二父帳改爲將軍

國舅乙室已小翁帳詳穩司

國舅拔里大父帳詳穩司

國舅拔里少父帳詳穩司

國舅夷離畢司

國舅夷離畢

國舅左夷離畢

國舅右夷離畢

敞史

國舅帳剋

國舅別部世宗置

官制未詳

國舅別部敞史聖宗太平八年見國敞史蕭塔葛

渤海帳司官制未詳

渤海宰相

渤海太保
渤海撻馬
渤海近侍詳穩司
奚王府
乙室王府並見部族官
北面宮官
遼建諸宮斡魯朶部族蕃戶統以北面宮官具如左
諸行宮都部署院總契丹漢人諸行宮之事
諸行宮都部署
知行宮諸部署司事

諸行宮副部署
諸行宮判官
契丹行宮都部署司總行在行軍諸斡魯朶之政令
契丹行宮都部署
知契丹行宮都部署事
契丹行宮副部署
契丹行宮判官
行宮諸部署司掌行在諸宮之政令
行宮都部署
行宮副部署

行宮部署判官
十二宮職名總目
某宮
某宮使
某宮副使
某宮太師
某宮太保
某宮侍中太宗會同元年置亦曰世燭
某宮都部署司掌本宮契丹軍民之事
某宮都部署

某宮副部署
某宮判官
某宮提轄司官制未詳
某宮馬群司
侍中
敞史
某石烈石烈縣也
夷離堇本名彌里馬特本改辛袞會同元年升
麻普本名達剌干會同元年改
牙書會同元年置

其瓦里內族外戚世官犯罪沒入瓦里

抹鶻

其抹里

閘撒狘

其得里官名未詳

太祖弘義宮

太宗永興宮

世宗積慶宮

應天皇太后長寧宮

穆宗延昌宮

景宗彰愍宮

承天皇太后崇德宮

聖宗興聖宮

興宗延慶宮

道宗太和宮

天祚永昌宮

孝文皇太弟敦睦宮

文忠王府已上十二宮一府部署提轄石烈瓦里抹里得里等並見營衛志

押行宮輜重夷離畢司掌諸宮巡幸扈從輜重之事

夷離畢

敞史

志第十五

志第十六　遼史四十六

開府儀同三司上柱國錄軍國重事中書右丞相監修國史領經筵事都總裁臣脫脫奉

勑修

百官志二

北面部族官

部族詳見營衛志設官之制具如左

部族職名總目

大部族

其部大王本名夷离堇

其部左宰相

其部右宰相

其部太師

其部太保

其部太尉

其部司徒本名惕隱

其部節度使司

其部節度使

其部節度副使

其部節度判官

其部族詳穩司

其部族詳穩

其部族都監

其部族將軍

其部族小將軍

其石烈

其石烈夷离堇

其石烈麻普亦曰馬步本名石烈達剌干

其石烈牙書

其彌里彌里鄉也

辛袞本曰馬特本

小部族

其部族司徒府

其部族司徒

其部族司空

其部族節度使司

其部族詳穩司

其石烈

令穩

麻普

牙書

其彌里

辛袞

五院部有知五院事在朝曰北大王院

六院部有知六院事在朝曰南大王院

乙室部在朝曰乙室王府有乙室府迪骨里節度使司

奚六部在朝曰奚王府有二常袞有二宰相又有吐里太

尉有奚六部漢軍詳穩有奚拽剌

詳穩有先離撻覽官

已上四大王府為大部族

品部

楮特部

烏隗部

突呂不部

突舉部

涅剌部

遥里部

伯德部

墮瑰部

楚里部

奧里部

南剋部

北剋部

突呂不室韋部

涅剌拏古部

迭剌迭達部

乙室奧隗部

楮特奧隗部

品達魯虢部

烏古涅剌部

圖魯部

撒里葛部

窈爪部

耨盌爪部

訛僕括部

特里特勉部

稍瓦部

曷术部

隗衍突厥部

奧衍突厥部

涅剌越兀部

奧衍女直部
乙典女直部
斡突盌烏古部
迭魯敵烈部
大黃室韋部
小黃室韋部二黃室韋闥林改爲僕射
术哲達魯號部
梅古悉部
頡的部
匿訖唐古部

北唐古部
南唐古部
鶴剌唐古部
河西部
北敵烈部
薛特部
伯斯鼻骨部
達馬鼻骨部
五國部

巳上四十九部廢爲小部族

北面坊場局冶牧廐等官

遼始祖涅里究心農工之事太祖尤拳拳焉畜牧畋漁固俗尚也坊場牧廐設官如左

諸坊職名總目

某坊使
某坊副使
某坊詳穩司
某坊詳穩
某坊都監

鷹坊

鐵坊

五坊未詳
八坊内有軍器坊餘未詳

巳上坊官

圍場

圍場都太師
圍場都管
圍場使
圍場副使

巳上場官

局官職名總目

某局使

某局副使

客省局

器物局

太醫局

醫獸局有四局都林牙

已上局官

五冶未詳

太師

已上冶官

羣牧職名總目

某路羣牧使司

某群太保

某群侍中

某群敞史

總典群牧使司

總典群牧部籍使

群牧都林牙

某群牧司

群牧使

群牧副使

西路群牧使司

倒塌嶺西路群牧使司

渾河北馬群司

漠南馬群司

漠北滑水馬群司

牛群司

已上群牧官

尚廐

尚廐使

尚廐副使

飛龍院

飛龍使

飛龍副使

總領内外廐馬司

總領内外廐馬

已上諸廐官

監鳥獸詳穏司職名總目

監某鳥獸詳穏

監其鳥獸都監
監其鳥
監其獸
監鹿詳穩司
監雉
已上監養鳥獸官
北面軍官
遼宮帳部族京州屬國各自爲軍體統相承分數秩然雄
長二百餘年凡以此也考其可知者如左
天下兵馬大元帥府太子親王總軍政

天下兵馬大元帥
副元帥
大元帥府大臣總軍馬之政
大元帥
副元帥
都元帥府大將總軍馬之事
兵馬都元帥
副元帥
同知元帥府事
便宜從事府亦曰便宜行事

便宜從事
大詳穩司
大詳穩
都監
將軍
小將軍
軍校
隊帥
東都省分掌軍馬之政
東都省太師

西都省分掌軍馬之政
西都省太師
大將軍府各統所治軍之政令
大將軍
上將軍
將軍
小將軍
護軍司
護軍司徒
衛軍司

衛軍司徒

諸路兵馬統署司

諸路兵馬都統署

諸路兵馬副統署

左皮室詳穩司

右皮室詳穩司

北皮室詳穩司

南皮室詳穩司太宗選天下精甲三十萬爲皮室軍初太祖以行營爲宮選諸部豪健千餘人置爲腹心部耶律老古以功爲右皮室詳穩則皮室軍自太祖時已有即腹心部是也太宗增多至三十萬耳

黃皮室軍詳穩司黃皮室屬國名

屬珊軍詳穩司應天皇太后置軍二十萬選蕃漢精兵珍美如珊瑚故名

舍利軍詳穩司統皇族之從軍者橫帳三父房屬焉

北王府舍利軍詳穩司五院皇族屬焉

南王府舍利軍詳穩司六院皇族屬焉

禁軍都詳穩司掌禁衛諸軍之事

各部族舍利司掌各部族子弟之軍政

郎君軍詳穩司掌著帳郎君之軍事

拽剌軍詳穩司走卒謂之拽剌

旗鼓拽剌詳穩司掌旗鼓之事

千拽剌詳穩司

猛拽剌詳穩司

墨離軍詳穩司

礮首軍詳穩司掌飛礮之事

弩手軍詳穩司掌強弩之事

鐵林軍詳穩司

大鷹軍詳穩司

鷹軍詳穩司

鶻軍詳穩司大小鶻軍即二室韋軍號

鳳軍詳穩司

龍軍詳穩司

飛龍軍詳穩司

虎軍詳穩司

熊軍詳穩司

左鐵鷂子軍詳穩司

右鐵鷂子軍詳穩司

龍衛軍詳穩司

威勝軍詳穩司

天雲軍詳穩司

特蒲軍詳穩司

敵烈軍詳穩司

敵烈皮室詳穩司

滑里奚軍詳穩司

涅哥奚軍詳穩司

渤海軍詳穩司

女古烈詳穩司

奚王南剋軍詳穩司諸帳並有剋官爲長餘同詳穩司

奚王北剋軍詳穩司

國舅帳剋軍

三剋軍

頻必剋軍

九剋軍

十二行糺軍諸糺並有司徒餘同詳穩司

各宮分糺軍

遥輦糺軍

各部族糺軍

群牧二糺軍

怨軍八營都詳穩司天祚天慶六年命秦晉王淳募遼東饑民得二萬餘人謂之怨軍及淳僭位改號常勝軍

前宜營八營皆以所募州名爲號

後宜營

前錦營

後錦營

乾營

顯營

乾顯大營

巖州營

北面邊防官

遼境東接高麗南與梁唐晉漢周宋六代爲勍敵北鄰阻卜术不姑大國以十數西制西夏党項吐渾回鶻等強國以百數居四戰之區虎踞其間莫敢與攖制之有術故爾觀於邊防之官太祖太宗之雄圖見矣

諸軍都虞候司

都虞候

奚王府見部族官

大惕隱司見帳官
大國舅司
大常袞司
五院司見部族官
六院司
沓温司未詳
已上上京路諸司控制諸奚
諸部署職名總目
某兵馬都部署
某兵馬副部署

某兵馬都監
某都部署判官
諸指揮使職名總目
某軍都指揮使
某軍副指揮使
某軍都監
諸統軍使職名總目有都統軍使副使都監等官
東京兵馬都部署司
契丹奚漢渤海四軍都指揮使司
契丹奚軍都指揮使司

奚軍都指揮使司
漢軍都指揮使司
渤海軍都指揮使司
東京都統軍使司
東京都詳穩司
保州都統軍司
湯河詳穩司亦曰南女直湯河司
杓窊司未詳
金吾營屬南面
銅州北兵馬指揮使司

淶州南兵馬指揮使司
已上遼陽路諸司控扼高麗
黃龍府兵馬都部署司一作都監署司
黃龍府鐵驪軍詳穩司
咸州兵馬詳穩司有知咸州路兵馬事同知咸州路兵馬
事咸州紀將
東北路都統軍使司有掌法官道宗大安六年置
已上長春路諸司控制東北諸國
南京都元帥府本南京兵馬都總管府興宗重熙四年改
有都元帥大元帥

南京兵馬都總管府屬南面有兵馬都總管有總領南面
邊事有總領南面軍務有總南面
戍兵等官
南京馬步軍都指揮使司屬南面
侍衛控鶴都指揮使司屬南面
燕京禁軍詳穩司
南京都統軍司又名燕京統軍司聖宗統和十二年復置
南京統軍都監
牛欄都統領司
都統領

副統領
距馬河戍長司聖宗開泰七年沿距馬河宋界東西七百
餘里特置戍長一員巡察
戍長
監軍寨統領司
石門統領司
南皮室軍詳穩司
北皮室軍詳穩司
猛拽剌詳穩司
管押平州甲馬司

管押平州甲馬
已上南京諸司並隸元帥府備禦宋
國
西南面安撫使司
西南面安撫使
西南面都招討司太祖神冊元年置亦曰西南路招討司
西南面招討使
西南邊大詳穩司
西南路詳穩司
西南面五押招討司

五押招討大將軍
西南路巡察司又有西南巡邊官
西南路巡察將軍
西南面巡檢司
西南面巡檢
西南面同巡檢
西南面拽剌詳穩司
山北路都部署司又有知山北道邊境事官
金肅軍都部署司
南王府見北面朝官

北王府

乙室王府

山金司一作山陰司置在金山之北

已上西京諸司控制西夏

西北路招討使司有知西路招討事有監軍

西北路管押詳穩司

西北路總領司有總領西北路軍事官

領西北路十二班軍使司

契冊軍詳穩司

吐渾軍詳穩司

述律軍詳穩司

禁軍詳穩司

奚王府舍利軍詳穩司

大室韋軍詳穩司

小室韋軍詳穩司

北王府軍詳穩司

特滿軍詳穩司

群牧軍詳穩司

宮分軍詳穩司

西北路金吾軍屬南面

西北路兵馬都部署司

西北路阻卜都部署司

西北路統軍司

西北路戍長司

西北路禁軍都統司

西北部鎮撫司兼掌西北諸部軍民有鎮撫西北部事官

西北路巡檢司

黑水河提轄司在中京黔州置

已上西北路諸司控制諸國

東北路兵馬詳穩司亦曰東北面詳穩司

東北路監軍馬司有東北路監軍馬使有管押東北路軍馬事官

東北路女直詳穩司

北女直兵馬司在東京遼州置

已上東北路諸司

東路兵馬都總管府有東路兵馬都總管有同知東路兵馬事官

東路都統軍使司

遥里等十軍都詳穩司

遥里軍諸詳穩司未詳

九水諸夷安撫使

已上東路諸司

西南面節制司有節制西南諸軍事

西南面都統軍司

已上西南邊諸司

山西兵馬都統軍司

西路招討使司

西邊大詳穩司

四蕃都軍所聖宗統和四年置授李繼冲

夏州管內蕃落使聖宗統和四年置授李繼遷

倒塌嶺節度使司

倒塌嶺統軍司

塌西節度使司

塌母城節度使司

已上西路諸司

北面行軍官

遼行軍官樞密都統部署之司上下相維先鋒兩翼嚴重中軍於遠探偵候爲尤謹歸陣奏畫於監戰司存有常秩然整暇所以爲制勝之道也

行樞密院有左右林牙有參謀

行軍都統所有監軍有行軍諸部都監有監戰

行軍都統

行軍副都統

行軍都監

行軍都押司有都押官副押官

行軍都部署司

先鋒使司

先鋒都統所

左翼軍都統所

右翼軍都統所

中軍都統所

御營都統所

遠探軍有小校有拽剌

候騎有偵候有候人有拽剌

東征行樞密院

東征都統所亦曰東面行軍都統所又曰東路行軍都統所

東征統軍司

東征先鋒使司

西征統軍司

南征都統所亦曰南面行軍都統所
南征統軍司
南面行營總管府
南面行營都部署司
河南道行軍都統所
北道行軍都統所
東北面行軍都統所
西北面行軍都統所
西南面行軍都統所

北面屬國官

遼制屬國屬部官大者擬王封小者准部使命其酋長與契丹人區別而用恩威兼制得柔遠之道考其可知者具如左

屬國職名總目
某國大王
某國于越
某國左相
某國右相
某國惕隱亦曰司徒
某國太師
某國太保
某國司空本名闥林
某國某部節度使司
某國某部節度使
某國某部節度副使
某國詳穩司
某國詳穩
某國都監
某國將軍
某國小將軍

大部職名
並同屬國
諸部職名
並同部族

女直國順化王府景宗保寧九年女直國來請宰相夷离堇之職以次授者二十一人聖宗統和八年封女直阿海為順化王亦作阿改天祚天慶二年有順國
女直阿鶻產大王
北女直國大王府

南女直國大王府
曷蘇館路女直國大王府亦曰合蘇袞部女直王又曰合
素女直王又曰蘇館都大王聖宗
太平六年曷蘇館諸部許建旗鼓
長白山女直國大王府聖宗統和三十年長白山三十部
女直乞授爵秩
鴨淥江女直大王府
瀕海女直國大王府
阻卜國大王府
阻卜扎剌部節度使司

阻卜諸部節度使司聖宗統和二十九年置
阻卜別部節度使司

西阻卜國大王府
北阻卜國大王府
西北阻卜國大王府
乙栗河國大王府
城屈里國大王府
术不姑國大王府亦曰述不姑又有直不姑
阿薩蘭回鶻大王亦曰阿思懶王府
回鶻國單于府興宗重熙二十二年詔回鶻部副使以契
丹人充
沙州回鶻燉煌郡王
甘州回鶻大王府
高昌國大王府
党項國大王府
西夏國西平王府
高麗國王府
新羅國王府
日本國王府
吐谷渾國王府

吐渾國王府
轄戛斯國王府
室韋國王府
黑車子室韋國王府
鐵驪國王府
靺鞨國王府
沙陀國王府
濊貊國王府
突厥國王府
西突厥國王府

斡朗改國王府
廸烈德國王府亦曰敵烈亦曰迭烈德
于厥國王府
越離覩國王府亦曰斡離都
阿里國王府
襖里國王府
朱灰國王府
烏孫國王府
于闐國王府
獅子國王府

大食國王府
西蕃國王府
大蕃國王府
小蕃國王府
吐蕃國王府
阿撒里國王府
波剌國王府
惕隱國王府
仙門國王府
鐵不得國王府

鼻國德國王府
轄剌國只國王府
賃烈國王府
獲里國王府
怕里國王府
嗢溫國王府
阿鉢頗得國王府
阿鉢押國王府
紕没里國王府
要里國王府

徒覩古國王府亦曰徒魯古
素撒國王府
夷都袞國王府
婆都魯國王府
霸斯黑國王府
達離諫國王府
達盧古國王府
三河國王府
覈列哿國王府
述律子國王府

殊保國王府
蒲昵國王府
烏里國王府
已上諸國
蒲盧毛朶部大王府
回跋部大王府
嵓母部大王府
黃龍府女直部大王府道宗太康八年賜官及印
吾禿婉部大王府
烏隈于厥部大王府

婆離八部大王府
于厥里部族大王府太宗會同三年賜旗鼓
已上大部
生女直部
直不姑部
狘山部
拔思母部
茶扎剌部
粘八葛部
鄭覩刮部

耶迷只部
撻术不姑部
渤海部
西北渤海部
達里得部亦曰達離底
烏古部
隈烏古部
三河烏古部
烏隈烏骨里部
敵烈部

迪離畢部
涅剌部
烏濊部 已上三部隸夫人婆底里東北路管押司
鉏德部
諦居部亦曰諦舉部
涅剌奥隗部
八石烈敵烈部
迭剌葛部
兀惹部亦曰烏惹部
党項部

隗衍党項部
山南党項部
北大濃兀部
南大濃兀部
九石烈部
嗢娘改部
鼻骨德部
退欲德部
涅古部
遥思括部

劃離部聖宗統和元年劃離部請今後詳穩於當部人內選授不許
四部族部
四蕃部
三國部
素昆那山東部
胡母思山部
盧不姑部
槑姑部
白可久部

俞魯古部
七火室韋部
黃皮室韋部
瑶穩部
嘲穩部
二女古部
蔑思乃部
麻達里別古部
梅里急部
斡魯部

榆里底乃部
率類部
五部蕃部
蒲奴里部
閘古胡里扒部
已上諸部
志第十六

志第十七上　遼史四十七

開府儀同三司上柱國錄軍國重事中書右丞相監修國史領經筵事都總裁臣脫脫奉

勅修

百官志三

南面

契丹國自唐太宗置都督刺史武后加以王封玄宗置經略使始有唐官爵矣其後習聞河北藩鎮受唐官名於是太師太保司徒司空施于部族太祖因之大同元年世宗始置北院樞密使明年世宗以高勳爲南院樞密則樞密之設蓋自太宗入汴始矣天祿四年建政事省於是南面

官僚可得而書其始漢人樞密院兼尚書省吏兵刑有承旨戶工有主事中書省兼禮部別有戶部使司以營州之地加幽冀之半用是適足矣中葉彌文耶律楊六爲太傅知有三師矣忽古質爲太尉知有三公矣於韓古得爲常侍劉涇爲禮部尚書知有門下尚書省矣庫部虞部倉部員外出使則知備郎官列宿之員室昉監修則知國史有院程翥爲舍人則知起居有注邢抱朴承旨王言敷學士則知有翰林內制張幹政事舍人則知有中書外制大理司農有卿國子少府有監九卿列監見矣金吾千牛有大將十六列衛見矣太子上有師保下有府率東宮備官也節度觀察防禦團練刺史咸在方州如唐制也凡唐官可考見者列具于篇無徵者不書

南面朝官

遼有北面朝官矣既得燕代十有六州乃用唐制復設南面三省六部臺院寺監諸衛東宮之官誠有志帝王之盛制亦以招徠中國之人也三師府本名三公漢以丞相太尉御史大夫爲三公故稱三師

太師穆宗應曆三年見太師唐骨德

太傅太宗會同元年命馮道守太傅

太保會同元年劉煦守太保

少師耶律資忠傳見少師蕭把哥

少傅

少保

掌印耶律乙辛重熙中掌太保印

三公府先漢丞相太尉御史大夫後漢更名大司徒大司馬大司空唐太尉司徒司空又名三司

太尉太宗天顯十一年見太尉趙思溫

司徒世宗天祿元年見司徒劃設

司空聖宗統和三十年見司空邢抱質

漢人樞密院本兵部之職在周爲大司馬漢爲太尉唐季

宦官用事內置樞密院後改用士人晉天福中廢開運元年復置太祖初有漢兒司韓知古總知漢兒司事太宗入汴因晉置樞密院掌漢人兵馬之政初兼尚書省

樞密使太宗大同元年見樞密使李崧

知樞密使事

知樞密院事

樞密副使楊遵勗咸雍中爲樞密副使

同知樞密院事聖宗太平六年見同知樞密院事耶律迷離巳

知樞密院副使事楊晳興宗重熙十二年知樞密院副使事

樞密直學士聖宗統和二年見樞密直學士郭嘏

樞密都承旨聖宗開泰九年見樞密都承旨韓紹芳

樞密副承旨楊遵勗重熙中爲樞密副承旨

吏房承旨

兵刑房承旨

户房主事

廳房主事即工部

中書省初名政事省太祖置官世宗天祿四年建政事省興宗重熙十三年改中書省

中書令韓延徽太祖時爲政事令韓知古天顯初爲中書令會同五年又見政事令趙延壽

大丞相太宗大同元年見大丞相趙延壽

左丞相聖宗太平四年見左丞相張儉

右丞相聖宗開泰元年見右丞相馬保忠

知中書省事蕭孝友興宗重熙十年知中書省事

中書侍郎韓資讓壽隆初爲中書侍郎

同中書門下平章事太祖加王郁同政事門下平章事太宗大同元年見平章事張礪

參知政事聖宗統和十二年見參知政事邢抱朴

堂後官太平二年見堂後官張克恭

主事

守當官並見耶律儼建官制度

令史耶律儼道宗咸雍三年爲中書省令史

中書舍人院

中書舍人室昉景宗保寧間爲政事舍人道宗咸雍三年見中書舍人馬鉉

右諫院

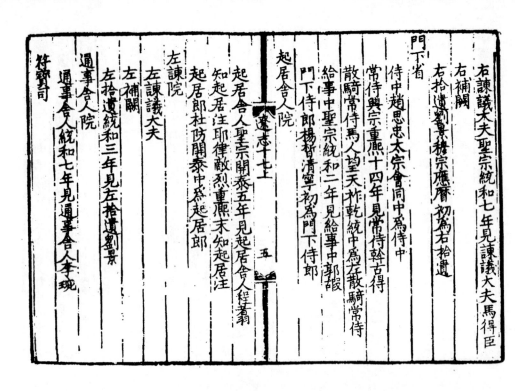

右諫議大夫聖宗統和七年見諫議大夫馬得臣
右補闕
右拾遺劉景穆宗應曆初爲右拾遺
門下省
侍中趙思忠太宗會同中爲侍中
常侍興宗重熙十四年見常侍韓古得
散騎常侍馬人望天祚乾統中爲左散騎常侍
給事中聖宗統和二年見給事中郭嘏
門下侍郎楊晳清寧初爲門下侍郎
起居舍人院

起居舍人聖宗開泰五年見起居舍人程翥
知起居注耶律敵烈重熙末知起居注
起居郎杜防開泰中爲起居郎
左諫院
左諫議大夫
左補闕
左拾遺統和三年見左拾遺劉景
通事舍人院
通事舍人統和七年見通事舍人李琬
符寶司

符寶郎耶律玦重熙初爲符寶郎
東上閤門司太宗會同元年置
東上閤門使韓延徽傳見東上閤門使鄭延豐
東上閤門副使
西上閤門司
西上閤門使統和二十一年見西上閤門使丁振
西上閤門副使
東頭承奉班
東頭承奉官韓德讓景宗時爲東頭承奉官
西頭承奉班

西頭承奉官
通進司
左通進
右通進耶律瑤質景宗時爲右通進
登聞鼓院
登聞鼓使
匭院
知匭院使太平三年見知匭院事杜防
誥院
誥院給事耶律鐸軫重熙末爲誥院給事

尚書省太祖世置左右尚書
尚書令蕭思溫景宗保寧初爲尚書令
左僕射太祖初康默記爲左尚書三年見左僕射韓知古
右僕射太宗會同元年見右僕射烈束
左丞武白爲尚書左丞
右丞
左司郎中
右司郎中
左司員外郎
右司員外郎

六部職名總目
某部
某部尚書聖宗開泰元年見吏部尚書劉績
某部侍郎王觀興宗重熙中爲兵部侍郎李澣穆宗朝累遷工部侍郎
某部郎中劉煇道宗大安末爲禮部郎中
某部員外郎開泰五年見禮部員外郎王景運
某部郎中聖宗統和九年見虞部郎中崔祐諸曹郎官未詳
御史臺太宗會同元年置

御史大夫會同九年見御史大夫耶律解里
御史中丞
侍御重熙七年見南面侍御壯骨里
殿中司
殿中聖宗開泰元年見殿中高可恒
殿中丞
尚舍局見遼朝雜禮
奉御
尚乘局奉御
尚輦局奉御

尚食局奉御
尚衣局奉御
翰林院掌天子文翰之事
翰林都林牙興宗重熙十三年見翰林都林牙耶律庶成
南面林牙耶律磨魯古聖宗統和初爲南面林牙
翰林學士承旨趙延壽傳見翰林學士承旨張礪
翰林學士太宗大同元年見和凝爲翰林學士
翰林祭酒韓德崇景宗保寧初爲翰林祭酒
知制誥室昉太宗入汴詔知制誥
翰林畫院

翰林畫待詔聖宗開泰七年見翰林畫待詔陳升

翰林醫官天祚保大二年見提舉翰林醫官李奭

國史院

監修國史聖宗統和九年見監修國史室昉

史館學士景宗保寧八年見史館學士

史館修撰劉輝大安末爲史館修撰

修國史耶律玦重熙初修國史

宣政殿

宣政殿學士穆宗應曆元年見宣政殿學士李澣

觀書殿

觀書殿學士王鼎壽隆初爲觀書殿學士

昭文館

昭文館直學士楊遵勗子晦爲昭文館直學士

崇文館

崇文館大學士韓延徽太祖時爲崇文館太學士

乾文閣

乾文閣學士王觀道宗咸雍五年爲乾文閣學士

宣徽院太宗會同元年置

宣徽使

知宣徽院事馬得臣統和初知宣徽院事

宣徽副使

同知宣徽使事

同知宣徽院事

內省

內省使聖宗太平九年初見內省使

內省副使

內藏庫

內藏庫提點道宗清寧元年見內藏庫提點耶律烏骨

內侍省

黃門令

內謁者

內侍省押班

內侍左廂押班

內侍右廂押班

契丹漢兒渤海內侍都知

左承宣使

右承宣使

內庫

都提點內庫

尚衣庫
尚衣庫使
湯藥局
都提點勾當湯藥內侍省官並見王繼恩趙安仁傳
客省太宗會同元年置
都客省興宗重熙十年見都客省回鶻重哥
客省使會同五年見客省使耶律化哥
左客省使蕭護思應曆初為左客省使
右客省使

客省副使
四方館
四方館使高勳太宗入汴為四方館使
四方館副使道宗咸雍五年詔四方館副使止以契丹人充
引進司
引進使聖宗統和二十八年見引進使韓杞
點簽司
同簽點簽司事興宗重熙六年見同簽點簽司事耶律圖寧

禮信司
勾當禮信司興宗重熙七年見勾當禮信司胥欲
禮賓使司
禮賓使大公鼎曾祖忠為禮賓使
寺官職名總目
某卿興宗景福元年見崇祿卿李可封
某少卿耶律儼子處貞為太常少卿
某丞
某主簿

太常寺有博士贊引太祝奉禮郎協律郎
諸署職名總目
某署令
某署丞
太樂署
鼓吹署
法物庫遼朝雜禮有法物庫並掌圖籍
法物庫使
法物庫副使
崇祿寺本光祿寺太宗諱改

衛尉寺
宗正寺職在大惕隱司
太僕寺有乘黃署
大理寺有提點大理寺有大理正聖宗統和十二年置
鴻臚寺
司農寺
諸監職名總目
某太監興宗景福元年見少府監馬悍
某少監興宗重熙十七年見將作少監王企
某監丞

某監主簿
秘書監有秘書郎秘書郎正字
著作局
著作郎
著作佐郎楊晳聖宗太平十一年爲著作佐郎
校書郎楊佶統和中爲校書郎
正字開泰元年見正字李萬
司天監有太史令有司曆靈臺郎挈壺正五官正丞主簿
五官靈臺郎保章正司曆監候挈壺正司辰刻漏博士典
鍾典鼓

國子監上京國子監太祖置
祭酒
司業
監丞
主簿
國子學
博士武白爲上京國子博士
助教
太府監
少府監

將作監
都水監
已上文官
諸衛職名總目
各衛
大將軍聖宗開泰七年見皇子宗簡右衛大將軍
上將軍王繼忠統和二十二年加左武衛上將軍
將軍聖宗太平四年見千牛衛將軍蕭順
折衝都尉
果毅都尉

親衛
勳衛
翊衛
左右驍衛
左右武衛
左右威衛
左右領軍衛
左右金吾衛
左右監門衛

左右千牛衛
左右羽林軍
左右龍虎軍
左右神武軍
左右神策軍
左右神威軍
已上武官
東宮三師府凡東宮官多見遼朝雜禮
太子太師太宗大同元年見太子太師李崧
太子太傅世宗天祿五年見太子太傅趙瑩

太子太保大同元年見太子太保趙瑩
太子少師聖宗太平十一年見太子少師蕭從順
太子少傅耶律合里重熙中為太子少傅
太子少保大同元年見太子少保馮玉
太子賓客院
太子賓客
太子詹事院
太子詹事
少詹事
詹事丞
詹事主簿

太子司直司
太子司直
左春坊
太子左庶子
太子中允聖宗太平五年見太子中允馮若谷
太子司議郎
太子左諭德
太子左贊善大夫
文學館

崇文館學士
崇文館直學士
太子校書郎聖宗太平五年見太子校書郎韓濼
司經局
太子洗馬劉輝大安末爲太子洗馬
太子文學
太子校書郎聖宗太平五年見太子校書郎張昱
太子正字
典設局
典設郎

宮門局
宮門郎
右春坊
太子右庶子
太子中舍人
太子舍人
太子右喻德
右贊善大夫
太子通事舍人
太子家令寺

太子家令
丞
主簿
太子率更寺
太子率更令
丞
主簿
太子僕寺
太子僕
丞

主簿
太子率府職名總目
某率興宗重熙十四年見率府率習羅
太子左右衛率府
太子左右司禦率府
太子左右清道率府
太子左右監門率府
太子左右内率府
已上東宮官
王傅府

王傅蕭惟信重熙十五年為燕趙王傅

親王內史府

內史道宗大康三年見內史吳家奴

長史

參軍

諸王文學館

諸王教授姚景行重熙中為燕趙國王教授

諸王伴讀聖宗太平八年長沙郡王宗允等奏選諸王伴讀

已上諸王府官

漢兒行宮都部署院亦曰南面行宮都部署司聖宗開泰九年改左僕射

南面宮官

漢兒行宮都部署開泰七年見漢兒行宮都部署石用中

漢兒行宮副部署興宗重熙十五年見漢兒行宮副部署耶律敵烈

知南面諸行宮副部署重熙十年見知南面諸行宮副部署耶律查葛

同知漢兒行宮都部署事道宗大康三年見同知漢兒行宮都部署事蕭撻不也

同簽部署司事耶律儼大康中為同簽部署司事

都部署判官耶律儼咸雍中為都部署判官

十二宮南面行宮都部署司職名總目

某宮漢人行宮都部署

某宮南面副都部署

某宮同知漢人都部署

弘義宮

永興宮

積慶宮

長寧宮

延昌宮

彰愍宮

崇德宮

興聖宮

延慶宮

太和宮

永昌宮

敦睦宮

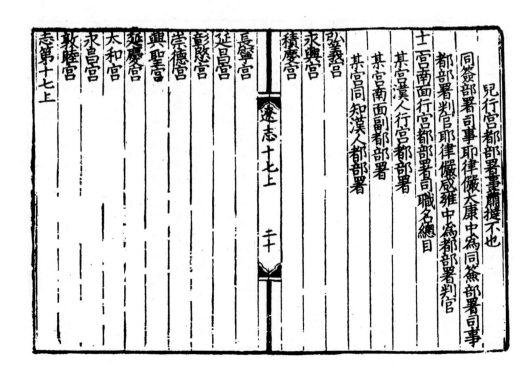

志第十七上

志第十七下　遼史四十八

開府儀同三司上柱國錄軍國重事中書右丞相監修國史領經筵事都總裁臣脫脫奉

勑修

百官志四

南面京官

遼有五京上京爲皇都凡朝官京官皆有之餘四京隨宜設官爲制不一大抵西京多邊防官南京中京多財賦官五京並置者列陳之特置者分列于後

三京宰相府職名總目

左相

右相

左平章政事

右平章政事

東京宰相府聖宗統和元年詔三京左右相左右平章事

中京宰相府

南京宰相府

諸京內省客省職名總目

某京某省使

某京某省副使耶律蒲奴開泰末爲上京內容省副使

上京內省司

東京內省司地理志東京大內不置宮嬪唯以內省使副判官守之

五京諸使職名總目

某京某使王棠重熙中爲上京鹽鐵使

知某京某使事張孝傑清寧間知戶部使事

某京某副使劉伸重熙中爲三司副使

同知某京某使事道宗大康三年見撻不也同知度支使事

某京某判官聖宗太平九年見戶部使判官

上京鹽鐵使司

東京戶部使司

中京度支使司

南京三司使司

南京轉運使司亦曰燕京轉運使司

西京計司

五京留守司兼府尹職名總目

某京留守行某府尹事聖宗統和元年見上京留守行臨潢尹事呂全稍

某京副留守天祚天慶六年見東京副留守高清臣

知其京留守事蕭惠開泰二年知東京留守事
其府少尹聖宗太平四年見臨潢少尹鄭弘節
同知其京留守事太平八年見中京同知耶律野
同簽其京留守事蕭滴洌太平六年同簽南京留守
事
其京留守判官室昉天祿中爲南京留守判官
其京留守推官聖宗開泰元年見中京留守推官李
可舉
上京留守司
東京留守司

中京留守司太宗大同元年命趙延壽爲中京留守治鎮
州聖宗統和十二年命室昉爲中京留守治大
定府
南京留守司太宗天顯三年升東平郡爲南京治遼陽十
三年以幽州爲南京治析津聖宗開泰元年改
幽都府爲析津府
西京留守司
五京都總管府職名總目
其京都總管知其府事
同知其府事聖宗太平五年見同知中京事蕭堯衮

上京都總管府
東京都總管府
中京都總管府
南京都總管府
西京都總管府
五京都虞候司職名總目
都虞候
上京都虞候司
東京都虞候司
南京都虞候司

中京都虞候司
西京都虞候司
五京警巡院職名總目
其京警巡使
其京警巡副使
上京警巡院
東京警巡院
中京警巡院
南京警巡院
西京警巡院

五京處置使司職名總目

其京處置使

上京處置司

東京處置司

中京處置司

西京處置司

南京處置司

五京學職名總目道宗清寧五年詔設學養士頒經及傳疏置博士助教各一員

博士

助教

上京學上京別有國子監見朝官

東京學

中京學中京別有國子監與朝官同

南京學亦曰南京太學太宗置聖宗統和十三年賜水磑莊一區

西京學

已上五京官

上京城隍使司亦曰上京皇城使

上京城隍使韓德讓景宗時爲上京隍城使

東京渤海承奉官聖宗開泰八年耶律八哥奏渤海承奉班宜設官以統之因置

渤海承奉都知押班

遼陽大都督府太宗會同二年置

遼陽大都督會同二年都督曷魯・湼等關防遼陽東

都

東京安撫使司

東京安撫使

東京軍巡院地理志東京有歸化營軍千餘人籍河朔亡命於此置軍巡院

東京軍巡吏

中京文思院

中京文思使馬人望父佺爲中京文思使

中京路按問使司

中京路按問使耶律和尚重熙二十四年爲中京路按問使

中京巡邏使司

中京巡邏使耶律古昱開泰間爲中京巡邏使

中京大內都部署司

中京大內都部署聖宗開泰元年見中京大內都部

署

中京大內副部署

南京宣徽院

南京宣徽使道宗壽隆元年見宣徽使耶律特末

知南京宣徽院使事

知南京宣徽院事

南京宣徽副使

同知南京宣徽院事

南京處置使司聖宗開泰元年見秦王隆慶爲燕京管內處置使

燕京管內處置使

南京侍衛親軍馬步軍都指揮使司

南京侍衛親軍馬步軍都指揮使蕭討古乾亨初爲

南京侍衛親軍都指揮使

南京馬步副指揮使

南京侍衛親軍馬軍都指揮使司

南京馬軍都指揮使

南京馬軍副指揮使

南京侍衛親軍步軍都指揮使司

南京步軍都指揮使

南京步軍副指揮使

南京栗園司

典南京栗園

雲州宣諭招撫使司

雲州管內宣諭招撫使二員統和四年見韓毗哥那抱質爲雲州管內宣諭招撫使

南面大蕃府官

黃龍府

知黃龍府事興宗重熙十三年見知黃龍府事耶律歐里斯

同知黃龍府事

黃龍府判官

黃龍府侍衛親軍馬步軍都指揮使

黃龍府侍衛親軍都指揮使

黃龍府侍衛親軍副指揮使

黃龍府侍衛馬軍都指揮使

黃龍府侍衛步軍都指揮使

黃龍府侍衛馬軍副指揮使

黃龍府侍衛步軍副指揮使

黃龍府學

博士
助教
興中府
知興中府事咸雍元年見知興中府事楊績
同知興中府事
興中府判官
興中府學
博士
助教
南面方州官

遼東西燕秦漢已置郡縣設官職矣高麗渤海因之至遼五京列峙包括燕代悉為畿甸二百餘年城郭相望田野益闢冠以節度承以觀察防禦團練等使分以刺史縣令大略採用唐制其間宗室外戚大臣之家築城賜額謂之頭下州軍唯節度使朝廷命之後往往皆歸王府不能州者謂之軍不能縣者謂之城不能城者謂之堡其設官則未詳云

節度使職名總目
某州某軍節度使
某州某軍節度副使
同知節度使事耶律玦重熙中同知遼興軍節度使事
行軍司馬
軍事判官
掌書記劉伸重熙五年為彰武軍節度使掌書記
衙官
某馬步軍都指揮使司
都指揮使
副指揮使
某馬軍指揮使司

指揮使
副指揮使
某步軍指揮使司
指揮使
副指揮使

上京道
懷州奉陵軍節度使司
慶州玄寧軍節度使司
泰州德昌軍節度使司

長春州韶陽軍節度使司
儀坤州啓聖軍節度使司
龍化州興國軍節度使司
饒州匡義軍節度使司
徽州宣德軍節度使司
成州長慶軍節度使司
懿州廣順軍節度使司
渭州高陽軍節度使司
鎮州建安軍節度使司

東京道

開州鎮國軍節度使司
保州宣義軍節度使司
辰州奉國軍節度使司
興州中興軍節度使司
海州南海軍節度使司
淥州鴨淥軍節度使司
顯州奉先軍節度使司
乾州廣德軍節度使司
貴德州寧遠軍節度使司
瀋州昭德軍節度使司

遼州始平軍節度使司
通州安遠軍節度使司
雙州保安軍節度使司
同州鎮安軍節度使司
咸州安東軍節度使司
信州彰聖軍節度使司
賓州懷化軍節度使司
懿州寧昌軍節度使司
蘇州安復軍節度使司
復州懷德軍節度使司

祥州瑞聖軍節度使司

中京道

成州興府軍節度使司
興中府彰武軍節度使司
宜州崇義軍節度使司
錦州臨海軍節度使司
川州長寧軍節度使司
建州保靜軍節度使司
來州歸德軍節度使司

南京道

幽州盧龍軍節度使司
平州遼興軍節度使司

西京道
雲中大同軍節度使司
雲內州開遠軍節度使司
奉聖州武定軍節度使司
蔚州忠順軍節度使司
應州彰國軍節度使司
朔州順義軍節度使司

觀察使職名總目

某州軍觀察使
某州軍觀察副使
某州軍觀察判官王鼎清寧五年爲易州觀察判官
州學
博士
助教

中京道
高州觀察使司
武安州觀察使司
利州觀察使司

東京道
益州觀察使司
寧州觀察使司
歸州觀察使司
寧江州混同軍觀察使司

上京道
永州永昌軍觀察使司
靜州觀察使司

團練使司職名總目

某州團練使

某州團練副使
某州團練判官
州學
博士
助教

東京道
安州團練使

防禦使司職名總目

某州防禦使
某州防禦副使

某州防禦判官
州學
博士
助教
東京道
廣州防禦使司
鎮海府防禦使司
龔州防禦使司
衍州安廣軍防禦使司
州刺史職名總目

某州刺史
某州同知州事耶律獨攧重熙中同知僉肅軍事
某州錄事參軍世宗天祿五年詔州錄事參軍委政
事省差注
州學
博士
助教
上京道五州烏隗降聖維防招
東京道三十七州穆賀盧鐵崇耀嬪遼西康宗海北巖集
祺遂韓銀安遠威清雍湖渤郢銅涑率賓定理

鐵利吉麓荆勝順化連肅烏
中京道十三州恩惠榆澤北安潭松山安德黔嚴濕遷潤
南京道八州順檀涿易薊景灤營
西京道八州弘德寧遠歸化可汗儒武東勝
縣職名總目
某縣令
某縣丞
某縣主簿世宗天祿五年詔縣主簿政事省差注
某縣尉
縣學大公鼎爲良鄉縣尹建孔子廟

博士
助教
五京諸州屬縣見地理志縣有驛遞馬牛旗鼓鄉正廳隸
倉司等役有破產不能給者良民患之馬人望設法使民
出錢免役官自募人倉司給使以公使充人以爲便
南面分司官
平理庶獄採摭民隱漢唐以來賢主以爲恤民之令典官
不常設有詔則選材望官爲之
分決諸道滯獄使聖宗統和九年命邢抱朴等五負又命
馬守琪等三負分決諸道滯獄

按察諸道刑獄使開泰五年遣劉涇等分路按察刑獄

採訪使太宗會同三年命于骨鄰爲採訪使

南面財賦官

遼國以畜牧田漁爲稼穡財賦之官初甚簡易自涅里教耕織而後鹽鐵諸利日以滋殖既得燕代益富饒矣

諸錢帛司職名總目

某州錢帛都點檢大公鼎爲長春州錢帛都提點

長春路錢帛司興宗重熙二十二年置

遼西路錢帛司

平州路錢帛司

轉運司職名總目

某轉運使

某轉運副使

同知某轉運使

某轉運判官

山西路都轉運使司楊晳興宗重熙二十年爲山西轉運使

奉聖州轉運使司聖宗開泰三年置

蔚州轉運使司

應州轉運使司

朔州轉運使司

保州轉運使司已上並開泰三年置

西山轉運使聖宗太平三年見西山轉運使郎玄化

南面軍官

傳曰雖楚有材晉實用之遼自太祖以來攻掠五代宋境得其人則就用之東北二鄙以農以工有事則從軍政計之善者也

點檢司職名總目

某都點檢穆宗十六年見殿前都點檢耶律夷剌葛

某副點檢聖宗太平六年見副點檢耶律野

同知某都點檢道宗清寧九年見同知點檢司事耶律撻不也

點檢司

殿前都點檢司

點檢侍衛親軍馬步司

諸指揮使司職名總目

某軍都指揮使聖宗統和二年見侍衛親軍都指揮使韓倬

某軍副指揮使

某軍都監

其軍都指揮使司
其軍副指揮使司
並同前
侍衛親軍馬步軍都指揮使司
侍衛親軍馬軍都指揮使司
侍衛親軍步軍都指揮使司
侍衛控鶴兵馬都指揮使司
侍衛漢軍兵馬都指揮使司
四軍兵馬都指揮使司
歸聖軍兵馬都指揮使司聖宗統和五年以宋降軍置七

指揮署左右廂凡四十二頁七年隸總管府
歸聖軍左廂兵馬都指揮使司
歸聖軍右廂兵馬都指揮使司
第一左廂兵馬都指揮使司
第一右廂兵馬都指揮使司
第二左廂兵馬都指揮使司
第二右廂兵馬都指揮使司
第三左廂兵馬都指揮使司
第三右廂兵馬都指揮使司
第四左廂兵馬都指揮使司

第四右廂兵馬都指揮使司
第五左廂兵馬都指揮使司
第五右廂兵馬都指揮使司
第六左廂兵馬都指揮使司
第六右廂兵馬都指揮使司
第七左廂兵馬都指揮使司
第七右廂兵馬都指揮使司
宣力軍都指揮使司
四捷軍都指揮使司
天聖軍都指揮使司

漢軍都指揮使司
諸軍都團練使職名總目
其軍都團練使趙思溫太祖神册二年爲漢軍都團
練使
其軍團練副使
其軍團練判官
漢軍都團練使司
諸軍兵馬都總管府職名總目
其兵馬都總管聖宗太平四年見兵馬都總管
其兵馬副總管

同知某兵馬事
某兵馬判官
兵馬都總管府
歸聖軍兵馬都總管府
南面邊防官
三皇五帝寬柔之化澤及漢唐好生惡殺習與性成雖五代極亂習於戰鬭者財幾人耳宋以文勝然遼之邊防猶重於南面直以其地大民衆故耳卒之親仁善鄰桴鼓不鳴幾二百年此遼之所以為美也歟
易州飛狐招安使司聖宗統和二十三年改安撫使司

易州飛狐兵馬司道宗咸雍四年改易州安撫司
易州飛狐招撫司
西南面招安使司耶律合住景宗保寧初為西南面招安使
巡檢使司耶律合住景宗保寧中為巡檢使
五州都總管府耶律速撒穆宗應曆初為義霸祥順聖五州都總管
山後五州都管司聖宗統和四年見蒲奴寧為山後五州都管
五州制置使司聖宗開泰九年見霸建宜泉錦五州制置使
三州處置使司韓德樞太宗時為平灤營三州處置使
霸州處置使司統和二十七年廢
遼志十七下

志第十八　　遼史四十九

開府儀同三司上柱國錄軍國重事中書右丞相監修國史領經筵事都總裁臣脫脫奉

勅修

禮志一

理自天設情繇人生以理制情而禮樂之用行焉林對梁
獺是生郊禘罍尊燔黍是生薦饗葦籥瓦棺是生喪葬儷
皮緇布是生婚冠皇造帝秩三王彌文一文一質盖本于
忠變通革弊與時宜之唯聖人爲能通其意執理者膠瑟
聚訟不適人情徇情者稊稗綿蕝不中天理秦漢而降君
子無取焉遼本朝鮮故壤箕子八條之教流風遺俗蓋有

存者自其上世緣情制宜隱然有尚質之風遙輦胡剌可
汗制祭山儀蘇可汗制瑟瑟儀阻午可汗制柴冊再生儀
其情朴其用儉敬天恤災施惠本孝出於悃忱殆有得於
膠瑟聚訟之表者太古之上椎輪五禮何以異茲太宗克
晉稍用漢禮今國史院有金陳大任遼禮儀志皆其國俗
之故又有遼朝雜禮漢儀爲多別得宣文閣所藏耶律儼
志視大任爲加詳存其畧著于篇

吉儀

祭山儀設天神地祇位于木葉山東鄉中立君樹前植群
樹以像朝班又偶植二樹以爲神門皇帝皇后至夷离
畢具禮儀牲用赭白馬玄牛赤白羊皆牡僕臣曰旗鼓
拽剌殺牲體割懸之君樹太巫以酒酹牲禮官曰敵烈
麻都奏儀辦皇帝服金文金冠白綾袍絳帶懸魚三山
絳垂飾犀玉刀錯絡縫烏靴皇后御絳帓絡縫紅袍懸
玉佩雙結帕絡縫烏靴皇帝皇后御鞍馬群臣在南命
婦在北服從各部旗幟之色以從皇帝皇后至君樹前
下馬升南壇御榻坐群臣命婦分班以次入就位合班
拜訖復位皇帝皇后詣天神地祇位致奠閤門使讀祝
訖復位坐北府宰相及惕隱以次致奠于君樹徧及群
樹樂作群臣命婦退皇帝率孟父仲父季父之族三匝

神門樹餘族七匝皇帝皇后再拜在位者皆再拜上香
再拜如初皇帝皇后升壇御龍文方茵坐再聲警詣祭
東所群臣命婦從班列如初巫衣白衣惕隱以素巾拜
而冠之巫三致辭每致辭皇帝皇后一拜在位者皆一
拜皇帝皇后各舉酒二爵肉二器再奠大臣命婦右持
酒左持肉各一器少後立一奠命惕隱東向擲之皇帝
皇后六拜在位者皆六拜皇帝皇后復位坐命中丞奉
茶果餅餌各二器奠于天神地祇位執事郎君二十人
持福酒胙肉詣皇帝皇后前太巫奠酹訖皇帝皇后再
拜在位者皆再拜皇帝皇后一拜飲福受胙復位坐在

位者以次飲皇帝皇后率羣臣復班位再拜聲蹕一拜退

太祖辛幽州大悲閣遷白衣觀音像建廟木葉山尊爲家神於拜山儀過樹之後增詣菩薩堂儀一節然後拜神非胡刺可汗之故也興宗先有事于菩薩堂及木葉山遼河神然後行拜山儀冠服節文多所變更後因以爲常神主樹木懸牲告辦班位奠祝致嘏飲福往往暗合于禮天理人情放諸四海而準信矣夫興宗更制不能正以經術無以大過於昔故不載

瑟瑟儀若旱擇吉日行瑟瑟儀以祈雨前期置百柱天棚及期皇帝致奠于先帝御容乃射柳皇帝再射親王宰執以次各一射中柳者質誌柳者冠服不中者以冠服質之不勝者進飲於勝者然後各歸其冠服又翼日植柳天棚之東南巫以酒醴黍稷薦植柳祝之皇帝皇后祭東方畢子弟射柳皇族國舅群臣與禮者賜物有差既三日雨則賜敵烈麻都馬四疋衣四襲否則以水沃之

道宗清寧元年皇帝射柳訖詣風師壇再拜

柴冊儀擇吉日前期置柴冊殿及壇壇之制厚積薪以木爲三級壇置其上席百尺氊龍文方茵又置再生母后

搜索之室皇帝入再生室行再生儀畢八部之叟前導後扈左右扶翼皇帝冊殿之東北隅拜日畢乘馬選外戚之老者御皇帝疾馳仆御者從者以氊覆之皇帝詣高阜地大臣諸部帥列儀仗遙望以拜皇帝遣使勑曰先帝升遐有伯叔父兄在當選賢者沖人不德何以爲謀羣臣對曰臣等以先帝厚恩陛下明德咸願盡心敢有他圖皇帝令曰必從汝等所願我將信明賞罰爾有功陟而任之爾有罪黜而棄之若聽朕命則當謨之僉曰唯帝命是從皇帝于所識之地封土石以誌之遂行拜先帝御容宴饗群臣翼日皇帝出冊殿護衛太保扶翼升壇奉七廟神主置龍文方茵北南府宰相率群臣圜立各舉氊邊贊祝訖樞密使奉玉寶玉冊入有司讀冊訖樞密使稱尊號以進群臣三稱萬歲皆拜宰相北南院大王諸部帥進赭白羊各一群皇帝更衣拜諸帝御容遂宴群臣賜賚各有差

拜日儀皇帝升露臺設褥向日再拜上香門使通閤使或副應拜臣僚殿左右階陪位再拜皇帝昇坐奏牓訖北班起居畢時相已下通名再拜不出班奏聖躬萬福又再拜各祗候宣徽已下橫班同諸司閤門北面先奏事餘同教坊與臣僚同

告廟儀至日臣僚昧爽朝服詣太祖廟次引臣僚合班先見御容再拜畢引班首左上至褥位再拜贊上香揖欄內上香畢復褥位再拜各祗候立定左右舉告廟祝版於御容前跪捧中書舍人俛跪讀訖俛興退引班首左下復位又再拜分引上殿次第進酒三分班引出

謁廟儀至日昧爽南北臣僚各具朝服赴廟車駕至臣僚於門外依位序立望駕鞠躬班首不出班奏聖躬萬福舍人贊各祗候畢皇帝降車分引南北臣僚左右入至冊殿褥位合班定皇帝升露臺褥立宣徽贊皇帝再拜殿上下臣僚陪位皆再拜上香畢退復位再拜分引臣

僚左右上殿位立進御容酒依常禮若即退再拜舍人贊好去引退禮畢

告廟謁廟皆曰拜容以先帝先后生辰及忌辰行禮自太宗始也其後正旦皇帝生辰諸節辰皆行之若忌辰及車駕行幸亦嘗遣使行禮凡瑟瑟柴冊再生納后則親行之凡柴冊親征則告幸諸京則謁四時有薦新

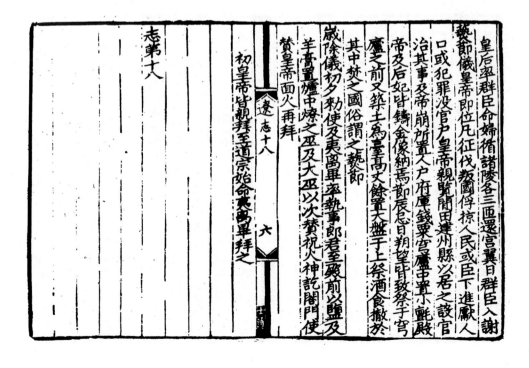

孟冬朔拜陵儀有司設酒饌于山陵皇帝皇后駕至敵烈麻都奏儀辦閤門使贊皇帝皇后詣位四拜訖巫贊祝燔胙及時服酹酒薦牲大臣命婦以次燔胙四拜皇帝皇后率群臣命婦循諸陵各三匝還宮翼日群臣入謝

爇節儀皇帝即位凡征伐叛國俘掠人民或臣下進獻人口或犯罪沒官戶皇帝親覽閑田建州縣以居之設官治其事及帝崩所置人戶府庫錢粟穹廬中置小氈殿帝及后妃皆鑄金像納焉節辰忌日朔望皆致祭于穹廬之前又築土爲臺高丈餘置大盤于上祭酒食撒於其中焚之國俗謂之爇節

歲除儀初夕勑使及夷离畢率執事郎君至殿前以鹽及羊膏置爐中燎之巫及大巫以次贊祝火神訖閤門使贊皇帝面火再拜

初皇帝皆親拜至道宗始命夷离畢拜之

志第十八

志第十九　遼史五十

開府儀同三司上柱國錄軍國重事中書右丞相兼修國史領經筵事都總裁臣脫脫等

勑修

禮志二

凶儀

喪葬儀　聖宗崩興宗哭臨于菆塗殿大行之夕四鼓終皇帝率群臣入柩前三致奠奉柩出殿之西北門就轀輬車藉以素裀巫者祓除之詰旦發引至祭所凡五致奠太巫祈禳皇族外戚大臣諸京官以次致祭乃以衣弓矢鞍勒圖畫馬駝儀衛等物皆燔之至山陵葬畢上哀冊皇帝御幄命改火面火致奠三拜又東向再拜天地訖乘馬率送葬者過神門之木乃下東向又再拜翼日詰旦率群臣命婦詣山陵行初奠之禮升御容殿受遺賜又翼日再奠如初興宗崩道宗親擇地以葬道宗崩菆塗于遊仙殿有司奉喪服天祚皇帝問禮于總知翰林院事耶律固始服斬衰皇族外戚使相矮墩官及郎君服如之餘官及承應人皆白枲衣巾以入哭臨惕隱三父房南府宰相遙輦常衮九奚首郎君夷离畢國舅詳穩十閘撒郎君南院大王郎君各以次薦奠進鞍馬衣襲犀玉帶等物表列其數讀訖焚表諸國所賻器服

親王諸京留守奠祭進賻物亦如之先帝小斂前一日皇帝喪服上香奠酒哭臨其夜北院樞密使契丹行宮都部署入小斂翼日遣北院樞密副使林牙以所賻器服置之幽宮靈柩升車親王推之至食羖之次盖遼國舊俗於此刑羖羊以祭皇族外戚諸京州官以次致祭至葬所靈柩降車就轝皇帝免喪服步引至長福岡是夕皇帝入陵寢授遺物于皇族外戚及諸大臣乃出命以先帝寢幄過於陵前神門之木帝不親往遣近侍冠服赴之初奠皇帝皇后率皇族外戚使相節度使夫人以上命婦皆拜祭循陵三匝而降再奠如初辭陵而還

上謚冊儀先一日於菆塗殿西廊設御幄并臣僚幕次大樂令展宮懸於殿庭協律郎設舉麾位至日北南面臣僚朝服昧爽赴菆塗殿先置冊寶案于西廊下閤使引皇帝至御幄服衮衣冕帶臣僚班齊分班引入嚮殿合班立定引冊案上殿至褥位寶案次之設於西階閤使引皇帝自西階升殿初行樂作至位立樂止宣徽使揖皇帝鞠躬再拜陪位者皆再拜翰林使執臺琖以進皇帝再拜引至神座前跪奠三樂作進奠訖復位樂止又再拜陪位者皆再拜引皇帝于神座前北面立捧冊函

者去蓋進前跪冊案退置殿西壁下引讀冊者進前俛伏跪自通全銜臣讀謚冊讀訖俛伏興復位捧冊函者置于案上捧寶函者進前跪讀寶官通銜跪讀訖引皇帝至褥位再拜陪位者皆再拜禮畢引皇帝歸御幄初行樂作至御幄樂止引臣僚分班出若皇太后奠酒依常儀

忌辰儀先一日奏忌辰榜子預寫名紙大紙一幅用陰面後第三行書文武百僚宰臣某以下謹詣西上閤門進名奉慰至日應拜大小臣僚並皁衣皁鞓帶四鼓至時於幕次前在京於僧寺班齊依位望闕敘立直日舍人

跪右執名紙在前班首以下皆再拜引退名紙於宣徽使面付內侍奏聞

宋使祭奠弔慰儀太皇太后至菆塗殿服喪服太后於北閤南面垂簾坐皇帝於南閤北面坐宋使至幕次宣賜素服皁帶更衣訖引南北臣僚入班立定可矮墩以下並上殿依位立先引祭奠使副捧祭文南洞門入殿上下臣僚並舉哀至冊墀立定西上閤門使自南階下受祭文上殿啓封置於香案哭止祭奠禮物列殿前引使副南階上殿至褥位立揖再拜引大使近前上香退再拜大使近前跪捧臺琖進奠酒三教坊奏樂退再拜揖中書二舍人跪捧祭文引大使近前俛伏跪讀訖舉哀引使副下殿立定哭止禮物擔牀出畢引使副近南面北立勾弔慰使副南洞門入四使同見大行皇帝靈再拜引出歸幕次皇太后別殿坐服喪服先引北南面臣僚並於殿上下依位立弔慰使副捧書匣右入當殿立閤門使右下殿受書匣上殿奏封全開讀訖引使副南階上殿傳達弔慰訖退下殿立引禮物擔牀過畢引使副近南北面立勾祭奠使副入四使同見鞠躬再拜不出班奏聖躬萬福再拜出班謝面天顏又再拜立定宣徽傳聖旨撫問就位謝再拜引出歸幕次皇帝御南殿

服喪服使副入見如見皇太后儀加謝遠接撫問湯藥再拜次宣賜使副并從人祭奠使副別賜讀祭文例物即日就館賜宴高麗夏國奉弔進賻等使禮略如之道宗崩天祚皇帝問禮于耶律固宋國遣使弔及致祭歸賵皇帝喪服御游仙之北別殿使入門皇帝哭使者詣柩前上香讀祭文訖又哭有司讀遺詔慟哭使者出少頃復入陳賻賵于柩前皇帝入臨哭退更衣御游仙殿南之幄殿使者入見且辭賜物有司賜宴於館

宋使告哀儀皇帝素冠服臣僚皁袍皁鞓帶宋使奉書右入冊墀內立西上閤門使右階下殿受書匣上殿欄內

鞠躬奏封全開封於殿西案授宰相讀訖皇帝舉哀舍
人引使者右階上欄內俛跪附奏起居訖俛興立皇帝
宣問南朝皇帝聖躬萬福使者跪奏來時皇帝聖躬萬
福起退舍人引使者右階下殿於丹墀西面東鞠躬通
事舍人通使者名某祗候見再拜不出班奏聖躬萬福
再拜出班謝面天顏再拜又出班謝遠接撫問湯藥再
拜贊祗候引出就幕次宣賜衣物引從人入通名拜奏
聖躬萬福出就幕賜衣如使者之儀又引使者入面殿
鞠躬贊謝恩再拜贊有勑賜宴再拜贊祗候出就幕次宴
引從人謝恩拜勑賜宴皆如初宴畢歸館

宋使進遺留禮物儀可官昧爽朝服殿前班立宋遺留使
告登位使副入內門館伴副使引謝登位使就幕次坐
館伴大使與遺留使副奉書入至西上閤門外氈位立
閤使受書匣置殿西階下案引進使引遺留物於西上
閤門入即於廊下横門出皇帝昇殿坐宣徽使押殿前
班起居畢引宰臣押文武班起居引中書令西階上殿
奏宋使見牓子契丹臣僚起居控鶴官起居遺留使副
西上閤門入面殿立舍人引使副西階上殿附奏起居
訖引西階下殿於丹墀東西面鞠躬通名奏聖躬萬福
如告哀使之儀謝面天顏謝遠接撫問湯藥引遺留使

從人見亦如之次引告登位使副奉書匣於東上閤門
入面殿立閤使東階下殿受書匣中書令讀訖舍人引
使副東階上殿附奏起居引下殿南面立告登位禮物
入即於廊下横門出退西面鞠躬附奏起居謝面天顏
遠接等皆如遺留使之儀宣賜遺留登位兩使副併從
人衣物如告哀使應坐臣僚皆上殿就位立分引兩使
副等於兩廊立皇帝問使副衝涉不易丹墀內五拜各
引上殿祗候位立大臣進酒皇帝飲酒契丹通漢人贊
殿上臣僚皆拜稱萬歲贊各就坐行酒殽茶饍饅頭畢
從人出水飯畢臣僚皆起契丹通漢人贊皆再拜稱萬

歲各祗候獨引宋使副下殿謝五拜引出控鶴官門外
祗候報閤門無事供奉官捲班出

高麗夏國告終儀先期於行宮左右下御帳設使客幕次
於東南至日北面臣僚各常服其餘臣僚並朝服入朝
使者至幕次有司以嗣子表狀先呈樞密院准備奏呈
先引北面臣僚并矮墩已上近御帳相對立其餘臣僚
依班位序立引告終人使右入至丹墀面殿立引右上
立揖少前拜跪奏訖宣問若嗣子已立恭身受聖旨奏
訖復位嗣子未立不宣問引右下丹墀面北鞠躬通班
畢引面殿再拜不出班奏聖躬萬福再拜出班謝面天

顏復位再拜出班謝遠接復位再拜贊祗候退就幕次
再入依前面北鞠躬通辭再拜敘戀闕再拜贊好去禮
畢

志第十九

開府儀同三司上柱國錄軍國重事中書右丞相監修國史領經筵事都總裁臣脫脫奉

勑修

禮志三

軍儀

皇帝親征儀常以秋冬應敵制變或無時將出師必先告廟乃立三神主祭之曰先帝曰道路曰軍旅刑青牛白馬以祭天地其祭常依獨樹無獨樹即所舍而行之或皇帝服介冑祭諸先帝宮廟乃閱兵將行牝牡麃各一爲禬祭將臨敵結馬尾祈拜天地而後入下城克敵祭天地牲以白黑羊班師以所獲牡馬牛各一祭天地出師以死囚還師以一諜者植柱縛其上于所向之方亂射之矢集如蝟謂之射鬼箭

臘儀臘十二月辰日前期一日詔司獵官選獵地其日皇帝皇后焚香拜日畢設圍命獵夫張左右翼司獵官奏成列皇帝皇后升轝敵烈麻都以酒二尊盤飱奉進北南院大王以下進馬及衣皇帝降輿祭東畢乘馬入圍中皇太子親王率群官進酒分兩翼而行皇帝始獲兎群臣進酒上壽各賜以酒至中食之次親王大臣各進所獲及酒訖賜群臣飲還宮應曆元年冬漢遣使來賀自是遂以爲常儀統和中罷之

出軍儀制見兵志

禮志四

賓儀

常朝起居儀昧爽臣僚朝服入朝各依幕次內侍奏班齊先引京官班於三門外當直舍人放起居再拜各祗候次依兩府以下文武官於丹墀內面殿立竪班諸司并供奉官於東西道外相向立定當直閤使副贊放起居再拜各祗候退還幕次公服帝昇殿坐兩府并京官丹墀內聲喏各祗候教坊司同北班起居畢奏事

燕京嘉寧殿西京同文殿朝服幞頭袍笏公服紫衫帽

正座儀皇帝升殿坐警蹕絕契丹漢人殿前班畢各依位侍立次教坊班畢捲退京官班入拜畢揖於右横街西依位班立次武班入拜畢依位立文班入拜畢依位立北班入起居畢於左横街東序班立次兩府班入鞠躬通宰臣某官已下起居拜畢引上殿奏事

已上六班起居並七拜內有不帶節度使班首止通名亦七拜捲班與常朝同直院有旨入文班留守司三司統軍司制置司謂之京官都部署司宮使副宮使都承

以下令史北面主事以下隨駕諸司爲武官館閣大理
寺堂後以下御史臺隨駕閑員令史司天臺翰林醫官
院爲文官
天慶二年冬教坊並服袍
臣僚接見儀皇帝御座奏見牓子畢臣僚左入鞠躬通文
武百僚宰臣某官以下祗候見引面殿鞠躬起居凡七
拜引班首出班謝面天顔復位舞蹈五拜鞠躬宣荅問
制再拜宣訖謝宣諭五拜各祗候畢可矮墩以上引近
前問聖躬萬福傳宣問跋涉不易鞠躬引班舍人贊各
祗候畢引右上准備宣問其餘臣僚並於右侍立

宣荅云卿等久居鄉邑來奉乘輿時屬霜寒或云炎
蒸諒多勞止卿各平安好想宜知悉
問聖體儀皇帝行辛車駕至捺鉢坐御帳臣僚公服問聖
躬萬福贊再拜各祗候奏事宣徽以下常服教坊與臣
僚同
保大元年夏特旨通名再拜不稱宰臣
車駕還京儀前期一日宣徽以下橫班諸司閤門並公服
於宿帳祗候至日詰旦皇帝乘玉輅閤門宣諭軍民訖
導駕時相以下進至內門閤副勘前畢通事舍人鞠躬
奏臣宣放仗禮畢

勘箭儀皇帝乘玉輅至內門北南臣僚於輅前對班立埸
箭官執雌箭門中立東上閤門使詣車前諸雄箭在車
左立勾勘箭官進勘箭官揖進至車約五步面車立閤
使言受箭行勘勘箭官拜跪受箭舉手勘訖鞠躬奏內
外勘同閤使言准勅行勘勘箭官平立退至門中舊位
立當胷執箭贊軍將門仗官近前門仗官應聲開門舉
聲兩邊齊出並列左右立勘箭官舉右手贊呈箭次贊
內出喚仗御箭一隻准勅付左金吾仗行勘贊合不合
應合合贊同不同應同同同訖勘箭官再進依位立
鞠躬自通全銜臣某對御勘箭同退門中立贊其箭謹

付閤門使進入事畢其箭授閤使轉付宣徽
宋使見皇太后儀宋使賀生辰正旦至日臣僚昧爽入朝
使者至幕次臣僚班齊皇太后御殿坐宣徽使押殿前
班起居畢捲班次契丹臣僚班起居畢引應坐臣僚上
殿就位立其餘臣僚不應坐者退於東面侍立漢人臣
僚東洞門入面西鞠躬舍人鞠躬通某以下起居凡七
拜畢贊各祗候引應坐臣僚上殿就位立中書令大王
西階上殿奏宋使并從人牓子訖就位立其餘臣僚不
應坐者退於西面侍立次引宋使副六人於東洞門入
丹墀內面殿齊立閤使自東階下受書匣使人捧書匣

者皆跪閤使揩笏立受書匣自東階上殿欄內鞠躬奏
封全訖授樞密開封宰臣對皇太后讀訖引使副六人
東階上殿欄內立使者揖生辰節大使少前使者俛伏
跪附起居訖起復位立次引賀皇太后正旦大使附起
居如前儀皇太后宣問南朝皇帝聖躬萬福舍人揖生
辰大使并皇太后正旦大使少前皆跪唯生辰大使奏
來時聖躬萬福皆俛伏興引東階下殿丹墀內面殿齊
立引進使引禮物於西洞門入殿前置擔床控鶴官起
居四拜擔床於東便門出畢揖使副退於東方西面皆
鞠躬舍人鞠躬通南朝國信使某官某以下祗候見舞

蹈五拜畢不出班奏聖躬萬福再拜揖班首出班謝面
天顏訖復位舞蹈五拜畢贊各上殿祗候引各使副西
階上殿就位勾從人兩洞門入面殿鞠躬通名贊拜起
居四拜畢贊各祗候分班引兩洞門出若宣問使副跋
涉不易引西階下殿丹墀內舞蹈五拜畢贊各上殿祗
候引西階上殿就位立契丹舍人漢人閤使齊贊拜應
坐臣僚并使副皆拜稱萬歲贊各就坐行湯行茶供過
人出殿門揖臣僚并使副起鞠躬契丹舍人漢人閤使
齊聲皆拜稱萬歲贊各祗候先引宋使副西階下殿西
洞門出次揖臣僚出畢報閤門無事皇太后起

宋使見皇帝儀宋使賀生辰正旦至日臣僚昧爽入朝使
者至幕次奏班齊聲警皇帝升殿坐宣徽使押殿前班
起居畢揖班出契丹臣僚班起居畢引應坐臣僚上殿
就位立其餘臣僚不應坐者並退於北面侍立次引漢
人臣僚北洞門入面殿鞠躬舍人鞠躬通某官某以下
起居皆七拜畢引應坐臣僚上殿就位立引首相南階
上殿奏宋使并從人牓子就位立臣僚並退於南面侍
立教坊入起居畢引南使副北洞門入丹墀內面殿立
閤使北階下殿受書匣使人捧書匣者跪閤使揩笏立
受於北階上殿欄內鞠躬奏封全訖授樞密開封宰相

對皇帝讀訖舍人引使副北階上殿欄內立揖生辰大
使少前俛伏跪附起居俛伏興復位立大使俛伏跪奏
訖俛伏興退引北階下殿揖使副北方南面鞠躬舍人
鞠躬通南朝國信使某官某以下祗候見起居七拜畢
揖班首出班謝面天顏舞蹈五拜畢出班謝遠接御筵
撫問湯藥舞蹈五拜畢贊各祗候引出歸幕次閤使傳
宣賜對衣金帶勾從人以下入見舍人贊班首姓名以
下再拜不出班奏聖躬萬福贊再拜稱萬歲贊各祗候
引出舍人傳宣賜衣使副并從人服賜衣畢舍人引使
副入丹墀內面殿鞠躬舍人贊謝恩拜舞蹈五拜畢贊

上殿祗候引使副南階上殿就位立勾從人入贊謝恩拜稱萬歲贊有勅賜宴再拜稱萬歲贊各祗候承受官引北廊下立御牀入大臣進酒皇帝飲酒契丹舍人漢人閤使齊贊拜應坐并侍立臣僚皆拜稱萬歲贊各祗候卒飲贊拜應坐臣僚皆拜稱萬歲贊各就坐行酒親王使相使副共樂曲若宣令飲盡並起立飲訖放琖就位謝贊拜並隨拜稱萬歲贊各就坐次行方茵地坐臣僚等官酒若宣令飲盡贊謝如初殿上酒一行畢贊廊下從人拜稱萬歲贊各就坐若傳宣令飲盡並拜稱萬歲贊各就坐殿上酒三行行茶行殽行饍酒五行候曲終揖廊下從人起贊拜稱萬歲贊各祗候引出曲破臣僚并使副並起鞠躬贊拜應坐臣僚并使副皆拜稱萬歲贊各祗候引使副南階下殿丹墀內舞蹈五拜畢贊各祗候引出次引衆臣僚下殿出畢報閤門無事皇帝起聲蹕

曲宴宋使儀昧爽臣僚入朝宋使至幕次皇帝升殿殿前教坊契丹文武班皆如初見之儀宋使副綴翰林學士班東洞門入面西鞠躬舍人鞠躬通文武百僚臣某以下起居七拜謝宣召赴宴致詞訖舞蹈五拜畢贊各上殿祗候舍人引大臣使相臣僚使副及方茵朶殿應坐

臣僚並於西階上殿就位立其餘不應坐臣僚並於西洞門出勾從人入起居謝賜宴兩廊立如初見之儀二人監琖教坊再拜贊各上殿祗候入御床大臣進酒舍人閤使贊拜行酒皆如初見之儀次行方茵朶殿臣僚酒傳宣飲盡如常儀殿上酒一行畢兩廊從人行酒如初殿上行餅茶畢教坊致語揖臣僚使副并廊下從人皆起立候口號絶揖臣僚等皆鞠躬贊拜殿上應坐并侍立臣僚皆拜稱萬歲贊各就坐次贊廊下從人拜亦如之歇宴揖臣僚起立御床出皇帝起入閤引臣僚東西階下殿還幕次內賜花承受官引從人出賜花亦如之贊花畢引從人復兩廊位立次引臣僚使副兩洞門入復殿上位立皇帝出閤復坐御牀入揖應坐臣僚使副及侍立臣僚鞠躬贊拜稱萬歲贊各就坐贊兩廊從人亦如之行單茶行酒行膳行果殿上酒九行使相樂曲聲絶揖兩廊從人起贊拜稱萬歲贊各好去承受引出曲破殿上臣僚使副皆起立贊拜稱萬歲贊各祗候引臣僚使副東西階下殿契丹班謝宴出漢人并使副班謝宴舞蹈五拜畢贊各好去引出畢報閤門無事皇帝起

賀生辰正旦宋使朝辭太后儀臣僚使副班齊如曲宴儀

皇太后升殿坐殿前契丹文武起居上殿畢宰臣奏宋使副從人朝辭牓子畢就位立舍人引使副北洞門入面南鞠躬舍人鞠躬通南朝國信使某官某以下祗候辭再拜不出班奏聖躬萬福再拜出班戀闕致詞訖又再拜贊各上殿祗候舍人引南階上殿就位立引從人贊姓名再拜奏聖躬萬福再拜稱萬歲贊各好去引出殿上揖應坐臣僚并使副就位鞠躬贊拜稱萬歲贊各就坐行湯行茶畢揖臣僚并南使起立與應坐臣僚鞠躬贊拜稱萬歲贊各祗候立引使副六人於欄內拜跪受書匣畢直起立揖少前鞠躬受傳答語訖退於北階

下殿丹墀內面殿鞠躬舍人贊各好去引出臣僚出

賀生辰正旦宋使朝辭皇帝儀臣僚入朝如常儀宋使至幕次於外賜從人衣物皇帝升殿宣徽契丹文武班起居上殿如曲宴儀中書令奏宋使副并從人朝辭牓子畢臣僚並於南面侍立教坊起居畢舍人引使副六人北洞門入丹墀北方面南鞠躬舍人鞠躬通南朝國信使某官某以下祗候辭再拜起居戀闕如辭皇太后儀贊各祗候平身立揖使副鞠躬宣徽贊有敕使副再拜鞠躬平身立宣徽使贊各賜卿對衣金帶疋段弓箭鞍馬等想宜知悉使副平身立揖大使三人少前俛伏跪

搢笏門使授別錄賜物過畢俛起復位立揖副使三人受賜亦如之贊謝恩舞蹈五拜贊上殿祗候舍人引使副南階上殿就位立引從人贊謝恩再拜起居再拜贊賜宴再拜皆稱萬歲贊各祗候承受引兩廊立御牀入皇帝飲酒舍人閤使贊臣僚使副拜稱萬歲皆如曲宴應坐臣僚拜稱萬歲就坐行酒樂曲方茵兩廊皆如之行殽行茶行饍亦如之行饅頭畢從人起如登位使之儀曲破臣僚使副皆起立拜稱萬歲如辭太后之儀使副下殿舞蹈五拜贊各上殿祗候引北階上殿欄內立揖[illegible]九正旦大使二人少前齊跪受書畢起立揖笏

折受起居畢退引北階下殿丹墀內並鞠躬舍人贊各好去引南洞門出次引殿上臣僚南北洞門出畢報閤門無事

高麗使入見儀臣僚常服起居應上殿臣僚殿上序立閤門奏牓子引高麗使副面殿立引上露臺拜跪附奏起居訖拜起立閤門傳宣王詢安否使副皆跪大使奏臣等來時詢安引下殿面殿立進奉物入列置殿前控鶴官起居畢引進使鞠躬通高麗國王詢進奉宣徽使殿上贊進奉起庫馬出擔牀出畢引使副退面西鞠躬舍人鞠躬通高麗國謝恩進奉使某官某以下祗候見舞

蹈五拜不出班奏聖躬萬福再拜出班謝面天顏五拜
出班謝遠接湯藥五拜贊各祗候使副私獻入列置殿
前控鶴官起居引進使鞠躬通高麗國謝恩進奉某官
某以下進奉宣徽使殿上贊如初引使副西階上殿序
立皇帝不入御牀臣僚伴酒契丹舍人通漢人閤使贊
再拜稱萬歲各就坐酒三行肴膳二味若宣令飲盡就
位拜稱萬歲贊各就坐肴膳不贊起再拜稱萬歲引下
殿舞蹈五拜贊各祗候引出於幕次內別差使臣伴宴
起宣賜衣物訖遙謝五拜畢歸館
曲宴高麗使儀臣僚入朝班齊皇帝升殿宣徽教坊控鶴

文武班起居皆如常儀謝宣宴如宋使儀贊各上殿祗
候契丹臣僚謝宣宴勾高麗使入面南鞠躬舍人鞠躬
通高麗國謝恩進奉使某官某以下起居謝宣宴共十
二拜贊各上殿祗候臣僚使副就位立大臣進酒契丹
舍人通漢人閤使贊上殿臣僚皆拜贊各祗候進酒大
臣復位立拜贊應坐臣僚拜贊各就坐行酒若宣令飲盡
贊再拜贊各就坐教坊致語臣僚皆起立口號絕贊再
拜贊各就坐凡拜皆稱萬歲曲破臣僚起下殿契丹臣
僚謝宴中書令以下謝宴畢引使副謝七拜贊各好去
控鶴官門外祗候報閤門無事供奉官捲班出來日問

聖體
高麗使朝辭儀臣僚起居上殿如常儀閤門奏高麗使朝
辭牓子起居戀闕如宋使之儀贊各上殿祗候引西階
上殿立契丹舍人贊拜稱萬歲贊各就坐中書令以下
伴酒三行肴饍二味皆如初見之儀既謝贊有敕宴五
拜贊各好去引出於幕次內別差使臣伴宴畢賜衣物
跪受遙謝五拜歸館
西夏國進奉使朝見儀臣僚常朝畢引使者左入至丹墀
面殿立引使者上露臺立揖少前拜跪附奏起居訖俛
興復位閤使宣問其安否鞠躬聽旨跪奏某安俛伏興

退復位引左下至丹墀面殿立禮物右入左出畢閤使
鞠躬通其國進奉使姓名候見共一十七拜贊祗候平
立有私獻過畢揖使者鞠躬贊進奉收訖贊祗候引左
上殿就位立臣僚使者齊聲喏酒三行引使左下至丹
墀謝宴五拜畢贊有敕宴五拜祗候引右出禮畢於外
賜宴客省伴宴仍賜衣物
西夏使朝辭儀常朝畢引使者左入通其國某使祗候辭
再拜不出班起居再拜出班戀闕致詞復再拜賜衣物
謝恩如常儀若賜宴五拜畢贊好去引右出
志第二十

志第二十一　遼史五十二

開府儀同三司上柱國錄軍國重事中書右丞相監修國史領經筵事都總裁臣脫脫奉

勑修

禮志五

嘉儀上

皇帝受冊儀前期一日尚舍奉御設幄於正殿北墉下南面設御坐奉禮郎設官僚客使幕次於東西朝堂大樂令設宮懸於殿庭舉麾位在殿第二重西階上東向乘黄令陳車輅尚輦奉御陳輿輦尚舍奉御設解劒席于東西階設文官六品已上位橫街南東方西向武官五

品已上位橫街南西方東向皆北上重行每等異位將士各勒所部六軍仗屯諸門金吾仗黃麾仗陳于殿庭至日押冊官引冊自西便門入置冊案西階上通事舍人引侍從班入就位侍中東階下解劒履上殿欄外俛伏跪奏中嚴下殿劒履復位立閤使西階上殿欄外跪請木契面殿鞠躬奏奉勑喚仗殿中監少監殿中丞等押金吾四色仗入位臣僚後協律郎入就舉麾位符寶郎詣閤奉迎通事舍人引文官四品至六品武官三品至五品就門外位皇帝御輦至宣德門宣徽使押內諸司班起居引皇帝至閤服袞冕侍中東階下解劒履上殿版奏外辦太常博士引太常卿太常卿引帝內諸司出協律郎舉麾太樂令令撞黃鍾之鍾左五鍾皆應工人鼓柷樂作皇帝即御坐宣徽使贊扇合樂止贊簾捲扇開符寶郎奉寶進左右金吾報平安通事舍人引文官三品武官二品已上入門樂作就相向位畢樂止通事舍人引侍從班南班文官三品武官二品已上合班北向東班西上西班東上起居七拜分班各復位通事舍人引押冊官押冊自西階下至丹墀當殿置香案冊案置冊訖樂作就位樂止捧冊官近後東西相對立舍人引侍從班并南班合班北向如初贊再拜在位者皆

再拜舞蹈五拜分班各復位如初捧冊官就西階下解劒席解劒履捧冊西階上殿樂作置冊御坐前東西立北向捧冊官西墉下立北上樂止讀冊官出班當殿立贊再拜三呼萬歲就西階下解劒席解劒履西階上殿欄內立當御坐前侍中取冊捧冊官捧冊匣至讀冊官前跪相對捧冊讀冊官俛伏跪讀訖俛伏興捧冊官跪左膝以冊授侍中侍中受冊以冊授執事者降自西階劒履訖復當殿位贊再拜三呼萬歲復分班位舍人引侍從班南班合班北向如初贊拜在位者皆拜舞蹈鞠躬如初通事舍人引班首西階下解劒履上殿樂作就

欄內位樂止俛伏跪通全銜臣某等致詞稱賀訖俛伏
興降西階下帶劒納舄樂作復位樂止贊拜在位者皆
再拜舞蹈五拜鞠躬侍中臨軒西向稱有制皆再拜侍
中宣荅訖贊皆再拜舞蹈五拜分班各復位三品已上
出樂作出門畢樂止侍中當御坐俛伏跪通全銜奏禮
畢俛伏興退東階下殿帶劒納履復位宣徽使贊扇合
下簾太常博士太常卿引皇帝起樂作至閤樂止舍人
引文官四品武官三品以下出門外分班立次引侍從
班出次兵部吏部出次金吾出次起居郎舍人出次殿
中監少監押金吾細仗出仍位臣僚後次東西上閤門

使於丹墀內鞠躬奏衙內無事捲班出閤門使丹墀內
鞠躬揖奉勑放仗出門外文武班中間立喚承受官承
受官聲喏至閤使後鞠躬揖閤使鞠躬稱奉勑放仗承
受聲喏鞠躬揖平身立引聲奉勑放仗聲絕趨退文武
合班再拜舍人一員攝詞令官殿前鞠躬揖稱奉勑放
黃麾仗出放金吾仗亦如之翼日文武臣僚入問聖躬
太平元年行此儀大略遵唐晉舊儀又有上契丹冊
儀以阻午可汗柴冊禮合唐禮雜就之又有上漢冊
儀與此儀大同小異加以上寶儀
冊皇太后儀前期陳設於元和殿如皇帝受冊之儀至日

皇帝御弘政殿冊入侍從班入門外金吾列仗文武分
班侍中解劒奏中嚴宣徽使請木契喚仗皆如之樂工
入閤使門外文武班中間立喚承受官聲喏趨至閤使
後立閤使鞠躬揖稱奉勑喚仗承受官鞠躬聲喏揖引
聲奉勑喚仗文武合班再拜殿中監押仗入文武班入
亦如之宣徽使押內諸司供奉官天橋班候皇太后御
紫宸殿乘平頭輦童子女童隊樂引至金鑾門閤使奏
內諸司起居訖贊引駕自下先行至元和殿皇太后入
西北隅閤內更衣侍中解劒上殿奏外辦宣徽受版入
奏侍中降復位協律郎舉麾樂作太樂令太常卿導引

皇太后升坐宣徽使贊扇合簾捲扇開樂止符寶郎奉
寶置皇太后坐右左右金吾大將軍對揖鞠躬奏軍國
內外平安東上閤門副使引丞相東門入西上閤門副
使引親王西門入通事舍人引文武班入如儀樂作至
位樂止文武班趨進相向再拜退復位東西上閤門使
宣徽使自弘政殿引皇帝御肩輿至西便門下引入門
樂作至殿前位樂止宣徽使贊皇帝拜問皇太后聖躬
萬福拜皇帝御西閤坐合班起居如儀北府宰相押冊
中書樞密令史八人舁冊東西上閤門使引冊宣徽使
引皇帝送冊樂作至殿前置冊位樂止宣徽使贊皇帝

再拜稱萬歲群臣陪位揖翰林學士四人大將軍四人
舁冊皇帝捧冊行三舉武授冊舁之西階上殿置太后
坐前樂止皇帝冊西面東立舍人引丞相當殿再拜三
呼萬歲解劍西階上殿樂作至讀冊位樂止俛伏跪讀
冊訖俛伏三呼萬歲復班位宣徽使引皇帝下殿樂作
至殿前位樂止皇帝拜舞蹈拜訖引皇帝西階上殿至
皇太后坐前位俛跪致詞訖俛伏興引西階下至殿前
位拜舞蹈拜鞠躬侍中臨軒宣太后荅稱有制皇帝再
拜宣訖引皇帝上殿樂作至西閤樂止丞相親王侍從
文武合班賛拜舞蹈三呼萬歲如儀丞相上賀侍中宣
荅如儀丞相以下出舉樂出門樂止侍中奏禮畢宣徽
索扇扇合下簾皇太后起舉樂入閤樂止文武官出門
外分班侍從兵部吏部起居金吾仗出如儀閤使奏放
仗皆如皇帝受冊之儀

冊皇后儀至日北南臣僚內外命婦詣端拱殿幕次皇后
至閤侍中奏中嚴引命婦班入就東西相向位立皇帝
臨軒命使發冊使副押冊至端拱殿門外幕次侍中奏
外辦所司承旨索扇扇上舉麾樂作皇后出閤升坐扇
開簾捲偃麾樂止引命婦合班面殿起居八拜皇后降
坐樂作至殿下褥位樂止引冊入置皇后褥位前侍中

傳宣皇后四拜命婦陪位皆拜引讀冊官至皇后褥位
前俛伏跪讀訖皇后四拜陪位者皆拜引皇后升殿使
臣引冊置皇后坐前冊案退西向侍立命婦當殿稱賀
四拜引班首東階上殿致詞訖東階下殿復位四拜侍
中奏宣荅稱有教旨四拜宣荅訖四拜班首上殿進酒
皇后賜押冊使副等酒訖侍中奏禮畢承旨索扇樂作
皇后起入閤樂止分引命婦等東西門出

冊皇太子儀前期一日設幄坐于宣慶殿設文武官幕次
于朝堂并殿庭板位太樂令陳宮縣皆如皇帝受冊儀
守宮設皇太子次于朝堂北西向乘黃令陳金輅朝堂
門外西向皇太子儀仗笳簫鼓吹等陳宣慶門外典儀
設皇太子板位于殿橫街南近東北向設文武官五品
以上位於樂縣東西餘官如常儀至日門下侍郎奉冊
中書侍郎奉寶綬各置于案令史二人絳服對舉案立
寶案在橫街北西向冊案在北門下侍郎中書侍郎並
立案後侍中板奏中嚴皇太子遠遊冠絳紗袍秉珪出
太子舍人引入就板位北面殿立東宮官三師以下皆
從立皇太子東南西向太子入門樂作至位樂止典儀
賛皇太子再拜在位者皆再拜中書令立太子東北西
向門下侍郎引冊案中書侍郎取冊進授中書令退復

位傳宣官稱有制皇太子再拜傳宣訖再拜中書令跪讀冊訖俛伏興皇太子再拜受冊退授左庶子中書侍郎取寶進授中書令皇太子再拜受寶退授左庶子中書令以下退復位舁案者以案退典儀贊再拜皇太子拜在位者皆再拜太子舍人引皇太子退樂作出門樂止侍中奏禮畢皇太子升金輅左庶子以下夾侍儀仗鼓吹等並列宣慶門外三師三少諸宮臣於金輅前後導從鳴鐃而行還東宮宮庭先設仗衛如式至宮門鐃止皇太子降金輅舍人引入就位坐文武宮臣序班稱賀禮畢

冊王妃公主儀至日押冊使副并讀冊等官押冊東便門入持節前導至殿冊案置橫街北少東引使副等面殿立而鞠躬侍中臨軒稱有制皆再拜鞠躬宣制訖舞蹈五拜引冊於宣慶門出使副等押領儀仗冊案赴各私第廳前向闕陳列設傳宣受冊拜褥冊案置褥左去冪蓋使副案右序立受冊者就位立傳宣稱有制再拜宣制畢舁冊人舉冊匣於褥前跪捧引讀冊者與受冊者皆俛伏跪讀訖皆俛伏興受冊者謝恩國王五拜王妃公主四拜若冊禮同日先上皇太后冊寶次臨軒同制遣使冊皇后諸王妃主次冊皇太子

皇帝納后之儀擇吉日至日后族畢集詰旦后出私舍坐于堂皇帝遣使及媒者以牲酒饔餼至門執事者以告使及媒者入謁再拜平身立少頃拜進酒于皇后次及后之父母宗族兄弟酒徧再拜納幣致詞再拜訖后族皆坐惕隱夫人四拜請就車后辭父母伯叔父母兄各四拜宗族長者皆再拜皇后升車父母飲后酒致戒詞徧及使者媒者送者發軔伯叔父母兄飲后酒如初教坊遮道贊祝后命賜以物后族追拜進酒遂行將至宮門宰相傳勅賜皇后酒徧及送者既至惕隱率皇族奉迎再拜皇后車至便殿東南七十步止惕隱夫人請降車

負銀罌捧縢履黃道行後一人張羔裘若襲之前一婦人捧鏡却行置鞍于道后過其上乃詣神主室三拜南北向各一拜酹酒向謁者一拜起居訖再拜次詣舅姑御容拜奠酒選皇族諸婦宜子孫者再拜之授以罌縢又詣諸帝御容拜奠酒神賜襲衣珠玉珮飾拜受服之后姊若妹陪拜者各賜物皇族迎者后族送者徧賜酒皆相偶飲訖后坐別殿送后者退食于次媒者傳旨命送后者列于殿北竢皇帝即御坐選皇族尊者一人當奧坐主婚禮命執事者往來致辭于后族引后族之長率送后者升當御坐皆再拜又一拜少進附奏送后之

詞退復位再拜后族之長及送后者向當奧者三拜南北向各一拜向謁者一拜后族之長跪問聖躬萬福再拜復奏送后之詞又再拜當奧者與媒者行酒三周命送后者再拜皆坐終宴翼日皇帝晨興詣先帝御容拜奠酒訖復御殿宴后族及羣臣皇族后族偶飲如初百戲角觝戲馬較勝以爲樂又翼日皇帝御殿賜后族及贐送后者各有差受賜者再拜進酒再拜皇帝御別殿有司進皇后服飾之籍酒五行送后者辭訖皇族獻后族禮物后族以禮物謝當奧者禮畢

公主下嫁儀選公主諸父一人爲婚主凡當奧者媒者致

詞之儀自納幣至禮成大略如納后儀擇吉日詰旦媒者趣尚主之家詣宮竢皇帝皇后御便殿率其族入見進酒訖命皇族與尚主之族相偶飲翼日尚主之家以公主及婿率其族入見致宴于皇帝皇后獻贐送者禮物訖朝辭賜公主青幰車二螭頭蓋部皆飾以銀駕駞送終車一車樓純錦銀螭懸鐸後垂大氈駕牛載羊一謂之祭羊擬送終之具至覆尸儀物咸在賜其婿朝服四時襲衣鞍馬凡所須無不備選皇族一人送至其家

親王女封公主者婚儀倣此以親疏爲差降

開府儀同三司上柱國錄軍國重事中書右丞相監修國史領經筵事都總裁臣脫脫奉

勑修

禮志六

嘉儀下

皇太后生辰朝賀儀至日臣僚入朝國使至幕班齊如常儀皇太后昇殿坐皇帝東面側坐契丹舍人殿上通名契丹漢人臣僚宋使副綴翰林學士班東西兩洞門入合班稱賀班首上殿祝壽分班引出皆如正旦之儀教坊起居七拜契丹漢人臣僚入進酒皆如正之儀唯宣荅稱聖旨皇帝降御座進奉皇太后生辰禮物過畢皇帝殿上再拜殿下臣僚皆再拜皇帝昇御座引臣僚分班出引中書令北太王西階上殿奏契丹臣僚進奉次漢人臣僚并諸道進奉控鶴官擡擔牀起居四拜畢引進使鞠躬通文武百僚某官某以下高麗夏國諸道進奉宣徽使殿上贊進奉各付所司控鶴官聲喏擡牀過畢契丹漢人臣僚以次謝五拜贊各祗候引出教坊諸道進奉使謝如之契丹臣僚謝宣宴引上殿就位立漢人臣僚并宋使副東洞門入面西謝宣宴如正旦儀贊各上殿祗候臣僚使副上殿就位立亦如之監琖教坊

上殿從人入東廊立皆如之御牀入皇帝初進酒臣僚就位陪拜皇太后飲酒殿上應坐侍立臣僚皆拜稱萬歲贊各祗候立皇太后卒飲手賜皇帝酒皇帝跪卒飲退就褥位再拜臣僚皆陪拜若皇帝親賜使相臣僚宋使副酒皆立飲皇帝昇坐贊應坐臣僚并使副皆拜稱萬歲贊各就坐行方裀朶殿臣僚酒如正旦儀一進酒兩廊從人拜稱萬歲各就坐親王進酒如正旦儀若皇太后手賜親王酒跪飲訖退露臺上五拜贊祗候殿上三進酒行餅茶訖教坊跪致語揖臣僚使副廊下從人皆立口號絕贊拜亦如之行茶行殽膳皆如之大饌入行粥盌殿上七進酒使相臣僚樂曲終揖廊下從人起拜稱萬歲各好去承受官引兩門出曲破揖臣僚使副起鞠躬贊拜皆拜稱萬歲贊各祗候引臣僚使副下殿契丹臣僚謝宴畢出漢人臣僚使副舞蹈五拜畢贊各好去出洞門畢報閤門無事皇太后皇帝起

應聖節宋遣使來賀生辰正旦始制此儀故詳見賓儀

凡五拜拜興再拜興跪搢笏三舞蹈三扣頭出笏就拜興拜興再拜興其就拜亦曰俛伏興

賓儀臣僚皆曰坐於此儀曰高裀與方裀別

皇帝生辰朝賀儀臣僚國使班齊皇帝昇殿坐臣僚使副入合班稱賀合班出皆如皇太后生辰儀中書令北大王奏諸道進奉表曰教坊起居七拜臣僚東西門入合班再拜贊進酒班首上殿進酒宣徽使宣答羣臣謝宣諭分班奏樂皇帝卒飲合班班首下殿分班出皆如正旦之儀進奉皆如皇太后生辰儀皇帝詣皇太后殿近上皇族外戚大臣並從奉迎太后即皇帝殿坐皇太后御小輦皇帝輦側步從臣僚分行序引宣徽使諸司閤門攢隊前引教坊動樂控鶴起居四拜引駕臣僚並於山樓南方立候皇太后入閤揖使副并臣僚入幕次皇

太后昇殿坐皇帝東方側坐引契丹漢人臣僚使副兩洞門入合班起居舞蹈五拜贊各祗候面殿立皇帝降御坐殿上立進皇太后生辰物過畢皇帝殿上再拜殿上下臣僚皆拜皇帝昇御座引臣僚分班出契丹臣僚入謝宣宴漢人臣僚使副入通名謝宣宴上殿就位不應坐臣僚出從人入皆如儀御牀入皇帝初進皇太后酒皇太后賜皇帝酒皆如皇太后生辰儀贊各就坐行酒宣飲盡就位謝如儀殿上一進酒畢從人入就位如儀親王進酒行餅茶教坊致語如儀行茶行肴膳如儀七進酒使相樂曲終從人起曲破臣僚使副起餘皆如

正旦之儀

皇后生辰儀臣僚昧爽朝皇帝皇后大帳前拜日契丹漢人臣僚陪拜皇帝昇殿坐皇后再拜臣僚殿下合以陪拜皇帝賜皇后生辰禮物皇后殿上謝再拜臣僚皆拜契丹舍人通名契丹漢人臣僚以次入賀琖人舍人贊舞蹈五拜起居不表聖躬萬福贊再拜班首上殿拜跪自通全銜祝壽訖引下殿復位鞠躬贊舞蹈五拜贊各祗候引宰臣一員上殿奏百僚諸道進表自教坊起居七拜不賀控鶴官起居四拜諸道押衙附奏起居賜宴共八拜契丹漢人合班進壽酒舞蹈五拜引大臣一員

上殿欄外褥位搢笏執臺琖進酒皇帝皇后受琖退復褥位授臺出笏欄內拜跪自通全銜祝壽臣等謹進千萬歲壽酒訖引下殿復位舞蹈五拜鞠躬宣徽使奏宣荅如儀引上殿搢笏執臺皇帝皇后飲殿下臣僚分班教坊奏樂皆拜稱萬歲卒飲皇帝皇后授琖引下殿舞蹈五拜贊各祗候引出臣僚進奉如儀宣宴如儀教坊監琖臣僚上殿祗候如儀皇后進皇帝酒殿上贊拜侍臣僚皆拜皇帝受琖皆拜皇后坐契丹舍人漢人閤使殿上贊拜皆拜稱萬歲贊各就坐大臣進皇帝皇后酒行酒如儀酒三行無殽行饍又進皇帝皇后酒酒再行

大饌入行粥教坊致語臣僚皆起立口號絕贊拜稱萬
歲引下殿謝宴引出皆如常儀
進士接見儀其日舉人從時相至御帳側通名牓子與時
相牓子同奏訖時相朝見如常儀畢揖進士第一名以
下丹墀內面殿鞠躬通名四拜贊各祗候皆退若有進
文字者不退奉卷平立閤門奏受跪左膝授訖直起退
禮畢
進士賜等甲勑儀臣僚起居畢讀卷官奏訖於左方依等
甲唱姓名序立閤門攵收勑牒閤使奏引至丹墀依等
甲序立閤使稱有勑再拜鞠躬舍人宣勑各依等甲賜

卿勑牒一道想宜知悉揖拜各跪左膝受勑訖鞠躬皆
再拜各祗候分引左右相向侍立候奏事畢引兩階上
殿就位齊聲喏賜坐酒三行起聲喏如初退揖出禮畢
牌印郎君行酒閤使勸飲
進士賜章服儀皇帝御殿臣僚公服引進士入東方面西
再拜揖就丹墀位面殿鞠躬閤使稱有勑再拜鞠躬舍
人宣勑各依等甲賜卿勑牒一道兼賜章服想宜知悉
揖再拜跪受勑訖再拜退引至章服所更衣訖揖復丹
墀位鞠躬贊謝恩舞蹈五拜各祗候殿東亭內序立聲
喏坐賜宴簪花宣閤使一員閤門三人或二人勸飲終

日禮畢
宰相中謝儀皇帝常服昇殿坐諸班起居如常儀應坐臣
僚上殿其餘臣僚殿下東西侍立皆如宋使初見之儀
引中謝官左入至丹墀面西立舍人當殿鞠躬通新受
具官姓名祗候中謝官徽殿上索通班舍人就贊禮位
贊其官至宣徽贊通班舍人二人對立揖中謝官鞠躬
贊就拜位舍人二人引面殿鞠躬贊拜中謝官舞蹈五
拜不出班奏聖躬萬福贊再拜揖出班跪敘官致詞訖
俛伏興復位贊拜舞蹈五拜又出班中謝致詞如初儀
共十有七拜贊祗候引右階上殿就位揖應坐臣僚聲

喏坐供奉官行酒傳宣飲盡臣僚搢笏執琖起位後立
飲置琖出笏贊拜臣僚皆再拜贊各坐搢笏執琖授供
奉官琖酒三行揖應坐臣僚聲喏立引中謝官右階下
殿至丹墀面殿鞠躬贊拜舞蹈五拜引右出臣僚皆出
丞相樞密使同餘官不升殿賜酒不帶節度使不通班
止通名七拜衆謝班首一人出班中謝
拜表儀其日先於東上閤門陳設氈位分引南北臣僚諸
國使副於氈位合班通事舍人二人舁表案置班首前
揖鞠躬再拜平身中書舍人立案側班首跪搢笏興捧
表跪左膝以表授中書舍人出笏就拜興再拜中書舍

人復置表案上通事舍人舁表案於東上閤門入捲班分引出禮畢

元日皇帝不御坐行此儀餘應上表有故皆倣此

賀生皇子儀其日奉先帝御容設正殿皇帝御八角殿昇坐聲警畢北南宣徽使殿階上左右立北南臣僚金冠盛服合班入班首二人捧表立讀表官先於左階上側立二宣徽使東西階下殿受表捧表者跪左膝授訖就拜興再拜各祗候二宣徽使俱左階上授讀表官讀訖揖臣僚鞠躬引北面班首左階上殿欄內稱賀訖引左階下殿復位舞蹈五拜禮畢

賀祥瑞儀聲警畢北南臣僚金冠盛服合班立班首二人各奉表賀北南宣徽使左階下殿受表上殿授讀表大臣讀訖揖殿下臣僚鞠躬五拜畢鞠躬引班首二人左階上殿欄內拜跪稱賀致詞訖引左階下殿復位五拜畢鞠躬宣荅聽制訖再拜鞠躬謝宣諭五拜畢各祗候分班侍立禮畢兩府奏事如常

乾統六年木葉山瑞雲見始行此儀天慶元年天雨穀謝宣諭後趙王進酒教坊動樂臣僚酒一行禮畢奏事

賀平難儀皇帝皇后昇殿坐北南臣僚并命婦合班五拜揖班首二人出班俛跪搢笏執表舁案近前閤使受表置案上皆再拜通事舍人二人舁案左階上殿置露臺上讀表官受入讀表對御讀訖臣僚殿下五拜鞠躬引班首二人左右階上殿欄內並立先引北面班首少前跪致詞訖退復褥位次引南面班首亦如之畢分引左右階下殿復位五拜鞠躬宣徽稱有勑再拜宣荅內難已平與公等內外同慶謝宣諭五拜捲班臣僚從皇帝命婦從皇后詣皇太后殿見先帝御容陪位皆再拜皇太后正坐稱賀共十拜並引上殿賜宴如儀

平難之儀道宗清寧九年太叔重元謀逆仁懿太后親率衛士與逆黨戰事平因制此儀

正旦朝賀儀臣僚并諸國使昧爽入朝奏班齊皇帝昇殿坐契丹舍人殿上通訖引契丹臣僚東洞門入引漢人臣僚并諸國使西洞門入合班舞蹈五拜鞠躬平身引親王東階上殿欄內褥位俛伏跪自通全銜臣某等祝壽訖伏興退引東階下殿復位舞蹈五拜畢鞠躬宣徽使殿上鞠躬奏臣宣荅稱有勑班首以下聽制訖再拜鞠躬宣徽傳宣云履新之慶與公等同之舍人贊謝宣諭拜舞蹈五拜贊各祗候分班引出引班首西階上殿奏表目訖教坊起居贊十二拜畢贊各祗候引契丹漢人臣僚并諸國使東西洞門入合班再拜贊進酒引親

王東階上殿就欄內褥位搢笏執臺琖進酒訖退復褥
位置臺出笏少前俛跪自通全銜臣某等謹進千萬歲
壽酒俛伏興退復褥位與殿下臣僚皆再拜鞠躬候宣
徽使殿上鞠躬奏臣宣答稱有制親王以下再拜如初
儀傳宣云飲公等壽酒與公等內外同慶舍人贊謝宣
諭如初贊各祗候親王搢笏執臺殿下臣僚分班皇帝
飲酒教坊奏樂殿上下臣僚皆拜稱萬歲贊各祗候樂
止教坊再拜皇帝卒飲親王進受琖復褥位置臺琖出
笏臣僚合班引親王東階下殿復位鞠躬再拜贊各
祗候分班引出皇帝起詣皇太后殿臣僚并諸國使皆
從皇太后昇殿皇帝東方側坐引契丹漢人臣僚并諸
國使兩洞門入班稱賀進酒皆如皇帝之儀畢引出教
坊入起居進酒亦如之皇太后宣答稱聖旨契丹班謝
宣宴上殿就位立漢人臣僚并諸國使東洞門入丹墀
東方面西鞠躬舍人鞠躬通文武百僚宰臣某已下謝
宣宴再拜出班致詞訖退復位舞蹈五拜贊各上殿祗
候引宰臣以下并諸國使副方裀朶殿臣僚西階上殿
就位立不應坐臣僚並於西洞門出二人監琖教坊再
拜贊各上階下殿謝宴如皇太后生辰儀

冬至朝賀儀臣僚班齊如正旦儀皇帝皇后拜日臣僚陪

位再拜皇帝皇后昇殿坐契丹舍人通臣僚入合班親
王祝壽宣答皆如正旦之儀謝訖舞蹈五拜鞠躬出班
奏聖躬萬福復位再拜鞠躬班首出班俛伏跪祝壽訖
伏興舞蹈五拜鞠躬贊各祗候分班不出合班御牀入
再拜鞠躬贊進酒臣僚平身引親王左階上殿就欄內
褥位搢笏執臺琖進酒皇帝皇后受琖訖退就褥位置
臺出笏俛伏跪少前自通全銜臣某等謹進千萬歲壽
酒俛伏興退復褥位再拜鞠躬殿下臣僚皆再拜鞠躬
宣答如正旦儀親王搢笏執臺分班皇帝皇后飲酒奏
樂殿上下臣僚皆拜稱萬歲壽樂止教坊再拜臣僚合
班親王進受琖至褥位置臺琖出笏引左階下殿出御
牀親王復丹墀位再拜鞠躬贊祗候分班引出班首右
階上殿奏表目進奉諸道進奉教坊進奉過訖贊進奉
收班首舞蹈五拜鞠躬贊各祗候班首出臣僚復入合
班謝舞蹈五拜鞠躬贊各祗候分班引出聲警皇帝皇
后起赴北殿皇太后於御容殿與皇帝皇后率臣僚再
拜皇太后上香皆再拜贊各祗候可矮墩以上上殿皇
太后三進御容酒陪位皆拜皇太后昇殿坐皇帝就露
臺上褥位親王押北南臣僚班丹墀內立皇帝再拜臣
僚皆拜鞠躬皇帝欄內跪祝皇太后壽訖復位再拜凡

拜皆稱萬歲贊各祗候臣僚不出皇帝皇后側座親王進酒臣僚陪拜皇太后宣荅皆如正旦之儀臣僚分班不出班首右階上殿奏表目合班謝宣宴上殿就位如儀御牀入皇帝進皇太后酒如初各就座行酒宣飲盡如皇太后生辰之儀皇后進酒如皇帝之儀三進酒行茶教坊致語行殽膳大饌七進酒曲破臣僚起御牀出謝宴皆如皇太后生辰儀

立春儀皇帝出就内殿拜先帝御容北南臣僚丹墀内合班再拜可矮墩以上入殿賜坐帝進御容酒陪位并侍立皆再拜一進酒臣僚下殿左右相向立皇帝戴幡勝

等第賜幡勝臣僚簪畢皇帝於土牛前上香三奠酒不拜教坊動樂侍儀使跪進綵杖皇帝鞭土牛可矮墩以上北南臣僚丹墀内合班跪左膝受綵杖直起再拜贊各祗候司辰報春至鞭土牛三匝矮墩鞭止引節度使以上上殿撒穀豆擊土牛撒穀豆許衆奪之臣僚依位坐酒兩行春盤入酒三行畢行茶皆起禮畢

重午儀至日臣僚昧爽赴御帳皇帝繫長壽綵縷昇車坐引北南臣僚合班如丹墀之儀所司各賜壽縷揖臣僚跪受再拜引退從駕至膳所酒三行若賜宴臨時聽敕

重九儀北南臣僚旦赴御帳從駕至圍場賜茶皇帝就坐引臣僚御前班立所司各賜菊花酒跪受再拜酒三行揖起

藏鬮儀至日北南臣僚常服入朝皇帝御天祥殿臣僚依位賜坐契丹南面漢人北面分明行鬮或五或七籌賜膳入食畢皆起頃之復坐行鬮如初晚賜茶三籌或五籌罷教坊承應若帝得鬮臣僚進酒訖以次賜酒

大康十年十二月二十二日始行是儀是日不御朝

歲時雜儀正旦國俗以糯飯和白羊髓爲餅丸之若拳每帳賜四十九枚戊夜各於帳内窗中擲丸於外數偶動樂飲宴數奇令巫十有二人鳴鈴執箭繞帳歌呼帳内

爆鹽爐中燒地拍鼠謂之驚鬼居七日乃出國語謂正旦爲迺捏咿唲迺正也捏咿唲旦也

立春婦人進春書刻青繒爲幟像龍御之或爲蟾蜍書幟曰宜春

人日凡正月之日一雞二狗三豕四羊五馬六牛七日爲人其占晴爲祥陰爲災俗煎餅食於庭中謂之薰天

二月一日爲中和節國舅族蕭氏設宴以延國族耶律氏歲以爲常國語是日爲悱里叵悱里請也叵時也悱讀若狎叵讀若頗

三月八日爲悉達太子生辰京府及諸州雕木爲像儀仗

百戲導從循城為樂悉達太子者西域淨梵王子姓瞿曇氏名釋迦牟尼以其覺性稱之曰佛

三月三日為上巳國俗刻木為兔分朋走馬射之先中者勝負朋下馬列跪進酒勝朋馬上飲之國語謂是日為陶里樺陶里兔也樺射也

五月重五日午時採艾葉和綿著衣七事以奉天子北南臣僚各賜三事君臣宴樂渤海膳夫進艾糕以五綵絲為索纏臂謂之合歡結又以綵絲宛轉為人形簪之謂之長命縷國語謂是日為討賽咿唲討五賽咿唲月也

夏至之日俗謂之朝節婦人進綵扇以粉脂囊相贈遺

六月十有八日國俗耶律氏設宴以延國舅族蕭氏亦謂之押里叵

七月十三日夜天子於宮西三十里卓帳宿焉前期備酒饌翼日諸軍部落從者皆動蕃樂飲宴至暮乃歸行宮謂之迎節十五日中元動漢樂大宴十六日昧爽復往西方隨行諸軍部落大譟三謂之送節國語謂之賽咿唲奢奢好也

八月八日國俗屠白犬於寢帳前七步瘞之露其喙後七日中秋移寢帳於其上國語謂之捏褐耐捏褐犬也耐首也

九月重九日天子率群臣部族射虎少者為負罰重九宴射畢擇高地卓帳賜蕃漢臣僚飲菊花酒兔肝為臡鹿舌為醬又研茱萸酒灑門戶以禬禳國語謂是日為必里遲離九月九日也

歲十月五京進紙造小衣甲槍刀器械萬副十五日天子與群臣望祭木葉山用國字書狀并焚之國語謂之戴辣戴燒也辣甲也

冬至日國俗屠白羊白馬白鴈各取血和酒天子望拜黑山黑山在境北俗謂國人魂魄其神司之猶中國之岱宗云每歲是日五京進紙造人馬萬餘事祭山而焚之

俗甚嚴畏非祭不敢近山

臘辰日天子率北南臣僚並戎服戊夜坐朝作樂飲酒等第賜甲仗羊馬國語謂是日為炒伍侕尀炒伍侕戰也

再生儀凡十有二歲皇帝本命前一年季冬之月擇吉日前期禁門北除地置再生室母后室先帝神主輿在再生室東南倒植三岐木其日以童子及產醫嫗置室中一婦人執酒一叟持矢箙立於室外有司請神主降輿致奠奠訖皇帝出寢殿詣再生室群臣奉迎再拜皇帝入室釋服跣以童子從三過岐木之下每過產醫嫗致詞拂拭帝躬童子過岐木七皇帝臥木側叟擊箙曰生

男矢太巫幪皇帝首與群臣稱賀再拜產醫嫗受酒于執酒婦以進太巫奉襁褓綵結等物贊祝之預選七叟各立御名繫于綵皆跪進皇帝選嘉名受之賜物再拜退群臣皆進襁褓綵結等物皇帝拜先帝諸御容遂宴群臣

善哉阻午可汗之垂訓後嗣也孺子無不慕其親者嗜欲深而愛淺妻子具而孝衰人人皆然而况天子乎再生之儀歲一周星使天子一行是禮以起其孝心夫體之也真則其思之也切孺子之慕將有油然發于中心者感發之妙非言語文字之所能及善哉

阻午可汗之垂訓後嗣也始之以三過岐木母氏劬勞能無念乎終之以拜先帝御容敬承宗廟宜何如哉詩曰無念爾祖聿脩厥德

志第二十二

開府儀同三司上柱國錄軍國重事中書右丞相監修國史領經筵事臣脫脫奉

敕修

樂志

遼有國樂有雅樂有大樂有散樂有鐃歌橫吹樂舊史稱聖宗興宗咸通音律聲氣歌辭舞節徵諸太常儀鳳教坊不可得按紀志遼朝雜禮參考史籍定其可知者以補一代之闕文嗚呼咸韶夏武之樂聲亡書逸河間作記史遷因以為書象乎希哉遼之樂觀此足矣

國樂

遼有國樂猶先王之風其諸國樂猶諸侯之風故志其略

正月朔日朝賀用宮懸雅樂元會用大樂曲破後用散樂角觝終之是夜皇帝燕飲用國樂

七月十三日皇帝出行宮三十里卓帳十四日設宴應從諸軍隨各部落動樂十五日中元大宴用漢樂

春飛放杏堝皇帝射獲頭鵝薦廟燕飲樂工數十人執小樂器侑酒

諸國樂

太宗會同三年晉宣徽使楊端王朓等及諸國使朝見皇帝御便殿賜宴端朓起進酒作歌舞上為舉觴極歡

會同三年端午日百僚洎諸國使稱賀如式燕飲命回鶻燉煌二使作本國舞

天祚天慶二年駕幸混同江頭魚酒筵半酣上命諸酋長次第歌舞為樂女直阿骨打端立直視辭以不能上謂蕭奉先曰阿骨打意氣雄豪顧視不常可託以邊事誅之不然恐貽後患奉先奏阿骨打無大過殺之傷向化之意蕞爾小國又何能為

雅樂

自漢以後相承雅樂有古頌焉有古大雅焉遼闕郊廟禮無頌樂大同元年太宗自汴將還得晉太常樂諸宮懸樂架委所司先赴中京

聖宗太平元年尊號冊禮設宮懸於殿庭舉麾位在殿第三重西階之上協律郎各一人就舉麾位太常博士引太常卿太常卿引皇帝將仗動協律郎舉麾太樂令令撞黃鐘之鐘左右鐘皆應工人舉柷樂作皇帝即御坐扇合樂止

王公入門樂作至位樂止

通事舍人引押冊大臣初動樂作置冊殿前香案訖就位樂止

舁冊官奉冊初動樂作升殿置冊御坐前就西墉北上

位樂止
大臣上殿樂作至殿欄內位樂止
大臣降殿階樂作復位樂止
王公三品以上出樂作太常博士引太常卿太常卿引
皇帝降御坐入閤樂止
興宗重熙九年上契丹冊冊皇帝出奏隆安之樂
聖宗統和元年冊承天皇太后設宮懸簨簴太樂工協律
郎入
太后儀衛動舉麾太和樂作太樂令太常卿導引昇御
坐簾捲樂止

文武三品以上入舒和樂作至位樂止
皇帝入門雍和樂作至殿前位樂止
宰相押冊皇帝隨冊樂作至殿前置冊於案樂止
翰林學士大將軍舁冊樂作置御坐前樂止
丞相上殿樂作至讀冊位樂止
皇帝下殿樂作至位樂止
太后宣荅訖樂作皇帝至西閤樂止
親王丞相上殿樂作退班出樂止
下簾樂作皇太后入內樂止
冊皇太子儀太子初入門貞安之樂作

冊禮樂工次第
四隅各置建鼓一虡樂工各一人
宮懸每面九虡每虡樂工一人
樂虡近北置柷敔各一樂工各一人
樂虡內坐部樂工左右各一百二人
樂虡西南武舞六十四人執小旗二人
樂虡東南文舞六十四人執小旗二人
協律郎二人
太樂令一人
唐十二和樂遼初用之

豫和祀天神
順和祭地祇
永和享宗廟
肅和登歌奠玉帛
雍和入俎接神
壽和酌獻飲神
太和節升降
舒和節出入
昭和舉酒
休和以飯

正和皇后受册以行
承和太子以行
遼十二安樂初梁改唐十二和樂爲九慶樂後唐建唐宗廟仍用十二和樂晉改爲十二同樂遼雅禮天子出入奏隆安太子行奏貞安則是遼嘗改樂名矣餘十安樂名鈌

遼雅樂歌辭文闕不具八音器數大抵因唐之舊

八音
金　鎛鐘
石　球磬
絲　琴瑟
竹　簫篴篪
匏　笙竽
土　塤
革　鼓鞉
木　柷敔

十二律用周黍尺九寸管空徑三分爲本道宗太康中詔行秬黍所定升斗嘗定律矣其法大抵用古律焉

大樂

自漢以來因秦楚之聲置樂府至隋高祖詔求知音者鄭譯得西域蘇祗婆七旦之聲求合七音八十四調之說由是雅俗之樂皆此聲矣用之朝廷別於雅樂者謂之大樂晉高祖使馮道劉煦冊應天太后太宗皇帝其聲器工官與法駕同歸於遼
聖宗太平元年冊承天皇太后童子弟子隊樂引太后輦至金鑾門
天祚皇帝天慶元年上壽儀
皇帝出東閤鳴鞭樂作　簾捲扇開樂止
太尉執臺分班太樂令舉麾樂作　皇帝飲酒訖樂止
應坐臣僚東西外殿太樂令引堂上樂升大臣執臺太樂令奏舉觴登歌作　飲訖樂止
行臣僚酒遍太樂令奏巡周舉麾樂作　飲訖樂止
太常卿進御食太官令奏食遍樂作　文舞入三變引出樂止
次進酒行臣僚酒舉觴巡周樂作　飲訖樂止
次進食食遍樂作　武舞入三變引出樂止
扇合簾下鳴鞭樂作　皇帝入西閤樂止
大樂器本唐太宗七德九功之樂武后毀唐宗廟七德九功樂舞遂亡自後宗廟用隋文武二舞朝廷用高宗景雲樂代之元會第一奏景雲樂舞杜佑通典已稱諸樂並亡

唯景雲樂舞僅存唐末五代版蕩之餘在者希矣遼國大樂晉代所傳雜禮雖見坐部樂工左右各一百二人蓋亦以景雲遺工充坐部其坐立部樂自唐已亡可考者唯景雲四部樂舞而已

玉磬

方響

搊箏

筑

臥箜篌

大箜篌

小箜篌

大琵琶

小琵琶

大五絃

小五絃

吹葉

大笙

小笙

觱篥

簫

銅鈸

長笛

尺八笛

短笛

以上皆一

毛員鼓

連鼗鼓

貝

以上皆二人餘每器工一人

歌二人

舞二十人分四部

景雲舞八人

慶雲樂舞四人

破陣樂舞四人

承天樂舞四人

大樂調雅樂有七音大樂亦有七聲謂之七旦一曰婆陁力平聲二曰雞識長聲三曰沙識質直聲四曰沙侯加濫聲五曰沙臘皆應聲六曰般贍五聲七曰俟利箑斛先聲自隋以來樂府取其聲四旦二十八調為大樂

婆陁力旦

正宮
高宮
中呂宮
道調宮
南呂宮
仙呂宮
黃鍾宮
雞識旦
越調
大食調

高大食調
雙調
小食調
歇指調
林鍾商調
沙識旦
大食角
高大食角
雙角
小食角

歇指角
林鍾角
越角
沙侯加濫旦
中呂調
正平調
高平調
仙呂調
黃鍾調
般涉調

高般涉調

右四旦二十八調不用黍律以琵琶絃叶之皆從濁至清迭更其聲下益濁上益清七七四十九調餘二十一調失其傳蓋出九部樂之龜茲部云

大樂聲各調之中度曲協音其聲凡十曰五凡工尺上一四六勾合近十二雅律於律呂各闕其一猶雅音之不及商也

散樂

殷人作靡靡之樂其聲往而不反流為鄭衛之聲秦漢之間秦楚聲作鄭衛寖亡漢武帝以李延年典樂府稍用西

涼之聲今之散樂俳優歌舞雜進往往漢樂府之遺聲晉天福三年遣劉煦以伶官来歸遼有散樂蓋由此矣

遼冊皇后儀

呈百戲角抵戲馬以爲樂

皇帝生辰樂次

酒一行　觱篥起歌

酒二行　歌手伎入

酒三行　琵琶獨彈

餅茶致語

食入雜劇進

酒四行　闕

酒五行　笙獨吹鼓笛進

酒六行　箏獨彈築毬

酒七行　歌曲破角觝

曲宴宋國使樂次

酒一行　觱篥起歌

酒二行　歌

酒三行　歌手伎入

酒四行　琵琶獨彈

餅茶致語

食入雜劇進

酒五行　闕

酒六行　笙獨吹合法曲

酒七行　箏獨彈

酒八行　歌擊架樂

酒九行　歌角觝

散樂以三音該三才之義四聲調四時之氣應十二管之數截竹爲四竅之笛以叶音聲而被之絃歌三音天音揚

地音抑人音中皆有聲無文四時春聲曰平夏聲曰上秋聲曰去冬聲曰入

散樂器觱篥簫笛笙琵琶五絃箜篌箏方響杖鼓第二鼓第三鼓腰鼓大鼓鞚拍板

雜戲自齊景公用倡優侏儒至漢武帝設魚龍曼延之戲後漢有繩舞自刎之伎杜佑以爲多幻術皆出西域哇俚不經故不具述

鼓吹樂

鼓吹樂一曰短簫鐃歌樂自漢有之謂之軍樂遼雜禮朝會設熊羆十二案法駕有前後部鼓吹百官鹵簿皆有鼓

吹樂

前部

鼓吹令二人

掆鼓十二

金鉦十二

大鼓百二十

長鳴百二十

鐃十二

鼓十二

歌二十四

管二十四

簫二十四

笳二十四

後部

大角百二十

鼓吹丞二人

羽葆十二

鼓十二

管二十四

簫二十四

鐃十二

鼓十二

簫二十四

笳二十四

右前後鼓吹行則導駕奏之朝會則列仗設而不奏

橫吹樂

橫吹亦軍樂與鼓吹分部而同用皆屬鼓吹令

前部

大橫吹百二十

節鼓二

笛二十四

觱篥二十四

笳二十四

桃皮觱篥二十四

掆鼓十二

金鉦十二

小鼓百二十

中鳴百二十

羽葆十二

鼓十二

管二十四
簫二十四
笳二十四
後部
小橫吹百二十四
笛二十四
簫二十四
觱篥二十四
桃皮觱篥二十四
百官鼓吹橫吹樂自四品以上名有增損見儀衛志自周衰先王之樂寖以亡缺周南變爲秦風始皇有天下鄭衛秦燕趙楚之聲迭進而雅聲亡矣漢唐之盛文事多西音是爲大樂散樂武事皆北音是爲鼓吹橫吹樂雅樂在者其器雅其音亦西云

志第二十三卷

開府儀同三司上柱國錄軍國重事中書右丞相監修國史領經筵事都總裁臣脫脫奉

勅修

儀衛志一

遼太祖奮自朔方太宗繼志述事以成其業於是舉渤海立敬瑭破重貴盡致周秦兩漢隋唐文物之遺餘而居有之路車法物以隆等威金符玉璽以布號令是以傳至九主二百餘年豈獨以兵革之利士馬之強哉文謂之儀武謂之衛足以成一代之規摹矣考遼所有輿服符璽儀仗作儀衛志

輿服

自黃帝而降輿服之制其來遠矣禹乘四載作小車商人得象根之瑞爲大輅周人加金玉象飾益備秦取六國儀物而分別其用先王之制置而弗御至漢中葉銳意稽古然禮文之事名存實亡蓋得十一於千百焉唐之車輅因周隋遺法損益可知而祭服皆青朝服皆絳常服用宇文制以紫緋綠碧分品秩五代頗以常服代朝服遼國自太宗入晉之後皇帝與南班漢官用漢服太后與北班契丹臣僚用國服其漢服即五代晉之遺制也考之載籍之可徵者著輿服篇冠諸儀衛之首

國輿

契丹故俗便於鞍馬隨水草遷徙則有氈車任載有大車婦人乘馬亦有小車貴富者加之華飾禁制疎闊貴適用而已帝后加隆勢固然也輯其可知著于篇

大輿柴冊再生儀載神主見之

輿服儀見皇帝皇后升輿降輿

總纛車駕以御駝祭山儀見皇太后升總纛車

車納后儀見皇后就車

青幰車二螭頭蓋部皆飾以銀駕用駝公主下嫁以賜之古者王姬下嫁車服不繫其夫下王后一等此其遺意歟

送終車車樓純飾以錦螭頭以銀下縣鐸後垂大氈駕以牛上載羊一謂之祭羊以擬送終之用亦賜公主

椅冊皇太后儀皇帝乘椅自便殿御至西便門

鞍馬祭山儀皇帝乘馬侍皇太后行臘儀皇帝降輿祭東畢乘馬入獵圍瑟瑟儀俱乘馬東行群臣在南命婦在北

漢輿

太宗皇帝會同元年晉使馮道劉煦等備車輅法物上皇帝皇太后尊號冊禮自此天子車服昉見於遼太平中行

漢冊禮乘黃令陳車輅尚輦奉御陳輿輦盛唐輦輅盡在
遼廷矣
五輅周官典輅有五輅秦亡之後漢劉製
玉輅祀天祭地享宗廟朝賀納后用之青質玉飾黃屋
左纛十二鑾在衡二鈴在軾龍輈左建旂十二斿皆
畫升龍長曳地駕蒼龍金鋄鏤錫鞶纓十二就遼國
勘箭儀皇帝乘玉輅至內門聖宗開泰十年上升玉
輅自內三門入萬壽殿進七廟御容酒
金輅鑾射祀還飲至用之赤質金飾餘如玉輅色從其
質駕赤騮

象輅行道用之黃質象飾餘如金輅駕黃騮
革輅巡狩武事用之白質革鞔駕白翰
木輅田獵用之黑質漆飾駕黑駱
車制小於輅小事乘之
耕根車耕籍用之青質蓋三重餘如玉輅
安車一名進賢車臨幸用之金飾重輿曲壁八鑾在衡
紫油纁朱裏幰朱絲絡網駕赤騮朱鞶纓
四望車一名明遠車拜陵臨弔則用之金飾青油纁朱
裏通幰駕牛餘同安車
涼車赤質省方罷獵用之赤質金塗銀裝五綵龍鳳織

藤油壁緋條遼座駕以橐駝
輦用人挽本宮中所乘唐高宗始制七輦周官巾車有輦
以人組挽之太平冊禮皇帝御輦
大鳳輦赤質頂有金鳳壁畫雲氣金翅前有軾下有构
欄絡帶皆繡雲鳳銀梯主輦八十人
大芳輦
仙游輦
小輦永壽節儀皇太后乘小輦
芳亭輦黑質幕屋緋欄皆繡雲鳳朱綠奚窗花板紅網
兩簾四竿銀飾梯主輦百廿人

大玉輦
小玉輦
逍遙輦常用之椶屋赤質金塗銀裝紅條輦官十二人
春夏緋彩秋冬素錦服
平頭輦常行用之制如逍遙無屋冊承天太儀皇太后
乘平頭輦
步輦聖宗統和三年駐蹕土河乘步輦聽政
羊車古輦車赤質兩壁龜文鳳翅緋幰絡帶門簾皆繡
瑞羊畫輪駕以牛隋易果下馬童子十八人服繡瑞
羊輓之

輿以人肩之天子用韉絡臂絡

腰輿前後長竿各二金銀螭頭緋繡鳳襴上施錦褥別

設小床奉輿十六人

小輿赤質青頂曲柄緋繡絡帶制如鳳輦而小上有御

座奉輿二十四人

皇太子車輅

金輅從祀享正冬大朝納妃用之冊皇太子儀乘黃令

陳金輅皇太子升降金輅

軺車五日常朝享宮臣出入行道用之金飾紫幰朱裏

駕一馬

四望車弔臨用之金飾紫油纁通幰駕一馬

志第二十四

志第二十五　遼史五十六

開府儀同三司上柱國錄軍國重事中書右丞相監修國史領經筵事都總裁臣脫脫奉

勅修

儀衛志二

國服

上古之人網罟爲禽獸食肉衣皮以儷鹿韋掩前後謂之韠然後夏葛冬裘之制興焉周公陳王業七月之詩至於一日于貉三月條桑八月載績公私之用由是出矣契丹轉居薦草之間去邃古之風猶未遠也太祖仲父述瀾以遙輦氏于越之官占居潢河沃壤始置城邑爲樹藝桑麻組織之教有遼王業之隆其亦肇迹於此乎太祖帝北方太宗制中國紫銀之鼠羅綺之篚麕載而至纖麗耎毳被土綢木於是定衣冠之制北班國制南班漢制各從其便焉詳國服以著厥始云

祭服遼國以祭山爲大禮服飾尤盛

大祀皇帝服金文金冠白綾袍紅帶縣魚三山紅垂飾犀玉刀錯絡縫烏靴

小祀皇帝硬帽紅克絲龜文袍皇后戴紅帕服絡縫紅袍縣玉佩雙同心帕絡縫烏靴

臣僚命婦服飾各從本部旗幟之色

朝服太祖丙寅歲即皇帝位朝服衷甲以備非常其後行瑟瑟禮大射柳即此服聖宗統和元年冊承天皇太后給三品以上用漢法服三品以下用大射柳之服

皇帝服實里薛袞冠絡縫紅袍垂飾犀玉帶錯絡縫靴謂之國服袞冕太宗更以錦袍金帶

臣僚戴氈冠金花爲飾或加珠玉翠毛額後垂金花織成夾帶中貯髮一總或紗冠制如烏紗帽無簷不擫雙耳額前綴金花上結紫帶末綴珠服紫窄袍繫鞊鞢帶以黄紅色絛裹革爲之用金玉水晶靛石綴飾謂之盤紫太宗更以錦袍金帶會同元年群臣高年有爵秩者皆賜之

公服謂之展裹著紫興宗重熙二十二年詔八房族巾幘道宗清寧元年詔非勳戚之後及夷離菫副使幷承應有職事人不帶巾

皇帝紫皂幅巾紫窄袍玉束帶或衣紅襖臣僚亦幅巾紫衣

常服

宰相中謝儀帝常服高麗使入見儀臣僚便衣謂之盤裹綠花窄袍綠中單多紅綠色貴者披貂裘以紫黑色爲貴青次之又有銀鼠尤潔白賤者貂毛羊鼠沙

狐裘

田獵服

皇帝幅巾擐甲戎裝以貂鼠或鵝項鴨頭爲扞腰蕃漢
諸司使以上並戎裝衣皆左衽黑綠色

弔服太祖叛弟剌哥等降素服受之
素服乘赭白馬

漢服

黃帝始制冕冠章服後王以祀以祭以享唐收殷冔周弁以朝冠端以居所以別尊卑辨儀物也厥後唐以冕冠青衣爲祭服通天絳袍爲朝服平巾幘袍襴爲常服大同元年正月朔太宗皇帝入晉備法駕受文武百官賀于汴京崇元殿自是日以爲常是年北歸唐晉文物遼則用之左右采訂摭其常用者存諸篇

祭服終遼之世郊丘不建大裘冕服不書
衮冕祭祀宗廟遣上將出征飲至踐阼加元服納后若
元日受朝則服之金飾垂白珠十二旒以組爲纓色
如其綬黈纊充耳玉簪導玄衣纁裳十二章八章在
衣日月星龍華蟲火山宗彝四章在裳藻粉米黼黻
衣褾領爲升龍織成文各爲六等龍山以下每章一
行行十二白紗中單黼領青褾襈裾黻革帶大帶劍
佩綬舄加金飾元日朝會儀皇帝服衮冕

朝服乾亨五年聖宗册承天太后給三品以上法服雜禮册承天太后儀侍中就席解劍脫履重熙五年尊號册禮皇帝服龍衮北南臣僚並朝服蓋遼制會同中太后北面臣僚國服皇帝南面臣僚漢服乾亨以後大禮雖北面三品以上亦用漢服重熙以後大禮並漢服矣常朝仍遵會同之制

皇帝通天冠諸祭還及冬至朔日受朝臨軒拜王公元
會冬會服之冠加金博山附蟬十二首施珠翠黑介
幘髮纓翠緌玉若犀簪導絳紗袍白紗中單褾領朱
襈裾白裙襦絳蔽膝白假帶方心曲領其革帶佩劍
綬舄若未加元服則雙童髻空頂黑介幘雙玉導
加寶飾元日上壽儀皇帝服通天冠絳紗袍
皇太子遠遊冠謁廟還宮元日冬至朔日入朝服之三
梁冠加金附蟬九首施珠翠黑介幘髮纓翠緌犀簪
導絳紗袍白紗中單皁領褾襈裾白裙襦白假帶方
心曲領絳紗蔽膝其革帶劍佩綬舄與上同後改
用白襪黑舄未冠則雙童髻空頂黑介幘雙玉導加
寶飾册皇太子儀皇太子冠遠遊冠絳紗袍
親王遠遊冠陪祭朝饗拜表大事服之冠三梁加金附

幝黑介幘青綏導絳紗單衣白紗巾單皂領襈裾白
裙襦革帶鉤鰈假帶曲領方心絳紗蔽膝韈舄劍佩
綬二品以上同
諸王遠遊冠三梁黑介幘青綏
三品以上進賢冠三梁寶飾
五品以上進賢冠二梁金飾
九品以上進賢冠一梁無飾
七品以上去劍佩綬
八品以下同公服
公服勘箭儀閤使公服繫鞾遼國常用公服矣

皇帝翼善冠朔視朝用之柘黃袍九環帶白練裙襦六
合鞾
皇太子遠遊冠五日常朝元日冬至受朝服絳紗單衣
白裙襦革帶金鉤鰈假帶方心紛鞶囊白韈烏皮履
一品以下五品以上冠幘纓簪導謁見東宮及餘公事
服之絳紗單衣白裙襦帶鉤鰈假帶方心韈履紛鞶
囊
六品以下冠幘纓簪導去紛鞶囊餘並同
常服遼國謂之穿執起居禮臣僚穿執言穿鞾執笏也
皇帝柘黃袍衫折上頭巾九環帶六合鞾起自宇文氏

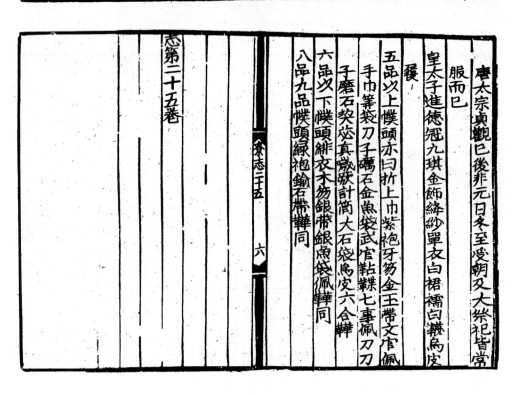

唐太宗貞觀已後非元日冬至受朝及大祭祀皆常
服而已
皇太子進德冠九琪金飾絳紗單衣白裙襦白韈烏皮
履
五品以上幞頭亦曰折上巾紫袍牙笏金玉帶文官佩
手巾筭袋刀子礪石金魚袋武官鞊鞢七事佩刀刀
子磨石契苾真噦厥計筒火石袋烏皮六合鞾
六品以下幞頭緋衣木笏銀帶銀魚袋佩鞾同
八品九品幞頭綠袍鍮石帶鞾同

志第二十五卷

開府儀同三司上柱國錄軍國重事中書右丞相監修國史領經筵事都總裁臣脫脫奉

勅修

儀衛志三

符印

遥輦氏之世受印于回鶻至耶瀾可汗請印於唐武宗始賜奉國契丹印太祖神冊元年梁幽州刺史來歸詔賜印綬是時太祖受位遥輦十年矣會同九年太宗伐晉末帝表上傳國寶一金印三天子符瑞於是歸遼

傳國寶秦始皇作用藍玉螭紐六面其正面文受命于天既壽永昌魚鳥篆子嬰以上漢高祖王莽篡漢平皇后投璽殿階螭角微玷獻帝失之孫堅得于井中傳至孫權以歸于魏魏文帝隸刻肩際曰大魏受漢傳國之寶唐更名受命寶晉亡歸遼自三國以來僭僞諸國往往模擬私製歷代府庫所藏不一莫辨眞僞聖宗開泰十年馳驛取石晉所上玉璽于中京興宗重熙七年以有傳國寶者爲正統賦試進士天祚保大二年遺傳國璽于桑乾河

玉印太宗破晉北歸得于汴宮藏隨駕庫穆宗應曆二年詔用太宗傳寶

辰子得

御前寶金鑄文曰御前之寶以印臣僚宣命

詔書寶文曰書詔之寶凡書詔批答用之

契丹寶受契丹冊儀符寶郎捧寶置御坐東

金印三晉帝所上其文未詳

皇太后寶制未詳天顯二年應天皇后稱制群臣上璽綬冊承天皇太后儀符寶郎奉寶置皇太后坐右

皇后印文曰皇后教印

皇太子寶未詳其制重熙九年冊皇太子儀中書令授皇太子寶

印

吏部印文曰吏部之印銀鑄以印文官制誥

兵部印文曰兵部之印銀鑄印軍職制誥

契丹樞密院契丹諸行軍部署漢人樞密院中書省漢人諸行宮都部署印並銀鑄文不過六字以上以銀朱爲色

南北王以下內外百司印並銅鑄以黃丹爲色諸稅務以赤石爲色

杓窊印杓窊鷙鳥之總名以爲印紐取疾速之義行軍詔賜將帥用之道宗賜耶律仁先鷹紐印即此

符契

辰子得

自大賀氏八部用兵則合契而動不過刻木為牌合太祖受命易以金魚

金魚符七枚黃金鑄長六寸各有字號每魚左右判合之有事以左半先授守將使者執右半大小長短字號合同然後發兵事訖歸于內府

銀牌二百面長尺刻以國字文曰宜速又曰勑走馬牌國有重事皇帝以牌親授使者手劄給驛馬若干驛馬闕取它馬代法晝夜馳七百里其次五百里所至如天子親臨須索更易無敢違者使回皇帝親受之手封牌印郎君收掌

木契正面為陽背面為陰閤門喚仗則用之朝賀之禮宣徽使請陽面木契下殿至于殿門以契授西上閤門使云授契行勘勘契官聲喏跪受契舉手勘契同俛興鞠躬奏內外勘契同閤門使云准勑勘契行勘勘契官執陰面木契聲喏平身立少退近後引聲云軍將門仗官齊聲喏勘契官云內出喚仗木契一隻准勑付左右金吾仗行勘勘契官云合不合門仗官云合凡再勘契官云同不同門仗官云同亦再勘契官近前鞠躬奏勘官左金吾引駕仗勾畫都知其官其對御勘同平身少退近後右手舉契云其契謹付閤門使進入閤門使引聲喏門仗官下聲喏勘契官跪以契授閤門使上殿納契宣徽使受契閤門使下殿奉勑喚仗

木箭內箭為雄外箭為雌皇帝行幸則用之還宮勘箭官執雌箭東上閤門使執雄箭如勘契之儀詳具禮儀志

志第二十六

開府儀同三司上柱國錄軍國重事中書右丞相監修　國史領　經筵事都總裁臣　脫脫　奉

勑修

儀衛志四

帝王處則重門擊柝出則以師兵爲營衛勞人動衆豈得已哉天下大患生於大欲不得不遠慮深防耳智英勇傑魁臣雄藩於是乎在寓武備於文物之中此儀仗所由設也金吾黃麾六軍之仗遼受之晉晉受之後唐後唐受之梁唐其來也有自耶律儼陳大任舊志有未備者燕考之遼朝雜禮云

國仗

王通氏言舜歲徧四岳民不告勞營衛省徵求寡耳遼太祖匹馬一麾斥地萬里經營四方未嘗寧居所至樂從用此道也太宗兼制中國秦皇漢武之儀文日至後嗣因之旌頭豹尾馳驅五京之間終歲勤動轍迹相尋民勞財匱此故之以歟遼自大賀氏摩會受唐鼓纛之賜是爲國仗其制甚簡太宗伐唐晉以前所用皆是物也若干篇首以見艱難創業之主豈必厚衛其身云

十二神纛

十二旗

十二鼓

曲柄華蓋

直柄華蓋

遙輦末主遺制迎十二神纛天子旗鼓置太祖帳前諸弟剌哥等叛勻德實縱火焚行宮皇后命曷古魯救之止得天子旗鼓太宗即位置旗鼓神纛于殿前聖宗以輕車儀衛拜帝山

渤海仗

天顯四年太宗幸遼陽府人皇王備乘輿羽衛以迎乾亨五年聖宗東巡東京留守具儀衛迎車駕此故渤海儀衛

也

漢仗

大賀失活入朝于唐娑固兄弟繼之尚主封王飫觀上國開元東封邵固扈從又覽太平之盛自是朝貢歲至于唐遼始祖涅里立遙輦氏世爲國相目見耳聞歆企帝王之容輝有年矣遙輦致鼓纛於太祖帳前曾何足以副其雄心霸氣之所睥睨哉厥後交梁聘唐不憚勞勤至於太宗立晉以要冊禮入汴而收法物然後累世之所願欲者一舉而得之太原擅命力非不敵席卷法物先致中京蹤雖山河不少顧慮志可知矣於是秦漢以來帝王文物盡入

于遼周宋按圖更制乃非故物遼之所重此其大端故特
著焉
太宗會同元年晉使馮道備車輅法物上皇太后冊禮劉
煦盧重備禮上皇帝尊號
三年上在薊州觀導駕儀衛圖遂備法駕幸燕御元和殿
行入閤禮
六年備法駕幸燕迎導御元和殿
大同元年正月朔備法駕至汴上御崇元殿受文武百僚
朝賀自是日以爲常
二月朔上御崇元殿備禮受朝賀

三月將幸中京鎮陽詔收鹵簿法物委所司押領先往
未幾鎮陽入漢鹵簿法物隨世宗歸于上京
四月皇太弟李胡遣使問軍事上報曰朝會起居如禮
是月太宗崩世宗即位鹵簿法物備而不御
穆宗應曆元年詔朝會依嗣聖皇帝故事用漢禮
景宗乾亨五年二月神柩升轀輬車具鹵簿儀衛
六月聖宗至上京留守具法駕迎導
聖宗統和元年車駕還上京迎導儀衛如式
三年駕幸上京留守具儀衛奉迎
四年燕京留守具儀衛導駕入京上御元和殿百僚朝賀

是後儀衛常事史不復書
鹵簿儀仗人數馬匹
步行擎執二千四百一十二人坐馬擎執二百七十五人
坐馬樂人二百七十三人步行教坊人七十一人御馬牽
攏官五十二人御馬二十六匹官僚馬牽攏官六十六人
坐馬掛甲人五百九十八人步行掛甲人百六十人金甲
二人神輿十二人長壽仙一人諸職官等三百五人內侍
一人引稍押衙二人赤縣令一人府牧一人府吏二人少
尹一人司錄一人功曹一人太常少卿一人太常丞一人
太常博士一人司徒一人太僕卿一人鴻臚卿一人大理

卿一人御史大夫一人侍御史二人殿中侍御史二人監
察御史一人兵部尚書一人兵部侍郎一人兵部郎中一
人兵部員外郎一人符寶郎一人左右諸衛將軍三十五
人左右諸折衝二十一人左右諸果毅二十八人尚乘奉
御二人排仗承直二人左右夾騎二人都頭六人主帥一
十四人教坊司差押纛二人左右金吾四人虞候佽飛一十六人
鼓吹令二人漏刻生二人押當官一人司天監一人令史
一人司辰一人統軍六人千牛備身二人左右親勳二人
左右郎將四人左右拾遺二人左右補闕二人起居舍人
一人左右諫議大夫二人給事中二人中書舍人二人左右散騎

常侍二人門下侍郎二人中書侍郎二人鳴鞭二人（內侍內坐）侍中一人中書令一人監門校尉二人排列官二人武衞隊正一人隨駕諸司供奉官三十人三班供奉官六十人通事舍人四人御史中丞二人乘黃丞二人都尉一人太僕卿一人步行太卜令一人職官乘馬三百四匹進馬四匹駕車馬二十八匹人之數凡四千二百三十有九馬之數凡千五百二十得諸

本朝太常卿徐世隆家藏遼朝雜禮者如是至於儀注之詳不敢傳會云

林安

遼志第二十七

開府儀同三司上柱國錄軍國重事中書右丞相監修國史領經筵事都總裁臣脫脫奉

勑修

食貨志上

契丹舊俗其富以馬其彊以兵縱馬於野弛兵於民有事而戰彍騎介夫卯命辰集馬逐水草人仰湩酪挽強射生以給日用糗糧芻茭道在是矣以是制勝所向無前及其有國內建宗廟朝廷外置郡縣牧守制度日增經費日廣上下相師服御浸盛而食貨之用斯為急矣於是五京及長春遼西平州置鹽鐵轉運度支錢帛諸司以掌出納其制數差等雖不可悉而大要散見舊史若農穀租賦鹽鐵貿易坑冶泉幣群牧逐類採摭緝而為篇以存一代食貨之畧初皇祖勻德實為大迭烈府夷離菫喜稼穡善畜牧相地利以教民耕仲父述瀾為于越飭國人樹桑麻習組織太祖平諸弟之亂弭兵輕賦專意於農嘗以戶口滋繁紏轄疎遠分北大濃兀為二部程以樹藝諸部效之太宗會同初將東獵三剋奏減輜重疾趨北山取物以備國用無害農務尋詔有司勸農桑教紡績以烏古之地水草豐美命甌昆石烈居之益以海勒水之善地為農田三年詔以諧里河臚朐河近地賜南院歐菫突呂乙斯勃北院溫

納河剌三石烈人以事耕種八年駐蹕赤山宴從臣問軍國要務左右對曰軍國之務愛民為本民富則兵足兵足則國彊上深然之是年詔徵諸道兵仍戒敢有傷禾稼者以軍法論應曆間雲州進嘉禾時謂重農所召保寧七年漢有宋兵使來乞糧詔賜粟二十萬斛助之非經費有餘其能若是聖宗乾亨五年詔曰五稼不登開帑而代民稅螟蝗為災罷徭役以恤饑貧帝常過藁城見乙室奧隗部下婦人迪輦等黍過熟未穫遣人助刈太師韓德讓言兵後逋民棄業禾稼棲畝募人穫之以半給穫者政事令室昉亦言山西諸州給軍興民力凋　田穀多躪於邊兵請復今年租六年霜旱災民饑詔三司舊以稅錢折粟估價不實其增以利民又徙吉避寨居民三百戶于檀順薊三州擇沃壤給牛種穀十三年詔諸道置義倉歲秋社民隨所獲戶出粟庤倉社司籍其目歲儉發以振民統和十五年詔免南京舊欠義倉粟仍禁諸軍官非時畋牧妨農開泰元年詔曰朕惟百姓搖役煩重則多給工價年穀不登發倉以貸田園蕪廢者則給牛種以助之太平初幸燕燕民以年豐進土產珍異上禮高年惠鰥寡賜酺連日九年燕地饑戶部副使王嘉請造船募習海漕者移遼東粟餉燕議者稱道險不便而寢興宗即位遣使閱諸道禾稼是

年通括戶口詔曰朕於早歲習知稼穡力辦者廣務耕耘罕聞輸納家食者全虧種植多至流亡宜通檢括普遂均平禁諸職官不得擅造酒糜穀有婚祭者有司給文字始聽道宗初年西北雨穀三十里春州斗粟六錢時西蕃多叛上欲為守禦計命耶律唐古督耕稼以給西軍唐古率眾田臚朐河側歲登上熟移屯鎮州凡十四稔積粟數十萬斛每斗不過數錢以馬人望前為南京度支判官公私兼裕檢括戶口用法平恕乃遷中京度支使視事半歲積粟十五萬斛擢左散騎常侍遼之農穀至是為盛而東京如咸信蘇復辰海同銀烏遂春泰等五十餘城內沿邊諸

州各有和糴倉依祖宗法出陳易新許民自願假貸收息二分所在無慮二三十萬碩雖累兵興未嘗用之迨天慶間金兵大入盡為所有會天祚播遷耶律敵烈等逼立梁王雅里令群牧人戶運鹽濼倉粟人戶侵耗議籍其產以償雅里自定其直粟一車一羊三車一牛五車一馬八車一駝從者曰今一羊易粟二斗尚不可得此直太輕雅里曰民有則我有若令盡償眾何以堪事雖無及然使天未絕遼斯言亦足以收人心矣夫賦稅之制自太祖任韓延徽始制國用太宗籍五京戶丁以定賦稅戶丁之數無所於考聖宗乾亨間以上京云為戶訾具實饒善避繇役遺害貧民遂勒各戶凡子錢到本悉送歸官與民均差統和中耶律昭言西北之眾每歲農時一夫偵候一夫治公田二夫給糺官之役當時沿邊各置屯田戍兵易田積穀以給軍餉故太平七年詔諸屯田在官斛粟不得擅貸在屯者力耕公田不輸稅賦此公田制也餘民應募或治閑田或治私田則計畝出粟以賦公上十五年募民耕灤河曠地十年始租此在官閑田制也又詔山前後未納稅戶並於密雲燕樂兩縣占田置業入稅此私田制也各部大臣從上征伐俘掠人戶自置郛郭為頭下軍州凡市井之賦各歸頭下惟酒稅赴納上京此分頭下軍州賦為二等也

先是遼東新附地不榷酤而鹽麴之禁亦弛馮延休韓紹勳相繼商利欲與燕地平山例加繩約其民病之遂起大延琳之亂連年詔復其租民始安靖南京歲納三司鹽鐵錢折絹大同歲納三司稅錢折粟開遠軍故事民歲輸稅斗粟折五錢耶律抹只守郡表請折六錢亦皆利民善政也

志第二十八卷

開府儀同三司上柱國錄軍國重事中書右丞相監修國史領經筵事都總裁臣脫脫奉

勑修

食貨志下

征商之法則自太祖置羊城于炭山北起榷務以通諸道市易太宗得燕置南京城北有市百物山偫命有司治其征餘四京及它州縣貨産懋遷之地置亦如之東平郡城中置看樓分南北市禺中交易市北午漏下交易市南雄州高昌渤海亦立互市以通南宋西北諸部高麗之貨故女直以金帛布蜜蠟諸藥材及鐵離靺鞨于厥等部以蛤珠青鼠貂鼠膠魚之皮牛羊駝馬毳罽等物來易於遼者道路繦屬聖宗乾亨間燕京留守司言民艱食請弛居庸關稅以通山西糴易又令有司諭諸行宮布帛短狹不中尺度者不鬻於市明年詔以南北府市場人少宜率當部車百乘赴集開奇峰路以通易州貿易二十三年振武軍及保州並置榷場時北院大王耶律室魯以俸羊多闕部人貧乏請以羸老之羊及皮毛易南中之絹上下爲便至天祚之亂賦斂既重交易法壞財日匱而民日困矣鹽筴之法則自太祖以所得漢民數多即八部中分古漢城別爲一部治之城在炭山南有鹽池之利即後魏滑鹽縣也

八部皆取食之及征幽薊還次于鶴剌濼命取鹽給軍自後濼中鹽益多上下足用會同初太宗有大造於晉晉獻十六州地而瀛莫在焉始得河間煮海之利置榷鹽院於香河縣於是燕雲迤北暫食滄鹽一時産鹽之地如渤海鎭城海陽豐州陽洛城廣濟湖等處五京計司各以其地領之其煎取之制歲出之額不可得而詳矣坑冶則自太祖始并室韋其地産銅鐵金銀其人善作銅鐵器又有曷朮部者多鐵曷朮國語鐵也部置三冶曰柳濕河曰三黜古斯曰手山神冊初平渤海得廣州本渤海鐵利府改曰鐵利州地亦多鐵東平縣本漢襄平縣故地産鐵卝置採煉者三百戶隨賦供納以諸坑冶多在國東故東京置戶部司長春州置錢帛司太祖征幽薊師還次山麓得銀鐵卝命置冶聖宗太平間於潢河北陰山及遼河之源各得金銀卝興冶採煉自此以訖天祚國家皆賴其利鼓鑄之法先代撒剌的爲夷離菫以土産多銅始造錢幣太祖其子襲而用之遂致富彊以開帝業太宗置五冶太師以總四方錢鐵石敬瑭又獻沿邊所積錢以備軍實景宗以舊錢不足於用始鑄乾亨新錢錢用流布聖宗鑿大安山取劉守光所藏錢散諸五計司兼鑄太平錢新舊互用由是國家之錢演迤域中所以統和出內藏錢賜南京諸軍司

開泰中詔諸道貧乏百姓有典質男女計傭價日以十文折盡還父母每歲春秋以官錢宴饗將士錢不勝多故東京所鑄至清寧中始用是時詔禁諸路不得貨銅鐵以防私鑄又禁銅鐵賣入回鶻法益嚴矣道宗之世錢有四等曰咸雍曰大康曰大安曰壽隆皆因改元易名其肉好銖數亦無所考第詔楊遵勗徵戶部司逋戶舊錢得四十餘萬繖拜樞密直學士劉伸爲戶部使歲入羨餘錢三十萬繖擢南院樞密使其以災沴出錢以振貧乏及諸宮分邊戍人戶是時雖未有貫朽不可較之積亦可謂富矣至其末年經費浩穰鼓鑄仍舊國用不給雖以海雲佛寺千萬

之助受而不拒尋禁民錢不得出境天祚之世更鑄乾統天慶二等新錢而上下窮困府庫無餘積始太祖爲迭烈府夷離堇也懲遙輦氏單弱於是撫諸部明賞罰不妄征討因民之利而利之群牧蕃息上下給足及即位伐河東下代北郡縣獲牛羊駝馬十餘萬樞密使耶律斜軫討女直復獲馬二十餘萬分牧水草便地數歲所增不勝算當時括富人馬不加多賜大小鶻軍萬餘疋不加少蓋畜牧有法然也咸雍五年蕭陶隗爲馬群太保上書猶言群牧名存實亡上下相欺宜括實數以爲定籍厥後東丹國歲貢千疋女直萬疋直不古等國萬疋阻卜及吾獨婉惕隱

各二萬疋西夏室韋各三百疋越里篤剖阿里奧里米蒲奴里鐵驪等諸部三百疋仍禁朔州路羊馬入宋吐渾党項馬鬻于夏以故群牧滋繁數至百有餘萬諸司牧官以次進階自太祖及興宗垂二百年群牧之盛如一日天祚初年馬猶有數萬群每群不下千疋祖宗舊制常選南征馬數萬疋牧于雄霸清滄間以備燕雲緩急復選數萬給四時游畋餘則分地以牧法至善也至末年累與金戰番漢戰馬損十六七雖增價數倍竟無所買乃冐法買官馬從軍諸群牧私賣日多畋獵亦不足用遂爲金所敗棄衆播遷以訖于亡松漠以北舊馬皆爲大石林牙所有遼之

食貨其可見者如是耳至於鄰國歲幣諸屬國歲貢土宜雖累朝軍國經費多所仰給然非本國所出況名數已見本紀兹不復載夫冀北宜馬海濱宜鹽無以議爲遼地半沙磧三時多寒春秋耕穫及其時黍稌高下因其地蓋不得與中土同矣然而遼自初年農穀充羨振饑恤難用不少靳旁及鄰國沛然有餘果何道而致其利歟此無他勸課得人規措有法故也世之論錢幣者恒患其重滯之難致鼓鑄之弗給也於是楮幣權宜之法興焉西北之通舟楫比之東南十纔一二遼之方盛貨泉流衍國用以殺給成賞征賜與億萬未聞有所謂楮幣也又何道而致其便

歟此無他舊儲新鑄並聽民用故也孟子曰周于利者凶年不能殺人力苟至一夫猶足以勝旹災況爲國乎以是知善謀國者有道以制天時地利之宜無往而不遂其志食莫大於穀貨莫大於錢特志二者以表遼初用事之臣亦善裕其國者矣

志第二十九

開府儀同三司行中書右丞相監修國史領經筵事都總裁臣脫脫奉

勅修

刑法志上

刑也者始於兵而終於禮者也鴻荒之代生民有兵如蠭有螫自衛而已蚩尤惟始作亂斯民鴟義姦宄並作刑之用豈能已乎帝堯清問下民乃命三后恤功于民伯夷降典折民惟刑故曰刑也者始於兵而終於禮者也先王順天地四時以建六卿秋刑官也象時之成物焉秋傳氣於夏變色於春推可知也遼以用武立國禁暴戢姦莫先於刑國初制法有出於五服三就之外者兵之勢方張禮之用未遑也及阻午可汗知宗室雅里之賢命為夷離堇以掌刑辟豈非士師之官非賢者不可為乎太祖太宗經理疆土擐甲之士歲無寧居威克厥愛理勢然也子孫相繼其法互有輕重中間能審權宜終之以禮者惟景聖二宗為優耳然其制刑之凡有四曰死曰流曰徒曰杖死刑有絞斬凌遲之屬又有籍沒之法流刑量罪輕重寘之邊城部族之地遠則投諸境外又遠則罰使絕域徒刑一曰終身二曰五年三曰一年半終身者決五百其次遞減百又有黥刺之法杖刑自五十至三百凡杖五十以上者以沙

袋決之又有木劍大棒鐵骨朵之法木劍大棒之數三自十五至三十鐵骨朵之數或五或七有重罪者將決以沙袋先於脽骨之上及四周擊之拷訊之具有麄細杖及鞭烙法麄杖之數二十細杖之數三自三十至于六十鞭烙之數凡烙三十者鞭三百烙五十者鞭五百被告諸事應伏而不服者以此訊之品官公事誤犯民年七十以上十五以下犯罪者聽以贖論贖銅之數杖一百者輸錢千亦有八議八縱之法籍沒之法始自太祖為撻馬狘沙里時奉痕德堇可汗命案于越釋魯遇害事以其首惡家屬沒入瓦里及淳欽皇后時析出以為著帳郎君至世宗詔免之其後內外戚屬及世官之家犯反逆等罪復沒入焉餘人則沒為著帳戶其沒入宮分分賜臣下者亦有之木劍大棒者太宗時制木劍面平背隆大臣犯重罪欲寬宥則擊之沙袋者穆宗時制其制用熟皮合縫之長六寸廣二寸柄一尺許徒刑之數詳于重熙制杖刑以下之數詳于咸雍制其餘非常用而無定式者不可殫紀太祖初年庶事草創犯罪者量輕重決之其後治諸弟逆黨權宜立法親王從逆不磬諸甸人或投高崖殺之淫亂不軌者五車轘殺之逆父母者視此訕詈犯上者以熟鐵錐摏其口殺之從坐者量罪輕重杖決杖有二大者重錢五百小者三

百又爲梟磔生瘞射鬼箭砲擲支解之刑歸於重法閑民使不爲變耳歲癸酉下詔曰朕自北征以來四方獄訟積滯頗多今休戰息民羣臣其副朕意詳決之無或寃枉乃命北府宰相蕭敵魯等分道疏決有遼欽恤之意昉見于此神冊六年克定諸夷上謂侍臣曰凡國家庶務鉅細各殊若憲度不明則何以爲治羣下亦何由知禁乃詔大臣定治契丹及諸夷之法漢人則斷以律令仍置鍾院以達民寃至太宗時治渤海人一依漢法餘無改焉會同四年皇族舍利郎君謀毒通事解里等已中者二人命重杖之及其妻流于厥拔離弭河族造藥者世宗天祿二年天德

蕭翰劉哥及其弟盆都等謀反天德伏誅杖翰流劉哥遣盆都使轄戛斯國夫四人之罪均而刑異遼之世同罪異論者蓋多穆宗應曆十二年國舅帳郎君蕭延之奴海里彊陵拽剌禿里年未及之女以法無文加之宮刑仍付禿里以爲奴因著爲令十六年諭有司自先朝行幸頓次必高立標識以禁行者比聞楚古輩故低置其標深草中利人誤入因之取財自今有復然者以死論然帝嗜酒及獵不恤政事五坊掌獸近侍奉膳掌酒人等以獐鹿野豕鶻雉之屬亡失傷斃及私歸逃亡在告踰期召不時至或以奏對少不如意或以飲食細故或因犯者遷怒無辜輒加

炮烙鐵梳之刑甚者至于無算或以手刃刺之斬擊射燎斷手足爛肩股折腰脛劃口碎齒棄尸于野且命築封于其地死者至百有餘人京師置百尺牢以處繫囚蓋其即位未久惑女巫肖古之言取人膽合延年藥故殺人頗衆後悟其詐以鳴鏑叢射騎踐殺之及海里之死爲長夜之飲五坊掌獸人等及左右給事誅戮者相繼不絕雖嘗悔其因怒濫刑諭大臣切諫在廷畏愞鮮能匡救雖諫又不能聽當其將殺壽哥念古殿前都點檢耶律夷臘葛諫曰壽哥等斃所掌雉畏罪而亡法不應死帝怒斬壽哥等支解之命有司盡取鹿人之在繫者凡六十五人斬所犯重

者四十四人餘悉痛杖之中有欲寘死者賴王子必攝等諫得免已而怒頗德飼鹿不時致傷而斃遂殺之季年暴虐益甚嘗謂太尉化葛曰朕醉中有處決不當者醒當覆奏徒能言之竟無悛意故及於難雖云虐止褻御上不及大臣下不及百姓然刑法之制豈人主快情縱意之具邪景宗在潛已鑒其失及即位以宿衛失職監殿前都點檢耶律夷臘葛趙王喜隱自囚所擅去械鏁求見自辯語之曰枉直未分焉有出獄自辯之理命復縶之既而躬錄囚徒盡召而釋之保寧三年以穆宗廢鍾院窮民有寃者無所訴故詔復之仍命鑄鍾紀詔其上道所以廢置之意異

王稍爲奴所告有司請鞫帝曰朕知其誣若案問恐餘人效之命斬以徇五年近侍實魯里誤觸神纛法應死杖而釋之庶幾寬猛相濟然緩于討賊應曆逆黨至是始獲而誅焉議者以此少之聖宗冲年嗣位睿智皇后稱制留心聽斷嘗勸帝宜寬法律帝壯益習國事銳意於治當時更定法令凡十數事多合人心其用刑又能詳慎先是契丹及漢人相毆致死其法輕重不均至是一等科之統和十二年詔契丹人犯十惡亦斷以律舊法死囚尸市三日至是一宿即聽收瘞二十四年詔主非犯謀反大逆及流死罪者其奴婢無得告首若奴婢犯罪至死聽送有司其主無得擅殺二十九年以舊法宰相節度使世選之家子孫犯罪徒杖如齊民惟免黥面詔自今但犯罪當黥即准法同科開泰八年以竊盜贓滿十貫爲首者處死其法太重故增至二十五貫其首處死從者決流嘗敕諸處刑獄有冤不能申雪者聽詣御史臺陳訴委官覆問往時大理寺獄訟凡關覆奏者以翰林學士給事中政事舍人詳決至是始置少卿及正主之猶慮其未盡而親爲録囚數遣使詣諸道審決冤滯如邢抱朴之屬所至人自以爲無冤五院部民有自壞鎧甲者其長佛奴杖殺之上怒其用法大峻詔奪官吏以故不敢酷掠刺千乃方十因醉言宮掖事

法當死特貰其罪五院部民偶遺火延及木葉山兆域亦當死杖而釋之因著爲法至於敵八哥始竊薊州王令謙家財及覺以刃刺令謙幸不死有司擬以盜論止加杖罪又那母古犯竊盜者十有三次皆以情不可恕論棄市因詔自今三犯竊盜者黥額徒三年四則黥面徒五年至于五則處死若是者重輕適宜足以示訓近侍劉哥烏古斯嘗從齊王妻而逃以赦後會千齡節出首乃詔諸近侍護衛集視而腰斬之於是國無倖民綱紀修舉吏多奉職人重犯法故統和中南京及易平二州以獄空聞至開泰五年諸道皆獄空有刑錯之風焉故事樞密使非國家重務未嘗親決凡獄訟惟夷离堇主之及蕭合卓蕭朴相繼爲樞密使專尚吏才始自聽訟時人轉相效習以狡智相高風俗自此衰矣故太平六年下詔曰朕以國家有契丹漢人故以南北二院分治之蓋欲去貪枉除煩擾也若貴賤異法則怨必生夫小民犯罪必不能動有司以達於朝惟內族外戚多恃恩行賄以圖苟免如是則法廢矣自今貴戚以事被告不以事之大小並令所在官司案問具申北南院覆問得實以聞其不案輒申及受請託爲奏言者以本犯人罪罪之七年詔中外大臣曰制條中有遺闕及輕重失中者其條上之議增改焉

志第三十

開府儀同三司上柱國錄軍國重事中書右丞相監修國史領經筵事都總裁臣脫脫奉
勅修

刑法志下

興宗即位欽哀皇后始得志昆弟專權馮家奴等希欽哀意誣蕭浞卜等謀反連及嫡后仁德皇后浞卜等十餘人與仁德姻援坐罪者四十餘輩皆被大辟仍籍其家幽仁德于上京既而遣人弒之迫殯非命中外切憤欽哀後謀廢立遷于慶州及奉迎以歸頗復預事其酷虐不得逞矣然興宗好名喜變更又溺浮屠法務行小惠數降赦宥釋

死囚甚衆重熙元年詔職事官公罪聽贖私罪各從本法子弟及家人受賕不知情者止坐犯人先是南京三司銷錢作器皿三斤持錢出南京十貫及盜遺火家物五貫者處死至是銅逾三斤持錢及所盜物二十貫以上處死二年有司奏元年詔曰犯重罪徒終身者加以捶楚而又黥面是犯一罪而具三刑宜免黥其職事官及宰相節度使世選之家子孫犯姦罪至徒者未審黥否上諭曰犯罪而悔過自新者亦有可用之人一黥其面終身爲辱朕甚憫焉後犯終身徒者止刺頸奴婢犯逃若盜其主物主無得擅黥其面刺臂及頸者聽犯竊盜者初刺右臂再刺左三刺頸之右四刺左至于五則處死五年新定條制成詔有司定朝日執之仍頒行諸道蓋纂修太祖以來法令參以古制其刑有死流杖及三等之徒而五凡五百四十七條時有舉牧人竊易官印以馬與人者法當死帝曰一馬殺二人不亦甚乎減死論又有兄弟犯彊盜當死以弟從兄且俱無子特原其弟至於枉法受賕詐敕走遞僞學御書盜外國貢物者例皆免死郡王貼不家奴彌里吉告其主言涉怨望鞫之無驗當反坐以欽哀皇后裏言竟不加罪亦不斷付其主僅籍沒焉寧遠軍節度使蕭白彊掠烏古敵烈都詳穩敵魯之女爲妻亦以后言免死杖而奪其官

梅里狗佣使酒殺人而逃會永壽節出首特赦其罪皇妹秦國公主生日帝幸其第伶人張隋本宋所遣洵者太臣覺之以聞召詰款伏乃遽釋之後詔諸職官私取官物者以正盜論諸帳郎君等於禁地射鹿決杖三百不徵償小將軍決二百已下至百姓犯者決三百聖宗之風替矣道宗清寧元年詔諸宮都部署曰凡有機密事即可面奏餘所訴事以法施行有投誹訕之書其受及讀者皆棄市二年命諸郡長吏如諸部例與僚屬同決罪囚無致枉死獄中下詔曰先時諸路死刑皆待決于朝故獄訟留滯自今凡強盜得實者聽即決之四年復詔左夷离畢曰比詔外

路死刑聽所在官司即決然恐未能悉其情或有枉者自
今雖已款伏仍令附近官司覆問無冤然後決之有冤者
即具以聞咸雍元年詔獄囚無家者給以糧六年帝以契
丹漢人風俗不同國法不可異施於是命惕隱蘇樞密使
乙辛等更定條制凡合于律令者具載之其不合者別存
之時校定官即重熈舊制更竊盜贓二十五貫處死一條
增至五十貫處死又刪其重複者二條為五百四十五條
取律一百七十三條又創增七十一條凡七百八十九條
增重編者至千餘條皆分類列以太康間所定復以律及
條例參校續增三十六條其後因事續校至大安三年止

又增六十七條條約既繁典者不能徧習愚民莫知所避
犯法者衆吏得因緣為姦故五年詔曰法者所以示民信
而致國治簡易如天地不忒如四時使民可避而不可犯
比命有司纂修刑法然不能明體朕意多作條目以罔民
于罪朕甚不取自今復用舊法餘悉除之然自大康元年
北院樞密使耶律乙辛等用事官婢單登等誣告懿德皇
后乙辛以聞即詔乙辛劾狀因實其事上怒族伶人趙惟
一斬高長命皆籍其家仍賜皇后自盡三年乙辛又與其
黨謀搆昭懷太子陰令右護衛太保耶律查剌告知樞密
院事蕭速撒等八人謀立皇太子詔案無狀出速撒達不

也外補流護衛撒撥等六人詔告首謀逆者重加官賞否
則悉行誅戮乙辛教牌印郎君蕭訛都斡自首臣等預速
撒等謀因籍姓名以告帝信之以乙辛等鞫案至杖皇太
子囚之宮中別室殺撻不也撒剌等三十五人又殺速撒
等諸子其幼稚及婦女奴婢家產皆籍沒之或分賜羣臣
燕哥等詐為太子妄書以聞上大怒廢太子徙上京乙辛
尋遣人弒于囚所帝猶不寤朝廷上下無復紀律天祚乾
統元年凡大康三年預乙辛所害者悉復官爵籍沒者出
之流放者還鄉里至二年始發乙辛等墓剖棺戮尸誅其
子孫餘黨子孫減死徙邊其家屬奴婢皆分賜被害之家

如耶律撻不也蕭達魯古等黨人之尤兇狡者皆以賂免
至于覆軍失城者第免官而已行軍將軍耶律涅里三人
有禁地射鹿之罪皆棄市其職官諸局人有過者鐫降決
斷之外悉從軍賞罰無章怨讟日起劇盜相挻叛亡接踵
天祚大恐益務繩以嚴酷由是投崖砲擲釘割臠殺之刑
復興焉或有分尸五京甚者至取其心以獻祖廟雖由天
祚救患無策流為殘忍亦由祖宗有以啓之也遼之先代
用法尚嚴使其子孫皆有君人之量知所自擇猶非祖宗
貽謀之道不幸一有昏暴者少引以藉口何所不至然遼
之季世與其先代用刑同而興亡異者何歟蓋創業之君

施之于法未定之前民猶未敢測也七國之主施之于法既定之後民復何所頼焉此其所為異也傳曰新國輕典豈獨擇事宜而已乎天祚末年遊畋無度頗有倦勤意諸子惟文妃所生敖盧斡最賢蕭奉先乃元妃兄深忌之會文妃之女兄適耶律撻曷里女弟適耶律余覩奉先乃誣言余覩等謀立晉王尊天祚為太上皇遂戮撻曷里及其妻賜文妃自盡敖盧斡以不與謀得免及天祚西狩奉聖州又以耶律撒八等欲刼立敖盧斡遂誅撒八盡其黨與敖盧斡以有人望即日賜死當時從行百官諸局承應人及軍士聞者皆流涕蓋自興宗時遂起大獄仁德皇后戕

于幽所遂啟始基道宗殺宣懿皇后遷昭懷太子太子妻被害天祚知其父之寃而已亦幾殆至是又自殺其子敖盧斡傳曰於所厚者薄無所不薄矣遼二百餘年骨肉屢相殘滅天祚荒暴尤甚遂至于亡噫

志第三十一

表第一　　遼史六十三

開府儀同三司上柱國錄軍國重事中書右丞相監修國史領經筵事都總裁臣脫脫奉

勅修

世表

天開於子地闢於丑人生於寅天地人之初一焉耳矣天動也有恒度地靜也有恒形人動靜無方居止靡常天主流行地主蓄泄二氣無往而弗達亦惟人之所在而畀付焉庖犧氏降炎帝氏黃帝氏子孫衆多王畿之封建有限王政之布濩無窮故君四方者多二帝子孫而自服土中者本同出也考之宇文周之書遼本炎帝之後而耶律儼稱遼爲軒轅後儼志晚出盍從周書蓋炎帝之裔曰葛烏菟者世雄朔陲後爲冒頓可汗所襲保鮮卑山以居號鮮卑氏既而慕容燕破之析其部曰宇文曰庫莫奚曰契丹契丹之名昉見于此隋唐之際契丹之君號大賀氏武后遣將擊潰其衆大賀氏微別部長過折代之過折尋滅迭剌部長涅里立迪輦組里爲阻午可汗更號遙輦氏唐賜國姓曰李懷秀既而懷秀叛唐更封楷落爲王而涅里之後曰耨里思者左右懷秀楷落至于屈戍幾百年國勢復振至耨里思之孫曰阿保機功業勃興號世里氏是爲遼太祖於是世里氏與大賀遙輦號三耶律自時厥後國日益大起唐季涉五代宋二百餘年名隨代遷字傳音轉此其言語文字之相通可考而知者也其所不可知者有若奇首可汗胡剌可汗蘇可汗昭古可汗皆遼之先而世次不可考矣摭其可知者作遼世表

帝統	漢	魏	晉	元魏
契丹先世	冒頓可汗以兵襲東胡滅之餘衆保鮮卑山因號鮮卑	青龍中部長比能稍桀驁爲幽州刺史王雄所害散徙潢水之南黃龍之北	鮮卑葛烏菟之後曰普回普回有子莫那自陰山南徙始居遼西九世爲慕容晃所滅鮮卑衆散爲宇文氏或爲庫莫奚或爲契丹	契丹國在庫莫奚東異族同類東部鮮卑之別支也至是始自號契丹爲慕容氏所破俱竄松漠之間道武帝登國間大破之遂與庫莫奚分背經數十年稍滋蔓有部落於和龍之北數百里太武帝太平真君以來歲致名馬獻文時使莫弗紇何辰來獻始班諸國末欣服萬丹部何大何部伏弗郁部羽陵部日連部匹絜部黎部吐六于部以名馬

文皮來貢得交市于和龍密雲之間太和三年高句麗與蠕蠕謀取地豆于以分之契丹懼莫弗賀勿于率其部落車三千乘衆萬餘口內附止於白狼水東

北齊

天保四年九月契丹犯塞文宣帝親討之至平州乃趨長塹司徒潘相樂率精騎五千自東道趨青山安德王韓軌帥騎四千東斷走路帝親踰山嶺奮擊虜男女十餘萬雜畜數十萬相樂又於青山大破別部所虜生口分置諸州後爲突厥所逼又以萬家寄處高麗境內

隋

開皇四年率諸莫弗賀來謁五年悉衆款塞高祖納之聽居故地六年諸部相攻不止又與突厥相侵高祖使使諭解之別部出伏等違高麗率衆內附置於渴奚那頡之北開皇末別部四千餘戶違突厥來降高祖給糧遣還固辭不去部落漸衆遂北徙逐水草當遼西正北二百里依紇臣水而居東西亘五百里南北三百里分爲十部兵多者三千少者千餘有征伐酋帥相與議之興兵則合符契突厥沙鉢略可汗遣吐屯潘垤統之契丹殺吐屯大業七年貢方物

唐

契丹地直京師東北五千里而嬴東距高麗西奚南營州北靺鞨室韋阻冷陘山以自固射獵居處無常其君大賀氏有勝兵四萬析八部臣于突厥以爲俟斤凡調發攻戰則諸部畢會獵則部得自行與奚不平每鬭不利輒遁保鮮卑山武德中大師孫敖曹與靺鞨長突地稽俱來朝二年入犯平州境六年君長咄羅獻名馬豐貂貞觀二年摩會來降突厥請以梁師都易契丹太宗曰契丹突厥不同類師都唐編戶我將擒之不可易降者三年摩會入朝賜鼓纛由是有常貢帝伐高麗悉發契

丹奚首領從軍還過營州以窟哥爲左武衛將軍大帥紇主據曲率衆來歸即其部爲玄州以據曲爲刺史隸營州都督府窟哥舉部內屬乃置松漠都督府以窟哥爲都督封無極男賜姓李氏以達稽部爲峭落州紇便部爲彈汗州獨活部爲無逢州芬問部爲羽陵州突便部爲日連州芮奚部爲徒河州墜斤部爲萬丹州伏部爲匹黎赤山二州俱隸松漠府以辱紇主爲刺史窟哥死與奚叛行軍總管阿史德樞賓執松漠都督阿不固獻于東都窟哥二孫曰枯莫離彈汗州刺史歸順郡王曰

盡忠松漠都督敖曹曾孫曰萬榮歸誠州刺史時
營州都督趙文翽數侵侮其下盡忠等怨望與萬
榮共舉兵殺文翽據營州自號無上可汗推萬榮
爲帥不二旬衆數萬攻崇州執擊討副使許欽寂
武后怒詔將軍曹仁師等二十八將擊之更號萬
榮曰萬斬盡忠曰盡滅戰西硤石黃獐谷王師敗
績進攻平州不克武后益發兵擊契丹萬榮夜襲
檀州清邊道副總管張九節拒戰萬榮敗走俄盡
忠死突厥默啜襲破其部萬榮收散兵復振別將
駱務整何阿小入冀州殺刺史陸寶積掠數千人
武后聞盡忠死詔夏官尚書王孝傑等率兵十七
萬討萬榮戰東硤石敗績孝傑死之萬榮進屠幽
州又詔御史大夫婁師德等率兵二十萬擊之萬
榮乘銳鼓行而南殘瀛州屬縣神兵總管楊立基
率奚兵掩擊大破萬榮執何阿小別將李楷固駱
務整降萬榮委軍走立基與奚四面合擊萬榮衆
潰東走張九節設三伏待之萬榮窮蹙與家奴輕
騎走潞河東憊甚卧林下奴斬其首以獻九節傳
東都契丹餘衆不能立遂附突厥開元二年盡忠
從父弟失活率部落歸唐

失活玄宗賜丹書鐵券開元四年與奚長李
大酺偕來詔復置松漠府以失活爲都督封
松漠郡王仍置靜析軍以失活爲經略大使
八部長皆爲刺史五年以楊氏爲永樂公主
下嫁失活六年卒
娑固失活之弟帝以娑固襲爵開元七年十
一月娑固與公主來朝衙官可突于勇悍得
衆心娑固欲除之事泄可突于攻之娑固奔
營州都督許欽澹及奚君李大酺攻可突于
不勝娑固大酺皆死韓愈作可突干劉昫宋祁及唐會要皆作可突于
鬱于娑固從父弟也可突于推以爲主遣使
謝罪玄宗冊立襲娑固位開元十年鬱于入
朝以慕容氏爲燕郡公主下嫁鬱于卒
咄于鬱于之弟襲官爵開元十三年咄于復
與可突于猜阻與公主來奔改封遼陽王
邵固咄于之弟國人共立之開元十三年冬
朝于行在從封禪泰山改封廣化郡王以陳
氏爲東光公主下嫁邵固十八年爲可突于
所弑以其衆降突厥東光公主走平盧
屈列不知其世系可突于立之開元二十二

年六月幽州節度使張守珪大破可突于十
二月又破之斬屈列及可突于等傳首東都
餘衆散走山谷
過折本契丹部長爲松漠府衙官斬可突于及屈
刺歸唐幽州節度使張守珪立之封北平郡王是
年可突于餘黨泥禮弑過折屠其家一子刺乾走
安東拜左驍衛將軍自此契丹中衰大賀氏附庸
於奚王以通于唐朝貢歲至至德寶應間再至大
曆十二年貞元九年十年十一年三至元和中七至
大和開成間四至泥禮耶律儼遼史書爲湼里陳
大任書爲雅里蓋遼太祖之始祖也
李懷秀唐賜姓名契丹名迪輦俎里本八部大師
天寶四年降唐拜松漠都督安祿山表請討契丹
懷秀發兵十萬與祿山戰潢水南祿山大敗自是
與祿山兵連不解耶律儼紀云太祖四代祖耨里
思爲迭刺部夷离菫遣將只里姑括里大敗范陽
安祿山于潢水適當懷秀之世則懷秀固遙輦氏
之首君爲阻午可汗明矣
楷落以唐封恭仁王代松漠都督遼稱契丹王其
後寖大貞元四年犯北邊幽州以聞自祿山反河

北割據道隔不通世次不可悉考
契丹王屈戍武宗會昌二年授雲麾將軍幽
州節度使是爲耶瀾可汗張仲武奏契丹舊
用回鶻印乞賜聖造詔以奉國契丹爲文（高麗）
（古今錄作屈戍）
契丹王習爾是爲巴刺可汗咸通中再遣使
貢獻部落寖強
契丹王欽德習爾之族也是爲痕德菫可汗
光啓中鈔掠奚室韋諸部皆役服之數與劉
仁恭相攻晚年政衰八部大人法常三歲代
迭刺部耶律阿保機建鼓旗自爲一部不肯
受代自號爲王盡有契丹國遙輦氏遂亡
蕭韓家奴有言先世遙輦可汗洼之後國祚中絕
自夷离菫雅里立阻午可汗大位始定今以唐史
遼史參考大賀氏絕于邵固雅里所立則懷秀也
其間唯屈列過折二世屈列乃可突于所立過折
以別部長爲雅里所殺唐史稱泥里爲可突于餘
黨則洼可汗者殆爲屈列耶

開府儀同三司上柱國錄軍國重事中書右丞相監修國史領經筵事都總裁臣脫脫奉
勅修

皇子表

帝官天下王者家焉至于親九族敬五宗其揆一也三代以上封建父長故管晉魯燕蔡衛晉鄭大史遷既著世家又列年表不厭其詳自漢以降封建寖亡猶有其名長世者登世家自絕者置列傳然王子侯猶可以年表也班固以爲文無實併諸侯削年而表世君子譏之自魏以降不帝不世王侯身徙數封朝不謀夕於是列而傳之功不足以垂法罪不足以著戒錄錄然抑又甚焉今摘其功罪傑然者列諸傳敘親親之恩敬長之義而無他可書者略表見之爲皇子表

帝系	肅祖四子 昭烈皇后蕭氏生 懿祖第二見帝紀			懿祖四子 莊敬皇后蕭氏生		玄祖第三見帝紀	玄祖四子 簡獻皇后蕭氏生 德祖第四見帝紀	
名字	洽昚字牙新	葛剌字古昆	洽禮字敵輦	叔剌	帖剌字痕得	褭古直字巖母根	麻魯	巖木字敵輦
行第	第一	第三	第四	第一	第二	第四	第一	第二
封爵								重熙中追封蜀國王
官職	迭剌部夷离堇	舍利	舍利	舍利	九任迭剌部夷离堇	舍利	舍利	三為迭剌部夷离堇
功	有德行分五石烈為七六爪為十					善射		身長八尺多力能裂付皮語音如鍾鏞里本嶺去家數里嘗登嶺呼其從家人
罪								悉聞之
薨壽		早卒		早卒	卒年七十	年幾冠墮馬卒	早卒	年四十五薨
子孫	房在五院司	房在六院司	房在六院司		六院司呼為[illegible]离堇房	六院司呼為舍利房		二子胡古只求撫其後即主父房之孟父

	德祖六子宣簡皇后蕭氏生五子太祖第一見帝紀	
釋魯字述瀾	剌葛字率懶	
第三	第二	
重熙中追封為隋國王		
于越	太祖即位為惕隱改迭剌部夷离堇	
驍發人力賢而有智先遙輦氏可汗幟貢于突厥至釋魯為于越始免教民種桑麻	為惕隱討涅烈部破之改為迭剌部夷离堇從太祖親征統本部兵攻下平州	
	性忍險破涅烈部而驕與弟迭剌安端等謀亂事覺按太祖問具伏太祖令曰汝謀此事不過欲富貴爾出為迭剌部夷离堇復謀為亂誘群弟據西山以阻歸路太祖聞	
年五十七為子滑哥所弒	自幽州南竄為人所殺	
子滑哥其後為三父房之仲父	子賽保即三父房之季父	

		迭剌字雲獨昆
		第三
		天顯元年為中臺省左大相
		性敏給太祖曰迭剌之智卒然
西遷之次赤水城剌葛詐降復使神速姑及明王解里棟大赦而去至壁只鳴只二河與兵追戰泉濼及鳴里河支骨部人邀擊之剌	葛輕騎遁去至榆河先生擒之太祖念其同氣不忍加刑杖而釋之神冊二年南奔	興兄剌葛謀反迭剌與安端降

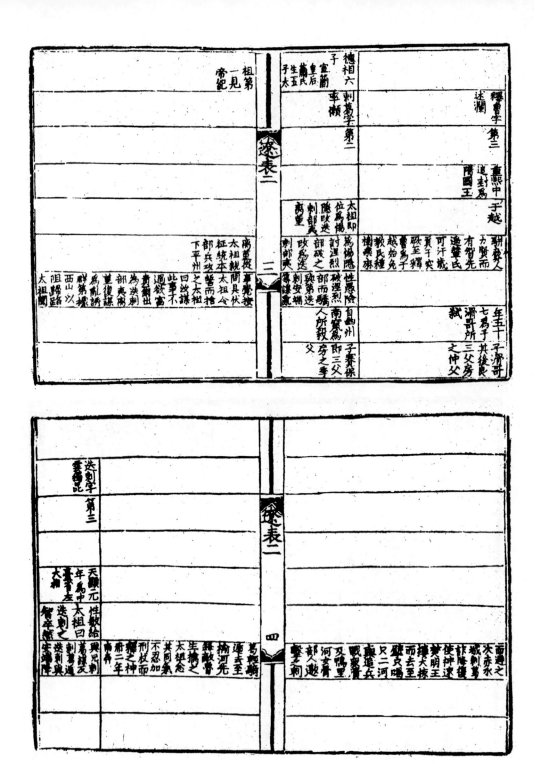

		寅底石字阿辛
		第四
		重熙間追封許國王
		太祖遺詔寅底石守太師政事令輔東丹王
圖功吾所不及緩以謀事不如我回鶻使至無能通其語者太后謂太祖曰迭剌聰敏可使遣迓之相從二旬能習其言與書因制契	丹小字數少而該貫	
太祖杖而釋之神冊三年欲南奔事覺親戚請免於上又赦之		生而闇懦與兄剌葛作亂兵敗太祖赦之後復與剌葛遁至榆河自剌不死被擒太祖釋之
		太祖命輔東丹王淳欽皇后遣司徒劃沙殺于路
		孫阿剌

安端字猥隱		蘇字雲獨昆
第五		第四
天祿初以功王東丹國賜號明王		神冊五年爲惕隱六年爲南府宰相
神冊三年爲惕隱天贊四年爲北院夷離堇		
神冊元年討平雲州天贊元年征渤海破老相兵三萬餘人安邊鄭頡定理三府叛平之太宗即位有定策功會同中伐晉至	兵先出鴈門下忻代世宗初立以兵往應以李胡戰于泰德泉敗之	言無隱情太祖甚愛之滄州節度使劉守文求救太祖命往救
與兄剌葛謀亂妻粘睦姑告變太祖誓而免之復叛兵敗見擒杖而釋之子察割弒逆被誅穆宗赦遣謀罪放歸田里		在南府以賄聞民頗怨
		征渤海國還薨
		已上並係叔父房

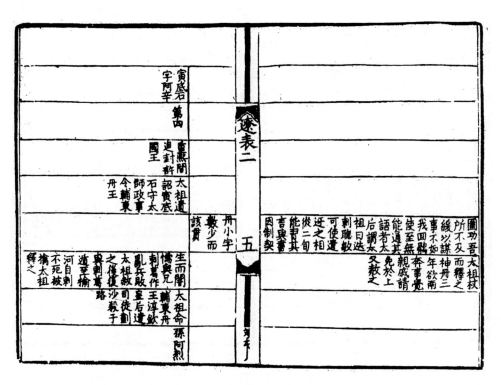

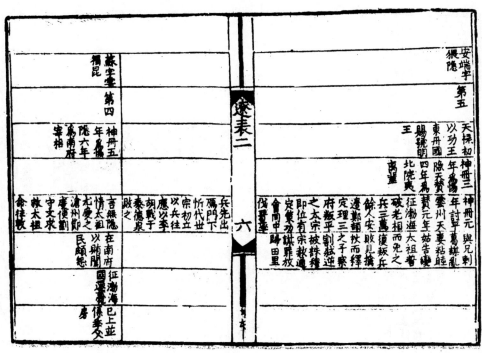

		太祖四子淳欽皇后蕭氏生三子太宗第二見帝紀
		倍小字圖欲唐明宗賜姓東丹名慕華改賜姓李名贊華
		第一
		神冊元年立為皇太子天顯元年為東丹國人皇王建元甘露稱制行事置左右大相及百官一用漢
		唐遣人來招倍浮海奔唐唐人迎以天子儀衛改瑞州為懷化軍拜懷化軍節度使瑞慎等州
辭滄州團刺萬許降蘇性來其間既平蘇力為多天贊三年與迭里略地西南天顯初征渤海攻破忽汗城大諲譔降性柔順事上忠謹太祖	二十功臣蘇居其一	聰敏好學通陰陽醫藥鍼灸之術知音律善畫工文章太祖征烏古党項倍為先鋒都統經略燕地至
		外寬內忍刻急喜殺人
		唐主從珂將自焚遣壯士李彥紳害之年三十八葬醫巫閭山
		子婁國隆先道隱已下並係橫帳

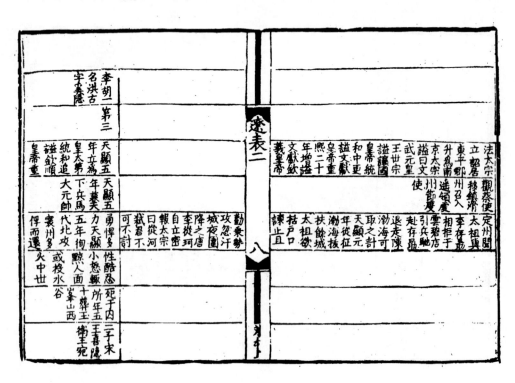

	李胡一名洪古字奚隱
	第三
法太宗立詔居東平郡升為南京太宗諡曰文武元皇王世宗諡讓國皇帝統和中更諡文獻皇帝重熙二十年增諡文獻欽義皇帝	天顯五年立為皇太弟統和追諡欽順皇帝重
觀察使移鎮滑州召入遙領虔州節度使	天顯五年兼天下兵馬大元帥
定州間太祖與李存勗相拒于雲碧店引兵馳赴存勗退走陳渤海可取之計天顯元年從征渤海拔扶餘城太祖欲括戶口諫止且	勇悍多力天顯五年徇代北攻寰州多俘而還
	性酷忍小怒輒黥人面或投水火中世
	死于囚所年五十葬玉峯山西谷
	二子宋王喜隱衛王宛

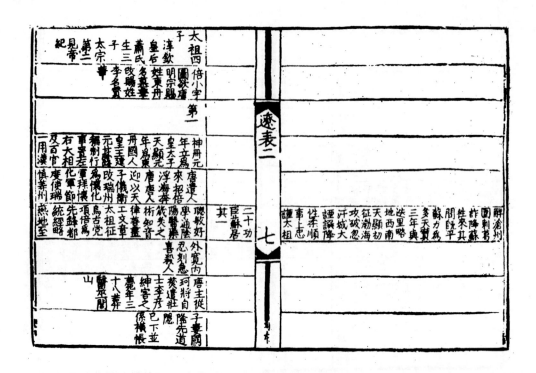

熙二十一年更謚章肅皇帝

太宗凡親征常留守京師

太宗即位于鎮陽遣李胡將兵往擊至泰德泉為劉安端所敗耶律屋質諫太后李胡作色曰我在兀欲安得立屋質曰民心畏公酷暴無如之何太后曰我與太祖愛汝異於諸子諺曰偏憐之子不保業難得之婦不主家我非不欲立汝汝自不能矣李胡徃

世宗軍議和解鈞而後見和納定趙上京有告李胡與太后謀廢立徙祖州穆宗時喜隱反辭連李胡囚之

宮人蕭氏生一子

牙里果字敵輦

自晉還始爲惕隱

性沉默善騎射

天顯三年救耶律沙于定州爲李嗣源所獲至石晉立始得還

以病薨

二子敵烈奚底皆知名

太宗五子

靖安皇后蕭氏生二子穆宗第一見帝紀

罨撒葛第二

會同元年封太平王世宗詔許與晉主往復以昆弟禮景宗封齊王贈皇太叔謚欽靖

穆宗委以國政

謀亂令司天魏璘卜日覺貶西北邊戍景宗即位撒葛懼竄入大漠召還釋其罪

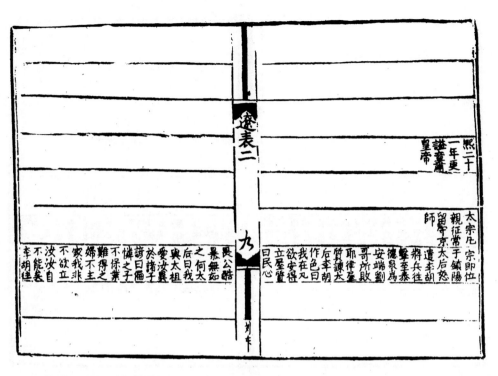

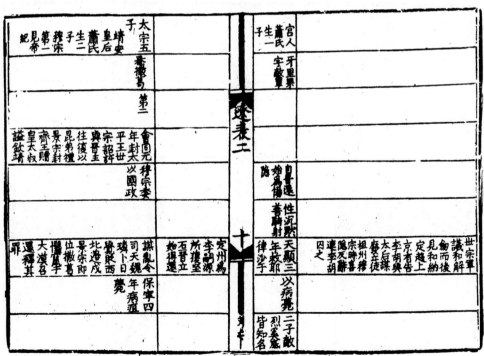

保寧四年病疽薨

宮人蕭氏生三子

天德字苾扇、

第三

猛悍趫捷人望而畏太宗討石重貴至望都晉將杜重威率兵十萬先據河渠上欲以計破之纂能斷糧道者天德請以五千騎行許之從間道擊走衛送之軍火其輜重重威窮蹙乃降會同三年與郎用和使晉世宗即位遺天德護送太宗靈柩于上

與李胡戰于泰德泉太后聞之不悅後不復用與侍衛蕭翰謀反擊獄耶律留哥益都等辭連天德併按之天德斷鎖不能出

天祿二年伏誅

敵烈字巴速堇

第四

保寧初封冀王

京太后遣李胡拒世宗遇耶律留哥等于泰德泉戰甚力敗之

多力善射保寧初宋人侵漢與南府宰耶律沙將兵往援却敵而還

與宣徽使耶律海思等謀反事覺穆宗釋之乾亨初宋主攻河東至白馬嶺敵烈以先鋒度澗未半宋軍邀擊師潰

歿于陣

子哇哥白馬嶺之敗俱歿

必攝字箴堇

第五

穆宗封爲越王

應曆間族人恒特及蕭罨里有罪欲亡必攝密以聞上以爲忠常以侍從上好畜鹿有傷斃及

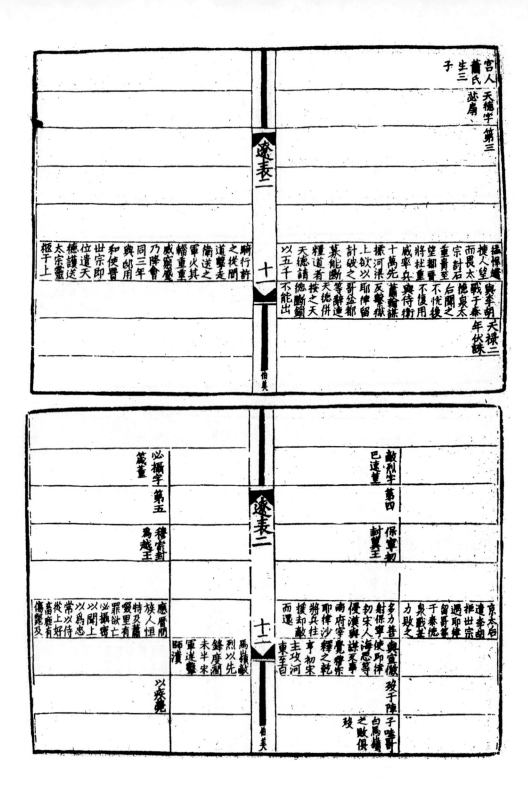

以疾薨

逸去郎殺主者適欲誅一監養鹿官必擒誅而免景宗時討兇項有功

世宗三子 景宗第二
吼阿不
第一 舊史皇族傳書在第三且云未詳所出按景宗本紀云景宗皇帝世宗第二子又按舊史本傳云景宗立親祭于墓追冊為皇太子當是世宗嫡長子也
景宗立追冊為皇太子謚莊聖
早薨葬號太子院

妃甄氏生一子
只沒字和魯菫
第三 舊史皇族傳書
景宗封寧王
敏給好學通契丹漢字
應曆末與宮人私通

伯美

在第一
保寧八年奪爵統和元年皇太后稱制詔復舊爵
能詩統和元年應皇太后命賦移芳蕊詩
上聞怒榜掠數百刺目而宮之繫獄將棄市景宗即位釋之賜以所私宮人保寧八年東遊燒春奉爵賦烏古部賦放鶴詩

景宗四子 睿智皇后蕭氏生三子聖宗第一見帝紀
隆慶字燕隱小字普賢奴
第二
八歲封恒王統和十六年徙王梁國開泰初更王晉國進王秦追贈皇太弟
初兼侍中統和中拜南京留守開泰初加守太師兼政事令尋拜大元帥賜金券
統和十七年南征為先鋒至瀛州遇宋將范廷召列陣以待隆慶遣蕭柳擊敗之逃入空壁圍而盡殪
徵還
入覲還至北安州浴溫泉疾薨葬醫巫閭山
子五人查葛遂哥謝家奴驢糞蘇撒

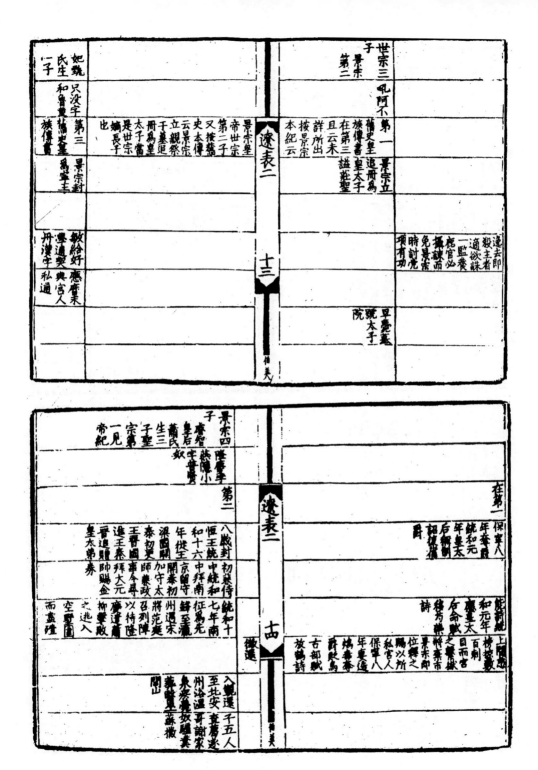

伯美

					十九年復敗宋人于行唐			
	隆祐小字高七一字胡都堇	第三	乾亨初封鄭王統和中徙王吳更王楚開泰中改王齊謚仁孝重熙間改謚孝靖	統和中伐宋留守京師拜西南面招討使及征高麗復留守京師權知北院樞密使出守東京			開泰元年薨	子三人胡都古合祿貼不
				贈守太師				
一子不詳所出	藥師奴	第四				早卒葬王子院		
聖宗六子欽哀皇后蕭氏生二子興宗第一見帝紀	重元小字孛吉只	第二	太平三年封秦國王興宗立爲皇太弟賜金券道宗册爲皇太叔免拜不名復賜金券	歷南北院樞密使南京留守知元帥府事道宗拜天下兵馬大元帥	聖宗崩欽哀皇后稱制密謀立重元重元以所謀白於上上益重之後雖勵戎職未嘗	清寧九年車駕秋獮灤水重元子涅魯古與陳六蕭胡覩等四百餘人謀反誘脅弩手	謀反軍潰自殺	子涅魯古謀反戰歿

					離輦下尊寵古未之有	軍攻行宮將戰其黨多悔過効順各奔潰重元奔走大漠歎曰涅魯古使我至此		
一子未詳所出	別古特字撒懶	第三	重熙中封柳城郡王	太平七年遙領彰信軍節度使爲王子郎君班	明敏善射討夏國督戰有功		討夏軍還薨	
				詳穩重熙中累遷契丹行宮都部署				
僕隗氏生二子	吳哥字洪隱	第四	燕王	開泰一年爲惕隱出爲南京留守			薨于南京	四世孫敵烈术烈术烈繼梁王雅里稱帝
	狗兒字胡魯昆	第五	太平元年拜南府宰相				暴疾薨	

姜氏生一子	興宗三子仁懿皇后蕭氏生三子道宗第一見帝紀		
侯古字訛里本	和魯斡字阿輦		阿璉字訛里本
第六	第二		第三
重熙七年封饒樂郡王咸雍中徙混同郡王	重熙十七年封越王清寧初徙王魯進王宋魏乾統三年冊為皇太叔		重熙十七年封許王清寧初徙陳王秦王進封秦越國追封秦魏國王諡欽正
重熙初王子郎君班詳穩後為上京留守	清寧中拜上京留守改南京留守乾統初為天下兵馬大元帥加守太	師免拜不名三年為惕隱加義和仁壽之號後守南京	清寧中出為遼興軍節度使咸雍間歷西京上京留守
	重元亂和魯斡夜赴戰		
	天祚即位弛圍場之禁和魯斡請曰天子以蒐狩為大事雖居諒陰不	可廢也上以為然後命有司供備春水之行	
薨于上京	從獵于慶州薨		從車駕秋獵以疾薨
	子三人石篤遂涅淳封秦晉王稱帝		

道宗一子宣懿皇后蕭氏生		天祚六子文妃生一子
濬小字耶魯斡		敖魯斡
第一		第一出繼大丞相耶律隆運後
六歲封梁王八歲立為皇太子諡昭懷以天子禮葬乾統初追尊大孝順聖皇帝廟號順宗		初封晉王
大康元年兼領北南院樞密使		
幼能言好學知書文帝嘗曰此子聰惠殆天授七歲從獵連中二鹿上謂左右曰祖先騎射絕人威振天下是兒雖幼當不墜祖風後	從遇十鹿射之得九帝喜為設宴	喜揚人善勸其不能中外稱其長者
		保大元年南軍都統耶律余覩以敖盧斡有人望與文妃密謀立之不果余覩
年二十為乙辛誣害囚上京見殺葬玉峯山		保大二年以得人心縊死
子天祚皇帝諱延禧		

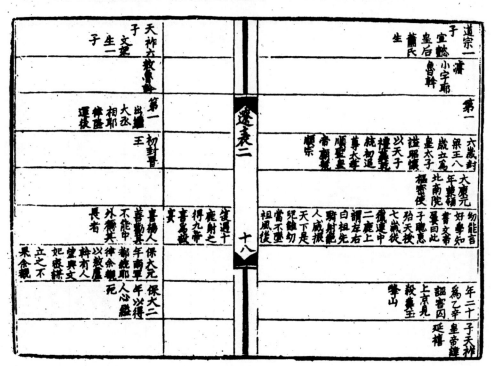

降金文妃伏誅敖盧斡不與謀得免耶律撒八等復謀立敖盧斡事覺或勸之亡曰安忍為蕞爾之軀失臣子之節國人傷之

元妃生一子	雅里字撒鸞	第二	七歲欽立為太子別置禁衛封梁王天祚奔夾山眾推稱帝改元神曆					
四子未詳所出	撻魯	第三	燕國王				早薨	
	習泥烈	第四	趙王				從天祚至白水濼為金師所獲	
	定	第五	秦王				至青塚濼為金師所獲	
	寧	第六	許王				至青塚濼為金師所獲	

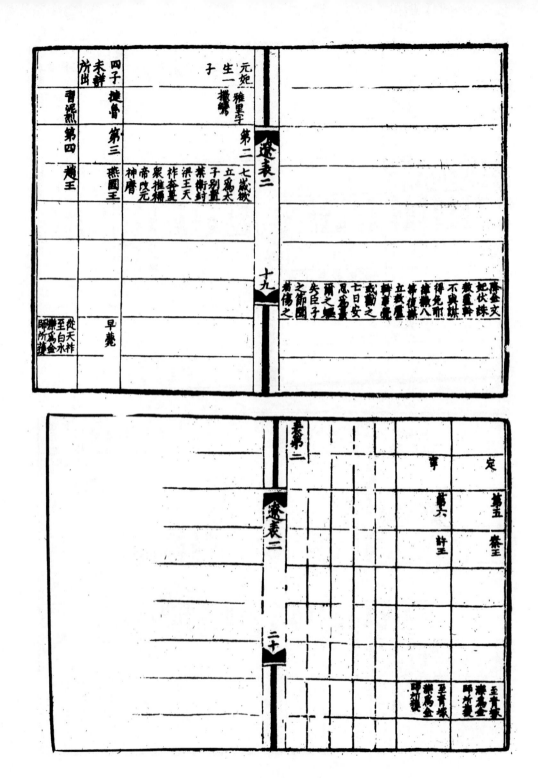

表第二

開府儀同三司上柱國錄軍國重事中書右丞相監修國史領經筵事臣脫脫奉

敕修

公主表

春秋之法主姬下嫁書于策以賢公同姓之國爲之婚主故爾古者婦諱不出門內言不出梱公主悉列于傳非禮也然遼國尊任外戚公主多見紀傳間不得不表見之禮男女異長不當與皇子同列別爲公主附表

屬	母	名	封	下嫁	事	罪	薨	子
太祖一女		質古		下嫁淳欽皇后弟蕭室魯	幼爲奧姑契丹故俗凡婚燕之禮推女子之可尊敬者坐於奧謂之奧姑		未封而卒	
太宗二女		呂不古第一	應曆間封沂國長公主保寧中進封燕國大長公主	下嫁北府宰相蕭思溫			以疾薨	
		嘲瑰第二		下嫁北府宰相蕭海瓈			應曆初未封卒	
世宗三女	懷節皇后生	和古典第一	保寧間封秦國長公主	下嫁侍中蕭啜里			以疾薨	
		觀音第二	保寧間封晉國長公主	下嫁蕭夏剌				
		撒剌第三		下嫁蕭斡里			未封卒	
景宗四女	睿智皇后生三女	觀音女第一	封魏國公主進封齊國景福中封燕國大長公主	下嫁北府宰相蕭繼先	皇后尤加愛賜奴婢萬口		重熙中薨	
		長壽女第二	封吳國公主統和初進封衛國改封[illegible]國長公主	下嫁宰相蕭排押			開泰六年薨	
		延壽女第三	封越國公主追封趙國	下嫁蕭恆德	性沉靜睿智皇后於諸女尤愛甚得婦道不以		年二十一以疾薨	

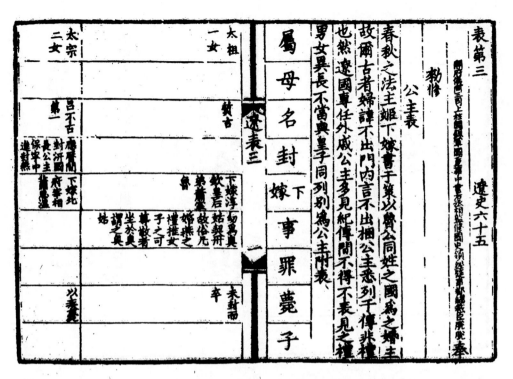

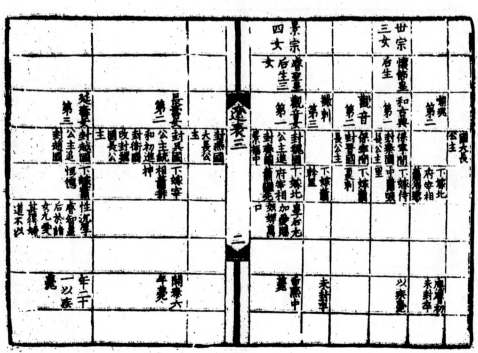

	渤海妃生一女	淑哥第四	無封號	乾亨二年下嫁盧俊	貴寵自嬌	與駙馬都尉盧俊不諧表請離婚改適蕭神奴		
聖宗十四女	貴妃生一女	燕哥第一	封盧國公主進封秦國興宗封宋國長公主	下嫁蕭匹里				
	欽哀皇后生二女	嚴母堇第二	開泰七年封魏國公主進封秦國長公主改封秦晉國長公主清寧初加大長公主	下嫁蕭啜不		改適蕭海里不諧離之又適蕭胡覩不諧離之乃適韓國王蕭惠		
		槊古第三	封越國公主進封晉國景福初封晉蜀國長公主清寧初加大長公主	下嫁蕭孝忠	姿質秀麗禮法自將		以疾薨	

	蕭氏生二女蕭氏國舅夷離畢房之女	崔八第四	封南陽郡主進封公主	下嫁蕭孝先			太平末東京大延琳反遇害	
		陶哥第五	封長寧郡主進封公主	下嫁蕭楊六				
	蕭氏生二女	鈿匿第六	封平原郡主進封荆國公主	下嫁蕭雙古				
	馬氏生一女	九哥第七	封潯陽郡主進封公主	下嫁蕭璉				
	大氏生一女	長壽第八	封臨海郡主進封公主	下嫁大力秋			駙馬都尉大力秋坐大延琳事伏誅改適蕭慥古	
	白氏生四女	八哥第九	封同昌縣主進封公主	下嫁劉三嘏				
		十哥第十	封三河郡主進封公主	下嫁奚王蕭高九				
		擘失第十一	封仁壽縣主進封公主	下嫁劉四端				
		泰哥第十二		下嫁蕭忽烈				
	李氏生一女	賽哥第十三	封金鄉郡主進封公主	統和中下嫁蕭圖玉		以殺奴婢得罪	薨于貶所	

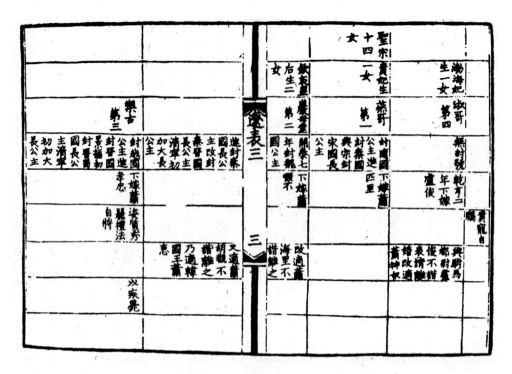

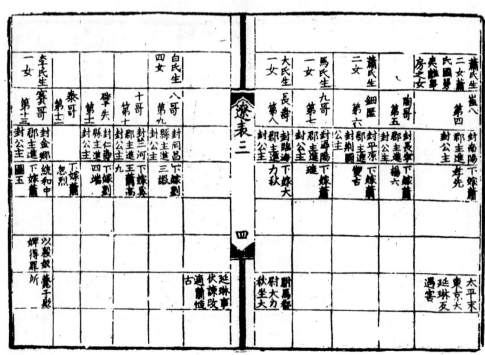

	文氏生興哥一女	第十四		下嫁蕭王六			
興宗二女	仁懿皇后生二女	跋芹第一	封魏國公主重熙末徙封晉國加長公主	下嫁蕭撒八		與駙馬都尉蕭撒八不諧離之清寧初改適蕭阿速以婦道不修從中京又嫁蕭窩匿	
		斡里太第二	封鄭國公主清寧間加長公主	下嫁蕭余里也			

			壽隆間加大長公主				
道宗三女	宣懿皇后生三女	撒葛只第一	封鄭國公主咸和中徙封魏國	下嫁蕭末	端麗有智		大康初薨
		糺里第二	封齊國公主進封趙國	下嫁蕭撻不也	駙馬都尉撻不也坐昭懷太子事被害其弟訛都斡欲逼尚公		大安五年以疾薨

					主公主以訛都斡嘗乞幸惡之未幾訛都斡以事伏誅天祚幼乙辛用事公主每以匡救爲心竟誅乙辛		
		特里第三	封越國公主乾統初進	下嫁蕭酬斡	公主從天祚出奔明年	大康八年以駙馬都尉	

			封秦晉國大長公主徙封梁宋國大長公主		攻應州留公主守輜重金入圍之公主奔行在所天祚潛遁爲金人所獲	蕭酬斡得罪離之大安初改適蕭特末爲都統與金人戰敗于石輦鐸被擒	
昭懷太子一女		延壽	封楚國公主徙封許國乾統元年進封趙國加	下嫁蕭韓家奴	初遭乙辛之難與兄天祚俱養于蕭懷忠家後		

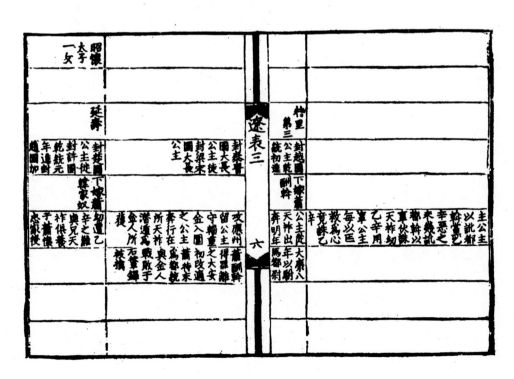

	天祚六女			
	文妃生一女	元妃生三女	宮人生二女	
	余里衍			
秦晉國長公主	封晉國公主			
李氏進挾穀歌文帝感悟召還宮	為金人所獲	俱為金人所獲	俱為金人所獲	

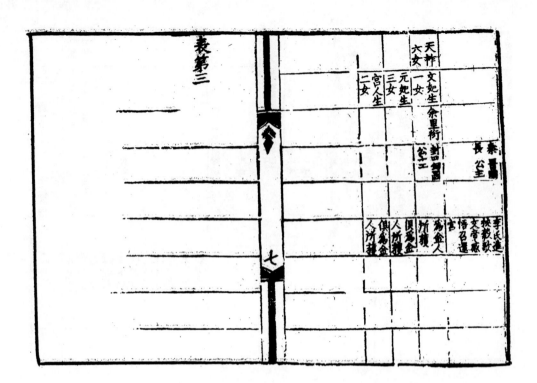

表第三

表第四　　遼史六十六

開府儀同三司上柱國錄軍國重事中書右丞相監修國史領經筵事都總裁臣脫脫奉

勑修

皇族表

遼太祖建國諸弟窺覦含容誘掖弗忍致辟古聖人猶難之雖其度量恢廓然經國之慮遠矣終遼之世其出於橫帳五院六院之間者大懿固有元勲寔多不表見之莫知源委作皇族表

一世　二世　三世　四世　五世　六世　七世　八世　九世

五院夷离堇房
洽昚
六院郎君房
葛剌

五院夷离堇蒲古只
敵魯
北院大王圖魯窘
不知世次太子太傅崇古
侍中陳家奴

右系出肅祖昭烈皇帝

六院夷离堇房
帖剌
夷离堇巖古只
于越蒲古只
底
迭里特

六院部舍利房
褭古直

不知世次
北院夷离堇斜涅赤
姪古魯宰相
老古
大王頗德
政事令撻烈
北院大王曷魯
南院大王吾也

簡獻皇帝兄匣馬葛
逼蓼可汗
阿魯敦于越
時本于越
偶思
夷离堇曷魯
蒲古只撒剌
阿魯敦
惕剌
太師佛奴
小將軍狗兒

右系出懿祖莊敬皇帝

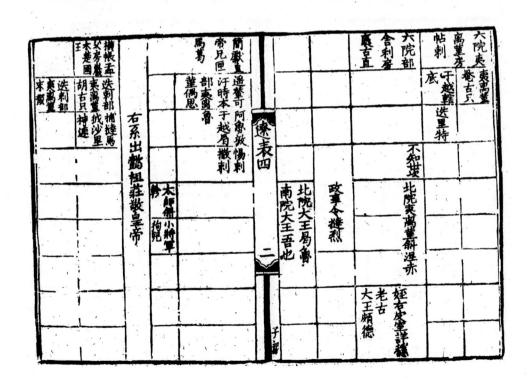

橫帳孟父房楚國王
迭剌部夷离堇胡古只
迭剌部夷离堇
末掇
捕撻馬
沙里
神速

迭剌部夷离堇楚不魯
北院樞密使安摶
左皮室詳穩撒給
孟父房不知世次 惕隱朔古
于越屋質
党項節度使磨
節度劉家奴
昭德節度孟簡

孟父房楚國王之後不知世次
匡義節度大悲奴
惕隱何魯掃古
滌冽撒剌竹
漆水郡王頹昱
北院宣徽使敵祿
右皮室詳穩奚低
南院大王善補
侍中化哥 于越弘古
北院宣徽使爲六 南京宣徽使奴
古迭
燕王瑰引
于越仁先 惕隱許王義先 南面林牙信先

仲父房隋國王釋魯
滑哥
痕只
于越洼
于越休哥
于越高十
惕隱學古
東路統軍使烏古不
國留
昭德節度資忠
昭

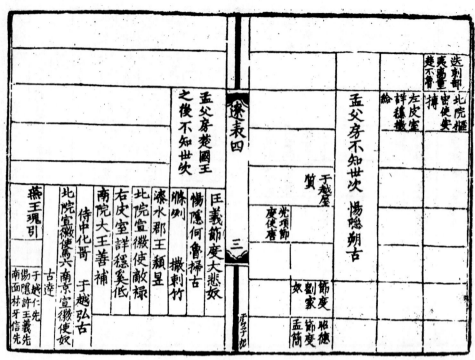

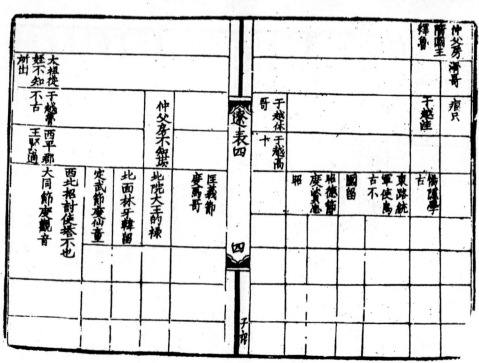

仲父房不知世次
匡義節度馬哥
北院大王的祿
北面林牙韓留
定武節度仙童
西北招討使撻不也
太祖從姪不知所出
于越曷魯 不古
西平郡王[illegible]適
大同節度觀音

右系出玄祖簡獻皇帝

季父房　賓保
夷离堇剌葛　中京留守拔里
左大相迭剌　鎮國節度合住
許國王寅底石　中書令阿烈　混同郡王斡特剌
劉哥
盆哥
化葛里
奚蹇

明王安端　察割
南府宰相蘇
鐸穩
尚父奴瓜
北院樞密使頗的　北院樞密使蕭袍
惕隱涅魯古　鐵驪
太師[illegible]
惕隱燕哥
季父房不知世次
平章的烈
中京路案問使和尚
林牙高家　涿水郡王撻不也
南府宰相蒲魯斡　烏古部節度使普古

右系出德祖宣簡皇帝

北面大王特麼
先鋒都監張奴
檢校太師吳九　林牙庶成
都林牙
庶箴
蒲古只
朗

讓國文獻皇帝倍　平王隆先　陳哥
晉王道隱

婁國
章肅皇帝李胡　宋王喜隱　留禮壽
衛王宛
惕隱牙里果　南府宰相敵烈
室魯
北院大王奚底

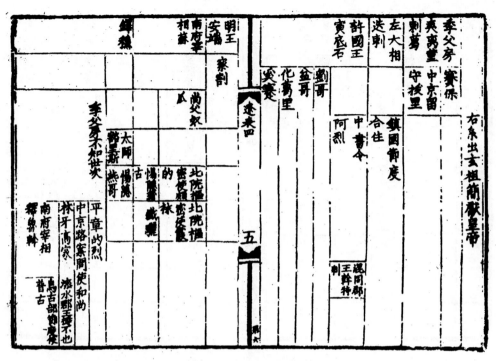

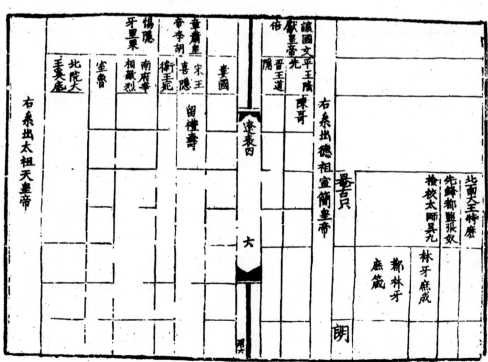

右系出太祖天皇帝

冀王敵烈　娃哥

右系出太宗孝武惠文皇帝

皇太弟魏國王隆慶　查葛

晉王遂哥

陳王謝家奴

遼西郡王驢糞

漆水郡王蘇撒　祗候郎君王家奴

齊國王隆祐　周王胡都古　祗候郎君羅漢奴

魏王合祿

右系出景宗孝成康靖皇帝

重元　涅魯古

燕王具哥　　　　敵烈　术烈稱帝

右系出聖宗文武大孝宣皇帝

皇太叔和魯斡　漆水郡王石篤

匡義節度遼

秦晉國王淳稱帝

右系出興宗神聖孝章皇帝

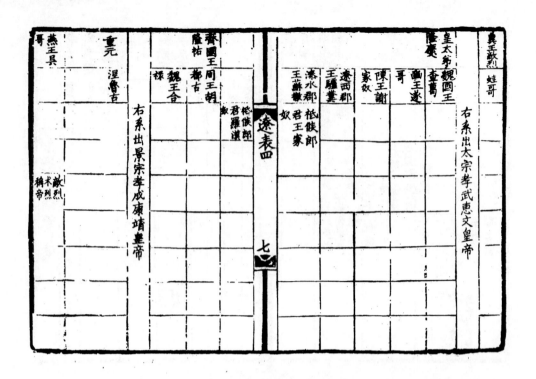

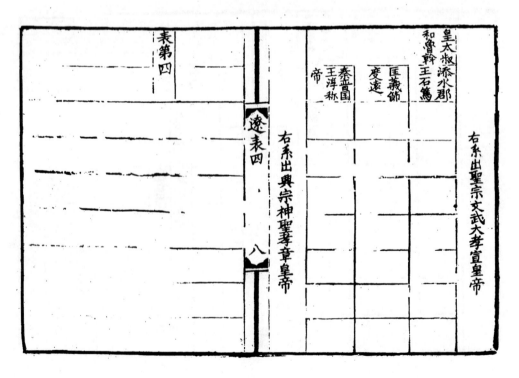

表第四

表第五　遼史六十七

開府儀同三司上柱國錄軍國重事中書右丞相監修國史領經筵事都總裁臣脫脫奉

勑修

外戚表

漢外戚有新室之患晉宗室有八王之難遼史耶律蕭氏十居八九宗室外戚勢分力敵相爲脣齒以翰邦家是或一道然以是而興亦以是而亡又其法之弊也契丹外戚其先曰二審密氏曰拔里曰乙室已至遼太祖娶述律氏述律本回鶻糯思之後大同元年太宗自汴將還留外戚小漢爲汴州節度使賜姓名曰蕭翰以從中國之俗由是

拔里乙室已述律三族皆爲蕭姓拔里二房曰大父少父乙室已亦二房曰大翁小翁世宗以舅氏塔列葛爲國舅別部三族世預北宰相之選自太祖神冊二年命阿骨只始也聖宗合拔里乙室已二國舅帳爲一與別部爲二此遼外戚之始末也作外戚表

戚	蕭氏	景宗睿智皇后父思溫			太祖淳欽皇后父月椀	世宗懷節皇后
一世	五世祖胡母里	忽沒里			阿扎割只月椀	
二世	北府宰相敵魯	北府宰相思溫	馬群侍中術魯烈		北府宰相阿古只	
三世	北府宰相幹	北府宰相繼先思溫無嗣睿智皇后命爲後	蘭陵郡王撻凜	大父房不知世次		
四世	平章事討古		南京統軍慥古			
五世				林牙蕭和尚北院宣徽使特末		
六世					北府宰相排押	蘭陵郡王恒
七世						蘭陵郡王恒敵
八世						
九世				北院樞密使革		
十世						
十一世						

遼表五　三

父阿古只

道宗宣懿皇后父惠

興宗仁懿皇后父孝穆

蘭陵郡王某

齊國王某

國舅詳穩陶瑰

東路統軍柳

北院樞密使惠

大丞相孝穆

西北招討使慈氏奴

北院樞密使阿剌

北院宣徽使撒八

趙國王別里剌

乙古匿

蘭陵郡王酬斡

蒲鞨

北院樞密使孝先

北院樞密使孝忠

北府宰相孝友

使相撒磨

南院樞密使阿速

樞密副使胡覩

蘭陵郡王得里底

磨撒

宗文

遼表五　四

太宗靖安皇后父室魯

駙馬都尉室魯

勉思

宰相撻列

臨海節度使拔剌

龍虎衛上將軍忽古

少父房不知世次

勞古聖宗詩友

南院樞密使朴

中書令乙薛

始平節度使訛都斡

國舅詳穩雙谷

南京統軍迭里得

黃八

表第五

聖宗仁德皇后父隗因						
不知房族世次	國舅族不知世次		國舅別部不知世次			國舅不知世次
隗因	國舅郡王高九	漢人行宮都部署韓家	北府宰相只魯			令穩塔列
	北府宰相朮哲				七世孫臺哂	總知軍國海瓈
	蘭陵郡王撻不也		八世孫世選北府宰	相塔列葛		烏古節度圖王
						南京統軍篤古
						敵烈統軍拱都斡

表第六　　遼史六十八

開府儀同三司上柱國錄軍國重事中書右丞相監修國史領經筵事都總裁臣脫脫奉

勑修

遊幸表

朔漠以畜牧射獵為業猶漢人之劭農生生之資於是乎
出自遼有國建立五京置南北院控制諸夏而遊田之習
尚因其舊太祖經營四方有所不暇穆宗天祚之世史不
勝書今援司馬遷別書封禪例列于表觀者固足以鑒云
作遊幸表

太祖	七年	九年	神冊四年	五年
正月			射虎于東山	
二月				
三月				
四月				
五月				射龍於拽剌山陽水上其龍一
六月		射野馬於漠北		
七月	次鳥林河觀魚			
八月				
九月				
十月				
十一月				
十二月			幸遼陽故城	

	天贊二年	三年
	如平州	
角尾長足短身長五尺舌二尺有半勑藏內庫		
		次回鶻城獵于野馬獨幹山幸回鶻城獵

	天顯元年	四年	五年	六年
		獵于潢河		
		獵于近地		獵于近山獲虎
	幸天福城		獵于近淀	
				觀銀冶射柳
		如涼陘	射柳如沿柳湖	
				障鷹于近山
于西河石堰得白兔觀漁烏魯古河				
		出獵獲虎		

七年	九年	十年	十一年	十二年	會同元年	三年	六年		七年	九年	世宗五年	穆宗應曆三年	四年
						獵于盤山							獵于郭盤山
是秋蒐于潢水之曲		蒐于潢鵝湖			射虎于松山					釣魚于土河			
					觀茂木								
	射柳												
			射柳	射柳						射柳		障鷹于楓山獵于瓶羊山	
						獵于炭山			障鷹於炭山		如太液谷留飲三日	障鷹于團鹿峪	障鷹于白羊山
							障鷹于合不剌	山					
		如金瓶濼											
獵于小瀾得山													

遊表六　三

五年	六年	七年	八年	九年	十年	十一年	十二年	十三年
								丁卯夜觀燈
					獵于圖不得泉如褭潭[illegible]于成吉得井		獵于蘇鷹山	
						射鹿于遼斯[illegible]		獵于[illegible]鷹鴨還
				獵于鹿鳴南林	射鹹鹿于鳳凰門			射柳
		射柳		獵于白鷹山		射鹿于赤山射柳	是夏射舐鹹鹿于玉山	是夏獵于
		射柳	獵赤山	射鹿于鳳凰門下				
				射鹿於近山迤于九月	次三石嶺呼鹿射之			
獵于西山	擊鞠							登高以南唐所
	與羣臣水上擊髀石爲戲							
		獵于赤山獵于拽剌山		獵于黑山	獵于天梯山			獵于三嶺

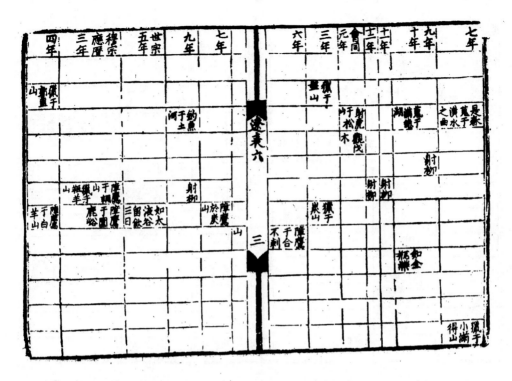

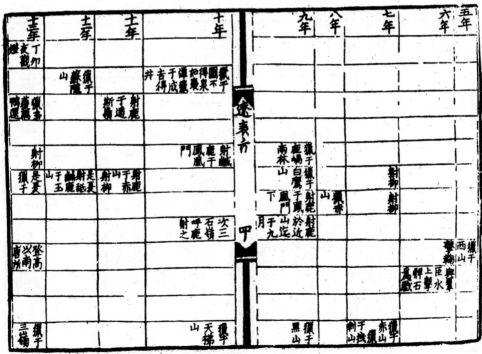

遊表六　四

	1	2	3	4	5	6	7	8	9	10	11	12
			宮飲至終夜自是晝出夜飲迄于月餘			玉山			貢菊花酒賜群臣是秋射鹿於黑山拽剌山			
十四年		如潢河			獵于玉山射卧鹿于白嶺山	射舐鹻鹿于萬濼泉	射舐鹻鹿于赤山呼鹿射之					幸樞密使蕭護思第
十五年									是秋獵于黑山			獵于七鷹山
十六年	擊鞠			以野鹿入								
				馴鹿群觀之飲至竟日			獵于玉山					
十七年		如黃河		駐蹕于褭潭								獵于硅菁嶺
十八年	幸太師女古第宴飲終夜	如褭潭				避暑于褭潭		射鹿于近山三旬而返	以菊花酒飲從臣獵熊	射鹿于皇歲嶺復射鹿射梁	射鹿于皇歲嶺	
十九年		幸鹿囿飲酒至暮幸五坊										

	1	2	3	4	5	6	7	8	9	10	11	12
景宗保寧元年								如秋山		漁于赤山濼		
二年						是夏幸涓母城進幸東京						
三年					射柳		如沿柳湖	射鴨于惠民湖獵于平地松林獵于遼河之源	獵于胡土白山幸于越屋質第	駐蹕于蒲瑰坂		
四年						觀從臣射柳	射柳					
五年	如神得湖如應州								駐蹕于歸化州西硬坡			
六年				幸冰井								
七年	如查懶淀											
八年		如金瓶濼								如長濼		
九年	如鹿[illegible]									如老翁州鈎魚于赤山濼		
十年			獵于顙山復如長濼					獵于赤山		漁于褭潭		

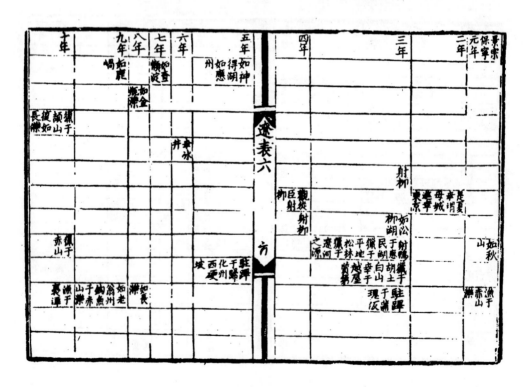

乾亨元年	觀燈于市				幸惠民湖			幸冰井				
二年			閏月如南京賞牡丹西幸									如蒲瑰坂獵于檀州之南
三年		放鶴于溫泉南		幸羊城濼				獵于炭山				
四年									獵于炭山			
聖宗統和元年			從禽于近川獲六鶴幸井[illegible]等寺駐蹕長濼又駐蹕于閣句旁山獵于殺麵句大獲鹿豕		幸興王寺獵于益馬里坂				獵于黑山	駐蹕于老翁州	釣魚于近州	
二年	幸近地	如潢河	獵于山榆甸					幸鷄山觀障臺獵于嶺右				
三年							火[illegible]骨水山障鷹啜于赤山	障鷹千斜軫山擊鞠獵于赤山	渡伯里水觀海		獵于東古山	

四年	觀魚于新濼獵于調頓甸				如炭山清暑獵于燕山			障鷹于炭山獵于炭山獵于畫棲刺山	獵于畫達刺山駐蹕白楊嶺	幸齊國公主第宴		
五年		幸路縣西放鶴[illegible]鵝		北幸越沒打河避暑			沿東山行獵					
六年				幸延壽延洪二寺及秦國長公主第			觀鹿于炭山幸黎園溫湯	射鹿于近山駐蹕赤城南				獵于沙河
七年			擊鞠	擊鞠獵于新西道東	射能于虎特嶺	幸秦國公主第	障鷹于花山幸秦國公主第					獵于蘇州之南甸鈎魚子曲水濼
八年			幸盤山諸寺獵西括折山									
九年		如曲水濼						獵于盤道嶺獵于炭山				
十年					射鹿于湯山				射鹿于蔚州南山	射能于紫荊口		

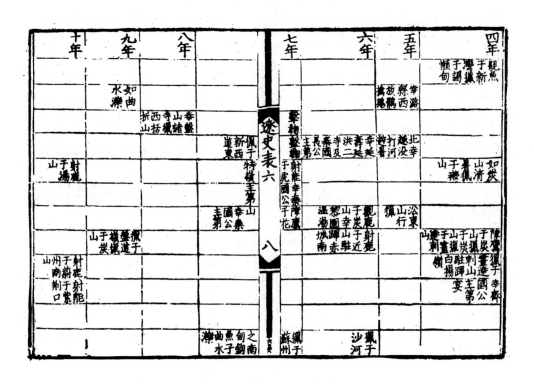

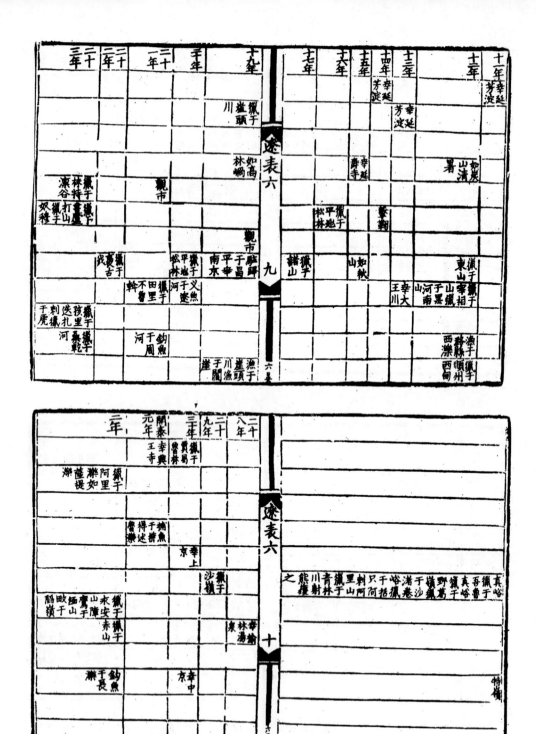

十一年	十二年	十三年	十四年	十五年	十六年	十七年	十九年	二十年	二十一年	二十二年	二十三年
幸延芳淀			幸延芳淀								
		幸延芳淀					獵于崖頭川				
	如炭山清暑			幸延壽寺			如高林嶠				
									觀市		獵于林特凍谷
			擊鞠		獵于平地松林						獵于書盧打山獵于奴稜
							觀市				
	獵于東山			如秋山		獵于諸山	駐蹕于昌平幸南京	獵于平地松林		獵于袁古戍	
	獵于宰相山獵于黑河南山	幸大王川						叉魚于遼河	獵于田里不魯幹		
											獵于孩里迭扎刺獵于虎
	漁于[illegible]西濼								釣魚于周河		獵于桑乾河
	獵于順州西甸						漁于崖頭川漁于關崖				

遼表六　九

	二十八年	二十九年	三十年	開泰元年	二年
			獵于賈曷魯林	幸興王寺	
					獵于阿里濼如薩提濼
				捕魚于耕得述魯濼	
			幸上京		
真峪獵于吾魯真峪獵于野葛嶺獵于沙渚巻峪獵于括只向刺阿里山獵于青林川射熊獲之		獵于沙嶺			
					獵于永安山障鷹于緬山畋于鵑嶺
	幸輸林湯泉				獵于赤山
特滿			幸中京		釣魚于長濼

遼表六　十

三年	四年	五年	六年	七年	八年	九年
	獵于沙阜獵于銅林				如渾河	獵于馬盂山
觀漁于瓌泥濼						
觀漁于三樹濼弋鵝于蓮堤濼				如三樹濼	獵于靈林獵于石底水	
	獵于牛山獵于直舍山	獵于渾河之西				如大魚濼
			獵于狼林東觀漁于蓮花濼獵于羖羊堝		獵于樺山獵于濺嶺山獵于涅烈山獵于踐恩山	
					如秋山障鷹于錘山	
					獵于近甸	獵于黑里白山獵于崖頭川獵
						獵于松山獵于黑山
						觀漁于沙濼
					幸中京	
					幸開泰寺宴飲幸秦晉長公主第作戲闈宴幸開泰寺	

	太平元年	三年	四年	五年	六年	七年
		觀漁于鴨淥江				
		駐蹕于魚兒濼	如魚兒濼			如長春河
		飛放于撻魯河	飛放于長春河			
	獵于渾河山			獵黑嶺西至銅河		
					避暑于永安山之涼陘	
	獵于鵝子山障鷹于只舍山		獵于平地松林			
于蕎麥山獵于榆林射喚鹿于俟勒水難射喚鹿于鐵里必山獵于遼河之涤	獵于馬盂山			獵于檀州北山射兔于平川		獵于黑嶺
			射兔于平川		獵于狼河	

		飛放										
八年	釣魚弋鵝于長春河						駕至遼河源獵					
九年				獵于陘山								
十年							獵于沙嶺	獵于平地松林				
興宗景福元年							幸楚姑公主帳幸皇姊涅木衮第					幸樞密延寧第
重熙元年				清暑于別韓斗	駐蹕于別嶺甸		障鷹于習撻吉	駐蹕于遼河上	獵于習禮吉山	幸中京		
							山	源	獵于牛山			
三年	東幸	射柳			駐蹕于永安山		東幸射鹿					
四年	東幸			獵于娥兒山								
五年	獵于平地松林				釣魚于赤項濼次五鶻部弋獵飲酒	擊鞠放海東青鶻于葦濼擊鞠		如秋山獵于炭山之側	獵于沙山			
六年	獵于鴛鴦濼	獵于野狐嶺			擊鞠幸于北獲衙太保耶律合	幸蕭孝穆第醉飲	射鹿于耶里山			擊鞠	幸晉國公主行帳	

					住帳賜物歡飲							
七年				射柳獵金山			擊鞠射鹿鹿于轄刺罷射虎于東刺山獵于頗羅扎个曷		射鹿于鷹子嶺獵于娥兒山			幸佛寺受戒
八年	叉魚于谷河	獵于武清寨之葦甸								擊鞠		閏月擊鞠
九年				獵至于月終駐						觀漁于混同江		駐蹕于永安山
				蹕于永安山清暑						飛放于韶陽軍		
十年								射虎于醫巫閭山幸外祖母齊國大妃之帳	獵于[illegible]	獵于烽臺山親射虎立斃		
十一年		幸牛山濼	如赤蝸濼						閏月幸南京宴于皇太弟重元第泛舟于			幸延壽寺飯僧詔衆使觀擊鞠

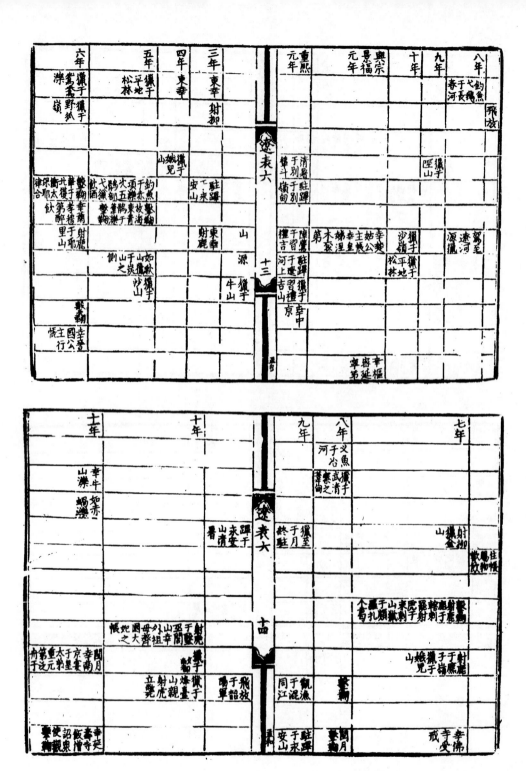

	1	2	3	4	5	6	7	8	9	10	11	12
									臨水殿宴飲			
十二年								幸慶州諸寺焚香獵于戟剌山獵于永安山				
十三年					射鹿于拜馬山					獵于陰山		
十四年							獵于黑嶺		獵于平川			
十五年		如魚兒濼			射鹿于戍林山			南府宰相杜防生男		幸秦國長公主帳		

	1	2	3	4	5	6	7	8	9	10	11	12
								幸其居觀獲				
十六年					射鹿于訛魯古只山		觀市擊鞠射鹿于都里也剌幸慶州諸寺焚香障鷹于直舍山	障鷹于霞列山射鹿于擊輪山		觀擊鞠	幸興王寺拜佛	
十九年					獵于分金山	獵于烏里嶺	幸鷹坊使頗得帳	射熊于監巫問山	射鹿于索阿不山		獵于不野山	

	1	2	3	4	5	6	7	8	9	10	11	12
二十年			如多[illegible]濼									
二十一年					獵于涼陘諸山		擊鞠觀市幸聖濟寺	幸溫湯射虎于猪山	射鹿于黑山獵于玉山獵于白鷹山	觀燈	觀擊鞠獵于柳河獵于平頂山	
二十二年		獵于黑林			射熊于昌朗底	射鹿于門嶺			駐蹕于訛魯昆城			
二十三年	獵于水淵川	如奪里捨澤				幸聖濟寺擊鞠	擊鞠	獵于悅只吉			擊鞠	
道宗清寧二年									獵射虎獲之			

	1	2	3	4	5	6	7	8	9	10	11	12
十年							獵于赤山從皇太后射獲大鹿設宴庚寅獵梁王滑遇十鹿射之得九帝大喜復設宴		幸七金山三學寺	幸北牡山		
咸雍元年							幸黑嶺					

二年						如藕絲淀						
三年	幸沙奴特		駐蹕于細蒿泊			幸魏王乙辛第	獵于赤山					
四年	北幸			射柳幸魏王乙辛第								
六年									獵于木葉山			
七年		如魚兒濼										
九年			如黑水濼				幸金河寺	獵于三門口				
大康三年						避暑于永安山						
四年						獵于黑嶺						
六年					獵于白石山							
大安元年								射鹿于潑山				
二年								射鹿于查沙				
九年		獵于拖古烈						獵于澁牙觀山				
壽隆元年								射鹿杏沙				
二年											幸沙門恒策戒	

											壇問佛法	
三年								射熊于挾蒿都	射熊于沙只直山			
五年								射熊于青崖	射熊于觀里山			
天祚皇帝乾統三年										獵于吾剌里山虎傷獵夫庚子射熊于春山		
四年						射鹿于沙只山				射熊于尨石剌山		
六年									獵于撻不烈山			
八年									獵于柏山			
天慶二年				如斧柯水								
四年									如慶州射鹿于秋山	駐蹕于藕絲淀		
七年										獵于銅子山虎傷獵夫		

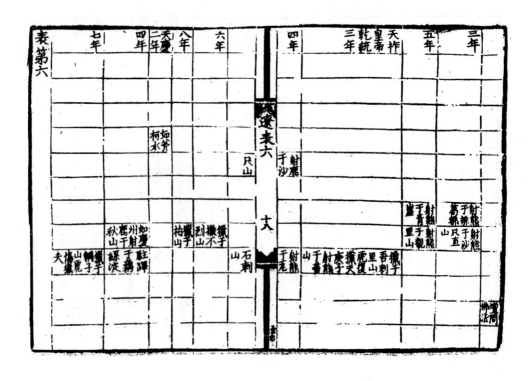

表第六

表第七　　　　遼史六十九

開府儀同三司上柱國錄軍國重事中書右丞相監修國史領經筵事都總裁臣脫脫等奉

敕修

部族表

司馬遷作史記叙四裔於篇末秦漢以降各有其國彼疆此界道里云邈不能混一寰宇周知種落鄰國聘貢往來焉能歷覽或口傳意記模寫梗槩且遼接五代漢地遠近載諸簡冊可考西北沙漠之地樹藝五穀衣服車馬禮文制度文爲土產品物得其粗而失其精部落之名姓氏之號得其音而未得其字歷代踵訛艱於考索遼氏與諸部相通往來朝貢及西遼所至之地見於紀傳亦豈少也哉其事則書於紀部族則列於表云

紀年	太祖元年	二年	三年	四年	五年	神冊元年
正月	黑車子室韋八部降				西奚部東奚部叛討平之	
二月						
三月						
四月						
五月		皇弟惕隱撒剌討烏丸及黑車子室韋				
六月						
七月						征突厥党項小蕃沙
八月						
九月						
十月	討黑車子室韋		討黑車子室韋破之西北嗢娘改部族進牽車人	烏馬山奚庫支洎查剌底鋤勃德等部叛討平之		
十一月						
十二月						

	三年	四年	六年
	皇弟安端爲惕隱攻西南諸部		
			皇太子率諸將分擊部落以烏古實
阤諸部破降之			
		征烏古部	

	天贊元年	二年	三年
爲圖盧涅离與長三部		討奚胡損獲之置奚墮瑰部	
	擊西南諸部		
			擊山東部族破大
			破胡母思山蕃部
	分迭剌部爲二院		

天顯元年	三年太宗不改元	四年	五年
奚部長勃魯恩王郁從征有功賞之			
安邊鄚頡定理三府叛討之			
	突呂不討烏古部		
		突呂不獻烏古俘	敵烈來貢
			烏古來貢
	突呂不獻烏古俘		
	鼻骨德來貢		

六年	七年	九年	十一年	十二年	會同元年
敵烈來貢					
					室韋進白鹿
烏古來貢	烏古敵烈來貢	鼻骨德來貢	鼻骨德來貢		
			于厥里來貢		
鼻骨德來貢					
				鼻骨德來貢	黑車子室韋貢名馬

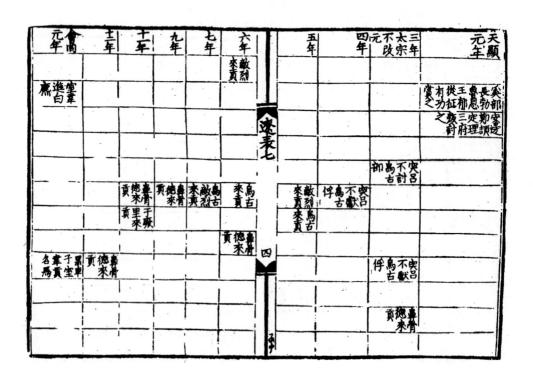

年	一	二	三	四	五	六	七	八	九	十	十一	十二
三年	烏古獻伏鹿國俘							黑車子室韋來貢	术不姑三部人來貢			
四年	涅剌烏隗二部上党項俘獲乙室品突舉三部上党項俘獲	烏古來貢于厥里來				阿里底來貢					术不姑來貢女直來貢	
五年		鼻骨德來貢					鼻骨德烏古來					
							貢术不姑鼻骨德于厥里來貢					
六年						奚鋤勃德部進白鷹						
七年					黑車子室韋來貢					鼻骨德來貢		
八年						鼻骨德來貢黑車子室		鼻骨德來貢				

年	一	二	三	四	五	六	七	八	九	十	十一	十二
						韋來貢						
九年	鼻骨德奏軍籍							烏古來貢				
穆宗應曆元年												鼻骨德來貢
二年									敵烈部來貢			
三年								烏古鼻骨德來貢			敵烈部來貢	
五年	鼻骨德來貢											
六年										鼻骨德來貢		
七年	鼻骨德來貢								黃室韋叛			
十四年												庫古只奏黃室韋掠馬牛叛去庫古只與黃室韋戰敗之降其衆詔賜撫諭

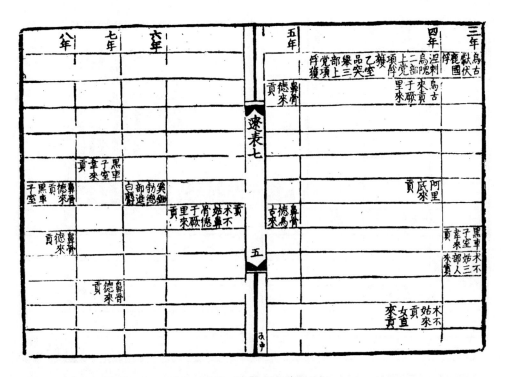

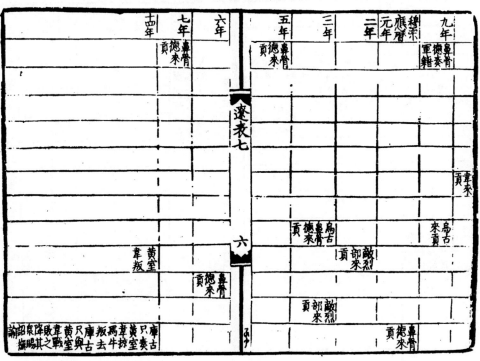

	十五年
	烏古殺其酋長窣离底降而復叛
	大黃室韋酋長寅底吉叛五坊人四十戶叛入烏古
	小黃室韋叛去雅里斯楚思等擊之為室韋所敗遣使讓之
	廩古只奏室韋酋長寅底吉亡入敵烈
	敵烈來降
	烏古至河德濼遣夷离菫畫里夷离畢常思以擊之丁丑烏古掠上京北榆林峪居
	常思與烏古戰大敗之
烏古叛掠居民財畜	

	十七年	景宗保寧三年	四年	五年
	夷离畢骨欲獻烏古之俘			
民遣林牙蕭斡討之				
			鼻骨德來貢	
				鼻骨德部長曷魯撻
		鼻骨德來貢		

	八年	乾亨元年	聖宗統和元年	二年
				五國烏隈古部節度
				劃離部人請今後詳
		敵烈來貢		耶律蒲寧都監蕭勤
覽來朝	鼻骨德來貢			
			速撒奏降敵烈部速撒奏叛蕃來降	

	三年
使耶律隈洼以所轄諸部難制請賜詔給劍仍便宜從事從之	
穩只於當部選授上以諸部官長惟在得人詔不允	上閱諸部籍以涅剌烏隈二部
德東征女直回獻捷	
	乙室奧隗部黍過熟未穫遣人
	乙室姥隈族部副使進物

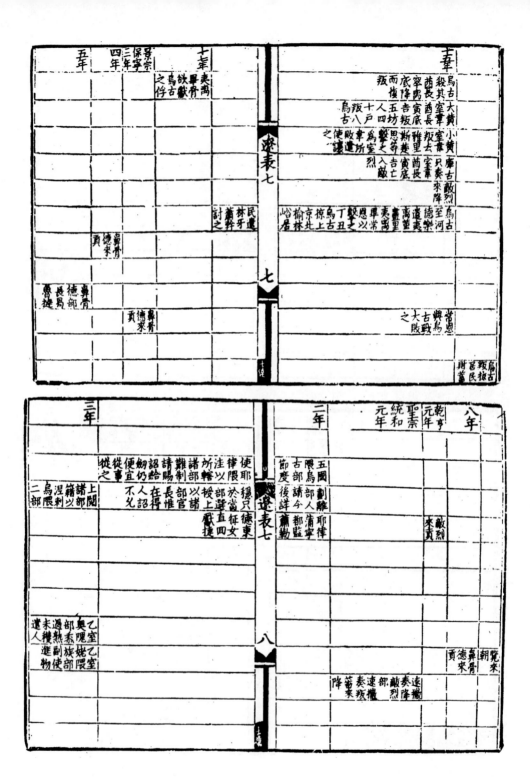

	四年	五年	六年
頻少役重故量免之			
	頻不部節度使和盧覩姑皮室詳穩鮮里等各上所獲兵甲		
			詔烏隈于厥部却貢貂鼠青鼠皮止以馬牛入貢
	烏里古部迭轄重行宮		
		涅剌部節度使撒葛里有惠政部民請留從之	以西南面招討使韓德威討河湟路逋命諸蕃
以助收刈			
术不姑諸部來至近地			

九年	十二年	十三年	十五年	十六年	十九年	二十一年	二十二年
振濟室韋烏古部				鼻骨德酋長來貢			罷黠部貢
			罷奚五部歲貢麝鹿			真里寧部來貢	
			敵烈八部殺詳穩以叛蕭撻凜追擊獲其部族之半				
						烏古來貢	蒲奴里剖
	詔皇太妃領西北路烏古部兵				達盧骨部來貢		
鼻骨德來貢							
		鼻骨德來貢	罷奚王諸部貢物				
					閏月鼻骨德來貢		

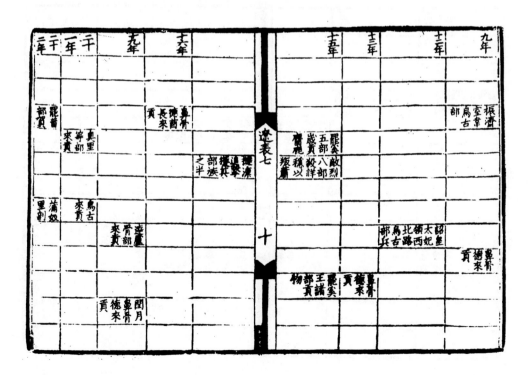

	二十三年	開泰元年	二年		三年
		曷蘇館大王曷里喜來朝	烏古敵烈叛命右皮室詳穩延壽率	兵討之	鐵驪來貢
千齡節及冬至重五進貢					
					烏古叛
阿里等部來貢	烏古來貢		烏古敵烈皆復故地		
					八部敵烈殺其詳穩稍瓦皆叛詔南府宰相耶律吾剌葛招撫之釋所囚敵
	鼻骨德來貢				

	四年		五年	七年
	耶律世良討敵烈得部			
			鼻骨德酋長撒保特賽剌等來貢	命東北越里篤剖阿里奧里米蒲奴
	耶律世良討叛命烏古盡殺之	遣使賞軍前有功將校		
烈數人令招諭其衆壬子耶律世良遣使獻敵烈之俘				
	以旗鼓拽剌詳穩題里姑爲六	部奚主		蒲奴里部來貢

里鐵驪等五部歲貢貂皮六萬五千馬三百四烏古部節度使蕭普達封叛命敵烈滅之

八年

回跋部太師踏剌葛來貢

曷蘇館惕隱阿不葛宰相賽剌來貢

回跋部太保麻門來貢

曷蘇館惕隱阿不葛來貢

太平元年

敵烈酋長頗白來貢馬駝

六年

蒲盧毛朵部內多有兀惹民戶詔索之

术不姑諸部皆叛

曷蘇館諸部長來朝

曷蘇館部乞建旗鼓許之

七年

蒲盧毛朵部遣使來貢

女直部蒲盧毛朵部送來州收管

查只底部民四百戶來附

興宗重熙元年

五國酋長來貢

三年

振濟耶迷只部

十年

曷蘇館人戶沒入蒲盧毛朵部者索還復業

术不姑酋長來貢

十一年

置回跋部詳穩都監

以斡朵蒲盧毛朵部二使來貢不時釋其罪遣之

十二年

耶律歐里斯將兵攻

羅漢奴奏所發

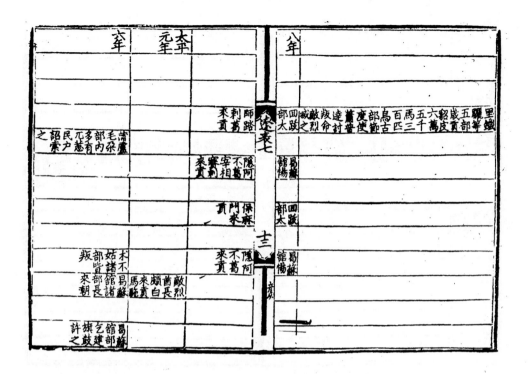

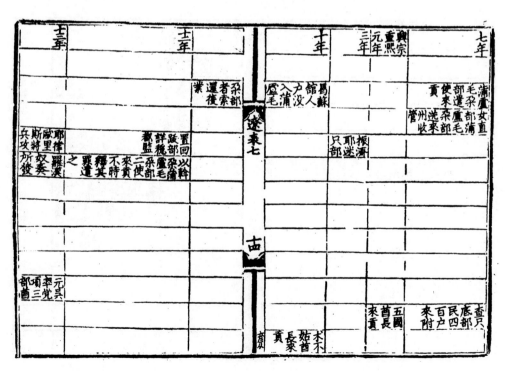

元昊率党項三部酋

	十五年
	蒲盧毛朵界曷懶河
蒲盧毛朵部西南面招討都監蕭謨魯詳穩斡魯母等奏山西部族節度使孤烈以五部叛入西夏仍乞南北府兵援送實戍塞州人戶部選實者發之餘令屯田于天德軍	蒲盧毛朵曷懶河一
部兵與党項戰不利	
	女直部長遜母率衆
長來降	

	十六年	十七年
		耶律義先奏蒲奴里之捷
人戶來附	振濟瑤穩嘲穩部	耶律義先等執陶得里以獻
		烏古遣使送款
百八十戶來附	蒲盧毛朵部大王蒲輦進舡工	
		五國酋長各率其部來附回跋部長兀迭臺乳等來朝五國節度使耶律仙童以降烏古叛人授左監門衛上將軍
	長白山太師柴葛面跋太師撒剌都來貢方物	
來附	濱海八部奚離董虎韃等內附	
	伐蒲奴里酋陶得里	

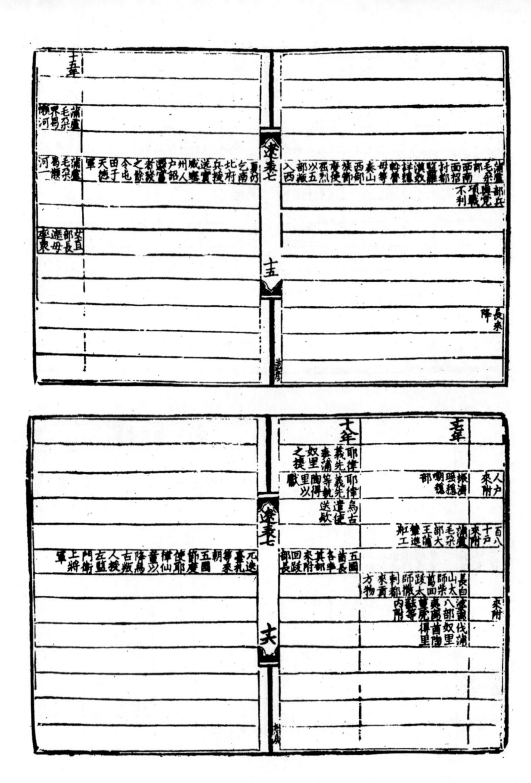

十九年

濱盧毛朶部惕隱信篤來貢 高麗來貢

遠夷拔思母部遣使來貢

回跋曷蘇館蒲盧毛朶部各遣使進馬

二十一年

遣使詣五國及鼻骨德烏古敵烈四部捕海東青鶻

道宗

詔二女古

清寧二年

部與世預宰相節度使之選者免皮室庫役

三年

五國部長貢方物

八年

吾獨婉惕隱屯禿葛等乞歲貢

馬駝許之

咸雍元年

五國剖阿里部叛命左夷离畢蕭素颭討之

五國酋長來降仍獻方物

六年

五國部長來朝

九年

八石烈敵烈人殺其節度

太康元年

使以叛上詔限烏古部軍分西道擊之

西北路叛命酋長遣搭離搭雙古等來降

四年

五國部長來貢

	七年	八年	九年	大安元年	二年	三年	四年	八年
	五國部長來貢	五國諸酋長貢方物		五國酋長來貢良馬	五國諸部長來貢		五國諸部長來貢	
						出絹賜隗	烏古部叛民	
						四北部潊	海邅牛	
			五國部長來貢					
					五國部長來貢		詔諸部官長親鞫獄訟	阻卜酋長磨古斯殺金吾吐古斯以叛遣奚六部吐里耶

遼表七　十九

		九年	十年
			惕德酋長來貢
			烏古部節度使耶律陳家奴奏討茶札剌之捷知北院樞密使事耶律斡特剌為都統夷离畢耶律
			西北路招討司奏敵烈部入寇統軍司兵與戰不利招討司兵擊破之
			和烈葛部來貢惕德酋長來貢
	律郝三發諸蕃部兵討之	詔以戰馬三千給烏古部烏古敵烈統軍使蕭朽哥奏討阻卜之捷	
			是歲惕德酋長頡得斯領所部來降詔復舊地頗里八部來寇擊敗之

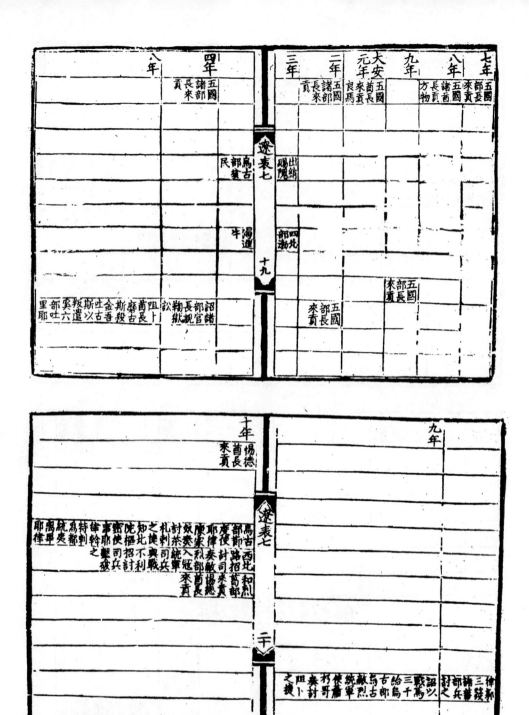

遼表七　二十

	壽隆元年		二年	三年
	敵烈入寇掠群牧馬	戍兵襲之盡得所掠	市牛以給烏古敵烈隗烏古部貧民	烏古部節度使耶律陳家奴討
			振達麻里別古部	
禿朶爲副統龍虎衛上將軍耶律胡呂爲都監討磨古斯遣積慶宮使蕭紏里監戰	斡特剌奏耶覩刮之	捷		
	頗里八部首長來附	且進方物斡特剌奏磨古斯之捷		
			頗里八部進馬	蒲盧毛朶部長率其部民來歸
				五國部長來貢
				蒲盧毛朶部來貢

	五年	六年	天祚乾統二年
有功		斡特剌獲叛命磨古斯來獻	
		烏古部討茶扎剌破之	斡特剌獻耶覩刮等部之捷
	五國部長來貢		
	惕德酋長禿的等來貢	耶覩刮諸部寇西北路	
		斡特剌奏耶覩刮諸部之捷	
	斡特剌奏討耶覩刮之捷	五國諸部長來貢	

四年	九年	十年	天慶元年	二年	三年
				五國部長來貢	
鼻骨德遣使來貢					饒州渤海
			五國部長來貢		
	五國部來貢	五國部長來貢			

古欲等反，自稱大王，以蕭謝佛留等討之

六年

烏古部叛，遣中丞耶律撻不也等招之

烏古部降

東面行宮副統馬哥、余覩等攻曷蘇館，敗績

保大二年

金師取西京，沙漠以南部族皆降之，帝遣訛莎烈

烏古部節度使耶律棠古破敵烈部叛命，皮室加太子太保

都統馬哥討叛命敵烈部，克之

聞金主撫定南京，遂由掃里關出居四部族詳穩之家

三年

軍將耶律敵烈等劫梁王雅里奔西

耶律大石自金朝亡歸，復渡河東還

四年

上北遣謨葛失來迎，率部人防衛，時侍從乏糧數日，以衣易羊，至烏古敵烈部，封謨葛失

北部

突呂不部

上納突呂不部人訛哥之妻諳葛，以訛葛爲本部節度使

爲神于戲

天祚播越，耶律大石立燕晉國王淳，淳死，與蕭妃奔天德軍，上誅妃，責大石，大石率衆西去，自立爲帝，所歷諸部附見于後

大黃室韋部	尼剌部	普速完部	回回大食部
白達旦部	達剌乖部	唐古部	尋思干地
敵烈部	達密里部	忽母思部	起而漫地
王紀剌部	密兒紀部	奚的部	
茶赤剌部	合主部	糺而畢部	
也喜部	烏古里部	乃蠻部	
鼻骨德部	阻卜部	畏吾兒城	

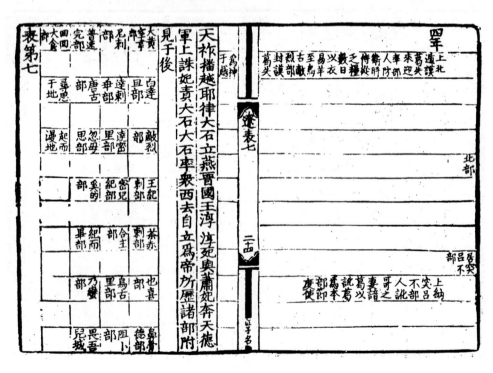

表第七

開府儀同三司上柱國錄軍國重事中書右丞相監修國史領經筵事都總裁臣 脫脫 奉

勑修

屬國表

周有天下不期而會者八百餘國遼居松漠最為彊盛天命有歸建國改元號令法度皆遵漢制命將出師臣服諸國人民皆入版籍貢賦悉輸内帑東西朔南何啻萬里視古起百里國而致太平之業者亦幾矣故有遼之盛不可不著作屬國表

紀年	太祖元年	神册元年	三年
正月		御正殿受百僚暨諸國人使朝賀	
二月			渤海高麗回鶻阻卜党項各遣使來貢
三月			高麗滑西北諸蕃皆遣使來貢回鶻獻珊瑚樹
四月			
五月			
六月			
七月			
八月			
九月			
十月			
十一月			
十二月	和州回鶻來貢		

劉伏

紀年	四年	五年	天贊二年	三年	四年	天顯元年
正月						
二月					大元帥堯骨略地党項	回鶻新羅吐蕃党項沙陀從征有功
三月						
四月					攻小蕃下之回鶻烏母主可汗遣使貢謝	
五月						
六月			波斯國來貢	西討吐渾党項阻卜		
七月						
八月		征党項				
九月				大食國來貢回鶻怕里遣使來貢	攻阻部	
十月	師次骨里國分路擊之舉國歸附			遣兵踰流沙拔浮圖城盡取西鄙諸部	日本國來貢	
十一月				獲甘州回鶻烏母主可汗	新羅國來貢	
十二月						

劉伏

	二年 太宗不改元	三年		六年	七年	八年
				西南邊將以慕化轄戛斯國人來		皇太弟李胡率兵伐党項
賞之[illegible][illegible]鐵驪靺鞨來貢改渤海國為東丹國忽汗城為天福城		[illegible][illegible]來	貢			吐渾阻卜來貢
					女直來貢	党項來貢
						阻卜來貢阿薩蘭回鶻貢
						鐵驪來貢阻卜來貢术不姑來貢
		突厥來貢				
				鐵驪來貢		阻卜來貢术不姑來貢
					阻卜貢海東青鶻	
	女直國遣使來貢					

九年	十年	十一年	十二年	會同元年	二年	三年
党項貢駝鹿						
				鐵驪來貢		女直來朝
女直來貢	党項來貢	女直國遣使來貢		女直國遣使來貢	女直國來貢	
	吐谷渾酋長率衆內附			女直國遣使進弓矢西南邊大詳穩耶律魯不古奏党項之捷		
				吐谷渾來貢		
	吐渾來貢	吐谷渾來貢				
					吐谷渾來貢	
		吐渾來貢		吐谷渾烏孫靺鞨來貢		阻卜來貢
			女直國遣使來貢回鶻來貢		阻卜來貢	女直國來
			鐵驪來貢		鐵驪敦煌並遣使來貢	

	四年	五年
貢	鐵驪來貢	
	鼈不古伐党項回獻俘	鐵驪來貢
		素撒國人來貢阻卜貢方物
		阻卜來貢
阻卜貢	及賃烈國來貢阻卜來貢	
		党項逆命伐之
	吐谷渾降阻卜來貢女直國遣使來貢	

六年	七年	八年	九年
			回鶻女直來貢
			吐渾進生口
			吐渾白可久來附
	賃烈要里等國來貢		女直來貢
鐵驪來貢		回鶻來貢吐谷渾來貢鮮沒里要里等國貢方物	
	回鶻遣使請婚不許		
鐵驪來貢		鐵驪來貢	

穆宗應曆元年	二年	三年	十二年	十三年
	女直來貢			
	鐵驪貢鷹鶻	鐵驪來貢		
				斡朗改國進花鹿生
		吐蕃吐谷渾來貢	女直國貢鼻上有毛小兒	
	回鶻及轄戛斯國來貢			
鐵驪來貢				

	景宗保寧三年	五年	八年	九年
		伐党項破之上俘獲之數		女直國遣
	漢遣使來告			
賽視之		女直國侵邊阿薩蘭回鶻來貢		女直國二
	回鶻遣使來貢			
	漢以宋人來攻遣使來告			回鶻遣使
			女直國侵貴德州	
	吐谷渾來貢			耶律沙以
				吐谷渾叛
			轄戛斯國遣使來貢	

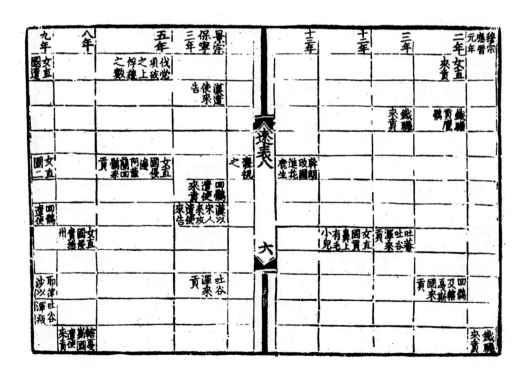

使來貢

十年
- 阿薩蘭回鶻遣使來貢
- 女直國遣使來貢

十一
- 人來請宰相夷離堇之職以次授之
- 來貢
- 党項降酋可觀買友來賜詔撫諭
- 女直國遣使來貢
- 入太原四百餘戶索而還之

乾亨元年
- 女直國宰相遣使來貢

四年
- 討阻卜

聖宗統和元年
- 党項十五部寇遣西南面招討使韓德威破之叛阻卜韓德威討党項諸部
- 韓德威破党項上俘獲之數

二年
- 女直宰相
- 速撒等討

- 達(?)里等八族內附
- 阻卜殺其酋長撻剌于

三年
- 女直國宰相术里稙來朝

四年
- 阻卜遣使來貢
- 党項來貢

六年
- 閏月阿薩蘭回鶻來貢
- 党項太保阿剌悦來朝
- 女直宰相速魯里來朝

七年
- 回鶻阿思 于闐懶于 師子闐韓
- 于闐遣張文寶

拔延

- 等國來貢党項遣使來貢
- 烈三國來貢吐蕃來貢
- 進內丹書

八年
- 于闐回鶻各遣使來貢女直國遣使來貢
- 女直國遣使來貢
- 女直國宰相阿海來朝
- 阿薩蘭回鶻于越達剌干遣使來貢女直遣使來貢
- 北女直國四部請內附
- 阻卜遣使來貢
- 女直遣使來貢回鶻來貢

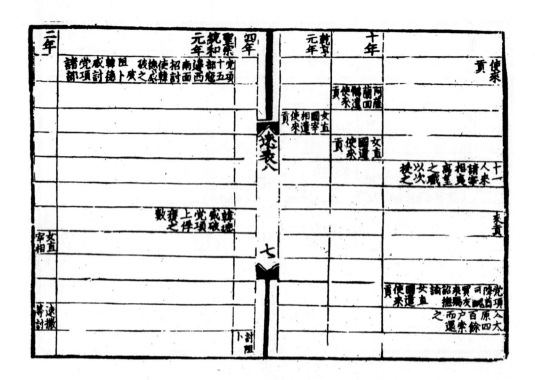

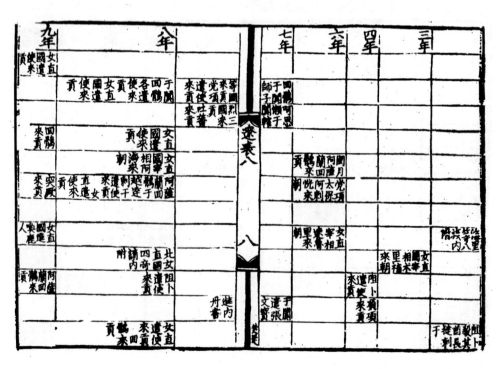

九年
- 女直國遣使來貢
- 回鶻來貢
- 突厥來貢
- 女直國遣與鹿人
- 阿薩蘭回鶻來貢

十年
- 兀惹來貢
- 鐵驪來貢
- 鐵驪來貢
- 鐵驪來貢
- 回鶻來貢

十一年
- 回鶻來貢

十二年
- 回鶻來貢高麗來貢
- 高麗遣使請所俘生口詔贖還之
- 回鶻遣使來貢
- 女直國遣使來貢
- 党項吐谷渾來貢阻卜來貢
- 鐵驪來貢
- 女直以宋國人由海道賂本國及說兀惹叛遣使來告

十三年
- 女直國遣使來貢
- 夏國遣使來貢
- 高麗進鷹
- 女直國遣使來貢
- 回鶻來貢兀惹歸款鼻骨來貢
- 阿薩蘭回鶻遣使來貢高麗遣童子十人來學本國語
- 鐵驪遣使來貢鷹馬

十四年
- 回鶻遣使來貢女直國遣使來貢韓德威奏破党項之捷
- 韓德威奏討党項之捷
- 鐵驪來貢回鶻來貢
- 回鶻來貢
- 阿薩蘭回鶻遣使為子求婚不許

十五年
- 河西党項叛詔韓德威討之兀惹酋長
- 党項來貢河西党項乞內附兀惹烏
- 鐵驪來貢
- 党項酋長來貢禁吐渾別部鬻馬於宋
- 蕭撻凜奏討阻卜之捷
- 武周來降女直國遣使來貢
- 耶覽乞歲時免進貢鷹鶻貂皮以其地遠詔生辰正旦外並免

十六年
- 夏國遣使來貢
- 女直國遣使來貢
- 鐵驪來貢

十七年
- 兀惹烏昭度來降釋之

十八年
- 阻卜叛酋鶻碾之弟鐵剌不率部民來附鶻碾無所歸繼降詔誅之
- 回鶻來貢

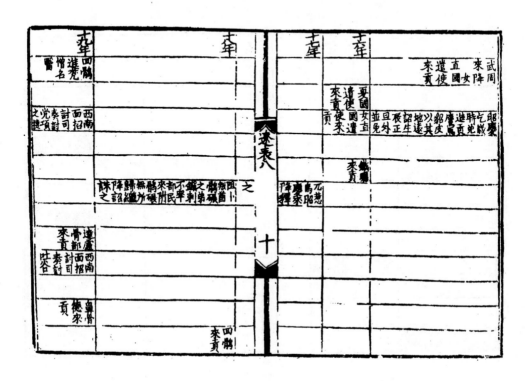

十九年
- 回鶻進梵僧名醫
- 西南面招討司奏討党項之捷
- 達盧骨部來貢
- 西南面招討司奏討吐谷
- 鼻骨德來貢

渾之捷

[illegible]年

女直國宰相夷离底來貢

女直國大王阿段遣其子出燭你耶剌段塞剌來朝

鐵驪遣使來貢

高麗遣使來進本國地里圖

二十一年

鐵驪來貢

女直國來貢兀惹渤海奧里米越里篤越里吉五部來貢

党項來貢阻卜酋長鐵剌里率諸部來降

阻卜鐵剌里來朝

二十二年

女直國遣使來貢

党項來貢阻卜酋鐵剌里來朝鐵剌里求婚許之

南京女直國遣使獻所獲烏昭慶子

二十三年

振党項部回鶻來貢

女直國及阿薩蘭回鶻各遣使

阻卜酋鐵剌里遣使賀與宋和

党項來貢烏古來貢女直國遣

來貢鐵驪來貢党項來寇

使來貢阿薩蘭回鶻遣使來因請先留使者皆遣之

二十四年

沙州燉煌王曹壽遣使進大食馬及美玉以對衣銀器幣物賜之

二十五年

西北路招討使蕭圖玉討叛命阻卜破之

二十六年

高麗進文化武功兩殿龍鬚草地席

蕭圖玉[illegible]奏討甘州回鶻降其王耶剌里撫慰而還

二十八年

西北路招討使蕭圖玉奏伐甘州回鶻破其屬郡肅州盡俘其生口詔修土隗口故城以實之

詔西北路招討

開泰元年

女直國太保蒲撚等來朝

使駙馬都尉蕭圖玉安撫西鄙置阻卜等部

鐵驪那沙等送兀惹百餘戶至賓州賜絲絹以賞之

二年

化哥等破阻卜酋長烏八之衆

三年

阻卜酋長烏八朝貢封烏八爲王女直國及鐵驪各遣使來貢

沙州回鶻曹順遣使來貢回賜衣幣

四年

于闐國來貢

耶律世良等破阻卜上俘獲之數女直國遣使來貢

五年

耶律世良與蕭善寧東討高麗破之

阻卜酋長來朝

叛命党項酋長魁可來降

八年

鐵驪來貢

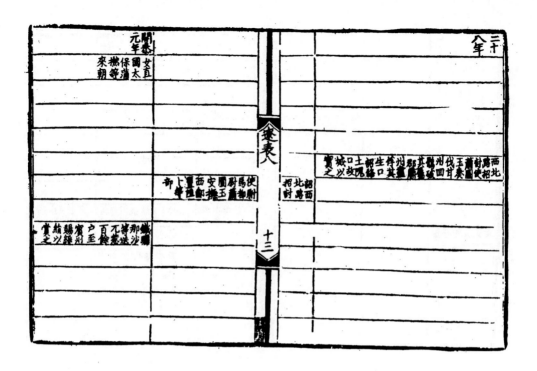

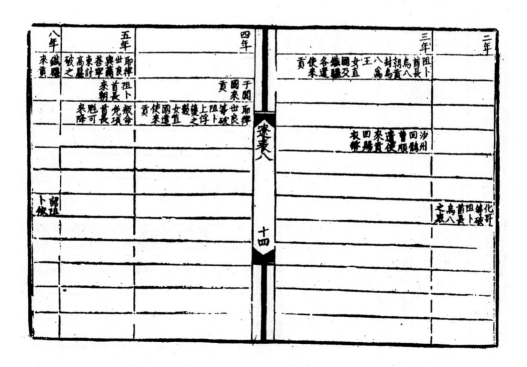

詔阻卜依

	九年	太平元年		二年	六年
					詔党項別部塌西設契丹
		大食國王復遣使請婚以	王子班郎君胡思里女可老封公主降之		阻卜入寇西北路招討使
				鐵驪遣使進兀惹人一十六戶	遣西北路招討蕭惠將兵伐甘
鐵驪貢貂鼠青鼠皮等物	遣使賜沙州回鶻燉煌郡王曹順衣物	阻卜札剌部來貢			
					蕭惠攻甘州不克師還自是西
	沙州回鶻燉煌郡王曹順遣使來貢				
	大食國王遣使爲其子册哥請婚進象及方物	党項酋長曷魯來貢			

	七年	八年	興宗重熙二年	六年	七年	九年
		党項寇邊破之	女直國詳穩臺押率所部來貢			
節度使治之					高麗遣使來貢	
蕭惠破之					夏國遣使來貢	
州回鶻						
	詔蕭惠討阻卜					
					阻卜酋長屯禿古廝來朝	
阻卜諸部皆叛我軍與戰敗績涅里姑曷不呂皆殁於陣遣惕隱耶律洪古等將兵討之						
				阻卜酋長來貢		女直國人侵邊

十年

發黃龍府路鐵驪軍拒之

十一年

夏國遣使獻所俘宋將及生口

回鶻遣使來貢

以吐渾及党項多鬻馬于夏國詔沿邊築障塞以防之

十二年

高麗國以加上尊號遣使來賀

夏國遣使進馬駝

阻卜大王屯禿古斯弟太尉撒葛里來朝回鶻遣使來貢

阻卜來貢

夏人侵掠党項遣延昌宮使高家奴問之

十三年

高麗遣使來貢

南院大王耶律高十奏党項等部叛附夏

羅漢奴奏所發部兵與党項戰不利

阻卜酋長烏八遣其子執元昊求援

夏國遣使來

夏國復遣使來詢

擒叛命党項偵人射鬼箭元昊親執党項

(continued)

國

使者窊邑改來且乞兵以助戰從之

三部酋長來降

十四年

高麗遣使來貢

阻卜大王屯禿古斯率諸酋長來朝夏國遣使來朝

阿薩蘭回鶻遣使來貢

十五年

高麗遣使來貢

十六年

阻卜大王屯禿古斯來朝進方物

鐵驪仙門來朝以前此未嘗入貢仍加右監門衛大將軍

女直國遣使來貢阿薩蘭回鶻王以公主生子遣使來告

十七年

鐵不得國遣使來乞以本部軍助攻夏國不許

高麗遣使來貢

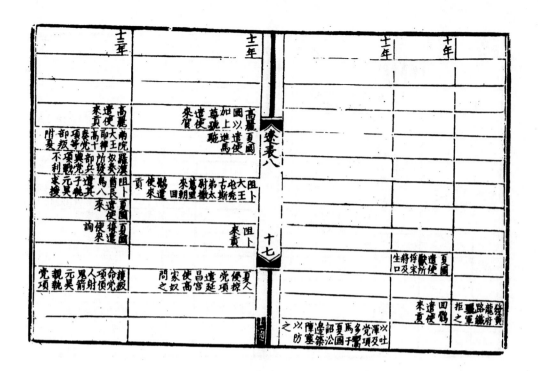

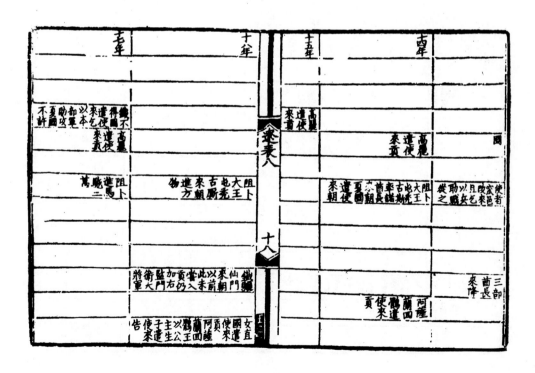

阻卜進馬駝二萬

十八年	高昌國遣使來貢；阻卜來貢馬駝珎玩
十九年	高麗遣使來貢；遠夷拔思母部遣使來貢；高麗遣使來賀伐夏之捷；阻卜酋長豁得剌弟斡得來朝加太尉遣之；阻卜酋長耑只葛拔里斯來朝；阻卜酋長豁得剌遣使來貢
二十年	吐蕃遣使來貢
二十一年	阿薩蘭回鶻遣使貢名馬

文豹

二十二年	阿薩蘭回鶻爲鄰國所侵遣使求援；[illegible][illegible]遣使來貢；阻卜大王屯禿古斯率諸部長進馬駝
二十三年	夏國遣使貢方物；高麗遣使來貢；夏國遣使來貢；吐蕃遣使來貢；阻卜酋長來貢
道宗清寧二年	阻卜酋長來朝貢及方物
咸雍二年	回鶻來貢

遼表八 十九

四年	阿薩蘭回鶻遣使來貢；阻卜酋長來貢；夏國遣使來貢
五年	阻卜酋長以叛南京留守晉王仁先爲西北路招討使領禁軍討之；吐蕃遣使來貢；晉王仁先遣人奏阻卜之捷

六年	阻卜酋長來朝且貢方物；西北路招討司以所降阻卜酋來；阻卜酋長來朝；西北路招討司擒阻卜酋長來獻以所降阻卜酋長圖木同刮來
七年	女直國進馬；吐蕃來貢；高麗遣使來貢；回鶻來貢
八年	振易州貧民高麗；回鶻來貢

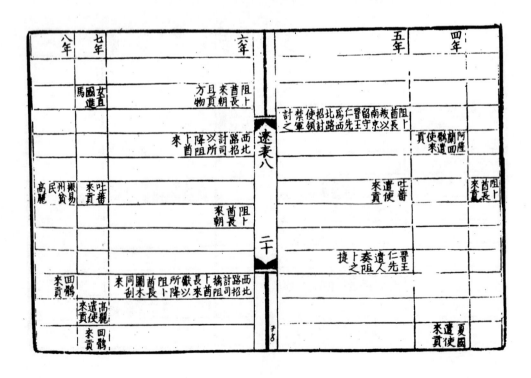

遼表八 二十

	九年	十年	大康元年	二年	四年
		阻卜諸酋長來貢			
					高麗遣使乞賜鴨淥
遣使來貢			吐蕃來貢	回鶻來貢	阻卜酋長來貢阻
	回鶻來貢				
		高麗遣使來貢			回鶻遣使來貢
	高麗夏國並遣使來貢				

遼表八　二十一

	五年	六年	七年	八年
			女直國貢良馬	鐵驪酋長貢方物
江以東地不許				
卜諸酋長進良馬	阻卜酋長來貢	女直國遣使來貢	阻卜與余古赧來貢	阻卜酋長來貢
			高麗遣使來貢	

九年	十年	大安二年	三年	四年
		女直國來貢良馬	女直國來貢良馬高麗遣使來貢	免高麗歲貢
	女直國貢良馬及犬			
	阻卜諸酋長來貢			
阻卜酋長來貢		阻卜諸酋長來朝		
		高麗遣使謝封冊		

遼表八　二十二

五年	六年	七年	八年
高麗遣使來貢			阻卜諸酋長來降
	女直國遣使貢良馬		
			阻卜酋長來貢
回鶻遣使貢良馬			
		回鶻遣使貢方物	
		回鶻遣使來貢異物不納厚賜遣之	
		日本國遣鄭元等二十八人來貢	日本國遣使來貢
			阻卜酋長磨古斯殺金吾
	高麗遣使來貢		

禿古斯以叛遣奚六部禿里耶律郭三發諸蕃部兵討之

九年

磨古斯入寇

西北路招討使耶律阿魯掃古追磨古斯還都

監蕭張九遇賊衆與戰不利二室韋拽剌北王府特滿群牧宮分等軍多陷于賊

有司奏磨古斯詣西北路招討使耶律撻不也

遇害附近阻卜酋長烏古扎叛去達里底及拔思母並寇倒塌嶺路阻卜酋轄底便掠西路群牧

十年

烏古扎等來降達里底拔思母二部入寇

西南面招討司奏拔思母之捷達里底入寇

山北路副部署蕭阿魯帶奏達里底之捷

閏月達里底拔思母二部來降

阻卜來寇倒塌嶺西路群牧及渾河北牧馬皆爲所掠東北路統軍使耶律石柳以兵追及盡獲所掠

西北路統軍司獲阻卜酋拍撒葛滿魯等來獻

惕德酋銅刮阻卜酋的烈等來降達里底及拔思母弟來寇山北副部署阿魯帶擊敗之

西北路統軍司奏討磨古斯之捷

壽隆元年

西南面招討司奏拔思母入寇擊敗之蕭阿魯帶等討拔思母破之

高麗遣使來貢

女直國遣使來貢

阻卜酋長禿里底及圖木葛來朝貢

阻卜酋長猛達斯來貢

女直國遣使進馬

二年

西南面招討司討拔思母

阻卜來貢

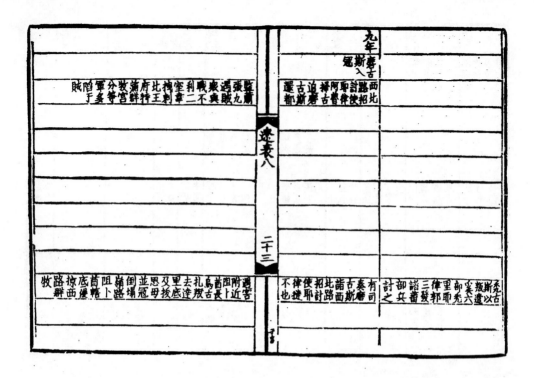

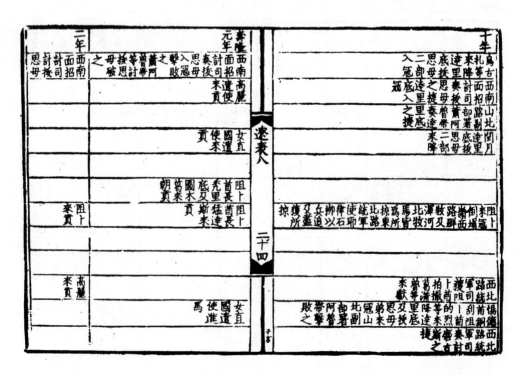

高麗來貢

	三年	五年
破之		詔夏國王
	阻卜酋長猛撒葛及粘八葛酋長禿骨撒梅里急酋長忽魯八等請復舊地以貢方物	
	斡特剌討阻卜破之	
		阻卜來貢
	斡特剌遣人奏梅里急之捷	
	西北路統軍司奏梅里急之捷	

	六年	七年	天祚乾統二年
李乾順伐拔思母部			
	阻卜酋長來貢		
		阻卜鐵驪酋長來貢	阻卜入寇斡特剌等戰敗之
	女直國遣使來貢鐵驪來貢		

三年	四年	六年	八年
女直國象蕭海里首遣使來獻			
	吐蕃遣使來貢		西北路招討使擒敵里率諸蕃酋長來朝
		阻卜來貢	
吐蕃遣使來貢			
			高麗遣使來謝

九年	十年	天慶二年	三年
夏國以宋不歸地遣使來告			
	阻卜來貢	和州回鶻來貢阻卜酋長來貢	斡朗改國遣使來獻良犬
高麗遣使來貢			回鶻遣使來貢高麗遣

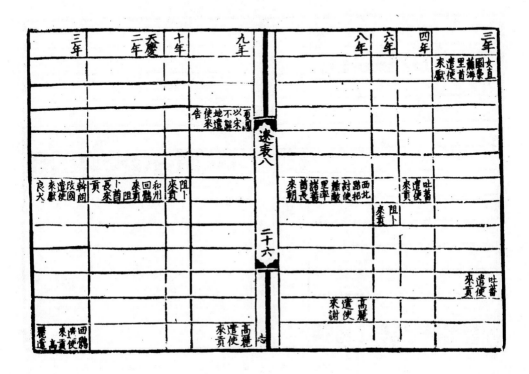

四年

女直國遣使索叛人阿疎不發

女直國復遣使來取阿疎不發即遣侍御阿息保往問境上建城堡之故

阿息保還言女直國主之意若還阿疎朝貢如舊不然城未能已

女直國遣師來攻

女直國下寧江州

鐵驪兀惹叛歸女直

使來
謝

五年

遣僧家奴持書約和斥女直國主名女直國主遣賽剌復書若歸叛人阿疎遷黃龍府於別地然後圖之

遣耶律張家奴蕭蘇阿息保蕭葛統石保得里底等齎書使女直國斥其名冀以速降

張家奴等以女直國主書來復遣張家奴以往

張家奴等還女直國主復書亦指其名諭之使降

遣蕭辭剌使女直國以書辭不屈見留

都統斡里朵等及女直軍戰于白馬濼敗績

女直軍下黃龍府

女直國主遣賽剌以書來報若歸我叛人阿疎即當班師

六年

女直軍攻下瀋州族人痕孛鐸剌吳十撻不也道剌酬斡平盧甲古僕闘萬剌韓七吳十那也溫高僧十三

人皆歸女直國

七年

女直軍攻春州女古皮室四部及渤海人皆降復下泰州

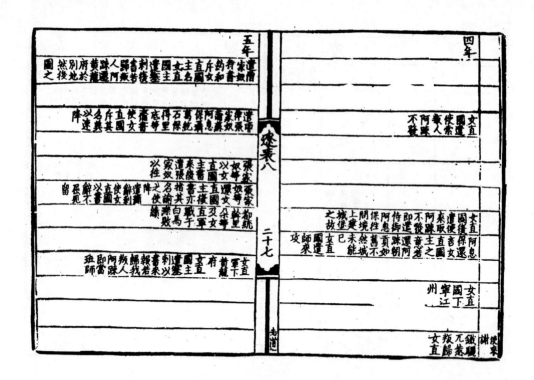

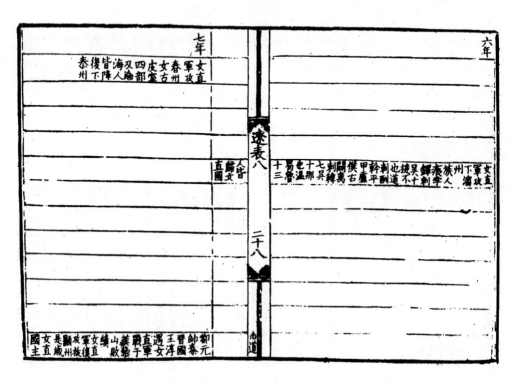

都元帥秦晉國王淳遇女直軍戰于蒺藜山敗績女直軍復攻拔顯州是歲女直國主

即皇帝位建元天輔國號金

八年

遣耶律奴哥等使金國復議和保安軍節度使張崇以雙州民二百戶歸金國

耶律奴哥還金主復書大略言如以兄事朕歲貢方物歸上中京興中府三路州縣以親王公主駙馬大臣子孫爲質及還我行人與元給信牌并宋夏高麗往復書詔表牒可以如約

復遣奴哥使金國

奴哥以書來約不踰此月見報復遣奴哥使金國要以酌中之議金主遣胡突袞與奴哥持書來大畧如前所約

遣胡突袞齎三國書詔表牒復使金國通祺雙遼四州之民八百餘戶歸附金朝

金朝復遣胡突袞以書來免所取質及上京興中府所屬州郡裁減歲幣之數如能以兄事朕冊用漢儀可以如約

奴哥突迭復使金朝議冊禮

突迭見留奴哥還金主復書謂如不能從勿復遣使遣奴哥復使金朝蕭寶訛里野特末霍石韓慶和王伯龍等各率衆歸于金

奴哥突迭持金主書來龍化州張應古劉仲良嘞海二哥等率衆歸附金朝

以議定冊禮遣奴哥使于金寧昌軍節度使劉完以懿州民戶三千歸金

志道

九年

金遣烏林荅贊謨持書來迎冊禮

遣知右夷离畢事蕭習泥烈大理寺提點楊勉等冊金主爲東懷國皇帝

阻卜補疎只等反

金復遣烏林荅贊謨持書來責冊文無兄事之語不言大金而云東懷及乖體式如依前書所定然後可

從楊詢卿羅子韋率衆歸金

復遣蕭習泥烈楊近忠先持冊藁使于金

遣使送贊謨以還

十年

金復遣贊謨以書并撰到冊文副本以來仍責乞兵于高麗

以金朝所定冊草內大聖二字與先世徽號相同復遣習泥烈持書議之

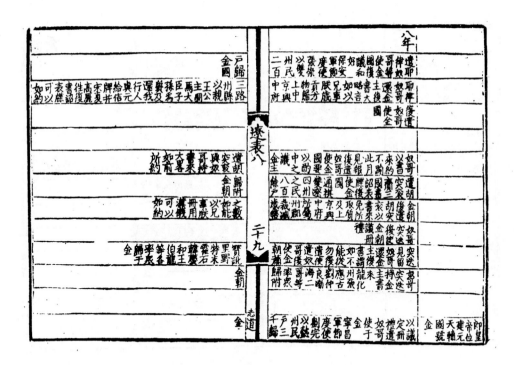

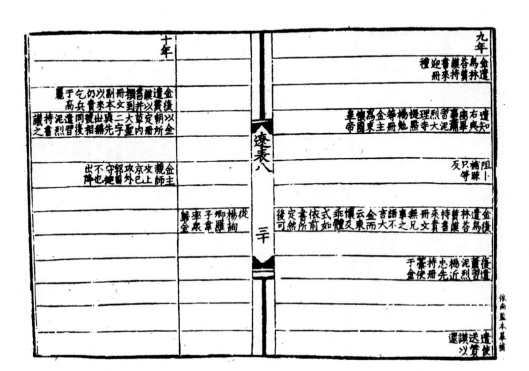

金主親師攻上京已攻外郛留守撻不也出降

保大元年	二年		三年
	金師克中京進下澤州		遼興軍宜錦乾顯成川豪懿等州降金
	金師敗奚王霞末于北安州遂降其城		興中府降金歸德軍及隰遷閭三州款附金
	聞金師將出嶺西遂趨白水濼群牧使謨魯斡歸金聞金師將	及輕騎以遁殿前點檢耶律高八率衛士歸金	
	金師取西京		金師至居庸關耶律大石被擒金師圍輜重於青塚
南京統軍耶律余覩率將吏戶歸于金			因金師書乞為弟若子量賜土地夏國王李乾順
	夏國遣兵來援為金師所敗		冊李乾順為夏國皇帝
	親遇金師戰于石輦驛敗績夏國遣曹介來問起居		
	奉聖州降金		
	蔚州降金		
	金師屯奉聖上遁於落昆髓		
	金主撫定南京		

		四年	五年
		金帥來攻上棄營北遁特母哥歸金	党項小斛祿遣人請臨其地
			上至應州新城為金帥完
硬寨金遣人以書來招回書請和金帥以兵送族屬東行乃遣兵邀戰于白水濼為金師所敗金帥以書來招	以書答之金帥復書不許請和		
請臨其國			
		蕭撻不也察剌歸金	
		建州降金	
		興中府降金	

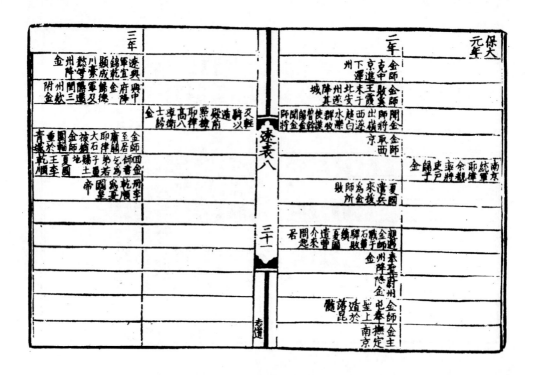

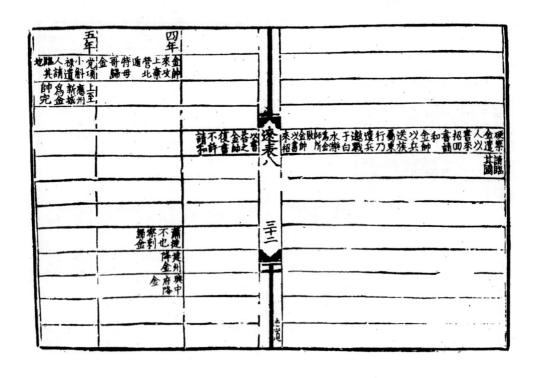

上遇沙漠金師忽王徒步出走

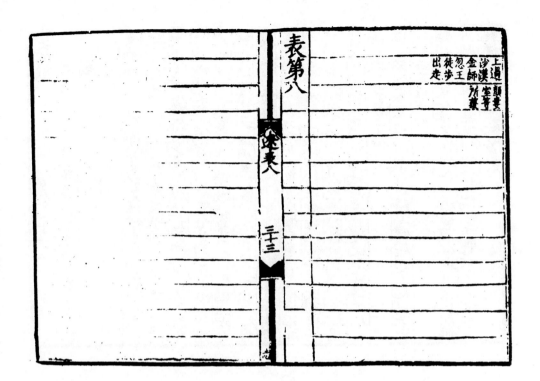

顏婁室韋所襲

開府儀同三司上柱國錄軍國重事中書右丞相監修國史領經筵事都總裁臣脫脫奉

勑修

后妃

書始嬀虞詩興關雎國史記載往往自家而國以立天下之本然尊卑之分不可易也司馬遷列呂后于紀班固因之而傳元后於外戚之後范曄登后妃于帝紀天子紀年以叙事謂之紀后曷爲而紀之自晉史列諸后以首傳隋唐以來莫之能易也遼因突厥稱皇后曰可敦國語謂之脦俚蹇尊稱曰耨斡麼蓋以配后土而母之云太祖稱帝尊祖母曰太皇太后母曰皇太后嫡曰皇后等以徽稱加以美號然質於隋唐文於故俗后族唯乙室拔里氏而世任其國事太祖慕漢高皇帝故耶律兼稱劉氏以乙室拔里比蕭相國遂為蕭氏耶律儼陳大任遼史后妃傳大同小異酌取其當著于篇

肅祖昭烈皇后蕭氏小字臣骨歸肅祖生四子見皇子表乾統三年追尊昭烈皇后

懿祖莊敬皇后蕭氏小字牙里辛懿祖嘗過其家曰同姓可結交異姓可結婚知為蕭氏為懿祖聘焉生男女七人乾統三年追尊莊敬皇后

玄祖簡獻皇后蕭氏小字月里朶玄祖為狠德所害后嫠居恐不免命四子往依鄰家耶律臺押乃獲安太祖生后以骨相異常懼有陰圖害者鞠之別帳重熙二十一年追尊簡獻皇后

德祖宣簡皇后蕭氏小字巖母斤遙輦氏宰相剔剌之女男女六人太祖長子也天顯十一年崩祔德陵重熙二十一年追尊宣簡皇后

太祖淳欽皇后述律氏諱平小字月理朶其先回鶻人糯思生魏寧舍利魏寧生慎思梅里慎思生婆姑梅里婆姑娶勻德恝王女生后于契丹右大部婆姑名月椀仕遙輦氏為阿扎割只后簡重果斷有雄略嘗至遼土二河之會有女子乘青牛車倉卒避路忽不見未幾童謠曰青牛嫗曾避路蓋諺謂地祇為青牛嫗云太祖即位群臣上尊號曰地皇后神冊元年大冊加號應天大明地皇后行兵御衆后嘗與謀太祖嘗渡磧擊党項黃頭臭泊二室韋乘虛襲之后知勒兵以待奮擊大破之名震諸夷時晉王李存勗欲結援以叔母事后幽州劉守光遣韓延徽求援不拜太祖怒留之使牧馬后曰守節不屈賢者也宜禮用之太祖乃召延徽與語大悅以為謀主吳主李昇獻猛火油以水沃之愈熾太祖選三萬騎以攻幽州后曰豈有試油而

攻人國者指帳前樹曰無皮可以生乎太祖曰不可后曰
幽州之有土有民亦由是耳吾以三千騎掠其四野不過
數年困而歸我矣何必爲此萬一不勝爲中國笑吾部落
不亦解體乎其平渤海后與有謀太祖崩后稱制攝軍國
事及葬欲以身殉親戚百官力諫因斷右腕納于柩太宗
即位尊爲皇太后會同初上尊號曰廣德至仁昭烈崇簡
應天太后初太祖嘗謂太宗必興我家后欲令皇太子倍
避之太祖冊倍爲東丹王太祖崩太宗立東丹王避之唐
太后常屬意於少子李胡太宗崩世宗即位于鎮陽太后
怒遣李胡以兵逆擊李胡敗太后親率師遇于潢河之橫

渡賴耶律屋質諫罷兵遷太后于祖州應曆三年崩年七
十五祔祖陵謚曰貞烈重熙二十一年更今謚

太宗靖安皇后蕭氏小字溫淳欽皇后弟室魯之女帝爲
大元帥納爲妃生穆宗及即位立爲皇后性聰慧潔素尤
被寵顧雖軍旅田獵必與天顯十年崩謚彰德葬奉陵重
熙二十一年更今謚

世宗懷節皇后蕭氏小字撒葛只淳欽皇后弟阿古只之女
帝爲求康王納之生景宗天祿末立爲皇后明年秋生明
古公主在姙察割作亂弒太后及帝后乘步輦直詣察割
請畢收殮明日遇害謚曰孝烈皇后重熙二十一年更今謚

世宗妃甄氏後唐宮人有姿色帝從太宗南征得之寵遇
甚厚生寧王只沒及即位立爲皇后嚴明端重風神閑雅
內治有法莫干以私劉知遠郭威稱帝世宗承強盛之資
奄奄歲時后與參帷幄密贊大謀不果用察割作亂遇害
景宗立葬二后于醫巫閭山建廟陵寢側

穆宗皇后蕭氏父知璠內供奉翰林承旨后生有雲氣馥
郁久之幼有儀則帝居藩納爲妃及正位中宮性柔婉不
能規正無子

景宗睿知皇后蕭氏諱綽小字燕燕北府宰相思溫女早
慧思溫嘗觀諸女掃地惟后潔除喜曰此女必能成家帝

即位選爲貴妃尋冊爲皇后生聖宗景宗崩尊爲皇太后
攝國政后泣曰母寡子弱族屬雄強邊防未靖奈何耶律
斜軫韓德讓進曰信任臣等何慮之有於是后與斜軫德
讓參決大政委于越休哥以南邊事統和元年上尊號曰
承天皇太后二十四年加上尊號曰睿德神略應運啓化
承天皇太后二十七年崩謚曰聖神宣獻皇后重熙二十
一年更今謚后明達治道聞善必從故群臣咸竭其忠習
知軍政澶淵之役親御戎車指麾三軍賞罰信明將士用
命聖宗稱遼盛主后教訓爲多

聖宗仁德皇后蕭氏小字菩薩哥睿智皇后弟隗因之女

年十二美而才選入掖庭統和十九年冊爲齊天皇后嘗
以草莛爲殿式密付有司令造清風天祥八方三殿既成
益寵異所乘車置龍首鴟尾飾以黄金又造九龍輅諸子
車以白金爲浮圖各有巧思夏秋從行山谷間花木如繡
車服相錯人望之以爲神仙生皇子二皆早卒開泰五年
宮人耨斤生興宗后養爲子帝大漸耨斤詈后曰老物寵
亦有既耶左右扶后出帝崩耨斤自立爲皇太后是爲欽
哀皇后護衛馮家奴喜孫等希旨誣告北府宰相蕭浞卜
國舅蕭匹敵謀逆詔令鞫治連及后興宗聞之曰皇后侍
先帝四十年撫育眇躬當爲太后今不果反罪之可乎欽

哀曰此人若在恐爲後患帝曰皇后無子而老雖在無能
爲也欽哀不從遷后于上京車駕春蒐欽哀慮帝懷鞠育
恩馳遣人加害使至后曰我實無辜天下共知卿待我浴
而後就死可乎使者退比反后已崩年五十是日若有見
后于木葉山陰者乘青蓋車衛從甚嚴追尊仁德皇后與
欽哀並祔慶陵

聖宗欽哀皇后蕭氏小字耨斤淳欽皇后弟阿古只五世
孫黝面狠視母嘗夢金柱擎天諸子欲上不能后後至與
僕從皆陞異之父之入宮嘗拂承天太后榻獲金雞吞之
膚色光澤勝常太后驚異曰是必有奇子已而生興宗仁

德皇后無子取而養之如己出台以興宗侍仁德皇后謹
不悅聖宗崩令馮家奴等誣仁德皇后與蕭浞卜蕭匹敵
等謀亂徙上京害之自立爲皇太后攝政以生辰爲應聖
節重熙元年尊爲仁慈聖善欽孝廣德安靖貞純寬厚崇
覺儀天皇太后三年后陰召諸弟議欲立少子重元重元
以所謀白帝帝收太后符璽遷于慶州七括宮六年秋帝
悔之親馭奉迎侍養益孝謹后常不懌帝崩殊無戚容見
崇聖皇后悲泣如禮謂曰汝年尚幼何哀痛如是清寧初
尊爲太皇太后崩諡曰欽哀皇后后初攝政追封曾祖爲
蘭陵郡王父爲齊國王諸弟皆王之雖漢五侯無以過

興宗仁懿皇后蕭氏小字撻里欽哀皇后弟孝穆之長女
性寬容姿貌端麗帝即位入宮生道宗重熙四年立爲皇
后二十三年號貞懿慈和文惠孝敬廣愛崇聖皇后道宗
即位尊爲皇太后清寧二年上尊號曰慈懿仁和文惠孝
敬廣愛宗天皇太后九年秋敦睦宮使耶律良以重元與
其子涅魯古反狀密告太后乃言于帝帝疑之太后曰此
社稷大事宜早爲計帝始戒嚴及戰太后親督衛士破逆
黨太康二年崩諡仁懿皇后仁慈淑謹中外感德凡正旦
生辰諸國貢幣悉賜貧瘠嘗夢重元曰臣骨在太子山北
不勝寒凜寤即命屋之慈憫類此

興宗貴妃蕭氏小字三嬉駙馬都尉匹里之女選入東宮
帝即位立爲皇后重熙初以罪降貴妃
道宗宣懿皇后蕭氏小字觀音欽哀皇后弟樞密使惠之
女姿容冠絕工詩善談論自制歌詞尤善琵琶重熙中帝
王燕趙納爲妃清寧初立爲懿德皇后皇太叔重元妻以
艶冶自矜后見之戒曰爲貴家婦何必如此后生太子濬
有專房寵好音樂伶官趙惟一得侍左右大康初宮婢單
登教坊朱頂鶴誣后與惟一私樞密使耶律乙辛以聞詔
乙辛與張孝傑鞫狀因而實之族誅惟一賜后自盡歸其
尸於家乾統初追謚宣懿皇后合葬慶陵

道宗惠妃蕭氏小字坦思駙馬都尉霞抹之妹大康二年
乙辛譽之選入掖庭立爲皇后居數歲未見皇嗣后妹斡
特懶先嫁乙辛子綏也后以宜子言于帝離婚納宮中八
年皇孫延禧封梁王降爲惠妃徙乾陵斡特懶還其家頃
之其母燕國夫人厭魅梁王伏誅貶妃爲庶人幽于宜州
諸弟沒入興聖宮天慶六年召還封太皇太妃後二年奔
黑頂山卒葬太子山
天祚皇后蕭氏小字奪里懶宰相繼先五世孫大安三年
入宮明年封燕國王妃乾統初冊爲皇后性閑淑有儀則
兄弟奉先保先等緣后寵柄任女直亂從天祚西狩以疾
崩
天祚德妃蕭氏小字師姑北府宰相常哥之女壽隆二年
入宮封燕國妃生子撻魯乾統三年改德妃以柴冊禮封
撻魯爲燕國王加妃號贊翼撻魯薨以哀戚卒
天祚文妃蕭氏小字瑟瑟國舅大父房之女乾統初帝幸
耶律撻葛第見而悅之匿宮中數月皇太叔和魯斡勸帝
以禮選納三年冬立爲文妃生蜀國公主晉王敖盧斡尤
被寵幸以柴冊加號承翼善歌詩女直亂作日見侵迫帝
畋遊不恤忠臣多被疎斥妃作歌諷諫其詞曰勿嗟塞上
兮暗紅塵勿傷多難兮畏夷人不如塞姦邪之路兮選取

賢臣直須卧薪嘗膽兮激壯士之捐身可以朝清漠北兮
夕枕燕雲又歌曰丞相來朝兮劒佩鳴千官側目兮寂無
聲養成外患兮嗟何及禍盡忠臣兮罰不明親戚並居兮
藩屏位私門潛畜兮爪牙兵可怜往代兮秦天子猶向宮
中兮望太平天祚見而銜之播遷以來郡縣所失幾半上
頗有倦勤之意諸皇子敖盧斡最賢素有人望元妃兄蕭
奉先深忌之誣南軍都統余覩謀立晉王以妃與聞賜死
天祚元妃蕭氏小字貴哥燕國妃之妹年十七冊爲元妃
性沉靜嘗晝寢近侍盜貂裀妃覺而不言宮掖稱其寛厚
從天祚西狩以疾薨

論曰遼以鞍馬爲家后妃往往長於射御軍旅田獵未嘗不從如應天之奮擊室韋承天之御戎澶淵仁懿之親破重元古所未有亦其俗也靖安無毀無譽齊天巧思乃奢侈之漸宣懿度曲知音豈致誣蠛之階乎文妃能歌詩諷諫而謂誅私其子非矣若簡憲之艱危保孤懷節之從容就義雖烈丈夫何以過之欽哀很桀賊殺嫡后而興宗不能防閑其母惜哉

列傳第一

宗室傳第二　　遼史七十二

開府儀同三司上柱國録軍國重事中書右丞相監修國史領經筵事都總裁臣脫脫奉

勑修

義宗名倍小字圖欲太祖長子母淳欽皇后蕭氏幼聰敏好學外寬内摯神冊元年春立爲皇太子時太祖問侍臣曰受命之君當事天敬神有大功德者朕欲祀之何先皆以佛對太祖曰佛非中國教倍曰孔子大聖萬世所尊宜先太祖大悅即建孔子廟詔皇太子春秋釋奠嘗從征烏古党項爲先鋒都統及經略燕地太子西征留倍守京師因陳取渤海計天顯元年從征渤海拔扶餘城上欲括户

口倍諫曰今始得地而料民民必不安若乘破竹之勢徑造忽汗城克之必矣太祖從之倍與大元帥德光爲前鋒夜圍忽汗城大諲譔窮蹙請降尋復叛太祖破之改其國曰東丹名其城曰天福以倍爲人皇王主之仍賜天子冠服建元甘露稱制置左右大次四相及百官一用漢法歲貢布十五萬端馬千匹上諭曰此地瀕海非可久居留汝撫治以見朕愛民之心駕將還倍作歌以獻陛辭太祖曰得汝治東土吾復何憂倍號泣而出遂如儀坤州未幾諸部多叛大元帥討平之太祖訃至倍即日奔赴山陵倍知皇太后意欲立德光乃謂公卿曰大元帥功德及人神中外攸屬宜主社稷乃與群臣請於太后而讓位焉於是大元帥即皇帝位是爲太宗太宗既立見疑以東平爲南京徙倍居之盡遷其民又置衛士陰伺動靜倍既歸國命王繼遠撰建南京碑起書樓于西宮作樂田園詩唐明宗聞之遣人跨海持書密召倍倍因畋海上使再至倍謂左右曰我以天下讓主上今反見疑不如適他國以成吳太伯之名立木海上刻詩曰小山壓大山大山全無力羞見故鄉人從此投外國攜高美人載書浮海而去唐以天子儀衛迎倍倍坐船殿衆官陪列上壽至汴見明宗明宗以莊宗后夏氏妻之賜姓東丹名之曰慕華改瑞州爲懷化軍

拜懷化軍節度使瑞慎等州觀察使復賜姓李名贊華移鎮滑州遥領虔州節度使倍雖在異國常思其親問安之使不絕後明宗養子從珂弑其君自立倍密報太宗曰從珂弑君盍討之及太宗立石敬瑭爲晉主加兵于洛從珂欲自焚召倍與俱倍不從遣壯士李彥紳害之時年三十八有一僧爲收瘞之敬瑭入洛發服臨哭以王禮權厝後太宗改葬于醫巫閭山謚曰文武元皇王世宗即位謚讓國皇帝陵曰顯陵統和中更謚文獻重熙二十年增謚文獻欽義皇帝廟號義宗及謚二后曰端順曰柔貞倍初市書至萬卷藏于醫巫閭絕頂之望海堂通陰陽知音律精

醫藥砭焫之術工遼漢文章嘗譯陰符經善畫本國人物
如射騎獵雪騎千鹿圖皆入宋秘府然性刻忌好殺婢妾
微過常加刲灼夏氏懼而求削髮為尼五子長世宗次婁
國稍隆先道隱各有傳
平王隆先字團隱母大氏景宗即位始封平王未幾兼政
事令留守東京薄賦稅省刑獄恤鰥寡數薦賢能之士後
與統軍耶律室魯同討高麗有功還薨葬醫巫閭山之道
隱谷平王為人聰明博學能詩有閬苑集行于世保寧之
季其子陳哥與渤海官屬謀殺其父舉兵作亂上命轘裂
于市

晉王道隱字留隱母高氏道隱生于唐人皇王遣李從珂
之害時年尚幼洛陽僧匿而養之因名道隱太宗滅唐還
京詔賜外羅山地居焉性沉靜有文武才時人稱之景宗
即位封蜀王為上京留守乾亨元年遷守南京號令嚴肅
民獲安業居數年徙封荊王統和初病薨追封晉王
論曰自古新造之國一傳而太子讓豈易得哉遼之義宗
可謂盛矣然讓而見疑豈不兆於建元稱制之際乎斯則
一時君臣昧於禮制之過也東書浮海寄跡他國思親不
忘問安不絕其心甚有足諒者焉觀其始慕泰伯之賢而
為遠適之謀終疾陳恒之惡而有請討之舉志趣之卓蓋

已見於早歲先祀孔子之言數善不令終天道難詰得非
性卞嗜殺之所致也雖然終遼之代賢聖繼統皆其子孫
至德之報昭然在茲矣
章肅皇帝小字李胡一名洪古字奚隱太子第三子母淳
欽皇后蕭氏少勇悍多力而性殘酷小怒輒黥人面或投
水火中太祖嘗觀諸子寢李胡縮項卧內曰是必在諸子
下又嘗大寒命三子採薪太宗不擇而取冣先至人皇王
取其乾者束而歸後至李胡取少而棄多既至袖手而立
太子曰長巧而次成少不及矣而母篤愛李胡天顯五年
遣徇地代北攻寰州多俘而還遂立為皇太弟兼天下兵

馬大元帥太宗親征常留守京師世宗即位鎮陽太后怒
遣李胡將兵擊之至泰德泉為安端劉哥所敗太后與世
宗隔潢河而陣各言舉兵意耶律屋質入諫太后曰主上
已立宜許之時李胡在側作色曰我在兀欲安得立屋質
曰柰公酷暴失人心何太后顧李胡曰昔我與太祖愛汝
異於諸子諺云偏憐之子不保業難得之婦不主家我非
不欲立汝汝自不能矣及會議世宗使解劒而言和約既
定趨上京會有告李胡與太后謀廢立者徙李胡祖州禁
其出入穆宗時其子喜隱謀反辭逮李胡因之死獄中年
五十葬玉峯山西谷統和中追謚欽順皇帝重熙二十一

年更謚章肅后曰和敬二子宋王喜隱衛王宛
喜隱字完德雄偉善騎射封趙王應曆中謀反事覺上臨
問有狀以親釋之未幾復反下獄景宗即位聞有赦自去
其械而朝上怒曰汝罪人何得擅離禁所詔誅守者復寘
于獄及改元保寧乃宥之妻以皇后之姊復爵王宋喜隱
輕僄無恒小得志即驕上嘗召不時至怒而鞭之由是憤
怨謀亂聚而復召適見上與劉繼元書辭意卑遜諫曰本
朝於漢爲祖書旨如此恐虧國體帝尋改之授西南面招
討使命之河東索吐蕃户稍見進用復誘羣小謀叛上命
械其手足築圜土囚祖州宋降卒二百餘人欲刼立喜隱

以城堅不得入立其子留禮壽上京留守除室擒之留禮
壽伏誅賜喜隱死
論曰李胡殘酷驕盈太祖知其不才而不能教太后不知
其惡而溺愛之初以屋質之言定立世宗而復謀廢立子
孫繼以逆誅并及其身可哀也已夫自太祖之世剌葛安
端首倡禍亂太祖既不之誅又後用之固爲有君人之量
然惟太祖之才足以駕馭廢乎其可也李胡而下宗王反
側無代無之遼之内難與國始終厥後嗣君雖嚴法以繩
之卒不可止烏虖創業垂統之主所以貽厥孫謀者可不
審歟

順宗名濬小字耶魯斡道宗長子母宣懿皇后蕭氏幼而
能言好學知書道宗嘗曰此子聰慧殆天授歟六歲封梁
王明年從上獵矢連發三中上顧左右曰朕祖宗以來騎
射絶人威震天下是兒雖幼不墜其風後遇十鹿射獲其
九帝喜設宴八歲立爲皇太子大康元年兼領北南樞密
院事及母后被害太子有憂色耶律乙辛爲北院樞密使
常不自安會護衛蕭忽古謀害乙辛事覺下獄副點檢蕭
十三謂乙辛曰臣民心屬太子公非閥閱一日若立吾輩
措身何地廼與同知北院宣徽事蕭特烈特謀構陷太子
陰令護尉太保耶律查剌誣告都宮使耶律撒剌知院耶

律速撒護衛蕭忽古謀廢立詔案無迹不治乙辛復令牌
印郎君蕭訛都斡等言查剌前告非妄臣實與謀欲殺耶
律乙辛等然後立太子臣若不言恐事發連坐帝信之幽
太子于別室以耶律燕哥鞫案太子具陳枉狀曰吾爲儲
副尚何所求公當爲我辨之燕哥乃乙辛之黨易其言爲
款伏上大怒廢太子爲庶人將出曰我何罪至是十三叱
登車遣衛士闔其扉徙于上京囚圜堵中乙辛尋遣達魯
古撒八往害之太子年方二十上京留守蕭撻得紿以疾
薨聞上哀之命有司葬龍門山欲召其妃乙辛陰遣人殺
之州後知其寃悔恨無及謚曰昭懷太子以天子禮改葬

玉峯山乾統初追尊大孝順聖皇帝廟號順宗妃蕭氏貞順皇后一子延禧即天祚皇帝

論曰道宗知太子之賢而不能辨乙辛之詐竟絕父子之親爲萬世惜乙辛知爲一身之計不知有君臣之義豈復知有太子乎姦邪之臣亂人家國如此可不戒哉可不戒哉

晉王小字敖盧斡天祚皇帝長子母曰文妃蕭氏甫髫齓馳馬善射出爲大丞相耶律隆運後封晉王性樂道人善而矜人不能時宮中見讀書者輒斥敖盧斡嘗入寢殿見小底茶剌閱書因取觀會諸王至陰袖而歸之曰勿令他

人見也一時號稱長者及長積有人望內外歸心保大元年南軍都統耶律余覩與其母文妃密謀立之事覺余覩降金文妃伏誅敖盧斡實不與謀免二年耶律撒八等復謀立不克上知敖盧斡得人心不忍加誅令縊殺之或勸之亡敖盧斡曰安忍爲蕞爾之軀而失臣子之大節遂就死聞者傷之

論曰天祚不君臣下謀立其子適以殺之敖盧斡重君父之命不亡而死申生其恭矣乎

宗室傳第二

列傳第三　　遼史七十三

開府儀同三司上柱國錄軍國重事中書右丞相監修國史領經筵事都總裁臣脫脫奉

勅修

耶律曷魯字控溫一字洪隱迭剌部人祖匣馬葛簡憲皇帝兄父偶思遙輦時爲本部夷离堇曷魯其長子也性質厚在髫齡與太祖遊從父釋魯奇之曰興我家者必二兒也太祖既長相與易裘馬爲好然曷魯事太祖彌謹會滑哥弒其父釋魯太祖顧曷魯曰滑哥弒父料我必不能容將反噬我今彼歸罪臺哂爲解我姑與之是賊吾不忘也自是曷魯常佩刀從太祖以備不虞居久之曷魯父偶思病召曷魯曰阿保機神略天授汝率諸弟赤心事之已而太祖來問疾偶思執其手曰爾命世奇才吾兒曷魯者他日可委以事吾已諭之矣既而以諸子屬之太祖爲撻馬狘沙里參預部族事曷魯領數騎召小黃室韋來附太祖素有大志而知曷魯賢軍國事非曷魯議不行會討越兀與烏古部曷魯爲前鋒戰有功及太祖爲迭剌部夷离堇討奚部其長朮里負險而壘攻莫能下命曷魯持一箭往諭之既入爲所執延說奚曰契丹與奚言語相通實一國也我夷离堇於奚豈有輘轢之心哉漢人殺我祖奚首夷离堇怨次骨日夜思報漢人顧力單弱使我求援於奚傳

矢以示信耳夷离堇受命於天撫下以德故能有此衆也今奚殺我違天背德不祥莫大焉且兵連禍結當自此始豈爾國之利乎朮里感其言乃降太祖爲于越秉國政欲命曷魯爲迭剌部夷离堇辭曰賊在君側未敢遠去太祖討黑車子室韋幽州劉仁恭遣養子趙霸率衆來救曷魯伏兵桃山俟霸衆過半而要之與太祖合擊斬獲甚衆遂降室韋太祖會李克用于雲州時曷魯侍克用顧而壯之曰偉男子爲誰太祖曰吾族曷魯也會遙輦痕德堇可汗殁群臣奉遺命請立太祖太祖辭曰昔吾祖夷离堇雅里嘗以不當立而辭今若等復爲是言何歟曷魯進曰曩吾祖之辭遺命弗及符瑞未見第爲國人所推戴耳今先君言猶在耳天人所與若合符契天不可逆人不可拂而君命不可違也太祖曰遺命固然汝焉知天道曷魯曰聞于越之生也神光屬天異香盈幄夢受神誨龍錫金佩天道無私必應有德我國削弱齮齕於鄰部日久以故生聖人以興起之可汗知天意故有是命且遙輦九營棊布非無可立者小大臣民屬心于越天也昔者于越伯父釋魯嘗曰吾猶蛇兒猶龍也天時人事幾不可失太祖猶未許是夜獨召曷魯責曰衆以遺命迫我汝不明吾心而亦僥隨耶曷魯曰在昔夷离堇雅里雖推戴者衆辭之而立阻午

為可汗相傳十餘世君臣之分亂紀綱之統隳委質他國
若緩旒然羽檄蜂午民疲奔命興王之運實在今日應天
順人以答顧命不可失也太祖乃許明日即皇帝位命曷
魯總軍國事時制度未講國用未充扈從未備而諸弟剌
葛等往往覬非望太祖宮行營始置腹心部選諸部豪健
二千餘充之以曷魯及蕭敵魯總焉已而諸弟之亂作太
祖命曷魯總領軍事討平之以功為迭剌部夷離堇時民
更兵燹剽日以抗敝曷魯撫輯有方畜牧益滋民用富庶
乃討烏古部破之自是震慴不敢復叛廼請制朝儀建元
率百官上尊號太祖既備禮受冊拜曷魯為阿魯敦于越

阿魯敦者遼言盛名也後太祖伐西南諸夷數為前鋒神
冊二年從逼幽州與唐節度使周德威拒戰可汗州西敗
其軍遂圍幽州未下太祖以時暑班師留曷魯與盧國用
守之俄而救兵繼至曷魯等以軍少無援退三年七月皇
都既成燕群臣以落之曷魯是日得疾薨年四十七既葬
賜名其所宴營山曰于越峪詔立石紀功清寧間命立祠
上京初曷魯病革太祖臨視問所欲言曷魯曰陛下聖德
寬仁群生咸遂帝業隆興臣既蒙寵遇雖瞑目無憾惟析
迭剌部議未決願亟行之及薨太祖流涕曰斯人若登三
五載吾謀蔑不濟矣後太祖二十一功臣各有所擬以曷

魯為心云子惕剌撒剌俱不仕
論曰曷魯以肺腑之親任帷幄之寄言如蓍龜謀成戰勝
可謂筭無遺策矣其君臣相得之誠庶吳漢之於光武歟
天信其所可信智也太祖有焉故曰惟聖知聖惟賢知賢
斯近之矣
蕭敵魯字敵輦其母為德祖女弟而淳欽皇后又其女兄
也五世祖曰胡母里遙輦氏時嘗使唐唐留之幽州一夕
折關遁歸國由是世為決獄官敵魯性寬厚膂力絕人習
軍旅事太祖潛藩日侍左右凡征討必與行陣既即位敵
魯與弟阿古只耶律釋魯耶律曷魯偕總宿衛拜敵魯北

府宰相世其官太祖征奚及討劉守光敵魯略地海濱殺
獲甚衆頃之剌葛等作亂潰而北走敵魯率輕騎追之兼
晝夜行至榆河敗其黨獲剌葛以獻太祖嘉之錫賚甚渥
後討西南夷功居諸將先神冊三年十二月卒敵魯有膽
略聞敵所在即馳赴親冒矢石前後戰未嘗少衂必勝乃
止以故在太祖功臣列喻以手云弟阿古只
阿古只字撒本少卓越自放不羈長驍勇善射臨敵敢前
每射甲楯輒洞貫太祖為于越時以材勇充任使既即位
與敵魯總腹心部剌葛之亂也淳欽皇后軍黑山阻險自
固太祖方經略奚地命阿古只統百騎往衛之逆黨迭里

特耶律滑哥素憚其勇略相戒曰是不可犯也剌葛旣北走與敵魯追擒于榆河神冊初元討西南夷有功徇山西諸郡縣又下之敗周德威軍三年以功拜北府宰相世其職天贊初與王郁略地燕趙破磁窯鎮太祖西征悉諉以南面邊事攻渤海破扶餘城獨將騎兵五百敗老相軍三萬渤海旣平改東丹國頃之已降郡縣復叛盜賊蜂起阿古只與康默記討之所向披靡會賊游騎七千自鴨渌府來援勢張甚阿古只帥麾下精銳直犯其鋒一戰克之斬馘三千餘遂進軍破回跋城以病卒功臣中喻阿古只為耳云子安團官至右皮室詳穩

耶律斜涅赤字撒剌六院部舍利褭古直之族始字鐸盌早隸太祖幕下嘗有疾賜鴾酒飲而愈遂言酒尊曰撒剌故詔易字焉太祖即位掌腹心部天贊初分迭剌部為北南院斜涅赤為北院夷离菫帝西征至流沙威聲大振諸夷潰散廼命斜涅赤撫集之及討渤海破扶餘城斜涅赤從太子大元帥率衆夜圍忽汗城大諲譔降已而復叛命諸將分地攻之詔曰斜涅赤感勵士伍鼓譟登陴敵衆懾莫敢禦遂破之天顯中卒年七十居佐命功臣之一姪老古頗德

老古字撒懶其母淳欽皇后姊也老古幼養宮掖既長沉毅有勇略隸太祖帳下旣即位屢有戰功剌葛之亂也欲乘我不備為掩襲計給降太祖將納之命老古耶律欲穩嚴號令勤士卒控轡以防其變逆黨知有備懼而遁以功授右皮室詳穩典宿衛太祖侵燕趙遇唐兵雲碧店老古恃勇輕敵直犯其鋒戰久之被數創歸營而卒太祖深悼惜之佐命功臣其一也

頗德字允古鄰弱冠事太祖天顯初為左皮室詳穩典宿衛遷南院夷离菫治有聲石敬瑭破張敬達軍於太原北時頗德勒兵為援敬達遁敬瑭追至晉安寨圍之頗德領輕騎襲潞州塞其餉道唐諸將懼殺敬達以降會同初改

迭剌部夷离菫為大王即拜頗德既而加採訪使舊制肅祖以下宗室稱院德祖宗室號三父房稱橫帳百官子弟及籍沒人稱著帳耶律斜的言橫帳班列不可與北南院並太宗詔在廷議皆曰然乃詔橫帳班列居上頗德奏曰臣伏見官制北南院大王品在惕隱上今橫帳始圖爵位之高願與北南院參任茲又恥與同列夫橫帳與諸族皆臣也班列奚以異帝乃諭百官曰朕所不知卿等不宜面從詔仍舊制其強直不撓如此頗德狀貌秀偉初太祖見之曰是子風骨異常兒必為國器後果然卒年四十九

耶律欲穩字轄剌干突呂不部人祖臺押遙輦時為北邊

拽剌簡獻皇后與諸子之隱難也嘗倚之以免太祖思其功不忘又多欲穩嚴重有濟世志乃命典司近部以遏諸族窺覦之想欲穩既見器重益感奮思報太祖始置宮分以自衛欲穩率門客首附宮籍帝益嘉其忠詔以臺押配享廟廷及平剌葛等亂以功遷奚迭剌部夷离菫從征渤海有功天顯初卒後諸帝以太祖之與欲穩也為故往往取其子孫為友宮分中稱八房皆其後也弟霞里終奚六部禿里

耶律海里字涅剌昆遙輦昭古可汗之裔太祖傳位海里與有力焉初受命屬籍比局萌覬覦而遙輦故族尤觖望

海里多先帝知人之明而素服太祖威德獨歸心焉以故太祖託為耳目數從征討既清內亂始置遙輦敞穩命海里領之天顯初征渤海海里將遙輦糺破忽汗城師般卒

列傳第三

列傳第四

開府儀同三司上柱國錄軍國重事中書右丞相兼修國史領經筵事臣脫脫等奉

勑修

耶律敵剌字合魯隱遙輦鮮質可汗之子太祖踐阼與敵穩海里同心輔政太祖知其忠實命掌禮儀且諉以軍事後以平內亂功代轄里爲奚六部吐里卒敵剌善騎射頗好禮文

蕭痕篤字兀里軫迭剌部人其先相遙輦氏痕篤少慷慨以才能自任早隸太祖帳下數從征討既踐阼除北府宰相痕篤事親孝爲政尚寬簡

康默記本名照少爲薊州衙校太祖侵薊州得之愛其材隸麾下一切蕃漢相涉事屬默記折衷之悉合上意時諸部新附文法未備默記推析律意論決重輕不差毫釐罹禁網者人人自以爲不冤頃之拜左尚書神冊三年始建都默記董役人咸勸趨百日而訖事五年爲皇都夷离畢會太祖出師居庸關命默記將漢軍進逼長蘆水寨俘馘甚衆天贊四年親征渤海默記與韓知古從後大諲譔叛命諸將攻之默記分薄東門率驍勇先登既拔與韓延徽下長嶺府軍還已下城邑多叛默記與阿古只平之既破回跋城歸營太祖山陵畢卒佐命功臣其一也孫延壽字

僊昌少倜儻謂其所親大丈夫爲將當效節邊垂馬革裹屍景宗特授千牛衛大將軍宋人攻南京諸將既成列延壽獨奮擊陣前敵遂大潰以功遙授保大軍節度使乾亨三年卒

韓延徽字藏明幽州安次人父夢殷累官薊儒順三州刺史延徽少英燕帥劉仁恭奇之召爲幽都府文學平州錄事參軍同馮道祗候院授幽州觀察度支使後守光爲帥延徽來聘太祖怒其不屈留之述律后諫曰彼秉節弗撓賢者也奈何困辱之太祖召與語合上意立命參軍事攻党項室韋服諸部落延徽之籌居多乃請樹城郭分市

里以居漢人之降者又爲定配偶教墾藝以生養之以故逃亡者少居久之慨然懷其鄉里賦詩見意遂亡歸唐已而與他將王緘有隙懼及難乃省親幽州匿故人王德明舍德明問所適延徽曰吾將復走契丹德明不以爲然延徽笑曰彼失我如失左右手其見我必喜既至太祖問故延徽曰忘親非孝棄君非忠臣雖挺身逃臣心在陛下臣是以復來上大悅賜名曰匣列匣列遼言復來也即命爲守政事令崇文館大學士中外事悉令參決天贊四年從征渤海大諲譔乞降既而復叛與諸將破其城以功拜左僕射又與康默記攻長嶺府拔之師還太祖崩哀動左右

太宗朝封魯國公仍為政事令使晉還改南京三司使世
宗朝遷南府宰相建政事省設張理具稱盡力吏天祿三
年六月河東使請行冊禮帝詔延徽定其制延徽奏一遵
太宗冊晉帝禮從之應曆中致事子德樞鎮東平詔許每
歲東歸省九年卒年七十八上聞震悼贈尚書令葬幽州
之魯郭世為崇文令公初延徽南奔太祖夢白鶴自帳中
出比還復入帳中詰旦謂侍臣曰延徽至矣已而果然太
祖初元庶事草創凡營都邑建宮殿正君臣定名分法度
井井延徽力也為佐命功臣之一子德樞德樞年甫十五
太宗見之謂延徽曰是兒卿家之福朕國之寶真英物也

未冠守左羽林大將軍遷特進太尉時漢人降與轉徙者
多寓東平丁歲菑饑饉疾厲德樞請任撫字之授遼興軍
節度使下車整紛剔蠹恩煦信孚勸農桑興教化期月民
獲蘇息入為南院宣徽使遙授天平軍節度使平灤營三
州管內觀察處置等使門下平章事已而加開府儀同三
司行侍中封趙國公保寧元年卒孫紹勳紹芳紹勳仕至
東京户部使會大延琳叛被執辭不屈賊以鋸解之憤罵
至死紹芳重熙間參知政事加兼侍中時廷議征李元昊
力諫不聽出為廣德軍節度使聞敗嘔血卒孫資讓壽隆
初拜中書侍郎平章事會宋徽宗嗣位遣使來報有司按

籍有登寶位文坐是出為崇義軍節度使改鎮遼興卒
韓知古薊州玉田人善謀有識量太祖平薊時知古六歲
為淳欽皇后兄欲穩所得后來嬪知古從焉未得省見久
之負其有怏怏不得忠挺身逃庸保以供資用其子匡嗣
得親近太祖因間言太祖召見與語賢之命參謀議神冊
初遙授彰武軍節度使久之信任益篤總知漢兒司事兼
主諸國禮儀時儀法疏闊知古援據故典參酌國俗與漢
儀雜就之使國人易知而行頃之拜左僕射與康默記將
漢軍征渤海有功遷中書令天顯中卒為佐命功臣之一
子匡嗣

匡嗣以善醫直長樂宮皇后視之猶子應曆十年為太祖
廟詳穩後宋王喜隱謀叛辭引匡嗣上置不問初景宗在
藩邸善匡嗣即位拜上京留守頃之王燕改南京留守保
寧末以留守攝樞密使時耶律虎古使宋還言宋人必取
河東合先事以為備匡嗣詆之曰寧有是已而宋人果取
太原乘勝逼燕匡嗣與南府宰相沙惕隱休哥侵宋軍于
滿城方陣宋人請降匡嗣欲納之休哥曰彼軍氣甚銳疑
誘我也可整頓士卒以禦匡嗣不聽俄而宋軍鼓譟薄我
衆蹙踐塵起漲天匡嗣倉卒諭諸將無當其鋒衆既奔遇
伏兵扼要路匡嗣棄旗鼓遁其衆走易州山獨休哥收所

棄兵械全軍還帝怒匡嗣數之曰違爾衆謀深入敵境爾
罪一也號令不肅行伍不整爾罪二也棄我師旅挺身鼠
竄爾罪三也偵候失機守禦弗備爾罪四也捐棄旗鼓損
威辱國爾罪五也促令誅之皇后引諸內戚徐爲開解上
重違其請良久威稍霽乃杖而免之既而遙授晉昌軍節
度使乾亨二年改西南面招討使卒睿智皇后聞之遣使
臨弔賻贈甚厚後追贈尚書令五子德源德讓後賜名隆
運德威德崇德凝德源德凝附傳餘各有傳
德源性愚而貪早侍景宗邸及即位列近侍統和間官崇
義興國二軍節度使加檢校太師以賄名德讓貼書諫之

終不悛以故論者少之後加同政事門下平章事遙攝保
寧軍節度使乾亨初卒
德凝謙遜廉謹保寧中遷護軍司徒開泰中累遷護衛太
保都宮使崇義軍節度使移鎮廣德秩滿部民請留從之
改西南面招討使党項隆益答叛平之遷大同軍節度使
卒于官子郭三終天德軍節度使孫高家奴終南院宣徽
使高十終遼興軍節度使

開府儀同三司上柱國錄軍國重事中書右丞相監修國史領經筵事都總裁臣脫脫等

勑修

耶律覿烈字兀里軫六院部蒲古只夷離堇之後父偶思亦爲夷離堇初本祖爲于越時覿烈以謹愿寬恕見器使既即位兄曷魯典宿衛以故覿烈入侍帷幄與聞政事神冊三年曷魯薨命覿烈爲迭剌部夷離堇屬以南方事會討党項皇太子爲先鋒覿烈副之軍至天德雲內分道並進覿烈率偏師渡河力戰斬獲甚衆賛初析迭剌部爲北南院羅夷離堇時大元帥率師由古北口略燕地覿烈

徇山西所至城堡皆下太祖嘉其功錫賚甚厚從伐渤海拔扶餘城留覿烈與寅底石守之天顯二年留守南京十年卒年五十六弟羽之

羽之小字兀里字寅底哂幼豪爽不群長嗜學通諸部語太祖經營之初多預軍謀天顯元年渤海平立皇太子爲東丹王以羽之爲中臺省右次相時人心未安左大相迭剌不踰月薨羽之莅事勤恪威信並行太宗即位上表曰我大聖天皇始有東土擇賢輔以撫斯民不以臣愚而任之國家利害敢不以聞渤海昔畏南朝阻險自衛居忽汗城今去上京遼邈既不爲用又不罷戍果何爲哉先帝因

彼離心乘釁而動故不戰而克天授人與彼一時也遺種浸以蕃息今居遠境恐爲後患梁水之地乃其故鄉地衍土沃有木鐵鹽魚之利乘其微弱徙還其民萬世長策也彼得故鄉又獲木鐵鹽魚之饒必安居樂業然後選徒以翼吾左突厥党項室韋夾輔吾右可以坐制南邦混一天下成聖祖未集之功貽後世無疆之福表奏帝嘉納之是歲詔徙東丹國民於梁水時稱其善人皇王奔唐羽之鎮撫國人一切如故以功加守太傅遷中臺省左相會同初以册禮赴闕加特進表奏左次相渤海蘇貪墨不法事卒子和里終東京留守

耶律鐸臻字敵輦六院部人祖蒲古只遙輦氏時再爲本部夷離堇耶律狼德等既害玄祖暴横益肆蒲古只以計誘其黨悉誅夷之鐸臻幼有志節太祖爲于越常居左右後即位梁人遣使求輳軸材太祖難之鐸臻曰梁名求材實覘吾輕重宜答曰材之所生必深山窮谷有神司之須白鼻赤驢禱祠然後可伐如此則其語自塞矣已而果然天贊三年將伐渤海鐸臻諫曰陛下先事渤海則必西夏躡吾後請先西討庶無後顧憂太祖從之及淳欽皇后稱制惡鐸臻囚之誓曰鐵鎖朽當釋汝既而召之使者欲去鎖鐸臻辭曰鐵未朽可釋乎后聞嘉歎趣召釋之天顯二

年卒弟古突呂不
古字涅剌昆初名霞馬葛太祖爲于越嘗從略地山右會
李克用於雲州古侍克用異之曰是兒骨相非常不宜使
在左右以故太祖頗忌之時方西討諸弟亂作問變太祖
問古與否曰無喜曰吾無患矣趣召古議古陳殄滅之策
後皆如言以故錫賚甚厚神冊末南伐以古佐右皮室詳
穩老古與唐兵戰于雲碧店老古中流矢傷甚太祖疑古
陰害之古知上意跪曰陛下疑臣恥居老古麾下耶及今
老古在請遣使問之太祖使問老古對曰臣於古無可疑
者上意乃釋老古卒遂以古爲右皮室詳穩既卒太祖謂

左右曰古死猶長松自倒非吾伐之也
突呂不字鐸衮幼聰敏嗜學事太祖見器重及製契丹大
字突呂不贊成爲多未幾爲文班林牙領國子博士知制
誥明年受詔撰決獄法太祖略燕詔與皇太子及王郁攻
定州師還至順州幽州馬步軍指揮使王千率衆來襲突
呂不射其馬躓擒之天贊二年皇子堯骨爲大元帥突呂
不爲副既克平州進軍燕趙攻下曲陽北平至易州易人
來拒踰濠而陣李景章出降言城中人無鬬志大元帥將
修攻具突呂不諫曰我師遠來人馬疲憊勢不可久留乃
止軍還太元帥以其謀聞太祖大悅賜賚優渥車駕西征

突呂不與太元帥爲先鋒伐党項有功太祖犒師水精山
大元帥東歸突呂不留屯西南部復討党項多獲而還太
祖東伐大諲譔降而復叛攻之突呂不先登渤海平承詔
銘太祖功德于永興殿壁班師已下州郡往往復叛突呂
不從大元帥攻破之淳欽皇后稱制有飛語中傷者后怒
突呂不懼而亡太宗知其無罪召還天顯三年討烏古部
俘獲甚衆伐唐以突呂不爲左翼攻唐軍霞沙寨降之十
一年送晉主石敬瑭入洛及太冊突呂不總禮儀事加特
進檢校太尉會同五年卒
王郁京兆萬年人唐義武軍節度使處直之孽子伯父處

存鎮義武卒三軍推其子郜襲處直爲都知兵馬使光化
三年梁王朱全忠攻定州郜遣處直拒于沙河兵敗入城
逐郜郜奔太原亂兵推處直爲留後遣人請事梁王梁與
晉王克用絕好表處直爲義武軍節度使初郜之亡也郁
從之晉王克用妻以女用爲新州防禦使處直料晉必討
張文禮鎮亡則定不獨存益自疑陰使郁北導契丹入塞
以牽晉兵且許爲嗣郁自奔晉常恐失父心得使大喜神
冊六年奉表送款舉室來降太祖以爲養子未幾郁兄都
囚父自爲留後帝遣郁從皇太子討之至定州都堅壁不
出掠居民而還明年從皇太子攻鎮州遇唐兵于定州破

之天贊二年秋郁及阿古只略地燕趙攻下磁窯務從太
祖平渤海戰有功加同政事門下平章事改崇義軍節度
使太祖崩郁與妻會葬其妻泣訴於淳欽皇后求歸鄉國
許之郁奏曰臣本唐主之壻主已被弒此行夫妻豈能相
保願常侍太后后喜曰漢人中惟王郎最忠孝以太祖嘗
與李克用約爲兄弟故也尋加政事令還宜州卒
耶律圖魯窘字阿魯隱肅祖子洽眘之孫勇而有謀略太
宗立晉之役其父敵魯古爲五院夷离菫歿于兵帝即以
其職授圖魯窘會同元年改北院大王嘗屏左右與議大
事占對合上意從討石重貴杜重威擁十萬餘衆拒滹沱

橋力戰數日不得進帝曰兩軍爭渡人馬疲矣計安出諸
將請緩師爲後圖帝然之圖魯窘厲色進曰臣愚竊以爲
陛下樂於安逸則謹守四境可也既欲擴大疆宇出師遠
攻詎能無廑聖慮若中路而止適爲賊利則必陷南京夷
屬邑若此則爭戰未已吾民無奠枕之期矣且彼步我騎
何慮不克況漢人足力弱而行緩如選輕銳騎先絕其餉
道則事蔑不濟矣帝喜曰國强則其人賢海巨則其魚大
於是塞其餉道數出師以牽撓其勢重威果降如言以功
獲賜甚厚明年春卒軍中

論曰神册初元將相大臣技起風塵之中翼扶王運以任
職取名者固一時之材亦由太祖推誠御下不任獨斷用
能揔攬羣策而爲之用歟其投天隙而列功庸至有心腹
耳目手足之諭豈偶然哉討党項走敵魯平剌葛定渤海
功亦偉矣若默記治獄不寬頗得持論不撓廷徽立經陳
紀紹勳秉節而死圖魯窘料敵制勝豈器博者無近用遠
長者其功遠歟稱爲佐命固宜

列傳第五

列傳第六　遼史七十六

開府儀同三司上柱國錄軍國重事中書右丞相監修國史領經筵事都總裁臣脫脫奉

勑修

耶律解里字㶇單突呂不部人世爲小吏解里早隸太宗
麾下擢爲軍校天顯閒唐攻定州既陷解里爲唐兵所獲
晉高祖立始歸國太宗貰其罪拜御史大夫會同九年伐
晉師次滹沱河奪中渡橋降其將杜重威上命解里與降
將張彥澤率騎兵三千疾趨河南所至無敢當其鋒既入
汴解里等遷晉主重貴于開封府彥澤恣殺掠亂宮掖解
里不能禁百姓騷然莫不怨憤車駕至京數彥澤罪斬于
市汴人大悅解里亦被詰責尋釋之天祿閒加守太子太
傳應曆初置本部令穩解里世其職卒

耶律拔里得字孩鄰太祖弟剌葛之子太宗即位以親愛
見任會同七年討石重貴拔里得進圍德州下之擒刺史
師居璠等二十七人九年再舉兵次滹沱河降杜重威戰
功居多太宗入汴以功授安國軍節度使總領河北道事
師還州郡往往叛以應劉知遠拔里得不能守而歸世宗
即位遷中京留守卒

耶律朔古字彌骨頂橫帳孟父之後幼爲太祖所養既冠
爲右皮室詳穩從伐渤海戰有功天顯七年授三河烏古
部都詳穩平易近民民安之以故久其任會同閒爲惕隱
時晉主石重貴渝盟帝親征晉將杜重威擁衆拒滹沱月
餘帝由他渡濟朔古與趙延壽據中渡橋重威兵却遂降
是歲入汴世宗即位朔古奉太宗喪歸上京佐皇太后出
師坐是免官卒

耶律魯不古字信寧太祖從姪也初太祖制契丹國字魯
不古以贊成功授林牙監修國史後率偏師爲西南邊大
詳穩從伐党項有功會河東節度使石敬瑭爲其主所討
遣人求援魯不古導送于朝如其請帝親率師往援魯不
古從擊唐將張敬達于太原北敗之會同初從討党項俘
獲最諸將師還天册中拜于越六年爲北院大王終年五
十五

趙延壽本姓劉恒山人父邧令循梁開平初滄州節度使
劉守文陷蓨其裨將趙德鈞獲延壽養以爲子少美容貌
好書史唐明宗先以女妻之及即位封其女爲興平公主
拜延壽駙馬都尉樞密使明宗子從榮恃權跋扈內外莫
不震懾延壽求補外避之出爲宣武軍節度使清泰初加
魯國公復爲樞密使鎮許州石敬瑭發兵太原唐遣張敬
達往討會敬達敗保晉安寨延壽與德鈞往救聞晉安已
破走團栢峪太宗追及延壽與其父俱降明年德鈞卒以

延壽爲幽州節度使封燕王及改幽州爲南京遷留守總山南事天顯末以延壽妻在晉詔取之以歸自是益自激昂圖報會同初帝幸其第加政事令冬晉人背盟帝親征延壽爲先鋒下貝州授魏博等州節度使封魏王敗晉軍于南樂獲其將賽項羽軍元城晉將李守貞高行周率兵來逆破之至頓丘會大霖雨帝欲班師延壽諫曰晉軍屯河濱不敢出戰若徑入澶州奪其橋則晉不足平上然之適晉軍先歸澶州高行周至析城延壽將輕兵逆戰上親督騎士突其陣敵遂潰師還留延壽徇貝冀深三州八年再伐晉晉主遣延壽族人趙行實以書來招時晉人堅壁不出延壽紿曰我陷虜久寧忘父母之邦若以軍逆我即歸晉人以爲然遣杜重威率兵迎之延壽至滹沱河據中渡橋與晉軍力戰手殺其將王清兩軍相拒太宗潛由他渡濟留延壽與耶律朔古據橋敵不能奪屢敗之杜重威埽厥衆降上喜賜延壽龍鳳赭袍且曰漢兵皆爾所有爾宜親往撫慰延壽至營杜重威李守貞迎謁馬首後太宗克汴延壽因李崧求爲皇太子上曰吾於魏王雖割肌肉亦不惜但皇太子須天子之子得爲魏王豈得爲也蓋上嘗許滅晉後以中原帝延壽以故摧堅破敵延壽常以身先至是以崧達意上命遷延壽秩翰林學士承旨張礪進

擬中京留守大丞相録尚書事都督中外諸軍事上塗録尚書事都督中外諸軍事世宗即位以翊戴功授樞密使

天祿二年薨

高模翰一名松渤海人有膂力善騎射好談兵初太祖平渤海模翰避地高麗王妻以女因罪亡歸坐使酒殺人下獄太祖知其才貰之天顯十一年七月唐遣張敬達楊光遠帥師五十萬攻太原勢銳甚石敬瑭遣人求救太宗許之九月徵兵出鴈門模翰與敬達軍接戰敗之太原圍解敬瑭夜出謁帝約爲父子帝召模翰等賜以酒饌親饗士卒士氣益振翌日復戰又敗之敬達鼠竄晉安寨模翰獻俘于帝會敬瑭自立爲晉帝光遠斬敬達以降諸州悉下上諭模翰曰朕自起兵百餘戰卿功第一雖古名將無以加乃授上將軍會同元年冊禮告成宴百官及諸國使于二儀殿帝指模翰曰此國之勇將朕統一天下斯人之力也群臣皆稱萬歲及晉叛盟出師南伐模翰爲統軍副使與僧遏前驅拔赤城破德貝諸寨是冬兼總左右鐵鷂子軍下關南城邑數十三月勑虎官楊覃赴乾寧軍爲滄州節度使田武名所圍模翰與趙延壽聚議往救俄有光自模翰目中出縈繞旗矛踰燄如流星久之模翰喜曰此天贊之祥遂進兵殺獲甚衆以功加侍中略地鹽山破饒安

晉人震怖不敢接戰加太傅晉以魏府節度使杜重威領兵三十萬來拒模翰謂左右曰軍法在正不在多以多陵少不義必敗其晉之謂乎詰旦以麾下三百人逆戰殺其先鋒梁漢璋餘兵敗走手詔褒美比漢之李陵頃之杜重威等復至滹沱河帝召模翰問計上善其言曰諸將莫及也乃令模翰守中渡橋及戰復敗之上曰朕憑高觀兩軍之勢顧卿英銳無敵如鷹逐雉兎當圖形麟閣爵賜後裔已而杜重威等降車駕入汴加特進檢校太師封譙郡開國公賜璽書劒器爲汴州廵檢使平氾水諸山土賊遷鎮中京天禄二年加開府儀同三司賜對衣鞍勒名馬應曆初召爲中臺省右相至東京父老歡迎曰公起戎行致身冨貴爲鄉里榮相如買臣輩不足過也九年正月遷左相卒

趙思温字文美盧龍人少果銳膂力兼人隷燕帥劉仁恭幕李存勗問罪于燕思温統偏師拒之流矢中目裂裳漬血戰猶不已爲存勗將周德威所擒存勗壯而釋其縛久之日見信用與梁戰於莘縣以驍勇聞授平州刺史兼平營薊三州都指揮使神册二年太祖遣大將經略燕地思温來降及伐渤海以思温爲漢軍都團練使力戰拔扶餘城身被數創大祖親爲調藥太宗即位以功擢檢校太保

保靜軍節度使天顯十一年唐兵攻太原石敬瑭遣使求救上命思温自嵐憲間出兵援之既罷兵改南京留守盧龍軍節度使管内觀察處置等使開府儀同三司兼侍中賜協謀靜亂翊聖功臣尋改臨海軍節度使會同初從耶律牒蠟使晉行册禮還加檢校太師二年有星隕于庭卒上遣使賻祭贈太師衛國公子延昭延靖官至使相

耶律漚里思六院夷离菫蒲古只之後負勇略每戰被重鎧揮鐵槊所向披靡會同間伐晉上至河而獵適海東青鶻搏雉晉人隔水以鴿引去上顧左右曰誰爲我得此人漚里思請内廐馬濟河擒之幷殺救者數人還上大悅優加賞賚既而晉將杜重威逆于望都據水勒戰漚里思介馬突陣餘軍繼之被圍衆言陣薄處可出漚里思曰恐彼有他備竟引兵衝堅而出廻視衆所指皆大塹也其料敵多此類是年總領敵烈皮室軍坐私免部曲奪官卒

張礪磁州人初仕唐爲掌書記遷翰林學士會石敬瑭起兵唐主以礪爲招討判官從趙德鈞援張敬達于河東及敬達敗礪入契丹後太宗見礪剛直有文彩擢翰林學士礪臨事必盡言無所避上益重之未幾謀亡歸爲追騎所獲上責曰汝何故亡礪對曰臣不習北方土俗飲食居處意常鬱鬱以是亡耳上顧通事高彥英曰朕嘗戒汝善遇

此人何乃使失所而亡礪去可再得耶遂杖彥英而謝礪
會同初陞翰林承旨兼吏部尚書從太宗伐晉入汴諸將
蕭翰耶律郎五麻答輩肆殺掠礪奏曰今大遼始得中國
宜以中國人治之不可專用國人及左右近習苟政令乖
失則人心不服雖得之亦將失之上不聽改右僕射兼門
下侍郎平章事頃之車駕北還至欒城崩時礪在恒州蕭
翰與麻答以兵圍其第礪方卧病出見之翰數之曰汝何
故於先帝言國人不可爲節度使我以國舅之親有征伐
功先帝留我守汴以爲宣武軍節度使汝獨以爲不可又
譖我與解里好掠人財物子女今必殺汝趣令鎖之礪抗
聲曰此國家大體安危所繫吾實言之欲殺即殺奚以鎖
爲麻答以礪大臣不可專殺乃救止之是夕礪恚憤卒
論曰初晉因遼之兵而得天下故兼臣禮而父事之割地
以爲壽輸帛以爲貢未幾也而會同之師次滹沱矣豈群
帥貪功黷武而致然歟柳所謂信不由衷也哉模翰以功
名自終可謂良將若延壽之勳雖著至於覬覦儲位謀矣
利令智昏固無足議若乃成末釁以蹻儁功如解里者何
譏焉

列傳第六

開府儀同三司上柱國錄軍國重事中書右丞相監修國史領經筵事都總裁臣脫脫奉

勑修

耶律屋質字敵輦系出孟父房姿簡靜有器識重然諾遇事造次處之從容人莫能測博學知天文會同間為惕隱太宗崩諸大臣立世宗太后聞之怒甚遣皇子李胡以兵逆擊遇安端劉哥等于泰德泉敗歸李胡盡執世宗臣僚家屬謂守者曰我戰不克先殪此曹人皆恟恟相謂曰若果戰則是父子兄弟相夷矣軍次潢河橫渡隔岸相拒時屋質從太后世宗以屋質善籌欲行間乃設事奉書以試

太后太后得書以示屋質屋質讀竟言曰太后佐太祖定天下故臣願竭死力若太后見疑臣雖欲盡忠得乎為今之計莫若以言和解事必有成否即宜速戰以決勝負然人心一搖國禍不淺惟太后裁察太后曰我若疑卿安肯以書示汝屋質對曰李胡永康王皆太祖子孫神器非移他族何不可之有太后宜思長策與永康王和議太后曰誰可遣者對曰太后不疑臣臣請往萬一永康王見聽廟社之福太后乃遣屋質授書於帝帝遣宣徽使耶律海思復書辭多不遜屋質諫曰書意如此國家之憂未艾也能釋怨以安社稷則臣以為莫若和好帝曰彼衆烏合安能

敵我屋質曰即不敵柰骨肉何況未知孰勝借曰幸勝諸臣之族執於李胡者無噍類矣以此計之惟和為善左右聞者失色帝良久問曰若何而和屋質對曰與太后相見各紓忿恚和之不難不然決戰非晚帝然之遂遣海思詣太后約和往返數日議乃定始相見怨言交讓殊無和意太后謂屋質曰汝當為我畫之屋質進曰太后與大王若能釋怨臣乃敢進說太后曰汝第言之屋質借謁者籌執之謂太后曰昔人皇王在何故立嗣聖太后曰立嗣聖者太祖遺旨又曰大王何故擅立不稟尊親帝曰人皇王當立而不立所以去之屋質正色曰人皇王捨父母之國而

奔唐子道當如是耶大王見太后不少遜謝惟怨是尋太后牽于偏愛託先帝遺命妄授神器如此何敢望和當速交戰擲籌而退太后泣曰向太祖遭諸弟亂天下荼毒瘡痍未復庸可再乎乃索籌一帝曰父不為而子為又誰咎也亦取籌而執左右感激大慟太后復謂屋質曰議既定神器竟誰歸屋質曰太后若授永康王順天合人復何疑李胡厲聲曰我在兀欲安得立屋質曰禮有世嫡不傳諸弟昔嗣聖之立尚以為非況公暴戾殘忍人多怨讟萬口一辭願立永康王不可奪也太后顧李胡曰汝亦聞此言乎汝實自為之乃許立永康帝謂屋質曰汝與朕屬尤近

何反助太后屋質對曰臣以社稷至重不可輕付故如是
耳上喜其忠天祿二年耶律天德蕭翰謀反下獄惕隱劉
哥及其弟盆都結天德等為亂耶律石剌潛告屋質屋質
遽引入見白其事劉哥等不服事遂寢未幾劉哥邀駕觀
樗蒲捧觴上壽袖刃而進帝覺命執之親詰其事劉哥自
誓帝復不問屋質奏曰當使劉哥與石剌對狀不可輙恕
帝曰卿為朕鞫之屋質率劒士往訊之天德等伏罪誅天
德杖翰遷劉哥以盆都使轄戛斯國三年表列泰寧王察
割陰謀事上不聽五年為右皮室詳穩秋上祭讓國皇帝
于行宮與郡臣皆醉察割弒帝屋質聞有言衣紫者不可
失乃易衣而出亟遣人召諸王及喻禁衛長皮室等同力
討賊時壽安王歸帳屋質遣弟冲迎之王至尚猶豫屋質
曰大王嗣聖子賊若得之必不容群臣將誰事社稷將誰
賴萬一落賊手悔將何及王始悟諸將聞屋質出相繼而
至遲明整兵出賊不意圍之遂誅察割亂既平穆宗即位
謂屋質曰朕之性命實出卿手命知國事以逆黨財產盡
賜之屋質固辭應曆五年為北院大王總山西事保寧初
宋圍太原以屋質率兵往援至白馬嶺遣勁卒夜出間道
疾馳駐太原西鳴鼓舉火宋兵以為大軍至懼而宵遁以
功加于越四年漢劉繼元遣使來貢致幣於屋質屋質以

聞帝命受之是年五月薨年五十七帝痛悼輟朝三日後
道宗詔上京立祠祭享樹碑以紀其功云
耶律吼字曷魯不六院部夷离菫蒲古只之後端慤好施不
事生產太宗特加倚任會同六年為南院大王蒞事清簡
人不敢以年少易之時晉主石重貴表不稱臣辭多踞慢
吼言晉罪不可不伐及帝親征以所部兵從既入汴諸將
皆取內帑珍異吼獨取馬鎧帝嘉之及帝崩于欒城無遺
詔軍中憂懼不知所為吼詣北院大王耶律洼議曰天位
不可一日曠若請于太后則必屬李胡李胡暴戾殘忍詎
能子民必欲厭人望則當立永康王洼然之會耶律
安摶來意與吼合遂定議立永康王是為世宗頃之以功
加採訪使賜以寶貨吼辭曰臣位已高敢復求富臣從弟
的琭諸子坐事籍沒陛下哀而出之則臣受賜多矣上曰
吼舍重賞以族人為請其賢遠甚許之仍賜宮戶五十時
有取當世名流作七賢傳者吼與其一天祿三年卒年三
十九子何魯不
何魯不字斜寧嘗與耶律屋質平察割亂穆宗以其父吼
首議立世宗故不顯用晚年為本族敞史及景宗即位以
平察割功授昭德軍節度使為北院大王時黃龍府軍將
燕頗殺守臣以叛何魯不討之破於鴨綠江坐不親追擊

以至失賊杖之乾亨間卒

耶律安摶曾祖巖木玄祖之長子祖楚不魯爲本部夷离堇父迭里幼多疾時太祖爲撻馬狘沙里常加撫育神冊六年爲惕隱從太祖將龍軍討阻卜党項有功天贊三年爲南院夷离堇征渤海攻忽汗城俘斬甚衆太祖崩淳欽皇后稱制欲以大元帥嗣位迭里建言帝位宜先嫡長今東丹王赴朝當立由是忤旨以黨附東丹王詔下獄訊鞫加以炮烙不伏殺之籍其家安摶自幼若成人居父喪哀毀過禮見者傷之太宗屢加慰諭嘗曰此兒必爲令器既長寡見笑重然諾動遵繩矩事母至孝以父死非罪未葬不預宴樂世宗在藩邸尤加憐恤安摶密自結納太宗伐晉還至欒城崩諸將欲立世宗以李胡及壽安王在朝猶豫未決時安摶直宿衛世宗密召問計安摶曰大王聰安寬恕人皇王之嫡長先帝雖有壽安天下屬意多在大王今若不斷後悔無及會有自京師來者安摶詐以李胡死傳報軍中皆以爲信於是安摶詣北南二大王計之北院大王洼聞而據起曰吾二人方議此事先帝嘗欲以永康王爲儲貳今日之事有我輩在孰敢不從但恐不白太后而立爲國家啓釁安摶對曰大王既知先帝欲以永康王爲儲副況永康王賢明人心樂附今天下甫定稍緩　大

事去矣若白太后必立李胡且李胡殘暴行路共知果嗣位如社稷何南院大王吼曰此言是也吾計決矣乃整軍召諸將奉世宗即位于太宗柩前帝立以安摶爲腹心總知宿衛是歲約和于潢河橫渡太后問安摶曰吾與汝有何隙安摶以父死爲對太后默然及置北院樞密使上命安摶爲之賜奴婢百口寵任無比事皆取決焉然性太寬事循苟簡豪猾縱恣不能制天祿末察割兵犯御幄又不能討由是中外短之穆宗即位以立世宗之故不復委用應曆三年或誣安摶與齊王罨撒葛謀亂繫獄死姪撒給左皮室詳穩

耶律洼字敵輦隋國王釋魯孫南院夷离堇綰思子少有器識人以公輔期之太祖時雖未官常任以事太宗即位爲惕隱天顯末帝援河東洼爲先鋒敗張敬達軍於太原北會同中遷北院大王及伐晉復爲先鋒與梁漢璋戰於瀛州敗之太宗崩于欒城南方州郡多叛士馬困乏軍中不知所爲洼與耶律吼定策立世宗乃令諸將曰大行上賓神器無主永康王人皇王之嫡長天人所屬當立有不從者以軍法從事諸將皆曰諾世宗即位賜宮户五十拜于越卒年五十四

耶律頽昱字團寧孟父楚國王之後父末掇嘗爲夷离堇

頹昱性端直會同中領九石烈部政濟寬猛世宗即位爲
惕隱天祿三年兼政事令封漆水郡王及穆宗立以匡贊
功嘗許以本部大王後將葬世宗頹昱懇言於帝曰臣蒙
先帝厚恩未能報幸及大葬臣請陪位帝由是不悅寢其
議薨

耶律撻烈字涅魯古六院部郎君褭古直之後沉厚多智
有任重才年四十未仕會同間爲邊部令穩應曆初陞南
院大王均賦役勸耕稼部人化之户口豐殖時周人侵漢以
撻烈都統西南道軍援之周已下太原數城漢人不敢戰
及聞撻烈兵至周主遣郭從義尚鈞等率精騎拒於忻口

撻烈擊敗之獲其將史彥超周軍遁歸復所陷城邑漢主
詣撻烈謝及漢主殂宋師來伐上命撻烈爲行軍都統發
諸道兵救之既出鴈門宋諜知而退保寧元年加兼政事
令致政乾亨初召之上見鬚髪皓然精力猶健問以政事
厚禮之以疾薨年七十九撻烈凡用兵賞罰信明得士卒
心河東單弱不爲周宋所併者撻烈有力焉在治所不修
邊幅百姓無稱年穀屢稔時耶律屋質居北院撻烈居南
院俱有政迹朝議以爲富民大王云

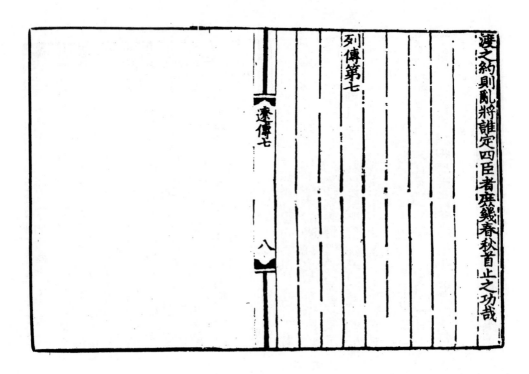

贊曰立嗣以嫡禮也太宗崩非安摶唱謀而克斷策立
世宗非屋質直而能諫杜太后之私折李胡之暴以成橫
渡之約則亂將誰定四臣者庶幾春秋首止之功哉

列傳第七

開府儀同三司上柱國錄軍國重事中書右丞相監修國史領經筵事都總裁臣脫脫奉

勅修

耶律夷臘葛字蘇散本宮分人檢校太師合魯之子應曆初以父任入侍數歲始爲殿前都點檢時上新即位疑諸王有異志引夷臘葛爲布衣交一切機密事必與之謀遷寄班都知賜宮戶時上酗酒數以細故殺人有監雉者因傷雉而亡獲之欲誅夷臘葛諫曰是罪不應死帝竟殺之以屍付夷臘葛曰收汝故人夷臘葛終不爲止復有監鹿詳穩亡一鹿下獄當死夷臘葛又諫曰人命至重豈可爲

一獸殺之良久得免遼法麛歧角者惟天子得射會秋獮善爲鹿鳴者呼一麛至命夷臘葛射應弦而踣上大悅賜金銀各百兩名馬百疋及黑山東抹真之地後穆宗被弒坐守衛不嚴被誅

蕭海瓈字寅的哂其先遙輦氏時爲本部夷离菫父塔列天顯間爲本部令穩海瓈貌魁偉膂力過人天祿間娶明王安端女藹因翁主應曆初察割亂藹因連坐繼娶嘲瑰翁主上以近戚嘉其勤篤命預北府宰相選頃之總知軍國事時諸王多坐反逆海瓈爲人廉謹達政體每被命案獄多得其情人無冤者繇是知名漢主劉承鈞每遣使入貢必別致幣物詔許受之年五十卒帝愍悼輟朝二日

蕭護思字延寧世爲北院吏累遷御史中丞總典群牧部籍應曆初遷左客省使六歲拜御史大夫時諸王多坐事繫獄上以護思有才幹詔窮治稱旨改北院樞密使仍命世預宰相選護思辭曰臣子孫賢否未知得一客省使足矣從之上晚歲酗酒用刑多濫護思居要地𨇾𨇾自保未嘗一言匡救議者以是少之年五十七卒

蕭思溫小字寅古宰相敵魯之族弟忽沒里之子通書史太宗時爲奚禿里太尉尚燕國公主爲群牧都林牙思溫在軍中握齱修邊幅僚佐皆言非將帥才尋爲南京留守

初周人攻揚州上遣思溫躡其後憚暑不敢進拔緣邊數城而還後周師來侵圍馮母鎮勢甚張思溫請益兵帝報曰敵來則與統軍司併兵拒之敵去則務農作勿勞士馬會敵入束城我軍退渡滹沱而屯思溫勤兵徐行周軍數日不動思溫與諸將議曰敵衆而銳戰不利則有後患不如頓兵以老其師躡而擊之可以必勝諸將從之遂與統軍司兵會飾他說請濟師周人引退思溫亦還已而周主復北侵與其將傅元卿李崇進等分道並進圍瀛州陷益津瓦橋淤口三關垂迫固安思溫不知計所出但云車駕旦夕至麾下士奮躍請戰不從已而陷易瀛莫等州京畿

人皆震駭往往遁入西山思温以邊防失利恐朝廷罪己
表請親征會周主榮以病歸思温退至益津僞言不知所
在遇步卒二千餘人來拒敗之是年聞周喪燕民始安乃
班師時穆宗湎酒嗜殺思温以密戚預政無所匡輔士論
不與十九年春蒐上射熊而中思温與夷离畢牙里斯等
進酒上壽帝醉還宮是夜爲庖人斯奴古等所弑思温與
南院樞密使高勳飛龍使女里等立景宗保寧初爲北院
樞密使兼北府宰相仍命世預其選上冊思温女爲后加
尚書令封魏王從帝獵閭山爲賊所害

蕭繼先字楊隱小字留只哥幼穎悟叔思温命爲子睿智
皇后尤愛之乾亨初尚齊國公主拜駙馬都尉統和四年
宋人來侵繼先率邏騎逆境上多所俘獲上嘉之拜北府
宰相自是出師繼先必將本府兵先從掖狼山石嵒從破
宋軍應州上南征取通利軍戰稱捷力及親征高麗以繼
先年老留守上京卒年五十八繼先雖處富貴尚儉素所
至以善治稱故將兵攻戰未嘗失利名重戚里

論曰嗚呼人君之過莫大於殺無辜湯之伐桀也數其罪
曰並告無辜於上下神祇武王之伐紂也數其罪曰無辜
籲天堯之伐苗民也呂侯追數其罪曰殺戮無辜迹是言
之夷臘葛之諫凜凜庶幾古君子之風矣雖然善諫者不

諫於已然蓋必先得於心術之微如察脉者先其病而治
之則易爲功穆宗沈湎失德蓋其資富彊之勢以自肆久
矣使詳臣於造次動作之際此諫彼諍提而警之以防其
甚則亦詎至是哉予以知護思思温處位優重耽禄取容
真鄙夫矣若海璘之折獄繼先之善治可謂任職臣歟

列傳第八

開府儀同三司上柱國錄軍國重事中書右丞相監修國史領經筵事都總裁臣脫脫奉

敕修

室昉字夢奇南京人幼謹厚篤學不出外戶者二十年雖
里人莫識其精如此會同初登進士第為盧龍巡捕官太
宗入汴受冊禮詔昉知制誥總禮儀事天祿中為南京留
守判官應曆間累遷翰林學士出入禁闥十餘年保寧間
兼政事舍人數延問古今治亂得失奏對稱旨上多昉有
理劇才改南京副留守決訟平允人皆便之遷工部尚書
尋改樞密副使參知政事頃之拜樞密使兼北府宰相加

同政事門下平章事乾亨初監修國史統和元年告老不
許進尚書無逸篇以諫太后聞而嘉獎二年秋詔修諸嶺
路昉發民夫二十萬一日畢功是時昉與韓德讓耶律斜
軫相友善同心輔政整析蠹弊知無不言務在息民薄賦
以故法度修明朝無異議八年復請致政詔入朝免拜賜
几杖太后遣閤門使李從訓持詔勞問令常居南京封鄭
國公初晉國公主建佛寺于南京上許賜額昉奏曰詔書
悉罷無名寺院今以主請賜額不惟違前詔恐此風愈熾
上從之表進所撰實錄二十卷手詔褒之加政事令賜帛
六百匹九年薦韓德讓自代不從上以昉年老若寒賜詔

皮衾褥許乘輦入朝病劇遣翰林學士張幹就第授中京
留守加尚父卒年七十五上嗟悼輟朝二日贈尚書令遺
言戒厚葬恐人譽過情自志其墓

耶律賢適字阿古真于越曷魯不古之子嗜學有大志滑稽
玩世人莫之知惟于越屋質器之嘗謂人曰是人當國天
下幸甚應曆中朝臣多以言獲譴賢適樂於靖退游獵自
娛與親朋言不及時事會討烏古還擢右皮室詳穩景宗
在藩邸常與韓匡嗣女里等游言或刺譏賢適勸以宜早
疏絕由是穆宗終不見疑賢適之力也景宗立以功加檢
校太保尋遷授寧江軍節度使賜推忠協力功臣時帝初

踐阼多疑諸王或萌非望陰以賢適為腹心加特進同中
書門下平章事保寧二年秋拜北院樞密使兼侍中賜保
節功臣三年為西北路兵馬都部署賢適忠介膚敏推誠
待人雖燕息不忘政務以故百司首職罔敢媮墮累年滯
獄悉決之大丞相高勳契丹行宮都部署女里席寵放恣
及帝姨母保母勢薰灼一時納賂請謁門若賈區賢適患
之言于帝不報以病解職又不允令鑄手印行事乾亨初
疾篤得請明年封西平郡王薨年五十三子觀音大同軍
節度使

女里安湼烈袞逸其氏族補積慶宮人應曆初為習馬小

底以毋憂去一日至雅伯山見一巨人惶懼走巨人止之曰勿懼我地祇也葬爾毋於斯當速詣闕必貴女里從之果遇馬群侍中時景宗在藩邸以女里出自本宮待遇殊厚女里亦傾心結納及穆宗遇弑女里奔赴景宗是夜集禁兵五百以衛既即位以翼戴功加政事令契丹冊行宮都部署賞賚甚渥尋加守太尉北漢主劉繼元聞女里爲上信任遇其生日必致禮女里素貪同列蕭阿不底亦好賄二人相善人有氊裘爲枲耳子所著者或戲曰若遇女里阿不底必盡取之傳以爲笑其貪猥如此保寧末坐私藏甲五百屬有司方案詰女里袖中又得殺樞密使蕭思溫

賊書賜死女里善識馬嘗行郊野見數馬跡指其一曰此奇駿也以己馬易之果然

郭襲不知何郡人性端介識治體久淹外調景宗即位召見對稱旨知可任以事拜南院樞密使尋加兼政事令以帝數游獵襲上書諫曰昔唐高祖好獵蘇世長言不滿十旬未足爲樂高祖即日罷史稱其美伏念聖祖創業艱難修德布政宵旰不懈穆宗逞無厭之欲不恤國事天下愁怨陛下繼統海內翕然望中興之治十餘年間征伐未已而寇賊未弭年穀雖登而瘡痍未復正宜戒懼修省以懷永圖側聞恣意遊獵甚於往日萬一有銜橛之變搏噬之虞悔將何及況南有彊敵伺隙而動聞之得無生心乎伏望陛下節從禽酣飲之樂爲生靈社稷計則有無彊之休上覽而稱善賜協賛功臣拜武定軍節度使卒

耶律阿沒里字蒲鄰遙輦嘲古可汗之四世孫幼聰敏保寧中爲南院宣徽使統和初皇太后稱制與耶律斜軫參預國論爲都統以征高麗功遷北院宣徽使加政事令四年春宋將曹彬米信等侵燕上親征阿沒里爲都監屢破敵軍十二年行在多盜阿沒里立禁捕法盜始息先是叛逆之家兄弟不知情者亦連坐阿沒里諫曰夫兄弟雖曰同胞賦性各異一行逆謀雖不與知輒坐以法是刑及無

罪也自今雖同居兄弟不知情者免連坐太后嘉納著爲令致仕卒阿沒里性好聚斂每從征所掠人口聚而建城請爲豐州就以家奴閻貴爲刺史時議鄙之子賢哥左夷離畢

論曰景宗之世人望中興豈其勤心庶績而然蓋承穆宗酗虐之餘爲善易見亦由群臣多賢左右弼諧之力也室昉進無逸之篇郭襲陳諫獵之疏阿沒里請免同氣之坐所謂仁人之言其利溥哉賢適忠介亦近世之名臣女里貪猥後人所當取鑑者也

列傳第九

開府儀同三司上柱國錄軍國重事中書右丞相監修國史領經筵事都總裁臣脫脫奉

勑修

張儉宛平人性端慤不事外飾統和十四年舉進士第一調雲州幕官故事車駕經行長吏當有所獻聖宗獵雲中節度使進曰臣境無他產惟幕僚張儉一代之寶願以爲獻先是上夢四人侍側賜食人二口至聞儉名始悟召見容止朴野訪及世務占奏三十餘事由此顧遇特異踐歷清華號稱明幹開泰中累遷同知樞密院事太平五年出爲武定軍節度使移鎮大同六年入爲南院樞密使帝方眷倚參知政事吳叔達與儉不相能帝怒出叔達爲康州刺史拜儉左丞相封韓王帝不豫受遺詔輔立太子是爲興宗賜貞亮弘靖保義守節耆德功臣拜太師中書令加尚父徙王陳重熙五年帝幸禮部貢院及親試進士皆儉發之進見不名賜詩褒美儉衣唯紬帛食不重味月俸有餘賙給親舊方冬奏事便殿帝見衣袍弊惡密令近侍以火夾穿孔記之屢見不易帝問其故儉對曰臣服此袍已三十年時尚奢靡故以此微諷喻之上憐其清貧令恣取內府物儉奉詔持布三端而出益見獎重儉弟五人上欲俱賜進士第固辭有司獲盜八人既戮之乃獲正賊家人訴冤儉三乞申理上勃然曰卿欲朕償命耶儉曰八家老稚無告少加存恤使得收葬足慰存沒矣乃從之儉在相位二十餘年裨益爲多致政歸第會宋書辭不如禮上將親征幸儉第尚食先往具饌卻之進葵羹乾飯帝食之美徐問以策儉極陳利害且曰第遣一使問之何必遠勞車駕上悅而止復即其第賜宴器玩悉與之十二年薨年九十一勑葬宛平縣

邢抱朴應州人刑部郎中簡之子也抱朴性穎悟好學博古保寧初爲政事舍人知制誥累遷翰林學士加禮部侍郎統和四年山西州縣被兵命抱朴鎮撫之民始安加户部尚書遷翰林學士承旨與室昉同修實錄決南京滯獄還優詔褒美十年拜參知政事以樞密使韓德讓薦按察諸道守令能否而黜陟之大協人望尋以母憂去官詔起視事表乞終制不從宰相密諭上意乃視事人以孝稱及耶律休哥留守南京又多滯獄復詔抱朴平決之人無冤者改南院樞密使卒贈侍中初抱朴與弟抱質受經于母陳氏皆以儒術顯抱質亦官至侍中時人榮之

馬得臣南京人好學博古善屬文尤長於詩保寧間累遷政事舍人翰林學士常預朝議以正直稱乾亨初宋師侵犯邊命爲南京副留守復拜翰林學士承旨聖宗即位皇

太后稱制兼侍讀學士上閱唐高祖太宗玄宗三紀得臣
乃錄其行事可法者進之及扈從伐宋進言降不可殺亡
不可追二三其德者別議詔從之俄兼諫議大夫知宣徽
院事時上嬉遊無度上書諫曰臣竊觀房玄齡杜如晦隋季
書生向不遇太宗安能為一代名相臣雖不才陛下在東
宮幸列侍從今又得侍聖讀未有裨補聖明陛下嘗問臣
以貞觀開元之事臣請略陳之臣聞唐太宗侍太上皇宴
罷則挽輦至內殿玄宗與兄弟懽飲盡家人禮陛下嗣祖
考之祚躬侍太后可謂至孝臣更望定省之餘睦六親加
愛敬則陛下親親之道比隆二帝矣臣又聞二帝耽玩經

史數引公卿講學至于日昃故當時天下翕然嚮風以隆
文治今陛下游心典籍分解章句臣願研究經理深造而
篤行之二帝之治不難致矣臣又聞太宗射豕唐儉諫之
玄宗臂鷹韓休言之二帝莫不樂從今陛下以毬馬為樂
愚臣思之有不宜者三故不避斧鉞言之竊以君臣同戲
不免分爭君得臣愧彼負此喜一不宜躍馬揮杖縱橫馳
騖不顧上下之分爭先取勝失人臣禮二不宜輕萬乘之
尊圖一時之樂萬一有銜勒之失其如社稷太后何三不
宜儻陛下不以臣言為迂少賜省覽天下之福群臣之願
也書奏帝嘉歎良久未幾卒贈太子太保詔有司給葬

蕭朴字延寧國舅少父房之族父勞古以善屬文為聖宗
詩友朴幼如老成人及長博學多智開泰初補牌印郎君
為南院承旨權知轉運事尋改南面林牙帝問以政朴具
陳百姓疾苦國用豐耗帝悅曰吾得人矣擢左夷离畢時
蕭合卓為樞密使朴知部署院事以酒廢事出為興國軍
節度使俄召為南面林牙太平三年守太子太傅明年拜
北府宰相遷北院樞密使時太平日久帝留心翰墨始畫
譜牒以別嫡庶由是爭訟紛起朴有吏才能知人主意敷
奏稱旨朝議多取決之封蘭陵郡王進王恒加中書令及
大延琳叛詔安撫東京以便宜從事興宗即位皇太后稱

制國事一委弟孝先方仁德皇后以馮家奴所誣被害朴
屢言其冤不報每念至此為之嘔血重熙初改王韓拜東
京留守及遷太后于慶州朴從王楚升南院樞密使四年
王魏薨年五十贈齊王子鐸剌國舅詳穩

耶律八哥字烏古鄰五院部人幼聰慧書一覽輒成誦統
和中以世業為本部吏未幾陞閘撒狘轉樞密院侍御
會宋將曹彬米信侵燕八哥以扈從有功擢上京留守開
泰四年召為北院樞密副使頃之留守東京七年上命東
平王蕭排押帥師伐高麗八哥為都監至開京大掠而還
濟茶陀二河高麗追兵至諸將皆欲使敵渡兩河擊之獨

八哥以爲不可曰敵若渡兩河必殊死戰乃危道也不若擊於兩河之間排押從之戰敗績明年還東京奏渤海承奉官宜有以統領之上從其言置都知押班後以茶陀之敗削使相降西北路都監卒

論曰張儉名符帝夢遂結主知服弊袍不易志敦薄俗功著兩朝世稱賢相非過也邢抱朴甄别守令大愜人望兩决滯獄民無冤濫馬得臣引盛唐之治以諫其君蕭朴痛皇后之誣至於嘔血四人者皆以明經致位忠藎若此宜矣聖宗得人於斯爲盛

列傳第十卷

列傳第十一　　遼史八十一

開府儀同三司上柱國錄軍國重事中書右丞相監修國史領經筵事都總裁臣脫脫奉

勑修

耶律室魯字乙辛隱六院部人魁岸美容儀聖宗同年生帝愛之甫冠補祗候郎君未幾爲宿直官及出師伐宋爲隊帥從南府宰相耶律奴瓜統軍使蕭撻覽略地趙魏有功加檢校太師爲北院大王攻拔通利軍宋和議成特進門下平章事賜推誠竭節保義功臣以本部俸羊多闕部人空乏請以羸老之羊及皮毛歲易南中絹彼此利之拜北院樞密使封韓王自韓德讓知北院職多廢曠室魯拜

命之日朝野相慶從上獵松林至沙嶺卒年四十四贈守司徒政事令二子十神奴歐里斯十神奴南院大王

歐里思字留隱少有大志未冠補祗候郎君開泰初爲本部司徒秩滿閒居徵爲郎君班詳穩遷右皮室詳穩將本部兵從東平王蕭排押伐高麗至茶陀二河戰不利歐里斯獨全軍還帝嘉賞終西南面招討使

王繼忠不知何郡人仕宋爲鄆州刺史殿前都虞候統和二十一年宋遣繼忠屯定之望都以輕騎覘我軍遇南府宰相耶律奴瓜等獲之太后知其賢授戶部使以康默記族女女之繼忠亦自激昂事必盡力宋以繼忠先朝舊臣每遣使必有附賜聖宗許受之二十二年宋使來聘遣繼忠弧矢鞭策及求和劄子有曰自臨大位愛養黎元豈欲窮兵惟思息戰每救邊事嚴諭守臣至于北界人民不令小有侵擾衆所具悉爾亦備知向以知雄州何承矩已布此懇自後杳無所聞汝可密言如許通和即當別使往請詔繼忠與宋使相見仍許講和以繼忠家無奴隸賜宮戶三十加左武衛上將軍攝中京留守五年爲漢人行宮都部署封琅邪郡王六年進楚王賜國姓上嘗燕飲議以蕭合卓爲北院樞密使繼忠曰合卓雖有刀筆才暗於大體蕭敵烈才行兼備可任上不納竟用合卓及遣合卓伐高

麗繼忠爲行軍副部署攻興化鎭月餘不下師還上謂明於知人拜樞密使太平三年致仕卒子懷王仕至防禦使

蕭孝忠字撒板小字圖古斯志慷慨開泰中補祗候郎君尚越國公主拜駙馬都尉累遷殿前都點檢太平中擢北府宰相重熙七年爲東京留守時禁渤海人擊毬孝忠言東京最爲重鎭無從禽之地若非毬馬何以習武且天子以四海爲家何分彼此宜弛其禁從之十二年入朝封楚王拜北院樞密使國制以契丹漢人分北南院樞密治之孝忠奏曰一國二樞密風俗所以不同若併爲一天下幸甚事未及行薨追封楚國王帝素服以臨赦死囚數人爲

孝忠薦福葬日親臨賜宮戶守冢子阿速終南院樞密使

陳昭袞小字王九雲州人工譯鞮勇而善射統和中補祗候郎君為奚挑剌詳穩累遷敦睦宮太保兼掌圍場事開泰五年秋大獵帝射虎以馬馳太速矢不及發虎怒奮勢將犯蹕左右辟易昭袞捨馬捉虎兩耳騎之虎駭且逸上命衛士追射昭袞大呼止之虎雖軼山昭袞終不墮地伺便拔佩刀殺之輦至上前慰勞良久即日設燕悉以席上金銀器賜之特加節鉞遷圍場都太師賜國姓命張儉呂德懋賦以美之遷歸義軍節度使同知上京留守歷西南面招討都監卒

蕭合卓字合魯隱突呂不部人始為本部吏統和初以謹愿補南院侍郎十八年北院樞密使韓德讓舉合卓為中丞以太后遺物使宋還遷北院樞密副使開泰三年為左夷离畢合卓久居近職明習典故善占對以是尤被寵渥陞北院樞密使時議以為無完行不可大用南院樞密使王繼忠侍宴又譏其短帝頗不悅六年遣合卓伐高麗還時求進者多附之然其服食僕馬不加于舊帝知其廉以族屬女妻其子詔許親友饋獻豪貴奔趨于門太平五年有疾帝欲臨視合卓辭曰臣無狀猥蒙重任今形容毀瘁恐陛下見而動思帝從之會北府宰相蕭朴問疾合卓執其手曰吾死君必為樞密使慎勿舉勝己者朴出而鄙之是日卒子烏古終本部節度使

論曰統和諸臣名昭王室者多矣室魯拜樞密使朝野相慶必有得民心者繼忠既不能死國雖通南北之和有知人之鑑奚足尚哉孝忠昭袞皆有可稱者合卓臨終教蕭朴毋舉勝己者任樞密其誤國之罪大矣

列傳第十一

開府儀同三司上柱國錄軍國重事中書右丞相監修國史領經筵事都總裁臣脫脫奉

勑修

耶律隆運本姓韓名德讓西南面招討使匡嗣之子也統和十九年賜名德昌二十二年賜姓耶律二十八年復賜名隆運重厚有智略明治體喜建功立事侍景宗以謹飭聞加東頭承奉官補樞密院通事轉上京皇城使遥授彰德軍節度使代其父匡嗣爲上京留守權知京事甚有聲尋復代父守南京時人榮之宋兵取河東侵燕五院糺詳穩奚底統軍蕭討古等敗歸宋兵圍城招脅甚急人懷二心隆運登城日夜守禦援軍至圍解及戰高梁河宋兵敗走隆運邀擊又破之以功拜遼興軍節度使徵爲南院樞密使景宗疾大漸與耶律斜軫俱受顧命立梁王爲帝皇后爲皇太后稱制隆運總宿衛事太后益寵任之統和元年加開府儀同三司兼政事令四年宋遣曹彬米信將十萬衆來侵隆運從太后出師敗之加守司空封楚國公師還與北府宰相室昉共執國政上言西州數被兵加以歲饑宜輕稅賦以來流民從之六年太后觀擊鞠胡里室突隆運墜馬命立斬之詔率師伐宋圍沙堆敵乘夜來襲隆運嚴軍以待敗走之封楚王九年復言燕人挾姦苟免賦

役貴族因爲囊橐可遣北院宣徽使趙智戒諭從之十一年丁母憂詔強起之明年室昉致政以隆運代爲北府宰相仍領樞密使監修國史賜興化功臣十二年六月奏三京諸鞫獄官吏多因請託曲加寬貸或妄行搒掠乞行禁止上可其奏又表請任賢去邪太后喜曰進賢輔政真大臣之職優加賜賚服闋加守太保兼政事令會北院樞密使耶律斜軫薨詔隆運兼之久之拜大丞相進王齊總二樞府事以南京平州歲不登奏免百姓農器錢及請平諸郡商賈價竝從之二十二年從太后南征及河許宋成而還從王晉賜姓出宮籍隸橫帳季父房後乃改賜今名位親王上賜田宅及陪葬地從伐高麗還得末疾帝與后臨視醫藥薨年七十一贈尚書令謚文忠官給葬具建廟乾陵側無子清寧三年以魏王貼不子耶魯爲嗣天祚立以皇子敖盧斡繼之弟德威姪制心

德威性剛介善馳射保寧初歷上京皇城使儒州防禦使改北院宣徽使乾亨初丁父喪彊起復職權西南招討使統和初党項寇邊一戰却之賜劒許便宜行事領突呂不迭剌二糺軍以討平稍古葛功真授招討使夏州李繼遷叛宋內附德威請納之既得繼遷諸夷皆從璽書褒獎與惕隱耶律善補敗宋將楊繼業加開府儀同三司政事門

下平章事未幾以山西城邑多陷奪兵柄李繼遷受賂潛
懷二心奉詔率兵往諭繼遷託以西征不出德威至靈州
俘掠而還年五十五卒贈兼侍中子雱金紫彰國軍節度
使二孫謝十滌魯謝十終惕隱
滌魯字遵寧幼養宮中授小將軍重熙初歷北院宣徽使
右林牙副點檢拜惕隱改西北路招討使封漆水郡王請
減軍籍三千二百八十人後以私取回鶻使者獺毛裘及
私取阻卜貢物事覺決大杖削爵免官俄起爲北院宣徽
使十九年改烏古敵烈部都詳穩尋爲東北路詳穩封混
同郡王清寧初徙王鄭擢拜南府宰相以年老乞骸骨更

丘老

王漢大康中薨年八十滌魯神情秀徹聖宗子視之興宗
待以兄禮雖貴愈謙初爲都點檢扈從獵黑嶺獲熊上因
樂飲謂滌魯曰汝有求乎對曰臣富貴踰分不敢他望惟
臣叔先朝優遇身殁之後不肖子坐罪籍没四時之薦享
諸孫中得赦一人以主祭臣願畢矣詔免籍復其産子燕
五官至南京步軍都指揮使
制心小字可汗奴父德崇善醫視人形色輒决其病累官
至武定軍節度使制心善調鷹隼統和中爲歸化州刺史
開泰中拜上京留守進漢人行宮都部署封漆水郡王以
皇后外弟恩遇日隆樞密副使蕭合卓用事制心奏合卓

寡識度無行檢上默然每内宴歡洽輒避之皇后不悦曰
汝不樂耶制心對曰寵貴鮮能長保以是爲憂耳太平中
歷中京留守惕隱南京留守徙王燕遷南院大王或勸制
心奉佛對曰吾不知佛法惟心無私則近之矣一日沐浴
更衣而卧家人聞絲竹之聲帷而入視則已逝矣年五十
三贈政事令追封陳王寺上京時酒禁方嚴有捕獲私醞
者一飲而盡笑而不詰卒之日部民若哀父母
耶律勃古哲字蒲奴隱六院夷离菫蒲古只之後男悍善
治生保寧中爲天德軍節度使歷南京侍衛馬步軍都指
揮使以討平党項羌阿理撒米僕里鼈米遷南院大王聖

丘老

宗即位太后稱制會耆臣議軍國事勃古哲上疏陳便宜
數事稱旨即日兼領山西路諸州事統和四年宋將曹彬
等侵燕勃古哲擊之甚力賜輸忠保節致主功臣總知山
西五州會有告勃古哲曲法虐民者按之有狀以大杖決
之八年爲南京統軍使卒子爻里官至詳穩
蕭陽阿字稍隱端愨簡嚴識遼漢字通天文相法父卒自
五番部親挽喪車至奚王嶺人稱其孝年十九爲本班郎
君歷鐵林鐵鷂大鷹三軍詳穩乾統元年由烏古敵烈部
屯田太保爲易州刺史幸臣劉彥良嘗以事至州估寵恣
横爲陽阿所沮彥良歸妄加毁訾尋遣人代陽阿州民千

餘詣闕請留即日授武安州觀察使歷烏古涅里順義彰信等軍節度使權知東北路統軍使事聞耶律狼不鐸曾斡等叛獨引麾下三十餘人追捕之身被二創生擒十餘人送之行在坐不獲首惡免官未幾權南京留守卒

武白不知何郡人爲宋國子博士差知相州至通利軍爲我軍所俘詔授上京國子博士改臨潢縣令遷廣德軍節度副使先是有訟宰相劉愼行與子婦姚氏私者有司出其罪聖宗詔白鞫之白正其事使新羅還權中京留守時愼行諸子皆處權要以白斷百姓分籍事不直坐左遷未幾遷尚書右丞知樞密直事拜遼興軍節度使致仕卒

蕭常哥字胡獨董國舅之族祖約首同政事門下平章事父寶老累官節度使常哥魁偉寡言年三十餘始爲祗候郎君歷本族將軍松山州刺史壽隆二年以女爲燕王妃拜永興宮使及妃生子爲南院宣徽使尋改漢人行宮都部署統和初加太子太師爲國舅詳穩二年改遼興軍節度使召爲北府宰相以柴冊禮加兼侍中天慶元年致仕卒諡曰欽肅

耶律虎古字海鄰六院夷离董覲烈之孫少穎悟重然諾保寧初補御琖郎君十年使宋還以宋取河東之意聞于上燕王韓匡嗣曰何以知之虎古曰諸僭號之國宋皆併收惟河東未下今宋講武習戰意必在漢匡嗣力沮乃止明年宋果伐漢帝以虎古能料事器之乃曰吾與匡嗣慮不及此授涿州刺史統和初皇太后稱制召赴京師與韓德讓以事相忤德讓怒取護衛所執戎仗擊其腦卒子磨魯古

磨魯古字遥隱有智識善射統和初拜南面林牙四年宋侵燕太后親征磨魯古爲前鋒手中流矢拔而復進太后旣至磨魯古以創不能戰與北府宰相蕭繼先巡邏境上累遷北院大王七年伐宋爲先鋒與耶律奴瓜破其將李忠吉于定州以疾卒于軍

論曰德讓在統和間位兼將相其克敵制勝進賢輔國功業茂矣至賜姓名王齊晉抑有寵於太后而致然歟宗族如德威平党項滌魯完宗祀制心不苟合家聲益振豈無所自哉若勃古之忠陽阿之孝武白之直亦彬彬乎一代之良臣矣

列傳第十二

開府儀同三司上柱國錄軍國重事中書右丞相監修國史領經筵事都總裁臣脫脫奉

敕修

耶律休哥字遜寧祖釋魯隋國王父綰思南院夷离堇休哥少有公輔器初烏古室韋二部叛休哥從北府宰相蕭幹討之應曆末爲惕隱乾亨元年宋侵燕北院大王奚底統軍使蕭討古等敗績南京被圍帝命休哥代奚底將五院軍往救遇大敵于高梁河與耶律斜軫分左右翼擊敗之追殺三十餘里斬首萬餘級休哥被三創明旦宋主遁去休哥以創不能騎輕車追至涿州不及而還是年冬上

命韓匡嗣耶律沙伐宋以報圍城之役休哥率本部兵從匡嗣等戰于滿城翌日將復戰宋人請降匡嗣信之休哥曰彼衆整而銳必不肯屈乃誘我耳宜嚴兵以待匡嗣不聽休哥引兵憑高而視須臾南兵大至鼓譟疾馳匡嗣倉卒不知所爲士卒棄旗鼓而走遂敗績休哥整兵進擊敵乃却詔總南面戍兵爲北院大王車駕親征圍瓦橋關宋兵來救守將張師突圍出帝親督戰休哥斬師餘衆退走入城宋陣于水南將戰帝以休哥馬介獨黃慮爲敵所識乃賜玄甲白馬易之休哥率精騎渡水擊敗之追至莫州橫屍滿道鏃矢俱罄生獲數將以獻帝悅賜御馬金盂勞之曰爾勇過于名若人人如卿何憂不克師還拜于越聖宗即位太后稱制令休哥總南面軍務以便宜從事休哥均戍兵立更休法勸農桑修武備邊境大治統和四年宋復來侵其將范密楊繼業出雲州曹彬米信出雄易取岐溝涿州陷固安置屯時北南院奚部兵未至休哥力寡不敢出戰夜以輕騎出兩軍間殺其單弱以脅餘衆晝則以精銳張其勢使彼勞於防禦以疲其力又設伏林莽絕其糧道曹彬等以糧運不繼退保白溝月餘復至休哥以輕兵薄之伺彼蓐食擊其離伍單出者且戰且却由是南軍自救不暇結方陣塹地兩邊而行軍渴乏井漉淖而飲凡

四日始達于涿聞太后軍至彬等冒雨而遁太后益以銳卒追及之彼力窮環糧車自衛休哥圍之至夜彬信以數騎亡去餘衆悉潰追至易州東聞宋師尚有數萬瀕沙河而爨促兵往擊之宋師望塵奔竄墮岸相蹂死者過半沙河爲之不流太后旋旆休哥收宋屍爲京觀封宋國王又上言可乘宋弱略地至河爲界書奏不納及太后南征休哥爲先鋒敗宋兵於望都時宋將劉廷讓以數萬騎並海而出約與李敬源合兵聲言取燕休哥聞之先以兵扼其要地會太后軍至接戰殺敬源廷讓走瀛州七年宋遣劉廷讓等乘暑潦來攻易州諸將憚之獨休哥率銳卒逆擊

于沙河之北殺傷數萬獲輜重不可計獻于朝太后嘉其功詔免拜不名自是宋不敢北向時宋人欲止兒啼乃曰于越至矣休哥以燕民疲弊省賦役恤孤寡戒戍兵無犯宋境雖馬牛逸于北者悉還之遠近向化邊鄙以安十六年薨是夕雨木冰聖宗詔立祠南京休哥智略宏遠料敵如神每戰勝讓功諸將故士卒樂為之用身更百戰未嘗殺一無辜二子高八官至節度使高十終于越孫馬哥

馬哥字訛特懶興宗時以散職入見上問卿奉佛乎對曰臣每旦誦太祖太宗及先臣遺訓未暇奉佛帝悅清寧中遷唐古部節度使咸雍中累遷匡義軍節度使大康初致

仕卒

耶律斜軫字韓隱于越曷魯之孫性明敏不事生產保寧元年樞密使蕭思溫薦斜軫有經國才上曰朕知之第佚蕩豈可羈屈對曰外雖佚蕩中未可量乃召問以時政占對剴切帝器重之妻以皇后之姪命節制西南面諸軍仍援河東改南院大王乾亨初宋再攻河東從耶律沙至白馬嶺遇敵沙等戰不利斜軫赴之令麾下萬矢齊發敵氣懾而退是年秋宋下河東乘勝襲燕北院大王耶律奚底與蕭討古逆戰敗績退屯清河北斜軫取奚底等青幟軍于得勝口以誘敵敵果爭赴斜軫出其後奮擊敗之及高

梁之戰與耶律休哥分左右翼夾擊大敗宋軍統和初皇太后稱制益見委任為北院樞密使會宋將曹彬米信出雄易楊繼業出代州太后親帥師救燕以斜軫為山西路兵馬都統繼業陷山西諸郡各以兵守自屯代州斜軫至定安遇賀令圖軍擊破之追至五臺斬首數萬級明日至蔚州敵不敢出斜軫書帛射城上諭以招慰意陰聞宋軍來救令都監耶律題子夜伏兵險阨俟敵至而發城守者見救至突出斜軫擊其背二軍俱潰追至飛狐斬首二萬餘級遂取蔚州賀令圖潘美復以兵來斜軫逆于飛狐擊敗之宋軍在渾源應州者皆棄城走斜軫聞繼業出兵令

蕭撻凜伏兵于路明旦繼業兵至斜軫擁眾為戰勢繼業麾幟而前斜軫佯退伏兵發斜軫進攻繼業敗走至狼牙村眾軍皆潰繼業為流矢所中被擒斜軫責曰汝與我國角勝三十餘年今日何面目相見繼業但稱死罪而已初繼業在宋以驍勇聞人號楊無敵首建梗邊之策至狼牙村心惡之欲避不可得既擒三日死斜軫歸闕以功加守太保從太后南伐卒于軍太后親為哀臨仍給葬具廕子狗兒官至小將軍

耶律奚低孟父楚國王之後便弓馬勇於攻戰景宗時多任以軍事統和四年為右皮室詳穩時宋將楊繼業陷山

西郡縣奚底從樞密使斜軫討之凡戰必以身先矢無虛
發繼業敗于朔州之南匿深林中奚底望袍影而射繼業
墮馬先是軍令須生擒繼業奚底以故不能爲功後太后
南伐屢有戰績以病卒
耶律學古字乙辛隱于越洼之庶孫穎悟好學工譯鞮及
詩保寧中補御盞郎君乾亨元年宋既下河東乘勝侵燕
學古受詔往援始至京宋敗耶律奚底蕭討古等勢益張
圍城三周穴地而進城中民懷二心學古以計安反側隨
宜備禦晝夜不少懈適有敵三百餘人夜登城學古戰却
之會援軍至圍遂解學古開門列陣四面鳴鼓居民大呼

聲震天地旋有高梁之捷以功遥授保靜軍節度使爲南
京馬步軍都指揮使二年伐宋乞將漢軍從之改彰國軍
節度使時南境未靜民思休息學古禁寇掠以安之會宋
將潘美率兵分道來侵學古以軍少虛張旗幟雜丁黃爲
疑兵是夜適獨虎峪舉烽火遣人偵視見敵俘掠村野擊
之悉獲所掠物擒其將領自是學古與潘美各守邊約無
相侵軼民獲安業以功爲惕隱卒弟烏不呂
烏不呂字留隱嚴重有膂力善屬文統和中伐宋屢任以
軍事嘗與文直不相能因曰爾奴才何所知文直訟于北
院樞密使韓德讓德讓怒問曰爾安得此奴耶烏不呂對

曰三父異籍時亦易得德讓笑而釋之後從蕭恒德伐蒲
盧毛朶部以功爲東路統軍都監及德讓爲大丞相薦其
材可任統軍使太后曰烏不呂嘗不遜于卿何善而薦德
讓奏曰臣忝相位於臣猶不屈况於其餘以此知可用若
任使之必能鎮撫諸蕃太后從之加金紫崇禄大夫檢校
太尉而弟國留以罪亡烏不呂及其母俱下吏恐禍及母
陰使人召國留紿曰太后知事之誣汝第來勿畏國留至
送有司坐誅其後退歸田里以疾卒
論曰宋乘下太原之銳以師圍燕繼遣曹彬楊繼業等分
道來伐是兩役也遼亦岌岌乎殆哉休哥奮擊于高梁敵

兵奔潰斜軫擒繼業于朔州旋復故地宋自是不復深入
社稷固而邊境寧雖配古名將無愧矣然非學古之在南
京安其反側則二將之功蓋亦難致故曰國以人重信哉

列傳第十三

開府儀同三司上柱國錄軍國重事中書右丞相監修國史領經筵事都總裁臣脫脫奉

勅修

耶律沙字安隱其先嘗相遙輦氏應曆間累官南府宰相景宗即位總領南面邊事保寧間宋攻河東沙將兵救之有功加守太保乾亨初宋復北侵沙將兵由間道至白馬嶺阻大澗遇敵沙與諸將欲待後軍至而戰冀王敵烈監軍耶律抹只等以爲急擊之便沙不能奪敵烈等以先鋒渡澗未半爲宋人所擊兵潰敵烈及其子蛙哥沙之子德里令穩都敏詳穩唐筈等五將俱沒會北院大王耶律斜軫兵至萬矢俱發敵軍始退沙將趨太原會漢駙馬都尉盧俊來奔言太原已陷遂勒兵還宋乘銳侵燕沙與戰于高梁河稍却遇耶律休哥及斜軫等邀擊敗宋軍宋主僅遁至涿州微服乘驢車間道而走上以功釋前過是年復從韓匡嗣伐宋敗績帝欲誅之以皇后營救得免睿智皇后稱制召賜几杖以優其老後從伐宋敗劉廷讓李敬源之軍賜賚優渥統和六年卒

耶律抹只字留隱仲父隋國王之後初以皇族入侍景宗即位爲林牙以幹給稱保寧間遷樞密副使宋攻河東南府宰相耶律沙爲都統將兵往援抹只監其軍及白馬嶺

之敗僅以身免宋乘銳攻燕將奚兵助休哥擊敗之上以功釋前過十一年從都統韓匡嗣伐宋戰于滿城爲宋將所紿諸軍奔潰獨抹只部伍不亂徐整旗鼓而歸留書提諭改南海軍節度使乾亨二年拜樞密副使統和初爲東京留守宋將曹彬米信等侵邊抹只引兵至南京先繕守禦備及車駕臨幸抹只與耶律休哥逆戰于涿之東克之遷開遠軍節度使故事州民歲輸稅斗粟折錢五抹只表請折錢六部民便之統和末卒

蕭幹小字項烈字婆典北府宰相敵魯之子性質直初察割之亂其黨胡古只與幹善使人召之幹曰吾豈能從逆臣縛其人送壽安王賊平上嘉其忠拜群牧都林牙復以伐烏古功遷北府宰相改突呂不部節度使乾亨初宋伐河東乘勝侵燕詔幹拒之戰于高梁河耶律沙退走幹與耶律休哥等併力戰敗之上手勅慰勞自是每征伐必參決軍事加政事令二年宋兵圍瓦橋夜襲我營幹及耶律匀骨戰却之時皇后以父呼幹及后爲皇太后稱制幹數條奏便宜多見聽用統和四年卒姪討古

討古字括寧性忠簡應曆初始入侍會冀王敵烈宣徽使海思謀反討古與耶律阿列密告於上上嘉其忠詔尚朴謹公主保寧末爲南京統軍使乾亨初宋侵燕討古與北

院大王奚底拒之不克軍潰討古等不敢復戰退屯清河帝聞其敗遣使責之曰卿等不嚴偵候用兵無法遇敵即敗奚以將爲討古懼頃之援兵至討古始力以敗宋軍上釋其罪降爲南京侍衛親軍都指揮使四年卒

耶律善補字瑤昇孟父楚國王之後純謹有才智景宗即位授千牛衛大將軍遷大同軍節度使及伐宋韓匡嗣與耶律沙將兵由東路進善補以南京統軍使由西路進善補聞匡嗣失利斂兵還乾亨末與宋軍戰于滿城爲伏兵所圍斜軫救之獲免以失備大杖決之統和初爲惕隱會宋來侵善補爲都元帥逆之不敢戰故嶺西州郡多陷罷

惕隱以其叔安端有匡輔世宗功上愍之徵善補爲南府宰相遷南院大王會再舉伐宋欲攻魏府召衆集議將士以魏城無備皆言可攻善補曰攻固易然城大叵量若克其城士卒貪俘掠勢必不可遏且傍多巨鎮各出援兵內有重敵何以當之上乃止善補性懦守靜凡征討憚攻戰急還以故戰多不利年七十四卒

耶律海里字留隱令穩撻里得之長子察割之亂其母的魯與焉遣人召海里海里拒之亂平的魯以子故獲免海里儉素不喜聲利以射獵自娛雖居閑人敬之若貴官然保寧初拜彰國軍節度使遷惕隱秩滿稱疾不仕久之復爲南院大王及曹彬米信等來侵海里有却敵功賜資忠保義匡國功臣帝屢親征海里在南院十餘年鎮以寬靜戶口增給時議重之封漆水郡王遷上京留守薨詔以家貧給葬具

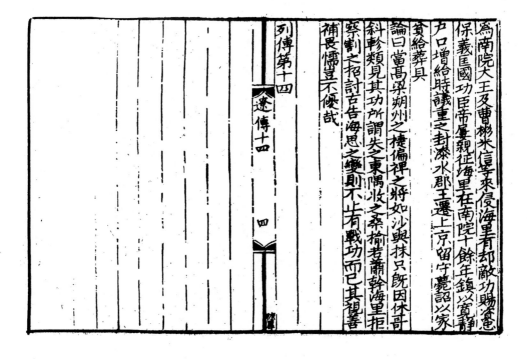

論曰當高梁朔州之捷偏裨之將如沙與抹只既因休哥斜軫類見其功所謂失之東隅收之桑榆者蕭幹海里拒察割之招討古告海思之變則不止有戰功而已其視善補畏懦豈不優哉

列傳第十四

開府儀同三司上柱國錄軍國重事中書右丞相兼修國史領經筵事都總裁臣脫脫奉

勅修

蕭撻凜字駝寧思溫之再從姪父术魯列善相馬應曆間爲馬群侍中撻凜幼敦厚有才略通天文保寧初爲宿直官累任轄劇統和四年宋楊繼業率兵由代州來侵攻陷城邑撻凜以諸軍副部署從樞密使耶律斜軫敗之擒繼業于朔州六年秋改南院都監從駕南征攻沙堆力戰被創太后嘗親臨視明年加右監門衛上將軍檢校太師遣授彰德軍節度使十一年與東京留守蕭恒德伐高麗破

之高麗稱臣奉貢十二年夏人梗邊皇太妃受命總烏古及永興宮分軍討之撻凜爲阻卜都詳穩凡軍中號令太妃並委撻凜師還以功加兼侍中封蘭陵郡王十五年敵烈部人殺詳穩而叛遁于西北荒撻凜將輕騎逐之因討阻卜之未服者諸蕃歲貢方物充于國自後往來若一家焉上賜詩嘉獎仍命林牙耶律昭作賦以述其功撻凜以諸部叛服不常上表乞建三城以絕邊患從之俄召爲南京統軍使二十年復伐宋擒其將王先知破其軍于遂城下祁州上手詔獎諭進至澶淵宋主軍于城隍間未接戰撻凜按視地形取宋之羊觀鹽堆鳧鴈中伏弩卒明日輴車至太后哭之慟輟朝五日子慥古南京統軍使

蕭觀音奴字耶寧奚王揩紇之孫統和十二年爲右祗候郎君班詳穩遷奚六部大王先是俸秩外給獐鹿百數皆取於民觀音奴奏罷之及伐宋與蕭撻凜爲先鋒降祁州下德清軍上加優賞同知南院事卒

耶律題子字勝隱北府宰相兀里之孫善射工畫保寧間爲御盞郎君九年奉使于漢具言兩國通好長久之計其主繼元深加禮重統和二年將兵與西邊詳穩耶律速撒討阤羅斤大破之四年宋將楊繼業陷山西城邑題子從北院樞密使耶律斜軫擊之敗賀令圖於定安授西南面

招討都監宋兵守蔚州急召外援題子聞之夜伏兵道傍黎明宋兵果來過未半而擊之城中軍出斜軫復邀之兩軍俱潰奔飛狐地隘不得進殺傷甚衆賀令圖復集敗卒來襲蔚州題子逆戰破之應州守將自遁進圍寰州冒矢石登城宋軍大潰當斜軫擒繼業于朔州題子功居多是年冬復與蕭撻凜由東路擊宋俘獲甚衆後聞宋兵屯易州率兵逆之至易境而卒初題子破令圖宋將有因傷而仆題子繪其狀以示宋人咸嗟神妙

耶律諧理字烏古鄰奚舉部人統和五年宋將楊繼業來攻山西諧理從耶律斜軫擊之常居先鋒偵候有功是歲

伐宋宋人拒於滹沱河諧理率精騎便道先濟獲其將康
保威以功詔世預節度使選太平元年稍遷本部節度使
六年從蕭惠攻甘州不克會阻卜攻圍三剋軍諧理與都
監耶律涅魯古往救至可敦城西南遇敵不能陣中流矢
卒

耶律奴瓜字延寧太祖異母弟南府宰相蘇之孫有膂力
善調鷹隼統和四年宋楊繼業來侵奴瓜為黃皮室糺都
監擊敗之盡復所陷城邑軍還加諸衛小將軍及伐宋有
功遷黃皮室詳穩六年再舉將先鋒軍敗宋游兵于定州
為東京統軍使加金紫崇祿大夫從奚王和朔奴伐兀惹

以戰失利削金紫崇祿階十九年拜南府宰相二十一年
復伐宋擒其將王繼忠于望都俘殺甚衆以功加同政事
門下平章事二十六年為遼興軍節度使尋復為南府宰
相開泰初加尚父卒

蕭柳字徒門淳欽皇后弟阿古只五世孫幼養于伯父排
押之家多知能文膂力絶人統和中叔父恒德臨終薦其
才詔入侍衛十七年南伐宋將范廷召列方陣而待時皇
弟隆慶為先鋒問諸將佐誰敢嘗者柳曰若得駿馬則願
為之先隆慶授以甲騎柳攬轡謂諸將曰陣若動諸君急
攻遂馳而前敵少却隆慶麾勢攻之南軍遂亂柳中流矢

創而戰衆皆披靡時排押留守東京奏柳為四軍兵馬
都指揮使明年為北女直詳穩政濟寛猛部民畏愛遷東
路統軍使秩滿百姓願留復任許之從伐高麗遇大蛇當
路前驅者請避柳曰壯士安懼此拔劒斷蛇師還致仕柳
好滑稽雖君臣燕飲詼諧無所忌時人比之俳優臨終謂
人曰吾少有致君志不能直遂故以諧進冀萬有一補俳
優名何避須之被寢衣而坐呼曰吾去矣言訖而逝耶律
觀音奴集柳所著詩千篇目曰歲寒集

高勳字鼎臣晉北平王信韜之子性通敏仕晉為閤門使
會同九年與杜重威來降太宗入汴授四方館使好結權

貴能服勤大臣多推譽之天祿間為樞密使總漢軍事五
年劉崇遣使來求封冊詔勳冊崇為大漢神武皇帝應曆
初封趙王出為上京留守尋移南京會宋欲城益津勳上
書請假巡徼以擾之帝然其奏宋遂不果城十七年宋略
地益津關勳擊敗之知南院樞密事景宗即位以定策功
進王秦保寧中以南京郊內多隙地請疏畦種稻帝欲從
之林牙耶律昆宣言於朝曰高勳此奏必有異志果令種
稻引水為畦設以京叛官軍何自而入帝疑之不納尋遷
南院樞密使以毒藥餽駙馬都尉蕭啜里事覺流銅州尋
又謀害尚書令蕭思溫詔獄誅之沒其產皆賜思溫家

奚和朔奴字籌寧奚可汗之裔保寧中爲奚六部長統和初皇太后稱制以耶律休哥領南邊事和朔奴爲南面行軍副部署四年宋曾彬米信等來侵和朔奴與休哥破宋兵于燕南手詔褒美軍還怙權撾無罪人李浩至死上以其功釋之冬南征將本部軍由別道進擊敵軍於狼山俘獲甚衆八年上表曰臣竊見太宗之時奚六部二宰相二常袞詔命大常袞班在酋長左右副常袞總知酋長五房族屬二宰相匡輔酋長建明善事今宰相職如故二常袞別無所掌乞依舊制從之十三年秋遷都部署伐兀惹駐于鐵驪秣馬數月進至兀惹城利其俘掠請降不許今急

攻之城中大恐皆殊死戰和朔奴知不能克從副部署蕭恒德議掠地東南循高麗北界而還以地遠糧絶士馬死傷詔降封爵卒子烏也郎君班詳穩

蕭塔列葛字雄隱五院部人八世祖只魯遙輦氏時嘗爲虞人唐安祿山來攻只魯戰于黑山之陽敗之以功爲北府宰相世預其選塔列葛仕開泰間累遷西南面招討使重熙十一年使西夏諭伐宋事約元昊出別道以會十二年改右夷離畢同知南京留守轉左夷離畢俄授東京留守以世選爲北府宰相卒

耶律撒合字率懶乙室部人南府宰相歐禮斯子天祿間始仕應曆中拜乙室大王兼知兵馬事乾亨初宋來侵詔以本部兵守南京與北院大王奚底統軍蕭討古等逆戰奚底等敗走獨撒合全軍還上諭之曰拒敵當如此卿勉之無憂不富貴加守太保統和間卒

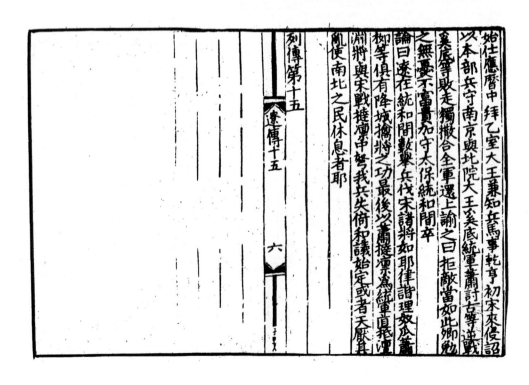

論曰遼在統和間數舉兵伐宋諸將如耶律諧理奴瓜蕭柳等俱有降城擒將之功最後以蕭撻凜爲統軍直抵澶淵將與宋戰撻凜中弩我兵失倚和議始定或者天厭其亂使南北之民休息者耶

列傳第十五

開府儀同三司上柱國錄軍國重事中書右丞相監修國史領經筵事都總裁臣脫脫奉

勑修

耶律合住字粘袞太祖弟迭剌之孫幼不好弄臨事明敏善談論初以近族入侍每從征伐有功保寧初加右龍虎衛上將軍以宋師屢梗南邊拜涿州刺史西南兵馬都監招安巡檢等使賜推忠奉國功臣合住久任邊防雖有克獲功然務鎮靜不妄生事以邀近功鄰壤敬畏屬部乂安宋數遣人結歡冀達和意合住表聞其事帝許議和安邊懷敵多有力焉拜左金吾衛上將軍秩滿遥攝鎮國軍節度使卒合住智而有文曉暢戎政鎮范陽時嘗領數騎徑詣雄州北門與郡將立馬陳兩國利害及周師侵邊本末辭氣慷慨左右壯之自是邊境數年無事識者以謂合住一言賢於數十萬兵

劉景字可大河間人四世祖怦即朱滔之甥唐右僕射盧龍軍節度使父守敬南京副留守景資端厚好學能文燕王趙延壽辟爲幽都府文學應曆初遷右拾遺知制誥爲翰林學士九年周人侵燕留守蕭思溫上急變帝欲俟秋出師景諫曰河北三關已陷于敵今復侵燕安可坐視上不聽會父憂去未幾起復舊職一日召草赦既成留數月不出景奏曰唐制赦書日行五百里今稽期弗發非也上亦不報景宗即位以景忠實擢禮部侍郎遷尚書宣政殿學士上方欲倚用乃書其笏曰劉景可爲宰相頃之爲南京副留守時留守韓匡嗣因扈從北上景與其子德讓共理京事俄召爲戶部使歷武定開遠二軍節度使統和六年致仕加兼侍中卒年六十七贈太子太師子慎行孫一德二玄三嘏四端五常六符皆具六符傳

劉六符父慎行由膳部員外郎累遷至北府宰相監修國史時上多即宴飲行誅賞慎行諫曰以喜怒加威福恐未當帝悟諭政府自今宴飲有刑賞事翌日禀行爲都統伐高麗以失軍期下吏議貴乃免出爲彰武軍節度使賜保節功臣子六人一德二玄三嘏四端五常六符德早世玄終上京留守常歷三司使武定軍節度使嘏端符皆第進士嘏端俱尚主爲駙馬都尉三嘏獻聖宗一矢斃雙鹿賦上嘉其贍麗與公主不諧奔宋歸殺之四端以衛尉少卿使宋賀生辰方宴大張女樂竟席不顧人憚其嚴還拜樞密直學士六符有志操能文重熙初遷政事舍人擢翰林學士十一年與宣徽使蕭特末使宋索十縣地還爲漢人行宮副部署會宋遣使增歲幣以易十縣復與耶律仁先使宋定進貢名宋難之六符曰本朝兵彊將勇海內共知

人人願從事于宋若恣其俘獲以飽所欲與進貢孰多
況大兵駐燕萬一南進何以禦之顧小節忘大患悔將何
及宋乃從之歲幣稱貢六符還加同中書門下平章事及
宋幣至命六符爲三司使以安之六符與參知政事杜防
有隙防以六符嘗受宋賂白其事出爲長寧軍節度使俄
召爲三司使道宗即位將行大冊禮北院樞密使蕭革曰
行大禮備儀物必擇廣地莫若黃川六符曰不然禮儀國
之大體帝王之樂不奏于野今中京四方之極朝覲各得
其所宜中京行之上從其議尋以疾卒
耶律褭履字海隣六院夷离董蒲古只之後風神爽秀工

于畫重熙間累遷同知點檢司事駙馬都尉蕭胡覩爲夏
人所執奉詔索之三返以歸轉永興宮使右祗候郎君班
詳穩褭履將娶奏晉長公主孫其母與公主婢有隙謂褭
履曰能去婢乃許爾婚褭履以計殺之婚成事覺有司以
大辟論褭履善畫寫聖宗眞以獻得減坐長流邊戍復以
寫眞召拜同知南院宣徽事使宋賀正寫宋主容以歸清
寧間復使宋宋主賜宴瓶花隔面未得其眞陛辭僅一視
及境以像示餞者駭其神妙闕重元亂不即勤王賊平入
賀帝責讓之宴酣顧褭履曰重元事成卿必得爲上客褭
履大慙成雍中加太子太師卒

牛溫舒范陽人剛正尚節義有遠器咸雍中擢進士第滯
小官大安初累遷戶部使轉給事中知三司使事國民兼
足上以爲能加戶部侍郎改三司使壽隆中拜參知政事
兼同知樞密院事攝中京留守部民詣闕請眞拜從之召
爲三司使乾統初復參知政事知南院樞密使事五年夏
爲宋所攻來請和解溫舒與蕭得里底使宋方大燕優人
爲道士裝索土泥藥爐優曰土少不能和溫舒遽起以手
藉土懷之宋主問其故溫舒對曰臣奉天子威命來和若
不從則當卷土收去宋人大駭遂許夏和還加中書令卒
杜防涿州歸義縣人開泰五年擢進士甲科累遷起居郎

知制誥人以爲有宰相器太平中遷政事舍人拜樞密副
使重熙九年夏人侵宋宋遣郭稹來告請與夏和上命防
使夏解之如約罷兵各歸侵地拜參知政事韓紹芳劉六
符忌之防待以誠十二年紹芳等罷愈見信任十二年拜
南府宰相防生子帝幸其第賜名王門奴以進奏有誤出
爲武定軍節度使十四年復召爲南府宰相二十一年秋
祭仁德皇后詔儒臣賦詩防爲冠賜金帶道宗諒陰爲大
行皇帝山陵使清寧二年上諭防曰朕以卿年老嗜酒不
欲煩以劇務朝廷之事總綱而已頃之拜右丞相加尚父
卒上歎悼不已賵賻加等官給葬具贈中書令謚曰元肅

子公謂終南府宰相

蕭和尚字洪寧國舅大父房之後忠直多智略開泰初補御盞郎君尋爲內史太醫等局都林牙使宋賀正將宴典儀者告班節度使下和尚曰班次如此是不以大國之使相禮且以錦服爲貺如待蕃部若果如是吾不預宴宋臣不能對易以紫服位視執政使禮始定八年秋爲唐古部節度使卒弟特末

特末字何寧爲人機辯任氣太平中累遷安東軍節度使有能稱十一年召爲左祇候郎君班詳穩未幾遷左夷离畢重熙十年累遷北院宣徽使劉六符使宋索十縣故地

宋請增銀絹十萬兩疋以易之歸稱旨加同政事門下平章事詔城西南渾底甸還復爲北院宣徽使卒

耶律合里只字特滿六院夷离董蒲古只之後重熙中累遷西南面招討都監充宋國生辰使館于白溝驛宋宴勞優者嘲蕭惠河西之敗合里只曰勝負兵家常事我嗣聖皇帝俘石重貴至今興中有石家寨惠之一敗何足較哉宋人慚服帝聞之曰優伶失辭何可傷兩國交好鞭二百免官清寧初起爲懷化軍節度使七年入爲北院大王封豳國公歷遼興軍節度使東北路詳穩加兼侍中致仕卒合里只明達勤恪懷柔有道置諸賓館及西邊營田皆自合里只發之

耶律頗的字撒版季父房奴瓜之孫孤介寡合重熙初補牌印郎君清寧初稍遷知易州去官部民請留許之咸雍八年改彰國軍節度使上獵大牢古山頗的謁于行宮帝問邊事對曰自應州南境至天池皆我耕牧之地清寧間邊將不謹爲宋所侵烽堠內移似非所宜道宗然之拜北面林牙後遣人使宋得其侵地命頗的往定疆界還拜南院宣徽使大康四年遷忠順軍節度使尋爲南院大王改同知南京留守事召拜南府宰相賜貞良功臣封吳國公爲北院樞密使廉謹奉公知無不爲大安中致仕卒子霞

抹北院樞密副使

論曰耶律合住安邊講好養兵息民其慮深遠矣六符啓釁邀功豈國家之利哉牛杜頗的合里只輩銜命出使幸不辱命褭里殺人婢以求婚身負罪釁其主容以與免死亦可醜也

列傳第十六

列傳第十七　遼史八十七

開府儀同三司上柱國錄軍國重事中書右丞相監修國史領經筵事都總裁臣脫脫奉

勑修

蕭孝穆小字胡獨堇淳欽皇后弟阿古只五世孫父陶瑰
為國舅詳穩孝穆廉謹有禮法統和二十八年累遷西北
路招討都監開泰元年遙授建雄軍節度使加檢校太保
是年朮烈等變孝穆擊走之冬進軍可敦城阻卜結五群
牧長查剌阿覩等謀中外相應孝穆悉誅之延嚴備禦以
待餘黨遂潰以功遷九水諸部安撫使尋拜北府宰相賜
忠穆熙霸功臣檢校太師同政事門下平章事八年還京
師太平二年知樞密院事充漢人行宮都部署三年封燕
王南京留守兵馬都總管九年大延琳以東京叛孝穆為
都統討之戰于蒲水中軍稍卻副部署蕭匹敵都監蕭蒲
奴以兩翼夾擊賊潰追敗之于手山北延琳走入城深溝
自衛孝穆圍之築重城起樓櫓使內外不相通城中撤屋
以爨其將楊詳世等擒延琳以降遼東悉平改東京留守
賜佐國功臣為政務寬簡撫納流徙其民安之興宗即位
徙王秦尋復為南京留守重熙六年進封吳國王拜北院
樞密使八年表請籍天下戶口以均徭役又陳諸部舍
利軍利害從之繇是政賦稍平衆悅九年徙王楚時

無事戶口蕃息上富于春秋每言及周取十縣慨然有南
伐之志群臣多順旨孝穆諫曰昔太祖南伐終以無功嗣
聖皇帝仆唐立晉後以重貴叛長驅入汴鑾馭始旋反來
侵軼自後連兵二十餘年僅得和好蒸民樂業南北相通
今國家比之曩日雖曰富強然勳臣宿將往往物故且宋
人無罪陛下不宜棄先帝盟約時上意已決書奏不報以
年老乞骸骨不許十一年復為北院樞密使更王齊薨追
贈大丞相晉國王謚曰貞孝穆雖椒房親位高益畏太后
有賜輒辭不受妻子無驕色與人交始終如一所薦拔皆
忠直士嘗語人曰樞密選賢而用何事不濟若自親煩碎
則大事疑滯矣自蕭合卓以吏才進其後轉效不知大體
歎曰不能移風易俗偷安爵位臣子之道若是乎時稱為
國寶臣目所著文曰寶老集二子阿剌撒八弟孝先孝忠
孝友各有傳

撒八字周隱七歲以戚屬加左右千牛衛大將軍重熙初
補祗候郎君性廉介風姿爽朗善毬馬馳射帝每燕飲喜
諧謔撒八雖承寵顧常以禮自持時人稱之以柴冊禮恩
加檢校太傅永興宮使總領左右護衛同知點檢司事尚
魏國公主拜駙馬都尉為北院宣徽使仍總知朝廷禮儀
重熙末出為西北路招討使武寧郡王居官以治稱清寧

初薨年三十九追封齊王
孝先字延寧小字海里統和十八年補祗候郎君尚南陽公主拜駙馬都尉開泰五年爲國舅詳穩將兵城東鄙還爲南京統軍使太平三年爲漢人行宮都部署尋加太子太傅五年遷上京留守以母老求侍復爲國舅詳穩改東京留守會大延琳反被圍數月穴地而出延琳平留守上京十一年帝不豫欽哀召孝先總禁衛事興宗諒陰欽哀弑仁德皇后孝先與蕭浞卜蕭匹敵等謀居多及欽哀攝政遥授天平軍節度使加守司徒兼政事令重熙初封楚王爲北院樞密使孝先以椒房親爲太后所重在樞府好

惡自恣權傾人主朝多側目二年太后與孝先謀廢立事帝知之勒衛兵出宮召孝先至諭以廢太后意孝先震攝不能對遷太后于慶州孝先恒鬱鬱不樂四年徙王晉後爲南京留守卒謚忠肅
孝友字撻不衍小字陳留開泰初以戚屬爲小將軍太平元年以大冊加左武衛大將軍檢校太保賜名孝友重熙元年累遷西北路招討使封蘭陵郡王八年進王陳先是蕭惠爲招討使專以威制西羌諸夷多叛孝友下車厚加綏撫每入貢輒增其賜物羌人以安久之寖成姑息諸桀驁之風遂熾議者譏其過中十年加政事令賜効節宣

庸定遠功臣更王吳後以舜兄孝穆孝忠還京師拜南院樞密使加賜翊聖協穆保義功臣進王趙拜中書令丁母憂起復北府宰相出知東京留守會伐夏孝友與樞密使蕭惠失利河南帝欲誅之太后救免復爲東京留守徙王燕改上京留守更王秦清寧初加尚父頃之復留守東京明年復爲北府宰相帝親製誥詞以褒寵之以柴冊恩遥授洛京留守益賜純德功臣致位進封豐國王坐子胡覩與重元亂伏誅年七十三胡覩在逆臣傳
蕭蒲奴字留隱奚王楚不寧之後幼孤貧傭于醫家牧牛傷人稼數遭笞辱醫者嘗見蒲奴熟寐有蛇繞身異之教

以讀書聰敏嗜學不數年涉獵經史習騎射既冠意氣豪邁開泰間選充護衛稍進用俄坐罪黥流烏古部久之召還累任劇邊奚六部大王治有聲太平九年大延琳據東京叛蒲奴爲都監將右翼軍遇賊戰蒲水中軍少卻蒲奴與左翼軍夾攻之先據高麗女直要衝使不得求援又敗賊于手山延琳走入城蒲奴不介馬而馳追殺餘賊已而大軍圍東京蒲奴討諸叛邑平吼山賊延琳堅守不敢出既被擒蒲奴以功加兼侍中重熙六年改北阻卜副部署再授奚六部大王十五年爲西南面招討使西征夏國蒲奴以兵二千據河橋聚巨艦數十艘仍作大鉤人莫測戰

之日布舟于河綿亘三十餘里遣人伺上流有浮物輒取
之大軍旣失利蒲奴未知適有大木順流而下勢將壞浮
梁斷歸路操舟者爭鉤致之橋得不壞明年復西征懸兵
深入大掠而還復爲奚六部大王致仕卒
耶律蒲古字提隱太祖弟蘇之四世孫以武勇稱統和初
爲涿州刺史從伐高麗有功開泰末爲上京內客省副使
大平二年城鴨綠江蒲古守之在鎭有治績五年改廣德
軍節度使尋遷東京統軍使蒞政嚴肅諸部懾服九年大
延琳叛以書結保州夏行美執其人送蒲古蒲古入據保
州延琳氣沮以功拜惕隱十一年爲子鐵驪所弒

夏行美渤海人太平九年大延琳叛時行美總渤海軍于
保州延琳使人說欲與俱叛行美執送統軍耶律蒲古又
誘賊黨百人殺之延琳謀沮迺嬰城自守數月而破以功
加同政事門下平章事錫賚甚厚明年擢忠順軍節度使
重熙十七年遷副部署從點檢耶律義先討蒲奴里獲其
酋陶得里以歸致仕卒上思其功遣使祭于家
論曰不有君子其能國乎方其擒延琳定遼東一時諸將
之功偉矣宜其撫劒抵掌賈餘勇以威天下也蕭孝穆之
諫南侵其意防何其弘遠歟是豈瞋目語難者所能知哉
至論移風俗爲治之本親煩碎爲失大臣體又何其深切
著明也爲國貴臣宜矣孝先預弒仁德之謀猶依城社以
逃熏灌爲國巨蠹雖功何議焉

列傳第十七

開府儀同三司上柱國錄軍國重事中書右丞相監修國史領經筵事都總裁臣脫脫奉

勅修

蕭敵烈字涅魯衮宰相撻烈四世孫識度弘遠爲鄉里推
重始爲牛群敞史帝聞其賢召入侍遷國舅詳穩統和二
十八年帝謂群臣曰高麗康肇弑其君誦立誦族兄詢而
相之大逆也宜發兵問其罪群臣皆曰可敵烈諫曰國家
連年征討士卒抏敝況陛下在諒陰年穀不登創痍未復
島夷小國城壘完固勝不爲武萬一失利恐貽後悔不如
遣一介之使往問其故彼若伏罪則已不然俟服除歲豐
舉兵未晚時令已下言雖不行識者韙之明年同知左夷
离畢事改右夷离畢開泰初率兵巡西邊時夷离堇部下
閘撒狘撲里失室勃葛率部民遁敵烈追擒之令復業遷
國舅詳穩從樞密使耶律世良伐高麗還加同政事門下
平章事拜上京留守敵烈爲人寬厚達政體廷臣皆謂有
王佐才漢人行宮都部署王繼忠薦其材可爲樞密使帝
疑其黨而止爲中京留守卒族子忽古有傳弟拔剌
拔剌字別勒隱多智善騎射開泰間以兄爲右夷离畢始
補郎君累遷奚六部禿里太尉太平末大延琳叛拔剌將
北南院兵往討遇于蒲水南院兵少却至手山復與賊遇

拔剌乃易兩院旗幟鼓勇力戰破之上聞以手詔褒奬賜
內廐馬重熙中遷西捷軍詳穩謝事歸鄉里數歲起爲昭
德軍節度使尋改國舅詳穩卒
耶律盆奴字胡獨菫惕隱涅魯古之孫景宗時爲烏古部
詳穩政尚嚴急民苦之有司以聞詔曰盆奴任方面寄以
細故究問恐損威望尋遷馬群太保統和十六年隱實燕
軍之不任事者汰之二十八年駕征高麗盆奴爲先鋒至
銅州高麗將康肇分兵爲三以抗我軍一營于州西據三
水之會肇居其中一營近州之山一附城而營盆奴率耶
律弘古擊破三水營擒肇李玄蘊等軍望風潰會大軍至
斬三萬餘級追至開京破敵於西嶺高麗王詢聞邊城不
守遁去盆奴入開京焚其王宮廼撫慰其民人上嘉其功
遷北院大王薨
蕭排押字韓隱國舅少父房之後多智略能騎射統和初
爲左皮室詳穩討阻卜有功四年破宋將曹彬米信兵于
望都凡軍事有疑每預參決尋總永興宮分糺及舍利拽
剌二皮室等軍與樞密使耶律斜軫收復山西所陷城邑
是冬攻宋隸先鋒圍蒲城率所部先登拔之改南京統軍
使尚衛國公主拜駙馬都尉加同政事門下平章事十三
年歷北南院宣徽使條上時政得失及賦役法上嘉納焉

十五年加政事令遷東京留守二十二年復攻宋將渤海
軍下德清軍後蕭撻凜卒專任南面事宋和議成爲北府
宰相聖宗征高麗將兵由北道進至開京西嶺破敵兵斬
數千級高麗王詢懼奔平州排押入開京大掠而還帝嘉
之封蘭陵郡王開泰二年以宰相知西南面招討使五年
進王東平排押爲政寬裕而善斷諸部畏愛民以殷富時
議多之七年再伐高麗至開京敵奔潰縱兵俘掠而還渡
茶陀二河敵夾射排押委甲仗走坐是免官太平三年復
王豳薨弟恒德

恒德字遜寧有膽略而善謀統和元年尚越國公主拜駙
馬都尉遷南面林牙從宣徽使耶律阿没里征高麗還改
北面林牙會宋將曹彬米信侵燕耶律休哥與恒德議軍
事多見信用爲東京留守六年上攻宋圍沙堆恒德獨當
一面城上矢石如雨恒德意氣自若督將士奪其陴城陷
中流矢太后親臨視賜藥攻長城口復先登太后益多其
功時高麗未附恒德受詔率兵拔其邊城王治懼上表請
降十二年八月賜啓聖竭力功臣從都部署和朔奴討兀
惹兀惹請降恒德利其俘獲不許兀惹死戰城不能
拔和朔奴議欲引退恒德曰以彼倔疆吾奉詔來討無功
而還諸部謂我何若深入多獲猶勝徒返和朔奴不得已

進擊東南諸部至高麗北鄙比還道遠粮絶士馬死傷者
衆坐是削功臣號十四年爲行軍都部署伐蒲盧毛朶部
還公主疾太后遣宮人賢釋侍之恒德私焉公主恚而薨
太后怒賜死後追封蘭陵郡王子匹敵

匹敵字蘇隱一名昌裔生未月父母俱死育于禁掖既長
尚秦晉王公主拜駙馬都尉爲殿前副點檢統和八年改
北面林牙太平四年遷殿前都點檢出爲國舅詳穩九年
渤海大延琳叛劫掠鄰部與南京留守蕭孝穆往討孝穆
欲全城降乃築重城圍之數月城中人陰來納款遂擒延
琳東京平以功封蘭陵郡王十一年聖宗不豫先是欽哀

與仁德皇后有隙以匹敵嘗爲后所愛忌之時護衛馮家
奴上變誣弟浞卜與匹敵謀逆以皇后攝政徐議當立者
公主竊聞其謀謂匹敵曰爾將無罪被戮與其死何若奔
女直國以全其生匹敵曰朝廷詎肯以飛語害忠良寧死
弗適他國及欽哀攝政殺之

耶律資忠字沃衍小字札剌系出仲父房兄國留善屬文
聖宗重之時妻弟之妻阿古與奴通將奔女直國國留追
及奴殺之阿古自經阿古母有寵于太后事聞太后怒將
殺之帝度不能救遣人訣別問以後事國留謝曰陛下憫
臣無辜恩漏九泉死且不朽既死人多冤之在獄著兔賦

寵寐歌爲世所稱資忠博學工辭章年四十未仕聖宗知其賢召補宿衛數問以古今治亂資忠對無隱開泰中授中丞眷遇日隆初高麗内屬取女直六部地以賜至是貢獻不時至詔資忠往問故高麗無歸地意由是權貴數短於上出爲上京副留守四年再使高麗留弗遣資忠每懷君親輒有著述號西亭集帝與羣臣宴時一記憶曰資忠亦有此樂乎九年高麗上表謝罪始送資忠還帝郊迎同載以歸命大臣宴勞留禁中數日謂曰朕將屈卿爲樞密何如資忠對曰臣不才不敢奉詔乃以爲林牙知惕隱事初資忠在高麗其弟昭爲著帳郎君坐罪没家產至是乃

復橫帳且還舊產詔以外戚女妻之是時樞密使蕭合卓少師蕭把哥有寵資忠不肯俛附詆之帝怒奪官數歲出知來遠城事歷保安昭德二軍節度使聖宗崩表請會葬既至伏梓宮大慟曰臣幸遇聖明橫被構譖不獲盡犬馬報氣絕而蘇興宗命醫治疾久之言國舅侍中無憂國心陛下不當復用唐景福舊號於是用事者惡之遣歸鎮卒

弟昭有傳

耶律瑤質字援里堇積慶宮人父侯古室韋部節度使瑤質篤學廉介有經世志統和十年累遷至積慶宮使聖宗嘗諭瑤質曰聞卿正直是以進用國有利害爾宜言無所隱由是所陳多見嘉納上征高麗破康肇軍于銅州瑤質之力爲多王詢乞降群臣議皆謂宜納瑤質曰王詢始一戰而敗遽求納款此詐耳納之恐墮其姦計待其勢窮力屈納之未晚已而詢果遁清野無所獲其衆阻險而壘攻之不下瑤質以計降之擢拜四番部詳穩時招討使耶律頗的爲總管瑤質恥居其下上表曰臣先朝舊臣今既垂老乞還新命覲得常侍左右帝曰朕不使汝久處是任且命無隸招討得專奏事到部戢暴懷善政績顯著卒于官

耶律弘古字盆訥隱遙輦鮮質可汗之後統和初嘗以軍事任爲拽剌詳穩尋徙南京統軍使十三年徇地南鄙克

敵於四岳橋斬首百餘級攻宋以戰功遷東京留守封楚國公後伐高麗副先鋒耶律盆奴擒康肇于銅州三十年西北部叛從南府宰相耶律奴瓜討之及典禁軍號令整肅諸部多降尋遷侍中卒

高正不知何郡人統和初舉進士第累遷樞密直學士上將伐高麗遣正先往諭意及還遷右僕射時高麗王詢表請入覲上許之遣正率騎兵千人迓之館于路爲高麗將卓思正所圍正以勢不可敵與麾下壯士突圍出士卒死傷者衆上悔輒發釋其罪明年遷工部侍郎爲北院樞密副使開泰五年卒

耶律的琭字耶寧仲父房之後習兵事爲左皮室詳穩統和二十八年伐高麗的琭率本部軍與盆奴等擒康肇李玄蘊于銅州帝壯之曰以卿英才爲國戮力真吾家千里駒也乃賜御馬及細鎧明年爲北院大王出爲烏古敵烈部都詳穩年七十二卒

大康乂渤海人開泰間累官南府宰相出知黃龍府善綏撫東部懷服揄里底乃部長伯陰與揄烈比來附送于朝且言蒲盧毛朵界多渤海人乞取之詔從其請康乂領兵至大石河駝準城掠數百戶以歸未幾卒

論曰高句驪弑其君誦而立詢遼興問罪之師宜其簞食壺漿以迎除舍以待而廼秉險旅拒俾智者竭其謀勇者窮其力雖得其要領而顓顓獨居一海之中自若也豈服人者以德而不以力歟況乎殘毀其宮室係累其民人所謂以燕伐燕也歟嗚呼朱崖之棄捐之之力也敵烈之諫有焉

列傳第十八

列傳第十九　遼史八十九

開府儀同三司上柱國錄軍國重事中書右丞相監修國史領經筵事都總裁臣脫脫奉

勅修

耶律庶成字喜隱小字陳六季父房之後父吳九檢校太師庶成幼好學書過目不忘善遼漢文字於詩尤工重熙初補牌印郎君累遷樞密直學士與蕭韓家奴各進四時逸樂賦帝嗟賞初契丹醫人鮮知切脉審藥上命庶成譯方脉書行之自是人皆通習雖諸部族亦知醫事時入禁中參決疑議偕林牙蕭韓家奴等撰實錄及禮書與樞密副使耶律德修定法令上詔庶成曰方今法令輕重不倫

法令者爲政所先人命所繫不可不慎卿其審度輕重從宜修定庶成參酌古今刊正訛謬成書以進帝覽而善之庶成方進用爲妻胡篤所誣以罪奪官絀爲庶耶律使吐蕃凡十二年清寧間始歸帝知其誣詔復本族仍還所奪官卒庶成嘗謂林牙蕭善卜者胡呂古卜曰官止林牙因妻得罪及置於理法當離婚胡篤適有娠至期不産而死剖視之其子以手抱心識者謂誣夫之報有詩文行于世

弟庶箴

庶箴字陳甫善屬文重熙中爲本族將軍咸雍元年同知東京留守事俄徙烏衍突厥部節度使九年知薊州事明年遷都林牙上表乞廣本國姓氏曰我朝創業以來法制修明惟姓氏止分爲二耶律與蕭而已始太祖制契丹大字取諸部鄉里之名續作一篇著于卷末臣請推廣之使諸部各立姓氏庶男女婚媾有合典禮帝以舊制不可遽釐不聽大康二年出耶律乙辛爲中京留守庶箴與耶律孟簡表賀頃之乙辛復爲樞密使專權恣虐庶箴私見乙辛泣且前抗表非庶箴之願也乙辛信其言乃得自安闔者鄙之八年致仕卒子蒲魯

蒲魯字乃展幼聰悟好學甫七歲能誦契丹大字習漢文未十年博通經籍重熙中舉進士第主文以國制無契丹

試進士之條聞于上以庶箴擅令子就科目鞭之二百尋命蒲魯爲牌印郎君應詔賦詩立成以進帝嘉賞顧左右曰文才如此必不能武事蒲魯奏曰臣自蒙義方兼習騎射在流輩中亦可周旋帝未之信會從獵三矢中三兔帝奇之轉通進是時父庶箴嘗寄戒諭詩蒲魯答以賦衆稱其典雅寵遇漸隆清寧初卒

楊晳字昌時安次人幼通五經大義聖宗聞其穎悟詔試詩授秘書省校書郎太平十一年擢進士乙科爲著作佐郎重熙十二年累遷樞密都承旨權度支使登對稱旨進樞密副使歷長寧軍節度使山西路轉運使知興中府清

寧初入知南院樞密使與姚景行同總朝政請行柴冊禮
封趙國公以足疾復知興中府咸雍初徙封齊召賜同德
功臣尚書左僕射兼中書令拜樞密使改封晉給宰相樞
密使兩廳傔從封趙王屢請歸政益賜保節功臣致仕大
康五年例改遼西郡王薨
耶律韓留字速寧仲父隋國王之後有明識篤行義舉止
嚴重工為詩統和閒召攝御院通進開泰三年稍遷烏古
敵烈部都監俄知詳隱事敵烈部叛將宮分軍從樞密使
耶律世良討平之加千年衛大將軍重熙元年累遷至同
知上京留守改奚六部禿里大尉性不苟合為樞密使蕭

解里所忌上欲召用韓留解里言目病不能視議遂寢四
年召為北面林牙帝曰朕早欲用卿聞有疾故待之至今
韓留對曰臣昔有目疾才數月耳然亦不至于昏第臣篤
拙不能事權貴是以不獲早覲天顏非陛下聖察則愚臣
豈有今日耶詔進述懷詩上嘉歎方將大用卒
楊佶字正叔南京人幼穎悟異常讀書自能成句識者奇
之弱冠聲名籍甚統和二十四年舉進士第一歷校書郎
大理正開泰六年轉儀曹郎典掌書命加諫議大夫出知
易州治尚清簡徵發期會必信入為大理少卿累遷翰林
學士文章號得體八年燕地饑疫民多流殍以佶同知南

京留守事發倉廩振之絕貧民鬻子者計傭而出之宋遣
梅詢賀千齡節詔佶迎送多唱酬詢每見稱賞復為翰林
學士重熙元年陞翰林學士承旨丁母憂起復工部尚書
歷忠順軍節度使朔武等州觀察處置使天德軍節度使
加特進檢校太師同中書門下平章事復拜參知政事兼
知南院樞密使十五年出為武定軍節度使境內亢旱苗
稼將槁視事之夕雨澤霑足百姓歌曰何以蘇我上天降
雨誰其撫我楊公為主灤陽水失故道歲為民害乃以己
俸創長橋人不病涉及被召郡民攀轅泣送上御清涼殿
宴勞之即日除吏部尚書兼門下侍郎同中書門下平章

事上曰卿今日何減呂望之遇文王佶對曰呂望比臣遭
際有十年之晚上悅其居相位以進賢為己任事總大綱
責成百司人入樂為之用三請致政許之月給錢粟傔隸
四時遣使存問卒有登瀛集行于世
耶律和尚字特抹系出季父房善滑稽重熙初補祗候郎
君時帝篤于親親凡三父之後皆序父兄行第於和尚尤
狎愛然每侍宴飲雖詼諧未嘗有一言之過由是上益重
之歷積慶求興宮使累遷至同知南院宣徽使事南面林
牙十六年出為懷化軍節度使俄召為御史大夫二十三
年因大冊加天平軍節度使檢校太師徙中京路案問使

卒和尚雅有美行數以財恤親友人皆愛重然嗜酒不事
事以故不獲柄用或以爲言答曰吾非不知顧人生如風
燈石火不飲將何爲晚年沈湎尤甚人稱爲酒仙云

論曰庚成定法令治民者不容高下其手庚蔵雖嘗表請
賡姓氏以秩典禮其隨勢俯仰則有愧於其子蒲魯吳楊
晳爲上寵遇迭封王爵而功業不少槩見然得愛民治國
之要其楊佶哉

列傳第十九

開府儀同三司上柱國録軍國重事中書右丞相監修國史領經筵事都總裁臣脫脫奉

勑修

蕭阿剌字阿里懶北院樞密使孝穆之子也幼養宮中興宗尤愛之重熙六年爲弘義宮使累遷同知北院樞密使加同中書門下平章事出爲東京留守二十一年拜西北路招討使封西北郡王尋尚秦晉國王公主與附馬都尉清寧元年遺詔拜北府宰相兼南院樞密使進王韓明年改北院樞密使徙王陳與蕭革同掌國政革諂諛不法阿剌爭之不得告歸上由此惡之除東京留守會行瑟瑟禮入朝陳時政得失革以事中傷帝怒縊殺之皇太后營救不及大慟曰阿剌何罪而遽見殺帝乃優加賻贈葬乾陵之赤山阿剌性忠果曉世務有經濟才議者以謂阿剌若在無重元乙辛之亂

耶律義先于越仁先之弟也美風姿舉止嚴重重熙初補祗候郎君班詳穩十三年車駕西征爲十二行糺都監戰功最改南院宣徽使時蕭革同知樞密院事席寵擅權義先疾之因侍讌言于帝曰革狡佞喜亂一朝大用必誤國家言甚激切不納它日侍宴上命群臣博負者罰一巨觥義先當與革對懊然曰臣縱不能進賢退不肖安能與國賊博哉帝止之曰卿醉矣義先厲聲詬不已上大怒賴皇后救得解翌日上謂革曰義先無禮當黜之革對曰義先天性忠直今以酒失而出誰敢言人之過上謂革忠直益加信任義先鬱鬱不自得然議事未嘗少沮又於上前博義先祝曰向言人過冒犯天威今日一擲可表愚款俄得堂印上愕然十六年爲殿前都點檢討蒲奴里多所招降獲其酋長陶得里以歸手詔褒獎以功改南京統軍使封武昌郡王奏請統軍司錢營息以贍貧民未幾軍器完整民得休息二十一年拜惕隱進王富春薨年四十二義先常戒其族人曰國中三父房皆帝之昆弟不孝不義尤不可爲其接下無貴賤賢否皆與均禮其妻晉國長公主之女每遇中表親非禮服不見故內外多化之清寧間追贈許王弟信先

信先與宗以其父瑰引爲剌血友幼養于宮善騎射重熙十四年爲左護衛太保同知殿前點檢司事十八年兼右祗候郎君班詳穩上問所欲信先曰先臣瑰引與陛下分如同氣然不及王封儻使蒙恩地下臣願畢矣上曰此朕遺志之過追封燕王是年從蕭惠伐夏敗於河南例被責清寧初爲南面林牙卒

蕭陶隗字烏古鄰宰相轄特六世孫剛直有威重咸雍初

任馬群太保素知群牧名存實亡悉閱舊籍除其羸病錄其實數牧人畏服陶隗上書曰群牧以少爲多以無爲有上下相蒙積弊成風不若括見真數著爲定籍公私兩濟從之畜產歲以蕃息大康中累遷契丹行宮都部署上嘗謂群臣曰北樞密院軍國重任久闕其人耶律阿思蕭斡特剌二人孰愈群臣各譽所長陶隗獨默然上問卿何不言陶隗曰訛特剌懦而敗事阿思有才而貪將爲禍基不得已而用敗事猶勝基禍上曰陶隗雖魏徵不能過但恨吾不及太宗爾然竟以阿思爲樞密使由是阿思銜之九年西圉不寧阿思奏曰邊隅事大可擇重臣鎮撫上曰陶

隗何如阿思曰誠如聖旨遂拜西南面招討使阿思陰與蕭阿忽帶誣奏賊掠漠南牧馬及居民畜產陶隗不急追捕罪當死詔免官久之起爲塌母城節度使未行疽發背卒陶隗負氣怒則須髯輒張每有大議必毅然決之雖上有難色未嘗遽已見權貴無少屈竟爲阿思所陷時人惜之二子曰圖木轄式阿思死始獲進用

蕭塔剌葛字陶哂六院部人素剛直太祖時坐叔祖臺哂謀殺于越釋魯沒入弘義宮世宗即位以舅氏故出其籍補國舅別部敞史或言泰寧王察割有無君心塔剌葛曰彼纖忍行不義人孰肯從佗日侍宴酒酣塔剌葛捉察割耳強飲之曰上固知汝傲很然以國屬曲加矜憫使汝在左右且度汝才何能爲若長惡不悛徒自取赤族之禍察割不能答強笑曰何戲之虐也天祿末塔剌葛爲北府宰相及察割作亂塔剌葛醉詈曰吾悔不殺此逆賊尋爲察割所害

耶律敵祿字陽隱孟父楚國王之後性質直多膂力察割作亂敵祿聞之入見壽安王慷慨言曰願得精兵數百破賊黨王嘉其忠穆宗即位爲北院宣徽使上以飛狐道狹詔敵祿廣之明年將兵援河東至太原與漢王會于高平擊周軍敗之仍降其衆忻代二州叛將兵討之會耶律撻

烈至敗周師於忻口師還卒

論曰忠臣惟知有國而不知有身故惡惡不避其患阿剌以諂諛不法析蕭革陶隗以用必基禍言阿思塔剌葛以忍行不義徒自取赤族之罪責察割其心可謂忠矣言出而禍輒隨之吁邪正既不辨國焉得無亂哉

列傳第二十

開府儀同三司上柱國錄軍國重事中書右丞相監修國史領經筵事都總裁臣脫脫奉

敕修

耶律韓八字嘲隱倜儻有大志北院詳穩古之五世孫太平中游京師寓行宮側惟囊衣匹馬而已帝微服出獵見而問之曰汝為何人韓八初不識漫應曰我北院部人韓八來覔官耳帝與語知有長才陰識之會北院奏南京疑獄久不決帝召韓八馳驛審錄舉朝皆驚韓八量情處理人無冤者上嘉之籍群牧馬闕其二同事者考尋不已韓八略不加詰即先馳奏帝益信任景福元年為左夷離畢徙北面林牙眷遇優異重熙六年改北院大王政務寬仁復為左夷離畢十二年再為北院大王入朝帝從容謂曰卿守邊任重當實府庫振貧乏以報朕既受詔愈竭忠謹知無不言便益為多卒年五十五上聞悼惜死之日篋無舊蓄櫬無新衣遣使弔祭給葬具韓八平居不屑細務喜慍不形嘗失所乘馬家僮以同色者代之數月不覺

耶律唐古字敵隱于越屋質之庶子廉謹善屬文統和二十四年述屋質安民治盜之法以進補小將軍遷西南面巡檢歷豪州刺史唐古部詳穩嚴立科條禁姦民鬻馬於宋夏界因陳弭私販安邊境之要太后嘉之詔邊郡遵行著為令朝議欲廣西南封域黑山之西綿亘數千里唐古言戍壘太遠卒有警急赴援不及非良策也從之西蕃來侵詔議守禦計命唐古勸督耕稼以給西軍田于臚朐河側是歲大熟明年移屯鎮州凡十四稔積粟數十萬斛斗米數錢重熙間改隗衍党項部節度使先是築可敦城以鎮西域諸部縱民畜牧反招寇掠重熙四年上疏曰自建可敦城已來西蕃數為邊患每煩遠戍歲月既久國力耗竭不若復守故疆省罷戍役不報是年致仕乞勒其父屋質功于石帝命耶律庶成製文勒石上京崇孝寺卒年七十八

蕭朮哲字石魯隱孝穆弟高九之子以戚屬加監門衛上將軍重熙十三年將衛兵討李元昊有功遷興聖宮使蒲奴里部長陶得里叛朮哲為統軍都監從都統耶律義先擊之擒陶得里朮哲與義先不協誣義先罪免官稍遷西南面招討都監坐事下獄以太后言杖而釋之清寧初為國舅詳穩西北路招討使私取官粟三百斛及代留畜產令主者鬻之以償後族弟胡覩到部發其事帝怒決以大杖免官尋起為昭德軍節度使徵為北院宣徽使九年上以朮哲先為招討威行諸部復為西北路招討使訓士卒增器械省追呼嚴號令人不敢犯邊境晏然十年入朝封

柳城郡王咸雍二年拜北府宰相爲北院樞密使耶律乙辛所忌誣朮哲與護衛蕭忽古等謀害乙辛詔獄無狀罷相出鎮順義軍卒追王晉宋梁三國姪欒師奴

欒師奴幼穎悟謹禮法補祗候郎君大康中爲興勝宮使累遷同知殿前點檢司事上嘉其宿衛嚴肅遷右夷離畢夏王李乾順爲宋所攻求解帝命欒師奴持節使宋請罷兵通好宋從之拜南面林牙改漢人行宮副部署乾統初出爲安東軍節度使卒

耶律玦字吾展遙輦鮮質可汗之後重熙初召修國史補符寶郎累遷知北院副部署事入見太后后顧左右曰先皇謂玦必爲偉人果然除樞密副使出爲西南面招討都監歷同簽南京留守事南面林牙皇弟秦國王爲遼興軍節度使以玦同知使事多所匡正十年復爲樞密副使咸雍初兼北院副部署及秦國王爲西京留守請玦爲佐從之歲中獄空者三召爲孟父房敞穩玦不喜貨殖帝知其貧賜宮戶十嘗謂宰相曰契丹忠正無如玦者漢人則劉伸而已然熟察之玦優於伸先是西北諸部久不能平上遣玦問狀執弛慢者痛繩之以酒疾卒

耶律僕里篤字燕隱六院林牙突呂不也四世孫開泰間爲本班郎君有捕盜功樞密使蕭朴薦之遷寧府率太平

中同知南院宣徽事累遷彰聖軍節度使十六年知興中府以獄空聞十八年伐夏攝西南面招討使十九年夏人侵金肅軍敗之斬首萬餘級加右武衛上將軍時近邊群牧數被寇掠遷倒塌嶺都監以治之桴鼓不鳴二十年知金肅軍事宰相趙惟節總領邊城橋道芻粟請貳帝命僕里篤副之以稱職聞清寧初歷長寧匡義二軍節度使致仕咸雍間卒子阿固質終倒塌嶺都監

論曰韓八因帝微行才始見售及任以事落落知大體不負上之知矣唐古朮哲經略西北邊勸農積粟訓練士卒敵人不敢犯玦以忠直見稱於上僕里篤以幹敏爲宰相佐在鎮俱以獄空聞之數人者豈特甲胄之士抑亦李牧程不識之亞歟

列傳第二十一

開府儀同三司上柱國録軍國重事中書右丞相監修國史領經筵事都總裁臣脫脫奉勅修

蕭奪剌字接懶遙輦洼可汗宮人祖涅魯古北院樞密副使父撒抹字胡獨董重熙初補祗候郎君累遷北面林牙十九年從耶律宜新蕭蒲奴伐夏至蕭惠敗績之地獲偵候者知人煙聚落多國人陷沒而不能還者盡俘以歸拜大父敞穩知山北道邊境事清寧初歷西南面西北路招討使加同中書門下平章事卒奪剌體貌豐偉騎射絕人由祗候郎君陞漢人行宮副部署後為烏古敵烈統軍使

克敵有功加龍虎衛上將軍擢西北路招討使因陳北邊利害請以本路諸部紮鹵場領統軍司連兵屯戍再表不納改東北路統軍使乾統元年以久練邊事復為西北路招討使北阻卜耶覩刮率鄰部來侵奪剌逆擊追奔數十里二年乘耶覩刮無備以輕騎襲之獲馬萬五千疋牛羊稱是先是有詔方面無事招討副統軍都監內一員入覲是時同僚皆闕奪剌以軍事付幕吏而朝坐是免官改西京留守復為東北路統軍使卒于官

蕭普達字彈隱統和初為南院承旨開泰六年出為烏古部節度使七年敵烈部叛討平之徙烏古敵烈部都監遷敵烈騎卒取北阻卜名馬以獻賜詔褒獎重熙初改烏古敵烈部都詳穩討諸蕃有功普達深練邊事能以悅使人有所俘獲悉散麾下由是大得衆心歷西南面招討使党項叛入西夏普達討之中流矢歿于陣帝聞惜之賻贈加厚

耶律侯哂字秃寧北院夷离堇蒲古只之後祖查只北院大王父忽古黃皮室詳穩侯哂初為西南巡邊官以廉勤稱累遷南京統軍使尋為北院大王重熙十一年党項部人多叛入西夏侯哂受詔巡西邊沿河要地多建城堡以鎮之徙東京留守十三年與知府蕭歐里斯討蒲盧毛朵

部有功加兼侍中致仕卒

耶律古昱字磨魯堇北院林牙突呂不四世孫有膂力工馳射開泰間為烏古敵烈部都監會部人叛從樞密使耶律世良討平之以功詔鎮撫西北部教以種樹畜牧不數年民多富實中京盜起命古昱為巡邏使悉擒之上親征渤海將黃皮室軍有破敵功累遷御史中丞尋授開遠軍節度使徙鎮歸德二十一年改天成軍節度使卒于官年七十贈同中書門下平章事二子宜新元沒宜新重熙間從蕭惠討西夏惠敗績宜新一軍獨全拜北院大王元沒大康三年為漢人行宮副部署乙辛誣害太子詔逮元沒

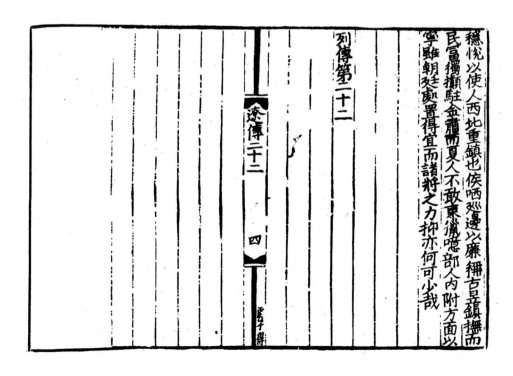

帝釋之是秋乙辛復奏與蕭楊九私議宮壼事被害乾統
間贈同中書門下平章事
耶律獨攧字胡獨堇太師古昱之子重熙初為左護衛將
棄兵從伐夏有功授十二行糺司徒再舉伐夏獨攧括山
西諸郡馬還遷撻剌詳穩西南未平命獨攧同知金肅軍
事夏人來侵擊敗之進涅剌與隗部節度使清寧元年召
為皇太后左護衛太保四年改寧遠軍節度使東路饑奏
振之歷五國烏古部遼興軍三鎮節度使四捷軍詳穩大
康元年卒追贈同中書門下平章事子阿思有傳
蕭韓家國舅之族性端簡謹愿動循禮法清寧中為護衛

太保大康二年遷知北院樞密副使三年經畫西南邊天
池舊塹立堡砦正疆界刻石而還為漢人行宮都部署是
年秋獵墮馬卒
蕭烏野字重隱其先出興聖宮分觀察使塔里直之孫也
性孝悌尚禮法雅為鄉黨所稱重熙中補護衛興宗見其
勤恪遷護衛太保佐耶律仁先平重元亂以功加團練使
時敵烈部數為鄰部侵擾民多困弊命烏野為敵烈部節
度使恤困窮省徭役不數月部人以安尋以母老歸養于
家母亡尤極哀毀服闋歷官興聖延慶二宮使卒
論曰烏古敵烈大部也奪剌為統軍克敵有功普達居詳

穩恍以使人西北重鎮也侯哂巡邊以廉稱古昱鎮撫而
民富獨攧駐金肅而夏人不敢東獵嗚慝部人內附方面以
寧雖朝廷處置得宜而諸將之力抑亦何可少哉

列傳第二十二

開府儀同三司上柱國錄軍國重事中書右丞相監修國史領經筵事都總裁臣脫脫奉

勑修

蕭惠字伯仁小字脫古思淳欽皇后弟阿古只五世孫初以中宮親爲國舅詳穩從伯父排押征高麗至奴古達北嶺高麗阻險以拒惠力戰破之及攻開京以軍律整肅聞授契丹行宮都部署開泰二年改南京統軍使未幾爲右夷离畢加同中書門下平章事朝議以遼東重地非勳戚不能鎮撫乃命惠知東京留守事改西北路招討使封魏國公太平六年討回鶻阿薩蘭部徵兵諸路獨阻卜酋長直剌後期立斬以徇進至甘州攻圍三日不克而還時直剌之子聚兵來襲阻卜酋長烏八密以告惠未之信會西阻卜叛襲三剋軍都監涅魯古突舉部節度使諧理阿不呂等將兵三千來救遇敵于可敦城西南諧理阿不呂戰歿士卒潰散惠倉卒列陣敵出不意攻我營衆請乘時奮擊惠以我軍疲敝未可用弗聽烏八請以夜斫營惠又不許阻卜歸惠乃設伏兵擊之前鋒始交敵敗走惠爲招討累年屢遭侵掠士馬疲困七年左遷南京侍衛親軍馬步軍都指揮使尋遷南京統軍使興宗即位知興中府歷順義軍節度使東京留守西南面招討使加開府儀同三司

檢校太師兼侍中封鄭王賜推誠協謀竭節功臣重熙六年復爲契丹行宮都部署加守太師徙王趙拜南院樞密使更王齊是時帝欲一天下謀取三關集群臣議惠曰兩國彊弱聖慮所悉宋人西征有年師老民疲陛下親率六軍臨之其勝必矣蕭孝穆曰我先朝與宋和好無罪伐之其曲在我況勝敗未可逆料願陛下熟察帝從惠言遣使索宋十城會諸軍于燕惠與太弟帥師壓宋境宋人重失十城增歲幣請和惠以首事功進王韓十二年兼北府宰相同知元帥府事又爲北樞密使十三年夏國李元昊誘山南党項諸部帝親征元昊懼請降惠曰元昊忘奕世恩萌姦計車駕親臨不盡歸所掠天誘其衷使彼來迎天與不圖後悔何及帝從之詰旦進軍夏人列拒馬于河西蔽盾以立惠擊敗之元昊走惠麾先鋒及右翼邀之夏人千餘潰圍出我師逆擊大風忽起飛沙眯目軍亂夏人乘之蹂踐而死者不可勝計詔班師十七年尚帝姊秦晉國長公主拜駙馬都尉明年帝復征夏國惠自河南進戰艦糧船綿亘數百里既入敵境偵候不遠鎧甲載于車軍士不得乘馬諸將咸請備不虞惠曰諒祚必自迎車駕何暇及我無故設備徒自弊耳數日我軍未嘗候者報夏師至惠方詰妄言罪諒祚軍從阪而下惠與麾下不及甲而走

追者射惠幾不免軍士死傷尤衆師還以惠子慈氏奴歿于陣詔釋其罪十九年請老詔賜肩輿入朝策杖上殿辭章再上乃許之封魏國王詔冬夏赴行在參決疑議既歸遣賜湯藥及佗錫賚不絶每生日輙賜詩以示尊寵清寧二年薨年七十四遺命家人薄葬訃聞輟朝三日惠性寬厚自奉儉薄興宗使惠恣取珍物惠曰臣以戚屬據要地禄足養廉奴婢千餘不爲闕乏陛下猶有所賜貧於臣者何以待之帝以爲然故爲將雖數敗衄不之罪也弟虚列武定軍節度使二子慈氏奴兀古匿兀古匿終北府宰相

慈氏奴字寧隱太平初以戚屬補祗候郎君上愛其勤愼

陞閘撒狘加右監門衛上將軍西邊有警授西北路招討都監領保大軍節度使政濟恩威諸部悅附入爲殿前副點檢歷烏古敵烈部詳穩征李諒祚爲統軍都監與西北路招討使敵魯古率蕃部諸軍由北路趨涼州獲諒祚親屬夏人扼險以拒慈氏奴中流矢卒年五十一贈中書門下平章事

蕭迂魯字胡突堇五院部人父約質歷官節度使迂魯重熙間爲牌印郎君清寧九年國家既平重元之亂其黨郭九等亡詔迂魯追捕獲之遷護衛太保咸雍元年使宋議邊事稱旨知殿前副點檢事五年阻卜叛爲行軍都監擊敗之俘獲甚衆初軍出止給五月粮過期粮乏士卒往往叛歸迂魯坐失計免官降戍西北部未行會北部兵起迂魯將烏古敵烈兵擊敗之每戰以身先繇是釋前罪命總知烏古敵烈部九年敵烈叛都監耶律獨迭以兵少不戰屯臚朐河敵烈合邊人掠居民迂魯率精騎四百力戰敗之盡獲其輜重繼聞酋長合术三千餘騎掠附近部落縱兵躡其後連戰二日斬數千級盡得被掠人畜而還值敵烈黨五百餘騎刼捕鷹户逆擊走之俘斬甚衆自是敵烈勢沮時敵烈方爲邊患而阻卜相繼寇掠邊人以故疲弊朝廷以地遠不能時益援軍而使疆圉帖然者皆迂魯力

也帝嘉其功拜左皮室詳穩會宋求天池之地詔迂魯兼統兩皮室軍屯太牢古山以備之大康初阻卜叛遷西北招討都監從都統耶律趙三征討有功改南京統軍都監黄皮室詳穩未幾遷東北路統軍都監卒弟鐸盧斡

鐸盧斡字撒板幼警悟異常兒三歲失母哭盡哀見者傷之及長魁偉沉毅好學善屬文有才幹年三十始仕爲朝野推重給事北院知聖旨事大康二年乙辛再入樞府鐸盧斡素與蕭巖壽善誣以罪謫戍西北部坐皇太子事特恩減死仍錮終身在戍十餘年太子事稍直始得歸鄉里屏居謝人事一日臨流聞雉鳴三復孔子時哉語作古詩

三章見志當時名士稱其高情雅韻不減古人壽隆六年卒年六十一乾統初贈彰義軍節度使

蕭圖玉字兀衍北府宰相海瓈之子統和初皇太后稱制以戚屬入侍尋爲烏古部都監討速母纏等部有功還爲古部節度使十九年總領西北路軍事後以本路兵伐甘州降其酋長牙懶既而牙懶復叛命討之克肅州盡遷其民于土隗口故城師還詔尚金鄉公主拜駙馬都尉加同政事令門下平章事上言曰阻卜今已服化宜各分部治以節度使上從之自後節度使往往非材部民怨而思叛開泰元年七月石烈太師阿里底殺其節度使西奔窩魯朶

城盡古所謂龍庭單于城也已而阻卜復叛圍圖玉于可敦城勢甚張圖玉使諸軍齊射却之屯于窩魯朶城明年北院樞密使耶律化哥引兵來救圖玉遣人誘諸部皆降帝以圖玉始雖失計後得人心釋之仍領諸部請益軍詔讓之曰叛者既服兵安用益且前日之役死傷甚衆若從汝謀邊事何時而息遂止會公主坐殺家婢降封郡主圖玉罷使相尋起爲烏古敵烈部詳穩以老代還卒子雙古南京統軍使孫訛篤斡尚三韓郡王合魯之女胥浴公主終烏古敵烈部統軍使以善戰名于世

耶律鐸軫字敵輦積慶宮人仕統和間性疏簡不顧小節人初以是短之後侵宋分總羸師以從及戰取緋帛被介冑以自標顯馳突出入敵陣格殺甚衆太后望見喜召謂之曰卿勠力如此何患不濟厚賞之由是多以軍事屬任俄授東北詳穩開泰二年進討阻卜克之重熙間歷東路統軍使天德軍節度使十七年城西邊命鐸軫相地及造戰艦因成樓船百三十艘上置兵下立馬規制堅壯稱旨及西征詔鐸軫率兵由別道進會于河濱敵兵阻河而陣帝御戰艦絶河擊之大捷而歸親賜巵酒仍問所欲鐸軫對曰臣幸被聖恩得効駑力萬死不能報國又將何求帝愈重之手書鐸軫衣裾曰勤國忠君舉世無雙卒于官年

七十子低烈歷觀察節度使

論曰初遼之謀復三關也蕭惠贊伐宋之舉而宋人增幣請和狃於一勝移師西夏而勇智俱廢敗潰隨之豈非貪小利迷遠圖而然況所得不償所亡利果安在哉同時諸將撫綏邊圉若迂魯忠勤不伐鐸軫高情雅韻魯斡雖廉不逮蕭惠而無邀功啓釁之罪亦庶乎君子之風矣

列傳第二十三

列傳第二十四　遼史九十四

開府儀同三司上柱國錄軍國重事中書右丞相監修國史領經筵事都總裁臣脫脫奉

勅修

耶律化哥字弘隱孟父楚國王之後善騎射乾亨初爲北院林牙統和四年南侵宋化哥擒諜者知敵由海路來襲即先據平州要地事平拜上京留守遷北院大王十六年復侵宋爲先鋒破敵于遂城以功遷南院大王尋改北院樞密使開泰元年伐阻卜阻卜棄輜重遁走俘獲甚多帝嘉之封豳王後邊吏奏自化哥還闕糧乏馬弱勢不可守上復遣化哥經略西境化哥與邊將深入聞蕃部逆命居翼只水化哥徐以兵進敵望風奔潰獲羊馬及輜重路由白拔烈遇阿薩蘭回鶻掠之都監裊里繼至謂化哥曰君誤矣此部實效順者化哥悉還所俘諸蕃由此不附上使案之削王爵以侍中遙領大同軍節度使卒

耶律斡臘字斯寧奚迭剌部人趫捷有力善騎射保寧初補護衛車駕獵頡山適豪豬伏叢莽帝射中豬突出御者托滿捨轡而避廄人鶻骨冀之斡臘復射而斃帝嘉賞及獵赤山適奔鹿奮角突前路隘不容避垂犯蹕斡臘以身當之鹿觸而顛帝謂曰朕因獵兩瀕于危賴卿以免始見爾心遷護衛太保從樞密使耶律斜軫破宋將楊繼業軍

于山西統和十三年秋爲行軍都監從都部署奚王和朔奴伐兀惹烏昭度數月至其城昭度請降和朔奴利其俘掠令四面急攻昭度率衆死守隨方捍禦依埤堄虛構戰棚誘我軍登陴俄撤枝柱登者盡覆和朔奴知不能下欲退蕭恒德謂師久無功何以藉口若深入大掠猶勝空返斡臘曰深入恐所得不償所損恒德不從略地東南循高麗北鄙還道遠糧絕人馬多死詔奪諸將官惟斡臘以前議得免尋加同政事門下平章事爲東京留守開泰中卒

耶律速撒字阿敏性忠直簡毅練武事應曆初爲侍從累遷突呂不部節度使歷霸濟祥順聖五州都總管俄改敦睦宮太師保寧三年改九部都詳穩四年伐党項屢立戰功手詔勞之統和初皇太后稱制西邊甫定速撒務安集諸蕃利害輒具以聞太后益信任之凡臨戎與士卒同甘苦所獲均賜將校賞順討逆威信大振在邊二十年卒

蕭阿魯帶字乙辛隱烏隗部人父女古仕至糺詳穩阿魯帶少習騎射曉兵法清寧間始仕累遷本部司徒改烏古敵烈統軍都監大安七年遷山北副部署九年達理得拔思母二部來侵率兵擊却之達理得復劫牛羊去阿魯帶引兵追及盡獲所掠斬渠帥數人是冬達理得等以三百餘人梗邊復戰却之斬首二百餘級加金吾衛上將軍封

蘭陵縣公壽隆元年第功加同中書門下平章事進爵郡公改西北路招討使乾統三年坐留宋俘當遣還者爲奴免官後被徵以老疾致仕卒

耶律那也字移斯輦夷离菫蒲古只之後父斡常爲北剋從伐夏戰歿季父趙三始爲宿直官累遷至北面林牙咸雍四年拜北院大王改西南面招討使大康中西北諸部擾邊議欲往討帝以爲非趙三不可遂拜西北路招討使兼行軍都統平之以功復爲北院大王那也敦厚才敏上以其父斡死王事九歲加諸衛小將軍爲題里司徒壽召爲宿直官大康三年爲遙輦剋大安九年爲倒撻嶺節度

使明年冬以北阻卜長磨古斯叛與招討都監耶律胡呂率精騎二千往討破之那也薦胡呂爲漢人行宮副部署壽隆元年復討達理拔思等有功賜詔褒美改烏古敵烈部統軍使邊境以寧部民乞留詔許再任乾統六年拜中京留守改北院大王薨那也爲人廉介長于理民每有鬬訟親覈曲直不尚威嚴常曰凡治人本欲分別是非何事迫脅以立名故所至以惠化稱

耶律何魯掃古字烏古鄰孟父房之後重熙末補祗候郎君清寧初加安州團練使大康中歷懷德軍節度使奚六部禿里太尉詔與樞密官措畫東北邊事改左護衛太保

侍上言多率易察無他腸以故上優貸之八年知西北路招討使事時邊部耶都刮等來侵何魯掃古誘北阻卜酋豪磨古斯攻之俘獲甚衆以功加左僕射復討耶覩刮等誤擊磨古斯北阻卜由是叛命遣都監張九討之不克二室韋與六院部特滿群牧宮分等軍俱陷于敵何魯掃古不以實聞坐是削官決以大杖壽隆間累遷惕隱兼侍中賜保節功臣道宗崩與宰相耶律儼總山陵事乾統中致仕卒

耶律世良小字斡六院部人才敏給練達國朝典故及世譜上書與族弟敵烈爭嫡庶帝始識之時北院樞密使韓

德讓病帝問孰可代卿德讓曰世良可北院大王耶律室魯復問北院之選德讓曰無出世良統和末爲北院大王開泰初因大冊禮加檢校太尉同政事門下平章事時邊部拒命詔北院樞密使耶律化哥將兵以世良爲都監往禦之明年化哥還將罷兵世良上書曰化哥以爲無事而還不思師老糧乏敵人已去焉能久守若益兵可克也帝即命化哥益兵與世良追之至安眞河大破而還自是邊境以寧以功王岐拜北院樞密使三年命選馬駝于烏古部會敵烈部人夷剌殺其酋長稍瓦而叛鄰部皆應攻陷巨母古城世良率兵壓境遣人招之降數部各復故地四

年伐高麗爲副部署都統劉愼行逗遛失期執還京師世良獨進兵明年至北都護府破追兵于郭州以暴疾卒

論曰大之懷小也以德制之也以威德不足懷威不足制而欲服人也難矣化哥利俘獲而諸蕃不附何魯掃古誤擊磨古斯而阻卜叛命是皆喜於一旦之功而不圖後日之患庸何議焉若斡臘之戒深入速撒之務安集亦鐵中之錚錚者耶

列傳第二十四

開府儀同三司上柱國錄軍國重事中書右丞相監修國史領經筵事都總裁臣脫脫奉

勑修

耶律弘古字胡篤堇樞密使化哥之弟統和間累遷順義軍節度使入爲北面林牙太平元年加同政事門下平章事出爲彰國軍節度使兼山北道兵馬都部署徙武定軍節度使拜惕隱六年討阻卜有功聖宗嘗刺臂血與弘古盟爲友禮遇尤異拜南府宰相改上京留守重熙六年遷南院大王御製誥辭以寵之十三年加于越帝聞其勞復授武定軍節度使卒訃聞上哭曰惜哉善人喪至親臨奠焉

耶律馬六字揚隱孟父楚國王之後性寬和善諧謔親朋會遇一坐盡傾恬于榮利與耶律弘古爲刺血友弘古爲惕隱薦補宿直官重熙初遷旗鼓拽剌詳穩爲人畏慎容物或有面相陵折者恬然若弗聞不臧否世務以故上益親狎三年遷崇德宮使爲惕隱御製誥辭以褒之拜北院宣徽使寵遇過宰輔帝常以兄呼之致遼興軍節度使卒年七十子奴古達終南京宣徽使

蕭滴冽字圖寧遙輦鮮質可汗宮人重熙初遷攝鎮國軍節度使六年奉詔使宋傷足而跛不告遂行帝怒及還決以大杖降同簽南京留守事遷授靜江軍節度使歷群牧都林牙累遷右夷离畢以才幹見任使會車駕西征元昊乞降帝以前後反覆遣滴冽往覘誠否因爲元昊陳述禍福聽命乃還拜北院樞密副使出爲中京留守十九年改西京留守卒

耶律適祿字撒懶清寧初爲本班郎君稍遷宿直官乾統中從伐阻卜有功加奉宸歷護衛太保改弘義宮副使時上京梟賊趙鐘哥跋扈自肆適祿擒之加泰州觀察使爲達魯號部節度使天慶中知興中府加金吾衛上將軍爲盜所殺

耶律陳家奴字綿辛懿祖弟葛剌之八世孫重熙中補牌印郎君坐直日不至降本班會帝獵陳家奴逐鹿圍內鞭之二百時耶律仁先薦陳家奴健捷比海東青鶻授御盞郎君歷鷹坊尚廄四方館副使改徒魯古皮室詳穩會太后生辰進詩獻馴鹿太后嘉獎賜珠二琲雜綵二百段兄撒鉢卒陳家奴聞訃不告而去帝怒鞭之清寧初累遷右夷离畢適帝與燕國王射鹿俱中王時年九歲帝悅陳家奴應制進詩帝喜解衣以賜後皇太子廢帝疑陳家奴黨附罷之時西北諸部寇邊以陳家奴爲烏古部節度使行軍都監賜甲一屬馬二疋討諸部擒其酋送于朝偵候者

見馬蹤意冠至陳家奴遣報元帥耶律愛奴視之曰此野馬也將出獵賊至愛奴戰歿有司詰案陳家奴不伏詔釋之由是感激每事竭力後諸部復來侵陳家奴率兵三往皆克邊境遂寧以老告歸不從道宗崩爲山陵使致仕年八十卒

耶律特麼季父房之後重熙間爲北克累遷六部禿里太尉大安四年爲倒撻嶺節度使頃之爲禁軍都監是冬討磨古斯斬首二千餘級十年復討之既捷授南院宣徽使壽隆元年爲北院大王四年知黃龍府事薨

耶律仙童仲父房之後重熙初爲宿直官累遷惕隱都監以寬厚稱蒲奴里叛仙童爲五國節度使率師討之擒其帥陶得里又擊烏隗叛降其衆改彰國軍節度使拜北院大王清寧二年知黃龍府事遷侍衛親軍馬步軍都指揮歷忠順武定二軍節度使致仕封蔣國公咸雍初徙封許國卒

蕭素颯字特免五院部人重熙間始仕累遷北院承旨彰愍宮使清寧初歷左皮室詳穩右夷離畢咸雍五年剖阿里部叛素颯討降之率其酋長來朝帝嘉其功徙北院林牙改南院副部署卒子訛魯斡字回璉初補夷離畢郎君遷文班太保大康中改南京統軍使爲右夷離畢與樞密使耶律阿思論事不合見忌出爲馬群太保北部來侵訛魯斡破之以功遷同知烏古敵烈統軍仍許便宜行事後以讒毀降鎮西北路戍軍復爲馬群太保卒

耶律大悲奴字休堅王子班蘖里古之後大康中歷永興延昌宮使右皮室詳穩會阻卜叛奉詔招降之壽隆二年拜殿前都點檢乾統初歷上京留守惕隱復爲都點檢改西南面招討使請老不許天慶中留守上京領北南樞密院點檢中丞諸司等事以彰國軍節度使致仕卒大悲奴舉止馴雅好禮儀爲時人所稱

論曰遼自神冊而降席富彊之勢內修法度外事征伐一時將帥震揚威靈風行電埽討西夏征党項破阻卜平敵烈諸部震慴聞鼙鼓而膽落股弁斯可謂雄武之國矣其戰勝攻取必有奇謀祕計神變莫測者將前史所載未足以發之邪抑天之所授衆莫與爭而能然邪雖然兵者凶器可戢而不可玩爭者末節可遏而不可召此黃石公所謂柔能制剛弱能制彊也又況乎仁者之無敵哉遼之君臣智足守此金人果能乘其敝而躡其後乎是以於耶律弘古輩諸將不能無慨然也

列傳第二十五

列傳第二十六　遼史九十六

開府儀同三司上柱國錄軍國重事中書右丞相監修國史領經筵事都總裁臣脫脫奉

勅修

耶律仁先字糺鄰小字查剌孟父房之後父瑰引南府宰
相封燕王仁先魁偉爽秀有智略重熙三年補護衛帝與
論政才之仁先以不世遇言無所隱授宿直將軍累遷殿
前副點檢改鶴剌唐古部節度使俄召為北面林牙十一
年陞北院樞密副使時宋請增歲幣銀絹以償十縣地產
仁先與劉六符使宋仍議書貢宋難之仁先曰曩者石晉
報德本朝割地以獻周人攘而取之是非利害灼然可見

宋無辭以對乃定議增銀絹十萬兩匹仍稱貢既還同知
南京留守事十三年伐夏留仁先鎭邊未幾召為契丹行
宮都部署奏復王子班郎君及諸宮雜役十六年遷北院
大王奏今兩院戶口殷庶乞免他部助役從之十八年再
舉伐夏仁先與皇太弟重元為前鋒蕭惠失利于河南帝
猶欲進兵仁先力諫乃止後知北院樞密使遷東京留守
女直恃險侵掠不止仁先乞開山通道以控制之邊民安
業封吳王清寧初為南院樞密使以耶律化哥譖出為南
京兵馬副元帥守太尉更王隋六年復為北院大王民歡
迎數百里如見父兄時北南院樞密官涅魯古蕭胡覩等

忌之請以仁先為西北路招討使耶律乙辛奏曰仁先舊
臣德冠一時不宜補外復拜南院樞密使更王許七月上
獵太子山耶律良奏重元謀逆帝召仁先語之仁先曰此
曹兇狠臣固疑之久矣帝趣仁先捕之仁先出且曰陛下
宜謹為之備未及介馬重元犯帷宮帝欲幸北南院仁先
曰陛下若舍扈從而行賊必躡其後且南北大王心未可
知仁先子撻不也曰聖意豈可違乎仁先怒擊其首帝悟
悉委仁先以討賊事乃環車為營拆行馬作兵仗率官屬
近侍三十餘騎陣柢枑外及交戰賊衆多降涅魯古中矢
墮馬擒之重元被傷而退仁先以五院部蕭塔剌所居最

近亟召之分遣人集諸軍黎明重元率奚人二千犯行宮
蕭塔剌兵適至仁先料賊勢不能久俟其氣沮攻之乃背
營而陣乘便奮擊賊衆奔潰追殺二十餘里重元與數騎
遁去帝執仁先手曰平亂皆卿之功也加尚父進封宋王
為北院樞密使親製文以褒之詔畫灤河戰圖以旌其功
咸雍元年加于越改封遼王與耶律乙辛共知北院樞密
事乙辛恃寵不法仁先抑之由是見忌出為南京留守改
王晉恤孤惸禁姦慝宋聞風震服議者以為自于越休哥
之後惟仁先一人而已阻卜塔里干叛命仁先為西北路
招討使賜鷹紐印及劍上諭曰卿去朝廷遠每俟奏行恐

失機會可便宜從事仁先嚴斥候扼敵衝懷柔服從庶事
整飭塔里干復來寇仁先逆擊追殺八十餘里大軍繼至
又敗之別部把里斯禿沒等來救見其屢挫不敢戰而降
北邊遂安八年卒年六十遺命家人薄葬弟義先信先俱
有傳子撻不也

撻不也字胡獨菫清寧二年補祗候郎君累遷永興宮使
以平重元之亂遥授忠正軍節度使賜定亂功臣同知殿
前點檢司事歷高陽臨海二軍節度使左皮室詳穩大康
六年授西北路招討使率諸部酋長入朝加兼侍中自蕭
敵祿爲招討之後朝廷務姑息多擇柔愿者用之諸部漸

至跋扈撻不也含容尤甚邊防益廢尋改西南面招討使
阻卜酋長磨古斯來侵西北路招討使何魯掃古戰不利
詔撻不也代之磨古斯之爲酋長由撻不也所薦至是遣
人誘致之磨古斯紿降撻不也逆于鎮州西南沙磧間禁
士卒無得妄動敵至裨將耶律綰斯徐烈見其勢銳不及
戰而走遂被害年五十八贈兼侍中謚曰貞愍撻不也少
謹愿後爲族嫠婦所惑出其妻終以無子人以此譏之

耶律良字習撚小字蘇著帳郎君之後生於乾州讀書醫
巫閭山學既博將入南山肄業友人止之曰爾無僕御驅
馳千里縱聞見過人年亦垂暮今若即仕已有餘地良曰

窮通命也非爾所知不聽留數年而歸重熙中補寢殿小
底尋爲燕趙國王近侍以家貧詔乘廐馬遷修起居注會
獵秋山良進秋游賦上嘉之清寧中上幸鴨子河作捕魚
賦由是寵遇稍隆遷知制誥兼知部署司事奏請編御製
詩文目曰清寧集上命良詩爲慶會集親製其序頃之爲
敦睦宮使兼權知皇太后宮諸局事良聞重元與子涅魯
古謀亂以帝篤於親愛不敢遽奏密言於皇太后太后託
疾召帝白其事帝謂良曰汝欲間我骨肉耶良奏曰臣若
妄言甘伏斧鑕陛下不早備恐墮賊計如召涅魯古不來
可卜其事帝從其言使者及門涅魯古意欲害之羈於帳

下使者以佩刀斷帟而出馳至行宮以狀聞帝始信亂平
以功遷漢人行宮都部署咸雍初同知南院樞密使事爲
惕隱出知中京留守事未幾卒帝嗟悼遣重臣賻祭給葬
具追封遼西郡王謚曰忠成

蕭韓家奴字括寧奚長渤魯恩之後性孝友太平中補祗
候郎君累遷敦睦宮使伐夏爲左翼都監遷北面林牙俄
爲南院副部署賜玉帶改奚六部大王治有聲清寧初封
韓國公歷南京統軍使北院宣徽使封蘭陵郡王九年上
獵太子山聞重元亂馳詣行在帝倉卒欲避于北南大王
院與耶律仁先執轡固諫乃止明旦重元復誘奚獵夫來

韓家奴獨出諭之曰汝曹去順効逆徒取族滅何若悔過轉禍為福遂擲其杖仗首服以功遷殿前都點檢封荆王賜資忠保義奉國竭貞平亂功臣咸雍二年遷西南面招討使大康初徙王吳賜白海東青鶻皇太子為乙辛誣構幽于上京韓家奴上書力言其冤不報四年復為西南面招討使例削一字王爵改王蘭陵薨子楊九終右祗候郎君班詳穩贈同中書門下平章事

蕭德字特末隱楮特部人性和易篤學好禮法太平中領牌印直宿累遷北院樞密副使數奏詳明多稱上旨詔與林牙耶律庶成修律令改契丹行宮都部署賜宮戶十有五清寧元年遷同知北院樞密使封魯國公上以德為先朝耆舊遇拜南府宰相五年轉南京統軍使九年復為南府宰相重元之亂推鋒力戰斬涅魯古首以獻論功封漢王咸雍初以告老歸優詔不許久之加尚父致仕卒年七十二

蕭惟信字耶寧楮特部人五世祖霞賴南府宰相曾祖烏古中書令祖阿古只知平州父高八多智數博覽古今開泰初為北院承旨稍遷右夷離畢以幹敏稱拜南府宰相累遷倒塌嶺節度使知興中府復為右夷離畢陵青誘眾作亂事覺高八按之止誅首惡餘並釋之歸奏稱旨惟信資沉毅篤志于學能辨論重熙初始仕累遷左中丞十五年徙燕趙國王傅帝諭之曰燕趙左右多面諛不聞忠言浸以成性汝當以道規誨使知君父之義有不可處王邸者以名聞惟信輔導以禮十七年遷北院樞密副使坐事免官尋復職兼北面林牙清寧九年重元作亂犯灤河行宮惟信從耶律仁先破之賜竭忠定亂功臣歷南京留守左右夷離畢復為北院樞密副使大康中以老乞骸骨不聽樞密使耶律乙辛譖廢太子中外知其冤無敢言者惟信數廷爭不得復告老加守司徒卒

蕭樂音奴字婆丹奚六部敞穩突呂不六世孫父拔剌三歲居父母喪毀瘠過甚養于家奴突列阿不重熙初興宗獵奚山過拔剌所居突列阿不言于近臣拔剌得見上年甫十歲氣象如成人帝悅之錫賚甚厚既長有遠志不樂仕進隱于奚王嶺之掃合谷上以其名家又有時譽就拜禽剌軍詳穩樂音奴貌偉言辯通遼漢文字善騎射擊鞠所交皆一時名士年四十始為護衛重元之亂以功遷護衛太保改本部南克俄為旗鼓拽剌詳穩監障海東青鶻獲白花者十三賜榾柮犀并玉吐鶻拜五蕃部節度使卒子陽阿有傳

耶律敵烈字撒懶採訪使吼五世孫寬厚好學工文詞重

熙除補牌印郎君兼知起居注清寧元年稍遷同知永州事盜有功改北面林牙承旨九年重元作亂敵烈赴援力戰平之遷授臨海軍節度使十年徙武安州觀察使咸雍五年累遷長寧宮使撿括戶部司乾州錢帛逋負立出納經畫法公私便之大康四年爲南院大王秩滿部民請留同知南京留守事有疾上命乘傳赴闕遣太醫視之遷上京留守大安中改塌母城節度使以疾致仕加兼侍中賜一品俸八年卒

姚景行始名景禧祖漢英本周將應曆初來聘用敵國禮帝怒留之隸漢人宮分及景行既貴始出籍貫興中縣景行博學重熙五年擢進士乙科爲將作監改燕趙國王教授不數年至翰林學士樞密副使參知政事性敦厚廉直人望歸之道宗即位多被顧問爲北府宰相九年秋告歸道聞重元亂收集行旅得三百餘騎勤王比至賊已平帝嘉其忠賜以逆人財產咸雍元年出爲武定軍節度使明年驛召拜南院樞密使上從容問治道引入內殿出御書及太子書示之賜什器車仗帝有意伐宋召景行問曰宋人好生邊事如何對曰自聖宗皇帝以威德懷遠宋修職貢迨今幾六十年若以細故用兵恐違先帝成約上然其言而止致仕不踰月復舊職丁家艱起復兼中書令上問

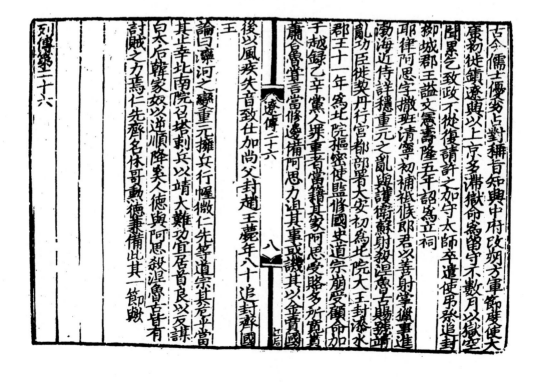

古今儒士優劣占對稱旨知興中府改朔方軍節度使大康初徙鎮遼興以上京多滯獄命爲留守不數月以獄空聞累乞致政不從復請許之加守太師卒遣使弔祭追封柳城郡王謚文憲壽隆五年詔爲立祠

耶律阿思字撒班清寧初補祗候郎君以善射掌獵事進渤海近侍詳穩重元之亂與護衛蘇射殺涅魯古賜竭節靖亂功臣徙契丹行宮都部署大安初爲北院大王封漆水郡王十一年爲北院樞密使監修國史道宗崩受顧命加于越錄乙辛黨人罪重者當籍其家阿思受賂多所寬貸蕭合魯嘗言當修邊備阿思力沮其事或譏其以金賣國後以風疾失音致仕加尚父封趙王薨年八十追封齊國王

論曰灤河之變重元擁兵行幄微仁先等道宗其危乎當其止幸北南院召部署兵以靖大難功宜居首良以友諫白太后韓家奴以逆順降奚人德與阿思殺涅魯古皆有討賊之力焉仁先齊名休哥勳德兼備此其一節歟

列傳第二十六

列傳第二十七　　遼史九十七

開府儀同三司上柱國錄軍國重事中書右丞相兼修國史領經筵事都總裁臣脫脫奉

勑修

耶律斡特剌字乙辛隱許國王寅底石六世孫少不喜官祿年四十一始補本班郎君時樞密使耶律乙辛擅權讒害忠良斡特剌恐禍及深自抑畏大康中爲宿直官歷左右護衛太保大安元年升燕王傅從左夷离畢四年改北院樞密副使帝賜詩褒之遷知北院樞密使事賜翼聖佐義功臣北阻卜酋長磨古斯叛斡特剌率兵進討會天大雪敗磨古斯四別部斬首千餘級拜西北路招討使封漆水郡王加賜宣力守正功臣尋拜南府宰相復討闡古胡里扒部破之召爲契丹行宮都部署先是北南府有訟各州府得就按之比歲非奉樞密檄不得鞫問以故訟者稽留斡特剌奏請如舊從之五年復爲西北路招討使討耶覩刮部俘斬甚衆獲馬駝牛羊各數萬明年擒磨古斯加守太保賜奉國匡化功臣乾統初乞致仕不許止罷招討南院樞密使封混同郡王遷北院樞密使加守太師賜推誠贊治功臣致仕薨謚曰敬肅

孩里字胡輦回鶻人其先在太祖時來貢願留因任用之孩里重熙間歷近侍長清寧九年討重元之亂有功加金

吾衛上將軍賜平亂功臣累遷殿前都點檢以宿衛嚴肅稱大康初加守太子太保二年加同中書門下平章事三年改同知南院宣徽使事會耶律乙辛出守中京孩里入賀及議復召陳其不可後乙辛再入樞府出孩里爲廣利軍節度使及皇太子被誣孩里當連坐有詔勿問大安初歷品達魯號部節度使壽隆五年有疾自言吾數已盡却醫藥卒年七十七孩里素信浮圖清寧初從上獵墮馬憤而復蘇言始見二人引至一城宮室宏敞有衣絳袍人坐殿上左右列侍導孩里升階持牘者示之曰本取大腹骨欲誤執汝牘上書官至使相壽七十七須臾還擠之大壑而寤道宗聞之命書其事後皆驗

竇景庸中京人中書令振之子聰敏好學清寧中第進士授祕書省校書郎累遷少府少監咸雍六年授樞密直學士尋知漢人行宮副部署事大安初遷南院樞密副使監修國史知樞密院事賜同德功臣封陳國公有疾表請致仕不從加太子太保授武定軍節度使審決冤滯輕重得宜以獄空聞七年拜中京留守九年薨謚曰肅憲子瑜三司副使

耶律引吉字阿括品部人父雙古鎮西邊二十餘年治尚嚴肅不殖貨利時多稱之引吉實畏好義以蔭補官累遷

東京副留守北樞密院侍御時蕭革蕭圖古辭等以佞見任鬻爵納賄引吉以直道處其間無所阿唯改客省使時朝廷遣使括三京隱戶不得以引吉代之得數千餘戶時昭懷太子知北南院事選引吉為輔導樞密使乙辛將傾太子惡引吉在側奏出之為群牧林牙大康元年乙辛請賜牧地引吉奏曰今牧地褊陿畜不蕃息豈可分賜臣下帝乃止乙辛由是益嫉之除懷德軍節度使徙漠北滑水馬群太保卒

楊績良鄉人太平十一年進士及第累遷南院樞密副使與杜防韓知白等擅給進士堂帖降長寧軍節度使徙知涿州清寧初拜參知政事兼同知樞密院事為南府宰相九年聞重元亂與姚景行勤王上嘉之十年知興中府咸雍初入知樞密院事二年乞致仕不許拜南院樞密使帝以績舊臣特詔燕見論古今治亂人臣邪正帝曰方今群臣忠直耶律玦劉伸而已然伸不及玦之剛介績拜賀曰何代無賢世亂則獨善其身主聖則兼濟天下陛下銖分邪正升黜分明天下幸甚累表告歸不許封趙王大康中以例改王遼西致仕加守太保薨子貴忠知興中府

趙徽南京人重熙五年擢甲科累遷大理正清寧二年銅州人妄毀三教徽按鞫之以狀聞稱旨歷煩劇有能名累

遷翰林學士承旨咸雍初為度支使三年拜參知政事出為武定軍節度使及代軍民請留後同知樞密院事兼南府宰相門下侍郎平章事致仕卒追贈中書令謚文憲

王觀南京人博學有才辯重熙七年中進士乙科興宗崩充夏國報哀使還除給事中咸雍初遷翰林學士五年兼乾文閣學士七年改南院樞密副使賜國姓參知政事兼知南院樞密事坐矯制修私第削爵為民卒

耶律喜孫字盈隱永興宮分人興宗在青宮嘗居左右輔導聖宗大漸喜孫與馮家奴告仁德皇后同宰相蕭浞卜等謀逆事及欽哀為皇太后稱制喜孫尤見寵任重熙中其子涅哥為近侍坐事伏誅帝以喜孫有翼戴功且悼其子罪死欲世其官喜孫無所出之部因見馬印文有品部號使隸其部拜南府宰相尋出為東北路詳穩卒

論曰孩里引吉之為臣也當乙辛擅權蕭革貪黷之日雖與同官而能以正自處不少阿唯其過人遠矣傳曰歲寒知松柏之後凋二子有焉若斡特剌之戰功竇景庸之識獄楊績之忠告亦賢矣夫

列傳第二十七

開府儀同三司上柱國錄軍國重事中書右丞相監修國史領經筵事臣脫脫奉

勑修

蕭兀納一名撻不也字特免六院部人其先嘗為西南面拽剌兀納魁偉簡重善騎射清寧初兄圖獨以事入見帝問族人可用者圖獨以兀納對補祗候郎君遷近侍敞史護衛太保大康初為北院宣徽使時乙辛已害太子因言宋魏國王和魯斡之子淳可為儲嗣群臣莫敢言唯兀納及夷离畢蕭陶隗諫曰舍嫡不立是以國與人也帝猶豫不決五年帝出獵乙辛請留皇孫帝欲從之兀納奏曰竊

聞車駕出遊將留皇孫茍保護非人恐有他變果留臣請侍左右帝乃悟命皇孫從行由此始疑乙辛頃之同知南院樞密使事出乙辛淳等帝嘉其忠封蘭陵郡王人謂近於古社稷臣授殿前都點檢上謂王師儒耶律固等曰兀納忠純雖狄仁傑輔唐屋質立穆宗無以過也卿等宜達燕王知之自是令兀納輔導燕王益見優寵大安初詔尚越國公主兀納固辭改南院樞密使奏請掾史宜以歲月遷叙從之壽隆元年拜北府宰相初天祚在潛邸兀納數以直言忤旨及嗣位出為遼興軍節度使守太傅以佛殿小底王華誣兀納借內府犀角詔鞫之兀納奏曰臣在先朝詔許日取帑錢十萬為私費臣未嘗妄取一錢肯借犀角乎天祚愈怒奪太傅官降寧邊州刺史尋改臨海軍節度使兀納上書曰自蕭海里亡入女直彼有輕朝廷心宜益兵以備不虞不報天慶元年知黃龍府事改東北路統軍使復上書曰臣治與女直接境觀其所為其志非小宜先其未發舉兵圖之章數上皆不聽及金兵來侵戰于寧江州其孫移敵蹇死之兀納退走入城留官屬守禦自以三百騎渡混同江而西城遂陷後與蕭敵里拒金兵于長濼以軍敗免官五年天祚親征兀納殿復敗績後數日乃與百官入見授上京留守六年耶律章奴叛來攻京城兀

納發府庫以賚士卒諭以逆順完城池以死拒戰章奴無所得而去以功授副元帥尋為契丹都宮使天祚以兀納先朝重臣有定策勲每延問以政兀納對甚切上雖優容終不能用以疾卒年七十

耶律儼字若思析津人本姓李氏父仲禧重熙中始仕清寧初同知南院宣徽使事四年城鴨子混同二水間拜北院宣徽使咸雍初坐誤奏事出為榆州刺史俄詔復舊職遷漢人行宮都部署六年賜國姓封韓國公改南院樞密使時樞臣乙辛等誣陷皇太子詔仲禧偕乙辛鞫之蔓引無辜未嘗雪正乙辛薦仲禧可任拜廣德軍節度使復為

南院樞密使卒謚欽惠儼儀觀秀整好學有詩名登咸雍進士第守著作佐郎補中書省令史以勤敏稱太康初歷都部署判官將作少監後兩府奏事論群臣優劣唯稱儼才俊改少府少監知大理正賜紫六年遷大理少卿奏讞詳平明年陞大理卿丁父憂奪服同僉部署司事大安初爲景州刺史繩胥徒禁豪猾撫老恤貧未數月善政流播郡人刻石頌德二年改御史中丞詔案上京滯獄多所平反同知宣徽院事提點大理寺六年冬改山西路都轉運使刮剔垢弊奏定課額益州縣俸給事皆施行壽隆初授樞密直學士以母憂去官尋召復舊職宋攻夏李乾順遣

使求和解帝命儼如宋平之拜參知政事六年駕幸鴛鴦濼召至內殿訪以政事帝晚年倦勤用人不能自擇令各擲骰子以采勝者官之儼嘗得勝采上曰上相之徵也遷知樞密院事賜經邦佐運功臣封越國公修皇朝實錄七十卷帝大漸儼與北院樞密使阿思同受顧命乾統三年徙封秦國六年封漆水郡王天慶中以疾命乘小車入朝疾甚遣太醫視之薨贈尚父謚曰忠懿儼素廉潔一芥不取於人經籍一覽成誦又善伺人主意妻邢氏有美色嘗出入禁中儼教之曰慎勿失上意由是權寵益固三子處貞太常少卿處廉同知中京留守事處能少府少監

劉伸字濟時宛平人少穎悟長以辭翰聞重熙五年登進士第歷彰武軍節度使掌書記大理正因奏獄上適與近臣語不顧伸進曰臣聞自古帝王必重民命願陛下省臣之奏上大驚異擢樞密都承旨權中京副留守詔徙富民以實春泰二州伸以爲不可奏罷之遷大理少卿人以不冤陞大理卿改西京副留守以父憂終制爲三司副使加諫議大夫提點大理寺以伸明法而恕案冤獄全活者衆徙南京副留守俄改崇義軍節度使政務簡靜民用不擾致烏鵲同巢之異優詔褒之改戶部使歲入羨餘錢三十萬緡拜南院樞密副使道宗嘗謂大臣曰今之忠直耶律

玦劉伸而已宰相楊績賀其得人拜參知政事上諭之曰卿勿憚宰相時北院樞密使乙辛勢焰方熾伸奏曰臣於乙辛尚不畏何宰相之畏乙辛銜之相與排詆出爲保靜軍節度使上終欲大用加守太子太保遷上京留守乙辛以事徙鎮雄武復以崇義軍節度使致仕適燕薊民飢伸與致政趙徽韓造日濟以糜粥所活不勝算大安二年卒上震悼賻贈加等

耶律胡呂字蘇撒弘義宮分人其先欲穩佐太祖有功爲迭烈部夷离堇父楊五左監門衛大將軍胡呂性謙謹於人無適莫重熙末補寢殿小底以善職屢更華要遷牛

衛大將軍大安中北阻卜酋磨魯斯叛爲招討都監與耶律那也率精騎二千討平之以功爲漢人行宫副部署兼知太和宫事致仕加同中書門下平章事卒

論曰兀納當道宗昏惑之會擁佑皇孫使乙辛姦計不獲復逞而遼祚以續比之屋質立穆宗非溢美也儼以俊才莅政所至有能譽纂述遼史具一代治亂亦云勤矣但其固寵不能以禮正家惜哉劉伸三爲大理民無冤抑一登户部上下兼裕至與耶律玦並稱忠直不亦宜乎

列傳第二十八

開府儀同三司上柱國錄軍國重事中書右丞相監修國史領經筵事都總裁臣脫脫奉

敕修

蕭巖壽乙室部人性剛直尚氣仕重熙末道宗即位皇太后屢稱其賢由是進用上出獵較巖壽典其事未嘗高下于心帝益重之歷文班太保同知樞密院事咸雍四年從耶律仁先伐阻卜破之有詔留屯亡歸者衆由是鐫兩官十年討敵烈部有功爲其部節度使大康元年同知南院宣徽使事遷北面林牙密奏乙辛以皇太子知國政心不自安與張孝傑數相過從恐有陰謀動搖太子上悟出乙辛爲上京留守會乙辛生日上遣近臣耶律白斯本賜物爲壽乙辛因私屬白上臣見姦人在朝陛下孤危身雖在外竊用寒心白斯本還以聞上遣人賜乙辛車諭曰無慮弗用行將召矣由是反疑巖壽出爲順義軍節度使乙辛復入爲樞密使流巖壽于烏隗路終身拘作巖壽雖竄逐恒以社稷爲憂時人爲之語曰以狼牧羊何能久長三年乙辛誣巖壽與謀廢立事執還殺之年四十九乾統間贈同中書門下平章事繪像宜福殿巖壽廉直面折廷諍多與乙辛忤故及於難

耶律撒剌字董隱南院大王磨魯古之孫性忠直沉厚清寧初累遷西南面招討使以治稱咸雍九年改北院大王未幾爲契丹行宮都部署大康二年耶律乙辛爲中京留守詔百官廷議欲復召之郡臣無敢正言撒剌獨奏曰蕭巖壽言乙辛有罪不可爲樞臣故陛下出之今　復召恐天下生疑進諫者三不納左右爲之震慄乙辛復爲樞密使見撒剌讓曰與君無憾何獨異議撒剌曰此社稷計何憾之有乙辛誣撒剌與速撒同謀廢立詔按無迹出爲始平軍節度使及蕭訛都斡誣首竟遣使殺之乾統間追封漆水郡王繪像宜福殿仍追贈三子官爵

蕭速撒字禿魯董突呂不部人性沉毅重熙間累遷右護衛太保蒲奴里判從耶律義先往討執首亂陶得里以歸清寧中歷北面林牙彰國軍節度使入爲北院樞密副使咸雍十年經略西南邊撤宋堡障戍以皮室軍上嘉之大康二年知北院樞密使耶律乙辛權寵方盛附麗者多至通顯速撒未嘗造門乙辛銜之誣構速撒首謀廢立按之無驗出爲上京留守乙辛復令蕭訛都斡以前事誣告上怒不復加訊遣使殺之時方盛暑尸諸原野容色不變烏鵲不敢近乾統間追封蘭陵郡王繪像宜福殿

耶律撻不也字撒班繫出季父房父高家仕至林牙重熙間破夏人于金肅軍有功優加賞賚撻不也清寧中補牌

印郎君累遷永興宮使九年平重元之亂以功知黜檢司
事賜平亂功臣爲懷德軍節度使咸雍五年遷遙輦剋大
康三年授北院宣徽使耶律乙辛謀害太子撻不也知其
姦欲殺乙辛及蕭特里得蕭十三等乙辛知之令其黨誣
構撻不也與廢立事殺之乾統間追封漆水郡王繪像宜
福殿

蕭撻不也字斡里端國舅郡王高九之孫性剛直咸雍中
補祗候郎君大康元年爲彰愍宮使尚趙國公主拜駙馬
都尉三年改同知漢人行宮都部署與北院宣徽使耶律
撻不也善乙辛嫉之令人誣告謀廢立事不勝搒掠誣伏

上引問咯嘖不能自陳遂見殺乾統間追封蘭陵郡王繪
像宜福殿

蕭忽古字阿斯憐性忠直趫捷有力甫冠補禁軍咸雍初
從招討使耶律趙三討蕃部之違命者及請降來介有能
躍馳峯而上者以儇捷相詫趙三問左右誰能此忽古被
重鎧而出手不及峯一躍而上使者大駭趙三以女妻之
帝聞召爲護衛時北院樞密使耶律乙辛以狡佞得幸肆
行兇暴忽古伏于橋下伺其過欲殺之俄以暴雨壞橋不
果後又欲殺于獵所爲親友所沮大康三年復欲殺乙辛
及蕭得里特等乙辛知而械繫之考劾不服流于邊及太

子廢徙于上京召忽古至殺之乾統初追贈龍虎衛上將
軍

耶律石柳字酬宛六院部人祖獨攧南院大王父安十統
軍副使石柳性剛直有經世志始爲牌印郎君大康初爲
夷离畢郎君時樞密使耶律乙辛誣殺皇后謀廢太子斥
忠賢進姦黨石柳惡其所爲乙辛覺之太子既廢以石柳
附太子流鎮州天祚即位召爲御史中丞時方治乙辛黨
有司不以爲意石柳上書曰臣前爲姦臣所陷斥竄邊郡
幸蒙召用不敢隱默恩賞明則賢者勸刑罰當則姦人消
二者既舉天下不勞而治臣見耶律乙辛身出寒微位居

樞要竊權肆惡不勝名狀蔽先帝之明誣陷順聖構害忠
讜敗國罔上自古所無賴廟社之休陛下獲纂成業積年
之冤一旦洗雪政陛下英斷克成孝道之秋如蕭得里特
實乙辛之黨耶律合魯亦不爲早辨賴陛下之明遂正其
事臣見陛下多疑故有司顧望不切推問乙辛在先帝朝
權寵無比先帝若以順考爲實則乙辛爲功臣陛下豈得
立耶先帝黜逐嬖后詔陛下在左右是亦悔前非也陛下
詎可忘父讎不報寬逆黨不誅今靈骨未獲而求之不切
傳曰聖人之德無加于孝昔唐德宗因亂失母思慕悲傷
孝道益著周公誅飛廉惡來天下大悅今逆黨未除大寃

不報上無以慰順考之靈下無以釋天下之憤怨氣上結水旱爲沴臣願陛下下明詔求順考之瘞所盡收逆黨以正邦憲快四方忠義之心昭國家賞罰之用然後致治之道可得而舉矣謹別錄順聖升遐及乙辛等事昧死以聞書奏不報聞者莫不歎惋乾統中進授静江軍節度使卒子馬哥同中書門下平章事

論曰易言履霜堅冰至謹始也使道宗能從嚴壽撒剌之諫后何得而誣太子何得而廢哉速撒撻不也以忠言見殺國欲無亂得乎石柳之書亦幸出於乙辛旣敗之後獲行其說有國家者可不知人哉

列傳第二十九

開府儀同三司上柱國錄軍國重事中書右丞相監修國史領經筵事都總裁臣脫脫奉

勑修

耶律棠古字蒲速宛六院郎君葛剌之後大康中補本班郎君累遷至大將軍性坦率好別白黑人有不善必盡言無隱時號强棠古在朝數論宰相得失由是久不得調後出爲西北戍長乾統三年蕭得里底爲西北路招討使以后族慢侮僚吏棠古不屈乃罷之棠古訟之朝不省天慶初烏古敵烈叛召拜烏古部節度使至部諭降之遂出私財及發富民積以振其困乏部民大悅加鎭國上將軍會

蕭得里底以都統率兵與金人戰敗績棠古請以軍法論且曰臣雖老願爲國破敵不納保大元年乞致仕明年天祚出奔棠古謁於倒塌嶺爲上流涕上慰止之復拜烏古部節度使及至部敵烈以五千人來攻棠古率家奴擊破之加太子太傅年七十二卒

蕭得里底字紀鄰晉王孝先之孫父撒鉢歷宫使相得里底短而僂外謹內倨大康中補祗候郎君稍遷興聖宫副使兼同知中丞司事大安中燕王妃生子得里底以妃叔故歷寧遠軍節度使長寧宫使壽隆二年監討達里得拔思母二部多俘而還改同知南京留守事乾統元年爲北面林牙同知北院樞密事受詔與北院樞密使耶律阿思治乙辛餘黨阿思納賄多出其罪得里底不能制亦附會之四年知北院樞密事夏王李乾順爲宋所攻遣使請和解詔得里底與南院樞密使牛温舒使宋平之宋旣許得里底受書之日乃曰始奉命取要約歸不見書辭豈敢徒還遂對宋主發函而讀旣還朝議爲是天慶三年加守司徒封蘭陵郡王女直初起廷臣多欲乘其未備舉兵往討得里底獨沮之以至敗衄天祚以得里底不合人望出爲西南面招討使八年召爲北院樞密使寵任彌篤是時諸路大亂飛章告急者絡繹而至得里底不即上聞有功者

亦無甄別由是將校怨怒人無鬭志保大二年金兵至嶺東會耶律撒八習騎撒跋等謀立晉王敖盧斡事泄上召得里底議曰反者必以此兒爲名若不除去何以獲安得里底唯唯竟無一言申理王旣死人心益離金兵踰嶺天祚率衛兵西遁元妃蕭氏得里底之姪謂得里底曰爾任國政致君至此何以生爲得里底但謝罪不能對明日天祚怨逐得里底與其子麽撒得里底旣去爲耶律高山奴執送金兵得里底伺守者怠脫身亡歸復爲耶律九斤所得送之耶律淳時淳已僭號得里底自知不免詭曰吾不能事僭竊之君不食數日卒子麽撒爲金兵所殺

蕭酬斡字訛里本國舅少父房之後祖阿剌終採訪使父
別里剌以后父封趙王酬斡貌雄偉性和易年十四尚越
國公主拜駙馬都尉爲祗候郎君班詳穩年十八封蘭陵
郡王時帝欲立皇孫爲嗣恐無以厭天下疑出酬斡爲國
舅詳穩降皇后爲惠妃遷于乾州初酬斡母入朝擅取驛
馬至是覺奪其封號復與妹魯姐爲巫蠱伏誅詔酬斡與
公主離婚籍興聖宮流烏古敵烈部天慶中以妹復尊爲
太皇太妃召酬斡爲南女直詳穩遷征東副統軍時廣州
渤海作亂乃與駙馬都尉蕭韓家奴襲其不備平之復敗
敵將侯槩于川州是歲東京叛遇敵來擊師潰獨酬斡率

麾下數人力戰歿于陣追贈龍虎衛上將軍
耶律章奴字特末衍季父房之後父查剌養高不仕章奴
明敏善談論大安中補牌印郎君乾統元年累遷右中丞
兼領牌印宿直事六年以直宿不謹降知內客省事天慶
四年授東北路統軍副使五年改同知咸州路兵馬事及
天祚親征女直蕭胡篤爲先鋒都統章奴爲都監大軍渡
鴨子河章奴與魏國王淳妻兄蕭敵里及其甥蕭延留等
謀立淳誘將卒三百餘人亡歸既而天祚爲女直所敗章
奴乃遣敵里延留以廢立事馳報淳淳猶豫未決會行宮
使者乙信特天祚御札至備言章奴叛命淳對使者號哭

即斬敵里延留首以獻天祚章奴見淳不從誘草寇數百
攻掠上京取府庫財物至祖州率僚屬告太祖廟云我大
遼基業由太祖百戰而成今天下土崩竊見興宗皇帝孫
魏國王淳道德隆厚能理世安民臣等欲立以主社稷會
淳適好草甸大事未遂邇來天祚惟耽樂是從不恤萬機
強敵肆侮師徒敗績加以盜賊蜂起邦國危于累卵臣等
忝預族屬世蒙恩渥上欲安九廟之靈下欲救萬民之命
乃有此舉實出至誠冀累聖垂祐西至慶州復祀諸廟仍
述所以舉兵之意移檄州縣諸陵官僚士卒稍稍屬心時
饒州渤海及侯槩等相繼來應衆至數萬趨廣平淀其黨

耶律女古等暴橫不法刼掠婦女財畜章奴度不能制內
懷悔恨又攻上京不克北走降虜上順國女直阿鶻產率
兵追敗之殺其將耶律彌里直擒貴族二百餘人其妻子
配役繡院或散諸近侍爲婢餘得脫者皆遁去章奴詐爲
使者欲奔女直爲邏者所獲縛送行在伏誅
耶律朮者字能典于越蒲古只之後魁偉雄辨乾統初補
祗候郎君六年因柴冊加觀察使天慶五年受詔監都統
耶律斡里朶戰及敗左遷銀州刺史徙咸州糺將嘗與耶
律章奴謀立魏國王淳及聞章奴自鴨子河亡去即引麾
下數人往會之道爲游兵所執送行在所上問曰予何負

卿而反朮者對曰臣誠無識但以天下大亂已非遼有小
人滿朝賢臣竄斥誠不忍見天皇帝艱難之業一旦土崩
臣所以痛入骨髓而有此舉非爲身計後數日復問朮者
厲聲數上過惡陳社稷危亡之本遂殺之

論曰遼末同事之臣其善惡何相遠也棠古骨鯁不屈權
要兩鎮烏古恩威並著酬斡平亂渤海又以討叛力戰而
死忠可尚矣得里底縱女直而不討寢變告而不聞其蔽
主聰明爲國階亂莫斯之甚也章奴朮者乘時多艱潛謀
廢立將求寵幸以犯大逆其得免於天下之戮哉

列傳第三十

開府儀同三司上柱國錄軍國重事中書右丞相監修國史領經筵事都總裁臣脫脫奉
勅修

蕭陶蘇斡字乙辛隱突呂不部人四世祖因吉髮長五尺時呼為長髮因吉祖里拔奧隗部節度使陶蘇斡謹愿不妄交伯父留哥坐事免官聞重元亂挈家赴行在時陶蘇斡雖幼已如成人補筆硯小底累遷祗候郎君轉樞密院侍御咸雍五年遷崇德宮使會有訴北南院聽訟不直者事下陶蘇斡悉改正之為耶律阿思所忌帝欲召用輒為所沮八年歷漠北滑水馬群太保數年不調嘗曰用才未盡不若閑乾統中遷漠南馬群太保以大風傷草馬多死鞭之三百免官九年徙天齊殿宿衛明年穀價翔踊宿衛士多不給陶蘇斡出私廩贍之召同知南院樞密使事天慶四年為漢人行宮副部署時金兵初起攻陷寧江州天祚召群臣議陶蘇斡曰女直國雖小其人勇而善射自執我叛人蕭海里勢益張我兵久不練若遇強敵稍有不利諸部離心不可制矣為今之計莫若大發諸道兵以威壓之庶可服也北院樞密使蕭得里底曰如陶蘇斡之謀徒示弱耳但發滑水以北兵足以拒之遂不用其計數月間邊兵屢北人益不安饒州渤海結構頭下城以叛有步騎

三萬餘招之不下陶蘇斡帥兵往討擒其渠魁斬首數千級得所掠物悉還其主及耶律章奴叛陶蘇斡與留守耶律大悲奴為守禦章奴既平陶蘇斡請曰今邊兵懈弛若濟署嶺西則漢人嘯聚民心益搖臣愚以為宜罷此行不納乃命陶蘇斡控扼東路招集散卒後以太子太傅致仕卒

耶律阿息保字特里典五院部人祖胡劣太子時徙居西北部世為招討司吏阿息保慷慨有大志年十六以才幹補內史天慶初轉樞密院侍御金人起兵城境上遣阿息保問之金人曰若歸阿疎敢不聽命阿息保具以聞金兵陷寧江州邊兵屢敗遣阿息保與耶律章奴等齎書萬東冀以釁降阿息保曰臣前使依詔開諭略無所屈將還謂臣曰若所請不遂無相見今臣請獨往不聽將行別蕭得里底曰不肖適異國必無生還願公善輔國家既至阿息保見執久乃遁歸及天祚敗績遷都巡捕使六年從阿疎討耶律章奴加領軍衛大將軍阿疎將兵而東阿息保送至軍乃還天祚怒其專輒鞭之三百尋為奚六部禿里太尉後阿疎反阿息保以偏師進擊臨陣墜馬被擒因阿疎有舊得免時阿疎頗好殺阿息保謂曰欲舉大事何以殺為由是全活者衆會阿疎敗乃還以戰失利四中京數歲併

大二年金兵至中京始出獄尋爲敵烈皮室詳穩是時魏王淳僭號遣人以書來招阿息保封書以獻因諫曰東兵甚銳未可輕敵及石輦鐸之敗天祚奔竄召阿息保不時至疑有貳心并怒爲淳所招殺之初阿息保知國將亡前後諫甚切及死以非罪人尤惜之

蕭乙薛字特免國舅少父房之後性謹愿壽隆間累任劇官天慶初知國舅詳穩事遷殿前副點檢金兵起爲行軍副都統以戰失利罷職六年出爲武定軍節度使遷西京留守明年討劇賊董厖兒戰易水西大破之以功爲北府宰相加左僕射兼東北路都統十年金兵陷上京詔兼上

京留守東北路統軍使爲政寬猛得宜民之窮困者輒加振恤衆咸愛之保大二年金兵大至乙薛軍潰右遷西南面招討使以部民流散不赴及天祚播遷給侍從不闕拜殿前都點檢凡金兵所過諸營敗卒復聚上京遣乙薛爲上京留守以安撫之明年盧彥倫以城叛乙薛被執數月以居官無過得釋後爲耶律大石所殺

蕭胡篤字合术隱其先撒葛只太祖時願隸宮分遂爲太和宮分人曾祖敵魯明醫人有疾觀其形色即知病所在統和中宰相韓德讓貴寵敵魯希旨言德讓宜賜國姓籍橫帳由是世預太醫選子孫因之入官者衆胡篤爲人便佞與物無忤清寧初補近侍大安元年爲彰愍宮太師壽隆二年轉永興宮太師天慶初累遷至殿前副點檢五年從天祚東征爲先鋒都統臨事猶豫凡隊伍皆以圍場名號之進至剌離水與金兵戰敗大軍亦却及討耶律章奴以籍私奴爲軍遷知北院樞密使事卒胡篤長于騎射見天祚好游畋每言從禽之樂以逢其意天祚悅而從之國政隳廢自此始云

論曰甚矣承平日久上下狃於故常之可畏也天慶之間女直方熾惟陶蘇斡明於料敵善於忠諫惜乎天祚痼蔽不見信用阿息保不死阿踈之難乙薛甘忍盧彥倫之執

大節已失矣他有所長亦奚足取胡篤以游畋逢迎天祚而隳國政可勝罪哉

列傳第三十一

開府儀同三司上柱國錄軍國重事中書右丞相監修國史領經筵事都總裁臣脫脫奉

勑修

蕭奉先天祚元妃之兄也外寬内忌因元妃爲上眷倚累官樞密使封蘭陵郡王天慶二年上幸混同江鈎魚故事生女直酋長在千里内者皆朝行在適頭魚宴上使諸酋次第歌舞爲樂至阿骨打但端立直視辭以不能再三旨諭不從上密謂奉先曰阿骨打跋扈若此可託以邊事誅之奉先曰彼麤人不知禮義且無大過殺之傷向化心設有異志蕞爾小國亦何能爲上乃止四年阿骨打起兵犯寧江州東北路統軍使蕭撻不也戰失利上命奉先弟嗣先爲都統將番漢兵往討屯出河店女直乃潛渡混同江乘我師未備擊之嗣先敗績軍將往往遁去奉先懼弟被誅乃奏東征潰軍逃罪所至刼掠若不肆赦將嘯聚爲患從之嗣先詣闕待罪止免官而已由是士無闘志遇敵輙潰郡縣所失日多初奉先誣耶律余覩結駙馬蕭昱謀立其甥晉王事覺殺昱及余覩在軍中聞之懼奔女直保大二年余覩爲女直監軍引兵奄至上憂甚奉先曰余覩乃王子班之苗裔此來實無亡遼心欲立晉王耳若以社稷計不惜一子誅之可不戰而退遂賜晉王死中外莫不流涕

人心益解體當女直之兵未至也奉先逢迎天祚言女直雖能攻我上京終不能遠離巢穴而一旦越三千里直擣雲中計無所出惟請播遷夾山天祚方悟顧謂奉先曰汝父子誤我至此殺之何益汝去毋從我行恐軍心忿怒禍必及我奉先父子慟哭而去爲左右執送女直兵女直兵斬其長子昂送奉先及次子昱於其國主道遇我兵奪歸天祚並賜死

李處温析津人伯父儼太康初爲將作少監累官參知政事封漆水郡王雅與北樞密使蕭奉先友善執政十餘年善逢迎取媚天祚又寵任之儼卒奉先薦處温爲相處温因奉先有援已力傾心阿附以固權位而貪汚尤甚凡所接引類多小人保大初金人陷中京諸將莫能支天祚懼奔夾山兵勢日迫處温與族弟處能子奭外假怨軍聲援結都統蕭幹謀立魏國王淳召番漢官屬詣魏王府勸進魏國王將出奭乃持赭袍衣之令百官拜舞稱賀魏王固辭不得遂稱天錫皇帝以處温守太尉處能直樞密院奭爲少府少監左企弓以下及親舊與其事者賜官有差會魏國王病自知不起密授處温番漢馬步軍都元帥意將屬以後事及病亟蕭幹等矯詔南面宰執入議獨處温稱疾不至陰聚勇士爲備紿云奉密旨防他變魏國王卒蕭

斡離契丹兵宣言當立王妃蕭氏爲太后攝主軍國事衆無敢異者斡以后命召處溫至時方多難未欲即誅復追毀元帥劉子處能懼及禍落髮爲僧尋有未清人傳遵說隨郭藥師入燕被擒具言處溫嘗遣易州富民趙履仁書達宋將童貫欲挾蕭后納土歸宋后執處溫問之處溫曰臣父子於宣宗有定策功宜世蒙宥容臣使因識擁罪后曰向使魏國王如周公則終享親賢之名於後世誤王者皆汝父子何功之有并數其前罪惡處溫無以對乃賜死奭亦伏誅

張琳瀋州人幼有大志壽隆末爲秘書中允天祚即位累

遷戶部使頃之擢南府宰相初天祚之敗於女直也意謂蕭奉先不知兵乃召琳付以東征事琳以舊制凡軍國大計漢人不與辭之上不允琳奏曰前日之敗失於輕舉若用漢兵二十萬分道進討無不克者上許其半仍詔中京上京長春遼西四路計戶產出軍時有起至二百軍者生業蕩散民甚苦之四路軍甫集尋復遁去及中京陷天祚幸雲中留琳與李處溫佐魏國王淳守南京處溫父子召琳欲立淳爲帝琳曰王雖帝冑初無上命攝政則可即真則不可處溫曰今日之事天人所與豈可易也琳雖有難色亦勉從之淳既稱帝諸將咸居權要琳獨守太師十日一朝平章軍國大事陽以元老尊之實則不使與政琳由是鬱悒而卒

耶律余覩一名余都姑國族之近者也慷慨尚氣義保大初歷官副都統其妻天祚文妃之妹文妃生晉王最賢國人皆屬望時蕭奉先之妹亦爲天祚元妃生秦王奉先恐秦王不得立深忌余覩將潛圖之適耶律撻曷里之妻會余覩之妻於軍中奉先諷人誣余覩結駙馬蕭昱撻曷里謀立晉王尊天祚爲太上皇事覺殺昱及撻曷里妻賜文妃死余覩在軍中聞之懼不能自明被誅即引兵千餘并骨肉軍帳叛歸女直會大霖雨道塗留阻天祚遣知奚王

府蕭遐買北宰相蕭德恭太常袞耶律諦里姑歸州觀察使蕭和尚奴四軍太師蕭幹追捕甚急至閭山及之諸將議曰蕭奉先恃寵蔑害官兵余覩乃宗室雄才素不肯爲其下若擒之則他日吾輩皆余覩矣不如縱之還給云追襲不及余覩既入女直爲其國前鋒引婁室孛堇兵攻陷州郡不測而至天祚聞之大驚知不能敵率衛兵入夾山余覩在女直爲監軍久不調意不自安乃假游獵遁西夏夏人問汝來有兵幾何余覩以二三百對夏人不納卒

論曰遼之亡也雖孽降自天亦柄國之臣有以誤之也當天慶而後政歸后族奉先沮天祚防微之計陷晉王非罪

之誅夾山之禍已見於此矣處温逼魏王以僭號結宋將以賣國迹其姦佞如出一軌嗚呼天祚之所倚毗者若此國欲不亡得乎張琳娖娖守位余覩反覆自困則又何足議哉

列傳第三十二

開府儀同三司上柱國錄軍國重事中書右丞相監修國史領經筵事都總裁臣脫脫奉
勑修

遼起松漠太祖以兵經略方內禮文之事固所未遑及太宗入汴取晉圖書禮器而北然後制度漸以修舉至景聖間則科目聿興士有由下僚擢陞侍從駸駸崇儒之美但其風氣剛勁三面鄰敵歲時以蒐獮爲務而典章文物視古猶闕然二百年之業非數君子爲之綜理則後世惡所考述哉作文學傳

蕭韓家奴字休堅涅剌部人中書令安摶之孫少好學弱

冠入南山讀書博覽經史通遼漢文字統和十四年始仕家有一牛不任驅使其奴得善價鬻之韓家奴曰利己誤人非吾所欲乃歸直取牛二十八年爲右通進典南京栗園重熙初同知三司使事四年遷天成軍節度使徙彰愍宮使帝與語才之命爲詩友嘗從容問曰卿居外有異聞乎韓家奴對曰臣惟知炒栗小者熟則大者必生大者熟則小者必焦使大小均熟始爲盡美不知其他蓋嘗掌栗園故託栗以諷諫帝大笑詔作四時逸樂賦帝稱善時詔天下言治道之要制問徭役不加于舊征伐亦不常有年穀既登帑廩既實而民重困豈爲吏者慢爲民者惰歟今之徭役何者最重何者尤苦何所蠲省則爲便益補役之法何可以復盜賊之害何可以止韓家奴對曰臣伏見比年以來高麗未賓阻卜猶強戰守之備誠不容已乃者選富民防邊自備糧糗道路修阻動淹歲月比至屯所費已過半隻牛單轂鮮有還者其無丁之家倍直傭僦人憚其勞半途亡竄故戍卒之食多不能給求假于人則十倍其息至有鬻子割田不能償者或逋役不歸在軍物故則復補以少壯其鴨淥江之東戍役大率如此況渤海女直高麗合從連衡不時征討富者從軍貧者偵候加之水旱菽粟不登民以日困蓋勢使之然也方今最重之役無過西

戍如無西戍雖遇凶年困弊不至於此若能徙西戍稍近則往來不勞民無深患議者謂徙之非便一則損威名二則召侵侮三則棄耕牧之地臣謂不然阻卜諸部自來有之曩時北至臚朐河南至邊境人多散居無所統壹惟往來抄掠及太祖西征至於流沙阻卜望風悉降西域諸國皆願入貢因遷種落內置三部以益吾國不營城邑不置戍兵阻卜累世不敢爲寇統和間皇太妃出師西域拓土既遠降附亦衆自後一部或叛鄰部討之使同力相制正得馭遠人之道及城可敦開境數千里西北之民徭役日增生業日殫警急既不能救叛服亦復不恒空有廣地之

名而無得地之實若貪土不已漸至虛耗其患有不勝言者況邊情不可深信亦不可頓絕得不為益捨不為損國家大敵惟在南方今雖連和難保他日若南方有變屯戍遼邈卒難赴援我進則敵退我還則敵來不可不慮也方今太平已久正可恩結諸部釋罪而歸地內徙戍兵以增堡障外明約束以正疆界每部各置酋長歲修職貢叛則討之服則撫之諸部既安必不生釁如是則臣雖不能保其久而無變知其必不深入侵掠也或云棄地則損威殊不知殫費竭財以貪無用之地使彼小部抗衡大國萬一有敗損威豈淺或又云沃壤不可遽棄臣以為土雖沃民

不能久居一旦敵來則不免內徙豈可指為吾土而惜之夫帑廩雖隨部而有此特周急部民一偏之惠不能均濟天下如欲均濟天下則當知民困之由而窒其隙節盤遊簡驛傳薄賦斂戒奢侈期以數年則困者可蘇貧者可富矣蓋民者國之本兵者國之衛兵不調則曠軍役調之則損國本且諸部皆有補役之法昔補役始行居者行者類皆富實故累世從戍易為更代近歲邊虞數起民多匱乏既不任役事隨補隨缺苟無上戶則中戶當之曠日彌年其窮益甚所以取代為艱也非惟補役如此在邊戍兵亦然譬如一抔之土豈能填尋丈之壑欲為長久之便莫若

使遠戍疲兵還於故鄉薄其徭役使人人給足則補役之道可以復故也臣又聞自昔有國家者不能無盜比年以來群黎凋弊利於剽竊良民往往化為凶暴甚者殺人無忌至有亡命山澤基亂首禍所謂民以困窮皆為盜賊者誠如聖慮今欲芟夷本根願陛下輕徭省役使民務農衣食既足安習教化而重犯法則民趨禮義刑罰罕用矣臣聞唐太宗問群臣治盜之方皆曰嚴刑峻法太宗笑曰寇盜所以滋者由賦斂無度民不聊生今朕內省嗜欲外罷游幸使海內安靜則寇盜自止由此觀之寇盜多寡皆由衣食豐儉徭役重輕耳今宜徙可敦城於近地與西南副

都部署烏古敵烈隗烏古等部聲援相接能罷黑嶺二軍并開保州皆隸東京益東北戍軍及南京總管兵增修壁壘候尉相望繕完樓櫓浚治城隍以為邊防此方今之急務也願陛下裁之擢翰林都林牙兼修國史仍詔諭之曰文章之職國之光華非才不用以卿文學為時大儒是用授卿以翰林之職朕之起居悉以實錄自是日見親信每入侍賜坐遇勝日帝與飲酒賦詩以相酬酢君臣相得無比韓家奴知無不言雖諧謔不忘規諷十三年春上疏曰臣聞先世遙輦可汗洼之後國祚中絕自夷离菫雅里立阻午大位始定然上世俗朴未有尊稱臣以為三皇禮文未

備正與遼輦氏同後世之君以禮樂治天下而崇本追遠之義興焉近者唐高祖創立先廟尊四世爲帝昔我太祖代遥輦即位乃製文字修禮法建天皇帝名號制宮室以示威服興利除害混一海内厥後累聖相承自夷离菫湖烈以下大號未加天皇帝之考夷离菫的魯猶以名呼臣以爲宜依唐典追崇四祖爲皇帝則陛下弘業有光隊典復舉矣疏奏帝納之始行追册玄德二祖之禮韓家奴每見帝獵未嘗不諫會有司奏獵秋山熊虎傷死數十人韓家奴書于册帝見命去之韓家奴既出復書他日帝見之曰史筆當如是帝問韓家奴我國家創業以來孰爲賢主

韓家奴以穆宗對帝怪之曰穆宗嗜酒喜怒不常視人猶草芥卿何謂賢韓家奴對曰穆宗雖暴虐省徭輕賦人樂其生終穆之世無罪被戮未有過今日秋山傷死者臣故以穆宗爲賢帝默然詔與耶律庶成録遥輦可汗至重熙以來事迹集爲二十卷進之十五年復詔曰古之治天下者明禮義正法度我朝之興世有明德雖中外嚮化然禮書未作無以示後世卿可與庶成酌古準今制爲禮典事或有疑與北南院同議韓家奴既被詔博考經籍自天子達于庶人情文制度可行於世不繆于古者譔成三卷進之又詔譯諸書韓家奴欲帝知古今成敗譯通曆貞觀政要五代史時帝以其老不任朝謁拜歸德軍節度使以善治聞帝遣使問勞韓家奴表謝召修國史卒年七十二有六義集十二卷行于世

李澣初仕晉爲中書舍人晉亡歸遼當太宗崩世宗立恟恟不定澣與高勳等十餘人羈留南京久之從歸上京授翰林學士穆宗即位累遷工部侍郎時澣兄濤在汴爲翰林學士密遣人召澣澣得書託求醫南京易服夜出欲遁歸汴至涿爲徼巡者所得送之南京下吏澣伺獄吏熟寢以衣帶自經不死防之愈嚴械赴上京自投潢河中流爲鐵索牽掣又不死及抵上京帝欲殺之時高勳已爲樞密

使救止之屢言於上曰澣本非負恩以母年八十急於省覲致罪且澣富於文學方今少有倫比若留掌詞命可以增光國體帝怒稍解仍令禁錮于奉國寺凡六年艱苦萬狀會上欲建太宗功德碑高勳奏曰非李澣無可秉筆者詔從之文成以進上悅釋囚尋加禮部尚書宣政殿學士卒

論曰統和重熙之間務修文治而韓家奴對策落落累數百言槩可施諸行事亦遼之晁賈哉李澣雖以詞章見稱而其進退不足論矣

列傳第三十三

列傳第三十四　文學下　遼史一百四

開府儀同三司上柱國錄軍國重事中書右丞相監修國史領經筵事都總裁臣脫脫奉

勑修

王鼎字虛中涿州人幼好學居太寧山數年博通經史時
馬唐俊有文名燕薊間適上巳與同志祓禊水濱酌酒賦
詩鼎偶造席唐俊見鼎樸野置下坐欲以詩困之先出所
作索賦鼎援筆立成唐俊驚其敏妙因與定交清寧五年
擢進士第調易州觀察判官改淶水縣令累遷翰林學士
當代典章多出其手上書言治道十事帝以鼎達政體事
多咨訪鼎正直不阿人有過必面詆之壽隆初陞觀書殿
學士一日宴主第醉與客忤怨上不知己坐是下吏狀聞
上大怒杖黥奪官流鎮州居數歲有赦鼎獨不免會守臣
召鼎為賀表因以詩貽使者有誰知天雨露獨不到孤寒
之句上聞而憐之即召還復其職乾統六年鼎宰縣時憩
于庭俄有暴風舉臥榻空中鼎無懼色但覺枕榻俱高乃
曰吾中朝端士邪無干正可徐置之須臾榻復故處風遂
止

耶律昭字述寧博學善屬文統和中坐兄國留事流西北
部會蕭撻凜為西北路招討使愛之奏免其役禮致門下
欲召用以疾辭撻凜問曰今軍旅甫罷三邊晏然惟阻卜

伺隙而動討之則路遠難至縱之則邊民被掠增戍兵則
餽餉不給欲苟一時之安不能終保無變計將安出昭以
書答曰竊聞治得其要則仇敵為一家失其術則部曲為
行路夫西北諸部每當農時一夫為偵候一夫治公田二
夫給糺官之役大率四丁無一室處芻牧之事仰給妻孥
一遭寇掠貧窮立至春夏賑恤吏多雜以糠粃重以掊克
不過數月又復告困且畜牧者富國之本有司防其隱沒
聚之一所不得各就水草便地兼以逋亡戍卒隨時補調
不習風土故日瘠月損馴至耗竭為今之計莫若振窮薄
賦給以牛種使遂耕穫置游兵以防盜掠頒俘獲以助伏
臘散畜牧以就便地期以數年富強可望然後練簡精兵
以備行伍何守之不固何動而不克哉然必去其難制者
則餘種自畏若捨大而謀小避強而攻弱非徒虛費財力
亦不足以威服其心此二者利害之機不可不察昭聞古
之名將安邊立功在德不在眾故謝玄以八千破符堅百
萬休哥以五隊敗曹彬十萬良由恩結士心得其死力也
閤下膺非常之遇專方面之寄宜遠師古人以就勳業上
觀乾象下盡人謀察地形之險易料敵勢之虛實慮無遺
策利施後世矣撻凜然之閼泰中獵于拔里堵山為羯羊
所觸卒

劉輝好學善屬文疏簡有遠略大康五年第進士大安末爲太子洗馬上書言西邊諸番爲患士卒遠戍中國之民疲於飛輓非長久之策爲今之務莫若城于臚朐實以漢戶使耕田聚糧以爲西北之費言雖不行識者韙之壽隆二年復上書曰宋歐陽脩編五代史附我朝於四夷妄加貶訾且宋人賴我朝寬大許通和好得盡兄弟之禮今反令臣下妄意作史恬不經意臣請以趙氏初起事蹟詳附國史上嘉其言遷禮部郎中詔以賢良對策輝言多中時病擢史館脩撰卒

耶律孟簡字復易于越屋質之五世孫父劉家奴官至節度使孟簡性穎悟六歲父晨出獵俾賦曉天星月詩孟簡應聲而成父大奇之旣長善屬文大康初樞密使耶律乙辛以姦險竊柄出爲中京留守孟簡與耶律庶箴表賀未幾乙辛復舊職銜之譴巡磁窰關時雖以讒見逐不形辭色遇林泉勝地終日忘歸明年流保州及聞皇太子被害不勝哀痛以詩傷之作放懷詩二十首自序云禽獸有哀樂之聲螻蟻有動靜之形在物猶然況於人乎然賢達哀樂不在窮通禍福之間易曰樂天知命故不憂是以顏淵簞瓢自得此知命而樂者也予雖流放以道自安又何疑耶大康中始得歸鄉里詣闕上表曰本朝之興幾二百年

宜有國史以垂後世乃編耶律曷魯屋質休哥三人行事以進上命置局編修孟簡謂僚官曰史筆天下之大信一言當否百世從之苟無明識好惡徇情則禍不測故左氏司馬遷班固范曄俱罹殃禍可不慎歟乾統中遷六院部太保處事不拘文法時多笑其迂孟簡聞之曰上古之時無簿書法令而天下治蓋簿書法令適足以滋姦倖非聖人致治之本改高州觀察使脩學校招生徒遷昭德軍節度使以中京饑詔與學士劉嗣昌減價糶粟事未畢卒

耶律谷欲字休堅六院部人父阿古只官至節度使谷欲沖澹有禮法工文章統和中爲本部太保開泰中稍遷塌母城節度使鞫酈州疑獄稱旨授啓聖軍節度使太平中復爲本部太保謝病歸俄擢南院大王歎風俗日頹請老不許興宗命爲詩友數問治要多所匡建奉詔與林牙耶律庶成蕭韓家奴編遼國上世事跡及諸帝實錄未成而卒年九十

論曰孔子言誦詩三百授之以政不達雖多亦奚以爲王鼎忠直達政劉輝侍青宮建言國計昭陳邊防利害皆洞達閏敏孟簡疾乙辛姦邪黜而不怨孰謂文學之士無益於治哉

列傳第三十四

開府儀同三司上柱國錄軍國重事中書右丞相監修國史領經筵事都總裁臣脫脫奉
敕修

漢以璽書賜二千石唐疏刺史縣令于屏以示獎率故二史有循吏良吏之傳遼自太祖創業太宗撫有燕薊任賢使能之道亦略備矣然惟朝廷參置國官吏州縣者多遵唐制歷世既久選舉益嚴時又分遣重臣巡行境內察賢否而進退之是以治民理財決獄弭盜各有其人考其德政雖未足以與諸循良之列抑亦可謂能吏矣作能吏傳

大公鼎渤海人先世籍遼陽率賓縣統和間徙遼東豪右

以實中京因家于大定曾祖忠禮賓使父信興中主簿公鼎幼莊愿長而好學咸雍十年登進士第調瀋州觀察判官時遼東雨水傷稼北樞密院大發瀕河丁壯以完隄防有司承令峻急公鼎獨曰邊障甫寧大興役事非利國便農之道乃疏奏其事朝廷從之罷役水亦不爲灾瀕河千里人莫不悅改良鄉令省徭役務農桑建孔子廟學部民服化累遷興國軍節度副使時有隸鷹坊者以羅畢爲名擾害田里歲久民不堪公鼎言于上即命禁戢會公鼎造朝大臣諭上嘉納之意公鼎曰一郡獲安誠爲大幸他郡如此者衆願均其賜于天下從之徙長春州錢帛都提點車駕如春水貴主例爲假貸公鼎曰豈可輟官用徇人情拒之頗聞怨詈語曰此吾職不敢廢也俄拜大理卿多所平反天祚即位歷長寧軍節度使南京副留守改東京戶部使時盜殺留守蕭保先始利其財因而倡亂民亦互生猜忌家自爲鬬公鼎單騎行郡陳以禍福衆皆投兵而拜曰是不欺我敢弗聽命安輯如故拜中京留守賜貞亮功臣乘傳赴官時盜賊充斥有遇公鼎于路者即叩馬乞自新公鼎給以符約俾還業聞者接踵而至不旬日境內清肅天祚聞之加賜保節功臣時人心反側公鼎慮生變請布恩惠以安之爲之肆赦公鼎累表乞歸不許會奴賊張

撒八率無賴嘯聚公鼎欲擊而勢有不能嘆曰吾欲謝事久矣爲世故所牽不幸至此豈命也夫因憂憤成疾保大元年卒年七十九子昌齡左承制昌嗣洛州刺史昌朝鎮寧軍節度

蕭文字國華外戚之賢者也父直善安州防禦使文篤志力學喜慍不形大康初掌秦越國王中丞司事以才幹稱尋知北面帖黃王邦彥子爭廕數歲不能定有司以聞上命文詰之立決車駕將還宮承詔閱習儀衛雖執事林林指顧如一遷同知奉國軍節度使歷國舅都監壽隆末知易州兼西南面安撫使高陽土沃民富吏其邑者每黷于

貨民甚苦之文始至悉去舊弊務農桑崇禮教民皆化之時大旱百姓憂甚文禱之輒雨屬縣又蝗議捕除之文曰蝗天灾捕之何益但反躬自責蝗盡飛去遺者亦不食苗散在草莽爲烏鵲所食會霖雨不止文復隨禱而霽是歲大熟朝廷以文可大用遷唐古部節度使高陽勒石頌之後不知所終

馬人望字儼叔高祖胤卿爲石晉青州刺史太祖兵至堅守不降城破被執太祖義而釋之徙其族于醫巫閭山因家焉曾祖廷煦南京留守祖淵中京副留守父詮中京文思使人望穎悟幼孤長以才學稱咸雍中第進士爲松山

縣令歲運澤州官炭獨役松山人望請于中京留守蕭吐渾均役他邑吐渾怒下吏繫幾百日復引詰之人望不屈蕭喜曰君爲民如此後必大用以事聞于朝悉從所請徙知涿州新城縣縣與宋接境驛道所從出人望治不擾吏民畏愛近臣有聘宋還者帝問以外事多薦之擢中京度支司鹽鐵判官轉南京三司度支判官公私兼裕遷警巡使京城獄訟塡委人望處決無一寃者會檢括戶口未兩旬而畢同知留守蕭保先怪而問之人望曰民產若括之無遺他日必長厚斂之弊大率十得六七足矣保先謝曰公慮遠吾不及也先是樞密使乙辛竊弄威柄卒害太子

及天祚嗣位將報父仇選人望與蕭報恩究其事人望平心以處所活甚衆改上京副留守會劇賊趙鍾哥犯闕劫宮女御物人望率衆捕之右臂中矢炷以艾力疾馳逐賊棄所掠而遁人望令關津譏察行旅悉獲其盜尋擢樞密都承旨宰相耶律儼惡人望與己異遷南京諸宮提轄制置歲中爲保靜軍節度使有二吏凶暴民畏如虎人望假以辭色陰令發其事黜配之是歲諸處饑乏惟人望所治粒食不闕路不鳴桴遥授彰義軍節度使遷中京度支使始至府廩皆空視事半歲積粟十五萬斛錢二十萬繈徙左散騎常侍累遷樞密直學士未幾拜參知政事判南京

三司使事時錢粟出納之弊惟燕爲甚人望以縑帛爲通曆凡庫物出入皆使別籍名曰臨庫姦人黠吏莫得軒輊乃以年老揚言道路朝論不察改南院宣徽使以示優老踰年天祚手書宣馬宣徽四字詔之既至諭曰以卿爲老誤聽也遂拜南院樞密使人不敢干以私用人必公議所當與者如曹勇義虞仲文嘗爲姦人所擠人望推薦皆爲名臣當時民所甚患者驛遞馬牛旗鼓鄉正廳隸倉司之役至破產不能給人望使民出錢官自募役時以爲便久之請老以守司徒兼侍中致仕卒謚曰文獻人望有操守喜愠不形未嘗附麗求進初除執政家人賀之人望愀然

曰得勿喜失勿憂抗之甚高擠之必酷其畏慎如此
耶律鐸魯斡字乙辛隱季父房之後廉約重義重熙末給事誥院咸雍中累遷同知南京留守事被召以部民懇留乃賜詔褒獎大康初改西南面招討使為北面林牙遷左夷離畢大安五年拜南府宰相壽隆初致仕卒鐸魯斡所至有聲吏民畏愛及退居鄉里子普古為烏古部節度使遣人來迎既至見積委甚富謂普古曰辭親入仕當以裕國安民為事枉道欺君以苟貨利非吾志也命駕而歸普古後為盜所殺
楊遵勗字益誠涿州范陽人重熙十九年登進士第調儒

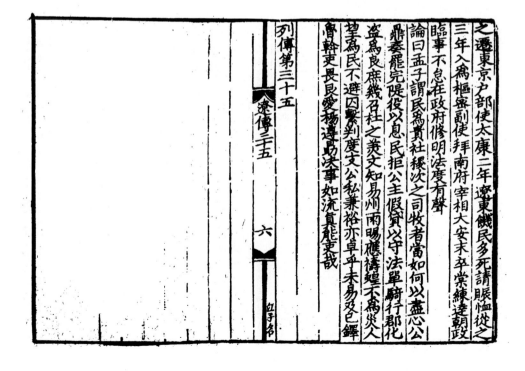

州軍事判官累遷樞密院副承旨咸雍三年為宋國賀正使還遷都承旨天下之事叢于樞府簿書填委遵勗一目五行俱下剖決如流敷奏詳敏上嘉之奉詔徵戶部逋錢得四十餘萬緡拜樞密直學士改樞密副使大康初參知政事徙知樞密院事兼門下侍郎平章事拜南府宰相耶律乙辛誣皇太子詔遵勗與燕哥案其事遵勗不敢正言時議短之尋拜北府宰相大安中暴卒年五十六贈守司空謚康懿子晦終昭文館直學士
王棠涿州新城人博古善屬文重熙十五年擢進士鄉貢禮部廷試對皆第一累遷上京鹽鐵使或誣以賄無狀釋之遷東京戶部使大康二年遼東饑民多死請賑恤從之三年入為樞密副使拜南府宰相大安末卒棠練達朝政臨事不怠在政府修明法度有聲
論曰孟子謂民為貴社稷次之司牧者當如何以盡心公鼎奏罷完隄役以息民拒公主假貸以守法單騎行郡化盜為良庶幾召杜之美文知易州雨暘禨禱蝗不為災人望為民不避囚繫判度支公私兼裕亦卓乎未易及已鐸魯斡吏畏民愛楊遵勗決事如流眞能吏哉

列傳第三十五

卓行傳第三十六　遼史一百六

開府儀同三司上柱國錄軍國重事中書右丞相監修國史領經筵事都總裁臣脫脫奉

勅修

遼之共國任事耶律蕭二族而已二族之中有退然自足不淫於富貴不詘於聲利可以振頹風激薄俗亦足嘉尚者得三人焉作卓行傳

蕭札剌字虛輦北府宰相排押之弟性介特不事生業保寧間以戚屬進累遷寧遠軍節度使秩滿里居澹泊自適統和末召為南京馬步軍都指揮使以疾求退不聽遷夷离畢又以疾辭許之遂入頡山杜門不出上嘉其志不復

徵札剌自是家于頡山親友或過之終日言不及世務凡宴游相邀亦不拒一歲山居過半與世俗不偶耶律資忠重之目曰頡山老人卒

耶律官奴字奚隱林牙斡魯之孫沉厚多學詳於本朝世系嗜酒好佚初徵為宿直將軍重熙九年以疾去官上以官奴屬尊欲成其志乃許自擇一路節度使官奴辭曰臣愚鈍不任官使加歸義軍節度使輒請致政官奴與歐里部人蕭嗟友善嗟謂官奴曰仕不能致主澤民成大功烈何屑屑為也吾與若居林下以琴書自隨觴詠自樂雖不官無慊焉官奴然之時稱二逸乾統間官奴卒

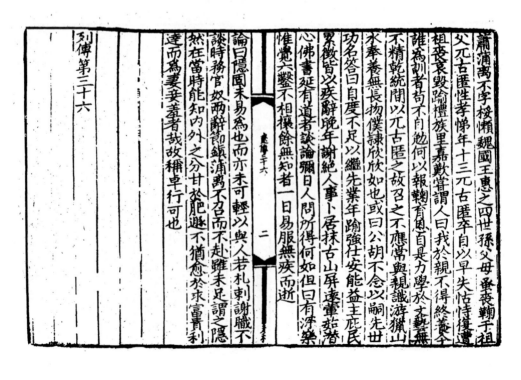

蕭蒲离不字挼懶魏國王惠之四世孫父母蚤喪鞠于祖父兀古匿性孝悌年十三兀古匿卒自以早失怙恃復遭祖喪哀毀踰禮族里嘉歎嘗謂人曰我於親不得終養今誰為訓者苟不自勉何以報鞠育恩自是力學於文藝無不精乾統間以兀古匿之故召之不應常與親識游獵山水奉養無長物僕隸欣欣如也或曰公胡不念以嗣先世功名答曰自度不足以繼先業年踰強仕安能益主庇民累徵皆以疾辭晚年謝絕人事卜居抹古山屏遠葷茹潛心佛書延有道者談論彌日人問所得何如但曰有深樂惟覺六鑿不相攘餘無知者一日易服無疾而逝

論曰隱固未易為也而亦未可輕以與人若札剌謝職不談時務官奴兩辭節鎮蒲离不召而不赴雖未足謂之隱然在當時能知內外之分甘於肥遯不猶愈於求富貴利達而為妻妾羞者哉故稱卓行可也

列傳第三十六

列女傳第三十七　　遼史一百七

開府儀同三司上柱國錄軍國重事中書右丞相監修國史領經筵事都總裁臣脫脫奉

勅修

男女居室人之大倫與其得烈女不若得賢女天下而有烈女之名非幸也詩讃衛共姜春秋褒宋伯姬蓋不得已所以重人倫之變也遼據北方風化視中土爲疎終遼之世得賢女二烈女三以見人心之天理有不與世道存亡者

邢簡妻陳氏營州人父陘五代時累官司徒陳氏甫笄涉通經義凡覽詩賦輒能誦尤好吟詠時以女秀才名之年二十歸於簡孝舅姑閨門和睦親黨推重有六子陳氏親教以經後二子抱朴抱質皆以賢位宰相統和十二年卒睿智皇后聞之嗟悼贈魯國夫人刻石以表其行及遷祔遣使以祭論者謂貞靜柔順婦道母儀始終無慊云

耶律氏太師適魯之妹小字常哥幼爽秀有成人風及長操行脩潔自誓不嫁能詩文不苟作讀通暦見前人得失歷能品藻咸雍間作文以述時政其略曰君以民爲體民以君爲心人主當任忠賢人臣當去比周則政化平陰陽順欲懷遠則崇恩尚德欲強國則輕徭薄賦四端五典爲治教之本六府三事實生民之命淫侈可以爲戒勤儉可

以爲師錯枉則人不敢詐顯忠則人不敢欺勿泥空門崇飾土木勿事邊鄙妄費金帛滿當思溢安必慮危刑罰當罪則民勸善不寶遠物則賢者至建萬世磐石之業制諸部強橫之心欲率下則先正身欲治遠則始朝廷上稱善時樞密使耶律乙辛愛其才屢求詩常哥遺以回文乙辛知其諷已銜之太康三年皇太子坐事乙辛誣以罪按無跡獲免會兄適魯謫鎮州常哥與俱嘗布衣蔬食人問曰何自苦如此對曰皇儲無罪遭廢我輩豈可美食安寢及太子被害不勝哀痛年七十卒于家

耶律奴妻蕭氏小字意辛國舅駙馬都尉陶蘇斡之女母胡獨公主意辛美姿容年二十始適奴事親睦族以孝謹聞嘗與娣姒會爭言厭魅以取夫寵意辛曰厭魅不若禮法衆問其故意辛曰脩己以潔奉長以敬事夫以柔撫下以寬毋使君子見其輕易此之爲禮法自然取重於夫以厭魅獲寵獨不愧於心乎聞者大慚初奴與樞密使乙辛有隙及皇太子廢被誣奪爵沒入興聖宮流烏古部上以意辛公主之女欲使絕婚意辛辭曰陛下以妾葭莩之親使免流竄實天地之恩然夫婦之義生死以之妾自笄年從奴一旦臨難頓爾乖離背綱常之道於禽獸何異幸陛下哀憐與奴俱行妾即死無恨帝感其言從之意辛久在

貶所親執役事雖勞無難色事夫禮敬有加于舊壽隆中上書乞子孫爲著帳郎君帝嘉其節召與家還子國隱乾統間始仕保大中意辛在臨潢謂諸子曰吾度盧彥倫必叛汝輩速避我當死之賊至遇害

耶律术者妻蕭氏小字訛里本國舅孛堇之女性端慤有容色自幼與他女異年十八歸术者謹裕貞婉娣姒推尊之及居术者喪極哀毀既葬謂所親曰夫婦之道如陰陽表裏無陽則陰不能立無表則裏無所附妾今不幸失所天且生必有死理之自然术者早歲登朝有才不壽天禍妾身罹此酷罰復何依恃儻死者可見則從不可見則當

與俱侍婢慰勉竟無回意自刃而卒

耶律中妻蕭氏小字挼蘭韓國王惠之四世孫聰慧謹愿年二十歸於中事夫敬順親戚咸譽其德中嘗謂曰汝可粗知書以前貞淑爲鑑遂發心誦習多涉古今天慶中爲賊所執潛置刃於履誓曰人欲汙我者即死之至夜賊遁而免久之帝召中爲五院都監中謂妻曰吾本無宦情今不能免我當以死報國汝能從我乎挼蘭對曰謹奉教及金兵徇地嶺西盡徙其民中守節死挼蘭悲戚不形於外人怪之俄躍馬突出至中死所自殺

論曰陳氏以經教二子並爲賢相耶律氏自絜不嫁居閨閨之內而不忘忠其君非賢而能之乎三蕭氏之節雖烈丈夫有不能者矣

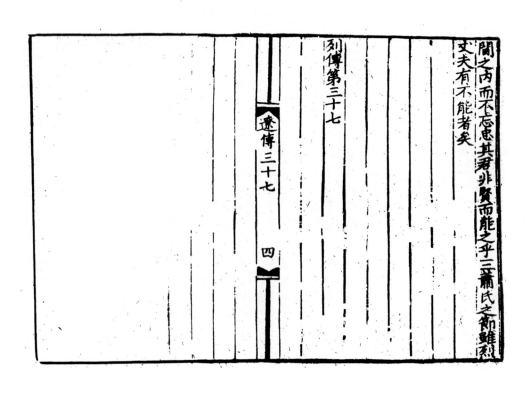

列傳第三十七

開府儀同三司上柱國錄軍國重事中書右丞相監修國史領經筵事臣脫脫等奉

勑修

孔子稱小道必有可觀醫卜是已醫以濟夭札卜以決猶豫皆有補於國有惠於民前史錄而不遺故傳

直魯古吐谷渾人初太祖破吐谷渾一騎士棄槖反射不中而去及追兵開槖視之中得一嬰兒即直魯古也因所俘者問其故乃知射槖者嬰之父也世善醫雖馬上視疾亦知標本意不欲子爲人所得欲殺之耳由是進於太祖淳欽皇后收養之長亦能醫專事鍼灸太宗時以太醫給侍嘗撰脉訣鍼灸書行于世年九十卒

王白冀州人明天文善卜筮晉司天少監太宗入汴得之應曆十九年王子只沒以事下獄其母求卜白曰此人當王未能殺也毋過憂景宗即位釋其罪封寧王竟如其言凡決禍福多此類保寧中歷彰武興國二軍節度使撰百中歌行于世

魏璘不知何郡人以卜名世太宗得于汴天祿元年上命馳馬較遲疾以爲勝負問王白及璘孰勝白奏曰赤者勝璘曰臣所見驄馬當勝既馳竟如璘言上異而問之白曰今日火王故知赤者勝璘曰不然火雖王而上有煙以煙察之青者必勝上嘉之五年察割謀逆私卜于璘璘始卜謂曰大王之數得一日矣宜慎之及亂果敗應曆中周兵犯燕上以勝敗問璘璘曰周姓柴也燕分火也柴入火必焚其言果驗璘嘗爲太平王罨撒葛卜僭立事上聞之免死流烏古部一日節度使召璘適有獻雙鯉者戲曰君卜此魚何時得食璘良久答曰公與僕不出今日有不測禍亟命烹之未及食寇至俱遇害

耶律敵魯字撒不椀其先本五院之族始置宮分隸焉敵魯精于醫察形色即知病原雖不診候有十全功統和初爲大丞相韓德讓所薦官至節度使初樞密使耶律斜軫妻有沈痾易數醫不能治敵魯視之曰心有蓄熱非藥石所及當以意療因其聵聒之使狂用泄其毒則可於是令大擊鉦鼓於前翌日果狂叫呼怒罵力極而止遂愈治法多此類人莫能測年八十卒

耶律乙不哥字習撚六院郎君褭古直之後幼好學尤長於卜筮不樂仕進嘗爲人擇葬地曰後三日有牛乘人逐牛過者即啓土至期果一人負乳犢引牸牛而過其人曰所謂牛乘人者此也遂啓土既葬吉凶盡如其言又爲失鷹者占曰鷹在汝家東北三十里濼西榆上往求之果得當時占候無不驗

論曰方技術者也苟精其業而不畔于道君子必取焉直魯古王白耶律敵魯無大得失録之宜矣魏璘爲察割卜謀逆爲罨撒葛卜僭立罪在不貰雖有寸長亦奚足取哉存而弗削爲來者戒

列傳第三十八

伶官傳第三十九　　遼史一百九

開府儀同三司上柱國錄軍國重事中書右丞相監修國史領經筵事都總裁臣脫脫奉

勑修

伶官之微者也五代史列鏡新磨於傳豈必有所取矣遼之伶官當時固多然能因詼諧示諫以消未形之亂惟羅衣輕耳孔子曰君子不以人廢言是宜傳

羅衣輕不知其鄉里滑稽通變一時詼諧多所規諷興宗敗於李元昊也單騎突出幾不得脫先是元昊獲遼人輒劓其鼻有奔北者惟恐追及故羅衣輕止之曰且觀鼻在否上怒以毳索繫帳後將殺之太子笑曰打諢底不是黃幡綽羅衣輕應聲曰行兵底亦不是唐太宗上聞而釋之上嘗與太弟重元狎昵宴酣許以千秋萬歲後傳位重元喜甚驕縱不法又因雙陸賭以居民城邑帝屢不競前後已償數城重元既恃梁孝王之寵又多鄭叔段之過朝臣無敢言者道路以目一日復博羅衣輕指其局曰雙陸休癡和你都輸去也帝始悟不復戲清寧間以疾卒

宦官

周禮寺人掌中門之禁至巷伯詩列于雅勃貂功著于晉雖忠於所事而非其職矣漢唐中世竊權蠹政有不忍言者是皆寵遇之過遼宦者二人其賢不肖皆可為後世鑑故傳焉

王繼恩棣州人睿知皇后南征繼恩被俘初皇后以公私所獲十歲已下兒容貌可觀者近百人載赴涼陘並使閹為豎繼恩在焉聰慧通書及遼語擢內謁者內侍左廂押班聖宗親政累遷尚衣庫使左承宣監門衛大將軍靈州觀察使內庫都提點繼恩好清談不喜權利每得賜賚市書至萬卷載以自隨誦讀不倦每宋使來聘繼恩多充宣賜使後不知所終

趙安仁字小喜深州樂壽人自幼被俘統和中為黃門令秦晉國王府祗候王薨授內侍省押班御院通進開泰八年與李勝哥謀奔南土為游兵所擒初仁德皇后與欽哀有隙欽哀密令安仁伺皇后動靜無不知者仁德皇后威權既重安仁懼禍復謀亡歸仁德欲誅之欽哀以言營救聖宗曰小喜言父母兄弟俱在南朝每一念神魂隕越今為思親冒死而亡亦孝子用心宜可憐憫赦之重熙初欽哀攝政欲廢帝立少子重元帝與安仁謀遷太后慶州守陵授安仁左承宣監門衛大將軍充契丹漢人渤海內侍都知兼都提點會上思太后親馭奉迎太后責曰汝負萬死我嘗營救不望汝報何為離間我母子耶安仁無答後不知所終

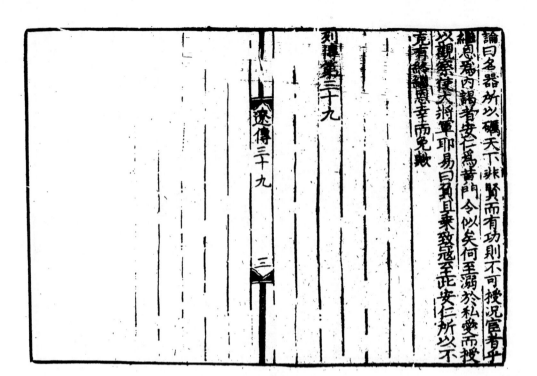

論曰名器所以礪天下非賢而有功則不可授況宦者乎繼恩爲内謁者安仁爲黄門令似矣何至溺於私愛而授以觀察使大將軍耶易曰負且乘致寇至正安仁所以不克有終繼恩幸而免歟

列傳第三十九

開府儀同三司行中書右丞相監修國史領經筵事都總裁臣脫脫奉
勑修

春秋褒貶善惡並書示勸懲也故遼固傳佞幸酷吏歐陽脩則并姦臣錄之將俾為君者知所鑒為臣者知所戒此天地聖賢之心國家安危之機治亂之原也遼自耶律乙辛而下姦臣十人其敗國皆足以為戒故列于傳

耶律乙辛字胡覩袞五院部人父迭剌家貧服用不給部人號窮迭剌初乙辛母方娠夜夢手搏羖羊拔其角尾既寤占之術者曰此吉兆也羊去角尾為王字汝後有子當王及乙辛生適在路無水以浴迴車破轍忽見湧泉迭剌自以得子欲酒以慶聞酒香于草棘間得二榼因祭東焉乙辛幼慧黠嘗牧羊至日昃迭剌視之乙辛熟寢迭剌觸之覺乙辛怒曰何遽驚我適夢人手執日月以食我我已食月啗日方半而覺惜不盡食之迭剌自是不令牧羊及長美風儀外和內狡重熙中為文班吏掌太保印陪從入宮皇后見乙辛詳雅如素宦令補筆硯吏帝亦愛之累遷護衛太保道宗即位以乙辛先朝任使賜漢人戶四十同知點檢司事常召決疑議陞北院同知歷樞密副使清寧五年為南院樞密使改知北院封趙王九年耶律仁先為

南院樞密使時駙馬都尉蕭胡覩與重元黨惡仁先在朝奏曰仁先可任西北路招討使帝將從之乙辛奏曰臣新參國政未知治體仁先乃先帝舊臣不可遽離朝廷帝然之重元亂平拜北院樞密使進王魏賜匡時翊聖竭忠平亂功臣咸雍五年加守太師詔四方有軍旅許以便宜從事勢震中外門下賄賂不絕凡阿順者蒙薦擢忠直者被斥竄大康元年皇太子始預朝政法度修明乙辛不得逞謀以事誣皇后后既死乙辛不自安又欲害太子乘間入奏曰帝與后如天地並位中宮豈可曠盛稱其黨駙馬都尉蕭霞抹之妹美而賢上信之納于宮尋冊為皇后時護衛蕭忽古知乙辛姦狀伏橋下欲殺之俄暴雨壞橋謀不遂林牙蕭巖壽密奏曰乙辛自皇太子預政內懷疑懼又與宰相張孝傑相附會恐有異圖不可使居要地出為中京留守乙辛泣謂人曰乙辛無過因讒見出其黨蕭霞抹輩以其言聞於上上海之無何出蕭巖壽為順義軍節度使詔近臣議召乙辛事北面官屬無敢言者耶律撒剌曰初以蕭巖壽奏出乙辛若所言不當宜坐以罪若當則不可復召累諫不從乃復召為北院樞密使時皇太子以母后之故憂見顏色乙辛黨欣躍相慶讒謗沸騰忠良之士斥逐殆盡乙辛因蕭十三之言夜召蕭得裏特謀搆太子

令護衛太保耶律查剌誣告耶律撒剌等同謀立皇太子
詔按無迹而罷又令牌印郎君蕭訛都斡詣上誣首耶律
查剌前告耶律撒剌等事皆實臣亦與其謀本欲殺乙辛
等而立太子臣等若不言恐事白連坐詔使鞫劾乙辛迫
令具伏上怒命誅撒剌及速撒等乙辛恐帝疑引數人庭
詰各令荷重校繩繫其頸不能出氣人人不堪其酷惟求
速死及奏曰別無異辭時方暑尸不得瘞以至地臭乃囚
皇太子於上京監衛者皆其黨尋遣蕭達魯古撒把害太
子乙辛黨大喜聚飲數日上京留守蕭撻得以卒聞上哀
悼欲召其妻乙辛陰遣人殺之以滅其口五年正月上將
出獵乙辛奏留皇孫上欲從之同知點檢蕭兀納諫曰陛
下若從乙辛留皇孫皇孫尚幼左右無人願留臣保護以
防不測遂與皇孫俱行由是上始疑乙辛頗知其姦會北
幸將次黑山之平淀上適見扈從官屬多隨乙辛後惡之
出乙辛知南院大王事及例削一字王爵改王混同意稍
自安及赴闕入謝帝即日遣還改知興中府事七年冬坐
以禁物鬻入外國下有司議法當死乙辛黨耶律燕哥獨
奏當入八議得減死論擊以鐵骨朶幽於來州後謀奔宋
及私藏兵甲事覺縊殺之乾統二年發塚戮其屍
張孝傑建州永霸縣人家貧好學重熙二十四年擢進士

第一清寧間累遷樞密直學士咸雍初坐誤奏事出爲惠
州刺史俄召復舊職兼知戶部司事三年參知政事同知
樞密院事加工部侍郎八年封陳國公上以孝傑勤幹數
問以事爲北府宰相漢人貴幸無比大康元年賜國姓明
年秋獵帝一日射鹿三十燕從官酒酣命賦雲上于天詩
詔孝傑坐御榻旁上誦黍離詩知我者謂我心憂不知我
者謂我何求孝傑奏曰今天下太平陛下何憂富有四海
陛下何求帝大悅三年群臣侍燕上曰先帝用仁先化葛
以賢智也朕有孝傑乙辛不在仁先化葛下誠爲得人歡
飲至夜乃罷是年夏乙辛譖皇太子孝傑同力相濟及乙
辛受詔按皇太子黨人誣害忠良孝傑之謀居多乙辛薦
孝傑忠於社稷帝謂孝傑可比狄仁傑賜名仁傑乃許放
海東青鶻六年既出乙辛上亦悟孝傑姦佞尋出爲武定
軍節度使坐私販廣濟湖鹽及擅改詔旨削爵貶安肅州
數年乃歸大安中死於鄉乾統初剖棺戮屍以族產分賜
臣下孝傑久在相位　貨無厭時與親戚會飲嘗曰無百
萬兩黃金不足爲宰相家初孝傑及第詣佛寺忽迅風吹
孝傑幞頭與浮圖齊墜地而碎有老僧曰此人必驟貴然
亦不得其死竟如其言
耶律燕哥字善寧季父房之後四世祖鐸穩太祖異母弟

父曰豁里斯官至太師燕哥狡佞而敏清寧間爲左護衛太保大康初轉北面林牙初耶律乙辛自中京留守復爲樞密使以燕哥爲耳目凡聞見必以告乙辛愛而薦之帝亦以爲賢拜左夷离畢及皇太子被誣帝遣燕哥往訊之太子謂燕哥曰帝惟我一子今爲儲嗣復何求敢爲此事公與我爲昆弟行當念無辜達意於帝禱之甚懇蕭十三聞之謂燕哥曰宜以太子言易爲伏狀燕哥領之盡如所教以奏及太子被逐乙辛殺害忠良多燕哥之謀爲契丹行宮都部署五年夏拜南府宰相遷惕隱大安三年爲西京留守致仕壽隆初以疾卒

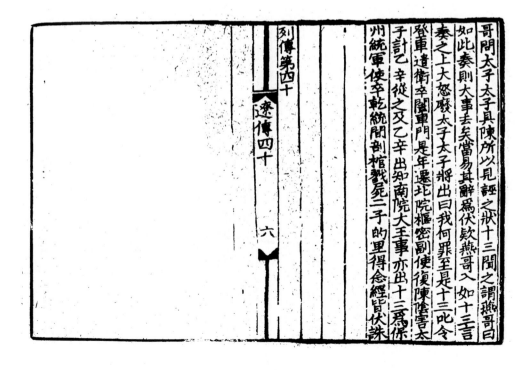

蕭十三茂古乃部人父鐸魯斡歷官節度使十三辨黠善揣摩人意清寧間以年勞遷護衛太保大康初耶律乙辛復入樞府益横恣時十三出入乙辛家以朝臣不附者輒使出之十三由宿衛遷殿前副點檢三年夏護衛蕭忽古等謀殺乙辛事覺下獄十三謂乙辛曰今太子猶在臣民屬心大王素無根柢之助復有誣皇后之怨若太子立王置身何地宜熟計之乙辛曰吾憂此久矣是夜召蕭得里特謀所以搆太子事十三計既行尋遷殿前都點檢兼同知樞密院事復令蕭訛都斡等誣首耶律査剌前告耶律撒剌等事皆實詔究其事太子不服別遣夷离畢耶律燕哥問太子太子具陳所以見誣之狀十三聞之謂燕哥曰如此奏則大事去矣當易其辭爲伏欵燕哥入如十三言奏之上大怒廢太子太子將出曰我何罪至是十三叱令登車遣衛卒闔車門是年遷北院樞密副使復陳陷害太子計乙辛從之及乙辛出知南院大王事亦出十三爲保州統軍使卒乾統間剖棺戮屍二子的里得念經皆伏誅

列傳第四十

姦臣傳第四十一　　遼史百十一

開府儀同三司上柱國錄軍國重事中書右丞相監修國史領經筵事都總裁臣脫脫奉

敕修

蕭余里也字訛都椀國舅阿剌次子便佞滑稽善女工重熙間以外戚進清寧初補祗候郎君尚鄭國公主拜駙馬都尉累遷南面林牙以父阿剌爲蕭革所譖出余里也爲奉先軍節度使十年冬召爲北面林牙咸雍中會有告余里也與族人术哲謀害耶律乙辛按無狀出爲寧遠軍節度使自後余里也揣乙辛意傾心事之薦爲國舅詳穩大康初封遼西郡王時乙辛擅恣凡不附已者出之乃引余

里也爲北府宰相兼知契丹行宮都部署事及乙辛誅構皇太子余里也多助成之遂知北院樞密事賜推誠協贊功臣以女姪妻乙辛子綏也恃勢横肆至有無君之語朝野側目帝出乙辛知南院大王事坐與乙辛黨以天平軍節度使歸第尋拜西北路招討使以母憂去官卒

耶律合魯字胡都堇六院舍利惕古直之後柔佞善苟合仕清寧初時乙辛引用群小合魯附之遂見委任俄擢南面林牙乙辛譖皇太子殺忠直合魯多預其謀弟吾也亦黨乙辛時號二賊乙辛薦爲北院大王卒吾也亦至南院大王

蕭得裏特遥輦洼可汗宮分人善阿意順色清寧初乙辛用事甚見引用累遷北面林牙同知北院宣徽使事及皇太子廢遣得裏特監送上京得裏特促其行不令下車起居飲食數加陵侮至則築圜者囚之大康中遷西南招討使歷順義軍節度使轉國舅詳穩壽隆五年坐怨望以老免死闌門籍興聖宮歿西北統軍司卒二子得末訛里乾統間以父與乙辛謀伏誅

蕭訛都斡國舅少父房之後咸雍中補牌印郎君大康三年樞密使乙辛陰懷逆謀乃令護衛太保耶律查剌誣告耶律撒剌等廢立事詔按無狀皆補外頃之訛都斡希乙

辛意欲實其事與耶律塔不也等入闕誣首耶律撒剌等謀害乙辛欲立皇太子事臣亦預謀今不自言恐事泄連坐帝果怒徙皇太子于上京訛都斡尚皇女趙國公主爲駙馬都尉後與乙辛議不合御之復以車服僭擬人主被誅訛都斡臨刑語人曰前告耶律撒剌事皆乙辛教我恐事彰殺我以滅口耳

蕭達魯古遥輦嘲古可汗宮分人性姦險清寧間乙辛爲樞密使竊權用事陰懷逆謀達魯古比附之遂見獎拔稍遷至旗鼓拽剌詳穩乙辛欲害太子以達魯古兇果可使遣與近侍直長撒把詣上京同留守蕭撻得夜引力士至

四室紿以有赦召太子出殺之函其首以歸詐云疾薨以
達魯古爲國舅詳穩達魯古恐殺太子事白出入常佩刀
有急召即欲自殺乾統間詔樞密使耶律阿思大索乙辛
黨人達魯古以賂獲免後以疾卒

耶律塔不也仲父房之後以善擊鞠幸於上凡馳騁鞠不
離杖咸雍初補祗候郎君與耶律乙辛善故內外畏之及
太子被譖按無迹塔不也附乙辛欲實其誣與訛都斡等
密奏太子謀亂事本實臣不首恐事覺連坐帝信之發太
子改延慶宮副使壽隆元年爲行宮都部署天祚嗣位以
塔不也黨乙辛出爲特免部節度使及樞密使耶律阿思

大索乙辛舊黨塔不也以賂獲免徙敵烈部節度使復爲
敦睦宮使天慶元年出爲西北路招討使以疾卒

蕭圖古辭字何寧楮特部人仕重熙中以能稱累遷左中
丞清寧初歷北面林牙改北院樞密副使辨敏善伺顏色
應對合上意皇太后嘗曰有大事非耶律化哥蕭圖古辭
不能決眷遇日隆知北院樞密使事六年出知黃龍府八
年拜南府宰相頃之爲北院樞密使詔許便宜從事爲人
姦佞有餘好聚斂專愎變更法度爲樞密數月所薦引多
爲重元黨與由是免爲庶人後沒入興聖宮卒

論曰舜流共工孔子誅少正卯治姦之法嚴矣後世不是
之察反以爲忠而信任之不至於流毒宗社而未已道宗
之於乙辛是也當其留仁先討重元若貞爲國討者不知
包藏禍心待時而發耳一旦專權又得孝傑燕哥十三爲
之腹心故肆惡而無忌憚始誣皇后又殺太子及其妃其
禍之酷良可悲哉嗚呼君之所親莫皇后太子若也姦臣
殺之而不知群臣言之而不悟一時忠讜廢戮幾盡雖黑
山親見宮屬之盛僅削一字王號至私藏甲兵然後誅之
吁乙辛之罪固非一死可謝天下抑亦道宗不明無斷有
以養成之也姑蕭余里也輩忘君黨惡以覬富貴雖幸而
死諸牖下其得免於遺臭之辱哉

列傳第四十一

開府儀同三司上柱國錄軍國重事中書右丞相監修國史領經筵事都總裁臣脫脫奉

勅修

易曰天尊地卑乾坤定矣卑高以陳貴賤位矣貴賤位而後君臣之分定君臣之分定而後天地和天地和而後萬化成五帝三王之治用此道也三代而降臣弒其君者有之子弒其父者有之孔子作春秋以寓王法誅死者於前懼生者於後其慮深遠矣歐陽脩作唐書創逆臣傳蓋亦春秋之意也遼叛逆之臣二十有二迹其事則又有甚焉者然豈一朝一夕之故哉列于傳所以公天下之惡以示天戒云

轄底字涅烈衮肅祖孫夷离堇帖剌之子幼黠而辯時險佞者多附之遙輦痕德堇可汗時異母兄罨古只為迭剌部夷离堇故事為夷离堇者得行再生禮罨古只方就帳易服轄底遂取紅袍貂蟬冠乘白馬而出乃令黨人大呼曰夷离堇出矣眾皆羅拜因行柴冊禮自立為夷离堇與于越耶律釋魯同知國政及釋魯遇害轄底懼人圖己挈其二子迭里特朔刮奔渤海偽為失明後因毬馬之會與二子奪良馬奔歸國益為姦惡常以巧辭獲免太祖將即位讓轄底轄底曰皇帝聖人由天所命臣豈敢當太祖命

為于越及自將伐西南諸部轄底誘剌葛等亂不從者殺之車駕還至赤水城轄底懼與剌葛俱北走至榆河為追兵所獲太祖問曰朕初即位嘗以國讓叔父辭之今反欲立吾弟何也轄底對曰始臣不知天子之貴及陛下即位衛從甚嚴與凡庶不同臣嘗奏事心動始有窺覦之意度陛下英武必不可取諸弟懦弱得則易圖也事若成豈容諸弟乎太祖謂諸弟曰汝輩乃從斯人之言耶迭剌曰謀大事者須用如此人事成亦必去之轄底不復對囚數月縊殺之將刑太祖謂曰叔父罪當死朕不敢赦事有便國者宜悉言之轄底曰迭剌部人眾勢強故多為亂宜分為二以弱其勢子迭里特

迭里特字海隣有膂力善馳射馬蹶不仆尤神于醫視人疾若隔紗覩物莫不悉見太祖在潛已加眷遇及即位拜迭剌部夷离堇太祖嘗思鹿醢解醒以山林所有問能取者迭里特曰臣能得之乘內廄馬逐鹿射其一欲復射馬跌而斃迭里特躍而前弓猶不弛復獲其一帝歎甚曰吾弟萬人敵會帝患心痛召迭里特視之迭里特曰膏肓有瘀血如彈丸然藥不能及必鍼而後愈帝從之嘔出瘀血痛止帝以其親每加賜賚然知其為人未嘗任以職後從剌葛亂與其父轄底俱縊殺之

察割字歐辛明王安端之子善騎射貌恭而心狡人以爲懦太祖曰此兇頑非懦也其父安端甞使奏事太祖謂近侍曰此子目若風駝面有反相朕若獨居無令入門世宗即位于鎮陽安端聞之欲持兩端察割曰太弟忌刻若果立豈容我輩永康王寬厚且與劉哥相善宜往與計安端即與劉哥謀歸世宗及和議成以功封泰寧王會安端爲西南面大詳穩察割佯爲父惡陰遣人白於帝即召之旣至上前泣訴不勝哀帝憫之使領女石烈軍出入禁中數被恩遇帝每出獵察割託手疾不操弓矢但執鍊鎚馳走屢以家之細事聞於上上以爲誠察割以諸族屬雜處不

克以遑漸徙廬帳迫於行宮右皮室詳穩耶律屋質察其姦邪表列其狀帝不信以表示察割察割稱屋質疾己哽咽流涕帝曰朕固知無此何至泣耶察割時出怨言屋質曰汝雖無是心因我過疑汝勿爲非義可也他日屋質又請於帝帝曰察割捨父事我可保無他屋質曰察割於父旣不孝於君安能忠帝不納天祿五年七月帝幸太液谷留飲三日察割謀亂不果帝伐周至詳古山太后與帝祭文獻皇帝于行宮羣臣皆醉察割歸見壽安王邀與語王弗從察割以謀告耶律盆都盆都從之是夕同率兵入弒太后及帝因僭位號百官不從者執其家屬至夜閱內府

物見碼碯盌曰此希世寶今爲我有誇于其妻妻曰壽安王屋質在吾屬無噍類此物何益察割曰壽安年幼屋質不過引數奴詰旦來朝固不足憂其黨矧斯報壽安屋質以兵圍于外察割尋遣人弒皇后於柩前倉惶出陣壽安遣人諭曰汝等旣行弒逆復將若何有夷离堇劃者委兵歸壽安王餘衆望之徐徐而往察割知其不濟乃繫羣官家屬執弓矢脅曰無過殺此曹爾叱令速出時林牙耶律敵獵亦在繫中進曰不有所廢壽安王何以興藉此爲辭猶可以免察割曰誠如公言誰當使者敵獵請與罨撒葛同往說之察割從其計壽安王復令敵獵誘察割縶殺之

諸子皆伏誅

婁國字勉辛文獻皇帝之子天祿五年遥授武定軍節度使及察割作亂穆宗與屋質從林牙敵獵計誘而出之婁國手刃察割改南京留守穆宗沉湎不恤政事婁國有覬覦之心誘敵獵及羣不逞謀逆事覺按問不服帝曰朕爲壽安王時卿數以此事說我今日豈有虛乎婁國不能對及餘黨盡服遂縊於可汗州西谷詔有司擇絕後之地以葬

重元小字孛吉只聖宗次子材勇絕人眉目秀朗寡言笑人望而畏太平三年封秦國王聖宗崩欽哀皇后稱制密謀立重元重元以所謀白於上上益重之封爲皇太弟歷

北院樞密使南京留守知元帥府事重元處戎職未嘗離
輦下先是契丹人犯法例須漢人禁勘受枉者多重元奏
請五京各置契丹警巡使詔從之賜以金券誓書道宗即
位册爲皇太叔免拜不名爲天下兵馬大元帥復賜金券
四頂帽二色袍尊寵所未有清寧九年車駕獵灤水以其
子涅魯古素謀與同黨陳國王陳六知北院樞密事蕭胡
覩等凡四百餘人誘脅弩手軍陣于帷宫外將戰其黨多
悔過効順各自奔潰重元既知失計北走大漠歎曰涅魯
古使我至此遂自殺先是重元將舉兵帳前雨赤如血識
者謂敗亡之兆子涅魯古

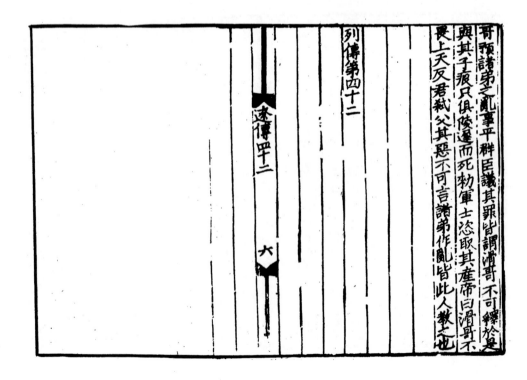

涅魯古小字耶魯綰性陰狠興宗一見謂曰此子目有反
相重熙十一年封安定郡王十七年進王楚爲惕隱清寧
二年出爲武定軍節度使七年知南院樞密使事說其父
重元詐病竢車駕臨問因行弑逆九年秋獵帝用耶律良
之計遣人急召涅魯古涅魯古以事泄遂擁兵犯行宫南
院樞密使許王仁先等率宿衛士討之涅魯古躍馬突出
爲近侍詳穩渤海阿厮護衛蘇射殺之
滑哥字斯懶隋國王釋魯之子性陰險初烝其父妾懼事
彰與剋蕭臺哂等共害其父歸咎臺哂滑哥獲免太祖即
位務廣恩施雖知滑哥兇逆姑示含忍授以惕隱六年滑
哥預諸弟之亂事平群臣議其罪皆謂滑哥不可釋於是
與其子痕只俱陵遲而死敕軍士恣取其産帝曰滑哥不
畏上天反君弑父其惡不可言諸弟作亂皆此人教之也

列傳第四十二

列傳第四十三　逆臣中　遼史百十三

開府儀同三司上柱國録軍國重事中書右丞相監修國史領經筵事都總裁臣脫脫奉

勑修

蕭翰一名敵烈字寒眞宰相敵魯之子天贊初唐兵圍鎮州節度使張文禮遣使告急翰受詔與康末怛往救克之殺其將李嗣昭拔石城會同初領漢軍侍衛八年伐晉敗晉將杜重威追至望都翰奏曰可令軍下馬而射帝從其言軍士步進敵人持短兵猝至我軍失利帝悔之曰此吾用言之過至此及從駕入汴爲宣武軍節度使會帝崩欒城世宗即位翰聞之委事於李從敏徑趍行在是年秋世

宗與皇太后相拒於潢河橫渡和議未定太后問翰曰汝何怨而叛對曰臣母無罪太后殺之以此不能無憾初耶律屋質以附太后被囚翰聞而快之即因所謂曰汝嘗言我輩不及今在狴犴何也對曰第願公不至如此翰默然天祿二年尚帝妹阿不里後與天德謀反下獄復結惕隱劉哥及其弟盆都亂耶律石剌告屋質屋質遽入奏之翰等不伏帝不欲發其事屋質固諍以爲不可乃詔屋質鞫案翰伏辜帝竟釋之後與公主以書結明王安端反屋質得其書以奏翰伏誅

牒蠟字述蘭六院夷离菫蒲古只之後天顯中爲中臺省右相會同二年與趙思温持節冊晉帝及我師伐晉至滹沱河降晉將杜重威牒蠟功居多大同元年平相州之叛斬首數萬級世宗即位遣使馳報仍命牒蠟執偏將朮者以來其使誤入朮者營朮者得詔反誘牒蠟執送太后牒蠟亡歸世宗和約既成封燕王爲南京留守天祿五年察割弑逆牒蠟方醉其妻扶入察割之幕因從之明旦壽安王討亂凡脅從者皆棄兵降牒蠟不降陵遲而死妻子皆誅

朗字歐新季父房番古只之孫性輕佻多力人呼爲虎斯天顯間以材勇進每戰輒克由是得名會同九年太宗入

汴命知澶淵控扼河渡天祿元年燕趙已南皆應劉知遠朗與汴守蕭翰棄城歸闕先是朗祖番谷只爲其弟轄底詐取夷离菫自是族中無任六院職事者世宗不悉其事以朗爲六院大王及察割作亂遣人報朗曰事成矣朗遣詳穩蕭胡里以所部軍往命曰當持兩端助其勝者穆宗即位伏誅籍其家屬

劉哥字明隱太祖兄寅底石之子幼驕狠好陵侮人長益兇狡太宗惡之使守邊徼累遷西南邊大詳穩會同十年叔父安端從帝伐晉以病先歸與劉哥鄰居世宗立於軍中安端議所往劉哥首建附世宗之策以本部兵助之時

太后命皇太弟李胡率兵而南劉哥安端遇於泰德泉既接戰安端墜馬王子天德馳至欲以鎗刺之劉哥以身衛安端射天德貫甲不及膚安端得馬復戰大弟兵敗劉哥與安端朝于行在及和議成太后問劉哥曰汝何怨而叛對曰臣父無罪太后殺之以此怨耳事平以功爲惕隱天祿中與其弟盆都王子天德侍衞蕭翰謀反耶律石剌發其事劉哥以飾辭免後請帝博欲因進酒弒逆帝覺之不果被囚一日召劉哥鎖項以博帝問汝實反耶劉哥誓曰臣若有反心必生千頂疽死遂貰之耶律屋質固諍以爲罪在不赦上命屋質按之具服詔免死流烏古部果以千頂疽死弟盆都

盆都殘忍多力膚若蛇皮天祿初以族屬爲皮室詳穩二年與兄劉哥謀反免死使於轄戛斯國既還復預察割之亂陵遲而死異母弟二人化葛里奚蹇應曆初無職任以族子甚見優禮三年或告化葛里奚蹇與衞王宛謀逆下獄飾辭獲免四年春復謀反伏誅

海思字鐸袞隋國王釋魯之庶子機警口辨會同五年詔求直言時海思年十八衣羊裘乘牛詣闕有司問曰汝何故來對曰應詔言事苟不以貧稚見遺亦可備直言之選有司以聞會帝將出獵使謂曰俟吾還則見之海思曰臣

以陛下急於求賢是以來耳今反緩於獵請從此歸帝聞即召見賜坐問以治道命明王安端與耶律頗德試之數日安端等奏曰海思之材臣等所不及帝召海思問曰與汝言者何如人也對曰安端言無收檢若空車走峻坂頗德如着靴行曠野射鴇帝大笑擢宣徽使屢任以事帝知其貧以金器賜之海思即散于親友後從帝伐晉有功世宗即位於軍中皇太后以兵逆於潢河橫渡太后遣耶律屋質責世宗自立屋質至帝前諭旨不屈世宗遣海思對亦不遜且命之曰汝見屋質勿懼海思見太后還不稱旨既和領太后諸局事穆宗即位與冀王敵烈謀反死獄中

敵獵字烏輦六院夷离菫末不魯之子少多詐世宗即位爲群牧都林牙察割謀亂官僚多被囚繫及壽安王與耶律屋質率兵來討諸黨以次引去察割度事不成即詣囚所持弓矢脅曰悉殺此曹敵獵進曰殺何益於事竊料屋質將立壽安王故爲此舉且壽安未必知若遣人藉此爲辭庶可免察割曰如公言誰可使者敵獵曰大王若不疑敵獵請與罨撒葛同往說之察割遣之壽安王用敵獵計誘殺察割凡被脅之人無一被害者皆敵獵之力亂既平帝嘉賞然未顯用敵獵失望居常怏怏結群不逞陰懷不軌應曆二年與其黨謀立婁國事覺陵遲死

蕭華小字滑哥字胡突堇國舅房林牙和尚之子警悟多
定數大平初累遷官職游近習間以諛悅相比昵爲流輩
所稱由是名達於上重熙初拜北面林牙十二年爲北院
樞密副使帝嘗與近臣宴謂華曰朕知卿才故自拔擢卿
宜勉力華曰臣不才誤蒙聖知無以報萬一惟竭愚忠安
敢怠明年拜北府宰相十五年改同知北院樞密事華怙
寵專權同僚具位而已時奚密畢耶律義先知華姦佞因
侍燕言華所短用之將敗事帝不聽一日上令義先對華
巡擲義先酒酣曰臣備位大臣縱不能進忠去佞安能與
賊博乎華銜之佯言曰公相謔不旣甚乎義先詬詈不已

帝怒皇后解之曰義先酒狂醒可治也翌日上詔華謂曰
義先無禮可痛繩之華曰義先之才豈逃聖鑒然天下皆
知忠直今以酒過爲罪恐咈人望帝以華犯而不校眷遇
益厚其矯情媚上多此類拜南院樞密使詔班諸王上封
吳王改知北院進王鄭兼中書令帝大漸詔華曰大位不
可一日曠朕若弗瘳宜卽令燕趙國王嗣位清寧元年復
爲南院樞密使更王楚徙北院與國舅蕭阿剌同掌朝
政華多私撓阿剌每裁正之由是有隙出阿剌爲東京留
守會南郊阿剌以例赴闕帝訪群臣以時務阿剌陳利病
言甚激切華同帝意不懌因譖曰阿剌恃寵有慢上心非

臣子禮帝大怒縊阿剌于殿下後上知華姦詐寵遇漸衰
八年致仕封鄭國王九年秋華以其子爲重元壻華預其
謀陵遲殺之

列傳第四十三

列傳第四十四 逆臣下 遼史百十四

開府儀同三司上柱國錄軍國重事中書右丞相監修國史領經筵事都總裁臣脫脫等奉
勅修

蕭胡覩字乙辛口吃視斜髮鬈伯父孝穆見之曰是兒狀
貌族中未嘗有及壯魁梧桀傲好揚人惡重熙中為祗候
郎君儀遷興聖宮使尚秦國長公主授駙馬都尉以不諧
離婚復尚齊國公主為北面林牙清寧中歷北南院樞密
副使代族兄朮哲為西北路招討使時蕭革與蕭阿剌俱
為樞密使不恊革以朮哲為阿剌所愛嫉之朮哲受代赴
闕先嘗借官粟留直而去胡覩希革意發其事朮哲因得
罪胡覩又欲要權藉時獻遺珍玩畜產于革二人相愛適
于兄弟胡覩族弟敵烈為北剋薦國舅詳穩蕭胡篤于胡
覩胡覩見其辨給壯勇傾心交結每遇休沐言論終日人
皆怪之會胡覩同知北院樞密事奏胡篤及敵烈可用帝
以敵烈為旗鼓拽剌詳穩胡篤為宿直官及革構陷其兄
阿剌胡篤陰為之助時人醜之耶律乙辛知北院樞密事
胡覩位在乙辛下意怏怏不平初胡覩嘗與重元子涅魯
古謀逆欲其速發會車駕獵太子山遂與涅魯古擁甲
軍犯行宮既戰涅魯古中流矢而斃衆皆逃散時同黨耶
律撒剌竹適在圍場聞亂率獵夫來援其黨謂胡覩等曰

我軍甚衆乘其無備中夜決戰事蓋有成若至明日其誰
從我胡覩曰倉卒中黑白不辨若內外軍相應則吾事去
矣黎明而發何遲之有重元聽胡覩之計令四面巡警待
旦是夜同黨立重元僭位號胡覩自為樞密使明日戰敗
胡覩被創單騎遁走至十七濼投水死五子同日誅之
蕭迭里得字胡覩董國舅少父房之後父雙古尚鈿匿公
主仕至國舅詳穩迭里得幼警敏不羈好射獵太平中以
外戚補祗候郎君歷延昌宮使殿前副點檢重熙十三年
伐夏迭里得將偏師首入敵境多所俘掠遷都點檢改烏
古敵烈部都詳穩十八年再舉西伐迭里得奏軍馬器械
之事務在選將夏人豈為難制但嚴設斥候不用掩襲計
何慮不勝帝曰卿其速行無後軍期既而迭里得失利還
復為都點檢十九年夏人來侵金肅軍上遣迭里得率輕
兵督戰至河南三角川斬候者八人擒觀察使以功命知
漢人行宮都部署事出為西南面招討使族弟黃八家奴
告其主私議宮掖事迭里得寢之事覺決大杖削爵為民
清寧中上以所坐事非迭里得所犯起為南京統軍使至
是從重元子涅魯古等亂敗走被擒伏誅
古迭本宮分人不知姓氏好戲狎不喜繩檢膂力過人善
擊鞠重熙初為護衛歷宿直官十三年西征以古迭為先

鋒夏人伏兵掩之古迭力戰麾下士多殁乃單騎突出遇
夏王李元昊來圍勢甚急古迭馳射應弦輒仆躍馬直擊
中堅夏兵不能當晡乃還營改興聖宮太保清寧九年從
重元涅魯古亂與扈從兵戰敗而遁追擒之陵遲而死
撒剌竹孟父房澥洌之孫性兇暴清寧中累遷宣徽使改
殿前都點檢首與重元謀亂會帝獵灤河重元恐事泄與
扈從軍倉卒而戰其子涅魯古既死同黨潰散撒剌竹適
在畋所聞亂劫獵夫以援既至知涅魯古已死大悔恨之
謂曰我輩惟有死戰胡為若兒戲自取殞滅今行宮無備
乘夜劫之大事可濟若俟明旦彼將有備安知我衆不攜
貳一失機會悔將無及重元蕭胡覩等曰今夕但可四面
圍之勿令外軍得入彼何能備不從遲明投仗而走撒剌
竹戰死

奚回离保一名翰字挼懶奚王忒鄰之後善騎射趫捷而
勇與其兄髟里剌齊名大安中車駕幸中京補護衛稍遷
鐵鷂軍詳穩天慶間從北女直詳穩兼知咸州路兵馬事
改東京統軍既而諸蕃入寇悉破之遷奚六部大王兼總
知東路兵馬事保大二年金兵至天祚播遷回离保率吏
民立秦晉國王淳為帝淳僞署回离保知北院樞密事兼
諸軍都統屢敗宋兵淳死其妻普賢女攝事是年金兵由

居庸關入回离保知北院即箭笴山自立號奚國皇帝改
元天復設奚漢渤海三樞密院改東西節度使為二王分
司建官時奚人巴輒韓家奴等引兵擊附近契丹部落劫
掠人畜群情大駭會回离保為郭藥師所敗一軍離心其
黨耶律阿古哲與其甥乙室八斤等殺之僞立凡八月
蕭特烈字訛都椀遙輦洼可汗宮分人乾統中入宿衛出
為順義軍節度使天慶四年同知咸州路兵馬事五年以
兵敗奪節度使保大元年遷隗古部節度使及天祚在山
西集群牧兵特烈為副統軍聞金兵將至特烈諭士卒以
君臣之義死戰于石輦鐸金兵不戰特烈伺間欲攻之天

祚喜甚召嬪御諸子登高阜觀將詫之金兵望日月旗知
天祚在其下以勁兵直趨奮擊無敢當者天祚遁走特烈
所至招集散亡尋為中軍都統復敗于梯已山天祚决意
渡河奔夏從臣切諫不聽人情惶懼不知所為特烈陰謂
耶律兀直曰事勢如此億兆離心正我輩效節之秋不早
為計奈社稷何遂共劫梁王雅里奔西北諸部僞立為帝
特烈自為樞密使雅里卒欲擇可立者會耶律兀直言术
烈才德純備兼興宗之孫衆皆曰可遂僭立焉特烈僞職
如故未三旬與术烈俱為亂兵所殺
論曰遼之秉國鈞握兵柄節制諸部帳非宗室外戚不使

豈不以稱帝王久長萬世之計哉及夫肆叛逆致亂亡皆
是人也有國家者不可深戒乎

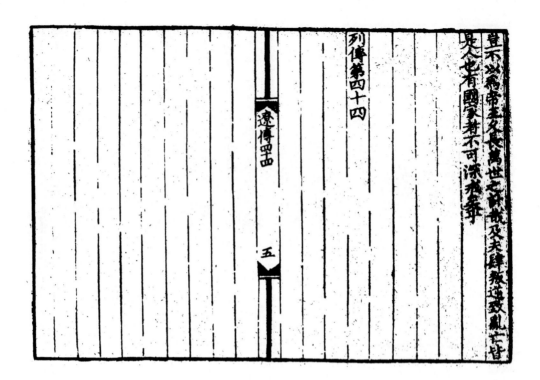

列傳第四十四

開府儀同三司上柱國錄軍國重事中書右丞相監修國史領經筵事都總裁臣脫脫奉

勑修

高麗

高麗自有國以來傳次久近人民土田歷代各有其志然
高麗與遼相爲終始二百餘年自太祖皇帝神冊間高麗
遣使進寶劒天贊三年來貢太宗天顯二年來貢會同二
年受晉上尊號冊遣使往報聖宗統和三年秋七月詔諸
道各完戎器以備東征高麗八月以遼澤沮洳罷師十年
以東京留守蕭恒德伐高麗十一年王治遣朴良柔奉表

請罪詔取女直國鴨淥江東數百里地賜之十二年入貢
三月王治遣使請所俘生口詔續還之仍遣使撫諭十二
月王治進妓樂詔却之十三年治遣李周楨來貢又進鷹
十月遣李知白奉貢十一月遣使冊治爲王遣童子十人
來學本國語十四年王治表乞爲昏姻以東京留守駙馬
蕭恒德女下嫁之六月遣使來問起居自是至者無時十
五年韓彥敬來納聘幣弔駙馬蕭恒德妻越國公主薨十
一月治薨其姪誦遣王同穎來告十二月遣使致祭詔其
姪記權知國事十六年遣使冊誦爲王二十年誦遣使賀
伐宋之捷七月來貢本國地里圖二十二年以南伐事詔

諭之二十三年高麗聞與宋和遣使來賀二十六年進龍
鬚草席及賀中京城二十七年承天皇太后崩遣使報以
國哀二十八年誦遣魏守愚等來祭三月使來會葬五月
高麗西京留守康肇弒其主誦擅立誦從兄詢八月聖宗
自將伐高麗報宋遣引進使韓杞宣問詢詢奉表乞罷師
不許十一月大軍渡鴨淥江康肇拒戰于銅州敗之肇復
出右皮室詳穩耶律敵魯擒肇等追奔數十里獲所棄糧
餉鎧仗銅霍貴寧等州皆降詢上表請朝許之禁軍士俘
掠以政事舍人馬保祐爲開京留守安州團練使王八爲
副留守太子太師乙凜將騎兵一千送保祐等赴京守將

卓思正殺我使者韓喜孫等十人領兵出拒保祐等復還
乙凜領兵擊之思正遂奔西京圍之五日不克駐蹕于城
西佛寺高麗禮部郎中渤海陁失來降遣排押盆奴攻開
京遇敵于京西敗之詢棄城遁走遂焚開京至清江而還
二十九年正月班師所降諸城復叛至貴德州南嶺谷大
雨連日霽乃得渡馬駝皆疲乏甲仗多遺棄次鴨淥江以
所俘人分置諸陵廟餘賜內戚大臣開泰元年詢遣蔡忠
順來乞稱臣如舊詔詢親朝八月遣田拱之奉表稱病不
能朝詔復取六州之地二年耶律資忠使高麗取地未幾
還三年資忠復使如前索地五月詔國舅詳穩蕭敵烈東

京留守耶律團石等造浮梁于鴨渌江城保宣義定遠等州四年命北府宰相劉愼行爲都統樞密使耶律世良爲副殿前都點檢蕭虛烈爲都監愼行挈家遠上致緩師期追還之以世良虛烈總兵伐高麗五年世良等與高麗戰于郭州西破之六年樞密使蕭合卓爲都統漢人行宮都部署王繼忠爲副殿前都點檢蕭虛烈爲都監進討蕭合卓攻興化軍不克師還七年詔東平郡王蕭排押爲都統蕭虛烈爲副統東京留守耶律八哥爲都監復伐高麗十二月蕭排押與戰于茶陁二河之間我軍不利天雲右皮室二軍没溺者衆天雲軍詳穩海里遥輦帳詳穩阿果達

客省使酌古渤海詳穩高清明等皆没于陣八年詔數排押討高麗罪釋之加有功將校益封戰没將校之妻錄其子弟以南皮室有功賜衣物銀絹有差出金帛賜肴里涅哥二奚軍八月遣郎君曷不吕等率諸部兵會大軍同討高麗詢遣使來乞貢方物九年資忠還以詢降表進釋詢罪太平元年詢薨遣使來報嗣位即遣使冊王欽爲王九年賜欽物十一年聖宗崩遣使告哀七月使來慰奠興宗重熙七年來貢十二年三月以加上尊號來賀十三年遣使來貢三十四年三月又來貢十五年入貢八月王欽薨遣使來告十六年來貢明年又來貢十九年復貢六月遣

使來賀伐夏之捷二十二年入貢二十三年四月王徽請官其子詔加檢校太尉興宗崩道宗即位清寧元年八月遣使報國哀以先帝遺留物賜之十一月使來會葬二年三年皆來貢四年春遣使報太皇太后哀五月使來會葬七年八年來貢十二月以佛經一藏賜徽九年十年來貢太康元年三月皇太后崩遣使報哀六月使來弔祭四年王徽乞賜鴨渌江以東地不許九年八月王徽薨以徽子三韓國公勳權知國事十二月勳薨大安元年冊勳子運爲國王二年遣使來謝封冊三年來貢四年三月免歲貢五年六年連貢九年賜王運羊十年運薨子昱遣使來告

即賻贈壽隆元年來貢十一月王昱病命其子顒權知國事二年來貢三年三月王昱薨五年王顒乞封冊六年封顒爲三韓國公七年道宗崩天祚即位改爲乾統元年報道宗哀使來慰奠十二月遣使來賀五年三韓國公顒薨子俁遣使來告八月封俁爲三韓國公贈其父顒爲國王十二月遣使來謝九年來貢天慶二年王俁母薨來告遣使致祭起復三年遣使來謝致祭又來謝起復十年乞兵于高麗以禦金而金人責之至是遼國亡矣

西夏

西夏本魏拓跋氏後其地則赫連國也遠祖思恭唐季受

賜姓曰李涉五代至宋世有其地至李繼遷始大據夏銀
綏宥靜五州緣境七鎮其東西二十五驛南北十餘驛子
德明曉佛書通法律嘗觀太一金鑑訣野戰歌製蕃書十
二卷又製字若符篆其俗衣白窄衫氊冠冠後垂紅結綬
自號嵬名設官分文武其冠用金縷貼間起雲銀紙帖緋
衣金塗銀帶佩蹀躞解錐短刀弓矢穿靴禿髮耳重環紫
旋襴六襲出入乘馬張青蓋以二旗前引從者百餘騎民
庶衣青綠革樂之五音爲一音裁禮之九拜爲三拜凡出
兵先卜有四一炙勃焦以艾灼羊胛骨二擗算擗竹于地
以求數若揲蓍然三呪羊其夜牽羊焚香禱之又焚穀火
于野次晨屠羊腸胃通則吉羊心有血則敗四矢擊弦聽
其聲知勝負及敵至之期病者不用醫藥召巫者送鬼西
夏語以巫爲厮也或遷他室謂之閃病喜報仇有喪則不
伐人負甲葉於背識之仇解用雞猪犬血和酒貯於髑髏
中飲之乃誓曰若復報仇穀麥不收男女禿癩六畜死蛇
入帳有力小不能復仇者集壯婦享以牛羊酒食趨讎家
縱火焚其廬舍俗曰敵女兵不祥輒避去訴于官官擇舌
辯氣直之人爲和斷官聽其屈直殺人者納命價錢百二
十土產大麥蓽豆青稞床子古子蔓鹹地蓬實蓯蓉苗
小蕪荑席雞草子地黃葉登廂草沙葱野韭拒灰蓧白蒿

鹹地松實民年十五爲丁有二丁者取一爲正軍負擔雜
使一人爲抄四丁爲兩抄餘人得射它丁皆習戰鬭正軍
馬駝各一每家自置一帳團練使上帳弓矢各一馬五百
疋橐駝一旗鼓五槍劒棍棓粆袋雨氊渾脫鍬钁箭牌鐵
爪籬各一刺史以下人各一駝箭三百毛幕一余兵三人
共一幕有砲手二百人號潑喜勇捷者號撞令郎爲鋒不
過一旬晝則舉煙揚塵夜則爇火爲候若獲人馬射之號
曰殺鬼招寃或射草縛人出軍用單日避晦日多立虛寨
設伏兵衣重甲乘善馬以鐵騎爲前鋒用鉤索絞聯雖死
馬上不落其民俗勇悍衣冠騎乘土產品物子姓傳國亦
畧知其大槩耳初西夏臣宋有年賜姓曰趙迨遼聖宗統
和四年繼遷叛宋始來附遼授特進檢校太師都督夏州
諸軍事遂復姓李十月遣使來貢六年入貢七年來貢以
王子帳耶律襄之女封義成公主下嫁繼遷八年正月來
謝三月又來貢九月繼遷遣使獻宋俘十月以敗宋軍來
告十二月下宋麟鄜等州來告遣使封繼遷爲夏國王九
年二月遣使告伐宋之捷四月遣李知白來謝封冊七月
復綏銀二州來告十月繼遷以宋所授敕命遣使來上是
月定難軍節度使李繼捧來附授開府儀同三司檢校太
師兼侍中封西平王仍賜推忠効順啓聖定難功臣十二

月繼遷潛附于宋遣韓德威持詔諭之十年二月韓德威還奏繼遷託故不出至靈州俘掠以還西夏遣使來奏德威俘掠賜詔撫諭十月來貢十二年入貢十三年敗宋師遣使來告十四年又來貢十五年三月以破宋兵來告封繼遷爲西平王六月遣使來謝封册十六年來貢十八年授繼遷子德明朔方軍節度使十九年遣李文貫來貢六月奏下宋恒環慶三州賜詔褒美二十年遣使來進馬駝六月遣劉仁勗來告下靈州二十一年繼遷薨其子德昭遣使來告六月贈繼遷尚書令遣西上閤門使丁振弔慰八月德昭遣使來謝弔贈二十二年三月德昭遣使上繼

遷遺留物七月封德昭爲西平王十月遣使來謝封册二十三年下宋青城來告二十五年德昭母薨遣使弔祭起復二十七年承天皇太后崩遣使報哀于夏二十八年遣使册德昭爲夏國王開泰元年德昭遣使進良馬二年遣引進使李延弘賜夏國王李德昭及義成公主車馬太平元年來貢十一年聖宗崩報哀于夏德昭遣使來進賻幣興宗即位以興平公主下嫁李元昊以元昊爲駙馬都尉重熙元年夏國遣使來賀李德昭薨册其子夏國公元昊爲王二年來貢十二月禁夏國使沿路私市金鐵七年來貢李元昊與興平公主不諧公主薨遣北院承旨耶律庶

成持詔問之九年宋遣郭稹以伐夏來報十年夏國獻所俘宋將及生口十一年遣使問宋興師伐夏之由十二月禁吐渾鬻馬于夏沿邊築障塞以防之十二年正月遣樞密都承旨王惟吉諭夏國與宋和二月元昊以加上尊號遣使來賀耶律敵烈等使夏國還奏元昊罷兵遣使報宋四月夏國遣使進馬駝七月元昊上表請伐宋不從十月夏人侵党項遣延昌宮使高家奴讓之十三年四月党項及山西部節度使屈烈以五部叛入西夏詔徵諸道兵討之六月阻卜酋烏八執元昊八月夏使對不以情羈之使復來詢事宜不實對答之十月元昊上表謝罪欲收集叛

黨以獻從之進方物命北院樞密副使蕭革迓之元昊親率党項三部來降詰其納叛背盟元昊伏罪初夏人執蕭胡覩至是請以被執者來歸詔所留夏使亦還其國十二月胡覩來歸又遣使來貢十七年元昊薨其子諒祚遣使來告上其父遺留物鐵不得國乞以本部軍助攻夏國不許十八年復議伐夏留其賀正使不遣遣北院樞密副使蕭惟信以伐夏告宋六月夏國遣使來貢留之七月親征八月渡河夏人遁九月蕭惠爲夏人所敗十月招討使耶律敵古率阻卜軍至賀蘭山獲元昊妻及其官屬遇其軍三千來拒殪之詳穩蕭慈氏奴南剋耶律斡里歿于陣十

九年正月遣使閤罪于夏夏將洼普等攻金肅城耶律高
家奴等破之洼普被創遁去殺猥貨乞靈紀三月殿前都
點檢蕭迭里得與夏軍戰于三角川敗之招討使蕭蒲奴
北院大王宜新等師師伐夏都部署别古得爲監戰五月
蕭蒲奴等入夏境不遇敵縱軍俘掠而還夏國洼普來降
十月李諒祚母遣使乞依舊稱臣十二月諒祚上表如母
訓二十年二月遣使索党項叛戸五月蕭文括使夏回進
諒祚母表乞代党項權進馬駞牛羊等物又求唐隆鎮仍
乞罷所建城邑以詔答之六月獲元昊妻及俘到夏人置
于蘇州二十一年十月諒祚遣使乞弛邊備遣文括賫詔
諭之二十二年七月諒祚進降表遣林牙高家奴賫詔撫
諭二十三年正月貢方物五月乞進馬駞詔歲貢之七月
諒祚遣使求婚十月進誓表興宗崩遣使報哀于夏二十
四年道宗即位清寧元年遣使來賀九月以先帝遺物賜
夏四年四月遣使會葬九年正月禁民鬻銅于夏咸雍元
年五月來貢三年十一月　遣使進回鶻僧金佛梵覺經十
二月諒祚薨四年二月諒祚子秉常遣使報哀即遣使弔
祭秉常上其父遺物十月冊秉常爲夏國王十二月來貢
五年七月遣使來謝封冊十一月秉常乞賜印綬九年遣
使來貢大康二年正月仁懿皇后崩遣使報哀于夏以皇

太后遺物賜之遣使來弔祭五年來貢八年二月遣使以
所獲宋將張天益來獻大安元年十月秉常遣使報其母
哀二年十月秉常薨遣使詔其子乾順知國事十二月李
乾順遣使上其父秉常遺物四年七月冊乾順爲夏國王
五年六月遣使來謝封冊八年六月夏爲宋所侵遣使乞
援壽隆三年六月以宋人置壁壘于要地遣使來告四年
六月求援十一月遣樞密直學士耶律儼使宋諷與夏和
夏復遣使來求援五年正月乾順伐拔毋思等部十一月
夏以宋人罷兵遣使來謝六年十一月遣使請尚公主七
年道宗崩遣使告哀于夏遣使來慰奠天祚即位乾統元
年夏遣使來賀二年復請尚公主又以爲宋所侵遣李造
福田若水來求援三年復遣使請尚公主十月使復來求
援四年五年李造福等至乞援以族女南仙封成安公主
下嫁乾順六年正月遣牛溫舒使宋令歸所侵夏地六月
遣李造福來謝八年乾順以成安公主生子遣使來告九
年以宋不歸地來告十年遣李造福等來貢天慶三年六
月來貢保大二年天祚播遷乾順率兵來援爲金師所敗
乾順請臨其國六月遣使冊乾順爲夏國皇帝而天祚被
執歸金矣
論曰高麗西夏之事遼雖嘗請昏下嫁爲足以得其固志

哉三韓接壤反覆易知況州負遠納叛侵疆乘隙輒動貢使方往事與隋皇興師問罪至煬親征取勝固多敗亦貽悔昔吳趙咨對魏之言曰大國有征伐之兵小國有備禦之固豈其然乎先王柔遠以德而不以力尚矣遼亡求援三國雖能出師豈金敵哉

三國外記四十五

國語解第四十六　　遼史百十六

開府儀同三司上柱國錄軍國重事中書右丞相監修國史領經筵事都總裁臣脫脫奉

敕修

史自遷固以迄晉唐其爲書雄深浩博讀者未能盡曉於是裴駰顏師古李賢何超董衝諸儒訓詁音釋然後制度名物方言奇字可以一覽而周知其有助於後學多矣遼之初興與奚室韋密邇土俗言語大槩近俚至太祖太宗奄有朔方其治雖參用漢法而先世奇首遥輦之制尚多存者子孫相繼亦遵守而不易故史之所載官制宮衛部族地理率以國語爲之稱號不有註釋以辨之則世何從而知後何從而考哉今即本史參互研究撰次遼國語解以附其後庶幾讀者無齟齬之患云

帝紀

太祖紀

耶律氏

蕭氏

本紀首書太祖姓耶律氏繼書皇后蕭氏則有國之初已分二姓矣有謂始興之地曰世里譯者以世里爲耶律故國族皆以耶律爲姓有謂述律皇后兄子名蕭翰者爲宣武軍節度使其妹復爲皇后故后族皆以蕭爲姓其說與紀不合故陳大任不取又有言以漢字書者曰耶律蕭以契丹字書者曰移剌石抹則亦無可考矣

霞瀨益石烈

鄉名諸宮下皆有石烈設官治之

彌里

鄉之小者

撻馬狘沙里

撻馬人從也沙里郎君也管率衆人之官後有止稱撻馬者

大迭烈府

即迭剌部之府也初阻午可汗與其弟撒里本領之及太祖以部夷离董即位因強大難制析爲二院烈剌音相近

夷离董

統軍馬大官會同初改爲大王

集會堝 下窩陀二音

地名

阿主沙里

阿主父祖稱

惕隱

典族屬之官即宗政職也

奚霫 下音習

國名中京地也

黑車子

國也以善製車帳得名契丹之先嘗遣人往學之

于越

貴官無所職其位居北南大王上非有大功德者不授

鷹軍

鷹鷙鳥以之名軍取捷速之義後託龍軍虎軍鐵鷂軍者倣此

嗢娘改 上音九

地名

西樓

遼有四樓在上京者曰西樓木葉山曰南樓龍化州曰東樓唐州曰北樓歲時遊獵常在四樓間

阿點夷离的

阿點貴稱夷离的大臣夫人之稱

糺轄

糺軍名轄者管速之義

夷离畢

即參知政事後置夷离畢院以掌刑政宋刁約使遼有詩云押宴夷离畢知其為執政官也

射鬼箭

凡帝親征服介冑祭諸先帝出則取死囚一人置所向之方亂矢射之名射鬼箭以祓不祥及班師則射所俘後因為刑法之用

暴里

惡人名也

大小鶻軍

二室韋軍號也

神纛

從者所執以犛牛尾為之纓槍屬也

龍眉宮

太祖取天梯蒙國別魯三山之勢于葦淀射金齪箭以識之名龍眉宮神冊三年築都城于其地臨潢府是也齪測角切箭名

峭里 室韋部名

君基太一神 福神名其神所臨之國君能建極孚于上下則治化升平民享多福

撻林 官名後二室韋部改爲僕射又名司空

舍利 契丹豪民要裹頭巾者納牛駝十頭馬百疋乃給官名曰舍利後遂爲諸帳官以郎君繫之

阿廬朶里 一名阿魯敦 貴顯名遂于越官兼此者維曷魯耳

選底 主獄官

常袞 官名掌遙輦部族戶籍等事與六部常袞掌奚之族屬

諲譔 渤海國主名

尅釋魯 尅官名釋魯人名後尅朗尅臺哂倣此

烏魯古 阿里只 太祖及述律后受諲譔降時所乘二馬名也因賜諲譔夫婦以爲名

太宗紀

箭笴山 笴言幹 胡損奚所居

柴册 禮名積薪爲壇受群臣玉册禮畢燔柴祀天阻午可汗制也

遙輦氏九帳 遙輦九可汗宮分

北尅南尅 掌軍官名猶漢南北軍之職

祭麃鹿神 遼俗好射麃鹿每出獵必祭其神以祈多獲

林牙 掌文翰官時稱爲學士其群牧所設止管簿書

瑟瑟禮 祈雨射柳之儀遙輦蘇可汗制

再生禮

國俗每十二年一次行始生之禮名曰再生惟

帝與太后太子及夷离堇得行之又名覆誕

神速姑

宗室人名能知蛇語

蒲割䫜（下乃頂切）

公主名也

三尅

統軍官猶云三帥也

詳穩

諸官府監治長官

梯里已

諸部下官也後陞司徒

達剌干

縣官也後陞副使

麻都不

縣官之佐也後陞爲令

馬步

未詳何官以達剌干陞爲之

牙署

官名疑即牙書石烈官也

世燭

遥輦帳侍中之官

敞史

官府之佐吏也

思奴古

官與敞史相近

徒覩古

邊徼外小國

世宗穆宗紀

蹛林（上音帶）

地名即松林故地

閘撒狘

抹里司官亦掌宮衛之禁者

撻馬

扈從之官

濃兀

部分名

葉格戲

宋錢僖公家有葉子揭格之戲

景宗聖宗紀

飛龍使

掌馬官亦爲導騎

橫帳

德祖族屬號三父房稱橫帳宗室之尤貴者

著帳

凡世官之家洎諸色人因事籍没者爲著帳戶

官有著帳郎君

約窊印

約窊鷙鳥總稱以爲印紐取疾速之義凡調發

軍馬則用之與金魚符銀牌略同

國舅帳尅

官制有大國舅帳此則本帳下掌兵之官

拜奥禮

凡納后即族中選尊者一人當奥而坐以主其

禮爲之奥始迓后者拜而致敬故云拜奥禮

拜山禮

祀木葉山之儀

敞穩

諸帳下官亦作常袞蓋字音相近也

萬役陷河冶

地名本漢土垠縣有銀礦太祖募民立寨以專

採煉故名陷河冶

合蘇袞

女直別部名又作曷蘇館

執手禮

將帥有克敵功上親執手慰勞若將在軍則遣

人代行執手禮優遇之意

阿札割只

官名位在樞密使下蓋墩官也

四捷軍

遼以宋降者分立二部一曰四捷軍一曰歸聖

軍

山金司

以陰山產金置冶採煉故以名司後改統軍政

興宗紀

別輦斗

地名

虎𪋊下比潘切

婆離八部人名

解洗禮
解裝前棧飲至之義
獨盧金
地名六院官屬秋冬居之
行十二神纛禮
神纛解見前凡大祭祀大朝會以十二纛列諸
御前
南撒葛柏
地名
合只忽里

地名
拖古烈
地名
曷里狘
地名
道宗紀
撘里捨
地名
撒里乃
地名

三班院祗候
左右班并寄班爲三班祗候官名
高墩
遼排班圖有高墩矮墩方墩之列自大丞相至
阿札割只皆墩官也
天祚紀
侯里吉
地名
頭魚宴
上歲時鉤魚得頭魚輒置酒張宴與頭鵝宴同

訛莎烈
地名
漚里謹
地名
懽撻新查剌
地名
射粮軍
射請也
女古底
地名

落昆髓　地名

阿里軫斗　地名

忽兒珊　西域大軍將名

虬兒漫　地名

虎思斡魯朶　思亦作斯有力稱斡魯朶宮帳名

蔦兒罕　漢北君王稱

志

禮

祭東　國俗凡祭皆東向故曰祭東

敵烈麻都　掌禮官

旗鼓拽剌　拽剌官名軍制有拽剌司此則掌旗鼓者也

爇節　歲時雜禮名

九奚首　奚首營帳名

食羖之次　大行殯出群臣以羖羊祭于路名曰食羖之次

⿰礻厭祭上於琰切　凡出征以牝牡麃各一祭之曰⿰礻厭詛敵也

勘箭　車駕遠歸閤門使持雄箭勘箭官持雌箭比較相合而後入宮

檐牀　一人肩任曰檐兩人以下共舁曰牀

攢隊　士卒攢簇各爲隊伍

方裀朶殿　凡御宴官卑地坐殿中方墩之上其不應升殿則賜坐左右朶殿

地拍　田鼠名正旦日上於熜間擲米團得隻數爲不

利則燒地拍鼠以禳之
廼捏咿唲
正月朔旦也
㑋里尀
㑋讀作押尀讀作頗二月一日也六月十八
日宴國舅族亦曰㑋里尀
陶里樺
上巳日射兔之節名
討賽咿唲
重午日也

賽伊唲奢
日辰之好也
捏褐耐
大首也
必里遲離
重九日也
戴辣
燒甲也
炒伍侕尀
戰名也

卓帳
卓立也帳氈廬也
百官志
石烈辛袞
石烈官之長
令穩
官名
彌里馬特本
官名後陞辛袞
麻普
即麻都不縣官之副也初名達剌干

知聖旨頭子事
掌誥命奏事官
提轄司
諸宮典兵官
皮室
軍制有南北左右皮室及黃皮室皆掌精兵
聽房
即工部
梅里

貴戚官名述律皇后族有慎思梅里婆姑
梅里未詳何職
抹鶻
禿里司之官
先離撻覽
奚渤海等國官名疑即撻林字訛
營衛志
象吻
黃帝治宮室陶蚩尤象置棟上名曰蚩吻
禿里

官府名宮帳部皆設之凡宮室外戚大臣犯
罪者家屬沒入於此
抹里
官府名閘撒狘亦抹里官之一
算斡魯朵
算腹心掬剌也斡魯朵宮也已下國阿輦
至監母皆斡魯朵名其注語則始置之義也
國阿輦
收國也
奪里本

討平也
耶魯盌
興旺也
蒲速盌
義與耶魯盌同
女古
金也
孤穩
玉也
窩篤盌

慈息也
阿斯
寬大也
阿魯盌
輔佑也
得失得本
孝也
監母
遺留也
地理志

屬珊
應天皇后從太祖征討所俘人戶名
之帳下名屬珊蓋比珊瑚之寶
永州
其地居潢河土河二水之間故名永州蓋以字
從二從水也
鄚頡 上莫各切 下胡結切
渤海郡府名
且慮 皆平聲
興中府縣名

貕養 上音奚
幽州澤藪名見周職方
菑時
幽州浸名出同上
隓瑰
門名遼有隓瑰部
野旅寅
野謂星野旅謂躔次寅者辰舍東北之位燕分
析津之所也
儀衛志

金㚇 下祖叢切
馬首飾也
果下馬
馬名謂果樹下可乘行者言其小也
實里薛衮
祭服之冠行拜山禮則服之
鞊鞢帶 上他協切 下徒協切
武官束帶也
扞腰
即拄腰以鵝項鴨頭爲之

胡木鍪
胄名
驏馬 上音誕
馬不施鞍韉曰驏
白毦 音餌
以白鷺羽爲綱又罽也
兵衛志
捉馬
拘刷馬也
欄子軍

居先鋒前二十餘里偵候敵人動靜

弓手鋪

遼軍馬頓舍未設營塹折木梢爲弓以爲團集之所又諸國使來道旁締置木梢弓以充欄楯

食貨志

云爲所

義即營運字之訛

刑法之

鍾院

有冤者擊鍾以達于上猶怨鼓云

遼解四十六　二十一

楚古

官名掌北面詔因者

皇子表

五石烈

即五院非是分院爲五以五石烈爲一院也

六爪

爪百數也遼有六百家奚後爲院義與五院同二院即迭剌部析之爲二者是也

裂麚皮

麚牡鹿力能分牡鹿皮

世表

莫弗紇

諸部酋長稱又云莫弗賀

蠕蠕而宣切

國名

俟斤

突厥官名

遊幸表

舔鹹鹿

鹿性嗜鹹灑鹻於地以誘鹿射之

遼解四十六　二十二

女瓌

虞人名

列傳

可敦

突厥皇后之稱

忒里蹇

遼皇后之稱

耨斡麼

麼亦作改耨斡后土稱麼母稱

乙室枝里

諸功臣傳

國舅帳二族名

龍錫金佩

太祖從兄鐸骨札以本帳下蛇鳴命知蛇語者

神速姑解之知蛇謂宂傍

得金以爲帶名龍錫金

撒剌

酒樽名

遥輦糺

遥輦帳下軍也其書永興宮分糺十二行糺黃

皮室糺者倣此

吐里

官名與奚六部秃里同吐秃字訛

寢殿小底

官名遼制多小底官餘不注

雜丁黃

禮男幼爲黃四歲爲小十六爲中二十一爲丁

軍中雜幼弱以疑敵也

遥輦剋

遥輦帳下掌兵官

梐枑

宮衛門外行馬也

榾柮犀

千歲蛇角又爲篤訥犀

珠二琲 下蒲昧切

珠五百枚爲琲

題里司徒

題里官府名

庢中 上陟栗切

地名

堂印

博之采名

臨庫

以帛爲通曆具一庫之物盡數籍之曰臨庫

堂帖

遼制宰相凡除拜行頭子堂帖權差俟再取旨

日出給告勅故官有知頭子事見陰山雜録

夷离畢畫者

畫者人名爲夷离畢官

虎斯

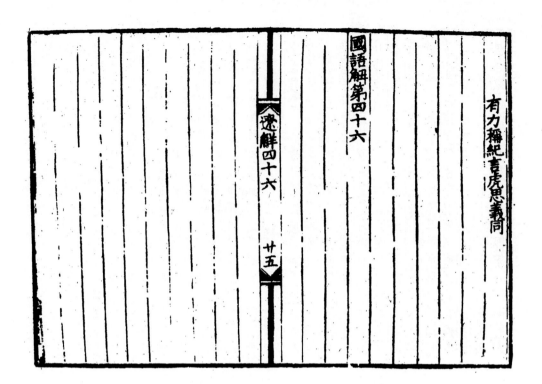

有力稱紀言虎思義同

國語解第四十六

跋

遼史進史表是史成於至正四年三月先於金史者八月按元刻金史卷首有江浙等處行中書省准中書省至正五年四月十三日咨文去年敎纂修遼金宋三代史書卽目遼金史書纂修了有如今將這史書令江浙江西二省開板等語是遼金二史必同時鐫刻然以此刊本與北平圖書館所藏初刻金史相較字體絕異刻工姓名亦無一相合而與涵芬樓所補之五十五卷較則字體相類刻工姓名同者亦有四十六人是此決非初刻無疑然徧觀海內外所存遼史祇有此本是否別有初刻殊難言也是本刊版粗率訛字亦多如廷之誤延宮之誤官徙

之誤徒蕭之誤簫及肅幾成通病其他訛舛亦指不勝屈然究是最古之本足以校正後出諸本者猶自不少本紀第十八重熙二年卽遣興聖宮使耶律壽寧給事中知制誥李奎充祭奠使句諸本均作遼遣延昌宮使又以耶律寔高升耶律迪王惟允充兩宮賀宋生辰使副句諸本於第一人均作耶律楚余所見數本是葉均極漫漶疑明代重刻所據之本此數字亦不可辨故輒取他宮以實耶律壽寧所居之職同時改卽字爲遼字然遼史自稱爲遼語氣亦殊不合至寔字則匡廓微存故揣爲形似之楚字而不知亦非其人又志第十六百官志二五國部後有以上四十九節度爲小部族一行南監本

行格猶存文字已佚而北監及武英殿本則並此空行去之按上文大部族小部族兩者並舉四大王府後有已上四大王府爲大部族一語總結上文使四十九節度後無此一語則文理爲不完矣又志第三十一刑法志下伶人張隋本宋所遣汋者按周禮秋官掌士之八成一曰邦汋鄭氏註斟汋盜取國家密事若今時刺探尙書事張隋爲宋遣至遼之間諜汋者取義蓋本於此明人覆刻不加深究竟認爲殘缺之的字妄補數筆而文義遂不可通猶不止此本紀第八保寧三年又以潛邸給使者爲撻馬部置官堂之堂必掌字之誤而諸本竟改爲主字矣志第三十一遼二百餘年骨肉屢相殘滅屢字

僅存半形然細辨實非他字而諸本又改爲自字矣本紀第十九重熙十三年詔富者遣行餘留屯疑天德軍諸本疑作田又第二十重熙十九年敵魯疑遣六院軍將海里擊敗之諸本疑作古又第二十一重熙二十四年百僚上表固疑許之諸本疑作請又第二十四大安元年以樞密直學士杜公疑參知政事諸本疑作謂志第二行營長城以南多疑多暑諸本疑作雨隋契丹十部元魏疑莫勿賀勿于畏高麗蠕蠕侵逼諸本疑作末又第四兵衞志上四年疑親征渤海諸本疑作又以上七疑字殆鐫板之時原書本文俱已損佚究爲何字不敢臆斷故著一疑字以代之此在宋刊南北諸史多有其例但

彼則旁注小字此則列入正文後人疏忽斷爲
訛字任意改竄不知妄作殊失闕疑之意矣此
在元刊誠非精本然求較勝者竟不可得瑕不
掩瑜故猶取焉海鹽張元濟

百衲本二十四史

遼史

撰　　者一元・脫脫 等
發 行 人一王春申
總 編 輯一李進文
編 印 者一本館古籍重印小組

營業組長一陳召祐
行銷組長一張傑凱
出版發行一臺灣商務印書館股份有限公司
23141 新北市新店區民權路 108-3 號 5 樓（同門市地址）
電話：(02)8667-3712　傳真：(02)8667-3709
讀者服務專線：0800056196
郵撥：0000165-1
E-mail：ecptw@cptw.com.tw
網路書店網址：www.cptw.com.tw
Facebook：facebook.com.tw/ecptw

局版北市業字第 993 號
初版：1937 年 1 月
臺一版：1970 年 1 月
臺二版：2010 年 11 月
POD 版一刷：2018 年 12 月
POD 版三刷：2019 年 11 月
印刷廠：全凱數位資訊有限公司
定價：新台幣 1300 元
法律顧問：何一芃律師事務所

遼史 ／ 脫脫撰. --臺二版. -- 臺北市 ： 臺灣
商務, 2010. 09
面 ； 公分. --（百衲本二十四史）

ISBN 978-957-05-2521-2

1. 遼史

625.5 99014230